中国藏学年鉴

2016

《中国藏学年鉴》编辑委员会 编

中国藏学出版社

图书在版编目（CIP）数据

中国藏学年鉴. 2016 /《中国藏学年鉴》编辑委员会编. -- 北京：中国藏学出版社，2018.11
ISBN 978-7-5211-0091-4

Ⅰ. ①中… Ⅱ. ①中… Ⅲ. ①藏学－中国－2016－年鉴 Ⅳ. ①K281.4-54

中国版本图书馆 CIP 数据核字 (2018) 第 256111 号

责任编辑／杜冰梅
藏文审校／南加才让
封面设计／李建雄

ISBN 978-7-5211-0091-4

中国藏学年鉴 2016 《中国藏学年鉴》编辑委员会／编

出版发行	中国藏学出版社
印　　刷	中国电影出版社印刷厂
开　　本	787 × 1092mm　1/16
印　　张	28
字　　数	487 千字
印　　次	2018 年 11 月第 1 版第 1 次印刷
书　　号	ISBN 978-7-5211-0091-4/K·533
定　　价	108.00 元

图书若有质量问题，请与本社联系
E-mail:dfhw64892902@126.com　电话：010-64892902

《中国藏学年鉴》（2016）编辑委员会

特邀顾问 热地 张裔炯 斯塔 安七一

学术顾问 郑度 黄明信

主　任 郑堆

副主任 柳应华 廉湘民

委　员 万果 马戎 王德强 扎洛 沈卫荣 孙勇 巴桑旺堆 霍巍 李涛 何峰 张云 李德成 仲格嘉 周炜 多尔吉 张春燕 王维强

《中国藏学年鉴》编辑部

主　编 李德成

副主编 黄维忠（常务） 冯良

执行编辑 张莉文

参加编写人员

拉先加 李学竹 肖杰 杨晓纯 杨涛 杜冰梅 南加才让 尹蔚彬 丹增罗布 李连荣 张中亚 班玛更珠 仲格嘉 罗辉 张宁 王茜 沈红宇 周卫红 李慧 索南多杰 永青巴姆 卓玛 格桑 文果 姜航 秦婷

1 月 9 日，“王尧先生追思会”在中国藏学研究中心西藏文化博物馆举行。

1 月 18 日，藏传佛教活佛查询系统（http://hf.tibet.cn/）上线发布，发布仪式在北京广济寺中国佛教协会举行。

3月8日，由中国社科院民族所应用语言学研究室人员研发的“藏语自然语言处理平台”正式上线。

4月5日至29日，国际知名藏学学者康噶·崔臣格桑（白馆戒云）在中国藏学研究中心举办以“古籍文献的解读和研究方法——以钦绛贝央大师《俱舍论释》解读为例”的专题学术讲座。

4 月 15 日至 29 日，“西藏藏汉双语翻译骨干培训班”在西南民族大学举办。

4 月 22 日，西藏日报社举行创刊 60 周年座谈会。

4 月 23 日，由中国人民大学国学院西域历史语言研究所卫拉特学 · 托忒学研究中心举办的“藏传佛教与卫拉特历史文化：纪念卫拉特蒙古皈依佛教 400 周年国际学术研讨会”在人民大学国学院举行。

5 月 11 日至 20 日，中国藏语系高级佛学院第十二届高级学衔暨第四届中级学衔辩经考试、论文答辩及学衔授予活动在北京西黄寺中国藏语系高级佛学院举行。图为中国高级佛学院中级学衔辩经。

5 月 17 日至 18 日，藏传佛教学衔工作指导委员会三届二次全体会议在中国藏语系高级佛学院召开。

5 月 19 日，中国藏语系高级佛学院第十二届高级学衔暨第四届中级学衔授予仪式在中国藏语系高级佛学院隆重举行。图为珠康 · 土登克珠活佛为获得学衔的毕业学员颁发证书。

5 月 20 日，“中国藏学研究中心成立 30 周年学术座谈会”在北京召开。

5 月 22 日至 26 日，中国藏学研究中心当代研究所所长廉湘民等一行 6 人组成出访团赴南非共和国访问交流。

5月24日至31日，为响应“一带一路”发展战略，中国藏学研究中心组成了以周炜、李德成、扎呷、肖杰、杨涛为成员的5人南亚出访团，到“一带一路”上的重要支点斯里兰卡和尼泊尔访问交流。图为与尼泊尔阿尼哥协会人员交流。

5月30日至6月8日，“中国藏文化交流团”访问了匈牙利、冰岛和丹麦三国。图为代表团成员与匈牙利大使（右三）合影。

6月16日，全国政协民族宗教委员会在京委员与中国藏学研究中心学者交流座谈会在中国藏学研究中心召开。

6月21日，由中国藏学研究中心经济研究所格桑卓玛副研究员带队的西藏脱贫攻坚课题组在西藏定日县扎西宗乡调研。图为课题组成员在对农牧民进行集中问卷。

6月26日至7月21日，由中国藏学研究中心历史所张云研究员带队，梁俊艳副研究员、邱熠华助理研究员等参加的调研组前往西藏自治区及甘肃、青海、云南等省藏区调研，完成了《贯彻中央第六次西藏工作座谈会政策项目落实情况调研报告》。图为调研组与西藏社科院何宗英、郭克范研究员等座谈。

6月29日，“中国社会科学院西藏智库成立大会暨第一届理事会会议”在北京召开。

7月7日至8日，由国务院新闻办公室和西藏自治区人民政府共同主办、拉萨市人民政府承办的“2016·中国西藏发展论坛”在拉萨举办。

7月8日，“全国格萨尔研究西南基地”挂牌仪式在西南民族大学举行。

7月15日至19日，中国藏学研究中心藏医药研究所所长兼北京藏医院科研教学处处长仲格嘉等一行6人出访美国，在南加州地区开展“藏医文化周”活动。

7 月 19 日至 20 日，“第二届宗喀巴学术研讨会”在青海民族大学召开。

8 月 2 日至 4 日，由中国西藏文化保护与发展协会、中国藏学研究中心和西藏社会科学院共同举办的“第六届北京（国际）藏学研讨会”在中国藏学研究中心举行。

第六届北京（国际）藏学研讨会开幕式现场。

第六届北京（国际）藏学研讨会分组讨论现场。

第六届北京（国际）藏学研讨会海春生藏品捐赠仪式。

第六届北京（国际）藏学研讨会匝嘎利展览。

8 月 11 日，“青藏高原环境与山水文化学术研讨会”在西宁开幕。图为青海省人大常委会副主任邓本太致辞。

8 月 11 日至 13 日，“第八届《格斯（萨）尔》国际学术研讨会暨全国抢救保护《格斯（萨）尔》工作成果展”在内蒙古呼和浩特市召开。

8 月 20 日至 21 日，“创新 · 融合 · 发展——民族地区学术期刊与名栏建设暨西藏大学学报创刊 30 周年学术研讨会”在西藏大学召开。

8 月 21 日至 23 日，“毛尔盖·桑木旦大师学术研讨会”在其故乡阿坝州松潘县举行。

9 月 12 日，《中华大典·藏文卷》西藏工作站在西藏大学挂牌成立。

9 月 17 日至 18 日，第十二届全国因明学术研讨会在陕西省铜川市举行。

9 月 18 日至 28 日，由中国藏学研究中心藏医药研究所登巴达吉研究员带队的藏药材考察组在四川省阿坝州汶川县等地进行药材考察与标本采集。

10 月 10 日，由中国藏学研究中心主办，四川省民族研究所、四川师范大学协办，中国藏学杂志社、金川县委县政府承办的“红军长征在藏区学术研讨会”在红军长征革命根据地金川举行。

“红军长征在藏区学术研讨会”中国藏学研究中心部分与会代表与金川目前健在的唯一一位老红军——96 岁的张竹庆老人合影。

10 月 12 日至 18 日，由中国藏学研究中心、北京藏医院、藏研中心藏医药研究所联合主办的“第七届全国藏医药高级研修班”在北京藏医院成功举办。

10 月 17 日至 25 日，以中国藏学研究中心历史研究所所长张云研究员为团长的西藏文化交流团先后访问比利时、英国和爱尔兰三国。图为 10 月 25 日，中国藏文化交流团与爱尔兰国际和欧洲事务研究所专家座谈后合影。

10 月 18 日至 25 日，中国藏学研究中心图书资料馆研究馆员桑丁才仁等一行 6 人赴德国参加第 68 届法兰克福书展。图为中心学者与国外学者合影。

10 月 19 日，中国藏学研究中心副总干事郑堆研究员及部分学者会见印度佛教学者代表团并合影留念。

10 月 21 日至 22 日，由中国社会科学院中国边疆研究所和四川大学中国西部边疆安全与发展协同创新中心共同主办的“第四届中国边疆学论坛”在四川大学召开。

10 月 24 日至 25 日，由中国藏学研究中心、四川大学中国藏学研究所主办，中国藏学杂志社、四川大学《藏学学刊》编辑部承办的“第四届全国藏学期刊协调会”在成都召开，来自北京、四川、西藏、青海、甘肃、云南、新疆的 20 多家期刊、高校及科研机构的 70 余名代表参加了会议。

11 月 5 日至 6 日，由陕西师范大学中国西部边疆研究院和中国藏学研究中心历史研究所联合主办的“新史料、新视角与中国藏学研究”暨首届中国藏学研究青年学者论坛在西安召开。图为陕师大副校长游旭群、陕师大中国西部边疆研究院院长王欣、中国藏学研究中心历史研究所所长张云发言。

大会主会场

11 月 7 日，由中国藏学研究中心和中国藏语系高级佛学院联合主办的“2016 年藏传佛教教义阐释工作研讨会”在中国藏学研究中心召开。

11月23日，中国西藏文化保护与发展协会第三届会员代表大会在北京召开。

12月8日至9日，第三届黄寺论坛在北京西黄寺举行。

12月12日至14日，首届全国藏学编辑培训班在中国藏学研究中心举办。

首届全国藏学编辑培训班学员与有关领导合影。

12 月 29 日，“庆祝中国藏学出版社成立 30 周年暨新书发布会”在北京举行。

中国藏学研究中心党组书记安七一（左）为中国藏学出版社颁发中直机关文明单位奖牌。

前 言

藏学是以藏族社会的历史、现状和未来发展为研究对象，以哲学社会科学为主体，同时兼及自然科学部分领域的一门理论性和应用性较强的学科。

中国藏学源远流长。据文献记载，至少在1000多年前，藏、汉等民族学者就开始记录、研究藏族地区的社会、历史、文化等现象。反映藏族历史文化发生、发展过程的藏、汉、蒙古、满等文字的文献浩如烟海，构成了传统藏学的巨大宝库，为中国现代藏学奠定了基础。

近代以来，随着西方列强对中国的侵略，有识之士认识到祖国边疆危机四伏。19世纪的边政研究和20世纪抗日战争期间学者对西部边疆的研究促进了藏学的发展，充分体现了中国藏学的爱国主义传统和藏学工作者的拳拳爱国之心。

中国藏学经过漫长的发展历程，到20世纪中叶，以中华人民共和国的建立和西藏的和平解放为时代标志，走上了以马克思主义为指导的发展道路，形成了有别于传统藏学和国外藏学的现代中国藏学。新中国藏学事业大体上可以分为三个阶段。一是奠基、起步阶段，从1949年新中国成立到1965年“文化大革命”前的17年。在和平解放西藏的过程中，藏学工作者对西藏的历史和现实进行了广泛、深入的调查研究，为中央正确决策及时提供了重要参考依据。以后，无论是在执行和维护

《十七条协议》的8年，还是在平息叛乱和民主改革的3年，以及在巩固民主改革成果、社会全面发展的5年时间里，藏学研究都为正确认识西藏、建设西藏发挥了作用。在四省藏区的革命和建设过程中，藏学研究也为正确认识这些地区社会实际，为党和政府制定正确的方针政策起到了应有作用。在这个时期，党和国家对传统藏学研究人员进行了马克思主义理论教育，成立了民族院校，开办了各种培训班，培养了大量以马克思主义为指导、掌握现代科学方法的藏学工作专门人才，建立起一支包括各民族人员在内的稳定的藏学工作者队伍，为藏学事业发展打下了良好基础。二是遭受严重挫折阶段，即“文化大革命”的10年。这一时期，中国藏学事业和全国其他事业一样，受到严重干扰和破坏。尽管如此，在极其困难的条件下，由于广大藏学工作者的努力，藏学研究还是为西藏的革命和建设事业作出了一定贡献。三是全面发展、繁荣阶段，从1978年年底改革开放以来。随着党的实事求是思想路线的重新确立，中国社会主义建设事业焕发了勃勃生机，进入了全面发展新时期。藏学事业也进入了全面发展、繁荣时期。专门研究机构相继成立，专业书刊大量出版，研究队伍不断壮大，研究领域得到广泛拓展，对外交流日益频繁，科研成果层出不穷。中国藏学充满生机和活力。

新中国成立60多年来，中国藏学事业的发展和所取得的成就主要表现为以下几个方面：1. 创立了以马克思主义为指导的中国现代藏学；2. 建立了比较系统、完备的藏学研究、出版和人才培养体系；3. 藏学研究队伍不断发展壮大；4. 科研、出版工作硕果累累；5. 国内外学术交流日益频繁。

中国藏学研究中心成立于1986年5月20日，是全国唯一的国家级综合性藏学学术机构。以为维护祖国统一、增强民族团结服务，为西藏与四省藏区的发展稳定和精神文明建设服务为宗旨，肩负着牵头协调全国藏学、开展研究工作、培养藏学人才、掌握研究动态的职责。现有社会经济研究所、历史研究所、宗教研究所、当代研究所和藏医药研究所等5个研究所，和图书资料馆、中国藏学出版社、中国藏学杂志社、西藏文化博物馆、中国藏学网、北京藏医院等业务部门与单位，形成了集研究、出版、资料、网络、展示、医疗功能于一体的载体和平台。30多年来，中国藏学研究中心围绕探索藏族社会发展的客观规律，围绕探索藏传佛教与社会主义社会相适应的规律，围绕西藏及其他四省藏区经济社会发展中的重大理论和实践问题，围绕保护和发展藏族优秀传统文化，围绕西藏社会制度的发展变迁，围绕西藏的对外开放，开展工作，取得了喜人成绩。

全面、准确、及时记录和反映藏学研究发展状况，是藏学学科建设的需要，也是藏学专家学者的要求。藏学界一直企盼编撰出版《中国藏学年鉴》。藏学学科的综合性、藏学与其他专门学科的交叉性特点则显示出这是一项颇为艰难的工作。2010年，乘着中央第五次西藏工作座谈会的东风，中国藏学研究中心知难而上，启动这项有利于藏学学科发展的工程，开始编撰2009年《中国藏学年鉴》，并以特稿的形式，把1949年至2008年的我国藏学研究内容陆续收入以后各年度的年鉴之中。在中央统战部和有关部门关心、支持下，在全国各藏学机构、专家学者的支持、帮助下，经过编委会和编辑部全体同仁的共同努力，于2011年完成了《中国藏学年鉴2009》的编撰、出版工作，2012年完成了《中国藏学年鉴2010》的编撰、出版工作，并于同年8月召开的第五届北京（国际）藏学研讨会上首发；2013年完成了《中国藏学年鉴2011》的编撰、出版工作，2014年先后完成了《中国藏学年鉴2012》《中国藏学年鉴2013》的编撰、出版工作。

2015年7月14日编辑部与《中国学术期刊》电子杂志社签订了《出版协议书》，将《中国藏学年鉴》编入《中国年鉴全文数据库》，现《中国藏学年鉴》（2009—2014）可在中国知网年鉴数据库进行全文检索。同年，编辑部完成了《中国藏学年鉴2014》的编撰工作，并于2016年5月正式出版。2017年完成了《中国藏学年鉴2015》的编撰、出版工作。

2017年5月，《中国藏学年鉴》编委会启动了《中国藏学年鉴2016》的编撰工作，在中心科研办的统一协调和领导下，经过各方的积极努力，现在，这本《中国藏学年鉴2016》将正式出版了。

衷心希望越来越多的藏学机构、专家学者参与到《中国藏学年鉴》的编撰出版工作中来，共同推动我国藏学事业的进一步发展繁荣。

《中国藏学年鉴》编辑委员会

2018年3月

目　录

◆ 研究综述 ◆

◆ 学界动态 ◆

◆ 人物介绍 ◆

◆ 社会科学基金 ◆

◆ 论著索引 ◆

研究综述

哲学宗教

汉文部分

一、学术论文

2016年，宗教哲学方面发表的学术论文，包括文献典籍研究、教义教规研究、藏传因明研究、藏传佛教的历史与现状研究、藏传佛教艺术研究、活佛转世制度研究、藏传佛教信仰与文化研究、苯教与民间宗教研究等领域。据不完全统计，发表在各类学术期刊上的汉文学术论文约有171篇之多，是藏学学科中成果最多的研究方向之一。

（一）文献典籍研究

藏传佛教文献典籍研究继2015年成为宗教哲学研究的重头戏，2016年依然保持了其强劲的研究势头，无论公开发表在藏学专业学术期刊上论文的数量还是学术研究的质量，均体现出近几年藏学宗教哲学研究的一个趋势，即以文献典籍研究为基础，运用文献学理论研究的方法，对藏传佛教的教义、仪轨、历史等进行多方位的研究。今年此方面的学术论文研究成果中，有些是延续性的成果，有些属于初次对某一经典的解读性研究成果。班班多杰对《山法了义海论》中所引佛教经论藏汉译文的比较研究，本年度发表了延续性的第十一个成果《〈山法了义海论〉所引佛教经论藏汉译文比较研究之十一》（《中国藏学》第

1期），讨论了在《山法了义海论》之“道”篇章中笃补巴·西饶坚赞引用《大般若经》等佛教经论中的相关话语，深入论证觉囊派独特教义“他空见”的基本内涵、主要特征以及其合理性和经典性。并以《大涅槃经》等经论相关话语为取向，提出中道佛性论与常乐我净“涅槃四德”是“他空见”的最高境界和最后归趣。由此观之，笃补巴既尊《般若经》为最有理，又推《涅槃经》为最高。班班多杰在文中认为上述两经成为觉囊派的理论源头和思想库藏。

与上述成果同理，佛教经典的汉藏译注或其比较研究，是这一领域最重要的研究方法。《普贤行愿品》是一部重要的佛教经典，为汉藏两系佛教所共同重视。蒲文成和桑吉尖措的《〈普贤行愿品〉汉藏译本异同考释》（《中国藏学》第4期）中，围绕这一经典文献的汉藏文译本进行了比较研究，文中认为现在通行的汉藏文译本，虽然其基本内涵和反映的佛教精神相同，但在内容、结构、文字翻译、科判方法等方面存在一定差异。

本年度，在藏文史籍《娘氏教法源流》的研究方面，发表了两篇学术论文。《娘氏教法源流》是一部12世纪藏传佛教后弘期较早出现的私家撰述的署名历史著作，内容涉及印度佛教、释迦王统史、吐蕃及分裂时期赞普世系和佛教历史，而全书叙述的重点在吐蕃及分裂时期的佛教史，对于研究吐蕃及分裂时期佛教发展史具有较高的学术价值。这部重要的宗教历史文献，许渊钦在今年作为延续性译注成果发表了《〈娘氏教法源流〉译注之七》（《中国藏学》第3期），本次译文为《娘氏教法源流》第三章“宣说吐蕃”中第十节迎娶尼妃赤尊与汉妃文成公主及第十一节赤松德赞与堪布阿阇梨的事迹。另外，万玛才让的《藏文史籍〈娘氏教法源流〉之结构内容与史料价值探析》（《西藏研究》第4期），是一篇对这一文献进行全方位研究、梳理的学术论文。

关于教义经典文献的研究，本年度沈卫荣的《论〈大乘要道密集〉的成书》（《中国藏学》第3期）较为典型。作者通过对《大乘要道密集》的著译者、文本内容及传承的全面分析，将其与黑水城出土的西夏文佛教文献、中国国家图书馆和台北故宫博物院的藏品相比对，发现《大乘要道密集》集中了西夏、元、明三个不同时代翻译的藏传密教文献，其主要内容是一部萨迦派道果修法的仪轨集成，也包括一些其他的仪轨，并提出在《大乘要道密集》中多次出现的莎南屹啰或应为一位明代译师。

尤拉才让的《藏译〈般若波罗蜜多心经〉咒之咒义及其内涵研究》（《西藏研究》第4期）也是一篇很有价值的教义文献典籍的研究论文。文中对这部经文的藏译版结尾中出现的“达雅塔嗡嘎底嘎底波罗嘎底波罗僧嘎底菩提梭哈”

的咒文进行分析研究，认为这一明咒以具有大明咒、无上咒等诸多殊胜功德，被众多在家居士和僧人日常课诵与守持。相比心经经文的甚深内容，其咒文及咒义方面常常被忽视。实则此咒不仅与经文相互呼应，还具有更加精练的隐义内涵，并与三解脱门、三种姓、二谛、五道等内容联系在一起。

藏传佛教密宗文献，又称密续或续部文献，在佛教文献尤其在藏传佛教文献研究中受到格外重视，并具有极其重要的文献学和宗教学价值。尕藏加的《藏传佛教密续学述略——以布顿·仁钦珠〈续部总论〉为例》(《世界宗教研究》第5期）以藏传佛教高僧布顿·仁钦珠及其《续部总论》为实例，对藏传佛教密续学的建构、内涵及特质作了考述。

关于西夏时期藏传佛教的情况，也是学界关注的重点之一。本年度涉及西夏佛教方面的学术论文有两篇，其中索罗宁的《〈金刚般若经颂科次纂要义解略记〉序及西夏汉藏佛教的一面》(《中国藏学》第2期）中，主要讨论了该文献的序篇，序篇记载证明西夏佛教曾经存在“汉藏佛教圆融”趋势。据其内容所示，西夏佛学界的佛教史概念中不存在“汉藏”对立或分歧。由此，西夏佛学界把印度因明大师陈那，汉文译师鸠摩罗什，藏传佛教中的“黑小足”（帕当巴桑杰）视为同一人。文中有对序篇翻译及其内容的初步讨论。

另一篇是史金波的《凉州会盟与西夏藏传佛教——兼释新见西夏文〈大白伞盖陀罗尼经〉发愿文残叶》(《中国藏学》第2期)，文中通过对新发现的阔端时期的西夏文《大白伞盖陀罗尼经》发愿文残叶的研究，厘清了西夏《大白伞盖陀罗尼经》的来历，发现了西夏文译本的译者及此前未见记载的西夏帝师和国师，也补充了西夏灭亡后此经在凉州地区不止一次刻印、流传的经过，特别是真实地记载了阔端信奉藏传佛教，拜藏传佛教高僧等觉金刚国师为师，为“凉州会盟”这一重大历史事件铺垫了思想和宗教信仰的基础，西夏时期接受、发展藏传佛教对“凉州会盟”具有不可忽视的影响。

（二）教义教规研究

从近几年的学术研究成果来看，藏传佛教教义教规的研究。从数量上看不及其他领域，虽然是这一研究领域的焦点，但因为其难度较大，所以研究成果一直较少。较之往年，本年度在这方面的研究数量，明显具有下降趋势，公开发表的学术论文如下：

丁建华的《论宗喀巴“空有之争”思想》(《西藏研究》第4期)，讨论了“空有之争”在佛教思想史中具有的重要意义，“空有之争”所探讨的问题由于涉及佛陀正义而为中国佛教广泛关注。根据宗喀巴的探讨，“空有之争”是通过三个核心问题展开的，包括依他起性胜义空不空、是否需要安立阿赖耶识、中观之空是否就是断灭。宗喀巴通过对这三个问题的探究，以自空与他空抉择空有之争，安立中观应成为了义正见。

何杰峰的《多罗那他大师判教思想论略》(《西藏大学学报》第 4 期)，认为藏传佛教的判教是自吐蕃佛教传入藏族地区，直至实现本地化时期，出现在佛教内部，判别佛教显密教法次第和高下的理论。多罗那他大师作为明代藏传佛教觉囊派的中兴大师，通过宗义阐释和密宗经典梳理的方式，对佛教显密教法进行了判释，而立“大中观”为自派的“了义”见。这既是多罗那他大师修证体悟的结果，也是时代背景下回击藏传佛教其他教派诋毁、维护觉囊派独立的现实选择。

覃江的《论〈现观庄严论〉对藏传佛教中观学止观理论与实践的影响——以对能取、所取的分析为例》(《西南民族大学学报》第 4 期)，通过分析《现观庄严论》与早期中观学的道次第理论的区别，指出《现观庄严论》作为瑜伽行中观派的继承，开创了以般若为宗，将唯识学的道次第理论融入中观学的传统。具体以对能取、所取的分析为例，说明《现观庄严论》把对二取的破除与各个修行阶位相配合，清楚地指明了在不同阶位破除能取、所取的重要性及其具体内容。最后通过梳理这些思想对寂护、莲花戒、宗喀巴等藏传佛教前弘期、后弘期代表人物的影响，说明《现观庄严论》对形成藏传佛教中观学的教观体系起到了非常重要的作用，极大地促进了藏传佛教中观学止观理论与实践的发展。

（三）藏传因明研究

本年度，第十二届全国因明学术研讨会在陕西省铜川市举行，共有 60 多位专家学者和汉、藏僧人参加了研讨会。会议共收到学术论文 40 篇，围绕“因明与玄奘大师”这一主题，就“汉传因明”“藏传因明”“蒙古因明”等专题进行了研讨，交流了因明研究的成果，探讨了因明研究存在的问题。本年度的因明学方面的学术研究论文，最后收集在《因明》一书（郑堆、光泉主编，甘肃民族出版社，2017 年 5 月）。发表在其他学术刊物上的因明学论文有以下几篇：

达哇今年发表了两篇因明学术论文，其一是《佛教逻辑“九句因”理论的实质及其逻辑内涵》(《中国藏学》第 3 期)。文中对“九句因”理论进行了探讨，认为“九句因”理论是陈那论师对因明逻辑所作的独具匠心的理论总结和创新。形式逻辑中有诸多的数学符号，这些符号也是为了将复杂、无限、繁缛的事物概念、判断、推理加以简化而出现的，同样，陈那的“九句因”理论也是为了这个目的而创立的。文章还认为，陈那的“九句因”没有达到完全的符号化，但陈那的“九句因”理论已基本接近符号化的程度，至少可以认为已达到半符号化的状态。它的出现标志着因明逻辑对万物“关系”的理解，从不规范走向了规范，从不严谨走向了严谨，从幼稚走向了成熟，从繁杂走向了简明，从混乱走向了秩序，从相对性走向了终极性。

达哇的另一篇论文《因明逻辑实现“利益他人”目标的四范畴之汉藏因明比较》(《西藏研究》第 2 期)，对“八门二益”的逻辑理论进行了探讨，认为“八门二益”逻辑理论是印度因明特有的逻辑术语和逻辑思想，它从总体上归纳总结了因明逻辑的两个基本功效和达到这两个基本功效的四个有效方法及不能达到这个功效的四个无效方法。两个基本功效就是指利益自我生发正确之认识和利益他人生发正确之认识两种。本文所探讨的就是因明逻辑利益他人生发正确认识的四范畴或四个方法，即能立、似能立、能破、似能破。

夏吾李加本年因明学的研究成果有两篇学术论文，其一是《藏族量理摄类学证有证无略观》(《西藏研究》第 6 期)，文中主要内容为：以汉译塞氏·摄类学证有证无品立自宗为切入点，在追溯其背后理论谱系的同时，对于不同摄类义项的分类特征进行了较为全面而辩证的题解，剖析了历代藏族量理学家对于“里层”概念的不同态度，认为该词源自藏族医药理论，而彰显摄义学所摄内容涉猎藏族传统大小五明学科领域，并非单一的《释量论》。随后围绕“有”与“无”是否存在“邻近属概念”等问题而与西方哲学试着进行了比较，进而在归纳和分析每一段辩论的外在形式和内部结构的同时，择其主题和关键词从不同学科层面进行注释和解析，意在表明主观认识与客观存在之间的相互依存关系，从而强调量识的认知作用和功能，为证悟中观哲学层面的“名言成量”与否的议题而铺好思辨理路。特别在其最为内在的思想理路中抽丝剥茧，寻求摄类学自始至终以“启智觉醒”为终极目标的逻辑源头。这就是属于相属相违体系的“证有证无”，必须独立设品的理论意义和学术价值。

夏吾李加和俄智多杰的《藏族量理摄类学形色与显色略观》(《民族学刊》第 4 期)，以系统汉译《塞氏·摄类学》形色与显色品立自宗为切入点，在追溯其理论来源的基础上进行题解，进而在归纳和分析每一段辩论的外在形式和内部结构的同时，择其主题和关键词从不同学科进行注释和解析，旨在阐明藏族传统经典哲学体系五部大论之首量理学科所知论的内在深层结构，从而挖掘其认识理论和逻辑思维，为今人所用。

侯玉娟和张忠义的《汉、藏因明交流的现状、困境及对策》(《中国藏学》第3期)认为：加强汉、藏因明的交流对了解汉传因明及藏传因明的历史与交流，全面把握因明学实质、推动因明发展以及推进文化融合、民族团结有重要意义。当前，汉、藏因明的交流有很大进步，在组织机构、学术会议、课题合作等方面都有所突破，但是依然存在诸如大局意识不足、交流平台欠缺、语言障碍、共同话语基础缺乏、人才流失等困境，我们需要从建立语言互译平台、加强义理对勘文本互译、充分挖掘因明的社会功用、加强人才培养和交流以及充分发挥新媒体平台的功能等多方面着手，共同推进汉、藏因明的充分交流，推进中国因明的传承和发展。

程瑜的《解析藏传量论中的“共相”概念》(《西南民族大学学报》人文社科版第3期)中提到了藏传量论对“共相”概念的理解继承了法称的因明思想，并发展出兼具佛教知识论、存在论、实践论意味的内涵。共相是比量的所取境，是思维中的观念性存在，是属于世俗谛的范畴。藏传量论认为人们使用遮诠的方式理解共相，人们通过理解共相可以把握存在的真实情况，进而闻习经教、实践佛法。本文讨论“共相”概念在藏传量论中得到怎样的理解以及在佛法实践中的意义，从中可以看出因明逐渐向内明趋近的发展路向，总结出共相具有内容的观念性、认知形式的间接性、自体的相似性和实践的工具性四个特征。

(四)藏传佛教历史与现状研究

藏传佛教历史研究包括教义的传播，寺院、人物等的历史等，相对应的包括目前藏传佛教的一些相关现状的问题研究等。本年度这方面的成果如下：

吴景山和贾竞阳的《碑文所见明代在甘青地区弘扬藏传佛教的客观条件》(《中国藏学》第3期)认为，明朝建立之初，即在甘青地区大力扶持藏传佛教，通过广建寺院、颁行诏谕等措施安定僧俗民众，以期实现社会的稳定。明朝藏传佛教之所以能在这里顺利传播，究其终极原因，是在明朝建立之前本地区就已经具备了民族融合的良好氛围，和睦相处成为深得人心的理念等客观条件。

魏文的《滂汀巴昆仲与上乐教法在藏地和西夏的早期弘传》(《中国藏学》第2期)，通过对藏文文献材料的发掘，揭示出后弘期初期尼泊尔著名的上乐教法传承上师滂汀巴昆仲曾在甘青地方活动的历史史实，并以此为切入点进一步讨论了其本身在早期上乐传承体系中的核心地位及其与同时期西夏上乐教法初传的密切关系。同时，本文也以此为基础，考察了后弘期初期滂汀巴昆仲对于沟通印、藏、汉佛教所作出的历史性贡献。

杨士宏和山聪的《明代藏传佛教在"洮河岷"地区的发展——以卓尼石门寺为例》(《中国藏学》第 3 期)，以卓尼石门寺为例，讨论明代藏传佛教在"洮河岷"地区的发展情况。文中提到"洮河岷"地区既是青藏高原与黄土高原的"自然边界"，也是民族文化多元并存的"文化边界"。其中，藏传佛教自明以降在此广为传播，并与其他民族文化在相遇、相识的过程中，形成"各美其美""和而不同"的文化特征。

旺多的《藏传佛教觉囊派发展史述评》(《西藏大学学报》第 1 期)，以汉藏史料为依据，以藏传佛教文化多元性为依托，展示觉囊派发展轨迹及独树一帜的一面。文中提到觉囊派是藏传佛教较有影响的一个教派，该派曾在历史上受到冷落、排挤甚至打击，走过了较为漫长的艰难岁月。觉囊派作为藏传佛教的一个教派，有自己的神学理论体系、自己的独特发展轨迹、自己的特定法脉传承，更重要的是有自己的众生信徒。

陈庆英的《关于元代藏传佛教噶当派的几个问题》(《西藏研究》第 4 期)，内容包括：噶当派是藏传佛教的一个重要教派，元代是噶当派发展的一个重要时期。由于噶当派支派分散，注重经典修持，参与地方政治不多，因此在元代西藏历史研究中提及噶当派的论著不多。元代近百年史中，噶当派起初由于自身态度受到蒙古势力的打击，之后很快得到恢复，对由元王室支持的萨迦派掌管西藏地方政教权力大部分表示支持，也有小部分心存不满，终抵不过潮流所趋，随着萨迦派的关系与元朝廷建立了联系，完成了编辑纳塘版大藏经的巨大工程。梳理噶当派在有元一代的延续和发展脉络，有助于我们进一步研究藏传佛教各个教派的历史。

关于藏传佛教现状方面的研究，党措和安见才仁的《白玉达唐寺寺院教育的现状与思考》(《西藏大学学报》第 2 期)，对川青交界地带的果洛州久治县宁玛派寺院白玉达唐寺的寺院教育现状进行了调研。通过对该寺教法传承、教学体制、教学内容、组织形式等方面的研究，认为该寺寺院教育既继承了宁玛派旧有教育的传统，又在吸收格鲁派寺院教育特色基础上有所创新，博采佛教教育、世俗教育和义务教育之长，形成一套佛教理论与密法实践紧密结合、学习次第循序渐进，精心培养与服务僧众相结合的教育体系，以本派高僧著述为主、显密并举的教育内容；以月考和年考相结合的严格考试制度；以显密高级佛学院和白莲明慧学院相结合的培养制度；以学识渊博、精通佛理、传承佛法、严守戒律、道德高尚、化世导俗、引领众生为培养目标的教育方法，以及井然有序的组织体制，为藏族人民培养了不少优秀人才，推动了藏传佛教寺院教育的发展。

现状研究方面的论文还有王少明等的《新形势下加强和改进藏传佛教寺庙管理的思考》(《西藏研究》第 1 期)，文中提出了以下观点：广大僧尼的公民本质，是加强和改进藏传佛教管理的法理依据和逻辑起点。深刻把握藏传佛教的本质及其发展变化，对于提高藏传佛教寺庙的教育、管理和服务水平具有重大的现实意义。进行积极的社会管理、公共政策制定和有效执行、适应社会发展、维护藏区发展和国家稳定、加强宗教生态建设都必然要求加强和改进藏传佛教寺庙管理。

关于藏传佛教在国外的传播，本年度有两篇论文，其一是白玛措的《藏传佛教在美国传播的田野考察》(《中国藏学》第 3 期)，论文利用作者在美国弗吉尼亚大学、哥伦比亚大学和哈佛大学访学的机会，对藏传佛教在美国的情况进行采访和问卷田野调查。论文依据田野的体验，分析了美国人接受藏传佛教的自身原因，由此提出藏传佛教在美国和中国的主要区别，并揭示藏传佛教在西方发展的趋势。 其二是黄云静的《海外藏人移居美国与藏传佛教在美国的传播和发展》(《世界宗教研究》第 3 期)，文中提到藏族人移居美国始于 20 世纪 50 年代，藏传佛教也随之传入美国。如今，在美国已经形成一些固定的藏族人社区，而藏传佛教在美国发展已经超出了藏族人社区，进入了美国的本土主流社会和精英群体，不仅对美国社会产生影响，亦对中美关系产生影响。

（五）藏传佛教艺术研究

王磊的《内蒙古藏传佛寺壁画与唐卡中的地域特色》(《中国藏学》第 1 期)一文，以元代遗存的一幅唐卡为切入点，阐述藏传佛教绘画融入的蒙古元素。明末格鲁派再次传入漠南蒙古土默特部地区，在内蒙古掀起了建寺高潮，清代藏传佛教格鲁派在内蒙古的发展达到鼎盛。从内蒙古地区遗存的明清壁画、唐卡中可以看到逐步融入佛寺绘画的内蒙古地域特色。文章列举了内蒙古佛寺壁画中的蒙古元素，以及在佛寺发现的有蒙古文题记的唐卡和博物馆收藏的多幅反映蒙古族民俗风情、偶像崇拜的唐卡，以此证实这些画作为蒙古族在吸收藏族文化中表现出的本民族绘画特色。

贾维维《榆林窟第 3 窟不空羂索五尊组像研究》(《中国藏学》第 2 期)，通过梳理汉藏文文献中的相关仪轨，对甘肃瓜州榆林窟第 3 窟北壁金刚界曼荼罗上方的不空羂索五尊像组合进行辨识、研究，并结合我国西藏以及尼泊尔的同题材造像来分析西夏不空羂索五尊组像的构成内容与特征。西夏时期的不空羂索五尊组像是迄今所见依据巴哩译师一系成就法绘制的最早图像遗存，体现了西夏画师对新题材的敏感认知，以及西夏佛教艺术的强大包容力。

王家鹏的《明永乐宣德佛像源流新证——兼论明初朝廷治藏方略中甘青地区的重要地位》(《中国藏学》第 4 期)，提到明代永乐宣德时期宫廷制作了大量藏传佛教金铜佛像，艺术成就卓越，在明清佛教雕塑艺术史上影响深远。文章通过研究甘肃岷县新发现的珍贵史料《西天佛子源流录》，考察岷县大崇教寺遗址暨岷县博物馆收藏永宣时期藏传佛教文物，从文献与文物两方面论证了永宣佛像源起与流传的主要原因，以及甘青地区在明朝初年朝廷治理西藏方略中的重要地位。

黄跃昊和杨林平的《藏传佛教活佛官邸的建筑形制与美学特征——以甘肃拉卜楞寺嘉木样寝宫为例》(《西北民族大学学报》第 2 期)，以夏河拉卜楞寺嘉木样寝宫为研究对象，对其建筑规模、形制、构造等进行了详细分析，并对嘉木样寝宫古建筑群的价值进行了全面评估。

段奕辰和洪星球的《藏密“曼荼罗沙画”的三重叙述》(《西北民族大学学报》哲社版第 6 期）提到庄严美妙的“曼荼罗沙画”是藏传佛教密宗法事活动中的重要仪轨，宗教意蕴是其根本，其以具象的图案形式建构了“即身成佛”的修行观和“圆觉”的宇宙观，完成了抽象的佛教义理的弘化、传播；其次，“曼荼罗沙画”具有独特的艺术美，从艺术学的角度来看，它的主题、陈设、绘画态度都服从于“观念”或“思想”的塑造，具备“观念的视觉化”这个“观念绘画”的本质特征，是宗教文化中的“观念艺术”；依密宗修法“四曼为相”而陈设的“曼荼罗沙画”所成就的佛身、佛国的完美宇宙，表现出对佛菩萨“一切众生”无量功德、无量智慧、无量神力的人格美的崇拜，对于圆通无碍之“宇宙真相”的追求，对于不断提升精神层次，努力超越一切（生死、轮回、大小）限定的信念与自由意志的肯定。

（六）活佛转世制度研究

作为藏传佛教的一大特点，活佛转世制度一直是藏传佛教研究领域中的热点之一，与前几年的研究成果相比总体上呈下降趋势。具体情况如下：

嘎·达哇才仁的《再论甘丹赤巴建立的活佛转世系统》(《中国藏学》第 2 期)，借助大量藏文文献，在原来统计的甘丹赤巴活佛转世系统的基础上，又新发现了 10 位甘丹赤巴建立的活佛转世系统，就此进行简略介绍和探讨。文章认为：甘丹赤巴是甘丹寺创始人宗喀巴大师法座的继承者。从第一任甘丹赤巴宗喀巴大师算起，到1959年在任甘丹赤巴土登贡嘎为止，历史上先后出现过96位甘丹赤巴。甘丹赤巴成为格鲁派部分活佛的转世源头，登上甘丹法座意味着在显密两方面获得很高证悟，因而认为甘丹赤巴具备悲愿转世资格。但在政教发展过程中，因受西藏政教特定历史背景方面的种种影响，只是部分甘丹赤巴建立了活佛转世系统。

刘一南在《试论瓦德尔对藏传佛教活佛转世制度的误读》(《中国藏学》第2期）一文提出：19世纪末的英国学者劳伦斯·瓦德尔在《西藏佛教或喇嘛教》一书中，从深受基督教影响的西方视角出发来看待西藏的活佛转世制度，认为活佛转世思想是少数藏传佛教领袖出于维护统治需要而在“似是而非的佛教原理”基础上编造出来的虚假理论，与佛教正统思想大异其趣。他对活佛转世制度的多方面误读，既体现了他在佛教知识方面的局限性，更凸显了他在西方中心主义的影响下怀有的妄自尊大态度和宗教歧视心理。

王晓晶的《藏传佛教格鲁派活佛转世化身谱系建立现象探析》(《西藏研究》第5期）认为：藏传佛教活佛转世制度作为一种特殊的宗教现象经常被神秘化、神圣化。从格鲁派达赖喇嘛、班禅额尔德尼、章嘉·若必多吉等大小活佛建立转世化身谱系的过程来看，活佛转世化身谱系，是在特定的历史环境中由宗教上层人为建立的，目的是为了维护该世系的宗教权威及政治影响力。同时，在化身谱系的背后，蕴含着扩张政治权力、稳固教派地位、平衡不同活佛世系间地位的功能。我们应以马克思历史唯物观辩证地来看待活佛转世现象，不应被刻意神格化的现象所迷惑。

阴海燕、边巴拉姆的《从历代〈达赖喇嘛传〉看活佛转世定制》(《西藏研究》第5期）提出了以下观点：达赖喇嘛转世从来不是纯粹的宗教事务，更不是个人事务。达赖喇嘛世系活佛转世制度产生之初，就与明朝中央政府保持了密切联系。清代乾隆朝以后，凡达赖喇嘛转世手续，掣签或不掣签，均需呈报中央核定。历代中央政府高度重视达赖喇嘛活佛转世事务，不断加强审验管理力度，在达赖喇嘛活佛转世上形成了一整套规范管理的历史定制。可以说，达赖喇嘛转世灵童的寻访认定过程，始终体现了中央政府权威，体现了中央政府对西藏地方主权的行使。

（七）藏传佛教信仰与文化研究

张海娟和杨富学的《论裕固族藏传佛教信仰的形成》(《中国藏学》第3期），认为元明时期，镇守于河西西部和西域东部的蒙古豳王家族与河西回鹘保持着极为密切的关系，蒙古豳王家族对藏传佛教的推崇与支持，受到回鹘僧徒的欢迎，纷纷皈依藏传佛教；该家族尽管在政治上处于支配地位，但在文化上却颇受回鹘影响并逐步回鹘化。藏传佛教如同黏合剂，将二者紧密联系在一起，进而促成了一个新的民族共同体——裕固族的诞生。这个新民族一方面以藏传佛教为共同信仰，从而有别于信仰伊斯兰教的新疆维吾尔族，另一方面又以回鹘文化为基石，也与今天的蒙古族迥然不同。

尼玛仓觉和才项卓玛的《从福柯“权力话语”视角解读清前期西藏世俗掌政人物传记世俗化倾向》(《西藏研究》第4期）提出：清代西藏世俗掌政人物传记的产生，与当时的政治背景有着千丝万缕的联系。正是由于18世纪前期西藏世俗力量把握地方政权，使得世俗权力的代表或权力系统内部的成员认为需要以话语的力量，达到其“合理性”，即由各种社会权力构造和选择话语，旨在争取和维护某些人的利益和优势地位的有说服力、影响力的“说法”。基于这个理念来探讨和解读清代西藏世俗掌政人物传记，有助于我们从不同的视角解读清廷治藏策略和西藏地方的实际情况。

徐长菊和蔡秀清的《互助土族藏传佛教信仰现状研究——基于对互助佑宁寺与信众之间互动关系的观察》(《西藏大学学报》第4期)，基于长期实地考察的第一手资料，结合相关文献，选取互助土族地区藏传佛教寺院和信仰群众互动关系为案例，分析了土族信仰藏传佛教的现状和特点，认为土族民众的藏传佛教信仰是一种重功能而轻本体的形式，而“世俗化”和“现代化”则是土族僧人信仰的特征。

彭晓静的《岷州大崇教寺兴衰及其对藏传佛教文化的影响》(《青海民族大学学报》第2期）对岷州大崇教寺进行了研究，这座寺院是明代西北地区规模宏大而颇具影响的藏传佛教寺院之一，是明代岷州地区藏传佛教文化的中心。由明而清，由于受政治、经济多种因素的影响，大崇教寺的发展也由盛及衰。大崇教寺的兴衰历程在一定程度上也反映了藏传佛教在岷州地区所发生的变化及藏传佛教对其本土文化的冲击。

杨胜利的《伊利亚德宗教现象学视域下的西藏宗教》(《西藏研究》第6期）介绍了美国宗教史学家、宗教现象学家伊利亚德，他不仅对世界各大宗教都有研究，他的西藏宗教研究也极具特色。他以宇宙—住所—人体一本同源的神话结构模式，分析了苯教和前弘期佛教以前西藏传统宗教即人的宗教存在的源头，认为西藏宗教的发展经历了传统宗教（即人的宗教）、苯教、藏传佛教这样一个发展轨迹；又从神话的同构性与藏传佛教的宗教改革等方面论证了西藏各宗教的融合性、综合性特征。同时利用宗教现象学的方法，分析了光在传统宗教中的宇宙论功能、苯教中的本体论功能以及在藏传佛教修行中灵魂解脱的基础性作用。

邱熠华的《康萨仁波切与能海法师的师徒往事——兼论民国时期汉藏佛教文化交流》(《西藏研究》第6期）一文，对民国时期的汉藏佛教文化交流进行了研究，认为这种交流增进了汉藏民族团结的民意基础，对中国近现代史产生了重要影响。文章认为，作为中国现代佛教界著名人物的能海法师，为藏传佛教在内地的传播作出了卓越贡献。民国时期他与拉萨哲蚌寺高僧康萨仁波切的师徒往事，可谓汉藏佛教文化交流史上的一段佳话。《能海上师传》《康萨喇嘛传》及《蒙藏委员会驻藏办事处档案选编》等汉藏文文献史料记载了能海法师两次入藏、师从康萨仁波切学法的史事。

（八）苯教与民间宗教研究

宗教哲学部分的研究成果中，除了藏传佛教的研究之外，苯教与民间宗教方面的学术研究成果一直占有一定的比重，本年度这方面的成果如下：

曾丽容的《藏文文献中“བོན”（苯）与“གཤེན”（辛）二词考辨》(《中国藏学》第3期)，围绕古藏文文献中出现的“བོན”（苯）一词做了考辨，认为“བོན”（苯）一词成为苯教学者论证苯教渊源及其早期历史的基本证据之一。还提出古藏文中“苯”与苯教典籍中“苯”的含义相去甚远，与现代藏语中的“苯”也不是一回事。与之相类似，“གཤེན”（辛）也是藏文典籍中一个非常引人注目的词汇，且与“苯”关系密切。作为西藏早期历史研究之一，笔者梳理和对比敦煌藏文文献与苯教典籍中的“བོན”和“གཤེན”的不同含义，通过其词汇意义的历史变迁，结合苯教典籍、教义教理和僧伽组织及寺院的形成时间，结果证明：吐蕃时期的“苯”还只是西藏本土的巫术仪式之一，并非苯教；作为一种系统化的宗教，苯教应是在吐蕃王朝结束之后才正式形成。苯教虽然以西藏本地的原始信仰为基础，且名称也源于古代，但是苯教的“苯”不等于古藏文文献中的“苯”。

徐东明的《论佛苯之争及其对西藏社会发展的影响》(《西藏民族大学学报》第3期）一文的主要内容是：公元7世纪，松赞干布统一青藏高原诸部，建立了强大的奴隶制军事联盟政权，吐蕃社会进入快速发展时期。这时，佛教也从中原、印度、中亚等地传入吐蕃。佛教作为一种新的外来文化，经过吐蕃王朝六位赞普的大力推行和传播，在与苯教经过长期的对抗、较量、冲突和融合之后，最终战胜了苯教，成为吐蕃社会占统治地位的思想意识形态和文化形态。佛教在吐蕃的传播和发展，深刻地改变了西藏社会历史发展进程，对西藏社会发展产生了巨大而深远的影响。

宗喀·漾正冈布、王万平的《白马藏人古歌“gLu”与斯巴苯教》(《西藏大学学报》第3期）提出，在汉藏边界地区生活的白马藏族人中，现在还流传着一种藏文记为“gLu”，当地藏语方言读作“勒”或者“鲁”的古歌，这些古歌在白马山寨的人生礼仪和祭祀仪式中还被广泛演述，被白马藏族人认为是他们文化与信仰的根基。文章在广泛搜集整理这些古歌的基础上，认为这些古歌与前佛教时期的斯巴苯教有着非常紧密的联系，其中表现出的基本内容和核心思想反映了斯巴苯教的“三元论”宇宙观、“三分法”的世界观和对“13”这个数字的尊崇。这些古歌为我们了解青藏高原前佛教时期的宗教信仰，尤其是白马藏族人的深厚传统提供了非常珍贵的材料。

拉毛吉的《从“穆”的词源与神话解析其宗教涵义》(《西藏大学学报》第4期）对藏族古代四大或六大氏族名之一“穆”(rmu/dmu）做了探讨。文章从藏缅语系统中的“穆”与苯教文献中“穆”的神话传说两方面分析“穆”的词源。认为在不同的时期“穆”有不同的宗教含义。最初“穆”的含义可能指的是“光”“光明”；后来发展出“天”的抽象意义；之后逐渐精致化为“神”的意义，同时出现了穆神居住的地方“穆域”和穆神家族即“穆族人”，最后穆族人从神话中脱离了出来，成为藏族人真实的古代氏族名称。

杨黎浩《斯巴苯教概念与内涵辨析》(《西北民族大学学报》第6期）也探讨了斯巴苯教的概念，提出传统学术界认为辛饶米沃改革斯巴苯教、创建雍仲苯教，但实际上他可能只是斯巴苯教早期历史阶段中的一个改革者或总结者。在其之后，斯巴苯教一直不断发展延续并且经历了不同发展阶段。以辛饶米沃为标志划分斯巴苯教和雍仲苯教并不可取。通过分析五类吐蕃藏文文献可以发现，苯教后弘期之前并没有“斯巴苯教”或“雍仲苯教”概念存在。直至公元913年苯教后弘期开始，苯教徒参照藏传佛教体系创立雍仲苯教，提出“斯巴苯教”概念并归纳原始苯教内容，将斯巴苯教内容纳入雍仲苯教体系之中，即为雍仲苯教四门一库分类法中的“黑水世续苯教”，或者为九乘次第分类法中的前四因乘，成为雍仲苯教的重要组成部分。

同美的《本教九乘与四门一库》(《世界宗教研究》第2期）认为，关于苯教教义总体架构的分类有苯教九乘说、四门一库说、内外密说等。其中，无论是苯教九乘说，还是四门一库说，都充分反映了苯教教义总体架构的不同视角特点。同时，苯教九乘说的内部特点凸显在见地方面，四门一库说的内部特点凸显在通论方面。换句话说，“无上乘”是统领整个苯教九乘九个层级的见地，“一库”是四门即四大方面的通论。

二、学术专著和有关书刊

2016 年度，出版了 64 部关于藏传佛教的研究专著或译著、学术论文集，共 42 部集刊类的书中有涉及宗教哲学部分的内容。其中，藏传佛教的研究专著当中教义教规的研究专著数量较少，仅有的几部，也是修订本或再版，而专题性的研究基本上集中在藏传佛教的历史、寺院、人物等方面。集刊类的书中，有几部书是藏传佛教的专题性刊物，收集了数量可观的学术研究论文。

教义教规方面的专题性研究成果主要有何杰峰的《藏传佛教判教研究》（巴蜀书社）一书，通过对佛教经典典籍的探讨和研究，论及藏传佛教的教义。就佛教研究的现状而言，对藏传佛教经典典籍的研究还处于相对薄弱的阶段，因而本书希望通过对藏传佛教判教研究，抛砖引玉，以起到保护非物质文化遗产、展现传统文化魅力的作用。除此之外，涉及教义教规研究的专著，均属于再版或修订本。

宗教历史方面，本年度出版的新书比较多，比如尹邦志的《藏传佛教史话》（社会科学文献出版社），以生动、简洁的语言讲述了藏传佛教的发展历史，梳理了佛教传入西藏后与苯教之间的纷争和融通，揭示了藏传佛教在融合印度佛教和汉传佛教基础上所作的创造和贡献，分析了西藏社会、经济的发展与宗教的关系，并简要介绍了藏传佛教在当代的发展情况。还有沈卫荣、侯浩然的《文本与历史：藏传佛教历史叙事的形成和汉藏佛学研究的建构》（中国藏学出版社），以对藏文文献的介绍和研究入手，通过对各种类型的藏传佛教文献分别在不同时期出现、形成和发展的描述，来讨论藏传佛教之各种历史叙事的内容，及其建构和变化的过程，从而说明藏传佛教文本的形成与藏传佛教历史的建构之间的紧密关系。同时从对源自西夏、元、明时期的汉译藏传密教文本的研究出发，运用通过多语种佛教文本的对勘和分析来构建历史的学术方法，成功地构建了藏传密教于西夏、元、明三代传播的历史，并为汉藏佛学研究这一新学科的建构建立了一个可以效仿的榜样。此外，本书还对国际藏学界于近二三十年来对藏文文献和藏传佛教历史的研究及其成果，做了全面的介绍和评论，为从事相关藏学研究的学者提供一个翔实的参考和明确的起点。

肖耀辉、梁晓芬、王碧陶所著《云南佛教史》(云南大学出版社)，内容包括对云南汉传佛教、云南藏传佛教、云南南传上座部佛教和阿吒力教四大部分的介绍。云南佛教部派众多，本书作者在查阅大量文献资料、档案记载，并多次实地考察的基础上，对汉传、藏传、南传及阿吒力四大佛教部派在云南的传入、源起、变革、发展情况作了历史的梳理，较为全面地呈现了云南佛教的主要发展历程，为云南佛教历史的研究增添了一份扎实的文献资料。

佛教寺院、人物的历史文化方面，本年度出版的主要成果有：拉先加《格鲁派主属寺系统的历史文化研究：以明清时期青海境内的寺院为例》(中国藏学出版社)，以明清时期格鲁派寺院之间的层级结构为主题，探讨了格鲁派主属寺系统的历史变迁与文化内涵；分析了其内在的“教”与“人”的因素及外在的政治因素、经济因素；提出“教”的因素即宗喀巴大师的佛学思想是格鲁派在青海形成主属寺系统的内在理论依据，“人”的因素以及经济因素、政治因素影响着格鲁派主属寺分布格局的变化。基于这种主属寺系统组织性的特点，格鲁派在青海获得了广阔的发展空间，逐渐成为青海藏族地区主要的教派。本书的研究填补了格鲁派主属寺系统历史文化研究方面的学术空白。

杨世宏、卢永林、卢红娟编著的《西藏摄政策墨林活佛传略》(社会科学文献出版社)，通过梳理四世策墨林活佛的生平记事和传承脉络，叙述该活佛系统在西藏政教发展史上的重要地位，力图呈现清朝中央政府与西藏政教事务之间的紧密关系。

另外还有黄春和编著的《西藏丹萨替寺历史研究》(文物出版社)。

本年度出版了一些佛学研究论文集和集刊类的书，其中有夏坝·降央克珠、魏德东主编的《佛性》(中国社会科学出版社)。自 2011 年起，中国人民大学国际佛学研究中心成功举办了“经典翻译与宗教传播”“禅定思想研究”“戒律思想与实践”和“菩提心思想与实践”等四届国际佛学论坛，集结论文成书三册，是为《禅定》《戒律》《菩提心》。2015 年召开的第五届论坛以“佛性研究”为主题，就“佛性”的概念、内涵、历史演变、修习实践及现代价值等议题展开了系统的研讨。13 位学界耆老新秀细究台、华、黄、禅、净诸宗，奉献 13 篇论文结集成册，是为《佛性》一书。该书总字数超 16 万，内容总观大乘，贯通汉藏，深入经论，别裁儒佛，畅谈佛性，实乃不可多得佛教思想盛宴。

郑堆主编的《藏传因明研究 3》(中国藏学出版社)一书收录用汉藏两种文字撰写的十余篇藏传因明方面的研究成果，包括《11 至 14 世纪西藏寺院经学教育》《论藏传量学的系统理论特征及其在佛教闻思修体系中的地位》《藏族量理摄类学认识体译解——以〈塞氏・摄类学〉为中心》《杜国庠因明、名辩研究比较》《剖析因明学论著对佛学的重要性》（藏文）、《论法称所著〈释量论〉》（藏文）、《桑浦寺创建年代考》（藏文）、《简论“常”之分类》（藏文）、《因明论式中的喻考析》（藏文）、《论因明学的发展》《从因考声无常之理》（藏文）等。

郑堆主编的《藏传佛教教义阐释研究文集——藏传佛教与和谐思想研究专辑》（第五辑）（中国藏学出版社），包括《藏传佛教和合思想与社会主义核心价值观》《佛教教义对构建社会主义核心价值观的积极作用》《论藏传佛教的和谐圆融思想——以“四摄法”为中心》《论〈入菩萨行论〉中的和谐思想》《藏传佛教大圆满思想中的和谐观》《试析藏传佛教的教内和谐因素》《从“四瑞和睦图”浅析佛教教义中的和谐思想》《试论佛教“四无量心”思想对构建西藏和四省藏区和谐社会的积极影响》等文章，该论文集从藏传佛教教义中的和谐思想入手，立足于社会主义社会的现实要求和藏传佛教的现状，探索了藏传佛教在构建和谐社会中的机遇和责任，对藏传佛教教义中的和谐思想进行了符合时代要求的新诠释，挖掘了藏传佛教内部的和谐因素。

另外，本年度出版的《安多研究》（第十三辑）中也有几篇涉及宗教的学术论文。

藏文部分

本年度，藏文的宗教哲学研究部分，总体上数量不多，公开发表的成果主要集中在藏传因明、教义教规、文献典籍、传播历史与人物、寺院等方面的研究。

（一）藏传因明研究

较之往年，本年度藏传因明研究方面，数量有所减少，仅有的几篇论文主要集中在因明学的文献典籍和一些因明辩论方面。

项智多杰（དོ་རྒྱ་དབང་གྲགས་རྡོ་རྗེ།）《论藏传因明中的辩证思维》（བོད་ཀྱི་ཚད་མ་རིག་པའི་རྩོད་སྒྲུབ་ཀྱི་བསམ་གཞིག་སྐོར་ལ་དཔྱད་པ།《中国藏学》第 2 期）一文，认为藏

传佛教因明辩证思维包括无常、因与果、总与分等，文中围绕这些辩证思维如何在现实社会中具体应用方面的问题，提出了古老因明学在新时代条件下如何继续发展和使用方面的思路。

贡布次仁（མགོན་པོ་ཚེ་རིང་།）《心明论中意现量如何生起问题探究》（བློ་རིག་རྣམ་གཞག་ལས་ཡིད་མངོན་སྐྱེ་ཚུལ་ལ་དཔྱད་པ།《中国藏学》第 2 期）一文，对意现量生起方面的不同观点进行了梳理，在此基础上对心明论中意现量的生起方面的观点进行了系统的介绍。

久美加措（འཇིགས་མེད་རྒྱ་མཚོ།）《浅谈印度因明学大师陈那尊者所著“因论图”及藏传因明学》（རྒྱ་གར་གཏན་ཚིགས་སྨྲ་བ་སློབ་དཔོན་ཕྱོགས་ཀྱི་གླང་པོའི་གཏན་ཚིགས་འཁོར་ལོ་ལས་འཕྲོས་ཏེ་བོད་བརྒྱུད་ནང་བསྟན་གཏན་ཚིགས་རིག་པའི་སྐོར་གླེང་བ།《中国藏学》第 3 期）一文，认为陈那的“因论图”虽然只有四百零二个字，篇幅很短，但是它对因明学科发展具有重要的意义。文章对“因论图”的主要内容、结构等进行了分析，进一步对如何传播至藏区的历史情况做了分析研究。

（二）藏传佛教教义研究

本年度，藏传佛教教义研究方面有以下三篇成果：

更高才让（གུར་མགོན་ཚེ་རིང་།）《格鲁派了义不了义释义述略》（དགེ་ལུགས་པའི་དྲང་ངེས་དོན་འགོད་ཚུལ་ཆེ་ལོང་ཙམ་བརྗོད་པ།《中国藏学》第 1 期），了义不了义是佛教最重要的教法之一，对此研究的成果也较多，尤其是格鲁派对这一教法的阐释，学术界研究关注的也比较多。这篇论文主要围绕宗喀巴对了义不了义的相关阐释经典，以及他的弟子对其所作注解的系统梳理，另外着重介绍了格鲁派教法对了义不了义的认识和分类等。

周拉（འབྲུག་ལྷ།）《菩提达摩“二入四行”思想藏译情况研究》（སློབ་དཔོན་བོ་དྷི་དྷརྨའི་འཇུག་ཚུལ་གཉིད་དང་ཆོས་སྤྱོད་བཞི་ཡི་བསམས་བློ་བོད་ཡིག་ཏུ་ཇི་ལྟར་བསྒྱུར་བའི་ཚུལ་ལ་དཔྱད་པ།《中国藏学》第 1 期），菩提达摩史称汉传佛教禅宗派的创始人，他于公元 520 年左右来到中国，传播佛法，广收弟子。文章从汉藏文献比较研究的角度，对菩提达摩的生平事迹和他所弘扬的“二入四行”教法的藏译情况进行了阐述。

才让先、周拉（ཚེ་རིང་བྱམས། འབྲུག་ལྷ།）《绛阳钦则旺波及其“无宗派运动”思想研究》（འཇམ་དབྱངས་མཁྱེན་བརྩེ་དབང་པོ་དང་ཁོང་གི་གྲུབ་མཐའ་རིས་མེད་ཀྱི་བསམ་བློར་དཔྱད་པ།《中国藏学》第 4 期），绛阳钦则旺波是藏传佛教发展史上“无宗派运动”思想的创立者之一。文章通过介绍绛阳钦则旺波的生平，及其培养众多弟子、著书立说、修建寺庙等方面的历史贡献，对其“无宗派运动”思想进行了系统阐述。

（三）文献典籍研究

本年度，文献典籍研究成果的数量较之往年，略呈上升趋势，主要有如下成果：

卓玛加（ཀླུ་སྟོད་སྒྲོལ་མ་སྐྱབས།）《贡布永仲赞碑文“九幅万字符”考证》（ཀོང་པོ་གཡུང་དྲུང་འཛིན་གྱི་རྡོ་བརྐོས་ཡི་གེ་ལས་གཡུང་དྲུང་རིས་དགུ་སྐོར་ལ་གསར་དུ་དཔྱད་པ།《中国藏学》第 1 期），贡布地区发现的永仲赞碑文“九幅万字符”是吐蕃时期遗留下来的石刻文化遗迹，到目前为止，学术界对此研究处于空白状态。本文首次对贡布永仲赞碑文进行了研究，对它的相关学术研究背景和历史背景做了简要介绍，并对石刻造像的内容和含义等进行了尝试性的解读。

桑吉东知（སངས་རྒྱས་དོན་གྲུབ།）《敦煌古藏文〈大乘无量寿宗要经〉研究》（ཏུན་ཧོང་བོད་ཡིག་གི་རྒྱུད་གཞུང་ཡིག་ཆ་ཚེ་དཔག་ཏུ་མྱེད་པ་ཞེས་བྱ་བ་ཐེག་པ་ཆེན་པོའི་མདོ་ལ་དཔྱད་པ།《青海民族大学学报》第 1 期），把《大乘无量寿宗要经》的藏译情况、现在的各种版本、内容特点、信仰历史等作为研究对象，把敦煌文献、德格大藏经、石刻经文等作为研究材料，在前人研究的基础上，对这部佛教经典文献做了尝试性的研究。

才让东主（ཚེ་རིང་དོན་གྲུབ།）《浅谈宗喀巴大师〈缘悲颂〉》（རྗེ་ཙོང་ཁ་པའི་གསོལ་འདེབས་ཀྱི་སྙིང་པོ་དམིགས་བརྩེ་མའི་སྐོར་གླེང་བ།《青海民族大学学报》第 2 期），《缘悲颂》是宗喀巴和热达瓦二人互相赞美而共同完成的一首四句诗词，在藏区家喻户晓。本文围绕《缘悲颂》的文本，依据宗喀巴和热达瓦的传记等藏文文献，对这两位佛学大师的关系和《缘悲颂》念诵的功德等进行了研究。

扎西才旦（བཀྲ་ཤིས་ཚེ་བརྟན། ）《驳〈龙树意饰〉无畏狮吼的撰写缘由及相关问题研究》（ཀླུ་སྒྲུབ་དགོངས་རྒྱན་ལ་ཆེ་ལོང་དུ་བརྟག་པ་མི་འཇིགས་སེང་གེའི་ང་རོའི་སྐོར་ཙུང་ཙམ་གླེང་བ།《青海民族大学学报》第 3 期），龙树大师的中观论是藏传佛教学经体系中最重要的一部经典，20 世纪初藏族学者根敦群培对其做了注解，写成《龙树意饰》一书，后来另一位学者格西喜饶嘉措针对更敦群培的著作，又写了一篇驳文，他俩之间的辩论成为当时藏传佛教界的一大热点。文章围绕根敦群培所著《龙树意饰》和喜饶嘉措所著《无畏狮吼》，对其中的主要观点和对立面做了较为详细的分析和归纳。

（四）宗教历史与人物研究

本年度，宗教传播历史方面，主要有以下成果：

索南尖参（བསོད་ནམས་རྒྱལ་མཚན།）《论藏传佛教西渐之因》（བོད་བརྒྱུད་ནང་བསྟན་ནུབ་ཕྱོགས་སུ་དར་ཁྱབ་པའི་རྒྱུ་རྐྱེན་ལ་དཔྱད་པ།《中国藏学》第 1 期），藏传佛教从本土传播至外地，是历史上和现实中一直在演绎的一种趋势，在其传播历史上向西方、向内地传播成为学术界一直关注的一个焦点问题。文章对藏传佛教向欧洲、美洲、亚洲等海外国家传播的情况做了介绍，并对其传播的内在原因进行了分析研究。

才华多旦（ཚེ་དཔལ་སྟོབས་ལྡན།）《互助华热地区藏传佛教历史变迁的调查与分析》（ཧོར་རྫོང་དཔའ་རིས་ཡུལ་གྱི་བོད་བརྒྱུད་ནང་བསྟན་ཆོས་ལུགས་འཕེལ་རིམ་སྐོར་གྱི་ལོ་རྒྱུས་བརྟག་དཔྱད།《中国藏学》第 3 期），安多华热地区是藏传佛教传播较广的一个区域，这里先后流传了苯教、宁玛派、萨迦派、噶举派等教派，后期格鲁派在这一区域获得了空前的传播。文章在对相关历史文献资料进行梳理的基础上，对藏传佛教在这一区域的传播历史做了全面介绍。

尤拉才让（ཡུལ་ལྷ་ཚེ་རིང་།）《早期格鲁派寺院卡地卡哇寺的历史与现状研究》（མདོ་སྨད་དགེ་ལུགས་པའི་དགོན་སྡེ་སྔ་གྲས་ཁྱ་ཏའི་ཁ་བ་དགོན་གྱི་བྱུང་རབས་དང་གནས་བབ་སྐོར་ཆེ་ལོང་ཙམ་བརྗོད་པ།《中国藏学》第 3 期），卡地卡哇寺是格鲁派向安多藏区传播的最重要的早期寺院之一，这座寺院的历史研究对格鲁派在安多藏区的历史研究具有特殊的学术价值。文章通过引用汉藏历史文献资料和实地调研资料，对这座寺院的修建、发展及后来的没落情况等进行了研究。

兰周（ལྷ་འབྲུག）《简述佛教在印度的发展与衰落》（རྒྱ་གར་དུ་ནང་བསྟན་འཕེལ་འགྲིབ་བྱུང་བའི་ཚུལ་མདོ་ཙམ་བརྗོད་པ།《攀登》第 2 期），文章对佛教在印度的发展历史，即印度古代文明的产生及婆罗门教和佛教之间的关系，以及 13 世纪佛教在印度的消亡等历史问题进行了论述。

仁欠吉（རིན་ཆེན་སྐྱིད།）《拉卜楞寺红教扎仓格日扎布修供仪式简述》（བླ་བྲང་སྔགས་པ་གྲྭ་ཚང་གི་ཀུ་རུ་དྲག་པོའི་སྒྲུབ་མཆོད་ཆེན་མོའི་སྐོར་གྱི་ཉམས་ཞིབ།《中国藏学》第 1 期），格日扎布修供仪式是藏传佛教各大寺庙中常见的一项重要的法事活动，拉卜楞阿巴扎仓的这一法事活动更是具有悠久的历史和自身的特色。文章围绕拉卜楞寺阿巴扎仓每年举行的格日扎布修供仪式，对这一仪式的起源、仪式的准备、举办时的各个环节、仪式的功能等进行了分析与研究。

华旦（དཔལ་ལྡན།）《谈游学辩经对格鲁派学经制度的影响》（གྲྭ་སྐོར་གྱིས་དགེ་

ལུགས་པའི་སློབ་གཉེར་ལམ་ལུགས་ལ་ཤན་ཞིབས་ཚུལ་སྐོར་རྩུང་ཟད་གླེང་བ།《青海民族大学学报》第 4 期），文章对藏传佛教学经活动中游学辩经的传统进行了研究，对游学辩经的最初产生和对各大教派学经的影响，尤其是格鲁派游学辩经的历史传统是怎样形成的等方面进行了论述。

另外，有些成果是对宗教人物的研究 ：

完么项杰（ཀ་ཕྲུག་པདྨ་དབང་རྒྱལ།）《藏传佛教后弘期鼻祖喇钦贡巴饶赛亲教师二汉僧新考》（བླ་ཆེན་དགོངས་པ་རབ་གསལ་བསྙེན་རྫོགས་སྐབས་ཀྱི་རྒྱ་ནག་གི་ཏ་ཤང་གཉིས་ལ་གསར་དུ་དཔྱད་པ།《中国藏学》第 3 期），对藏传佛教后弘期的开创者喇钦贡巴饶赛的两位汉族亲教师的身份进行了探究，对他们的生平、所属教派和寺庙等进行了新的分析，并对他们在藏传佛教后弘期作出的贡献进行了客观评价。

江永巴松（ལི་པ་འཇམ་དབྱངས་དཔལ་བཟང་།）《元代高僧嘎 · 阿年旦巴及其历史功绩》（སྒ་ཨ་གཉན་དམ་པ་དང་ཁོང་གི་མཛད་རྗེས་སྐོར་གྱི་དཔྱད་གླེང་།《中国藏学》第 3 期），文章运用相关的历史文献资料和实地调研资料，对忽必烈时期藏族高僧嘎 · 阿年旦巴的历史功绩进行自述，对这位高僧对藏传佛教在藏族地区之外的弘传、在汉传佛教寺庙中开展弘法的情况、参与平息萨迦派内部权力斗争等方面所作的贡献等，均做了较为系统的研究。

周泽加（འབྲུག་རྡོ་རྒྱལ།）《简析历任雍和宫堪布的藏族高僧之功绩》（དགའ་ལྡན་བྱིན་ཆགས་གླིང་གི་མཁན་པོ་མཛད་པའི་བོད་ཀྱི་བླ་ཆེན་ཁག་གི་མཛད་རྗེས་ལ་དཔྱད་པ།《中国藏学》第 4 期），历史上雍和宫的堪布多由藏族高僧担任，文章对几位堪布高僧的生平事迹进行了梳理，并对他们在雍和宫的发展方面所作出的贡献进行了客观评价。

尕藏本（སྐལ་བཟང་འབུམ།）《结合朵麦卓尼地方土司制度论述该地区产生的甘丹赤巴》（མདོ་སྨད་ཅོ་ནེ་ཡུལ་གྱི་ཐུའུ་སིའི་མཁན་པོ་མཛད་པའི་བོད་ཀྱི་བླ་ཆེན་ཁག་གི་མཛད་རྗེས་ལ་དཔྱད་པ།《中国藏学》第 4 期），历代甘丹赤巴中原籍属于安多卓尼的高僧占有一定比例，文章围绕卓尼为何能够产生这么多甘丹赤巴的原因进行了分析，并结合卓尼土司的施政策略，分析了这一区域政治、经济、文化的发展背景，并对这些甘丹赤巴对当地社会历史产生的影响进行了研究。

更登（སྐྱབས་བཟང་པ་དགེ་འདུན།）《为何称宗喀巴大师为“第二佛陀”——从佛教发展规律的角度考证》（རྗེ་ཙོང་ཁ་པ་ལ་སངས་རྒྱས་གཉིས་པ་ཞེས་བརྗོད་པའི་རྒྱུ་མཚན་ལ་དཔྱད་པ——ནང་བསྟན་བྱུང་འཕེལ་གྱི་ཆོས་ཉིད་ལ་གཞི་བྱས་ནས་བརྟག་པ།《中国藏学》第 4 期），任何宗教都有其自身发展的规律，佛教也不例外。文章通过透析佛教在印度及我国西藏发展的规律，并结合这一规律对宗喀巴的宗教改革进行了历史必然性的分析。在此基础上，总结出他对藏传佛教的健康发展所作的贡献。

诺日才让（ནོར་བུ་ཚེ་རིང་།）《比较研究宗喀巴和年美西饶尖参大师的生平及他们对佛苯教派的影响》（རྗེ་ཙོང་ཁ་པ་དང་རྗེ་མཉམ་མེད་ཤེས་རབ་རྒྱལ་མཚན་གཉིས་གཞིབ་བསྡུར་གྱིས་ཕོང་གཉིས་ཀྱིས་བན་བོན་གྲུབ་མཐའ་ལ་ཐེབས་པའི་ཤུགས་རྐྱེན་སྐོར་རགས་ཙམ་གླེང་བ།《攀登》第 4 期），宗喀巴和年美西饶尖参是生活在同一时代的两位高僧大德，一位代表佛教，一位代表苯教，文章对两位同时代的大师之间的交往和交流做了论述，并就他们对各自宗教所产生的影响进行了比较研究。

梵文研究

本年度梵文研究在梵文写本、梵文文学、梵汉对勘与梵语词义辨析等相关领域的研究分别取得进展，有较多成果问世。尤其是在梵文贝叶经写本研究方面仍然保持了强劲的势头，出现了不少有较高学术价值的研究成果。然而，本年度在梵汉翻译、梵藏对勘等方面的研究略显不足，对梵文文献的哲学思想研究有待加强。

一、梵文写本研究

在梵文贝叶经写本整理研究方面，今年有不少力作问世。由中国藏学出版社和奥地利科学院出版社联合出版了“西藏自治区梵文文本系列丛书”第19卷法称（Dharmakīrti）《因一滴论》（*Hutubindu*）和第20卷《五百颂般若经》（*Pañcaśatikā Prajñāpāramitā*）两部专著。由奥地利著名梵文学家斯坦因凯尔勒教授校勘的法称《因一滴论》是印度因明学大师法称的因明七论之一，专门阐述建立因（即论据）的规律并对逻辑推理作了分类。由于此前该论梵文原典失传，早在1967年斯教授根据藏译本并结合其他梵文论典的引文片段，重新拟构出一个梵文本，据说准确性极高，但毕竟不是梵文原典。50年后的今天本论梵文原典乃由斯教授正式校勘出版，可谓是因缘际会，学界佳话。《五百颂般若经》是由李学竹和藤田祥道对该经的梵、藏、汉三种文本根据国际学术规范所作的精细校勘。全书由导论和梵、藏、汉三种校勘本以及拉丁转写本组成。其中，梵文本是基于保存在拉萨罗布林卡的贝叶经写本校勘而成，也是该经第一次面世的梵文原典；藏译本则使用了德格版、纳塘版、北京版三种木刻版和 Phug brag、sTog 两种手抄本对勘而成；汉译本则以大正藏版为底本，并参阅了高丽藏版进行勘同，对其中两大段严重错位的经文作了纠正和调整。用汉、日、英写成的导论对该经的先行研究、文献资料以及基本内容、教理特色等进行了较为全面的介绍和深入的研究。指出该经深受《解深密经》(*Saṃdhinirmocanasūtra*)和无著（Asaṅga）的《大乘庄严经论》(*Mahāyānasūtrālaṃkāra*）等唯识学派思想的影响，带有非常浓厚的瑜伽行派学说色彩，这与传统“谈空说无”的《般若经》有很大的不同，这也是该经最大的特色。以主张“他性空”而闻名的觉囊派（Jo nang）堆布瓦（Dol bu ba）大师可能认识到此经的这种独特性而把它认定为五部“了义经典”之一。因此，该经的校勘出版，对于研究《般若经》的流传、演变，尤其是对早期瑜伽行派学说的形成、中观思想与唯识理论的相互影响和交涉，以及藏传佛教思想等方面的研究具有积极的意义和极高的学术价值。

由叶少勇、彭金章、梁旭澍三人联名发表在日本《创价大学国际佛教学高等研究所年报》（第 19 期）上的“Sanskrit Fragments of Abhidharma Texts Found in Dunhuang”一文，是对上世纪 30 年代发现于敦煌莫高窟 6 叶梵文碎片的释读和研究。其中有 1 叶被释读出是众贤（Saṅghabhadra）的《顺正理论》(*Nyāyānusāra*）残文，内容是关于对“触（spṛṣṭavya）”的讨论，这与安慧（Sthiramati）的《五蕴论细疏》(*Pañcaskandhakavibhāṣā*）梵文本中，相同主题的讨论有极大的相似之处。《顺正理论》是以一切有部（Sarvāstivāda）的立场批驳世亲（Vasubandhu）《俱舍论》(*Abhidharmakośabhāṣya*）的论典，现唯有玄奘汉译本传世，梵藏本均已亡佚，故此残文对了解《顺正理论》原典有积极意义。其余 5 张碎片虽未能断定出具体论典名称，但文中出现“一切有论(Sarvāstivāda)”等词汇，可能是某部阿毗达磨（Abhidharma）论典的残卷，这有待今后进一步的研究和确认。

上海中医药大学基础医学院的王兴伊在《吐鲁番学研究》（第 2 期）上发表的《新疆出土隋唐梵文医学写本述要》一文，梳理、概述了 20 世纪初在新疆出土的梵文医学写本残片情况。这部写本内容包括有《鲍威尔写本》41 叶、《毗卢本集》5 叶、《医理精华》3 叶、《八支心要方本集》3 叶，还有不知名医书 11 叶、不知名药方 12 叶、不知名梵文粟特文双语医药文书 1 叶，共 76 叶残片。这些残片大约抄写于公元 6 世纪至 9 世纪。北大陈明博士曾对《医理精华》和《鲍威尔写本》共 44 叶作了汉译，并进行了较系统的研究，发表了《殊方异药：出土文书与西域医学》和《印度梵文医典〈医理精华〉研究》两部研究专著。其余32叶尚无汉译，期待相关专家早日着手译为汉语。这些写本不仅是古印度医学传入我国的真实材料的明证，同时对藏医药的研究也有深远的意义。

此外，李学竹与褚俊杰发表在《中国藏学》英文版（第1期）上的A Diplomatic Edition of the Introductory Section of Yamāri's *Pramāṇavārttikālaṅkāraṭīkā Supariśuddha*，是对保存在布达拉宫的阎摩利所著《释量论庄严疏》贝叶经写本所作的研究，在将该论的导论部分转写成拉丁字母的同时，对写本的状态、字体、题记作了较为详细的描述和研究。

二、梵汉对勘与梵语词义辨析

在梵汉对勘及研究方面，黄宝生先生的《梵汉对勘阿弥陀经·无量寿经》（中国社会科学出版社）是本年度代表性的研究成果。本书对汉传佛教净土宗两部重要经典作了梵汉对勘，并依据梵文本对古代汉译本进行了重新标点，特殊词汇或疑难之处均作出注释。同时，依照古代汉语的表述方式，把梵文本译为现代汉语，书后还附录有《佛说观无量寿经》，为了解和研究净土宗思想提供了极为重要的文献资料。

由邝婷婷、曾勇、程树华等在《世界科学技术—中医药现代化》（第6期）上发表的《印度传统医学阿育吠陀词汇的梵语—汉语对照翻译及研究》，是对古印度的传统医学文献所作的研究，不仅从《印度阿育吠陀药典》（*Ayurvedic Pharmacopoeia of India*）和《印度阿育吠陀处方集》（*The Ayurvedic Formulary of India*）中摘抄出吠陀梵语词汇，而且翻译成汉语，并制作成《阿育吠陀梵语汉语词汇表》。该词汇表以梵语字母为序，收录了阿育吠陀词汇1743条，其中医学词汇913条，药学词汇791条，医学和药学共用词汇12条，其他词汇27个。词条均由拉丁体梵语、英语或拉丁学名和汉语三部分组成，其中病名附英文对照，生物种药物名附拉丁学名对照。同时，罗列了阿育吠陀三病素、三果药材、药物的特性和作用的梵语和汉语，并总结了阿育吠陀梵语词根。《阿育吠陀梵语汉语词汇表》为我国学者研究阿育吠陀医学理论提供了一个很好的基础和平台。

辽宁师范大学的康振栋发表的《竺法护翻译佛经的原典是否梵经》（《辽宁师范大学学报》第4期）一文，对中国佛教历史上杰出的佛经翻译家竺法护所译的经典是否来自梵经问题进行了考察。有学者认为从竺法护的传记资料来看，他翻译佛经的原典取自西域，可能是用西域文字写成的“胡本”，而不是梵文经典。对此，作者通过综合考察竺法护的传记及其所译的《修行道地经》《阿维越致遮经》《渐备一切智德经》等八部佛经的序言、后记，并运用其所译的《萨昙芬陀梨法华经》与民族文化宫的梵文本《法华经》进行部分梵汉对勘，从而推断竺法护所译经典，虽然取自西域，但未必是用西域文字写成的，其所依的原典应该就是梵文佛经。

在梵汉词汇辨析研究方面，河南大学的叶平在《中国哲学史》(第1期)上发表的《梵语"伊字三点"在华流变考》，着重考察了伊字三点"∴"传入汉地后，在汉地的流传和字义的演变，指出该字不仅与我国的本土文化相结合，而且极大地扩展、丰富了其自身的意义和内涵。特别是汉传佛教的天台宗、禅宗、华严宗利用伊字三点来阐扬各自的本宗妙义，并与自己学派的宗旨融会贯通，在这样的和会中，伊字三点的意思被延伸为圆满、融通、不可言说等全新的意义。可见该字在中国传统佛教中是各取所需、为我所用。到了宋代以后，伊字三点又被儒学所吸收，发展为解释宇宙本体的方法论，进而成为儒释道三教融合的象征。

元文广在《西安航空学院学报》(第6期)发表的《鸠摩罗什音译名称汉化之误考》一文对鸠摩罗什的名称进行了考察。鸠摩罗什在中国佛教史上被称为三大译师之一，对于印度大乘佛教在汉地的传播作出了重要贡献。然而，在汉地佛教传统中，人们习惯性地将鸠摩罗什这一梵文音译名简称为"罗什"。作者通过对其名称的梵语研究，指出鸠摩罗什被简称为"罗什"不符合梵文原意，因为在梵文中，鸠摩罗什是由"鸠摩罗"和"什"两部分构成的，而"鸠摩罗"是一个不可分隔的词组，梵文为Kumāra，而"什"的梵文为jīva。由此可见，"罗什"的简称纯属中国人从本民族的语言思维习惯出发得出的一个新的代名词，属于梵文人名音译在汉化过程中的一个失误，这一失误造成了人们对鸠摩罗什名称的误用。

赵东明在《西南民族大学学报》(人文社科版第11期)上发表的《真谛译"转依"为"阿摩罗识"的问题》一文，对梁、陈两代之际的真谛法师(Paramārtha)在《决定藏论》中，将"转依"(āśrayaparivṛtti)一词翻译为阿摩罗识(amalajñāna)的问题进行了探析，指出真谛翻译"转依"一词为"阿摩罗识"，是因为真谛所属的摄论学派认为"三自性"中的"依他性"是可以被灭除的，这与后来玄奘大师的法相唯识宗一系的理论认为唯有"遍计所执性"可以消灭，而"依他起性"也是"根本无分别智"的所缘对象。由此可见，真谛这样的翻译有其独特的理论价值。

此外，陈开勇发表的《〈悉昙字记〉"归敬颂"小考》(《世界宗教文化》第

6期），对中唐时期山阴沙门智广所撰述的一部梵汉双语语音学著作《悉昙字记》中关于开头“归敬颂”的讨论。现在流传的《悉昙字记》的“归敬颂”，均写作“na 娜 ma 么 sa 娑（上）rva 啰嚩（二合）jñā 社若（而也反，二合）ya 也”，但是，这并不表明它是正确的，其中 sa 字的写法完全错误。作者认为造成这种错误的原由，在于后代抄者或刻者，见对音汉字“娑（上）”，即认为是“体文”中的“娑”sa 字，这个“娑”字在发音的时候要带上 a，或者在第一章中要与 a 进行拼合，正好也读成上声，于是据此而臆改梵字，将 ssa 误改成了 sa。这一讹变所导致的问题是它无法与其后的 sarvajñāya 形成语法上的协调关系（在语法上，sarvajñāya 是 sarvajña 的单数为格形式）。而智广原即写作 ssa，这对于字之读音、注释之体例、颂之语法皆契合无间，故“归敬颂”应该写作“na 娜 ma 么 ssa 娑（上）rva 啰嚩（二合）jñā 社若（而也反，二合）ya 也”，即 namas sarvajñāya，这与日本法隆寺所藏的《般若心经》贝叶写本的写法是一致的。因此，nama sarvajñāya 的写法是后代众多抄、刻者的误读，并使梵文书写发生讹变。这种讹误，不仅导致这些梵文对音汉字的注释体例产生不一致的矛盾，而且使 namas 与 sarvajñāya 的语法无法解释。不过，这里需要指出的是，佛教所谓的“归敬颂”，其颂文一般是四句一首的诗文，如果仅有一句，称之为“归敬礼”可能较为妥当。

三、梵语文法与文学研究

罗鸿博士发表在德国汉堡大学 Cross-Cultural Transmission of Buddhist Texts（Edited by Dorji Wangchuk. Indian and Tibetan Studies 5. Hamburg: Department of Indian and Tibetan Studies, Universität Hamburg, 2016）论文集上的 The Kāraka Section of Rāmacandra's Prakriyākaumudī: A Comparative Study of the Sanskrit Original and the Tibetan and Mongolian Translations 一文，是对古印度罗摩月（Rāmacandra）《依缘月光疏》（Prakriyākaumudī）的对勘与研究。创作于 14 世纪下半叶罗摩月的《依缘月光疏》是第一部按主题系统重组梵文语法经典名著《八章书》（Aṣṭhādhyāyī）的作品。藏译《依缘月光疏》（德格版《丹珠尔》4420 号，北京版《丹珠尔》5914 号）由塔巴译师阿旺彭措伦珠（'Dar ba lo tsā ba Ngag dbang phun tshogs lhun grub, 1634—？）和来自西印度的郭库喇那塔弥喜饶（Gokulanāthamiśra）、巴拉跋陀罗（Balabhadra）于 1658—1660 年间完成。这个翻译计划得到了五世达赖喇嘛的资助，翻译地点是哲蚌寺。《依缘月光疏》的

蒙译（蒙古文《丹珠尔》4975—4976 号）是在藏译的基础上完成的，译者是洛桑慈成（Blo bzang tshul khrims, 1694—？）。在收入《丹珠尔》的所有语法著作中，《依缘月光疏》是卷帙最为浩繁的一部，共有 425 叶。研究《依缘月光疏》对于研究梵文文法，尤其是波你尼语法体系在西藏和蒙古的流传有重要的意义。该文从《依缘月光疏》中选取《啭声章》为例，依照《依缘月光疏》梵文精校本（Muralīdhara Misra 1977）并参考克里悉纳（Kṛṣṇa，16 世纪）所著《显义疏》（Prakāśa），对藏译和蒙译作了对勘研究。《啭声章》讲述实词八种变格的定义和语法功能，是梵文研习的重点和难点之一。该论文在全文对勘的基础上列举分析了藏译中缺失的经文、错置的经文、不完整的翻译和值得商榷的翻译，并指出将来研究和整理该文献的具体任务。论者认为《依缘月光疏》藏译是一部未经精审校阅的译稿，将来的对勘研究不仅应该着眼于该文本的整理和保存，同时还可以尝试以该文本为基础，对《依缘月光疏》的藏译进行修订或重译。

本年度在梵文文学方面的研究也取得了不少成果。深圳大学黄蓉在《湖南科技学院学报》（第 7 期）上发表的《文学本位回归原典——以〈梵语文学史〉为例看比较文学教材的编写》，对我国著名的梵文学家金克木先生所著的《梵语文学史》作了高度评价，认为《梵语文学史》是中国梵语文学研究的奠基之作，它不仅有史料价值，而且还具有不可低估的开创意义，是中国印度文学史上里程碑式的杰作，在研究的深度和广度上，迄今并未有其他相关著作可以匹敌。论者还特别强调该书无论是资料的丰富性、原典翻译的准确性，还是论述的严密性、观点的新颖性，都取得了突破性的进展，它就像是海上的灯塔，直至今日依然指引着年轻一辈航行前进。因此，重新评价《梵语文学史》，探索金克木先生印度文学研究路径，学习注重文学本位，注重原典，不作空论和主观臆测的经验，对当前建构中国特色的外国文学史和比较文学教材，具有一定的启发意义。

梵语诗学是世界古代三大文艺理论体系之一，它有许多独特的诗学概念与范畴，由此产生许多既富有普遍意义，又具有独特东方文化魅力的诗学命题。尹锡南的《梵语诗学的几个重要命题》（《南亚研究季刊》第 4 期），选择梵语诗学的音与义、梵文文学作品的功能、梵语诗学的风格、诗歌成因的基础等四个重要的诗学命题进行剖析。这些诗学命题包括对文学本质或功能的认识、对诗歌灵魂的认识、对审美情感机制的剖析以及对文学作品或诗歌成因的探析。此外，该文还借助比较诗学研究方法，探究印度古典诗学命题的普遍价值和现代意义。他在《文艺理论研究》（第 4 期）上发表的另一篇文章《梵语诗学的几个重要范畴》则对梵语诗学的独特范畴进行了论述。梵语诗学包含有很多世界古代文论的独特范畴，如味、韵、曲语、诗魂、魅力和诗德等。这些极具印度文化特色的东方文论范畴，具有悠久的发展历史和非常丰富的内涵，有的具有当代比较诗学研究价值。该文以欢喜（ananda）、词功能（śabdavyāpāra）、诗魂（vidyādhara）、诗德（guṇa）、诗病（doṣa）等七个重要范畴为例，对印度古代文论的丰富内涵和独特性进行了揭示。

近年来，国外的印度学研究深入发展，在梵语史诗、古典文学等传统研究稳步推进的同时，研究的触角也伸向了宗教史、文化史、物质史、科技史等各类文献的交叉领域。张远发表在《外国文学动态研究》（第2期）上的《梵语文学研究现状及前景展望》，简要地介绍了传统的梵语文学研究和梵语文学与其他学科的结合研究等现状，同时择要评述了国内外近年来出版的相关专著和研究成果，并对梵文文学研究的前景也作了讨论，指出梵语文学是一个门类丰富、可以容纳无数其他领域的学科。因此如果能够兼顾时代特征给予全新解读，并从文学的审美特征出发进行研究，或许可以得到不一样的收获。

四、其他

北大的萨尔吉和Peter Skilling在日本《创价大学国际佛教学高等研究所年报》（第19期）上发表了How the Buddhas of the Fortunate Aeon First Aspired to Awakening: The *pūrva-praṇidhānas* of Buddhas 251–500，将未来佛的夙愿颂《pūrva-praṇidhānas》251–500颂译为英文。何欢欢和范德康发表在*Journal of Indian Philosophy*（第44卷第2期）上的Once Again on the *Hetucakraḍamaru:* Rotating the Wheele，对被认为是陈那所著的一部佛教因明学小论《*Hetucakraḍamaru*》的研究，作者通过各种图表对该文献作了较为详细的解读。

本年度8月份在北京成功召开了“第六届北京国际藏学研讨会”，由Birgit Kellner、Jowita Kramer、李学竹三人所召集的“梵文写本与西藏组”，共有20多位海内外学者参会，其中有15名学者发表了论文，为我们带来了最新的研究成果和精彩讨论。与会者发表的论文主要围绕《释量论庄严疏》（*Pramāṇavārttikālaṅkāraṭīka*）、《入中论》（*Madhyamakāvatārabhāṣya*）、《牟尼意趣庄严论》（*Munimatālaṃkāra*）、《俱舍论实义疏》（*Abhidharmakośatattvārtha*）、《正理门论》（*Nyāyamukha*）、《集量论注》（*Pramāṇasamuccayaṭīkā*）、《弥勒授经记》（*Maitreyavyākaraṇa*）、《律经自注》（*Vinayasūtravṛtti*）等佛教经论展开。从总体上看，研究内容涉及范围有因明学、中观学、阿毗昙学、戒律等，但值得注意的是，多位学者的论文聚焦于佛教因明学的研究，这可能得益于近几年中国藏学研究中心与奥地利科学院共同创办的《西藏自治区梵文文本系列丛书》出版了大量因明文献的梵文原典。以下分别对发言者的内容作简要的概述。

德国莱比锡大学的艾利·弗兰科（Eli Franco）教授作了题为《阎摩敌〈释量论庄严〉清净疏》的发言。他的研究小组计划将现存唯一的《释量论庄严清净疏》梵文写本校勘出版，同时对该文献进行翻译和研究，并修改之前出版的智藏护《释量论庄严》的错谬之处。德国海德堡大学派特里克·麦克阿利斯特（Patrick McAllister）博士发表《从梵藏资料编辑〈释量论庄严〉》，探讨了自己对《释量论庄严》中一段文本进行编辑时所遵循的原则及理由，并重点讨论了利用多种语言资料时所遇到的方法论上的问题。奥地利科学院亚洲文化思想史研究所渡辺俊和博士以《关于法上〈定量论疏〉写本》为题作了发言，重点讨论了保存在布达拉宫的《定量论疏》这部唯一梵本的抄写者的抄写特点和更正现象，指出写本的叶边有很多更正处，而且在某些贝叶上发现有不同人所添加的更正，从这些现象考察该写本在抄写过程中的一些情形。日本龙谷大学桂绍隆教授发表了《重构陈那〈因明正理门论〉的梵本》，介绍了在过去十年致力于校勘胜主慧的《集量论疏》第三章、第四章和第六章的过程中，以该疏的引文材料为基础，重构出陈那的《因明正理门论》梵文本的情况。日本筑波大学小野基教授的发言为《论〈集量论疏〉第六章梵文写本对于佛教辩论传统研究的意义》，介绍了他的研究小组在对《集量论疏》第六章梵文本的研究过程中搜集到的信息，不仅可以重构出《集量论》第六章的梵文并更为准确地阐释陈那关于“过类”的论述，还能澄清《集量论》第六章和《正理门论》中提及的过类关系，理清了佛教过类理论从世亲的《论轨》到陈那的发展历程，并揭示出《论轨》和《如实论》第二章中关于过类论述的相似之处。奥地利科学院亚洲文化思想史研究所霍斯特·拉塞齐（Horst Lasic）博士以《陈那及其〈集量论〉第二章中关于对论者观点的处理》为题作了发言，他指出学界至今尚未发现陈那《集量论》的梵文本，近年在西藏自治区发现了一部由胜主慧为《集量论》所作注释的梵文写本，这部注释不仅有助于了解陈那的背景，也提供了相当数量的《集量论》引文。他强调在重构《集量论》第二章时能够更加清晰地描述陈那关于反对论者观点的处理，并更好地说明陈那在推理方面的贡献。同为奥地利科学院亚洲文化思想史研究所的室屋安孝博士以《法称〈诤理论〉和寂护〈诤理论疏〉的写本传承》为题作了发言，他认为从文献学角度对《诤理论》和《诤理论疏》中的引文加以考察，这对于理清法称和寂护作品的写本传承有重要意义，从来自贾沙梅尔的三个《正理经释》写本中搜集到的关于平行文本的文献证据表明，有必要对《诤理论》和《诤理论疏》之间矛盾的个案进行全新的考察，并从文本批评的角度进行分析。

此外，奥地利科学院亚洲文化思想史研究所的安妮·麦克唐纳（Anne MacDonald）博士以《探析月称的〈入中论疏〉》为题，简要叙述了在校勘《入中论疏》梵文本的过程中遇到的一些问题，并考察月称独特的中观思想和对龙树的本体论立场所作的贡献。德国慕尼黑大学尤维塔·克莱默（Jowita Kramer）博士的发言题目是《〈俱舍论真实义疏〉第四章》，她认为通过对《俱舍论真实义疏》的梳理，不仅能深入地了解安慧对于阿毗昙论的理解，还能更好地了解晚期藏译的特点。她还讨论了该文献梵文本在校勘过程中所遇到的若干问题，并提供了第四章的内容梗概。日本高野山大学加纳和雄博士发表了《〈牟尼意庄严论〉中所引珍稀文献——以瑜伽行派文献为重点》，指出《牟尼意趣庄严论》是无畏藏护作于1113年的一部关于非密教体系的佛教理论和实践的百科全书，而且在该论中有大量的其他论典的引文，被认为是资料的宝藏。近年，该论梵文写本的存在已由李学竹（中国藏学研究中心）作了报告，同时也展开了对梵文本的校勘研究。此次发表主要介绍此论中所引用极为罕见的瑜伽行派论典，这些论典，如《摄大乘论》的梵本早已失传，而且也从未被其他论典所引用，故更显珍贵。日本大正大学米泽嘉康博士作了《〈律经自注〉梵文写本》的发言，到目前为止，《〈律经〉自注》有两个梵文写本（写本A和写本B），均为残本，大正大学研究小组在写本B的基础上重新校勘《律经自注》的出家事一章，写本B提供了写本A中所没有的梵文原文。米泽博士以《律经》第一章第98句经文的注释为例，说明根本说一切有部律文献的架构。意大利那不勒斯东方大学的弗兰西斯科·斯菲拉（Francesco Sferra）教授在《喜力巴努〈甘露持〉：一部保存在西藏自治区的〈金刚甘露续〉注释》的发言中，介绍了《金刚甘露续》目前仅存于剑桥大学图书馆收藏的一个并不完整的写本，同时指出藏文译本和古代注释对于研读与诠释这部文献具有重要意义，其中喜力巴努的注释是篇幅大且重要的注释之一，在很多情况下有助于重构原文。奥地利科学院亚洲文化思想史研究所比尔格特·凯乐（Birgit Kellner）教授在《关于梵文文本的数字化编辑——工具、方法和启示》的发言中，讨论了梵文文献数字化的工具和方法以及数字化对于文献研究的学理和实践意义，并特别关注如何利用及如何在数字文本中呈现藏文译本问题。

政治法律

一、政治研究

本年度涉藏政治研究具有以下特点。第一，由于2016年是红军长征胜利80周年纪念，关于长征时期红军在藏族地区的活动也出现了一些新成果。第二，关于西藏和四省藏区治理体系和治理能力现代化研究更加全面和多元化，对于治理顶层设计、宏观制度、微观制度的研讨都有所推进。此外，基层治理研究的深入发展是一大亮点。第三，关于西藏和四省藏区治理政策研究更加偏重于现实性问题，研究成果主要集中在各个历史时期特别是当前中国共产党的治藏方略和治理政策探讨上，注重研究对实践的指导意义。第四，涉藏反分裂和社会稳定问题研究更加呈现学理化发展的特点，出现更多研究西藏和四省藏区社会稳定深层次规律的学术成果。第五，涉藏外事研究领域不断扩大，不仅更加注重研究国外对西藏的政策、态度、认知，而且更加关注西藏自身如何借助“一带一路”整体战略提升自身在世界中的站位，彰显了西藏更加开放和自信的心态。第六，涉藏军事研究有一定进步，一些新史料的运用深化了对于历史上藏族地区军事历史和制度的认识。

（一）红军长征时期在藏族地区活动研究

在红军长征胜利80周年的特殊年份，藏学界对于红军长征时期在藏族地区活动的研究也有相应的推进。这方面研究具有明显的特点：一是出现一些集中探讨红军长征在藏族地区活动的文集和专刊，比如《中国藏学》第3期专门开辟“纪念红军长征胜利 80 周年专栏”，集中探讨红军经过藏族地区时的历史，特别是开展的政治军事活动和采取的民族宗教政策等；二是研究主题和范围更加广泛，涉及红军长征过程中的统战政策、宣传活动、民族关系、“扩红”行动等，立体展现了长征时期红军方方面面的活动。

黄维忠、格桑卓玛、王文长主编的《红色记忆——红军长征在藏族地区及其当代启示》（中国藏学出版社）从历史和政治的角度论述了红军长征在藏族地区的活动及其意义。该书回顾了红军长征经过藏族地区的大致历程，分析了马克思主义和党的民族政策在藏区的探索和实践过程，并研究了藏族各界人士对于红军长征胜利作出的贡献，以及红军长征对藏族地区的深远影响。该书还论述了红军长征对当代的启示，特别是长征精神和马克思主义民族理论中国化实践历程的现实意义。

杨坚赞、姜骁军《长征时期党在川康藏区民族工作的实践与启示》（《红旗文稿》第 18 期）一文回顾研究了长征中党的民族工作和涉藏工作政策。提出在经过川康藏区时，党的民族政策得到了丰富和发展，包括坚定主张民族平等和民族团结、尊重少数民族的宗教信仰、尊重民族地区的风俗习惯和语言文字、帮助少数民族建立革命武装和政权、开展对民族上层的统一战线工作。作者认为这段历史对于做好新时期民族工作具有重要启示，即必须坚持将马克思主义与中国实际相结合的原则、必须坚持实事求是的科学态度、必须不断加强和改进党对民族工作的领导。

格桑卓玛、沈红宇、张小敏、刘俊波的《藏族群众对红军长征胜利的贡献》（《中国藏学》第 3 期）研究了长征时期藏族群众对革命事业和红军军事行动的支持。该文认为，中国工农红军长征经过藏族地区时由于严格执行党的各项民族政策，赢得了藏族人民的信任和拥护。藏族的普通群众和很多开明的上层人士从人力、物力及道义上采取各种方式支援红军，为红军取得长征胜利作出了巨大贡献。文章从充任翻译、向导，搭起红军胜利的桥梁；成立地方武装，维护秩序、平定叛乱、配合红军作战；支援粮食、发展经济，解决红军生死存亡的头等大事；藏民参军，为红军补充优秀兵力；救护伤员、保护红军；运送物资、铺路搭桥等其他支援红军的活动六个方面对藏区群众对红军长征胜利的重大贡献作了详细论述。

何洁的《长征时期汉藏民族关系的深化发展及其对藏区社会的影响研究——以四川藏区为例》（《中国藏学》第 3 期）从民族关系的角度，论述了红军长征的伟大政治意义。该文认为，红军在四川藏区期间，积极、妥善处理与藏族地区广大群众、上层人士的关系，汉藏民族交往进一步加强；积极帮助藏族地区群众建立自己的革命武装、民族自治政权，努力建构民族平等的新型政治关系；四川藏族地区人民群众给予红军巨大的支援和帮助，对保存红军实力、支援红军北上作出了巨大贡献。长征进一步加强了四川藏族地区汉藏民族的密切交往，深化了汉藏两族的友好关系，对四川藏族地区社会的政治、社会等产生了深远影响。

朱晓舟的《红军长征在康区的"扩红"宣传及其成功原因试探》(《中国藏学》第3期）研究了红军长征中的宣传政策，特别是"扩红"宣传。该文认为，红军长征时面对汉藏隔阂、国民政府的"反宣传"、严酷的自然环境等困难，积极开展了"扩红"宣传工作。红军通过建构"认同"以获取藏族民众的支持，通过谈判、合作、俘获、感化等方式争取土司头人与寺院喇嘛，最大限度地团结了康区社会的各方势力，推动了红军顺利通过康区。同时，由于康区的社会生产力限制、红军人数众多等原因，藏族民众为了红军的顺利北上，作出了巨大的贡献和牺牲。

黄天华、金立叶的《长征时期中共对藏族上层人士的统战及其重要影响》(《中国藏学》第4期）研究了红军长征时期中国共产党针对藏族上层的统战政策。该文认为，红军经过藏族地区时，对藏族上层人士开展了细致入微的统战工作，双方结下了深厚的友谊，这为后来新中国巩固对民族地区的管理，实施民族区域自治制度以及顺利解放西藏奠定了良好的基础。

王川《1936年红军长征在康区白玉的历程及其意义》(《中国藏学》第3期）论述了红军长征进程中在康区特别是白玉县的经历，以及彰显出来的历史意义。该文认为，红军在白玉县境内基本没有遇到敌对势力的阻击，是红军长征在四川省内、在甘孜地区最为顺利的时期之一。红军在白玉县境属于长征的后期，已胜利在望。白玉藏区人民为支援红军，作出了巨大的牺牲和贡献；而红军在白玉，也检验了党的民族宗教政策与群众路线，得到了白玉藏族等各族群众的大力拥护与支持。卓有成效的群众工作，对红军克服困难、化解危机起到了重要作用，保障了红军顺利北上并实现主力部队大会师。

（二）治理体系和治理能力现代化研究

党的十八届三中全会以来，围绕推进西藏和四省藏区治理体系和治理能力现代化的研究呈稳步增长态势。2016年这部分研究的重点主要有三个方面：一是西藏和四省藏区治理现代化的理论探讨，即从顶层设计的角度论述如何推进治理现代化；二是对西藏和四省藏区治理中各项制度的探讨，其中既有对人民代表大会、民族区域自治等根本和基本政治制度的讨论，也有对社会保障、对口援藏等具体制度的研究；三是对基层治理的探讨，主要围绕推进基层组织和政权建设、强基固本展开。

孙宏年《当代中国西藏治理研究综述》(《中国边疆学》第五辑，社会科学文献出版社）对 1949 年以来，特别是 20 世纪 80 年代以来中国学术界有关当代中国西藏治理研究的新进展、新突破及其特点进行了评述，分析了亟待深化的研究领域和方向。该文认为，当代中国西藏治理研究大致可以分为三个阶段，即 1949—1979 年的奠基阶段、1980—2004 年的渐趋繁荣阶段和 2005—2015 年的新突破阶段。随着时间的推移，有关研究领域不断拓展，成果数量和质量都日趋提升。该文指出，当代中国西藏治理研究仍面临一系列挑战，如境外分裂势力和反华势力诋毁、大量档案文献未得到充分发掘整理、重大理论和现实问题未得到解答等，为此应努力突破档案文献“瓶颈”、注重理论与实践相结合、加强与同行交流。

陈井安、刘福敏《藏区治理体系现代化若干问题研究》(《中国藏学》第 2 期）研究了西藏和四省藏区治理体系现代化的内涵、特殊性和突破的着力点。该文认为，西藏和四省藏区治理体系的现代化包括治理理念的现代化、治理主体的多元化、治理结构的民主化、治理手段的综合化。当前西藏和四省藏区治理体系现代化建设存在一定的特殊性，突出表现为宗教文化对政治生活和世俗生活的渗透、基层治理主要依赖基层政权而非基层自治组织、治理手段更加重视公共服务和维稳能力、社会力量培育必须由政府主导、需将藏族法制习俗纳入依法治藏体系。因此推进西藏和四省藏区治理体系现代化需要在五个方面有所突破，即有效发挥宗教的正向作用、加强基层政权建设、强化干部队伍能力建设、有效孵化和管理社会组织、着力提高依法治藏水平。

崔海亮《西藏马克思主义大众化研究》(中山大学出版社）研究了马克思主义在西藏的传播，即马克思主义大众化的历程、存在的问题和进一步深入发展的路径选择。该书认为，西藏作为新中国成立前唯一没有共产党组织且受到宗教深入影响的省级地区，在推进马克思主义大众化的过程中取得了巨大成就，形成了宝贵的历史经验。该书还分析了当今西藏马克思主义大众化的现状和存在的主要问题，即马克思主义指导思想与多元化意识形态的对立、政治信仰与宗教信仰、民族认同之间存在一定的张力、藏传佛教与社会主义社会相适应存在的问题、青年大学生政治信仰教育缺失、农牧民社会主义教育不足。据此，该书进一步提出推进西藏马克思主义大众化的路径选择，即推进西藏马克思主义大众化更广泛的传播，进一步实现马克思主义与西藏实际相结合，在实践中进一步发展马克思主义。

宋月红《人民代表大会制度在西藏的确立与组织机构建设》(《中国藏学》第3期）通过回顾西藏自治区人大的建立和完善过程，阐述了人民代表大会制度在推动西藏发展稳定各项工作中的重要意义。该文认为，人民代表大会制度是西藏实行民族区域自治的政治前提和制度基础，其建立与西藏民主改革和自治区建立互为条件、密不可分。在改革开放新的历史时期，西藏人民代表大会制度经历伟大的制度变迁，率先在全国省级人大中设立常委会，并设立常委会工作委员会、建立常委会派出机关、建立县级人大常委会等。该文提出，西藏自治区人大及其常委会在推进西藏改革开放和现代化建设事业中发挥了地方性国家权力机关的重要历史作用。

孙勇《国家政治实体统一下的西藏50年历程——跨政治经济学视域下西藏地方自治的实践意义》(《西藏民族大学学报》哲社版第3期）以统一国家政治实体为研究前提，以跨政治经济学的视域对西藏50年以来的民族区域自治进行研究。该文认为，西藏民族区域自治的充要条件是通过国家在西藏的多方面的举措而形成的，西藏与内地之间在政治地理、经济地理与文化地理三大领域的贯通，也是在国家总体供给模式下通过对西藏的援助与支持而实现的。该文讨论了国家政治先导下的西藏社会变迁与发展愿景，其中着重分析了政治实体如何在制度的范畴内对西藏地方提供导向。

冯智《西藏民族区域自治的成功实践及其历史启示》(《当代中国史研究》第2期）研究了西藏民族区域自治的实践特点和昭示的历史定位。该文认为，西藏民族区域自治体现在高度重视民族干部培养选拔、建立完善各级人民代表大会制度、加强地方立法工作、中央高度重视、传统文化保护和宗教信仰自由得到充分贯彻、生态文明建设水平不断提高等方面。该文提出，西藏的民族区域自治实践提供了丰富的历史启示，包括民族区域自治体现了中国民族关系发展的深度和广度、民族区域自治制度是多民族国家处理民族问题的正确选择和成功典范、当代中国民族区域自治具有牢牢把握经济发展、遵循依法治国原则、体现统一和自治相结合等特点。

刘宝臣、万金鹏《试述新西藏社会保障制度的发展历程、动力机制及完善方向》(《西藏大学学报》社科版第2期）通过回顾西藏社会保障制度的建立和演进历程，研究了其背后的演进动力和未来的发展方向。该文认为，西藏社会保障制度经历了计划经济时期的国家—单位保障阶段、改革开放后的社会保险制度阶段以及新世纪以来覆盖全体居民的社会保障制度阶段。这一制度演进受到一系列因素的影响，包括经济改革和发展、政治形势和政策取向、社会结构和文化观念、制度示范和灵活创新等。该文提出，为使西藏与全国一道同步建成小康社会，需进一步完善社会保障制度，包括从制度全覆盖到人员全覆盖、从制度分割到制度整合、从适应稳定到适应流动、从消极保障到积极保障、从实惠群众到方便群众。

杨明洪、刘建霞《中央机关对口援藏制度研究》（《中国藏学》第 4 期）对于中央机关对口援藏制度的缘起、性质、运行机制、主要形式、制度缺陷和修补路径进行了研究。该文认为，中央机关对口援藏制度起源于新中国成立之初中央对西藏的帮扶，并于 1994 年正式成为一项对口支援制度。中央机关对口援藏与各省市、央企对口援藏共同构成国家对口援藏制度体系。中央机关对口援藏制度绩效显著，但也存在制度缺陷，需要进一步完善。该文对中央机关对口援藏制度的改进提出建议，包括建立统筹机制以协调对口援藏工作、加强援藏干部培训、建立援藏工作投入硬性指标、纠正认知偏差。

王彦智《西藏乡镇政权改革发展研究》（中国社会科学出版社）对西藏乡镇基层政权建立的背景、运行过程中面临的挑战及改革发展的思路进行了研究。该书认为，西藏乡镇政权改革发展应遵循县乡协同改革、基于稳定与发展的价值取向、实现国家、政党和政府三层面目标的思路。该书进一步提出，西藏乡镇政权应通过凝聚改革共识获得改革动能，通过理顺县与乡、国家与社会、政府与市场三个核心的外围关系为改革发展创造前提，通过走出科层化治理方式摆脱压力型体制困境并适应当地农牧民需要，通过机构重置建设权责利统一的地方政权，为基层社会的持续健康发展和长治久安提供有效的制度供给。该书对西藏乡镇基层政权改革发展的思路、目标、路径论述较为系统，也有一定创新。

刘宝臣《西藏基层治理面临的形势和任务——基于 100 名村（居）支部第一书记的访谈》（《西藏研究》第 6 期）通过对西藏基层党支部第一书记进行访谈，研究了西藏基层治理面临的各种挑战。该文认为，西藏基层经济社会发展方面存在公共基础设施建设不完善、扶贫减贫和增收致富任务艰巨等方面挑战；维护社会稳定方面存在分裂势力不断渗透破坏、经济社会转型期矛盾凸显、宗教影响基层公共事务、群众思想观念不适应现代社会需要等问题；基层组织建设方面存在村级组织不健全、党员作用不明显、乡镇政权治理能力不足、驻村工作存在双重影响等问题。该文提出西藏基层治理应坚持把改善民生放在重要位置、推进治理体系和治理能力现代化、加强农牧区组织自身建设、发掘资源优势以发展当地经济、利用好宗教因素等。

杨虎得、巴丁文毛《国家认同与青海藏区基层政权建设》(《青海民族大学学报》第4期)从国家认同的相关理论出发，论述了青海藏区基层政权建设在促进国家认同方面存在的问题和应对的思路。该文通过回顾青海藏区基层政权建设的历程，分析了基层政权建设在促进国家认同方面的重要意义，指出青海藏区广大农牧民的国家认同体现为“实践中的认知”，即根据对自己最接近接触者的评判来决定自己的认同，从而凸显了基层政权的重要性。该文分析了青海藏区基层政权建设面临的问题和改进的路径，认为青海藏区存在一些迫切需要处理的特殊问题，包括一些党员政治意识模糊，部分基层干部能力素质不足。为此应加强党员队伍理想信念教育，不断加强党的执政能力建设，加强农牧区基层民主建设，加强基层政权建设财力支持。

周毛措《民族地区县域社会治理的现状及对策——以青海省海南藏族自治州共和县为例》(《民族问题研究》第四辑，甘肃民族出版社)从社会治理的理论出发，以青海共和县为考察样本，研究了青海藏区基层社会治理面临的挑战和解决思路。该文认为，共和县社会治理面临一些新情况新问题，如利益诉求多元化带来社会矛盾日趋复杂、社会思潮错综复杂加大维稳压力、社会结构变动对治理体系提出新挑战、行政能力不足带来政府权威受到挑战等。为此应以强法治为根本推进治理理念法制化，以重德治为先导推进治理机制长效化，以促改革为动力推进治理方式社会化，以转职能为抓手推进治理责任精细化。

（三）西藏和四省藏区治理政策研究

本年度关于中央政府治理西藏和四省藏区政策的研究主要围绕三方面展开：一是历史上历代中央王朝和中央政府的治理政策；二是各个重要历史时期中国共产党的涉藏政策和治理政策，其中和平解放、民主改革等时期的治理政策是探讨重点；三是改革开放以来中国共产党的治藏方略，特别是十八大以来以习近平总书记为核心的党中央治理西藏和四省藏区的各项方针政策。

张兴年《清代甘青蒙藏地区施政研究》(甘肃人民出版社)从历史的维度对清朝中央政府治理甘青蒙藏地区的历程、制度及成效进行了研究。该书回顾了清朝治理甘青蒙藏地区的历史，将其归纳为顺康朝、雍乾朝、嘉道朝、同光宣朝四个阶段进行论述。在总结历史的基础上，该书对整个清朝在甘青蒙藏地区的施政制度进行了分析和评价，认为清朝对甘青蒙藏地区的立法是一个循序渐进的过程，是清朝“因俗而治”“众建而分其势”政策的具体体现，进一步将甘青地区纳入国家一体化进程，促进了甘青地区社会经济的发展，为民国时期青海建省奠定了基础。

李国政《“治藏必先安康”国家战略：历史脉络与当代审视》（《云南民族大学学报》哲社版第2期）研究了“治藏必先安康”这一历史话语的当代意义。该文认为，“治藏必先安康”虽然产生于晚清时期，但对于当前的西藏和四省藏区治理依然有着重要的现实意义。维护西藏和四省藏区社会稳定必须要有国家边疆治理的大战略思维。该文提出，应构建西藏与四省藏区的协调联动机制，将西藏和四省藏区的稳定发展纳入到国家治理的统一平台，树立大边疆战略思维，统筹考虑“主边疆带”和“次边疆带”的协调发展。

王苑、王小彬《和平解放西藏的先期接触与预备谈判考》（《中国藏学》第S1期）通过新发现的史料，分析了中央政府与西藏地方政府代表在北京围绕西藏和平解放进行谈判前，双方的前期接触和预备谈判过程。该文认为，在北京谈判之前，双方在昌都和印度新德里进行了预备谈判，也曾计划在香港和拉萨进行前期接触，但并未实现。从这些先期接触和预备谈判的过程中可以看出，双方谈判的性质和政治基础非常明确，就是承认西藏是中国不可分割的一部分、西藏只能作为中国的一部分与中央政府谈判。

李荟芹《西藏和平解放的农奴制因素与内向力量》（《学术界》第2期）对于解放西藏过程中中央政府选择和平解放方式而非武力的根本原因进行了分析。该文认为，旧西藏政教合一的封建农奴制和内向势力是促使中国共产党最终选择以和平方式解放西藏最为至关重要的因素。旧西藏政教合一的封建农奴制导致下层民众反抗意识薄弱，很难采取革命动员和阶级斗争的方式加以推翻。而西藏根基深厚的内向力量特别是内向的宗教力量成为和平解放西藏的内部动力。

阴海燕、朱红欠《西藏和平解放时期内部团结问题的解决》（《青藏高原论坛》第4期）研究了中国共产党在西藏和平解放前后促进西藏内部团结的政策。该文认为，由于历史上帝国主义的入侵，西藏内部长期存在不团结因素，主要表现在达赖喇嘛和班禅两大活佛系统之间的矛盾。为有效解决西藏内部不团结问题，中国共产党做出一系列努力，如保护班禅但暂缓其归藏、和平解放谈判中坚持谈达赖班禅团结问题、护送十世班禅进藏等。该文指出，在筹备成立西藏自治区过程中，中国共产党没有采取“分而治之”的方式，而是建立统一的西藏自治区，体现了尊重民族平等团结的政策精神。

谢忠、许可人《毛泽东治藏统战方略的历史启示》（《思想理论教育导刊》

第11期）对以毛泽东为代表的第一代中国共产党领导集体运用统一战线理论方针治理西藏的政策实践进行了研究。该文认为，从西藏和平解放到走上社会主义道路的多次历史巨变中，毛泽东治藏统一战线方略发挥了不可替代的特殊重要作用。毛泽东治藏统战方略的成功实践，为巩固和发展具有中国特色、西藏特点的统一战线提供了重要的历史启示，包括高度重视上层统战工作，充分发挥它对党的西藏工作的特殊重要作用；对上层人士既坚持标准又不作过高要求，建立最广泛的爱国统一战线；坚持必要的斗争与必要的让步的策略方针，坚决维护国家统一和西藏稳定；实行民主协商，适当照顾爱国上层人士的利益；把团结上层同争取群众相结合，严格执行党的民族宗教政策。

宋月红《西藏自治区筹备委员会研究》(《青海民族研究》第3期）对西藏自治区筹备委员会的组织沿革和历史贡献进行了分析。该文认为，以国务院解散西藏地方政府为界，西藏自治区筹委会经历了前后两个阶段。在后一个阶段，筹委会行使了原地方政府职权。该文分析了筹委会在行使西藏地方政府职权前后的历史职能，指出在行使职能前筹委会的主要工作是培养民族干部和在西藏各地建立各级办事处，行使职能后主要工作包括实行民主改革、统一西藏地方性政权组织、成立政协西藏委员会、成立西藏自治区等。

邢广程、孙宏年主编的《“治国必治边、治边先稳藏”重要战略思想研究》（社会科学文献出版社）系统研究和论述了习近平总书记提出的“治国必治边、治边先稳藏”重要思想的理论内涵和时代意义。该书对“依法治藏、富民兴藏、长期建藏、凝聚人心、夯实基础”二十字方针进行了分别论述，指出依法治藏是西藏现代化治理转型的法治保障，富民兴藏是西藏社会稳定的重要社会基础，长期建藏是西藏建设和发展的必由之路，凝聚人心是推进西藏经济社会发展和长治久安的固本之举和长久之策，夯实基础是西藏“强基固本”工作的最终目标。该书还重点研究了西藏治理体系和治理能力现代化、创新寺庙管理、边境稳定发展、人口较少民族发展等重点工作领域的理念、机制、措施与成效。

王靖、陈丽、李海波《西藏强农惠农政策效应研究》(《西藏大学学报》社科版第4期）通过对2004年以来出台的强农惠农政策进行梳理分析，采用问卷调查和实地访谈相结合的方法，从政策设计、政策执行、政策执行对象、问责机制四个方面，深入剖析制约西藏强农惠农政策效应释放的关键问题。该文指出，目前制约西藏强农惠农政策效应的因素包括政策统筹整合力度不够、政策服务对象参与度不高、监督机制不完善、问责机制发挥效力不足等。为此应加大整合力度、做好政策宣讲、鼓励第三方介入监督、完善绩效评价机制、提高资金管理能力、完善“一卡通”制度。

王文令《西藏文化政策现状与对策建议》(《西藏民族大学学报》哲社版第3期)对中央第六次西藏工作座谈会以来西藏的文化政策现状、存在的问题和解决的思路进行了研究。该文认为，西藏的文化政策存在经营性文化产业和公益性文化事业界定模糊、文化事业发展动力不足、文化产业发展面临较大困难、相关法律体系不够完善等问题。为此，应进一步界定经营性文化产业和公益性文化事业、开拓文化事业发展新思路、探索符合西藏实际的文化产业发展道路、加快配套法律体系建设、推动文化管理体制改革等。

卢怀科《治藏方略研究文献述评》(《齐齐哈尔大学学报》哲社版第11期)对治藏政策和治藏方略研究的已有文献进行了整体归纳和分析。该文认为，目前学术界关于治藏方略的相关研究主要分为五方面，即元明清治藏政策的确立和完善、中华民国的治藏政策、中国共产党治藏理念与实践、党的领导人治理西藏的思想和特点、习近平治藏方略新论述。该文指出，治藏方略相关研究存在仅仅关注西藏、偏重介绍性描述、缺乏深度发掘和提炼、重复性研究较多等问题。该文还指出下一步研究治藏方略的基本趋势，如理论探讨方面应更加注重价值研究、实践探讨方面应更加注重经验凝练、更多采用跨学科系统性方法进行研究等。

（四）涉藏反分裂和社会稳定研究

近年来，随着西藏和四省藏区社会稳定工作不断深化，对于西藏和四省藏区社会稳定问题进行规律性分析的成果相应也不断增多，其中对影响社会稳定深层次矛盾和因素的研究是重点领域，涌现出不少优秀成果。特别是随着国家“一带一路”倡议的深入推进，如何在“一带一路”框架内维护涉藏国家安全成为学术界关注的重点。

刘航颖《“藏独”反动宣传品治理机制研究》(《云南警官学院学报》第3期)对“藏独”反动宣传品的来源、治理困境和应对机制进行了研究。该文认为，“藏独”反动宣传品的来源包括自然人携带入境、通过邮递渠道入境、利用互联网向境内传递、境内人员非法印制等。当前治理“藏独”反动宣传品面临一些困境，如“藏独”反动宣传品披上宗教外衣增加了迷惑性和煽动性、缺乏反动宣传品鉴定机构和鉴定标准、反动宣传品流动性大。为此应抓好查处走私和堵源截流工作、强化相关单位配合协作和联合治理、加强管理体系建设、完善反动宣传品鉴定机制和藏语文培训工作。

安福强、杨萍慧《藏区社会治安防控体系建设的实践与思考——以甘肃甘南藏族自治州为例》(《湖北警官学院学报》第2期)通过分析甘南藏族自治州的社会治安防控体系建设实践经验，提出了进一步完善甘南藏区社会治安防控体系的思路。该文提出，甘南藏族自治州开展了一系列社会治安体制机制创新，包括加强对寺庙社会化管理、强化社区防控、强化技防设施建设、强化网络虚拟空间管理、强化应急处突治安巡控机制。该文认为，甘南藏区社会治安防控体系建设应注重形成合力，具体包括提高信息化和信息资源整合水平、因地制宜开展警务活动、加强重点地域和行业场所阵地管控、创新社会治理模式等。

陈敦山《从国家安全视角看“一带一路”战略背景下西藏发展》(《印度洋经济体研究》第2期)从国家“一带一路”战略的视角出发，研究了西藏在“一带一路”大背景下的发展、稳定与安全问题。该文认为，西藏自治区是我国“一带一路”战略面向南亚的重要连接点，对于西藏自治区经济社会发展带动作用非常大。西藏资源丰富、文化特色鲜明，融入“一带一路”战略区位优势明显，条件得天独厚。西藏积极融入“一带一路”战略能极大促进西藏经济社会发展，也是确保我国国家安全的重大举措。同时，从国家安全视角分析，西藏在融入“一带一路”过程中要注意维护国家经济安全、政治安全、文化安全和边防安全。

(五)涉藏外事研究

伴随国家整体对外开放水平的进一步提升以及西藏持续的发展稳定和改革开放，本年度涉藏外事研究出现较大程度的推进，在各个分支领域都出现不少有深度的研究成果。涉藏外事研究主要围绕四方面展开：一是国外涉藏政策研究，主要是美国、印度等主要涉藏国家的相关政策，偶有其他国家涉藏政策研究成果出现；二是国外涉藏舆论斗争态势研究，主要是对国外主流媒体和有影响力的自媒体涉藏宣传报道的讨论；三是国外特别是西方人的西藏观研究，主要涉及西方人对西藏的错误知觉及其来源；四是西藏主动对接“一带一路”相关研究。

程早霞《雪域谍云——美国的西藏政策及其秘密行动》(哈尔滨工程大学出版社)以美国中央情报局及其前身战略情报局从20世纪40年代到70年代围绕涉藏事务开展的一系列秘密行动为中心，论述了这段历史时期美国西藏政策的演变历程。该书认为，美国在传统上一直承认中国对西藏的主权，但在新中国成立前后开始对其西藏政策进行全面评估，《十七条协议》签订前后曾秘密策动十四世达赖喇嘛出逃，20世纪50年代中后期一度考虑承认“西藏独立”，但最终为了自身战略利益选择放弃对西藏武装分子的资助。该书还对中国学界研究中美关系与“西藏问题”的现状以及美国学界关于中情局插手中国“西藏问题”的著作进行了述评。

张皓《1949—1952 年苏联对中国西藏和平解放的态度》(《当代中国史研究》第 2 期)研究了苏联在西藏和平解放、《十七条协议》签订和人民解放军进军西藏等历史事件中的政策态度。该文认为，在《十七条协议》签订前后，苏联在外交和舆论上支持中国西藏和平解放，赞同并援助人民解放军进军西藏。对于《十七条协议》所规定的驱逐帝国主义侵略势力出西藏，苏联表示支持；同时，它建议在西藏实行民族自治，并试图通过援助中国修筑西藏西部道路之机发展在亚洲高原的势力。而中国政府虽然寻求苏联的支持，但是基于中国国情、国家统一和西南边疆安全的考虑，中国政府做出了将帝国主义侵略势力从西藏驱逐出去、实施民族区域自治的有力举措。

程早霞、闫金红《1959 年西藏叛乱后劳威尔·托马斯及“美国紧急救助西藏难民委员会”涉藏活动探析》(《当代中国史研究》第 3 期)研究了美国人劳威尔·托马斯父子进藏活动及在美国政府和流亡藏人中间牵线搭桥的作用。该文提出，早在 1949 年，美国哥伦比亚广播公司著名新闻评论员劳威尔·托马斯及其子小托马斯进入拉萨并与达赖喇嘛等会谈。回到美国后，托马斯父子向美国总统、国务卿就其西藏之行做了汇报，此后劳威尔·托马斯一直致力于支持达赖喇嘛的活动。1959 年达赖喇嘛叛逃印度后，一批藏族人随后进入印度、尼泊尔等国。与此同时，以劳威尔·托马斯为主席，国会议员等知名人士为副主席的“美国紧急救助西藏难民委员会”在美国成立，并与印度国会议员担任主席的印度“中央救助委员会”及达赖集团密切合作，由此建立了美国、印度与达赖集团间畅通的沟通渠道。

温强《杜鲁门政府“西藏问题”国际化战略考察》(《中山大学学报》社科版第 2 期)研究了新中国成立前后美国杜鲁门当局谋求推动“西藏问题”国际化的图谋及其失败的原因。该文认为，中国革命在大陆的顺利推进，促使杜鲁门政府重新审视西藏在对华政策甚至全球冷战战略中的价值和地位。为阻止中国统一，美国将“西藏问题”国际化的战略考虑逐步成型。囿于国内外条件限制，美国一开始躲在幕后，积极寻找“西藏问题”国际化的支持者；当成效有限时，则直接走到前台单方面积极推动达赖外逃，策动“藏独”势力向联合国求援，但仍无果而终。该文提出，“西藏问题”国际化战略之所以失败，主观上源于杜鲁门“先欧后亚”的决策思路；客观上则是西藏和平解放以及英印不愿配合，使之失去了实施的对象条件和同盟者基础。

戴超武《中国处理印度驻西藏商务代理处的政策措施及其影响（1961—1963）》（《四川大学学报》哲社版第1期）回顾了民主改革后中印两国围绕印度在藏商务代理处的外交斗争。该文指出，由于西藏平叛后中印关系的根本变化以及印度对西藏地区的全面禁运，中国判定印度驻亚东、江孜和噶大克的商务代理处已成为印度控制西藏地区经济和边贸的工具，而且还是印度的情报据点。西藏工委在中央的指示下，采取措施迫使印度完全撤销其驻藏商代处。该文认为，印度商代处的撤销，标志着中印关系史上一个时代的结束。中国通过迫使印度撤销其商代处，达到了清除印度在西藏地区的政治及经济影响的目的。与此同时，中央政府加快推进西藏地区的经济转型，以改变其依赖进口和边境贸易的模式，从而使西藏逐步走上了经济现代化的发展道路。

相德宝《国际自媒体涉藏舆情及舆论斗争的规律、特征及引导策略》（《情报杂志》第5期）分析了当前国际自媒体领域的涉藏舆论斗争态势。该文认为，国际自媒体涉藏舆论以美化达赖、歪曲西藏历史与现实、攻击中国的西藏政策、丑化中国政府和中国领导人等为主要内容，西方主流媒体很大程度上设置了自媒体领域的涉藏舆情。该文提出，为在国际自媒体涉藏舆论斗争中赢得主动，应致力于加强自媒体涉藏对外传播能力建设、改变互联网管制思维、放开国际自媒体平台、涉藏外宣职能部门开设国际自媒体账号并引导自媒体涉藏舆论、加强多语种多平台涉藏信息发布、加强媒体融合传播、发挥网民作用、加强对媒介事件的危机预案。

赵光锐《西方的西藏形象：以传统词汇为中心的考察》（《中国藏学》第2期）对西方的西藏观及其根源进行了研究。该文认为，当代西方人对西藏和达赖喇嘛的热情和关注，不仅有现实政治的因素，也有深刻的历史、文化和心理根源，与他们看待和理解西藏的方式密不可分。西方人表述和想象西藏的典型词汇包括封闭和孤立、神秘、原始、智慧、纯洁、和平、快乐、幸福、香格里拉等。西方人对西藏神话式的想象是在东方主义、殖民主义和西方人自身心理渴望的多重因素共同作用下形成的。该文对推进西方人西藏形象的相关研究提出三点建议，即进行历史文本研究、解析当代西方涉藏话语权的基本结构、核心概念、价值诉求、支撑基础，以及评估西藏形象对西方国家政府、政治人物、民间组织、普通民众涉藏活动的具体影响和作用方式。

牛治富《论西藏在南亚通道建设中的历史渊源与现实路径选择》（《西藏发展论坛》第6期）研究了将西藏建设成为我国面向南亚开放重要通道的现实基

础与发展路径。该文认为，高原丝绸之路是古丝绸之路的重要组成部分，具有悠久的历史，是当前建设面向南亚开放重要通道的现实基础。该文指出，面向南亚开放重要通道是国家“一带一路”建设的有机组成部分，因此建设面向南亚开放重要通道应充分认识和理解“一带一路”的精神内涵，认识“一带一路”背景下的国家整体战略格局，以“四个全面”战略布局和新发展理念统筹谋划面向南亚开放重要通道建设，以周边外交战略和整体安全观引领面向南亚开放重要通道建设，以“五通”和自贸区建设为抓手和突破口，以“三个共同体”建设为灵魂和指针。

（六）涉藏军事研究

涉藏军事研究相对而言成果较少。本年度该方面研究主要围绕两方面展开：一是历史上重大战争和军事行动；二是历史上藏族地区的军事体制。

魏迎春、张旭《唐蕃松州之战探微》（《中国藏学》第 1 期）分析了唐朝初年唐蕃军队在松州发生小规模军事冲突的历史细节，以及该战对于唐朝战略态势的影响。该文认为，松州之战是唐蕃之间的一次小规模冲突，是唐蕃直接重视对方的开始。正史描述松州之战时，称唐方“大捷”。事实上，吐蕃军队达二十万之众，受到唐军偷袭，损失千余人，就撤军回蕃，因此很难被称为“大捷”。该文提出，松州之战本质上是唐朝与吐蕃对吐谷浑的争夺。战后吐蕃控制吐谷浑，挤压了唐朝的战略空间，使唐朝的西北战略态势进一步恶化。

顾祖成、李红阳《乾隆末年“藏军营制章程”的创建和影响研究》（《西藏研究》第 5 期）研究了清朝时期西藏的军事制度。该文认为，乾隆末年两次廓尔喀战争结束后，清代中央政府亟需建立一支常备的武装力量以维护西藏地方的安全与和平局面，“藏军营制章程”应运而生。“藏军营制章程”作为清廷治理西藏的重要制度安排，包括藏军的人数、编制、粮饷、装备、训练和管理等各个方面，是藏军日常运行的体制规范。“藏军营制章程”的颁行和实施是清代中央政府在治藏方略上的一次标志性变革，这次变革不仅为中央政府在西藏地方建立了一支常备的武装力量，而且从根本上加强了西藏地方与中央政府的关系。

二、法律研究

本年度涉藏法律研究具有以下特点：第一，藏族地区传统法制研究相对薄弱和单一化；第二，西藏和四省藏区现代法制建设研究有所发展，成果主要集中在相关领域的立法思考方面；第三，藏族民间法制习俗研究一如既往是重点领域，成果主要集中在对民间法制习俗的现代调适方面。

（一）藏族地区传统法制研究

本年度关于藏族地区传统法制的研究成果相对较少，且主要集中在对清代藏族地区法律制度安全和司法实践上。

冯志伟、柏桦《清王朝涉藏刑事案件处理问题研究》（社会科学文献出版社）对清朝时期藏族地区的法律适用、司法管辖以及处理不同民族间刑事案件的原则进行了研究。该书认为，清代藏族地区适用的法律主要有三类，即王朝的立法、针对藏族地区的立法以及藏族地区法制习俗。不同藏区的司法管辖权也各有不同，西藏的司法管辖权更多体现了地方自治特点，即驻藏大臣享有司法终审权，代表中央王朝处理地方重大司法事件。而甘青川滇藏区司法管辖权与内地更加相似，由不同级别行政机构行使，但牧区和土司管辖区实行“因俗而治”。该书还探讨了清代处理藏族与满汉蒙回和其他民族之间刑事案件的原则与实践问题。

冯志伟《清代藏区纠纷案件的处理程序——以藏族习惯法为范围的考察》（《中央民族大学学报》哲社版第 1 期）从民间法制习俗的视角，研究了清朝时期藏族地区如何裁决纠纷案件的问题。该文认为，经过千年司法实践，到清朝时，藏族地区纠纷处理程序规范日趋完善，总体上形成了包括起诉、调解、审判、执行在内的纠纷解决程序和制度。部落头人、宗教领袖等民间权威成为案件处理的主要裁判主体。该文指出，藏族法制习俗在具体纠纷处理过程中能够发挥重要的作用，主要是由藏族地区地广人稀、生存条件恶劣、社会发展实际等因素决定的。纠纷处理程序规范的实施，不仅便利纠纷解决，促进了清代藏族地区秩序稳定，而且对于当前在依法治国背景下，如何处理国家法与法制习俗的互动关系有所启示。

（二）西藏和四省藏区现代法制建设研究

近年来，伴随依法治国和依法治藏的深入推进，围绕西藏和四省藏区现代法制建设开展的研究有了长足发展。本年度这方面的研究重点主要有两个：一是推进西藏和四省藏区宗教事务管理的法治化进度，特别是提高宗教管理立法水平；二是推进西藏和四省藏区环境保护工作的法治化进度，关键点依然是加强相关立法工作。

牛绿花《藏传佛教事务法治化的必要性——基于中央第六次西藏工作座谈会精神》(《西藏大学学报》社科版第 1 期）研究了当前推进藏传佛教管理工作和相关事务法治化的重要意义和工作思路。该文认为，藏传佛教事务在西藏工作中具有重要地位。中央第六次西藏工作座谈会提出了“依法治藏”的工作原则，要实现“治国”“治边”“稳藏”战略思想，必须首先实现藏传佛教事务法治化。该文基于理论和实践两方面的深入分析，认为藏传佛教事务法治化的必要性体现在五个方面：一是进一步保障藏传佛教宗教信仰自由的需要；二是维护藏传佛教界合法权益的需要；三是积极发挥新时期藏传佛教服务社会功能的需要；四是爱国护教、维护社会稳定和祖国统一的需要；五是与社会主义社会相适应的需要。

姚俊开、赵帅、闫志《西藏宗教事务管理立法问题探析》(《西藏民族大学学报》哲社版第 1 期）研究了西藏宗教事务管理相关立法工作的特殊性、必要性、存在的问题和对策思考。该文认为，进一步完善宗教事务管理法规体系，是西藏宗教事务管理法治化的必然要求，也是依法治藏、依法治国的迫切需要。当前西藏宗教事务管理立法存在上位法不够规范、国家层面的宗教管理法规缺失、西藏宗教规章缺乏自身特色、部分法规规章过于简单、宗教团体性质定位不准确等问题。该文提出，应坚持宗教信仰自由、原则性和灵活性相结合、因地制宜和缘俗而治以及“保护合法、制止非法、遏制极端、抵御渗透、打击犯罪”等原则，建议国家尽快制定宗教基本法，抓紧研究和制定新的西藏宗教法规规章，对以往的宗教法规予以变通，准确定性宗教团体，提高西藏宗教管理法治化水平。

王立明、冶生梅《牧区藏族的生产方式与国家立法规制——以青海省冬虫夏草立法规制为视角》(《青海民族大学学报》社科版第 1 期）以青海省冬虫夏草采集立法规制为视角，分析了虫草采集和交易现状、采集虫草对环境的破坏及其负面影响、政府监管虫草采集存在的问题和采集虫草的立法规制。该文认为，对冬虫夏草采挖进行规范，无论从事实判断还是法律依据，已不存在任何的立法阻力或障碍。因此应着力推进相关立法工作，为虫草采集交易的规范化管理提供进一步的法律基础。

李红《西藏湿地保护地方立法的成就与启示》(《西藏民族大学学报》哲社版第 1 期）回顾了西藏湿地保护立法工作的背景和发展历程，并分析了相关立法工作的启示和未来展望。该文认为，前瞻性的立法原则、完善的湿地保护立法体系、科学的湿地保护制度，为西藏湿地的可持续发展提供了有力保障。西藏湿地保护立法工作给我们的启示包括党和国家高度重视是西藏湿地保护立法的保障，立足区情和因地制宜是西藏湿地保护立法的基石，维护公民环境权益是西藏湿地保护立法的内容，实现人与自然和谐共存是西藏湿地保护立法的目标。该文对西藏湿地保护立法工作提出进一步展望，认为应提高立法的可操作性，进一步完善湿地保护地方立法体系，健全现有湿地保护制度，建立湿地资源开发许可、湿地损害赔偿、湿地风险评估制度。

（三）藏族民间法制习俗研究

藏族民间法制习俗一直是涉藏法律研究的重点领域，研究成果也相对较多。本年度藏族民间法制习俗研究延续了这一规律，且主要围绕三个研究重点展开：一是藏族地区刑事和解与民间法制习俗的关系，其中重点是对“赔命价”实践与国家制定法之间的冲突与调适进行研究；二是藏族地区民事纠纷调解与民间法制习俗的关系；三是法制习俗影响下的藏区司法权威多元化。

杨继文、姜利标《藏区治理的非司法叙事：刑事纠纷与宗教习俗》(《中南民族大学学报》人文社科版第 2 期）研究了藏族地区刑事纠纷的社会调解机制。该文认为，藏族地区刑事纠纷的治理，不仅有诉讼司法的方式与途径，而且还有非司法的路径与叙事。这种非司法的路径，主要体现为包括发誓和活佛调解在内的藏族和解习俗。发誓体现了藏族地区社会治理的宗教维度；而活佛调解则体现了藏族地区社会治理的程序理性。软法而治、非司法治理以及治理的公共性构成藏族和解习俗社会治理的重要特性。该文提出，藏族地区社会治理技术的非司法叙事是对法制历史传统的传承和民族习俗的继受，也是当代社会治理的要求和法律政策的需要。

马德《青海藏区刑事和解实践对传统刑事司法制度的补充研究》(《青海民族大学学报》社科版第 4 期）研究了青海藏区刑事和解实践与国家刑事司法制度相适应的问题。该文认为，青海藏区作为一个藏族相对聚居且受藏传佛教影响较大的地区，在基本理念和具体操作上都存在着不同于国家刑法的民族法制习俗。近年来，在构建社会主义和谐社会的背景下，民间法制习俗较之以前有所复兴，刑事和解实践对传统司法模式构成一定的冲击，且对藏族地区刑事冲突的解决起着一定的支配作用。为解决这种冲突，该文提出应建立一套既要保证刑事制定法的权威，又能彻底解决刑事冲突，使双方当事人都满意的解决机制，引导藏族地区刑事和解实践朝着法治化的方向发展。

刘蕊《论藏族“赔命价”习惯法的现代转型》(《贵州民族研究》第 10 期）

研究了藏族地区“赔命价”法制习俗与现代社会相适应的问题。该文认为，藏族地区“赔命价”法制习俗在当代的实践中，已不同于古代的实体规则，而是一种与刑事和解相类似的调解方式。“赔命价”法制习俗有其积极的作用，在形式、价值上都与我国的刑事和解制度具有契合之处。该文提出，应以刑事和解为蓝本，对“赔命价”进行合法化改造，从程序、内容、效力上予以规范，以实现“赔命价”的现代转型，包括将“赔命价”纳入刑事司法程序，规范赔偿程序、将“赔命价”在量刑中进行综合权衡和考虑。

王楚云、贺蒽蒽《藏族民事习惯法与现代制定法的冲突及其消解》(《湖北民族学院学报》哲社版第 5 期）研究了藏族地区民事法制习俗的来源、规范内容、与制定法之间存在的冲突以及如何化解这些冲突等。该文认为，藏族民事法制习俗的渊源主要包括吐蕃王朝等政权制定法的遗存、藏传佛教教义、民间传统道德。藏族民事法制习俗的规范内容包括不动产财产权、合同关系、婚姻关系、继承制度、争议解决制度。该文分析了改革开放以来藏族民事法制习俗的回潮及其与国家制定法之间的冲突，提出消解这些冲突的思路，即在内容方面建立法制习俗甄别机制、推动法制习俗成文化，在程序方面明确司法中的法制习俗引入机制、加强对民间调解的引导。

经济社会

本年度，中国藏学之经济社会研究专著近40部，经济研究论文约240篇，社会研究论文约180篇。论文数量较2015年略有下降。

从研究人员来分析，北京、西藏及四省藏区藏学研究机构、高校及相关科研院所依然是中国藏学之经济社会研究的主力，他们对西藏及四省藏区经济社会发展的持续关注、追踪研究，是中国藏学之经济社会研究稳步发展的主要支撑。党和国家对西藏及四省藏区社会稳定、经济发展愈加重视，在科研上表现为两个特点：一是涉藏研究一直是各类基金项目资助的热点；二是高校、科研院所等非传统藏学研究机构的学者、学生被吸引到涉藏研究中来，他们从各自学科的专业视角，带来了新的研究理论和研究方法，为中国藏学之经济社会研究注入新鲜活力，促进了中国藏学的开放交流。

从研究对象的区域分布来看，具有民族与区域典型代表性的西藏自治区，仍是学者关注的主要区域，其次为四川、青海藏区，针对甘肃藏区的研究成果也呈递增趋势。

从研究内容来分析，紧随国家宏观政策与社会热点是中国藏学之经济社会研究的主要特征。2015年11月29日，中共中央、国务院发布关于打赢脱贫攻坚战的决定，要求确保到2020年农村贫困人口实现脱贫。2016年上半年，《西藏自治区“十三五”时期国民经济和社会发展规划纲要》要求全力实施脱贫攻坚工程。扶贫与民生成为2016年中国藏学之经济社会研究的共同主题。此外，经济研究的热点还集中在旅游业、区域经济发展、经济转型等主题，社会研究也持续关注民族与宗教、社会管理、社区研究等主题。

从研究理论与方法来分析，大多数成果摒弃了传统的描述性研究方法，转而以专业学术理论为指导，重视文献研究结合实证研究、定性分析结合定量分析、宏观政策结合微观个案的综合分析方法。中国藏学之经济社会研究已经形成研究理论与方法更加学术化、专业化的发展倾向。

在前几年稳定发展的基础上，2016 年中国藏学之经济社会研究成果质量表现出了良性提升趋势。传统藏学学术刊物更加重视把控论文质量，如《中国藏学》开通了网络投稿平台，更加重视论文的专家匿名评审；越来越多的成果刊登在非藏学类学科重点期刊上，学术期刊间的良性竞争，利于消弭学科界限，助力中国藏学的良性发展。

一、经济研究

（一）农牧业研究

范小建等人的《西藏农牧业发展方式研究》（中国农业科学技术出版社）一书，共分为五章。该书回顾了 2004—2013 年中央支持西藏自治区发展农牧业的系列举措和发展成效，以统计数据、农业部监测数据为基础，对西藏农牧业 10 年来发展趋势、特征进行了分析，并以 2004、2013 年农户调研数据为基础，对农牧户发展状况进行了对比分析。同时，对西藏农牧业经营模式创新的趋势及驱动机制进行了探讨，并提出了模式优化的路径。在上述分析的基础上，总结了制约西藏农牧业发展的主要问题，提出了发展思路对策与政策建议。

林正雨、李晓等人的《四川省藏族聚居区生态农业发展战略研究》（中国农业科学技术出版社）一书，主要针对四川省藏族聚居区自然环境与社会经济，引入了生态农业的概念与理论体系，借鉴国内外生态农业发展的具体实践，进行四川省藏族聚居区生态农业发展评价研究。该书首先对四川省藏族聚居区发展生态农业进行了空间区划、产业结构调整以及主要农作物种植适宜性评估，研究了该地区发展生态农业的制约因素，总结出该地区生态农业发展模式、发展对策，并以岷江—大渡河高山峡谷典型地区、金沙江—雅砻江高山峡谷典型地区、川西北高原山原典型地区为个案，提出了四川省藏族聚居区生态农业发展对策。

尼玛次仁、吴春宝的《西藏农牧业特色产业精准帮扶模式探析——以拉萨净土健康产业为例》（《西藏大学学报》社科版第 4 期）一文，认为拉萨净土健康产业在扶贫中的不足包括帮扶政策的逐利导向与贫困户风险规避行为之间存在冲突，帮扶政策的扶贫目标与基层行政人员行为动机不统一，帮扶项目的示范性与贫困农牧民参与积极性相背离。

夏兆刚、刘禄康等人的《西藏自治区农产品质量安全工作现状及思考》(《中国食物与营养》第 8 期）一文，认为西藏农产品质量安全工作存在质量安全风险持续增加、机构人员力量得不到强化、开展标准化生产基础和能力较差、经费得不到相应保障等问题，提出明确方向和任务，积极采取从生产到流通各个环节进一步加强监管、加快建立健全监管检测体系和提高相关人员能力、推进农牧业标准化工作、加大投入等措施。

杨永侠、施彦如等人的《基于空间聚类的西藏耕地后备资源开发组合模型》(《农业机械学报》第 4 期）一文，依据开发适宜性评价模型，得出西藏耕地后备资源最适宜、中等适宜和勉强适宜的地块分别占西藏耕地后备资源总面积的 27.98%、49.09%、22.93%；根据开发组合模型，将西藏具有耕地后备资源的乡镇分为 3 个组合，分别为近期重点开发、中期适度开发及后期开发区域。

德吉央宗、占堆的《西藏草场制度研究——以制度经济学的视角》(《西藏大学学报》社科版第 4 期）一文，把现行的“草场承包责任制”作为重点，分析“草场承包责任制”实施的利弊，提出现行的草场承包责任制应把本地资源（人文、自然）作为约束条件，在实践中通过制度改进降低制度的负面效应，探索符合当地畜牧业经济发展的经营模式。

（二）旅游业研究

陆朋、王杨的《藏传佛寺与文化旅游研究》(人民日报出版社）一书，以藏传佛教寺院为研究对象，结合北京和承德现存的藏传佛教寺院，以实测、摄影、访谈等方式获得第一手资料，加以归纳分析，并运用宗教学、旅游学、文化学的多维视野进行总结，以藏传佛教宗教旅游主体和客体的互动为主线，较为全面和深入地论述了藏传佛教寺院宗教文化旅游的当代价值、资源保护性开发、市场调查分析、产品体系构建的理论、现实和操作问题等。该书对解决藏传佛教寺院和旅游相结合的理论构建和现实需求具有积极的指导意义和现实针对性。

汤砺锋编著的《后藏旅游文化与传播》(上海人民出版社）一书，通过对后藏旅游、文化资源内容及变化的分析，提出发展旅游文化传播的建议，提高传播效益，扩大影响力，真正促进后藏旅游文化的传播，推进后藏旅游市场的积极开拓。全书共九章，主要内容包括后藏旅游主体：旅游者的文化负载，旅游客体文化：旅游资源的文化审美，旅游介体文化：旅游业的经营文化、旅游目的地文化（红河谷文化、萨迦文化、吉隆文化）、后藏旅游品牌塑造与全媒体传播、后藏旅游企业品牌形象塑造及传播等。

沙成禹编著的《西藏文化旅游产品开发研究》（上海人民出版社）一书，共七章，主要内容包括西藏文化旅游产品开发、文化遗产旅游产品开发、生态文化旅游产品开发、藏传佛教文化旅游产品开发、西藏民俗旅游产品开发以及江孜县文化旅游产品开发实践。该书认为目前藏传佛教文化旅游产品开发存在文化内涵挖掘不足、产品结构品质不高、旅游商品缺乏特色等问题，提出应遵循保护优先、深度开发、选择开发与综合开发相结合的原则进行开发。

李柏槐、王晓琴等编著的《四川藏区全域旅游发展报告·2014年度》（四川大学出版社）一书，由《2014年四川藏区旅游开发综述》主报告与六个专题报告组成。其中主报告认为四川藏区旅游开发存在的问题和挑战有旅游开发受到环境硬性制约较大，社会经济发展水平较低，旅游产业规模偏小，基础设施与配套设施仍显落后，旅游产品结构单一，区域发展不平衡，提出应深入推进旅游业改革，加快旅游业基础设施建设，全力打造国际旅游精品，积极构建旅游整体营销机制，努力搭建智力支撑平台等建议。

徐宁、图登克珠的《"一带一路"背景下西藏边境旅游发展的战略选择》（《西藏大学学报》社科版第2期）一文，认为西藏边境地区发展旅游的关键是加大口岸对外开放力度，解决口岸基础设施落后，整合跨境旅游资源等问题，提出以政府为主导，扩大对外开放，制定西藏边境旅游发展战略规划；以中印、中尼关系发展为契机，实施政府间跨境旅游合作共赢等发展战略。

赵毅、杨昆等人的《西藏旅游消费、公共财政投入与文化产业发展的关系研究》（《生产力研究》第10期）一文，认为西藏文化产业发展应适当加大国家和地方对西藏文化产业的支持力度，科学合理地界定政府支持西藏文化产业的范围，加强西藏文化产业组织建设，优化产业结构、培养文化支柱产业，统筹西藏文化产业布局、培养产业主体，构建吸引高端人才的用人机制。

王灵恩、成升魁等人的《旅游城市餐饮业食物消费及其资源环境成本定量核算——以拉萨市为例》（《自然资源学报》第2期）一文，认为：（1）2011与2012年，拉萨市餐饮食物人均消费量为923.7g，人均食用量为780.3g。（2）2013年拉萨市餐饮食物消费总量中，当地居民消费27983t，游客消费13523t。（3）2013年拉萨市餐饮食物消费的生物生态足迹为226681hm^2，相当于整个拉萨市耕地总面积的6.3倍，餐饮消费食物垃圾的间接生态足迹为653hm^2。

李慧的《国内入藏游客的旅游制约实证研究》(《社会科学家》第4期)一文，认为入藏旅游制约影响力阶层性与休闲制约影响力阶层性不一致，其中人际制约对旅游意向产生负向影响，且为最大制约，个人内在制约对旅游意向产生负向影响，而结构制约对旅游意向产生正向影响。

李飞、马继刚的《我国廊道遗产保护与旅游开发研究——以滇、藏、川茶马古道为例》(《西南民族大学学报》社科版第2期)一文，探讨了廊道遗产保护与开发的逻辑选择，提出三条保护与开发实施路径，并剖析了茶马古道廊道遗产保护开发价值与思路，提出了保护立法、协调机构、联合“申遗”、全民参与的具体措施。

梁昕的《“合力”与“分力”：贫困影响评价内群体心理学分析——以滇西北藏区J村旅游开发项目为例》(《云南社会科学》第3期)一文，认为云南滇西北藏区J村发生的一起旅游开发事件，反映出农民在脱贫过程中存在的主体意识上的贫困心理问题。事件中群体心理由“分力”向“合力”转变，村民自我概念由“信徒”向“穷人”、由“坚持信仰”到“经济至上”，从传统藏族思维方式向代表现代化思维方式转变，完成了一个普通藏族村民自我概念明晰及转变的过程。

(三)生产要素与企业发展研究

史云峰的《西藏城镇化与人口就业》(西藏人民出版社)一书，共十一章，主要内容包括人口城镇化与就业取向关联度研究、西藏人口城镇化与经济发展综合评价、西藏城镇化发展模式选择、西藏劳动力资源现状与就业人口行业结构分析、经济结构调整促进就业的思路、农牧业剩余劳动力转移就业、高校毕业生与流动人口就业状况以及林周、江达、米林三县实证调查。最后提出了西藏城镇化、人口发展战略与可持续发展建议，即应坚持人口、资源、环境可持续发展的综合决策，控制人口过快增长，努力提高人口素质，加强生态保护与建设，合理开发利用资源，转变经济发展方式，建立循环型社会，发展环境友好型产业，实现产业机构和生态结构的对接。

郎维伟、赵书彬的《西藏人口特点和结构优化浅析》(《西藏研究》第6期)一文，认为西藏人口质量呈现两个特点：科学文化素质呈现受教育人口越来越多、文化程度越来越高趋势，但仍存在学龄人口文盲率高、高中及以上人口比重低、城乡教育水平差别大的问题；思想道德上呈现民众社会主义国家观、民族观、道德观、法纪观等逐步形成，但受宗教及旧有思想的影响，人口思想素质仍滞后于时代发展需要。

李玉华、叶明等人的《西藏上市公司财务杠杆对企业价值的影响研究》(《西藏大学学报》社科版第 2 期）一文，认为在我国上市公司中，财务杠杆与企业价值负相关，即财务杠杆的增加会降低企业价值；财务杠杆对企业价值的负向影响在西藏上市公司中更为显著。

杨富、姚梅芳的《西藏上市公司核心能力因素对企业绩效作用机制研究——基于西藏医药工业类上市公司的研究》(《西藏大学学报》社科版第 3 期）一文，认为改善西藏上市公司绩效必须加强公司核心能力建设，重点提高企业技术创新能力和人力资本水平；藏医药类技术进步程度还有待于进一步提高，特别是推动藏医药技术与现代西医技术的有机结合与创新等。

连成国的《西藏小微企业发展现状分析》(《西藏研究》第 5 期）一文，认为西藏小微企业存在整体规模偏小、技术水平不高、资金支持有限、管理水平落后等问题。必须继续推进商事制度改革，努力构建涵盖小微企业的社会信用体系，有效降低企业发展和融资成本，引导其布局于西藏特色产业，实现联合发展，打造具有西藏品牌和市场竞争力的产业集群。

班觉的《那曲县罗玛镇牧民专业合作组织与多种经营探析》(《西藏研究》第 5 期）一文，认为罗玛镇牧民专业合作组织与多种经营虽取得了可喜进展，但仍需要克服发展规模小、经济效益低、经营管理不规范的困难和挑战。

洪志生、李应博的《生态生产力视角下的商业模式创新研究——以青海海西州生态型企业为例》(《生态经济》第 1 期）一文，分析了企业在微观层面探索生态生产力开发的思路：引入新技术和工艺流程进行精深加工，构建循环产业链以及实现组织创新，并提出了基于这些微观创新思路的区域创新政策。

（四）区域经济研究

狄方耀、图登克珠等人主编的《西藏经济学概论》(厦门大学出版社）一书，以西藏特殊经济运行规律为研究对象，结合西藏民族经济特色，系统论述了西藏社会主义经济制度和社会主义市场经济体制改革情况，以及西藏三次产业发展现状、存在问题与发展对策。全书共十三章，详细界定了西藏经济学的研究对象、依据、功能、内容与任务、研究方法、研究意义，介绍了西藏发展社会主义经济的历史前提、发展西藏社会主义市场经济的自然地理及生态环境、西藏社会主义经济制度及经济体制改革、三次产业、文化产业、边境贸易、居民消费、金融与财政、人口与经济发展、以藏族为主体的西藏各族人民在振兴西藏社会经济过程中的地位与作用。

郑长德、钟海燕等人的《藏彝走廊包容性绿色发展研究》（经济科学出版社）一书，共十三章，主要研究藏彝走廊的禀赋特征，实施西部大开发以来藏彝走廊发展现状、驱动机制、区域差距与贫困，并基于对藏彝走廊禀赋—增长—贫困—不平等的分析，提出藏彝走廊包容性绿色发展的思路与政策路径。该书提出了通过基础设施建设、产业支撑与产业升级、包容性绿色城镇化以实现经济机会最大化，实现脱贫致富奔小康的跨越；通过强力推进脱贫攻坚、优先发展教育、投资于人民健康确保经济机会的平等获得，实现共享发展；通过建立适度普惠型社会保障体系、实施积极的就业政策、建立全面覆盖的综合防灾减灾体系确保最低经济福利，实现普惠发展；通过强化国土空间管控、建设青藏高原生态安全屏障、加强生态保护和恢复、大力发展绿色生态经济、建立并完善生态与资源补偿政策确保环境质量的稳定和提升，实现绿色发展。

黄承伟、张琦等人的《高原地区减贫战略规划研究——青海省玉树州的灾后重建与可持续发展》（经济日报出版社）一书，共八章，主要内容有高原地区发展方式转变与减贫战略创新，高原贫困地区发展政策减贫效应评估和益贫机制创新，高原地区贫困人口可持续生计与扶贫产业发展研究，中国高原地区减贫战略和政策规划体系研究，高原地区特定民族社会文化因素对减贫政策影响和特殊贫困群体减贫政策创新研究，青藏高原大扶贫格局的推进与专项扶贫方式创新，中国高原地区扶贫：国际经验和建议。

侯仲凯、何卓静的《基于因子分析法的西藏县域优势产业评价研究》（《经济研究参考》第 37 期）一文，认为拉萨应当以龙头优势做大第二三产业，带动市内发展较慢的县，以周边县发展第一产业为推手形成支持拉萨发展的链条，逐步形成三次产业连接紧密的循环发展；昌都以大牲畜为主的畜牧业发展较有优势，可探索以畜牧业规模化、标准化、产业化为主导方向；并对山南、日喀则、那曲、阿里、林芝等地的优势产业发展提出建议。

李波的《连片特困高寒藏区产业结构协同测度及比较研究》（《中南民族大学学报》社科版第 2 期）一文，认为高寒藏区仍属于“二三一”产业结构，第一、第三产业比重逐年下降，第二产业占主导地位，三次产业结构呈现低水平状态。文章从协同规划、培育特色、夯实基础、提升开放水平等方面提出促进高寒藏区产业协同发展的政策建议。

狄方耀的《试论中国西藏与南亚相邻国家经济文化合作交流的原则与对策》（《西藏大学学报》社科版第 2 期）一文，提出经济利益与政治利益结合、区域利益与整体利益结合、地缘关系优先、贸易交流与经济技术合作结合、系统建设与突出重点结合、边贸经济与生态保护结合等原则，建议科学定位与南亚相邻国家的经贸关系，巩固扩展边民互市贸易、提升口岸功能作用，扩大西藏自产产品出口比重，申报建设新的口岸经济发展方式，帮助尼泊尔提升加工和出口能力，发展边境旅游服务贸易等。

陈文烈、刘畅的《藏区现代化的演进轨迹：理论、经验与当下实践》(《青海民族研究》第 1 期）一文，认为“十三五”期间藏区现代化须同时完成三大基本任务：一是保证畜牧业安全，二是为藏区牧民提供就业收入，三是为藏区现代化提供稳定器。国家政策如能回应牧民需求，解决牧区经济中存在的牧户与社会化大生产之间的矛盾，藏区就可以同时完成以上三大任务，为藏区整体的现代化提供可靠的畜牧业基础。

王延中、黄万庭的《拉萨市弹性城镇化路径初探》(《青海民族研究》第 1 期）一文，认为拉萨已走上弹性城镇化道路。由于拉萨城镇化处于起步阶段，弹性城镇化依然存在城镇经济对农村剩余劳动力拉力不足、农村经济对剩余劳动力推力不足，城乡交通不便和农村转移劳动力素质不高等问题。

王欣的《外生型城市化模式下的市场经济与族群互动——以西藏昌都的昌庆街为例》(《青海民族研究》第 2 期）一文，认为援建和汉族移民贡献的外生型城市化模式是西藏昌都城市化发展的主要特点。昌都本地居民在生活资料、生产资料以及精神文化消费品等方面对内地汉族移民高度依赖，而汉族移民的高流动性以及汉藏族群之间的巨大文化差异，又使汉族移民与本地藏族在市场经济共同体之下的互动关系呈现孤立、脆弱、不稳定的特点。汉族移民与本地藏族在主观意愿、社交网络、文化认知和传统方面的区隔依然存在。

马尚林的《略论藏彝走廊回、藏民族的和谐经济关系》(《西南民族大学学报》社科版第 10 期）一文，认为生活在藏彝走廊的回、藏民族由于所处地理环境和文化价值观念差异，几百年的友好交往中建立了稳定的经济分工协作和交换模式，这种互补型交往模式中形成的和谐经济关系，是回、藏和谐民族关系的基础。

（五）金融与财政

巩雪茹、陶然的《西藏生态农业发展的财政支持研究》(西安交通大学出版社）一书，共七章，主要内容包括西藏生态农业发展的战略背景分析，西藏农业发展现状分析，西藏现行财政支农政策及效应分析，国内外扶持生态农业发展及财政支农经验借鉴，推动西藏生态农业发展的财政政策设计。提出应首先立足西藏现实生态资源安全，结合当前社会经济发展现状和农牧业生态特点，探讨推动西藏生态农业发展的产业路径和有效模式；其次，构建推动西藏生态农业发展的财政政策体系，即针对不同生态农业发展类型设计相应的扶持政策体系，重点从加强农业基本建设、推进农业科技工程、优化农业产业结构、扶持低碳农业发展、保护农业生态环境等方面，探讨和构建财政政策体系，旨在为全面夯实农业发展基础，提升农业发展潜力，改善农业发展环境，降低农业经营风险，提升农业综合效益等发挥作用。

杜涛的《欠发达地区贷款集中情况的效应分析——基于西藏地区经验数据测算结果》（《金融理论与实践》第1期）一文，认为行业集中度有利于促进地方经济的发展，客户集中度则对地方经济发展有反作用的效果；行业集中度在一定程度上加剧了银行的经营风险，客户集中度对经营风险无显著影响；行业集中和客户集中与银行的盈利能力均没有显著关系。

徐建龙、魏珍的《理性认知西藏投资乘数小于1问题：以1996—2014年为例》（《西藏研究》第4期）一文，通过测算表明1996—2014年西藏投资乘数小于1，直接原因是该区居民边际消费倾向小于边际流入倾向，深层次原因是由于货物和服务净流入而导致该区总需求有较大份额对外漏出。从需求侧分析，用行政管辖范围作为口径统计出来生产总值没有包括西藏投资通过需求链拉动的区外生产总值增长部分，因此测算出的投资乘数往往低估该区的投资效益。

师学萍、郝文渊等人的《基于SLA分析框架的西藏农户生计资本分析——以尼洋河流域为例》（《西藏大学学报》社科版第2期）一文，认为尼洋河流域农户生计资本既存在结构差异又存在区域差异。说明在生态安全屏障建设框架下，物质资本优势为尼洋河流域农户（尤其是林芝县农户）由传统生计向现代生计转型提供了物质条件。

徐爱燕、贺晓的《财政支出的减贫效应研究——来自西藏的例证分析》（《西藏大学学报》社科版第4期）一文，认为经济发展滞后是西藏整体贫困的根源；家庭的生育率、死亡率、受教育程度均与家庭的贫困程度有着较强的联系。各级政府在通过财政进行减贫时，必须把公共福利的提高放到首位，在促进整体经济增长的同时，着重关注农牧民的增收，并且将教育减贫放在减贫工作的中心位置，注重人力资本建设与积累。

赵艳、卢阳的《增值税起征点第五次调整的反思——以四川省阿坝藏族羌族自治州为样本》（《黑龙江民族丛刊》第3期）一文，认为第五次增值税起征点由2万元调整到3万元，此次起征点的标准与当前社会经济实际仍然严重脱节。提出应明确增值税起征点调整原则，建立增值税起征点预警、反馈和决策机制，增值税起征点应主要参考少数民族地区情况。

（六）经济转型与跨越式发展

王代远、肖小康的《西藏自治区转变经济发展方式研究》（西藏藏文古籍出版社）一书，共六章，主要内容有发展经济学理论背景，特殊区情及其对现实发展的具体影响，发展目标及发展战略的总体定位，推进转变经济发展方式的总体目标和主要任务，在改革中建立有利于转变经济发展方式的政策体系。提出财政政策要抓住一个中心、健全两个体制、推进三项改革、强化四大职能、完善五项政策；税收政策要进行适当调整，明确税收优惠政策目标、完善税收优惠政策体系、完善环保税收政策、建立科学的税收支出估算、限制性税收政策要体现公平；投资政策要创建法制环境、争取各类资金、加强投资管理、合理安排投资布局。

王磊的《对口援藏有效性研究》（中国社会科学出版社）一书，指出目前学术界认为对口援助促进了西藏经济社会发展，但批评意见也并不鲜见，主要集中在质疑对口援藏的有效性上。该书综合运用定性分析、定量分析、访谈调查和案例分析等研究方法，对对口援藏有效性进行系统的评价与分析，为优化现行对口援藏模式，提高对口援藏有效性，促进我国区域经济协调发展、社会稳定以及民族关系和谐提供对策建议，同时以期推动区域发展援助理论体系的完善。全书共八章。

靳薇的《西藏的受援与可持续发展》（《西北民族研究》第2期）一文，认为援助政策给西藏带来经济增长和社会进步，但是西藏已经形成援助依赖。提出应当创新援助制度，依法援助，积极探索西藏特色的发展模式，加大人才资本投资，真正让民众成为发展的参与者和成果享受者，保证西藏的经济可持续发展和西藏社会的长治久安。

陈爱东、袁月的《供给侧结构性改革与西藏上市公司核心能力建设研究——以西藏藏医药业上市公司为例》（《西藏民族大学学报》哲社版第5期）一文，认为近年西藏经济虽然保持了较快的增长速度，产业结构趋于合理，但从工业经济整体发展情况看，同样面临“去产能、去库存、去杠杆、降成本、补短板”的供给侧结构性改革的要求。文章对西藏医药业上市公司进行分析，提出针对西藏医药业上市公司供给侧结构性改革、产业优化升级的新思路。

朱尔茜的《固定劳动索洛模型与西藏经济“新常态”》(《西藏研究》第1期）一文，认为由于西藏特殊的自然地理环境，经济生产函数呈现主要由资本拉动的典型特征。目前西藏尚未进入经济学意义上的“新常态”，这意味着数量型投资政策仍可在未来一段时期内推动西藏经济平稳较快增长，同时也应注重创新宏观调控方式，切实提高全要素生产率，确保经济中长期可持续发展。

张营为的《西藏农牧民看对口援藏——基于西藏两个村的问卷调查》(《贵州民族研究》第5期）一文，认为西藏农牧民对援藏项目和援藏干部有较高的期望和要求，在肯定现时期援藏项目和援藏干部作用的同时，对援藏项目中农牧民参与度较低以及援藏干部与农牧民互动交流较少提出了批评，表现出多样化的态度倾向。

胡洁的《拉萨城乡一体化发展水平研究》(《城市学刊》第3期）一文，认为拉萨城乡经济一体化对城乡一体化整体具有正向的促进作用，但是拉萨市由于自身经济实力不强，辐射带动周边地区的作用有限，今后应集中于正确诠释省会城市职能，实现稳中求发展，完善失地农民保障机制，继续推动农业现代化，加强生态环境保护，以可持续发展的理念推进城乡一体化建设。

宗鑫、赵龙等人的《生态补偿的复制动态及其进化稳定策略研究——以黄河流域上游青藏高原区为分析背景》(《干旱区资源与环境》第8期）一文，认为在第三方NGO组织的“双向惩罚”约束机制下，补偿客体和补偿主体之间的非对称博弈系统在关系1下才存在唯一的具有抗扰动的稳定性的均衡点，即保护，支付，而且补偿客体的长期和短期经济收益（L1和S1）及策略选择在该博弈系统中起着决定性的作用；通过第三方NGO组织的“双向惩罚”约束（或刺激）博弈双方的策略选择行为，均可增加博弈双方中的一方或双方向均衡点（保护，支付）调整的比重。

（七）城乡居民生活现状研究

李继刚的《西藏农牧区反贫困与乡村建设》(厦门大学出版社）一书，共分为四篇十六章，第一篇西藏农牧区贫困与乡村治理，介绍了经济学对贫困的有关阐释与对西藏贫困问题的理解、西藏农村建设与反贫困。第二篇农牧民脆弱性贫困与缓解贫困，介绍了西藏农牧民脆弱性贫困与减贫政策、西藏农牧区健康风险与反贫困、雪灾治理与畜牧业防御风险、西藏生态移民中的贫困风险、传统社会农牧民应对可能冲击的生存选择。第三篇文化扶贫与人的可持续发展，介绍了西藏农牧区文化扶贫与新农村建设、西藏农牧区基础教育与人的可持续发展、西藏农牧区妇女贫困成因分析。第四篇农牧区市场化建设与反贫困，介绍了西藏农牧户兼业化发展与缓解贫困、草场产权对农牧民生产生活的影响、西藏农牧业发展与反贫困路径选择、农牧区公共产品供给、在发展市场经济中实现农牧民的富裕。

刘天平的《西藏农牧区反贫困的思路调整与制度安排》（中国农业出版社）一书，共六章，主要内容有西藏农牧区反贫困实践与问题，西藏农牧区反贫困的基本态势与特殊困难，西藏农牧区反贫困的特殊地位与反贫思路调整，西藏农牧区反贫困的制度安排与机制设计。以西藏农牧区经济社会全面发展，实现社会稳定与国家安全为宗旨，提出了适应西藏农牧区经济社会发展需要的社会保障制度、对口援助制度、民族区域制度、扶贫开发制度、教育发展制度等特殊制度，以及以资源开发机制、产业发展机制、人力投资机制、扶贫管理机制、社会参与机制为主的特殊机制。

李中锋、吴昊的《西藏农牧民自我发展能力评估及提升路径研究——基于宏观数据和山南地区调查数据的分析》（《四川大学学报》哲社版第 3 期）一文，认为当前西藏农牧民的自我发展能力提升较为缓慢，农牧业生产中开始显现人力资本与物质资本不相适应的情况，应该通过完善农牧民知识技能培训体制机制，加强农牧区医疗卫生工作，提高农牧民非农牧业生产活动参与度，加强农牧区的科普工作，可以全方位、多层次促进农牧民自我发展能力的提升。

罗绒战堆的《闲暇与幸福——西藏农户劳作投入量变迁研究》（《中央民族大学学报》哲社版第 6 期）一文，认为西藏经过改革开放 30 多年的发展，农户在劳作领域的时间投入和劳动强度已大幅度降低，有更多可享用的闲暇时间，从而拥有了更强的幸福感。

杨阿维、图登克珠的《西藏农牧区经济增长对扶贫开发的带动性研究》（《中国农业资源与区划》第 1 期）一文，认为西藏农牧区应根据县域特点因地制宜制定扶贫对策，在农业优势区，适宜集中农业化优势发展相关产业，并以工带农，推动农业的产业化发展；在畜牧业集中区，要积极发挥牧民的生产积极性，将牧民生产、企业带动及科技支撑相结合，建立产、学、研、销一体化的畜牧业产业化模式。

杨韡韡、柳应华等人的《藏中地区农牧民宗教消费支出分析》（《中国民族学》第 2 期）一文，认为藏中地区农牧民宗教活动及相应支出包括宗教用品消费、日常宗教活动及其相应消费、季节性宗教消费、突发性消费、供养职业宗教人员五种。消费特点为用现金购买宗教服务，而非其他形式的交换；日常和季节性消费受预算约束且遵循“社区市场定价”，缺乏弹性；突发性消费遵从宗教权威指导且预算不可控；宗教消费的边际效用不递减；出现新的消费替代品；消费水平与农户收入水平正相关。

沈茂英的《农村女性可行能力与生态扶贫路径探究——以川西贫困藏区为例》(《西藏研究》第 6 期）一文，针对川西藏区农村女性功能性活动集不断拓宽而可行能力脆弱性增强的贫困特征，应采取链接农户生态资源结构变化与女性可行能力提升的生态扶贫路径。

苏海红、杜青华的《“十三五”期基于精准脱贫视角的青南藏区产业脱贫路径研究》(《青海社会科学》第 3 期）一文，认为应将产业脱贫重点由以往的“重生活”向“重生产、重发展、重生态”转变，形成政府扶持引导、企业主导、贫困人口积极参与的产业脱贫新格局，才能取得精准扶贫和精准脱贫的实效。

（八）公共产品供给与交通研究

孙勇主编的《西藏当代经济社会发展中的制度供给研究》(中国社会科学出版社）一书，将西藏经济社会历史研究置于新古典经济学逻辑中，研究制度供给与经济社会发展的相关性，并予以理论和实证的阐释，找出了不同区域和特殊区域经济社会发展的主要原因，以及需要如何改进制度供给等问题；提出了制度供给是决定西部不同少数民族区域经济社会发展的重要因素，而西藏区域经济社会的发展，反过来又促进制度供给与变迁等重要观点。全书共七章，主要包括新制度经济学的一般理论与实证观察，西藏近现代经济社会发展中的制度状况，西藏经济社会发展的现代化道路探索，非正式制度与西藏经济社会变迁，当代西藏社会经济形态演变路径，总体供给模式下的西藏现代化建设，新世纪西藏现代化进程的制度创新需求等内容。

李卫东、张玥等人的《青藏铁路运营对西藏经济发展的影响》(《中国铁路》第 5 期）一文，从有利于降低运输成本和交易成本、增强区域间经济联系方面，分析青藏铁路运营对西藏经济发展的影响机理；从提高地区生产总值水平、提升西藏内需水平和增强西藏与内地的经济联系方面，阐述青藏铁路运营对西藏经济发展的影响并进行实证分析；得出青藏铁路运营对西藏经济发展起到巨大推动作用等结论，提出了积极推动西藏铁路运输网络建设等建议。

（九）特色产业研究

王天津、王天兰主编的《西藏特色经济发展研究》(社会科学文献出版社）

一书，认为农牧业、矿采选业和旅游业是西藏经济发展的三大支柱，彼此间形成了相互关联、支持的商业性共赢。农牧业是西藏社会经济的基础；西藏的矿业资源丰富，潜力雄厚，是国家矿业资源战略储备基地，可支持农牧民脱贫致富；旅游业作为西藏特色产业发展迅速。全书共两卷，上卷为“西藏农牧业和矿采选业卷”，主要内容包括西藏奠定全面建成小康社会的基础、农牧业特色优势与面临的挑战、农牧业现代化发展之路、创建西藏区域碳汇功能区、高原矿业的发展现状及差距、加快国家矿产资源战略储备基地建设；下卷为“西藏旅游业卷”，主要内容包括西藏旅游业开发弱项分析、顺应市场规律经营西藏旅游业、西藏旅游业要素重构、西藏特色农牧业、旅游业和矿业的协调共进。

路云阁、李春霖等人的《西藏东部地区矿产资源开发状况及其评价》(《生态与农村环境学报》第 3 期）一文，认为西藏东部地区存在矿山开发利用状况需进一步改善、违法开采现象普遍、矿产资源规划执行率有待提高以及违法矿山开采现象等问题。矿产资源开发强度大、较大的地区集中分布在墨竹工卡、林周和江达等 7 个县级单元。

王健的《基于钻石模型下藏族文化创意产业竞争力评价》(《贵州民族研究》第 1 期）一文，总结出藏族文化创意产业发展的相关经验，并为构建民族文化创意产业以及提高产业竞争力提出创造品牌、改革制度和优化管理等相关建议。

刘玉皑、赵鹏等人的《西藏樟木口岸边境贸易发展情况调查》(《西藏民族大学学报》哲社版第 2 期）一文，认为应以国家“一带一路”发展战略与 4·25 地震后樟木重建为契机，克服樟木口岸边境贸易在贸易行为、交易结算、基础设施等方面存在的问题，进一步促进樟木口岸发展，将对地方经济、中国与南亚国家的经济交往起到积极推动作用。

仓姆啦的《拉萨地区藏族民间手工艺发展现状调研》(《西藏大学学报》社科版第 4 期）一文，认为拉萨民间手工艺传承主要依托两大平台：一是通过公办教育机构培育学生进行手工艺传承；二是通过私营企业培训进行传承。提出拉萨藏族民间手工艺发展需要创新设计理念，注重图案与样式更新，融合当代多元审美并重视引入环保材料。

（十）经济发展回顾

杨军财的《西藏生态保护及产业发展的成就和意义》(《中国藏学》第 4 期）一文，认为西藏在生态保护和生态、特色产业发展方面取得了巨大成就，在实现西藏经济模式、结构转型方面迈出了可贵的一步。为扭转脆弱的高原生态环境做了基础性的工作，具有把西藏建成国家生态安全屏障、实现国家生态文明建设的重要战略意义。

申苗锋的《近十年来西藏农牧区公共产品供给研究述评》(《濮阳职业技术学院学报》第5期）一文，对近十年公共产品供给的现状、特殊性、机制、效率、模式等相关文献进行了梳理分析，认为该领域研究成果大多形成时间比较早，实证研究滞后于理论研究，区外学者研究成果少但水平较高，而区内学者研究成果多但水平普遍较低。

李国政的《论西藏工业化道路的阶段与特征：嵌入、模仿、回潮与内生发展》(《河南工业大学学报》社科版第1期）一文，认为和平解放后西藏工业化经历了四个阶段，即移植与嵌入（1951—1965年)、模仿与追赶阶段（1965—1980年)、回潮与反思阶段（1980—2006年)、内生与创新阶段（2006年至今)。提出西藏工业化必须采取符合自身禀赋优势的发展战略，构建特色产业体系，提升自我发展能力，走出一条特色发展道路。

二、社会研究

（一）社会变迁与制度转型研究

武海波的《西藏乡村的历史巨变：拉萨市林周县卡优村发展纪实》(西藏藏文古籍出版社）一书，全书共七章，旨在对卡优村的历史概况、组织建设情况、民生改善、民族宗教、农牧民思想意识以及各项社会事业发展进行详细记述，以突出社会主义西藏新农村的新发展、新气象。

周大鸣的《西藏传统社会整合与和谐社会构建》(《青海民族研究》第2期）一文，认为西藏传统社会整合方式对和谐社会构建是一把双刃剑，一方面西藏传统社会整合在社会转型过程中依旧对社会结构秩序稳定起重要影响；另一方面藏族百姓依旧以传统思维方式和行为惯习来组织个体生活，维持集体秩序，导致他们无法很好地协调与政府、市场甚至群体内部的矛盾，加之迁入的汉族与藏族百姓之间文化认知上的隔阂，使得城市中的汉族与本地藏族短期内难以建立稳定融合的社会关系。

陈立明、靳坤的《生态移民背景下门巴族生计方式的转变——以林芝市巴宜区更章门巴民族乡为例》(《西藏民族大学学报》哲社版第5期）一文，认为排龙门巴族民族乡生态移民以后，门巴族移民的生计方式发生了较大变化，由传统农业向现代农业、非农产业转变，并带动了优势产业的发展。生计方式的转变促进了移民生活水平的提高，社会文化、思想观念发生改变，开始逐渐意识到教育的重要性，移民综合素质得到提高，传统风俗习惯逐渐移风易俗。

李沛容的《从家名到“家门”：制度变革下的藏区家名研究——以木里县桃巴乡你易店村为中心的考察》(《地方文化研究辑刊》第10辑）一文，认为土司同“扎卡”户之间对家名的认知是有区别的。土司视差役为某一家户获取家名、载入门户册的前提条件。而扎卡户将家名同社会分层牵连起来。家名的社会演变，可以作为新形势下家名在藏区社会结构中的作用及演变趋势的案例。

胡洁的《民族互嵌式社区的变迁轨迹和变迁机理——来自国际经验的启示》(《西藏研究》第4期）一文，认为新加坡的“居者有其屋”计划通过“混居”方式增加各民族接触机会；美国不断修正法律实现了多民族平等和谐共处；英国以“教育优先区”填补部分地区和民族的教育弱势，对我国通过民族互嵌建立新型民族关系有一定的启发。应坚持以各民族为主体、政府引导、强化法律监管监督，深挖各民族生存和发展的需要、精准落实着力点，培养地域共同体意识以增强“接触”可能性等有利于建设我国民族互嵌式社区。

（二）民族与宗教研究

王娟的《化边之困：20世纪上半期川边康区政治、社会与族群》(社科文献出版社）一书，描述的是一项近代背景下的“改造边疆”“实验”。“实验”的内容繁杂，目标是在新的国家体制中给“边疆”和生活在这里的“少数民族”寻找一个“合适的位置”。这个“寻找定位”的过程，正是现代国家“化边”工程的核心主题。该书从历史学、社会学与人类学的视角，从行政体制建设、身份改革与社会控制、移风易俗与人群分类四个方面，探讨了中国从“传统王朝”向“现代国家”的历史性转型在“边疆”和“民族”问题上所遭遇的困境。全书共七章，主要内容包括长程历史：两个边缘的交汇、20世纪上半期的政治变迁、“土司社会”的逻辑、行政体制建设及其困境、身份改革及其困境、文化整合及其困境、“人群分类”及其话语政治。该书获评2016年社科文献“年度十大好书”。

李蓉的《中华文化统一体视域下的藏族传统孝道思想研究》(《西藏大学学报》社科版第2期）一文，认为汉藏民族在孝道思想上相互借鉴与吸收，特别是儒家孝道思想自吐蕃以来持续不断地对藏族社会进行渗透和影响，使得汉藏两族孝道思想观表现出高度的统一性与一致性，也成为中华文化“多元一体”

特征的一个具体反映。该文从中华文化“一体”论对藏族孝道思想研究产生的新意义谈起，通过梳理藏族孝道思想产生发展的脉络与线索，分析和论证儒家孝道思想对其产生的影响力与渗透力。

谢伟民、扎西俊美等人的《民族认同与国家认同关系及影响机制研究——以西藏林芝市米林县、墨脱县珞巴族为实证对象》(《西藏大学学报》社科版第2期）一文，研究认为：(1）珞巴族民族认同和国家认同关系是良好的“双高”认同。(2）民族认同和国家认同有不同的影响机制。(3）社会基本属性变量和国家政策变量对民族认同和国家认同的影响缺乏显著性。(4）对本民族认同的积极肯定以及与其他民族进行积极社会互动是国家认同和民族认同关系的重要纽带。该研究并不支持国家优惠政策推行强化民族认同的观点，但认为受教育程度、国家优惠政策和国家认同之间的关系仍需进一步检验。

邹礼跃的《藏族洁净观视野下的人群分类与婚姻隔离——以卫藏地区贡嘎县K村屠宰户为例》(《云南民族大学学报》哲社版第1期）一文，从洁净与隔离的视角出发，结合相关史料与第一手田野材料，阐释了K村藏族的人群分类与屠宰户的婚姻状况。在K村藏族的洁净观中，屠宰户被视为“脏人”，这种人群分类方式导致了屠宰户与“吉萨越巴”(出身干净的人）之间的婚姻隔离。研究结果表明，骨系等级婚习俗是屠宰户与“吉萨越巴”之间的婚姻隔离很少发生变迁的主要原因。要消融屠宰户与“吉萨越巴”之间的婚姻隔离还需要一个长期的过程。

杨晓纯的《节日认同：拉萨穆斯林族群认同的实践——基于开斋节的分析》(《回族研究》第2期）一文，以拉萨穆斯林斋月及开斋节期间的实地调研为基础，通过对开斋节的文化变迁及当前时空维度中开斋节全过程的记录和描述，探讨拉萨穆斯林节日认同状况，总结拉萨穆斯林族群认同的特点。认为开斋节作为伊斯兰教周期性和仪式性的集体节日活动，是拉萨穆斯林族群认同的集中体现和具体实践，折射出拉萨穆斯林强烈的伊斯兰教宗教文化认同与地域认同并存的特点。

陈自升、张德华的《民族学概念：从“藏彝走廊”到“横断走廊”》(《中央民族大学学报》哲社版第3期）一文，“藏彝走廊”与“横断走廊”概念之争属于民族学理论研究之争，它涉及民族学研究方法和研究范围，也涉及老一辈民族学家与新一代民族学者研究思路的转换。更深层次而言，涉及学术研究的价值取向。“藏彝走廊”是历史的产物，它是以民族识别调查为历史背景和中华民族多元一体为理论前提，在学术史上具有重要地位。“横断走廊”是当今学术氛围的产物，它以“生态史学”为理论支撑，在学界引起了一系列反响。

切排、唐传营等人的《理解与尊重：多重文化格局下的社会构建——对甘南藏区民族关系的分析》（《青海民族研究》第2期）一文，认为甘南藏区在语言结构、宗教信仰、风俗习惯方面均存在多元化特征，虽然当地不存在民族关系紧张问题，但是如何理解不同民族文化，加强民族间的联系与交往仍是当地民族关系的主题。因此应理解尊重他者文化，加强社会对和谐民族社区的建构。

朱敏兰、黄彦华的《青海藏族与蒙古族青年民族认同比较研究》（《北方民族大学学报》哲社版第3期）一文，研究认为青海省藏族与蒙古族青年对本民族身份的认知相同，但在民族情感和民族行为认同方面存在显著的年龄差异。蒙古族中学生的民族情感和民族行为认同高于藏族中学生；藏族大学生的民族情感分值高于蒙古族大学生；蒙古族女青年的民族行为相对积极，藏族女青年的民族情感相对强烈。

徐东明的《西藏宗教信仰活动的社会学分析》（《安多研究》第13辑）一文，认为西藏宗教的信仰观念和教义思想是西藏宗教活动得以开展的精神基础，并内化为藏族社会的伦理道德观念和行为准则。西藏宗教信仰活动，是西藏宗教社会功能得以发挥的主要渠道，不仅有利于促进西藏人民对宗教社会功能的重新认识，而且能够在政府和社会管理机构的规范指导下，获得新的调整和变革，促进西藏社会主义和谐社会发展。

刘朦的《仪式行为象征空间对建筑艺术构成的影响——以藏族叩拜、转经仪式行为为例》（《西南边疆民族研究》第19辑）一文，以藏族叩拜、转经仪式为例，分析仪式行为、身体与空间之间的建构关系。认为仪式行为塑造了一个虚拟空间，信仰者在其中通过身体感知进入到意向空间层面，最终形成了一种更为广泛、稳固与集体性的象征空间。

（三）人口与健康

格桑卓玛的《基层社区医疗卫生政策目标的可行性分析——以西藏城镇、农区和牧区三类基层社区为例》（社科文献出版社）一书，选取拉萨铁崩岗社区、仁布县康雄村、班戈县佳琼二村为个案，回顾了“十一五”期间西藏医疗领域民生改善目标的实现情况，分析了“十二五”期间西藏基层社区医疗卫生的政策与实施情况，认为国家倾斜政策是改善西藏医疗卫生领域民生政策的关键，分析了全国卫生援藏与西藏医疗卫生事业发展的关系，并对“十二五”期间西藏医疗卫生领域的民生改善政策提出了建议。

史玉梅、毛雪彦的《推拉效应与中间力量：三江源地区藏族人口流动研究》（青海民族出版社）一书，通过对三江源地区藏族人口流动历史渊源回顾和对近年来不同类型藏族流动人口的调查研究，整体上反映三江源地区藏族人口流动的基本状况、新变化和趋势。该书认为三江源地区生态移民人口流动的社会正效应有使该地区城镇人口密度不断加大，促进了各民族间的信任理解。促进山区经济发展，促进思想观念的变化；负效应有移民人口回流使移民社区人口的聚集效应难以实现，不同区域人口流动成为一大难题，移民整体素质低，造成劳动力转移难，部分闲散移民人口流动存在一定隐患。

李健的《西藏的唐卡艺人：职业行为变迁与多元平衡策略》（社科文献出版社）一书，介绍了唐卡的发展史以及历史上唐卡画师群体的传承与执业模式，分析了宗教信仰、艺术追求和市场赢利这三个因素，以及各自背后的三种追求给唐卡画师的观念和行为造成的影响。该书勾画出西藏唐卡画师这一特殊群体在西藏社会变迁中的地位演变，以及画师们在“修行”和“牟利”二者之间的徘徊与选择，并由此带出对当下西藏社会转型的探讨。

白玛康卓、春花等人的《西藏拉萨地区世居成年藏族居民饮酒行为调查》（《中国公共卫生》第5期）一文，通过抽样得出拉萨地区人群总饮酒率为48.95%，高于全国平均水平；不同性别、职业、文化程度、月平均收入及是否吸烟者的饮酒率差异均有统计学意义；男性、农牧民、干部、月平均收入高于2000元和吸烟是拉萨地区世居成年藏族居民饮酒行为的危险因素。饮酒者日均饮酒量为4.55g，平均饮酒年限为17年；51—60岁年龄段的日均饮酒量最高。

陈宇的《流亡尼泊尔藏人历史考察及近况分析》（《上海市社会主义学院学报》第2期）一文，分析了流亡尼泊尔藏族人的历史与现状，认为影响尼泊尔处理达赖分裂势力的因素包括：尼泊尔身处中、美、印等大国角力之中，美国培养“藏独”势力的后患，西方势力为尼泊尔“藏独”势力提供支援，尼泊尔政府自身的不稳定性，尼泊尔“藏独”势力的反华分裂活动合法化等。

尹可丽、李鹏等人的《民族社会化经历对藏族青少年积极心理健康的影响——民族认同与自尊的中介作用》（《华南师范大学学报》社科版第1期）一文，认为不同类型的民族社会化经历对藏族青少年的心理健康发挥作用不同，促进和睦、文化社会化、接触他族的影响为正向，促使不信任、偏见准备相反。在民族社会化对藏族青少年积极心理健康的作用中，相对于自尊而言，藏族认同与中华民族认同是更重要的中介变量。

陈兴、王方等人的《移动互联背景下自驾旅游者行为特征及需求研究——

以 318 国道川藏线为例》(《西藏大学学报》社科版第 1 期）一文，以 318 国道川藏线为例，利用文献分析、问卷调查和实地考察等研究方法，对移动互联背景下该路线自驾旅游者的行为特征和需求进行分析，发现旅游者的需求多集中在旅游信息、旅游基础设施、旅游救援和移动互联四个方面，并对旅游信息及时、准确、有效地获取有迫切需求。最后从旅游信息服务、移动终端产品设计、川藏线的旅游信息服务系统三个方面提出相关建议。

荣增举的《青海藏区寺院养老模式的调查与思考——以班玛县扎洛寺为例》(《社会工作与管理》第 3 期）一文，认为寺院养老是一种以宗教信仰、宗教活动场所或养老机构为重要因素的传统慈善公益养老事业。寺院养老具有募集资源、追求自我价值、心理慰藉和临终关怀等优势，是藏族老人认可的养老模式。整合理念下的专业化发展之路是寺院养老模式发展的必然趋势。

（四）教育与妇女儿童发展研究

李如意的《西藏留守儿童现状研究》(《西藏研究》第 4 期）一文，认为西藏留守儿童规模和性别结构地区差异性比较明显，以日喀则、昌都、拉萨为主，同内地大部地区一样，其监护人主要是祖父母（外祖父母），存在的问题主要是家庭教育、身心健康发展等方面，需要引起全社会的高度重视，并探索出一条有效的解决之道。

蒋志远的《西藏人口受教育程度的结构差异问题及其对策研究——基于六普数据的分析》(《西北人口》第 3 期）一文，认为西藏人口受教育程度的结构差异所造成的社会张力，需通过具有针对性的人口文化教育结构优化对策来加以解决，进而化解西藏人口文化素质的制约性因素，从根本上扭转西藏教育发展的人口结构性困境。

王思亓的《跨界婚姻与“困境”的消解——基于中尼边境夏尔巴人的调查》(《西藏研究》第 5 期）一文，认为在中尼边境传统社会中，夏尔巴边民在历史、文化、惯习等非正式制度影响下形成的跨界婚姻具有“自然天成”“习以为常”的特征，但是在民族国家话语下，边民这一行为选择带有法律和制度的困境。边民视角的跨界婚姻是他们基于边地生活逻辑的一种优势最大化的选择，所谓的“困境”可以在两国边境治理政策差异下取得平衡，或者在边境传统社会的生活经验运用中得以化解。

王仲黎、拉茸追玛的《迪庆藏区藏汉双语语言态度初探——以迪庆藏文中学为例》(《西南边疆民族研究》第 19 辑）一文，综合分析了藏文中学被试的藏汉语语言态度与藏汉双语教育之间的关系，认为迪庆藏区藏族之于藏语文的态度是藏族母语保持的动力，藏汉双语教育应充分考虑母语认同与藏族学生差异化的藏汉双语能力实际，提供差异化的藏汉双语教育服务。

（五）社区研究

陈默的《西藏农区民生事业五十年——以日喀则艾玛乡为例》（社会科学文献出版社）一书，对艾玛乡 50 年来的民生变化进行宏观研究和微观考察，宏观层面主要对中央政府不同时期西藏改善民生的政策研究以及农村经济发展特点进行研究；微观层面则集中在对生产方式、生活方式、医疗、养老、教育等涉及民生的领域进行专项调研；重点是对 1960 年调研中曾经访谈的农户进行回访，进行个案剖析，微观解读。全书共七章，主要内容有人口、土地与农业经济，生产现代化与经济多样化，日常生活方式五十年变迁，教育事业五十年比较研究，基本医疗保障与医疗服务水平五十年比较研究，社会保障五十年比较研究等。

平措卓玛、徐秀美的《历史文化街区绅士化对社区居民生活品质的影响——以拉萨八廓街为例》（《云南民族大学学报》哲社版第 4 期）一文，认为八廓街的绅士化程度不高，驱动绅士化现象出现和发展变化的因素主要是文化，并经历了旅游绅士化、传统绅士化以及新建绅士化等形态变化，导致八廓街出现了人口置换、商业化趋势日趋严重、传统商铺经营者利润空间压缩等问题。应借力于八廓街改造过程中对于传统文化的保护之力，大力提倡文化导向型街区发展，逐渐淡化商业导向型的街区经营模式。

Trine Brox、龚浩群的《中国城市中藏族特色空间的形成——以成都市武侯区藏族一条街为例》（《华西边疆评论》第 3 辑），旨在强调那些在其他方面被看作是最边缘化——在原属地和在新移居地都被边缘化的人群的主动性。认为藏族的流动、社会实践和民族性象征将一个多民族空间转化成与周边的汉族环境相区别的藏族特色商业空间，这里的藏族商人将自己打造成必须被正视的民族。

索南多杰的《三江源生态移民村落研究——以果洛州玛多县河源新村为例》（《中国藏学》第 S1 期）一文，通过实地调研认为三江源移民村落还存在新增户住房、收入结构单一、后续产业发展和移民就业、生活适应性与归属感、学龄前儿童学前教育等难题，认为政府部门应针对上述问题制定相应的解决方案。

关丙胜的《地方性知识的再植：对青海哈萨克人与青海湖北岸一个藏族社群的考察》（《青海民族大学学报》社科版第 2 期）一文，认为人群的迁移造成地方性知识的复杂性。迁移使地方性知识发生移植、变形、再植、堆叠等情形，唯有考虑到人群的迁移性，才有可能体认到地方性知识中的地方与非地方关系，也才能更接近地方性知识背后的人类社会本相。

刘琪的《现代性语境下族群认同的消弭与建构——对迪庆藏族自治州两个村落的比较研究》(《学术月刊》第3期）一文，认为云南迪庆藏族自治州的两个个案，呈现了现代性语境下族群认同的消弭与建构过程。两个个案虽然看似导向了不同的结果，但事实上都是地方社会与国家、与市场互动的产物，是当地人在竞争性的现实情境下的自主选择。

（六）区域发展

欧阳雪梅的《西藏公共文化服务体系建设的状况及对策研究——基于对西藏自治区五地市的调研分析》(《西藏大学学报》社科版第3期）一文，认为目前公共文化服务体系还存在财政困难、投入不足，地区、城乡发展不平衡，社会参与少，政府唱独角戏，公共文化产品和服务的有效供给不足等问题。提出积极落实中央相关政策、补齐公共文化建设短板、发挥公共文化服务体系作用、增进“五个认同”的共识、丰富公共文化资源、转变发展理念等建议。

李继刚的《西藏草场产权改革的意外后果：发展抑或停滞》(《西南交通大学学报》社科版第3期）一文，认为在维护草场产权费用不经济的情况下，农牧民往往采取某种传统和习俗来解决纠纷，造成国家法律与农牧区惯例的相互冲突，草场秩序混乱。同时存在草场细碎化、配套制度不健全等难题。应积极探索草场使用制度改革，保护好草场生态，使草场作为生产资料能够保值增值；引导牧民流出牧业，从事非牧业活动。

安玉琴、罗英等人的《西藏地区基本公共服务区际差异、影响因子及总体满意度之关系研究》(《西藏大学学报》社科版第4期）一文，分析认为西藏公共服务影响因子与总体满意度均存在区际差异，不同影响因子对总体满意度的影响存在显著差异，影响因子与总体满意度的关系不存在情景效应，但这种关系在区际内部不同个体之间却存在显著差异。

普布次仁、美朗宗贞的《西藏边境地区全面建成小康社会的基本问题研究》(《西藏大学学报》社科版第2期）一文，认为西藏边境地区是西藏全面建成小康社会进程中的一个难点，主要面临经济社会基础落后、反分裂斗争任务艰巨、边界纠纷、地质灾害频繁和人口较少民族发展等问题，提出了规划升格、战略融合和突出开放为重点的政策建议。

王亚欣、李泽锋的《游客对藏戏认知与态度的差异性研究》(《中央民族大学学报》哲社版第 2 期）一文，认为藏族和汉族游客在观赏藏戏的动机、了解程度、欣赏重点、影响观赏因素、对提高藏戏吸引力措施的态度方面存在较大差异。提出旅游对提高藏戏的知名度和影响力具有重要作用；"文化认同"和"文化自觉"是藏戏传承和保护的关键；"保护性开发"是藏戏传承和保护的重要手段。

（七）社会管理与社会稳定研究

扎洛的《增加福利递送、缩小管理单元：西藏的村庄治理创新——洛扎县案例分析》(《西藏民族大学学报》哲社版第 3 期）一文，认为政策立意虽然多在加强基层管控，但在实际操作中，前者体现一种面向基层的以需求为导向的福利递送意涵，后者的实质是缩小社会管理单元，实现精细化管理。坚持和完善上述措施，还要考虑福利递送中公平性问题、维护"村两委"权威问题以及增加"双联户"的激励问题。

杨继文、胡静等人的《藏区涉罪未成年人异地帮教制度研讨——基于实证的考察和分析》(《四川警察学院学报》第 3 期）一文，认为藏区涉罪未成年人异地帮教制度存在难以有效整合资源形成合力、帮教模式单一，导致未成年人普遍具有抵触心理等问题。藏区涉罪未成年人异地帮教制度的构建，需要强化异地亲职教育，督促法定代理人肩负起监护职责和建立异地适格被委托人监护模式；完善异地社会化帮教机制，帮助藏区涉罪未成年人回归社会；完善和细化异地帮教协助机制；借助对口援藏工作，深化和落实异地帮教。

杨飞、李姝音的《拉萨市毒品犯罪实证研究》(《甘肃警察职业学院学报》第 3 期）一文，认为拉萨市毒品犯罪查处存在人口流动大的管控困难，贩毒手法反侦察趋势增强的查处困难，禁毒基础性工作薄弱，毒品交易诡秘的起诉困难。提出加强禁毒宣传，保持高压态势，增强协作机制，加强物流快递监管，提高打击力度等具体措施。

魏莲芳的《四川藏区民用爆炸物品管理问题与创新探究》(《四川警察学院学报》第 1 期）一文，认为目前四川藏区涉爆案件屡次发生、管理漏洞仍然存在、爆破作业单位违规较多等突出问题仍然呈现。创新藏区民用爆炸物品的管理，可以通过规范管控主体、完善信息系统功能、创建"一体化"爆破作业有偿服务运作模式、成立专职搜爆队和构建数字化无线远程监控系统来促进藏区民用爆炸物品管理创新。

杨红伟、张科的《甘青川边藏区传统部落非正式社会控制刍议》(《青海民族研究》第3期）一文，认为甘青川边藏区传统部落非正式社会控制注重精神层面劝谕与教化，培养成员的部落认同感、归属感、荣誉感，警戒可能威胁与危及部落团结与安全的个体或群体行为，并以山神崇拜与脍炙人口的史诗、说唱艺术、谚语等等喜闻乐见的文学形式，发挥着非正式的象征控制与仪式控制的功能。非正式社会控制侧重于预防越轨行为与社会失序，有利于降低社会成本，但其浓厚的部落色彩却是现代化转型中必须扬弃的内容。

阿旺嘉措、次仁卓玛的《甘南地区藏传佛教寺院管理现状调查及其对策研究》（《中国民族学》第2期）一文，认为加强藏传佛教寺院管理，应完善寺院现有的组织制度，完善寺庙管理工作领导体制，加强佛教协会建设，严格执行僧人入寺制度，实行以户籍、僧舍管理僧人制度，严格执行持证住寺和持证讲经制度，实行活佛重大节点住寺制度；并规范寺院财务管理和佛事活动管理；加强依法管理；树立服务广大僧众的理念；加强宣传力度。

李少惠的《民族传统文化与公共文化建设的互动机理——基于甘南藏区的分析》（《中国边疆安全研究》第2辑）一文，认为民族传统文化需要借助公共文化服务平台导入公共文化的价值理念以实现文化转换与创新，而民族传统文化更是公共文化的根基和源泉，公共文化也必须根植于民族传统文化的土壤才能获得持久深入的回应和精神共鸣。

（八）综述与书评

孙宏年的《当代中国西藏治理研究综述》（《中国边疆学》第5辑）一文，对20世纪80年代以来我国学术界有关当代中国西藏治理研究的新进展、新突破及特点进行了评述，认为该项研究仍然面临种种挑战，如境外分裂势力、反华集团打着学术的名义否定党和政府治理西藏政策，大量档案、文献仍未发掘整理，还有一些重大理论现实问题需要回答，应重视文献研究，重视理论结合实践，促进学术交流。

葛数金、白利军的《西藏社会管理研究综述》（《长江丛刊》第23期）一文，认为近半个世纪以来，西藏的社会管理研究取得了明显的成绩，主要表现在西藏社会管理资料的整理和出版、西藏社会管理经验的总结、中国共产党西藏治理政策的研究、西藏社会管理具体问题的研究等方面。通过研究队伍的整合、研究方法的创新、研究视野的扩展、研究主题的凝练，西藏的社会管理研究将会有一个广阔的发展前景。

格勒、梁艳的《格勒博士藏学人类学研究历程口述史》（上下）（《中国藏学》

第 S1 期、第 2 期）两文，以问答形式，采访了新中国首位藏族博士格勒，就其在藏学和人类学领域中的田野经历进行访谈。主要介绍了格勒博士在求学过程中的田野调查经历，在牧区研究方面的田野调查经历，在婚姻家庭研究方面的田野调查经历，以及格勒博士在与国外藏学家合作过程中田野调查的宝贵经验。

生态环境

2016年涉及西藏及四省藏区生态环境保护领域的研究成果丰富，其中代表性论文65篇，专著较少；相对于2015年来讲，成果数量有所增长。

生态环境保护研究成果分布于相继的三个领域：生态环境现状变化及引发的影响、影响生态环境的因素及其机制、生态环境的评估及保护政策。2016年生态环境现状变化及引发的影响研究主要集中在草地植被、湿地农田、河流湖泊和生态功能等领域。影响生态环境的因素及其机制研究主要集中在气候变化、放牧围栏、铁路建设、产业发展等因素。生态环境监测及保护政策研究则主要集中在生态评估、防治技术和政府管理等领域。

2016年生态环境现状变化及引发的影响类成果的代表性文献包括23篇论文；影响生态环境的因素及其机制类成果的代表性文献包括21篇论文；生态环境评估及保护政策类成果的代表性文献包括21篇论文，具体分布如下表。

相关研究成果的领域分布及数量表

	领域	论文
生态环境现状变化及引发的影响	草地植被	8
	湿地农田	2
	河流湖泊	9
	生态功能	4
	小计	23

续表 1

	领域	论文
影响生态环境的因素及其机制	毒草鼠害	2
	气候变化	4
	放牧围栏	5
	铁路建设	2
	产业开发	8
	小计	21
生态环境监测及其保护政策	生态评估	11
	防治技术	4
	政府管理	6
	小计	21

注：根据中国知网 2016 年文献检索汇总而成，以及国家图书馆等检索源。

2016 年西藏及四省藏区的生态环境保护研究文献显示，除了传统意义上的草地植被、河流湖泊等生态类型持续受关注之外，生态环境系统的价值越来越受到关注，共有 4 篇文献。2016 年是青藏铁路开通 10 周年，从青藏铁路建设与运营探讨青藏高原生态环境的研究也相对往年更多些，共有 2 篇文献。气候变化是青藏高原生态环境状态变化的更高层级背景，青藏高原生态环境必然会对全球气候变化产生响应，这些研究在 2016 年也增多起来。在应对生态环境变化过程中，除了政府角度的产权、立法等定性措施之外，越来越多的数量化方法应用到生态环境的量化评估之中，共有 11 篇文献。

一、生态环境现状变化及其引发的影响

2016 年关于生态环境变化及引发影响的研究文献，主要涉及草地植被、湿地耕地、河流湖泊和生态功能等四个领域。

（一）草地植被

曹旭娟、干珠扎布、梁艳在《草业学报》（第 3 期）上发表了《基于 NDVI 的藏北地区草地退化时空分布特征分析》一文。此文基于归一化植被指数反

演草地植被盖度，以植被盖度作为判断草地退化的标准，综合计算藏北地区2000—2010年逐年草地退化指数，定量揭示藏北地区草地退化的时空分布规律。结果表明：截至2010年，藏北地区草地退化现状仍然较为严重，退化草地的面积占全区面积的58.2%。其中，重度退化和极重度退化草地面积的比例分别为19%和6.5%，区域草地退化指数为1.97，接近中等退化水平。藏北地区中部、东部、北部草地退化情况较为严重，均处于中等退化等级，西部地区的退化情况最轻，处于轻度退化等级。

井向前等在《贵州农业科学》（第4期）上发表《拉萨河上游高寒草甸植物群落的退化特征》一文。此文采用样方法来调查拉萨河上游不同退化程度高寒草甸植物群落的物种组成、物种多样性和地上生物量。结果表明：随着草地退化程度的加重，草地优势种由苔草向高山嵩草过渡；中度退化草地的Shannon-Wiener指数、均匀度指数均最高，分别为1.5666和0.7346；Simpson指数则是轻度退化草地最高，为0.9881；随着草地退化程度的加剧，草地总盖度下降，草地地上生物量降低，轻、中和重度退化草甸的地上生物量分别为278.26g/m^2，228.32g/m^{2}和37.46g/m^2，草地质量和生产力明显降低。

梁存利在《草原与畜牧》（第5期）上发表《西藏草原退化研究现状分析》一文。此文从文献综述的角度，采用文献计量学的方法，对关于西藏草地退化研究的文献分布年份，论文所发表的期刊、研究内容、论文作者所在机构以及研究方法等进行了分析讨论。研究表明：最近十年关于西藏草原退化问题的研究取得了丰富的成果，利用卫星遥感和影像等现代化技术手段获得数据是一个重要研究方法，针对草地退化问题建立合理的数学模型也是一个重要的趋势。

马玉军等在《干旱区资源与环境》（第2期）上发表《青海省共和盆地20年来沙漠化土地变化》一文。此文通过GIS技术，分析各类沙漠化土地的类间转化特征及时空变化。结果表明：1990年研究区沙漠化土地总面积为573.66km^2，占研究区总面积的2.83%；2000年沙漠化土地总面积为577.44km^2，占研究区总面积的2.85%；2010年沙漠化土地总面积为630.57km^2，占研究区总面积的3.12%。从空间分布上看，土地沙漠化最严重的区域分布在龙羊峡库区周围的木格滩、河卡滩、塔拉滩，总体来看研究区沙漠化土地面积呈增加趋势。

杜加强等在《草业学报》（第1期）上发表《三江源区近30年植被生长动态变化特征分析》一文。此文利用1982—2012年的GIMMS NDVI3g数据集，采用多个嵌套时间序列的分析方法，研究30年来三江源区各季节植被活动的变化趋势和过程。研究表明：三江源区生长季和各季节NDVI在近30年均呈增强趋势，春季植被变化具有明显的阶段性；生长季、春季和夏季 NDVI 的增加随时段延长而趋缓，尤其是春季减缓迅速甚至停滞，而秋季植被活动持续增强；尽管区域尺度生长季、春季和夏季 NDVI 变化趋缓，但在像元尺度显著变化的区域范围却多呈增加趋势；不同植被类型显著变化的季节、时段存在差异。

梁芸在《草业科学》（第 6 期）上发表了《2000 年以来甘南植被变化趋势及原因分析》一文。此文利用 2000—2014 年 EOS/MODIS GNDI 及同期气温、降水资料、2000—2012 年载畜量资料，分析甘南州植被时空变化及气象因子、人类活动对其影响。结果表明：近 15 年甘南整体植被稳定性呈增加趋势，林地稳定性大于草地，植被空间变异主要由草地的空间变化引起。甘南州植被整体趋于好转，局部有显著减少趋势，恶化以草地为主，主要分布在玛曲、碌曲及迭部。

许宁在《安徽农业科学》（第 9 期）上发表《基于遥感技术的 2005—2014 年西藏地区植被覆盖度变化分析》一文。此文基于 MODIS-NDVI 数据，利用像元二分模型，估算 2005—2014 年西藏地区生长季期间的植被覆盖度。研究表明：2005—2014 年西藏地区生长季期间平均植被覆盖度为 33%–36%，整体表现为稳定的上升趋势；东南地区植被覆盖明显好于西北地区；森林、灌丛、农作物等类型植被覆盖度较高，而草原、草甸、高山植被以及荒漠等植被类型相对较低；2005—2014 年西藏地区趋势斜率总体保持稳定，植被覆盖明显减少的部分集中分布于拉萨市与林芝市的交界地带、山南地区的东南部及林芝市的中部地区。

李广泳等在《草业学报》（第 1 期）上发表《青海湖流域植被物候格局时空动态变化及其与植被退化的关系》一文。此文利用 2000—2014 年期间 MODIS16d 合成 EVI 数据，选用阈值法模型提取了青海湖流域逐年的植被关键物候期，分析物候时空动态变化特征及其与植被退化的关系。研究表明：植被陆续进入返青期的时间在流域整体空间上呈现由东南向西北延迟的水平地带性变化趋势，多高山分布区域的植被进入返青期时间表现出垂直非地带性特征。植被进入枯黄期的时间与进入返青期早晚的时间在空间格局上相反，生长季长短空间格局与植被进入返青时间早晚的空间格局一致。气候变化趋势下，流域植被物候时空动态变化存在空间异质性，返青期均值年际变化趋势不明显，枯黄期均值提前 6.4d，生长季均值缩短 8.9d。流域内植被物候除受气候因子影响外，与植被退化也有密切关系。植被生长趋于茂盛，返青期呈现延迟趋势；植被生长退化趋势，返青期呈现提前倾向。枯黄期与植被退化的关系较复杂，整体上未表现出明显一致的相关性。植被生长季与植被退化呈现强负相关，即植被生长呈现茂盛趋势的区域，生长季缩短。

（二）湿地农田

白永飞等在《环境科学与技术》（第6期）上发表《拉鲁湿地水中主要金属元素分布分析评价》一文。此文将拉萨市拉鲁湿地作为研究对象，利用ICP-OES、ICP-MS、AFS等仪器对水环境样品中的17种金属元素进行了分析检测。研究发现：拉鲁湿地不同区域水环境中pH值、电导率和金属元素含量存在较大的差异，pH值和电导率相关性不明显。水环境金属元素中Fe元素平均含量最高，除Cr元素达到II类水标准及个别采样点外，其他金属元素总体含量都达到了I类水标准要求。上游区域水环境中金属元素含量明显高于下游区域，在东片区水环境中Cu元素平均含量为1.94ug/L，在西片区水环境中Cu元素平均含量为0.46ug/L，拉鲁湿地对水环境中的大部分金属元素具有较大的去除作用，对水环境中Cd元素的去除率高达88.2%，湿地仍处于良好的健康状态。

王传飞等在《生态毒理学报》（第11期）上发表《西藏农田土和农作物中多氯联苯的分布环境行为和健康风险评估》一文。此文指出南亚排放的多氯联苯类污染物（PCBs）可随大气传输到西藏南部，并沉降到农田等区域。农田中的PCBs能够经食物链进入人体，从而可能对人体健康产生影响。但是这种影响低于安全阈值约一个数量级，不会对西藏居民健康状况产生明显影响。

（三）河流湖泊

德吉央宗等在《湖泊科学》（第6期）上发表《1975—2013年西藏佩枯错湖面变化及分析》一文。此文根据1975年地形图、1970年代末至2013年19期Landsat（MSS、TM、ETM+）陆地资源卫星和2003—2009年ICESat卫星数据，以及近40年气象资料，分析西藏佩枯错湖泊面积变化。研究表明：湖泊面积、湖泊高度变化波动较大，均呈减少和退缩趋势。1975—2013年间湖泊面积减少10.68km^2，减幅为3.79%。从空间动态变化来看，变化较明显的区域位于该湖的南岸和东北岸，南岸、东北岸湖岸线分别向北、向西南萎缩。2003—2009年湖面高度和湖泊面积均呈现出下降趋势。1999—2013年之间对该流域湖泊有影响的冰川变化分析显示，冰川呈现出退缩、面积减少趋势。佩枯错流域湖泊变化与冰川退缩关系不密切，降水量是湖泊变化的主要原因。

朱成明、万艳雷在《人民长江》（第13期）上发表《易贡湖生态环境状况分析及治理措施初步研究》一文。此文采用生态环境状况评价指标体系法，对易贡湖溃决前后湖区生态环境状况和生态环境演替规律进行了分析。研究表明：湖区生态环境逐年变差，逆向演替加速。为遏制易贡湖溃生态环境逆向演替趋势，应当在湖口筑坝，抬高湖水位，恢复易贡湖生态。

吴江琪、马维伟、李广在《水土保持通报》(第5期)上发表《甘南尕海湿地泥炭地不同退化状态下氮素的特征》一文。此文采用野外采样与室内分析相结合的方法，分析泥炭地退化过程中表层土壤氮素的变化特征。研究表明：除未退化土壤外，其他3种退化类型的土壤全氮含量均为9月显著高于7月，而土壤C/N比与土壤全氮变化恰好相反。土壤各相应层铵态氮含量7月和9月基本呈相同的变化趋势。从剖面分部上看，土壤全氮在20—40cm层富集；土壤C/N比和速效氮含量基本在20—40cm层富集；除中度退化外，土壤铵态氮在0—20cm层富集。

刘宝康等在《冰川冻土》(第2期)上发表《青藏高原可可西里卓乃湖溃堤成因及其影响分析》一文。此文利用青藏高原可可西里卓乃湖、库赛湖、海丁诺尔湖和盐湖所在区域的TM(ETM+)等历史文献数据和环境减灾卫星(HJ1A/B)CCD数据，分析卓乃湖周边湖泊面积变化。研究表明：1961—2014年近54年来，可可西里地区持续增加的降水是卓乃湖溃堤的基础，2011年8月22日之前的两次强降水过程和之后的持续降水是导致卓乃湖湖水大量外泄，并最终溃堤的主要原因；溃堤前的两次地震可能对卓乃湖的湖盆结构产生了一定的影响，从而加速了溃堤过程，溃堤导致湖岸线退缩，并产生大片的沙化土地，恶化了藏羚羊的产仔环境，对周边草地生态环境和重大工程设施产生了不利影响。

郭泌汐等在《环境科学》(第2期)上发表《西藏湖泊沉积物重金属元素特征及生态风险评估》一文。此文分析了青藏高原共18个湖泊的表层沉积物样品的微量元素。研究表明：18个湖泊沉积物中Cu、Zn、Cd、Pb、Cr、Co、Ni、As这8种重金属平均含量分别为24.61mg.kg^{-1}、70.14mg.kg^{-1}、0.26mg.kg^{-1}、25.43mg.kg^{-1}、74.12mg.kg^{-1}、7.93mg.kg^{-1}、33.85mg.kg^{-1}、77.69mg.kg^{-1}。西藏湖泊沉积物中重金属元素含量都要高于南极，但与人类活动频繁地区的湖泊沉积物重金属含量相比却较低。只有普莫雍错、龙木错和班公错的综合生态污染程度低，其他湖泊生态系统均有不同程度的潜在生态风险，别若则错具有最强的生态风险。

李承鼎等在《湖泊科学》(第4期)上发表《西藏湖泊水体中主要离子分布特征及其对区域气候变化的响应》一文。此文通过测试不同湖泊水体主要离子浓度，分析其分布特征和对区域气候变化的响应。研究表明：不同湖泊水体的主要离子浓度及其水质参数存在差异，西藏大部分湖泊离子浓度高于全国甚至全球湖泊平均水平。湖泊的水化学类型主要为氯化物型，少部分是硫酸盐型。西藏湖泊受强烈蒸发作用的影响，水化学类型从东南到西北依次为碳酸盐型－硫酸钠型－硫酸钾型－氯化物型。对比1990年代前的研究发现，大部分湖泊水体的主要离子浓度较上世纪有所降低，且部分湖泊水化学类型也发生了变化。

者萌等在《湖泊科学》（第2期）上发表《西藏羊卓雍错流域水体水质评价及主要污染因子》一文。此文基于2010—2014年羊卓雍错流域湖泊、河流水质及2012—2014年流域居民饮用井水、自来水水质监测资料，采用单因子污染评价法和内梅罗污染指数法，对流域水质现状进行分析和评价。研究表明：12处地表水体中，羊卓雍错和巴纠错受中度污染，其他水体清洁或尚清洁，硒及氰化物为主要污染因子；9处居民饮用水体中，自来水水质明显好于井水，但也仅有3处自来水达清洁标准，硒、铝及硝酸盐为主要超标项。污染因子通过水—土—植被—动物系统破坏流域生态环境、阻碍农业生产发展，并直接或间接影响人类身体健康。

李少华等在《生态与农村环境学报》（第6期）上发表《青海湖流域主要河口区沉积物中重金属元素生态风险评价》一文。此文对流域内11处河口区0—5cm层沉积物进行调查取样，分析测定了表层沉积物中Zn、Cu、Pb、Hg、Ni、As、Cd和Cr8种重金属元素含量，并对其来源、生态风险及污染状况进行评价。研究表明：青海湖流域沉积物中8种重金属含量和介于151.61—277.31$mg.kg^{-1}$，平均值为209.65$mg.kg^{-1}$，略高于青海湖流域表层土壤环境背景值。青海湖流域重金属元素间具有相似来源，人类对重金属元素的影响主要体现在交通运输和农业活动上。重金属潜在生态风险值从大到小依次为Hg、Cd、As、Cu、Ni、Pb、Cr和Zn，其中Hg、Cd和As对综合潜在生态风险指数I_R的平均贡献率分别为40.76%、25.56%和25.53%。青海湖流域内的交通运输、农业废水、小城镇化及旅游开发等人类活动造成的重金属排放问题已经开始显现，流域生态系统的自净能力不能将所有重金属元素均净化至低风险水平。

李少华等在《水土保持通报》（第5期）上发表《青海湖流域河流生态系统评价指标间的相关性》一文。此文通过对青海湖流域内主要河流沿海拔梯度进行野外采集，分析河流水样、河岸表层土壤和统计植被生长特征。研究表明：青海湖流域河流生态系统18个评价指标随着海拔梯度的变化均表现出一定规律性，河岸植被、表层土壤及河流水样各评价指标间具有明显的相关性。由相关分析和主成分分析可知，COD（化学需氧量）与Pb、盖度与有机质、生物量与丰富度间具有极显著正相关，河岸土壤砂粒与河流水中全氮含量、全盐量与盖度、砂粒与丰富度间具有极显著负相关；化学需氧量、有机质、盖度和砷元素可以作为评价河流生态系统优良状况的主要指标。

（四）生态功能

胡雷等在《西南民族大学学报》（自然科学版第3期）上发表《若尔盖湿地生态系统服务功能研究现状与展望》一文。此文指出，若尔盖湿地分布有全球面积最大的高寒沼泽，具有重要的水源涵养功能和土壤碳汇功能；然而近年来随着气候变化和人类活动的加剧，若尔盖湿地面临着温度上升，降水量减少，开渠排水和过度放牧等问题，鼠虫害频发和生物入侵等现象日益加剧。

黄麟等在《自然资源学报》（第4期）上发表《西藏高原生态系统服务时空格局及其变化特征》一文。此文通过20a生态屏障功能的综合评估分析，分析1990—2010年西藏高原生态系统类型及其服务能力的时空变化格局。研究表明：近20a，西藏高原生态系统宏观格局稳定少动，森林、水体与湿地面积略有增加，草地、荒漠面积减少；水源涵养服务在波动中有所提升；土壤侵蚀量下降，土壤保持服务保有率呈持续上升趋势；由于风场强度减弱与植被覆盖度增加，土壤风蚀量下降，而生态系统防风固沙服务保有率持续提升；森林、草地、湿地的碳固定服务量从前10a略有下降态势转变为后10a轻微上升趋势。

王建等在《植物生态学报》（第4期）上发表《青藏高原高寒区阔叶林植被固碳现状、速率和潜力》一文。此文利用森林资源清查数据和标准样地实测数据，估算青藏高原高寒区（青海和西藏两省区）阔叶林植被的碳储量、固碳速率和固碳潜力。研究表明：2011年青藏高原高寒区阔叶林植被碳储量为310.70Tg，碳密度为89.04mg.hm^{-2}。六类阔叶林型林、桦木林、杨树林、其他硬阔林中，阔叶混交林的碳储量大，杨树林碳储量小；其他硬阔林碳密度大，其他软阔林碳密度小。空间分配上碳储量和碳密度表现为：乔木层 > 灌木层 > 凋落物层 > 草本层 > 枯死木层。不同龄级碳储量和碳密度总体表现为随林龄增加逐渐增大的趋势。

赵忠贺等在《自然资源学报》（第5期）上发表《西藏生态系统碳蓄积动态的土地利用、覆被变化归因分析》一文。此文利用InVEST模拟了2001—2010年西藏生态系统碳蓄积动态变化，并从土地覆被类型转移和土地覆被碳密度变化两方面对碳蓄积动态进行归因分析。研究表明：2001—2010年西藏碳蓄积增加0.5×108t。藏西北、藏东南碳蓄积变化较大，藏中、藏北相对稳定。牧区碳蓄积增加，农区、半农半牧区减少。水源涵养区和防风固沙区碳蓄积增幅大，生物多样性保护区和特色产业区下降。草原碳蓄积持续增长，森林、稀疏植被碳蓄积稳中有降，灌丛碳蓄积下降。草地、林地等碳密度高的地类面积增加，灌丛、稀疏植被等碳密度低的地类面积减少。森林等碳密度较高的地类碳密度下降明显，稀疏植被等碳密度较低的地类碳密度略有增加。

二、生态环境影响因素及其机制

2016 年关于生态环境影响因素及其机制的研究文献，主要涉及毒草鼠害、气候变化、放牧围栏、铁路建设和产业活动等人类经济活动。

（一）毒草鼠害

王福山等在《应用与环境生物学报》（第 8 期）上发表《狼毒对西藏高原高寒草甸退化的指示作用》一文。此文指出狼毒已经成为退化草甸中主要的毒杂草之一，并测定各群落表层土壤的理化指标。研究表明：随着狼毒分布增加，草甸呈逐步退化的态势，一方面，草甸群落的优势物种组成从以牧草为主转变为以毒杂草为主，狼毒盖度、地上生物量及重要值逐渐增加，而禾本科、莎草科等优良牧草的盖度、地上生物量以及重要值逐渐降低；另一方面，草甸表层土壤表现出贫瘠化的趋势，土壤有机质、全氮含量、土壤含水量均显著降低，无机氮（硝态氮、氨态氮）也呈降低的趋势，而 pH 值、土壤容重则呈增加趋势。狼毒盖度及地上生物量能较好地指示当雄草原化草甸的退化程度，可作为判定草甸退化程度的指标。

王德利等在《西南民族大学学报》（自然科学版第 3 期）上发表《青藏高原草地鼠害的生态释义及控制》一文。此文系统地总结了鼠害对草原植被与土壤、生态系统稳定性，以及草地畜牧业生产的影响；强调了草地中啮齿动物的生态功能；指出需要开展草地啮齿动物种群暴发，即鼠害发生的阈值研究，通过人工控制技术来抑制鼠害发生。

（二）气候变化

王伟军等在《生态学杂志》（第 9 期）上发表《2000—2014 年甘南高原植被覆盖度变化及其对气候变化的响应》一文。此文基于 2000—2014 年 MODIS NDVI 数据，结合气温、降水数据及物候信息，分析甘南高原植被覆盖度的年、月际变化及其对气候变化的响应。研究表明：甘南高原2000—2014年年均温和降水均呈波动上升趋势，降水由西南向东北呈递减趋势，年均温由东南向西北呈递减趋势；近15年甘南高原植被覆盖度总体呈东南高西北低的特征，平均植被覆盖度为77.5%，其中森林覆盖度最高，高山亚高山草地覆盖度最低；甘南高原植被覆盖度总体呈上升趋势。其中坡面草地增加趋势显著，平原草地次之，沼泽湿地和高山亚高山草地覆盖度呈下降趋势。从年际变化来看，植被覆盖度与气温和降水均呈不显著正相关；从不同类型植被来看，高山亚高山草甸、高山亚高山草地、平原草地、坡面草地和沼泽湿地覆盖度受气温影响较大，森林覆盖度受降水影响较大；从月际变化来看，生长季植被覆盖度对降水的滞后效应主要表现在植被生长初期和末期，对气温的滞后效应主要表现在关键生长期，且对降水的滞后效应优于气温。

刘佳等在《冰川冻土》（第2期）上发表了《青藏高原若尔盖生态区水资源对气候变化的响应》一文。此文利用1980—2012年若尔盖水文站径流量资料、若尔盖及周边20个站同期气象观测数据，分析若尔盖生态区水资源对气候变化的响应。研究表明：近30a该区域地表水资源整体呈波动下降趋势；径流量的年际分布较均匀，年内分配呈双峰型，主要集中在6—9月，同期径流量集中度、集中期及丰枯率均呈现下降趋势，峰型度呈上升趋势，这与全球气候变暖及降水量减少相关。降水量是影响该流域径流量的最主要因子，夏季降水量很大程度决定着径流量的丰枯，而秋季径流量对降水量的响应最为敏感；气温的升高导致高山冰雪消融量的增大，进而使非汛期径流量增加；同时，流域蒸发量的加大，增加了地表水资源的消耗。

马晓芳等在《草业学报》（第1期）上发表《青藏高原植被物候监测及其对气候变化的响应》一文。此文采用动态阈值法提取了青藏高原高寒草地的物候信息，分析青藏高原高寒草地植被物候的时空变化及其对气候变化的响应规律。研究表明：青藏高原植被物候多年均值的空间分布与水热条件密切相关。青藏高原从东南向西北，植被返青期逐渐推迟、枯黄期逐渐提前，生长季长度因受到植被返青和枯黄的影响，呈现逐渐缩短的趋势。植被返青期和枯黄期的年际变化整体上呈提前的趋势，生长季长度呈增长趋势。高原地区的植被物候易受到海拔的影响，但存在3400m的分界线，在3400m以下，物候随海拔变化的波动较大，而在3400m以上，物候与海拔的关系密切。气象因子是不同草地类型植被物候变化的主要影响因素，与降水相比，植被物候期与温度相关程度更高。

王珍、宋进喜、段孟辰在《环境科学与管理》（第3期）上发表《雅鲁藏布江径流变化的影响因素分析研究》一文。此文选择雅鲁藏布江流域作为研究区，分析降水、气温等气候因子对径流的影响。研究表明：流域1960—2009年年平均气温具有显著的上升趋势，升温趋势具有随海拔升高而增大的特点，1960—2009年流域年降水呈上升的趋势，但趋势不显著，流域降水变化呈现复杂性。气温、降水的变化是影响雅鲁藏布江天然径流变化最直接的影响因素。

（三）放牧围栏

张静在《湖北农业科学》（第18期）上发表《放牧对西藏高寒典型湿地土壤碳、氮分布的影响》一文。此文以西藏高寒色林错湿地为研究对象，对重度践踏型（ZM）、轻度扰动型（QM）以及长期禁牧（CK）影响下草甸土壤容重、表面紧实度及其碳、氮空间分布进行了研究。研究表明：土壤容重随土层深度的增加呈增加的趋势。不同放牧对表层土壤容重和土壤紧实度的影响均存在显著差异，其中ZM > CK > QM。随着土层深度的增加，这种影响差异不断减小至无差异。不同放牧干扰下，土壤总有机碳（SOC）含量和土壤全氮（TN）含量随土层深度的增加呈现逐渐减少的趋势。不同放牧干扰下，表层土壤SOC和TN含量存在显著差异，其中CK > ZM > QM。随着土层深度的增加，不同放牧干扰对土壤SOC和TN含量的影响不存在显著差异。放牧对湿地表层土壤物理性状及其碳、氮营养物质积累存在显著影响，不同放牧对其影响存在差异，进而对湿地生态系统“汇”功能产生影响。

曲广鹏等在《草原与草坪》（第4期）上发表《放牧管理对西藏高寒沼泽植物群落结构和土壤碳氮的影响》一文。此文对西藏当雄县三种不同放牧管理模式（冬季放牧、冬春季放牧和全年放牧）下的高寒沼泽的植物群落结构和土壤碳氮进行了调查。研究表明：三种放牧管理模式下的高寒沼泽植物群落总盖度差异不显著，而优势物种藏嵩草的高度和盖度差异显著；放牧管理对沼泽群落结构和物种多样性影响较大，随着放牧强度的增加，物种丰富度增加；放牧利用显著降低了高寒沼泽湿地群落优势物种藏嵩草的高度和盖度，其优势度也显著降低，使得高寒沼泽逐渐退化。冬季放牧、冬春季放牧和全年放牧沼泽地上生物量和地下生物量依次降低。同时，随着放牧强度的增加，高寒沼泽表层土壤有机碳氮的含量也显著降低，且高寒沼泽表层土壤碳氮与地上和地下生物量显著正相关。通过对比分析，冬季放牧是当前西藏高寒沼泽较好的放牧管理模式。

薛会英等在《生态学报》（第19期）上发表《短期围封对西藏北部高寒草甸土壤线虫群落的影响》一文。此文对藏北短期围封高寒草甸和自由放牧高寒草甸不同深度土层的土壤线虫群落及土壤理化性质等进行了调查。调查发现：3a 围封提高了土壤全氮、磷、钾及土壤有机质含量，土壤保水能力也明显提高；围封使土壤线虫个体密度下降，但物种多样性和丰富度却提高了；围封使土壤线虫群落中的植食性线虫所占比重呈下降趋势，食真菌线虫比重加大。短期围封有利于高寒草甸生态系统的正向演替使之向更稳定的方向发展，同时土壤线虫数量对土壤理化性质变化有明显的响应，通过土壤线虫群落的群落特征可以反映放牧干扰及围封对高寒草甸生态系统的影响。

周贵尧、吴沿友在《草业学报》（第 10 期）上发表《放牧对草原生态系统不同气候区碳库影响的 Meta 分析》一文。此文采用整合分析方法对全球 105 篇关于放牧干扰对草原生态系统碳循环影响的文献进行系统研究。研究表明：放牧活动显著减少了植物地上和地下以及相关碳库的大小，而对土壤呼吸通量有明显的促进作用；不同类型碳库在不同气候带上响应存在明显差别，放牧对半湿润 / 湿润区地下植物碳库和土壤碳库减少幅度分别为 15.21% 和 15.35%，显著高于干旱 / 半干旱地区响应比；植物地上部分碳库与土壤碳库之间没有显著关系，而植物地下部分碳库与土壤碳库之间呈显著正相关；土壤碳库响应比与年平均降水量呈正相关关系，而与年平均温度呈显著负相关；植物地下碳库响应比与年平均降水量和年平均温度均呈现显著负相关关系；放牧活动不仅显著地减少了植物地上和地下以及相关碳库的大小，还改变了植物的碳库分配。

苗福泓等在《草业学报》（第 1 期）上发表《青藏高原东北边缘高寒草甸植物种群生态位特征对牦牛放牧的响应》一文。此文采用野外样方调查法研究了放牧对青藏高原高寒草甸植物组成、种重要值和种群生态位特征的影响。研究表明：青藏高原高寒草甸随放牧强度增大植物种数逐渐减少，其中紫花针茅、西藏香青、高山韭等种类在重度放牧条件下消失。在中度条件下，优势种线叶嵩草的重要值最高；另一优势种珠芽蓼的重要值则是先增加后降低再升高，以轻度放牧条件下最高。中度放牧是青藏高原高寒草甸优势种适宜的放牧强度。

（四）铁路建设

吴卫平、窦静雅在《中国铁路》（第 6 期）上发表《青藏铁路的节能环保作用分析》一文。此文通过专业监测和跟踪调查得出的后评价，阐述了青藏铁路开通运营所产生的实际效果。研究表明：青藏铁路在节约能源和减少碳排放方面贡献巨大。青藏铁路建设创建了一系列植被保护、野生动物自由迁徙保护、遏制沿线水土流失、防止江河湖泊污染、保护沿线自然景观的环保技术。运营后，在高原植被景观保护、冻土环境保护、江河源水质保护、湿地环境保护、野生动物保护、水污染防治、大气污染防治、噪声污染防治、固体废弃物污染防治等各方面都取得了显著效果。

保广裕等在《青海环境》（第 2 期）上发表《青藏铁路沿线青海境内水害特征及成因分析》一文。此文利用青藏铁路沿线青海境内 14 个常规气象站 2000—2014 年降水资料和 28 个加密气象站降水资料以及水害资料，对铁路沿线水害致灾因子进行分析。研究表明：铁路沿线自然条件恶劣，气候干燥，生态脆弱，夏季降水突发、时间短、强度大是造成铁路水害的主要原因。地质因子导致的水害和人为因素导致的水害是次要因素。铁路水害主要集中在夏季 7—8 月，分布主要集中在西宁段的民和—哈尔盖路段、德令哈段的天棚—饮马峡路段和茶卡支线以及格尔木段的纳赤台—不冻泉路段。铁路沿线水害孕灾环境的主要致灾因子分别为：高海拔地区纳赤台—唐古拉路段的降雨和融雪汇水灾害；柴达木盆地乌兰—格尔木路段的洪水灾害；环青海湖路段海晏—天棚路段的洪水和周边山地融雪补给河流向盆地汇聚性灾害；西宁工务段民和—湟源路段的洪水、山洪和滑坡等灾害。

（五）产业开发

罗东霞、张淑娟、杨瑞强在《环境科学》（第 7 期）上发表《藏东南色季拉山土壤中有机氯农药和多环芳烃的浓度分布及来源解析》一文。此文通过采集藏东南色季拉山阴坡和阳坡的土壤样品，测定多环芳烃和有机氯农药（包括六六六和滴滴涕）的污染含量。研究表明：土壤中 16PAHs 的含量，HCHs 和 DDTs 的含量，均远高于青藏高原中部及西部土壤中相应污染物的含量，PAHs 甚至可高达两个数量级。阳坡 α-HCH 和 DDTs 的浓度随着海拔高度升高而升高，而阴坡 HCHs 和 DDTs 的浓度随着海拔降低或无显著变化。阴坡土壤 PAHs 随海拔无升高或降低的变化趋势，而阳坡土壤 PAHs 的浓度在低海拔处呈现较高浓度，可能是存在局部污染源的排放。PAHs 主要来自大气远距离传输源，生物质和化石燃料的低温燃烧是色季拉山 PAHs 的主要来源，污染主要受印度季风的影响。

杨乐、李继荣、仓决卓玛在《东北林业大学学报》（第 5 期）上发表《西藏“一江两河”流域越冬黑颈鹤种群数量及分布》一文。此文对西藏“一江两河”流域越冬黑颈鹤种群数量及分布情况进行了调查，分析了黑颈鹤昼间活动生境和人为干扰情况。研究表明：拉孜到南木林之间雅鲁藏布江中上游河谷和墨竹工卡到林周之间的拉萨河—澎波河谷一区是越冬黑颈鹤最为集中的两个区域；

黑颈鹤昼间活动的主要生境是农田和水体，在这两种生境活动的黑颈鹤集群分别占集群总数（n=125）的 80.8% 和 17.6%；12% 的越冬黑颈鹤集群受到人为干扰的影响，其中 69.2% 的干扰来自开发建设。12% 的黑颈鹤集群受到不同程度的人为干扰，其中采石、挖沙为主的资源开发和公路、桥梁等基础设施建设的影响最为剧烈。

张璐璐在《青藏高原论坛》（第 3 期）上发表《三江源地区冬虫夏草采挖对生态环境的影响其解决对策：以杂多县和泽库县为例》一文。此文通过对青海省玉树藏族自治州杂多县和青海省黄南藏族自治州泽库县的调查，分析了冬虫夏草对生态环境的影响。调查发现：产区牧民对于冬虫夏草的依赖程度较高，冬虫夏草资源量有所下降，冬虫夏草资源保护力度不够，采挖活动引发草原承载量过大的问题。为此应当明确冬虫夏草所有权，继续维护宗教信仰对于生态环境保护的作用，加强采集活动的管理，科学保护、合理利用冬虫夏草资源。

赵贯锋等在《林业与畜牧》（第 1 期）上发表《西藏贡嘎县吉纳村农牧复合生态系统的能值分析》一文。此文以西藏“一江两河”地区典型农业村——吉纳村为代表，采用能值理论及其分析方法，对农户分散种养和合作社集中管理两种模式下的能值投入及产出进行了分析。研究表明：农户分散种养模式下生产方式落后，效率低下，总能值投入中辅助能值投入较多，但并没有带来高的能值产出。合作社模式下，生产方式较为集约，辅助能值投入少，充分利用了可更新的环境资源，能值投入少而产出多，农牧业结构较为合理。为此“一江两河”地区草地农业应发展时空拓展技术，充分利用余热和宜草荒地；农牧业应走合作化发展之路，进行适度规模化经营。

王学全、李少华在《中国农业通报》（第 1 期）上发表《青海湖流域河道变化对湿地生态系统的影响》一文。此文通过对青海湖流域 5 条主要河流上中下游河道断面土壤及植被调查，分析青海湖流域河道变化和湿地生态系统特点。研究表明：由于人类不合理的水土资源开发，湿地生态系统面临前所未有的挑战和压力。河流上游坡面侵蚀、中游阶地沟蚀河岸垮塌以及下游水利引水灌溉工程的影响，使得河道阻塞，河流改道或断流时有发生，最直接的影响是阻断裸鲤回溯产卵通道，威胁青海湖湿地生态系统的稳定和安全。

莫泓铭、夏龄在《浙江农业科学》（第 7 期）上发表《甘孜藏区生态环境保护现状与对策》一文。此文指出大量的、无序的或未经环评的水电开发，改变了空气的湿度，影响当地的气候。土石方开挖将破坏植被和地面土壤，对动植物的影响就是大江截流、蓄水等会导致水位下降、河床断流、水流量变得不稳定等问题，使动物的栖息地迁移，水生动物回游、产仔场所遭到破坏，蓄水区植物淹没，蓄水后山体滑坡等。

曹津永在《云南社会科学》（第4期）上发表《生态人类学视域中的藏族垃圾观念与垃圾处理——以云南省德钦县明永村为例》一文。此文通过对一个传统生计为主逐渐走向旅游业主导的藏族村寨的介绍，分析发展旅游业对当地的生态环境和民族心理的影响。研究表明：在面对现代文明所带来的种种严峻的环境问题时，传统知识体系的局限性很可能将会凸显出来，传统文化体系无法应对和解决这一问题，造成村民们一种“文化上的心理恐慌”。直至最终，外来的公司专人负责运走了现代垃圾，这一问题才得以顺利解决。

何阳阳、赵林、张锐在《山东国土资源》（第1期）上发表《康定县三硐金矿开发对生态环境的影响及相关建议》一文。此文指出三硐金矿的开发是一把双刃剑，一方面为康定矿业的发展注入了新鲜的血液，是其他产业的发展基础和带动力，另一方面又制约着其他产业的发展，在开发过程中，也带来了诸如破坏植被、诱发地质灾害、损坏道路等一系列生态环境问题。为此应当兼并相邻中小型矿山，进行整装勘查，做大做强，制定规章制度，提升其竞争力；提高全民安全环保意识，加强生态环境安全法制建设；在做大做强的基础上尽可能地购买先进设备，高薪聘请技术人才；成立环保安全专兼职队伍，对生态环境定期监测，以预防为主。

三、生态环境评估及其保护政策

2016年关于生态环境评估及其保护政策的研究文献，主要涉及生态评估、防治技术和政府管理等领域。

（一）生态评估

郑国强、王景升在《西部林业科学》（第6期）上发表《西藏天然林保护区生态服务价值评估》一文。此文以西藏天然林保护工程实施县域为研究区，利用2000年TM/ETM数据和2010年环境卫星数据，定量分析了生态系统服务价值构成和不同生态类型服务价值的变化。研究表明：西藏天然工程区建设成效显著，10年期间，森林面积和灌木林呈增加趋势，尤其森林面积增加显著，草地、高寒荒漠和冰川雪被呈减少趋势；天保三县生态环境质量得到明显改善，生态服务价值增加，生态服务价值构成增长主要排序为土壤形成与保护 > 气体

调节 > 水源涵养 > 生物多样性保护。

徐瑶、陈涛在《生态学报》(第16期)上发表《藏北草地退化与生态服务功能价值损失评估：以申扎县为例》一文。此文以申扎县草地资源为对象，采用生态经济学评估模型对草地生态系统8个方面的服务功能价值损失进行了评估测算。研究表明：1990—2010年，申扎县草地退化面积增加了47.40×104 hm^2，生态系统服务功能价值损失高达5.20×108元；其中1990—2000年，草地退化较严重，该时段也是生态系统服务功能价值损失较多的时期；2000—2010年，草地退化趋势变缓。藏北草地提供生物量价值仅约占生态系统服务功能总价值的7%，草地生态服务功能远大于其提供的生物量价值。

李祥妹、赵卫、黄远林在《中国农业资源与区划》(第1期)上发表《基于生态系统承载能力核算的西藏高原草地资源区划研究》一文。此文分析草地载畜量、补饲载畜量、牲畜存栏量地域差异，评估了生态系统承载力。研究表明：全区不适合和不能放牧草地36. 95万 km^2，占全区草地总面积44.37%；农区可供牲畜食用的精饲料总量与粗饲料总量分别为23.71万t与27.50万t，全区补充饲料载畜量为115.18万羊单位；从载畜量区划来看，那曲、当雄等县超载严重，八宿、察隅等县略微盈余。

李琳、林慧龙、高雅在《草业学报》(第6期)上发表《三江源草原生态系统生态服务价值的能值评价》一文。此文以能值分析法为主要计算方法，选择合适的6项评估指标，对2001—2010年三江源区草原生态系统生态服务价值进行逐项评估。研究表明：过去的10年中，三江源区草原生态系统生态服务价值总量从1375亿元/年上升到1780亿元/年，年际变化较大；从趋势上，以2006年为分界点，2006年后的年份，其生态服务价值总量基本保持上升趋势，且普遍高于2006年前的年份。对不同草原类型进行生态服务价值评价可以看出，多雨冻原高山草甸类生态服务价值占全部草原类型生态服务价值的比例最大，10年中皆超过99.5%；各类型草地生态服务价值占总价值的比例年际变化不大；释放 O_2 与固定 CO_2 的价值所占总价值比例最大，两者之和约占全部价值量的90%，而直接的草产量价值仅占全部价值量的1%左右。

冯舒芮等在《生态科学》(第4期)上发表《青海省果洛藏族自治州生态敏感性分析》一文。此文建立了符合该州特点的生态敏感性评价指标体系，并采用层次分析法，在GIS支持下，对该州进行了生态敏感性评价。研究表明：果洛藏族自治州的生态敏感性为中度敏感水平，西北地区敏感度最高；其中极敏感和高度敏感区占总面积的14.08%，中度敏感区域占总面积的35.14%，轻度敏感区占总面积的 30.73%，不敏感区占 19.94%；依据生态敏感性综合评价结果将玉树州划分为西北部生态保护区、中部草场发展区、东南部生态调节区。

高江波等在《地理科学》（第 4 期）上发表《基于遥感数据的西藏高原自然生态系统脆弱性评估》一文。此文以 MODIS 为基础数据源，评估了西藏高原自然生态系统的脆弱性。研究表明：综合生态系统结构、功能及气候和地形生境特征对脆弱性的影响，全区呈现从东南向西北综合脆弱性水平逐渐升高的趋势，在评估区范围内综合脆弱性等级为中等及以上的地区共占 74%，整体脆弱性程度较大，其中综合脆弱性等级为很高水平的地区占了 45.8%。

罗久富等在《生态学报》（第 20 期）上发表《青藏高原高寒草甸区铁路工程迹地植被恢复过程的种间关联性》一文。此文以青藏高原高寒草甸区铁路工程迹地植被为对象，分别在青藏铁路建设期、运行期对工程迹地进行了 3 次植被群落调查，在此基础上利用种间关联性分析的方法，来探讨群落物种总体关联性和主要种种对间关联性。研究表明：对群落物种总体关联性检验发现群落物种总体关联性均表现为显著正相关，关联程度排列为 VR2005 > VR2009 > VR2013，群落趋向松散，抗干扰能力弱。对群落主要物种种对间关联性检验发现成对物种间的正、负联结比例总体呈下降趋势，并且达到显著或极显著的种对数百分比也呈下降趋势，群落内物种间联结强度逐渐降低。

杨永梅等在《干旱区地理》（第 2 期）上发表《三江源花石峡地区植被退化与土壤养分的关联》一文。此文对果洛州玛多县花石峡地区不同退化梯度草甸的植被特征和土壤养分进行了相关性分析。研究表明：在山地草甸梯度退化过程中，优质牧草丰富度、盖度均降低，低产杂草类植被比例增加；随着退化梯度加剧和土壤剖面加深，土壤养分梯度变化明显，有机质含量明显下降，土壤呈碱化趋势，速效磷含量下降。植被盖度与土壤速效磷、pH 值、有机质含量呈高度关联性。有机质和磷肥是植被恢复重建的关键。

尚华明等在《兰州大学学报》（自然科学版第 1 期）上发表《利用树轮宽度重建西藏中部地区植被指数变化》一文。此文利用西藏中部大果圆柏的树轮宽度资料，建立宽度年表，分析树轮宽度指数、归一化植被指数和当雄月气象要素三者间的关系。研究表明：明树木的径向生长和区域归一化植被指数对气候要素的响应关系一致，与上年 7—8 月和当年 5—6 月降水量显著正相关，与当年 5—6 月的温度显著负相关。由于共同受气候因素的制约，树轮差值年表与西藏中部地区 7—8 月平均归一化植被指数的相关系数达到 0.714。

高欢在《青藏高原论坛》（第 2 期）上发表《玛多县土地生态脆弱性评价》

一文。此文基于SRP模型，构建生态脆弱性评价指标体系，定量评价玛多县土地生态脆弱性。研究表明：玛多县土地生态脆弱度以中度脆弱为主，中度以上面积比例达61.07%。

云丹桑珠、刘学敏在《安徽农业科学》(第19期)上发表《高山峡谷区生态足迹与生态承载力动态分析——以云南迪庆藏族自治州为例》一文。此文基于国家生态足迹账户计算方法，分析了2005—2014年迪庆州的生态足迹和生态承载力。研究表明：2005—2014年迪庆州人均生态足迹呈振荡式上升趋势，从2005年的0.8253gha波动上升到2014年的1.2517gha；人均生态承载力总体呈下降趋势，从2005年的0.9458gha下降到2014年的0.4678gha；生态平衡由微弱的生态盈余逐步转向生态赤字，且生态赤字呈大幅度增长趋势，2014年支撑经济发展需要2.66倍的迪庆生态承载力；碳吸收地在生态足迹结构中由较低占比迅速增长成为生态足迹的主要成分之一，是迪庆州生态赤字的主导因素；生态效率年均增长率要远低于GDP年均增长率。

(二)防治技术

姜鑫贵等在《林业科学》(第10期)上发表《青藏铁路南山口段沙害防治措施的效果》一文。此文通过测定积沙体断面要素和平均深度，计算不同防护措施组合的年均单宽阻沙量，评价不同措施或措施组合的阻沙效果及空间布局的影响。研究表明：南山口地区设置的沙障中PE网格沙障宽度过大造成材料的浪费，布设宽度应以13m为宜；PE阻沙网布设间距过小，使得拦沙作用很弱，且降低了同区内高立式栅栏沙障的拦沙效益；单个栅栏沙障在防护区中表现出很强的阻沙作用。

张克存等在《中国沙漠》(第5期)上发表《青藏铁路北麓河路段风沙防护体系阻沙效益》一文。此文在分析青藏铁路北麓河路段风沙灾害现状和风沙环境的基础上，将三维激光扫描技术应用于风沙工程防护体系的效益评价中。研究表明：百叶窗条形阻沙栅栏单宽积沙体积最大，为18.31m^3，其次为不通风条形阻沙栅栏，单宽积沙体积为13.66m^3。阻沙栅栏最大防护距离为12H，即上风向-3—0H范围和下风向0—9H范围内，双排结构的阻沙栅栏无论积沙范围或积沙量均较单排结构阻沙栅栏好。在栅栏上风向，沙粒自距栅栏5m处开始沉降堆积，越靠近栅栏，积沙厚度越大。在阻沙栅栏的下风向，单排结构阻沙栅栏积沙范围为15m，双排结构阻沙栅栏积沙范围可达20m。

张宪洲等在《生态学报》(第22期)上发表《开展高寒退化生态系统恢复

与重建、助力西藏生态安全屏障保护与建设》一文。此文介绍了“西藏退化高寒生态系统恢复与重建技术及示范（2016YFC0502000）”项目的主要内容。此项目在研究生态系统演变规律和影响机理的基础上，针对西藏高原不同的退化区域，重点研发高寒退化草地恢复、沙化土地治理、生态产业及生态畜牧业发展等技术与模式，开展县域水平的集成示范，实现高寒生态系统功能的提升与适应性优化管理，为西藏生态安全屏障保护与建设提供技术支撑。

白文明等在《西南民族大学学报》（自然科学版第 4 期）上发表《青藏高原和内蒙古高原草地全球变化生态学控制实验研究比较》一文。此文从模拟增温、模拟降水变化和模拟氮沉降三个方面归纳和总结了青藏高原和内蒙古高原两大草地生态系统，应对全球气候变化上的异同。

（三）政府管理

何见、但新球、刘世好在《四川林业科技》（第 3 期）上发表《西藏自治区湿地生态效益补偿机制探讨》一文。此文对西藏湿地资源保护概况及对建立湿地生态效益补偿机制的必要性、可行性和措施进行了研究。研究指出，补偿原则要坚持生态优先、发展优先的原则，“谁保护、谁受益”与“谁受益、谁付费”的原则，政府主导、市场推进的组织原则，可持续发展原则。补偿主体最主要是自治区政府，客体主要由湿地所在地乡镇政府、村集体、湿地周边农牧民组成；补偿标准主要依据以湿地类型为依据和以补偿内容为依据；西藏湿地生态效益补偿主要采用资金补偿与政策补偿；对西藏湿地生态效益补偿暂实行补偿（试点），期限定为 3 年；补偿资金主要由自治区财政专项资金安排，同时考虑纳入国家财政预算，由国家和地方来支付。

赵国君在《青海草业》（第 3 期）上发表《海北州草原生态管护员现状调查报告》一文。此文提出为推进生态保护，应当严把人员聘用考核关，优先聘用高素质管护人员；加强管护经费投入，建立管护资金长效保障机制；建立奖惩制度，全面提升管护工作积极性；加强培训和业务指导，提升管护员水平。

陈娟在《青藏高原论坛》（第 3 期）上发表《青海湖环湖区草地生态破坏成因及法律对策》一文。此文指出随着资源的开发、生活结构的变化，人类活动已成为环湖区草地植被退化、覆盖面积缩减及草地沙化等的主要作用力。为此，亟需加大环境保护宣传，提高公众环保意识；完善草原生态保护地方立法，强化草原保护法律法规的可操作性；完善草原生态奖补制度，提高牧民参与草原保护的积极性；制定合理的旅游规划，严厉打击违法占用草地的行为；建立并完善垃圾管理机制，改善草原垃圾污染状况。

罗德伟在《环境与可持续发展》（第 5 期）上发表《西藏地区农村环境保护存在问题及对策》一文。此文以西藏山南市琼结县为例，指出琼结县农村环境保护工作面临着环保投入严重不足，监察执法能力建设严重滞后，领导重视程度不够，公众参与环保的意识不强，农业生产生活带来的环境污染问题日益严重等问题。为此，政策建议包括：加强适合农村的环保立法工作，推行“县政府 + 乡镇（村）+ 第三方市场”购买环保服务的环保模式改变藏区农村生态环境。

马桂芳在《黑龙江生态工程职业学院学报》（第 6 期）上发表《青海藏区生态环境恶化现状与对策分析》一文。此文指出随着全球“温室效应”与人类活动的加剧，青海藏区生态环境持续恶化，草场承载不堪重负，原始森林大面积锐减，珍稀物种濒临灭绝。为此，需要控制人口数量、提高人口素质、优化人口布局；以优化产业结构和帮扶龙头企业作为发展的切入点，探索符合当地实际的产业基地 + 生态移民 + 市场模式，移民联户 + 龙头企业 + 市场模式，移民合作组织 + 龙头企业 + 市场模式；以法治化视角遏制青海藏区生态环境的恶化；强化环境职能部门的权力和责任，赋予公民和民间组织的环境监督权，进一步完善生态环境保护法律制度创新。

李旭谦、张继军、文香在《青海草业》（第 3 期）上发表《青海省草原生态文明建设保护中存在的问题与对策》一文。此文指出当前青海畜牧业存在生产环境差，防灾抗灾能力低，人工草地规模小，饲草料产业发展滞后，畜牧业基础设施水平低，生产经营方式落后等问题。为此，应当牢固树立生态文明理念，加大政策扶持力度，加强草原监督管理和技术服务体系建设，加快饲草产业发展，强化草原保护建设科技支撑，加强农牧民培训和科技文化教育。

文化教育

汉文部分

一、文化

本年度，藏族文化方面的研究成果数量上比去年略有减少，共发表论文150余篇，出版图书12部。研究成果水平有所提高，资料更为翔实，论文仍以个案研究为主，图书多以宏观研究为主。与往年一样，研究成果仍以传统文化、民俗文化为主，传统文化方面的论文多侧重对传统文化的保护与传承问题的研究；民俗文化方面的论文多侧重对节庆、服饰、民居的研究；文化传播与出版、生态文化、公共文化的研究论文与去年基本持平，非物质文化遗产研究的文章共13篇，比去年有所增加。下面从不同研究视角和领域分别予以介绍。

（一）传统文化

达哇彭措、朱德涛《从元代瓷器看汉藏文化交流》（《中国藏学》第2期）一文，从元代瓷器中所见藏传佛教造型的器物、藏传佛教因素的纹饰，以及汉藏文化交流情境下的元代瓷器功能考察三个方面对藏族地区存世和内地受藏族文化影响的元代瓷器进行梳理，并结合图像及汉、藏文史料，从汉藏文化交流和元代西藏特殊政教环境的视角，对元代瓷器所映射的特殊功能进行了剖析。文章指出，元代内地瓷器在造型、纹饰等方面都受到藏传佛教因素的影响。同时，瓷器进入藏族地区之后，除作为佛教用器以外，还是皇朝权力的载体和身份地位的象征。

曾吉卓玛《藏地朝圣研究述评》(《中国藏学》第2期）一文，从藏地朝圣研究的缘起与现状、西方朝圣研究的现状、总结与思考三大方面，对国内外关于藏地朝圣研究的成果进行了梳理和总结。认为学术界对藏地朝圣的仪式性、实践性等层面的讨论已较为充分，但在理论取向、方法论、研究视角方面还存在进一步深入研究的空间，并指出对藏区所出现的许多新问题，其理论模式无法准确地解读和涵盖。

王宝红《清代文献中的藏香》(《西藏民族大学学报》哲社版第5期）一文，从藏香的形制、品类、流通、功用等方面，对清代藏学汉文文献中有关藏香的记述进行了梳理，对了解藏汉民族文化相互交流与传播的进程，追溯清代藏汉民族交流的历史印迹具有非常重要的意义，对促进现在的藏汉文化交流具有借鉴意义。

周尚娟《甘南藏族服饰文化中的中国传统哲学思想》(《西藏艺术研究》第1期）一文，以甘南藏族服饰文化为个案，从“师法自然”的藏族服饰、阴阳五行观念与藏族服饰色彩、传统哲学符号在甘南藏族服饰上的体现三个方面探讨了服饰哲学和文化交流的关系，阐释了藏族服饰的深厚内涵和精神价值。指出甘南藏族地区是藏汉文化交流的前沿地带，其服饰文化包含了丰富的中国传统哲学思想。

嘎藏土买《浅论藏族文化传统的精神内涵》(《西藏艺术研究》第1期）一文，从“天地合一、众生平等”的生态观，“克己求善、无我利他”的道德观，“团结友爱、和谐共存”的社会观，“尊师重道、崇文厚化”的知识观，“坚忍不拔、乐观通达”的人生观，“开放包容、追求和合”的世界观，“诚实守信、爱美尚礼”的生活观七个方面阐述了藏族文化传统的精神内涵，指出在今天新的社会历史发展背景下，应及时汲取藏族优秀的文化传统，发掘和发现藏族文化传统的多层价值和意义，客观公正地认识和评价藏族文化传统在现代化过程中的地位和作用。同时要努力培养新一代藏族年轻人，树立文化自信，提升文化自觉，努力传承和发展本民族优秀文化传统。

潘多、刘月华等《藏族传统文化对草地资源利用与生态保护现状浅析——以甘南夏河牧区为例》(《草地学报》第2期）一文，以甘南夏河牧区为例，介绍了甘南藏族地区生态文化的现状，对存在的问题进行了分析，提出了了解藏区禁忌和传统节日对生命和自然的敬畏意识，继续传承藏区传统文化的积极成分、摒弃消极成分，提高藏族人民的文化水平、拓展生态保护教育途径三个方面的对策建议。

黄敏、佘静芳《积极心理学视域下藏族传统文化教育功能探析》(《邵阳学院学报》社科版第 6 期）一文，介绍了藏族传统文化中的积极心理学资源，分析了藏族传统文化中的积极心理学功能，即素质教育、文化传承、文化创意功能，并从藏族传统文化的现代转换、课程开发、传承发展三个方面探讨了藏族传统文化中积极心理教育功能的实现路径。

罗桑开珠编著的《藏族文化通论》(中国藏学出版社）一书，共分五编二十七章。以文化学的学科划分理论和结构分类方法，将藏族文化划分为物质文化、制度文化、行为文化和精神文化四大方面，在将每个文化现象的形成、发展和变异进行纵向历史性的研究梳理的同时，又将每个文化现象的结构体系进行了横向系统性的切割、整合、归类和编排，并对每个文化现象的基本特点进行了理论性的分析、总结和阐释。该书力求在藏族文化专业的学科分类、内容范畴、结构划分、研究视角和研究方法等方面与文化学的理论体系接轨，起到铺路石的作用。

（二）民俗文化

马宁、刘玉皑《历史传承与文化共享：西藏江孜达玛节的展演式保护探析》(《西藏大学学报》社科版第 4 期）一文，在介绍国家级非物质文化遗产江孜达玛节展演程式的基础上，从驯养赛马的地方性知识、象征化的空间、社会荣誉至上的养马人等六个方面，对江孜达玛节的文化空间进行了分析，指出江孜达玛节经过江孜民众近 600 年的世代传承，已经形成了以达玛场为核心的文化空间，成为承载历史记忆和地方性知识的文化集合，走出了通过集体展演进行活态保护的文化空间传承之路。

东主才让《藏族命名文化研究》(《西藏民族大学学报》哲社版第 4 期）一文，从藏族人名的构成及意义、文化内涵，藏族命名文化的时代变迁，藏族人名的类别及特征三个方面，从文化语言学的角度对藏族人名与藏族社会文化的某些关系进行了探讨，指出人名作为一种特殊的专门用语负载着丰富的文化内涵，对理解和认识藏族文化大有裨益。

取宗《论藏族服饰的神话传说之历史和文化现象》(《青藏高原论坛》第 1 期）一文，以藏族服饰的神话传说作为论述的依据，从藏族服饰的神话传说之历史记忆、文化寓意两个方面，探讨了其中所隐射的怀祖意识、原始宗教意识等历史及文化现象，指出通过这一种特殊的文本，可以了解民间服饰保持多样化风格的原因，民间服饰的制作与变迁，以及民间服饰与动植物、自然环境、社会历史与文化习惯的关系，而这种文本的文化根源和文化属性大都是通过民间有关服饰的神话传说体现的。

英珍《丧葬习俗与藏族社会结构研究——以四川省白玉县为例》(《四川民族学院学报》第 2 期）一文，以四川省白玉县为个案，对丧葬习俗与藏族社会结构之间的关系进行了探讨，指出四川省甘孜藏族自治州白玉县山岩社会的天葬与其他藏族地区存在类似之处，比如受历史、地理以及社会文化等因素的深刻影响，其特殊性在于山岩天葬习俗与当地的父系血缘组织戈巴密切相关，本文以地方社会组织或社会结构为视角调查山岩天葬文化的方法，为学界研究分析丧葬文化或其他文化事象提供了一种新的思路。

林晓华、邱艳萍《媒介化社会与藏族传统节日文化变迁——以 2015 年拉萨藏历新年为例》(《西南民族大学学报》人文社科版第 8 期）一文，以 2015 年拉萨藏历新年期间藏族对新媒体的使用情况为研究对象，通过发放调查问卷、收集统计数据，分析了新媒体使用与藏族传统节日文化传承之间的关系，探讨了“媒介化”对藏族传统节日文化变迁的深远影响，指出媒介大规模介入藏族日常生活，不断改变着藏族传统文化的形式和内容，藏族社会在“媒化”进程中正逐步建构出一种新的族群性。

高城《“藏历新年”的独特风情》(《寻根》第 1 期）一文，在介绍藏历新年隆重的仪式、奇异多彩的庆年风物、藏区各地不同的新年仪式的基础上，探讨了藏历新年文化的渊源与流变。文章指出藏历年味追赶时代步伐，体现了传统文化与现代生活、本土文化和异域文化的和谐交融，是藏族人文化和生活的一大进步。

陈果、刘瑞璞《康巴藏袍“五色”和“五福”缘饰纹章考论》(《丝绸》第 7 期）一文，以北京服装学院民族服饰博物馆现藏三件经典康巴兽皮饰边藏袍“五色”和“五福捧寿”缘饰纹章形制为研究对象，运用测绘、复原实验与文献结合的考据方法，从“五色”到“五行”、兽皮五色饰边从氏族社会的“活化石”到藏汉文化的归属、外“五色”内“五福”的藏汉密符三个方面，对康巴藏袍的“五色”和“五福捧寿”缘饰纹章进行了考证，认为“五色”既是藏传佛教的体现，又是汉道“五行”的产物，“五福捧寿”和长寿纹源于汉儒文化，兽皮则承载了原始氏族社会的古老信息，三者在藏袍中的集中运用，为中华民族服饰“一统多元”的文化特征提供了生动的实证。

罗桑开珠、周毛卡主编《红珊瑚与绿松石：藏族服饰论文选集》(中国藏学出版社）是一本有关藏族服饰研究的论文集，全书共分“古代服饰考”“传统区域服饰”“服饰与工艺”“现代服饰文化变迁”四大部分，收录相关文章48篇，从多个方面展示了不同时期、不同地域藏族服饰的发展历史、结构特点和文化内涵，以及历史的传承与发展等，通过此书可以了解藏族的社会历史、文化特性及其审美观点。

（三）现代文化

多尔吉《西藏基层文化建设问题研究》（《中国藏学》第4期）一文，在论述基层文化建设在西藏和谐社会建设中的重要作用、西藏基层文化建设所取得的成绩的基础上，指出思想观念滞后、基础设施简陋、发展资金短缺、队伍建设薄弱、居住分散等是影响和制约西藏基层文化建设的重要因素，加强西藏文化建设必须处理好中华民族文化与藏族文化、藏族传统文化与现代文化、宗教文化与藏文化三个方面的关系，并提出了加强西藏基层文化建设的具体措施。

贺卫光《青藏高原游牧文化的特征及其与丝绸之路的关系》（《西藏大学学报》社科版第3期）一文，在分析青藏高原游牧文化主要特征的基础上，从游牧民族与古代商业贸易、青藏高原游牧民族与西南丝绸之路、青藏高原游牧民族与绿洲丝绸之路三个方面探讨了青藏高原游牧民族与丝绸之路的关系，认为正是由于青藏高原游牧文化所具有的基本特征，使得这里的游牧民族对历史上丝绸之路，特别是对西南丝绸之路的长期控制和经营十分重视，从而古代西南丝绸之路才得以持续到了近现代。

窦存芳、张勇《以尊重文化的态度保护和开发藏文化——青海玉树灾后文化保护与重建中的启示》（《青藏高原论坛》第4期）一文，以对玉树灾后文化保护和重建状况的实地考察为基础，通过与文化重建工作相关部门负责人和参与者的访谈，并结合文化人类学的相关文化理论，总结和分析了玉树灾后文化保护和重建，以及对发展藏文化产业的启示，以期为藏文化保护和文化产业发展提供一些有价值的参考。

（四）文化传播与出版

李韵《论汉语国际传播中西藏文化的价值与实践》（《西藏大学学报》社科版第4期）一文，针对西藏文化在汉语国际传播中的被动现状，分析了西藏故事的特点和层次，阐述了如何在汉语国际传播中完善西藏文化设置的价值问题，指出要加强西藏文化的教学，必须从传播平台、课程设置、教材编写和师资培养等多个环节进行完善。

袁爱中、杨静《媒介变迁与西藏传统文化传播研究——以〈格萨尔王传〉史诗为例》(《西藏大学学报》社科版第 1 期）一文，以《格萨尔王传》史诗为例，从历时的角度分析了媒介变迁与文化传播的关系，介绍了口语传播、印刷传播、电子传播、网络传播四个时期西藏媒介的发展历程，分析了媒介变迁与《格萨尔》史诗传播历程的关系、不同媒介形态下《格萨尔王传》史诗传播的特点、西藏媒介变迁与西藏文化传播的关系，对《格萨尔王传》史诗传播进行了总结与思考，并提出了如何应对媒介变迁、文化转型中可能存在的问题。

袁爱中、李洁《社会转型视域下西藏文化报道的分析研究——以〈西藏日报〉“八廓街的故事”专栏、“快搜西藏”文化频道为例》(《西藏民族大学学报》哲社版第 4 期）一文，以《西藏日报》“八廓街的故事”专栏、“快搜西藏”文化频道为例，对社会转型背景下传统媒体和新媒体对西藏传统文化发展报道的意义、内容、异同进行了分析，并对如何优化西藏文化报道，从拓宽报道视角、展现文化底蕴、打造特色化专栏、加入专题类报道四个方面提出了相应的对策和建议。

张云洋《高校图书馆藏文图书编目与流通工作探讨——以西藏大学图书馆为例 》(《农业图书情报学刊》第 2 期）一文，以西藏大学图书馆为例，介绍了藏文图书编目的实践情况，分析了编目与流通中存在的翻译、著录不统一等问题，据此建议高校图书馆对藏汉文图书进行统一编目，并提出了统一分类法、严格遵照中图法分类，以“文献类型”或“书目数据库”区分不同语种文献，同时使用汉文与藏文著录藏文图书，书目系统的 WEB 发布增加图书封面图片四个方面的具体思路。

刘永文编著的《近代传媒与中国西藏的社会变迁》(凤凰出版社）一书，共三册，分上下编，上编为理论部分，主要探讨不同政治背景下的各类报刊、追踪报道关于西藏的重大政治事件、讨论国家治藏方略的得失等。下编为资料汇编，将有关西藏的资料以报纸为单位、以时间为顺序，整理成册，有助于考察当时报界的态度。由于下编所选资料为清末民初国内报刊上公开发表的时论、要闻、电报及相关资料，包括译载的西方时论、资料，难免带有清末民初时代的痕迹。

（五）非物质文化遗产

刘新利《西藏地方媒体与西藏“非遗”保护——以〈西藏日报〉的“非遗”报道为例》(《西藏民族大学学报》哲社版第 4 期）一文，以《西藏日报》2013

年1月至12月的“非遗”报道为研究对象，肯定了《西藏日报》在“非遗”报道中的做法及取得的成绩，同时也指出了其存在的对宗教节日报道的规避、专家意见的缺席、缺乏必要的舆论监督三个方面的问题。

吕彩霞《甘孜藏区非物质文化遗产保护现状分析及思考》（《四川民族学院学报》第4期）一文，通过问卷调查、文献阅读及实地参观采访等方法对甘孜的“非遗”保护现状进行了调研，分析了甘孜藏区非遗保护的现状，并就甘孜藏区“非遗”保护措施提出了深化地方立法、落实行政保护、发展民事保护等三个方面的建议。

邵卉芳《西藏非物质文化遗产教育传承初探——以西藏民族大学为视点》（《怀化学院学报》第7期）一文，以西藏民族大学为个案，论述了“非遗”教育传承的重要性，介绍了国内外高校及西藏民族大学“非遗”教育传承的情况，指出西藏“非遗”的教育传承存在课程种类不丰富、研究成果体量不大、校园活动单一和博物馆藏品不多等问题，并提出了相应的对策与建议：提高课程的专业性和系统性、鼓励师生参与研究和保护实践、举办丰富多彩的“非遗”宣传活动、增加博物馆“非遗”展品种类。

二、教育

本年度，藏族教育方面的研究成果数量上比去年略有减少，共发表各类论文约160篇，出版图书6部。但研究范围更为广泛，涉及语言、法律、信息技术、远程教育、心理健康教育、思想政治、职业教育、特殊教育、学前教育、家庭教育等各个方面，以高等教育研究的成果最多。体育方面的研究成果比去年有所增加，多侧重于对传统体育的研究。下面从不同研究视角和领域分别予以介绍。

（一）传统教育与基础教育

班觉、次仁德吉《西藏牧区基础教育的新发展——以那曲县罗玛镇为案例》（《中国藏学》第4期）一文，以那曲县罗玛镇为例，介绍了牧区基础教育调整发展的背景，以及罗玛镇基础教育的发展情况、双语教育的现状、寄宿制教育给家庭带来的挑战等。指出牧区家长无论是在对待子女上学的观念上，还是在送子女上学的行动上，都发生着明显的改变，体现了新形势下西藏牧区基础教育蓬勃发展的良好势头。

王春焕、刘明松《教育援藏与西藏民生改善》(《西藏研究》第5期）一文，在论述教育援藏对西藏经济社会发展意义的基础上，介绍了教育援藏历程以及对西藏民生改善发挥的重要作用，指出中央第六次西藏工作会议再次部署了援藏工作，教育援藏需继续着眼于西藏民生改善，在西藏全面建成小康社会、实现现代化过程中寻找新的着力点，从援藏制度设计方面着手，使教育援藏在改变西藏教育“短板”、惠及民生方面发挥更大的作用。

张王勇《西藏高校学前教育本科专业课程设置现状与对策研究》(《西藏教育》第1期）一文，在介绍西藏高校学前教育本科专业课程设置改革原则和依据的基础上，分析了西藏高校学前教育本科专业课程设置的现状，探讨了西藏高校学前教育本科专业课程设置中存在的问题，并从课程内容选择、课程结构优化、课程体系设计三个方面提出了相应的对策。

凌娜《“互联网+”背景下康巴藏区基础教育发展的困境及突破》(《四川民族学院学报》第2期）一文，在分析“互联网+”背景下康巴藏区基础教育发展中存在的师生互动障碍、教育资源不均衡，以及信息化对学生的涵化影响等问题的基础上，从正确认识“互联网+”与教育的关系、加强教师队伍培训、开发适合民族地区的教育资源等三个方面提出了发展民族基础教育的建议。

黄伟《民国时期蒙藏特别生教育政策研究》(《民族教育研究》第4期）一文，在论述蒙藏特别生产生的历史背景的基础上，介绍了蒙藏特别学校的设立、蒙藏特别生的招收办法及各种待遇，并对蒙藏特别生教育政策进行了分析评论。认为民国时期蒙藏特别生教育，为边疆地区青年的成长提供了广阔空间，为边疆地区的发展提供了人才保障，蒙藏特别生教育政策的实施，对于我国当前的教育改革仍然具有一定的借鉴意义。

（二）高等教育

王恒良《西藏高校大学生创新创业校企合作模式建设研究》(《西藏大学学报》社科版第3期）一文，以西藏高校中具有代表性的西藏大学农牧学院及区内相关企业为主要调查研究对象，通过抽样电子问卷调查及人物访谈等方式展开调查，介绍了西藏高校大学生创新创业校企合作现状，分析了西藏高校大学生创新创业校企合作所存在的问题，并提出了以构建“西藏高校大学生创新创业校企合作共赢圈模式”长效机制为重点的对策和建议。

刘凯、陈蕾《西藏高等教育入学机会社会差异研究》(《西藏民族大学学报》哲社版第2期）一文，以西藏自治区作为研究对象，分别从家庭收入、父母受教育程度两个方面进行研究假设，对西藏不同社会阶层子女高等教育入学机会的社会差异问题进行了探讨，指出不同的社会阶层差异所导致的经济阶层差异和文化阶层差异，对于西藏子女的高等教育入学机会具有一定的影响，并就西藏高等教育机会均等化提出了提高农牧民家庭的综合文化程度、加大经济扶持力度、促进高等教育大众化发展等三个方面的建议。

刘凯、王毅、尚小军《“三个符合”：构建西藏高等教育现代化评价指标体系的价值导向》（《民族高等教育研究》第 2 期）一文，主要探讨了构建西藏高等教育现代化评价指标体系的价值导向问题，指出其价值导向一要符合国家经济社会发展的总体要求，二要符合我国高等教育发展的时代要求，三要符合西藏教育现代化发展的特殊要求，即“三个符合”，并对“三个符合”进行了具体分析和阐述。

张森《基于藏学研究资源整合的西藏高校机构知识库联盟建设研究》（《图书情报导刊》第 10 期）一文，以西藏大学、西藏民族大学等西藏 6 所高校为研究对象，通过高校网站和中国知网对这 6 所高校原生学术资源和科研院所进行了调查，分析了西藏高校原生学术资源管理现状，探讨了以西藏高校图书馆为主体构建机构知识库联盟，以实现西藏高校科研成果的统一管理和开放获取、促进藏学研究学术交流和科研创新、提高西藏高校整体教学和科研水平的措施，并就西藏高校机构知识库联盟建设的模式、政策规划、内容建设、宣传推广等提出了建议。

（三）远程教育与特殊教育

还格吉《四川藏区“9+3”职业教育内地办学的思考》（《中国藏学》第 3 期）一文，针对四川藏区“9+3”职业教育向全国藏区推广之势，以“9+3”学生的背景文化为切入点，采取教育人类学的理论范式，探讨了藏族职业教育内地办学问题，并对藏族职业教育内地办学提出了借鉴藏族传统教育的积极理念、教育目标要突显“以学生为本”、注重母体文化的力量、多元文化整合教育等四个方面的思路。

李晓燕、史瑞娟等《西藏地区特殊教育学校教师工作满意度的调查》（《北京教育学院学报》自然科学版第 3 期）一文，采用教师工作满意量表对西藏地区 144 名特殊教育教师进行了工作满意度调查，通过对调查结果的研究，指出西藏地区特殊教育学校的教师工作满意度总体较高，西藏地区特殊教育学校教师工作满意度在性别、教龄、学历、教学科目、职务、职称上存在显著差异。

郝峰《西藏职业教育的现状及对策分析》(《职业技术教育》第 24 期）一文，针对西藏职业教育存在的教育观念与教育改革发展不相适应、教育体制机制与经济社会发展不相适应、学校办学能力与发展目标不相适应等问题，分析了这些问题存在的原因及发展西藏职业教育的有利条件，从优化布局结构、深化教育教学改革、完善办学机制、提升服务能力、健全保障机制、改善发展环境等六个方面提出了推进西藏职业教育发展的对策建议。

（四）体育

张永林、韩红英等《城镇化进程中青海藏区民族传统体育文化传承与调适》(《青海师范大学学报》自然科学版第 1 期）一文，采用文献资料法等对青海藏区传统体育文化的传承模式及其城镇化进程中民族传统体育文化失调的问题进行了分析研究，指出随着快速的城镇化进程，农牧民大量进入城镇，造成了民族传统体育活动的传承主体迁移、生存环境的变迁以及制度的流变，使其从农牧民的社会生活和文化生活中逐渐淡出，甚至一些项目面临消失。文章从农牧民自身、制度、组织管理三个方面提出了民族传统体育文化主动适应城镇化进程的调适措施，以期推动民族传统体育文化的协调、可持续发展。

侯金涛《藏族传统体育文化的传承与启示——以甘孜藏族自治州为个案》(《四川民族学院学报》第 2 期）一文，以甘孜藏族自治州为个案，阐述了甘孜藏区传统体育文化的成因及社会背景，分析了甘孜藏区传统体育文化的民族区域性、文化娱乐性、文化传承性、民族宗教性特征，对甘孜藏区传统体育文化的传承现状及传承与发展的影响因素进行了探讨，并提出了推动甘孜藏区传统体育文化传承与发展的路径。

曾伟、林伟伟《康巴藏区节庆体育流变趋势研究》(《体育文化导刊》第 2 期）一文，通过田野调查等方法对康巴藏区节庆体育流变趋势进行了分析研究，指出康巴藏区节庆体育体现出经济利益导向化、开展规模扩大化、项目开发产业化、活动打造品牌化等流变趋势，并针对康巴藏区节庆体育存在的项目发展失衡、原生态文化遭到侵袭等问题，从拓宽节庆体育举办途径、开发过程中着力于民族文化的保护、打造节庆体育活动品牌、借鉴与创新四个方面提出了相应对策和建议。

宋海峰、田志军《拉萨市高校体育资源为社区服务研究》(《体育文化导刊》第 2 期）一文，运用文献资料法、访谈法、问卷调查法等方法，对拉萨市社区居民参与体育锻炼相关情况、拉萨市高校体育资源为社区服务的必要性进行了分析，在此基础上，探讨了拉萨市高校体育资源为社区服务的必要性及可行性问题，认为拉萨市高校体育资源有为社区服务的良好基础，借助高校体育资源发展，拉萨市社区群众体育是目前最为有效的途径。

王先茂《“儿童参与”视角下的少数民族传统体育文化传承——考察西藏民族传统体育现象》(《浙江体育科学》第2期）一文，以民族传统体育文化的传承为研究对象，并以西藏青少年的民族传统体育参与情况为考察对象，从教育实现青少年参与少数民族传统体育文化传承、西藏青少年民族传统体育活动参与现象、经验借鉴等方面探讨了“儿童参与”视角下的少数民族传统体育文化传承问题，并从家庭、学校、社会三个不同的教育系统进行了分析，将青少年作为教育活动的积极参与者纳入教育过程，从而促进儿童参与其中的少数民族传统体育文化传承。

陈波、王洪坤等《藏族民间传统体育文化记忆与发展传承》(《中华文化论坛》第12期）一文，采用文献资料法与田野考察法，介绍了藏族传统体育文化概况，分类梳理了藏族民间传统体育项目和“非遗”项目，分析了藏族传统体育文化的社会、健身、族群、宗教特征，指出了藏族传统体育发展的困境，并从融入藏区全民健身运动、依托节庆活动传承、发展休闲民俗体育旅游、融合竞技体育开展民俗体育赛事等六个方面提出了藏族传统体育文化的建构路径。

藏文部分

一、文化

才旦多杰（ཚེ་བརྟན་རྡོ་རྗེ།）的《宗喀王朝时期藏族衣食住行文化》(ཙོང་ཁ་རྒྱལ་རབས་སྐབས་ཀྱི་བོད་མིའི་ཟས་གོས་སྡོད་སྤྱོད་རིག་གནས།《中国藏学》第2期）一文，以藏汉文献和历史著作为依据，对公元11世纪初至12世纪初出现在多麦宗喀地区的宗喀王朝时期的衣食住行进行了较为翔实的研究。作者首先从宏观角度叙述了藏族的饮食、服饰和居所等特点和渊源，之后结合《明史・食货传》《宋史·吐蕃传》《金史》《旧唐书·吐蕃传》等汉文历史文献再现了宗喀王朝时期的饮食特点、服饰特色、居所情景和交通工具等。

公保南加（མགོན་པོ་རྣམ་རྒྱལ།）的《略谈藏族数字文化》（བོད་ཀྱི་གྲངས་ཀྱི་རིག་གནས་ཙུང་ཙམ་གླེང་བ།《中国藏学》第2期）一文，从八个方面叙述和研究了藏族数字文化，具体内容分别为数字的含义、数字的来源、序数和数字的关系、数字用词、数字的度量衡、数字的点位、有关数字文学（比如，数字谚语和数字歌谣）、有关数字的习俗等。该论文对从数字的视角了解藏族文化具有独特的参考价值。

恰嘎旦正（ཆབ་འགག་རྡ་མགྲིན།）的《关于如何传承藏族传统文化的几点思考》（བོད་ཀྱི་སྲོལ་རྒྱུན་རིག་གནས་རྒྱུན་འཛིན་བྱེད་སྟངས་སྐོར་གྱི་བསམ་ཚུལ་འགའ།《中国藏学》第4期）一文，针对当今传统文化传承面临的各方面挑战，作者结合传统继承方式，建议通过研究继承、利用新的方式方法继承、选择性地继承、通过使用继承和通过创新继承等五个方面来继承和发扬传统文化。

完么才让（པདྨ་ཚེ་རིང་།）的《略论古藏文文献中记载的酒文化》（བོད་ཀྱི་བརྙིང་ཡིག་ཚང་ཁྲོད་དུ་བཀོད་པའི་ཆང་གི་རིག་གནས་སྐོར་ལ་རགས་ཙམ་གླེང་བ།《中国藏学》第4期）一文，主要研究了8—10世纪的敦煌古藏文文献、当许噶唐本巴奇苯教古文献以及西域出土简牍等古藏文文献记载的吐蕃酒文化。以文化学和文献解读方法论述吐蕃时期的酒主要用于医疗、祭祀、饮料等三个方面。酒水作为吐蕃人的主要饮品之一在各文献中的记载不一致，尤其是不同社会场合的饮酒习俗也有极大差异。此外，吐蕃人对饮酒习惯持赞成和反对两种态度。作者利用《贡酒历史》（གསེར་སྐྱེམས་ཀྱི་རབས）和《楚吉秀喜启示教言》（འཕྲུལ་གྱི་ཐིག་ཤུ་མོའི་བཀའ）两种古藏文文献来深入探讨不同思想的文化渊源。作者最终认为藏族后期与酒文化有关的大量文献的产生及其态度，重要原因之一是长期历史进程中逐渐形成的吐蕃酒文化。

李加太（ལྷ་རྒྱལ་ཐར།）的《探讨藏族风水学的内容及其价值》（བོད་ཀྱི་ས་དཔྱད་རིག་པའི་ནང་དོན་དང་རིན་ཐང་སྐོར་མདོ་ཙམ་གླེང་བ།《中国藏学》第1期）一文认为，藏族风水学是多种文化相互交融而形成的一门学科，其内容以本土风水学为主、以从印度和汉地传入的风水学为辅，逐渐形成了完备的体系。文中具体叙述了如何分析天、山、水、路、丧葬、修行地、居所等12种风水的情况，并进一步探讨了其在修建房屋、健康卫生、产业、历算、保护生态、民俗、文学等七个方面的价值。

金果·次平、次仁顿珠（རྒྱང་འཁོར་ཚེ་ཕུན་དང་ཚེ་རིང་དོན་འགྲུབ།）的《工珠·云

丹嘉措作品〈婚礼七仪式〉解析》(ཀོང་སྤྱལ་གྱི་གསུང་རྩོམ་《བག་མ་ལ་དགེ་བའི་ལས་ཐུན་བདུན་གྱི་ཚིག་བཀྲ་ཤིས་དཔལ་སྐྱིད་》ཅེས་པ་ལས་འཕྲོས་པའི་གཏམ།《西藏研究》第 1 期)一文，作者结合当今的民间习俗解析了工珠的“婚礼七仪式”，即驱鬼仪式、净垢仪式、铺垫仪式、三白（酪、乳、酥油）供奉仪式、取名仪式、托付当地护法和山神仪式、招福仪式。该文较为详细地论述了每一种仪式的内容及其意义。

顿珠、边巴次仁（གཙང་ཆབ་དོན་གྲུབ་དང་སྤེན་པ་ཚེ་རིང་།）的《浅谈藏族茶文化》（བོད་ཀྱི་ཇ་ཡི་རིག་གནས་ལས་འཕྲོས་པའི་གཏམ།《西藏研究》第 4 期）一文，首先略述了藏族地区茶业兴盛的历史，接着较为详细地探讨了茶与藏族人生活的关系、茶的类别、饮茶习俗、茶与健康的关系，以及藏族茶文化的独特性。

二、教育

（一）基础教育

完玛冷智（པད་མ་ལྷུན་གྲུབ།）的《卓仓藏族社区语言生活及双语教育状况》（གྲོ་ཚང་བོད་རིགས་སྡེ་ཁུལ་གྱི་སྐད་བརྡའི་འཚོ་བ་དང་སྐད་གཉིས་སློབ་གསོའི་གནས་ཚུལ།《藏文教育》第 3 期）一文，作者以青海省平安县郭尔四村（上郭尔村、下郭尔村、堂寺尔村、麻藏玛村）双语使用情况和社会文化背景为研究对象，对青海省海东地区藏族聚居区在双语教育方面存在的突出问题进行了总结和分析，并针对该地区提高教育和使用本民族语言提出了合理建议。

增巴才郎（བཙུན་པ་ཚེ་རིང་།）的《高中历史教材教法中的几点思考》（མཐོ་འབྲིང་ལོ་རྒྱུས་བསླབ་ཚན་གྱི་འཁྲིད་ཐབས་སྐོར་ལ་དཔྱད་པ།《藏文教育》第 3 期）一文，认为在教学中根据不同章节和内容的特点，应当采用新的教学方法，这是授课计划的核心和教学改革的基本要求，并通过列出六种教学方法阐明了作者自己的观点。

群培、嘎玛扎西、阿贵（ཆོས་འཕེལ། ཀརྨ་བཀྲ་ཤིས། བར་ཁ་ངག་དཀོན།）的《西藏基层初级中学现代远程教育现状及教学手段》（རང་ལྗོངས་ཀྱི་ཞིང་འབྲོག་ཁུལ་གྱི་དམའ་འབྲིང་ཁག་གི་དེང་རབས་རྒྱང་སྲིང་སློབ་གསོའི་ད་ཡོད་གནས་ཚུལ་དང་སློབ་གསོའི་ཐབས་ལམ་སྐྱར་བཅོས་བྱེད་ཐབས་སྐོར་མདོ་ཙམ་གླེང་བ།《西藏教育》第 2 期）一文，探讨了农牧区初级中学远程教育中存在的主要问题：一是传统教育理念的障碍，二是自然环境的障碍，三是教师队伍的稀缺，四是教学设备利用率低的现象，五是开发当地资源能力的欠缺等。并提出了教学方法改革方面相应的措施。

（二）教育理论

努嘉巴·夏吾才让（ནག་ལྷ་པ་ཤ་བོ་ཚེ་རིང་།）《藏族教育现状研究》（བོད་ཀྱི་སློབ་གསོའི་གནས་བབ་ཞིབ་འཇུག 民族出版社）一书，作者深入基层，结合现代教育和欧美教育等世界先进教育的理论与实际，多方面阐述了当今藏族教育的发展，以及继续继承发扬民族传统教育和现代教育的冲突、平衡、协调发展方面的观点。多层次说明了藏族教育的欠缺和不足之处。从藏族幼儿教育、中小学教育、课堂教育、双语教育、道德教育、寺院教育、管理教育、社会教育、和谐教育、家庭教育等方面提出了许多理论和实际性的意见和建议。同时推荐了国外教育的不少亮点和方法，列举了英国课堂教育的特色、挪威的开放式教育、日本的家务教育、美国的学前教育等与藏族教育的实际与发展规律密切相关的教育，分析和阐明了藏族教育健康发展的方向和实现中华民族“伟大复兴中国梦”的宏伟目标。

东主才让（སུམ་ཧྲ་དོན་གྲུབ་ཚེ་རིང་།）的《民族地区出现双语教育的原因探析》（བོད་ཁུལ་གྱི་སྐད་གཉིས་སློབ་གསོའི་འབྱུང་རྐྱེན་གླེང་བ།《藏文教育》第5期）一文的标题保留了该杂志的汉译题目，“民族地区”按藏文意译应是“藏族地区”。此文以追根溯源的方式研究和分析了出现双语教育的社会环境、心理原因、政治条件等，较为详细地阐明了藏族地区的双语教育。

（三）高等教育

格日吉（འཇང་མོ་ཀུ་རུ་སྐྱིད།）的《试析藏文理科教材翻译现状及其发展前景》（བོད་ཀྱི་མཐོ་རིམ་རྩིས་ཚན་བསྒྱུར་དེབ་ཀྱི་ལོ་རྒྱུས་གནས་ཚུལ་དང་མ་འོངས་པའི་འཕེལ་རྒྱས་སྐོར་གླེང་བ།《西北民族大学学报》第1期）一文，作者一一列出部分民族高等院校近三十年中对藏文理科教育编撰的教材和参考书目。其中青海民族大学有9种图书，西北民族大学有8种图书，甘南民族师专有3种图书等，并归纳了最初翻译时未统一的部分专业名词，建议不管是从汉文还是英文中翻译此类专业名词，都应当遵从其公认性和合理性。作者对藏文理科教材在进一步发展方面提出了五点建议：一是翻译时沿用有关藏族历算中已有的词汇，二是高校理科的藏文基础教材应实行标准化，三是高校理科教材后应该附藏汉（英）文对照目录，四是对编译的教材进行进一步完善，五是成立藏文高等理科教育研究协会。

语言文字

汉文部分

2016年度藏语言文字研究方面的成果，与往年基本持平。藏语文本体研究、汉藏语比较研究、社会语言学方面的成果都有不同程度的提高，计算语言学和藏文文献研究一直保持着良好的发展态势，成果较多。下面按研究领域分类说明。

一、藏语文本体研究与汉藏语研究

主要有王双成的《藏语鼻冠音声母的特点及其来源》(《语言研究》第3期)、李玉的《上古汉语同源字考释》(《龙岩学院学报》第1期)，燕海雄的《论汉藏语言小舌塞音的音变共性》(《中央民族大学学报》哲社版第6期)，瞿霭堂、劲松的《藏语语法的范畴化》(《民族语文》第6期)，扎西加、多拉的《配价语法视觉下的藏语句子结构描写研究》(《中央民族大学学报》哲社版第1期)，扎西才让的《安多口语使役态的特征研究》(《青海民族研究》第4期)，吉毛先的《汉藏语数量名结构语序研究》(《才智》第11期)，戴昭铭、董丽梅的《汉藏语言句末语气助词的蕴含共性》(《学术交流》第12期)，戴庆厦、彭茹的《藏缅语的基数词——兼与汉语比较》(《青海民族研究》第2期)和朗杰扎西的《乙种本〈西番译语〉藏汉对译音义关系辨析》(《西藏研究》第2期)等。

王双成的《藏语鼻冠音声母的特点及其来源》一文认为，古藏语 m-、ɦ-两个鼻冠音可以和不同的塞音、塞擦音组合成不同类型的鼻冠音声母，发展到现代，藏语方言鼻冠音声母的分布、演变都有很大的差异。藏语鼻冠音声母根据基本辅音的清、浊不同来源，基本辅音为浊音的鼻冠音声母来自不同前置辅音的“整化”或鼻音，而基本辅音为清音的鼻冠音声母一部分是从其他前置辅音的“整化”来的，还有一部分从前一类鼻冠音声母分化出来的，单纯的鼻音同时也能演变为鼻冠音声母。李玉的《上古汉语同源字考释》一文，运用历史比较法对前人的研究进行分析比对，并对前人所构拟的原始汉语及上古汉语的**mb-、**ml-、**hm- 等声母加以印证。燕海雄的《汉藏语言小舌塞音的音变共性》一文，认为小舌塞音软腭音化、喉音化、擦音化在汉藏语言音系演化的过程中起到了重要的维系功能，具有极强的音变共性。瞿霭堂、劲松的《藏语语法的范畴化》一文认为藏语是藏缅语言中语法范畴非常丰富的语言之一，具有研究语法范畴化的典型性。文章认为通过标记特别是构式标记探讨语法的范畴化还是一个新的视角，对语法范畴化理论和藏缅语言语法研究能起到一定的启发和推动作用。扎西加、多拉的《配价语法视觉下的藏语句子结构描写研究》一文，指出藏语语法体系中，不管是词法、句法，还是语义层面，其格标记不变，藏语有其独特的形态标记，通过对动词配价和从属关系的描写，可以使句子结构和语义指向更为清晰，配价语法给藏语句法和语义结构描写提供了一种操作性很强的方法。扎西才让的《安多口语使役态的特征研究》一文认为，藏语安多话口语中的使役态 xeujeug 由 xeu 和 jeug 两个要素构成，传统语法中将前者解释为变化格，后者视作普通动词，该文认为 xeu 及其不同形态是安多口语的使役助词，jeug 及其不同形态是使役动词。吉毛先的《汉藏语数量名结构语序研究》一文对汉藏语数量名结构进行了说明。戴昭铭、董丽梅的《汉藏语言句末语气助词的蕴含共性》一文以其他语系的语言为参照，分析了汉藏语言句末语气词与形态、声调、语序、话题性等类型参项的内在关联，认为汉藏语言普遍采用句末语气词作为语气表现手段，是与以上四种语言特性共同作用的蕴含共性的体现，汉藏语言属于语气概念结构化语言。戴庆厦、彭茹的《藏缅语的基数词——兼与汉语比较》一文指出藏缅语基数词系统存在不同类型，不同语言的基数词具有共同的来源，文章分析了藏缅语和汉语的类型学共性和差异。朗杰扎西的《乙种本〈西番译语〉藏汉对译音义关系辨析》一文，以青海海西州乌兰县蒙古语中的藏语借词为例，从藏语借词涉及的语义范围入手，分析青海蒙古语中藏语借词的特点，并进一步揭示藏语借词逐渐被汉语借词所取代的原因。

由瞿霭堂、劲松合著的《汉藏语言研究新论》（中国藏学出版社）一书，是作者近期研究论文的选编，全书共分汉藏语言篇、汉语篇、理论篇和应用篇四部分。内容包括汉藏语言起源、演变、音位、音序、音标等多方面的论证与研究。尤其是对中国藏族语言文字研究五十年所取得的巨大成绩的回顾和总结，展现了中国藏族语言文字研究所取得的成就。该书在藏汉语言的理论研究与实际应用方面为学界作出了重要贡献。

讨论藏语方言学方面的成果有：铃木博之的《藏语方言学研究与语言地图：如何看待“康方言”》（《民族学刊》第2期）一文，主要讨论有关方言学研究中绘制语言地图问题，通过地图能了解到各个方言群的分布地域，但只有加上地理、历史等人文信息探讨方言的形成，才能得到可信的方言分类。陈荣泽的《藏语方言的分布格局及其形成的历史地理人文背景》（《中央民族大学学报》哲社版第2期）和《藏语地理分布格局的形成原因》（《西藏研究》第5期）两文对藏语方言地理分布的特点和成因进行了分析。

本年度有两部藏语方言文本标注的著作出版，分别是江荻著《藏语拉萨话语法标注文本》（社会科学文献出版社）和燕海雄、江荻著《藏语甘孜话语法标注文本》（社会科学文献出版社）。

江荻著《藏语拉萨话语法标注文本》一书，以藏语拉萨话民间故事和文学作品为对象进行语法标注。该书具体内容包括藏语导论，即概述性地描写藏语语法框架，然后对每个词、每个短语和每个句子的基本意思加以标注，同时也对藏语词法和句法的处理观点用虚词或标记的方式介绍给读者。目的是为语言研究提供可直接应用的语料，也可供其他学者从语言角度了解西藏历史民间文化现象。

燕海雄、江荻所著《藏语甘孜话语法标注文本》一书标注的是四川省甘孜藏族自治州甘孜县城的藏语，属于藏语康方言。该书对甘孜话的情况进行了介绍并对长篇文本进行了标注。从音系的角度看，藏语甘孜话的复辅音声母简化，辅音韵尾简化，发展出较为稳定的声调。从词汇的角度看，有继承，有借用，也有创新。从词类的角度看，量词在古代藏语的基础上已有发展。从形态的角度看，逐渐发展出一套较为完善的范畴标记。从语序的角度看，甘孜话是动词居尾型语言，常见的无标记语序为SOV。

龙从军、燕海雄主编的《中国民族语言研究与应用》（中国社会科学出版社）一书，共收录了17篇论文和1篇译文。该书所收论文分为计算语言学研究和基础研究两大类。该书汇总了当前学术界藏语研究的最新成果，包括语音、词汇、语法、方言、藏语史等基础研究和藏语计算处理等应用研究的成果。

此外，与藏语关系密切的藏缅语方面研究成果有尹蔚彬著《纳木兹语语法标注文本》（社会科学文献出版社）一书，该书对分布于四川省凉山彝族自治州冕宁县、木里县、盐源县、西昌市等地以及甘孜藏族自治州九龙县部分乡镇藏族居民所讲语言纳木兹语进行了研究。纳木兹语是典型的SOV型语言。九龙、木里一带使用该语言的人自称“纳木兹”，冕宁、西昌附近的自称“纳木依”。该书记录的是木里县倮波乡的“纳木兹语”。书中归纳整理了纳木兹语的语音、词汇和语法系统，并对长篇语言材料进行了系统性语法标注。长篇语言材料以民间故事为主，兼收了部分自然对话、民间歌谣和谚语。

对藏缅语研究文献的梳理，对于藏语文研究来说很重要，相关的成果有：黄成龙的《2015年港台和境外藏缅语研究前沿》（《西北民族大学学报》哲社版第3期）和《2013年国外藏缅语研究前沿动态》（《西藏民族大学学报》哲社版第3期）。上述2篇文章，分别对2013年和2015年度港台和境外发表的有关藏缅语的语音、历史比较、形态句法、词汇语义、空间认知、应用语言学等本体研究和应用研究论文进行分析，了解港台和西方学者有关藏缅语研究的学术前沿和研究取向，使我国大陆学者及时了解藏缅语研究方法上和理论上的最新动态，以进一步推动国内藏缅语的研究。

二、社会语言学

（一）藏区语言生态

语言生态和濒危语言的研究一直是学术界关注的热点，尤其是藏区语言与文化多样性的研究更是学术界关注的焦点。本年度涉及语言生态和濒危语言研究的成果主要有：尹蔚彬的《四川省藏区语言生态研究及价值》（《中国藏学》第1期）和《从拉坞戎语看濒危语言的特点》（《西北民族大学学报》哲社版第2期）、王文玲的《华锐藏语濒危成因及保护对策分析》（《北方民族大学学报》哲社版第5期）等。

尹蔚彬的《四川省藏区语言生态研究及价值》一文，对四川省藏区语言生态研究的现状进行了梳理，认为科学认识四川省藏区复杂的语言生态现状，处理好各个语言之间的关系并顺应其发展，关乎该地区未来的发展。该地区语言生态的研究价值，在于为当地经济、文化建设服务，同时也为决策部门提供基础参照和理论依据。尹蔚彬在《从拉坞戎语看濒危语言的特点》一文中，认为语言濒危主要由语言交际功能弱化导致，语言在走向濒危进程中交际功能减弱与结构的变化异常突显。文章以拉坞戎语为例，其语言系统表现出语音系统变异、词汇系统变异和语法系统简化等特点。濒危语言不仅在功能上经历了使用人数由多到少，使用范围由大到小，在语言结构上也呈现出不稳定多变异的发展趋势。对于濒危语言来说，语言结构系统之外的非语言和言语活动因素，在其发展中起着举足轻重的作用。王文玲的《华锐藏语濒危成因及保护对策分析》一文通过甘肃天祝藏族自治县四个乡镇的田野调查结果显示，该地区的藏语已呈濒危态势，华锐藏族的语言态度、人口结构变化、族际通婚等是导致其濒危的主要因素。保护华锐藏语，不仅需要相关政策支持、稳定双语人才、发展民族旅游，还需要华锐藏族增强母语意识，自觉学习和保护母语。

（二）翻译研究

翻译与术语规范是藏语言文字使用过程中需要关注的问题。相关的研究成果有：仁增、傅利平、桑杰的《藏文书名的特点及其汉译研究》（《中国藏学》第2期），周炜的《西藏藏语新词术语规范工作初创时期的五个重要节点》（《中国藏学》第S1期），白玛德吉、次仁德吉的《功能主义视角下西藏旅游文本英译的问题及对策探讨》（《西藏大学学报》社科版第3期），李正栓、叶红婷的《典籍英译应追求忠实对等——以〈水树格言〉英译为例》（《西安外国语大学学报》第1期），阿旺旦增的《汉藏翻译中的语法与语言表达艺术习惯问题刍议》（《西藏艺术研究》第4期），周凡雅的《生态翻译学视角下的〈仓央嘉措情歌〉英译》（《河北北方学院学报》社科版第6期）等。

仁增、傅利平、桑杰的《藏文书名的特点及其汉译研究》一文，在介绍藏文书名的取法、构成特征的基础上，探讨了如何将藏文书名翻译成汉文的问题，认为翻译藏文书名，在力求保留原文独特风格的基础上，更要关注目的语的表达习惯及译语读者的审美心态。周炜在《西藏藏语新词术语规范工作初创时期的五个重要节点》一文中认为，西藏藏语规范初创时期的工作，以语言立法为根本出发点，以全区藏语新词术语工作会议为抓手，以制定出台相关工作规则为工作重心，极大地推动了西藏自治区藏语规范化工作的进程，取得了积极的成效。白玛德吉、次仁德吉的《功能主义视角下西藏旅游文本英译的问题及对策探讨》一文通过功能主义翻译理论分析了西藏旅游文本英译的误译，并探讨了其翻译对策。李正栓、叶红婷的《典籍英译应追求忠实对等——以〈水树格言〉英译为例》一文认为典籍英译对中华民族文化的传播具有重要的现实意义。该文对《水树格言》英译文本进行了研读和分析，从理解对等、风格对等、用韵对等，以及文化迁移对等四个方面阐述了“忠实对等”翻译原则的运用及效果，并在此基础上指出，典籍英译应追求该原则。阿旺旦增的《汉藏翻译中的语法与语言表达艺术习惯问题刍议》一文认为，汉藏翻译工作者必须熟悉彼此的社会文化特点，掌握和运用各自语言的语法规则，只有这样才能翻译出真正能够传达信息，群众喜闻乐见，没有翻译痕迹的作品来。周凡雅的《生态翻译学视角下的〈仓央嘉措情歌〉英译》一文，以于道泉中译本为参照，运用生态翻译学理论，从语言、文化和交际三个维度分析《仓央嘉措情歌》部分英译如何适应其特殊的翻译生态环境，为仓央嘉措诗歌的英译研究提供了新的角度。

此外，相关的研究还有吴均的《关于做好藏汉文翻译工作的几点思考》(《青藏高原论坛》第 3 期)，李风英的《藏语广播中新闻翻译的重要性》(《新媒体研究》第 13 期)，泽仁旺姆的《藏区商业广告翻译问题分析及解决方法》(《中国报业》第 14 期)，单畅、闫曼茹的《藏族格言诗与汉族诗之异同以及英译策略研究》(《渤海大学学报》哲社版第 2 期)，呷绒则玛的《浅析〈水浒传〉藏译本的风格得失》(《四川民族学院学报》第 6 期)，黄信的《藏区外宣翻译的策略研究》(《四川民族学院学报》《民族翻译》第 2 期)，荣高悦、贾晓英等《藏族格言诗中文化负载词翻译研究》(《石家庄铁道大学学报》社科版第 2 期)，王治国的《西方藏学对〈格萨尔〉的深度描写与文化翻译——达维·妮尔英译本的民族志阐释》(《民族翻译》第 2 期)等。

（三）教育

教育是社会语言学关注的焦点。语言教学和民族语言教材的编写也是社会语言学研究的一个重要部分。相关的成果有：岗措的《多语种背景下的藏语教学实践——以中央民族大学藏学研究院“零起点班”和研究生“二语”藏语文教学为例》(《民族教育研究》第 3 期)，薛德军、夏世贵、范忠雄、徐永琳、德格加等的《基于民族院校藏文数学教材内容改进与编写研究——以数学与应用数学（藏汉双语）专业为例》(《西藏教育》第 6 期)，根呷翁姆的《道孚藏族双语文化现象的成因、特点及其调适》(《民族学刊》第 2 期)，益西邓珠、志玛泽仁、德吉旺姆的《多元民族文化视野中的藏汉双语教学》(《民族翻译》第 4 期)，张暇、赵君的《论在藏汉族干部学习藏语文的重要性》(《民族教育研究》第 5 期)，杨臻的《藏族大学生三语习得中的障碍及归因分析——基于生成语法框架下的实证研究》(《西藏民族大学学报》哲社版第 2 期）等。

岗措在《多语种背景下的藏语教学实践——以中央民族大学藏学研究院“零起点班”和研究生“二语”藏语文教学为例》一文中对中央民族大学藏学院的“零起点班”和“二语”藏语文教学进行了追踪调研，认为在教学过程中，应梳理、总结、归纳学生作业中所出现的错误，通过对比纠正错句，提出教学对策，以加强学生学习二语的兴趣，取得二语课堂教学的良好效果。薛德军、夏世贵、范忠雄、徐永琳、德格加等的《基于民族院校藏文数学教材内容改进与编写研究——以数学与应用数学（藏汉双语）专业为例》一文，就目前民族院校教师教育类数学与应用数学（藏汉双语）专业，数学课程藏文版教材内容存在的一些问题，对其内容改进与编写需从该专业人才培养目标、学生的数学基础、将来服务区域和发展需求等方面加以探究。根呷翁姆的《道孚藏族双语文化现象的成因、特点及其调适》一文，主要从对道孚县域内道孚藏族的母语道孚语与汉语语言接触的类型模式、接触历程、不同区域语言使用情况等因素入手，多角度、多方位地探讨和分析了道孚藏族双语文化现象的成因、特点及其调适等现实问题，力求揭示出康巴藏区双语文化现象的特征和发展规律。益西邓珠、志玛泽仁、德吉旺姆的《多元民族文化视野中的藏汉双语教学》一文，认为文化是由信仰（观念）、价值、行为、制度等构成的复合体。文化的复杂构成直接影响着学校开展双语教学的各个层面，从文化多元视角分析多语言教学。从藏汉文化结构层次中去追究藏汉双语教学问题产生的根源，探求藏汉双语教学的文化基点势在必行。张暇、赵君的《论在藏汉族干部学习藏语文的重要性》一文认为语言是人类最重要的交际工具，在促进各民族交流交融的过程中起着重要作用。在当今社会，汉族干部特别是基层干部学习和掌握藏语文，不仅可以促进藏汉民族的交流与交融，还有利于加强民族团结。杨臻的《藏族大学生三语习得中的障碍及归因分析——基于生成语法框架下的实证研究》一文，从生成范式下的三语习得视角出发，从语言的角度对三语习得进行微观实证研究。关于教育的研究成果还有阿努、赤列德吉的《英藏“主语”比较与英文教学中 Subject 一词藏译略考》(《西藏大学学报》社科版第 2 期）和《英藏“谓语”比较与英文教学中 Predicate 一词藏译略考》(《海外英语》第 3 期）等。

相关的研究还有韩洋的《现代语境下的藏文报刊》(《新闻传播 》第 17 期)，该文认为藏文报刊具有民族性和地域性两大特征，是传达党的各项方针政策的有力途径，在社会多元化的大环境下，作者通过对语境的分析，找出藏文报刊发展中的问题，并提出对策与建议。

（四）文字与文化研究

语言文字与文化研究，同样是藏语文研究的重要组成部分。相关的研究有：汪锋的《从汉藏语言比较看茶马古道的演化——以汉、白、彝语比较为基础》（《思想战线》第6期）一文，该文认为茶马古道本质上是一个网络，将各种不同的文化圈贯通起来。这个网络是不断演化发展的，在不同的时间阶段有不同的内涵。语言上的关联是文化圈形成的最好证据，同源词体现发生学上的自源关联，借词反映接触传播上的联系。对分布在茶马古道发源核心地区的藏缅语与汉语进行比较，可以发现与茶马古道的演化密切相关的语言证据，在此基础上，根据历史语言学中的年代测定的一些方法，能理清茶马古道网络演化中的一些时间层次。张院利的《从认知范畴看汉、藏语中的茶名词汇》（《西藏民族大学学报》哲社版第4期）一文，认为借词“茶”在藏语中有极强的构词能力。汉、藏语的茶名指称既有相似的范畴分类和语义扩展路径，也有因语言主体所处的自然地理环境和宗教信仰、生活方式等的不同而导致的内部构成上的诸多差异。对这些共性和差异的发掘可以为汉藏语研究提供多角度的材料支持。周润年、张屹的《清代藏语言文字的发展及其特点》（《中央民族大学学报》哲社版第5期）一文，认为藏语言文字在不同时期都有其不同的特点与发展变化，清代藏语语音简化，声调产生，前置的语法表达系统变为后置系统，并由粘着性质的形态格局经过屈折化的阶段向虚词结构过渡等，以及出现了反映社会变迁的新词、新语、新文法、方言、文字等。清代不仅藏语言文字有很大的发展变化，而且涌现出一大批藏族语言学家、翻译家以及推动藏语言文字发展的人物及其撰写的有关藏文双语、多语辞书和藏语言文字著作。王亚清、白转玲的《汉藏日常交际语言中的文化差异对比研究》（《现代语文》语言研究版第2期）一文，通过对汉藏日常交际语言进行对比，分析汉藏民族在日常交往中体现在寒暄语、亲属称谓语方面的差异，为汉藏文化交流与发展服务。韩辉的《藏语传媒在跨文化传播中的影响因素与作用分析》（《西藏大学学报》社科版第1期）一文认为，藏语传媒跨文化传播的实质是将现代性精神与当代文化内核用民族化的方式进行涵化的过程。文章分析了藏语媒体不同介质的传播路径、状态及跨文化传播的内外环境和影响因素，并提出了确立和谐的文化认同感、丰富多元传播功能等实现跨文化传播的有效途径。此外，李春梅的《也谈康藏木雅语与其它语间的关系》（《四川民族学院学报》第3期）一文对木雅语与周边语言的关系进行了介绍。满泽阳的《多穆壶定义考略》（《东北史地》第2期）一文把多穆壶作为元代以来蒙古、藏、满、汉等民族共用的生活及礼仪用器，在工艺审美、文化交流、历史发展、现世收藏等方面蕴含着丰富的价值。多穆壶最早是由蒙古族用蒙古语定义的，而后藏族、满族、汉族等结合本民族的语言、生活等文化因素，对多穆壶进行了具有一定民族特色的定义。韦孟芬、姜蓉、易安银、刘代琼等的《藏英颜色词隐喻认知对比研究》(《怀化学院学报》第 2 期）一文从藏英隐喻认知的角度对颜色词的文化内涵作了阐述和解读，并以红、黑、白、黄、蓝五种基本颜色词的隐喻为例，探讨了文化背景当中隐喻文化的异同。以此提高藏英隐喻文化的语用价值，消除藏英民族文化交流的障碍。韦孟芬的《藏英语言中动物隐喻意义的比较》(《柳州职业技术学院学报》第 3 期）一文，分析藏语和英语文化中的动物词汇，文章结合藏英文化背景，对藏英动物词汇隐喻意义的共性、个性和空缺三种情况进行了分析，以促进藏英文化的交流。

三、实验语音学

2016 年度实验语音学成果较少，主要有：多结仁欠的《藏语元音声学实验分析》(《西藏大学学报》自然科学版第 1 期)，陈小莹、艾金勇的《安多方言—夏河话 SAMPA_AT 设计》(《智能计算机与应用》第 1 期)，陈小莹的《康方言—德格话 SAMPA_KT 设计》(《智能计算机与应用》第 3 期)，陈小莹、艾金勇的《藏语拉萨话机读音标系统设计与实现》(《电脑与信息技术 》第 2 期)，才项措、刘思思、达哇彭措的《安多藏语尖扎话的音位系统研究》(《西北民族大学学报》自然科学版第 3 期)，陈小莹、艾金勇《藏语拉萨话元音共振峰声学分析》(《西藏民族大学学报》哲社版第 3 期)，索南楞智的《浅谈实验语音学对藏语语音研究的贡献》(《西藏研究》第 1 期）等。

多结仁欠的《藏语元音声学实验分析》一文，采用基于 Windows 系统下的语音软件，采集了藏语语音声学数据参数和语音数据，建立数据库，并对录音数据进行了语音标注、统计和分析，最终描绘了现代藏语语音的声学实验特征。本语音软件可广泛应用于语音教学、语音分析、其他语言发音方式的研究以及法医声纹鉴定等工作。陈小莹、艾金勇的《安多方言—夏河话 SAMPA_AT 设计》《藏语拉萨话机读音标系统设计与实现》和陈小莹的《康方言—德格话 SAMPA_KT 设计》等文通过收集整理藏语夏河话、拉萨话和德格话的音系，归纳出对应的音系特征，依据 SAMPA 的设计原则并参照汉语和藏语的国际音标，最终设计并实现了藏语夏河话机读音标系统。藏语机读音标的设计可以为藏语语音工程的实现打下坚实的基础，可以真正地实现文音转换功能。才项措、刘思思、达哇彭措的《安多藏语尖扎话的音位系统研究》一文，将尖扎话的辅音和元音作为主要研究对象，梳理并总结其音系特征，研究发现：安多藏语尖扎话有56个辅音，其中包括了38个单辅音、18个复辅音，有19个元音，包括了8个单元音和11个复元音。在对尖扎话语音系统进行整理的基础上，与同为安多藏语的夏河话进行了对比分析，发现两者之间存在较大的差别。陈小莹、艾金勇《藏语拉萨话元音共振峰声学分析》一文用声学语音学和语音信号处理的方法，对藏语拉萨话单元音的共振峰数据以及不同音节结构中元音的共振峰数据分别进行了研究分析，为今后藏语语音合成和语音识别的研究提供了重要的参考数据和实践价值。索南楞智的《浅谈实验语音学对藏语语音研究的贡献》一文认为，藏语语音研究还停留在耳听手记的口耳之学之传统语音学，即生理语音学阶段。实验语音学的理论和方法还没有能在藏语语音研究中得到应用和推广。

四、计算语言学

（一）算法和知识库研究

算法研究在计算语言学领域一直是热点。相关的研究成果主要有：向令、扎西加、马伟珍、卢超等的《基于贝叶斯算法的藏语拼写检查的研究与实现》（《科技创业月刊》第11期），拉巴顿珠、欧珠的《现代藏文基字识别的算法设计》（《西藏大学学报》自然科学版第1期），拉金措、安见才让的《藏文机构名的识别算法研究》（《电子技术与软件工程》第14期），刘昕、安见才让的《藏文WEB文档分类算法》（《微型电脑应用 》第8期），陈硕、赵栋材、周欢欢的《基于匹配算法的藏文自动分词》（《电子技术与软件工程》第1期）等。

向令、扎西加、马伟珍、卢超等的《基于贝叶斯算法的藏语拼写检查的研究与实现》一文，首先读取待要检查的词汇到三叉树TST.java，根据贝叶斯转换之后在三叉树中进行前缀查询，查到以这个词开头的搜索词汇，并对词汇频率进行了排序，采用的Java中list，最后根据该序列给出拼写检查的建议。拉巴顿珠、欧珠的《现代藏文基字识别的算法设计》一文，依据藏文文法，严格遵循现代藏文音节字的结构特征，设计了现代藏文音节字的基字识别算法，并对不符合现代藏文构字规则的高频字进行了特殊处理，设计实现了现代藏文音节字的基字识别软件。该软件对18785个现代藏文音节字进行测试，识别率达到100%。拉金措、安见才让的《藏文机构名的识别算法研究》一文，对未登录词中藏文机构名的结构及其在文本中的出现进行了深入的研究，建立了藏文机构名特征词库与前部词构造规则库，在此基础上提出了藏文机构名的识别算法。刘昕、安见才让的《藏文 WEB 文档分类算法》一文，针对藏文 WEB 文档分类中 KNN 算法计算复杂度高的缺点，提出了一种基于 Java Bean 模式的并行算法，其关键部分的时间计算复杂度从 O（n2）降为 O（log（n）），该算法与经典的串行算法相比，能显著地提高分类速度。陈硕、赵栋材、周欢欢的《基于匹配算法的藏文自动分词》一文，采用了正向最大匹配和逆向最大匹配算法相结合的方式进行藏文分词，通过分别计算两种分词结果的频率，然后选择频率较大的一个。最终，通过对 26 个不同大小的文本对该系统进行测试和分析，得出了分词准确率在 92% 以上的结论。才让叁智、赵栋材的《基于 DIV 标签分段的藏文网页正文提取研究》（《西藏大学学报》自然科学版第 1 期）一文，针对藏文电子文献资源匮乏、文本资源不规整、收集困难等问题，提出了基于 DIV 标签分段的藏文网页正文提取算法，该算法将原始网页信息分割为页面信息中与 DIV 元素等量的信息段，再对段中标签等非正文信息进行删除，最终形成该页正文。实验表明，正文提取结果准确、通用性强，适用于互联网上不同模型的藏文网页。

涉及知识库方面的研究有丁海兰、祁坤钰的《基于依存句法的藏文属格结构统计研究》（《西北民族大学学报》自然科学版第 2 期）一文。文章从句法功能的角度对属格助词在藏文名词短语中的结构及功能进行分析研究，从句法结构上总结和归纳了其结构特征，为多语言句法结构树库和框架语义构建提供最基本的语法信息。

关于标准的讨论。龙从军、刘汇丹、安波、才华、吴健等的《藏文编码字符集标准应用中的问题及对策》（《信息技术与标准化》第 1 期）一文，通过大规模文本统计，找出了 90 组同形异码实例；分析发现，藏文文本中同形异码现象是国际编码集中同时存在单字符编码和组合字符编码导致的。描述了各种可能产生同形异码的字符，从改进国际编码字符集和改进输入法等方面提出了一些建议。

（二）实用技术平台及软件开发研究

相关的研究成果有：李苗苗、高定国、普次仁、扎西仓觉等人的《藏文字频统计软件的设计与实现》（《电脑知识与技术》第 4 期），普次仁、李苗苗的《藏文音节字的频次统计》（《西藏大学学报》自然科学版第 1 期），陈小莹、艾金勇的《基于小字符集藏文拉丁转写系统的设计与实现》(《中文信息学报》第3期)，巴桑卓玛、高定国的《藏文电子词典的设计与实现》(《信息与电脑》理论版第12期)，袁斌、江涛、西热卓嘎、德吉巴宗、魏兴海、雪灵、高定国等人的《基于Android平台的藏文活字帖的开发》(《信息与电脑》理论版第1期)、尕桑才让、安见才让的《基于Android平台实现本地化技术和加载藏文字体》(《电脑知识与技术》第6期)，童英华、耿生玲的《基于ARM的嵌入式藏文电子阅读器的设计与实现》(《电子设计工程 》第1期)，才智杰、才让卓玛的《藏文字符的向量模型及构件特征分析》(《中文信息学报》第2期)等。

李苗苗、高定国、普次仁、扎西仓觉等人的《藏文字频统计软件的设计与实现》一文，根据藏文音节的特性，结合Unicode藏文基本集的编码特征，提出了计算机统计藏文字频的方法，设计实现了藏文字频统计软件。普次仁、李苗苗的《藏文音节字的频次统计》一文，以1.5亿藏文字符的藏文平衡语料库——大型藏文基础语料库为统计源，提出了非藏文字符和93个特殊藏文字符作为音节分隔符来识别藏文音节字的方法，设计实现了藏文音节字频次统计。陈小莹、艾金勇的《基于小字符集藏文拉丁转写系统的设计与实现》一文，在前人有关藏文拉丁转写研究的基础上，设计并实现了基于小字符集方案的藏文拉丁转写系统。文章通过对小字符集编码方案的特征分析，提出了基于小字符集编码的藏文拉丁转写算法，并对具体算法策略进行了分析和说明，最后在Windows平台进行了程序的实现。巴桑卓玛、高定国的《藏文电子词典的设计与实现》一文，根据藏文传统卡片式词典中存在的一些问题，设计出一款藏文电子词典。该系统不仅克服了藏文传统卡片式词典中存在的问题，而且实现了藏文电子词典中的各个功能。最后通过系统的整体测试取得较好的成果，并已达到了高效的应用程度。袁斌、江涛、西热卓嘎、德吉巴宗、魏兴海、雪灵、高定国等人的《基于Android平台的藏文活字帖的开发》一文，在研究藏文书法的特点的基础上，选择了最常用的三种藏文字体，在Android平台上实现了藏文活字帖，实现了藏文书写笔顺演示、字帖临摹练习和软件有关设置三种功能。尕桑才让、安见才让的《基于Android平台实现本地化技术和加载藏文字体》一文，认为藏语文适应现代化的发展，首要的问题就是实现藏文的信息输入，如何快速准确地利用手机输入藏文信息，对藏族人或研究藏文化的人而言非常重要。童英华、耿生玲的《基于ARM的嵌入式藏文电子阅读器的设计与实现》一文，利用ARM9嵌入式开发平台，通过扩展SDRAM模块、USB模块、以太网控制模块和触摸屏模块，结合QT技术，设计了一款嵌入式藏文电子阅读器。论文给出了系统的总体架构，硬件实现原理框图及软件设计流程。实验结果表明，该系统成功实现了全藏化的阅读器应用程序界面，并可以支持 TXT、HTML、PDF、DOC 格式的藏文电子书的正常显示、阅读和编辑，同时可进行 BMP、JPEG、PNG 等格式的图片文件的浏览，系统运行稳定、安全可靠，使用便捷灵活。才智杰、才让卓玛的《藏文字符的向量模型及构件特征分析》一文，分别建立了藏文字及藏文字符串的向量模型 VMTT、VMTS 和藏文字符串的稀疏域模型 SLM，并在向量模型和稀疏域模型上研究了藏文字符的构件特征。

此外涉及藏语文信息处理方面的研究成果有：鲍永庆、袁建、达娃卓玛、格桑央吉等人的《藏文搜索引擎关键技术分析》(《西藏科技》第 2 期）一文，针对当前主流藏文搜索引擎的情况进行了介绍。刘文香的《基于国际标准编码的藏文前加字校对模型研究》(《甘肃高师学报》第 1 期）一文，介绍了藏文前加字的音势搭配规则，提出了藏文前加字与基字的搭配规则模型，运用前加字与基字的搭配规则模型对藏文文本中出现的错别字进行校对，为藏文音节规则校对模型打下基础，为完成藏文自动校对提供基础性研究资料。李廷鹃的《青海省藏语信息化主动推送服务平台应用与实践》(《农业科技与信息》第 23 期）一文，阐述了青海省藏语信息化服务平台的应用情况以及对藏区同胞生产生活产生的积极作用，分析了藏语信息化主动推送服务存在的问题。何东琴、屈兵的《基于开源 Word Press 构建藏文网站的设计与实现》(《福建电脑》第 5 期）一文认为，Word Press 是一款个人博客系统 ，它使用 PHP 语言和 My SQL 数据库。基于 Word Press 构建藏文网站，首先可以解决字符编码，其次可以节约时间和打破空间的限制，再者可以使网页内容和功能更加丰富。才让草的《浅析甘南州藏文科技文献资源共享平台建设》(《科技经济导刊》第 13 期）一文浅析甘南州藏文科技文献资源共享平台建设存在的问题，采用国内文献资源共享平台架设与运营的成功经验，提出建立甘南州藏文科技文献信息资源共享服务平台的建议和设想。刘芳、关白的《现代藏文中词的自动校对方法研究》(《电脑知识与技术》第 19 期）一文，根据藏文词错误的类型，分别提出了对应的校对方法。郭晓军、何磊、王亮、黄操的《藏文 Web 网页的信息隐藏研究》(《实验室研究与探索》第 8 期）一文，针对藏文 Web 页面信息隐藏技术隐蔽性差、隐藏容量小、抗干扰性弱问题，提出了一种具有同步机制的藏文 Web 页面信息隐藏方法。该方法先对秘密消息的二进制序列进行置乱处理，添加具有同步性的巴克尔码以形成新消息序列，并通过改变 HTML 标签属性名称的大小写状态来表示该序列中的 0 或 1，实现秘密消息在藏文 Web 页面内的隐藏。实验结果表明该方法在保证隐蔽性的情况下，能有效提高隐藏容量，在随机扰乱程度较大时具有更好的鲁棒性。

涉及自然语言处理的有：袁斌、江涛、于洪志的《基于语义空间的藏文微博情感分析方法》（《计算机应用研究》第3期），扎西本、安见才让的《藏文句子的情感倾向研究》（《电脑知识与技术》第6期），才智杰、才让卓玛的《藏文字形结构分布研究》（《中文信息学报》第4期），马伟珍、陈硕、赵栋材的《基于HMM的藏文词性标注的研究与实现》（《信息安全与技术》第2期），冷毛措、张有谊的《小学藏文教材中词性的分布情况研究》（《电脑知识与技术》第6期），多杰卓玛的《藏文名词短语的语义研究》（《西北民族大学学报》自然科学版第3期）等。

袁斌、江涛、于洪志的《基于语义空间的藏文微博情感分析方法》一文，结合藏文句法结构和语义特征向量构建语义特征空间，提出了一种基于语义空间的藏文微博情感分析方法。首先使用句法树生成句法结构并结合语义特征向量构建特征空间，运用K-means方法聚类形成语义簇质心，将基于簇的TF-IDF值作为最终的微博情感特征值。实验结果表明，该方法的情感分类效果均优于SVM+TF-IDF和naive Bayes+最大熵的方法。扎西本、安见才让的《藏文句子的情感倾向研究》（《电脑知识与技术》第6期）一文，从句子的结构研究了情感词的提取及句子情感倾向。才智杰、才让卓玛的《藏文字形结构分布研究》一文，通过分析藏文字形结构的特征，将藏文字的字形结构分成独体字和合体字，合体字按其构件的结构位和所含构件数进行分类。设计了藏文字形结构统计系统模型和算法，从约含8500万藏文字的450M语料中对藏文字形结构进行统计，建立了藏文字形结构分布统计表，并对统计结果进行了分析。马伟珍、陈硕、赵栋材的《基于HMM的藏文词性标注的研究与实现》一文，采用基于隐马尔科夫模型的Viterbi算法进行词性标注，词性标记规范参考了北大计算机研究所的词性标注规范的标记集。对于未登录的藏文词语，采用了基于统计和规则的二元语法统计模型进行处理。通过对该系统进行自动标注的文本与人工手动完成藏文词性标注的文本进行测试和对比，得出了该系统词性标注正确率在89%以上。冷毛措、张有谊的《小学藏文教材中词性的分布情况研究》（《电脑知识与技术》第6期）一文以小学藏语文教材为语料，利用计算机对教材中藏语词的频次、数量等信息做出统计，进而摸索出目前藏语文教材编辑中藏语词性的分布规律，目的在于给藏语词的安排、重要程度等是否科学合理，即是否符合各个年龄段藏族学生对知识的接受状况，提供参考。多杰卓玛的《藏文名词短语的语义研究》一文，在藏文网络语料的基础上，就“N1+N2”结构的名词短语进行举例分析，包括它的结构类型、组成成分、句法及语义功能的分析，给出了名词短语的线性结构组合形式和词性结构扩展模式，细化了它的主要组成成分，从句法和语义的层面出发，挖掘了该结构所蕴涵的句法关系和语义特征。

相关的研究还有：普布次仁的《词库开放型藏文词典软件的实现——以Goldendict词典为例》(《西藏科技》第1期）一文，以词库开放型Goldendict词典为例，着重探讨了如何打造多平台下的藏文词典软件。于诗画、赵小兵的《藏文自动分词技术研究综述》(《科技视界》第6期）一文，主要从藏文自动分词的意义、国内研究现状、分词方法，以及目前所面临的主要问题等方面来简单阐述藏文自动分词技术的相关内容。张云洋的《高校图书馆藏文图书编目与流通工作探讨——以西藏大学图书馆为例》(《农业图书情报学刊》第2期）一文，认为藏文图书的编目与流通是藏区高校图书馆的重要工作，但目前各文献收藏单位对藏文文献的著录处于各自为政的状态，为了实现馆藏文献的统一管理和MARC数据共享，建议对藏文图书使用中图法进行分类，使用汉文和藏文两种文字进行著录。

龙从军、刘汇丹所著《藏文自动分词的理论与方法研究》(知识产权出版社）一书，是作者十多年研究藏文分词的经验总结，书中介绍了藏语分词的问题及处理策略，并配套了语料库和分词软件，实现了基础研究和应用研究相结合的研究突破。该书有以下几个方面的贡献：(1）手工切分百万级分词语料，为藏语分词采用统计模型奠定了基础，解决了藏语分词资源“无米之炊”的薄弱状况；(2）从手工切分中详细总结和描述了藏语分词单位切分的基本原则，该原则已经由教育部语信司作为国家标准草案正式出版；(3）经过多次实验，提出的疑似黏写切分方法是所有黏写切分方法中效果最好的方法；(4）以数字为切分单位，解决了藏语中数词和阿拉伯数词的切分处理，有效避免了未登录数词的切分错误；(5）提出的基于字性标注的分词和词性预测方法进一步改善了未登录的切分效果；(6）基于配套语料库和一系列的切分理论开发的藏语分词软件，切分正确率达到95%。已经在网络上公布试用。

五、藏文文献研究

敦煌吐蕃时期的文献研究，对古代藏语言文字研究很重要。对于古藏文字形、书写特点及部分文献的解读是2016年敦煌文献研究的主要特点。相关的研究成果有：高定国的《敦煌文献中藏文字形及书写特点的研究》(《西藏大学学报》社会科学版第3期)，陆离的《敦煌藏文P.T.1185号〈军需调拨文书〉及相关问题研究》(《西藏研究》第2期)，杨铭、杨公卫的《武内绍人与〈敦煌西域出土的古藏文契约文书〉》(《西藏民族大学学报》哲社版第3期)，改玛本的《吐蕃时期古印度因明文献初析——以敦煌藏文残卷P.T.0123为例》(《西藏研究》第3期)，陈践的《敦煌古藏文 ཁོལ་ཡུལ 与 འདམ་པོ 疏译》(《民族翻译》第2期)，吉加本、更藏卓玛的《从伦理学角度浅析敦煌古藏文写卷〈兄弟教诲录〉的伦理价值》(《四川民族学院学报》第3期)，王东的《敦煌古藏文文献P.T.113号〈大论致沙州安抚论告牒〉小议》(《文献》第3期)，杨铭的《英藏敦煌西域古藏文非佛教文献的刊布与研究》(《西域研究》第3期)，阿旺嘉措、张霞霞的《P.T.1038汉译及其专有名词"蔡"、"觉"考释》(《西藏民族大学学报》哲社版第3期)等。

高定国的《敦煌文献中藏文字形及书写特点的研究》一文，以《法国国家图书馆藏敦煌藏文文献》影印版中的藏文字形为研究对象，将敦煌藏文字形的书写特点、笔画特点、结构特点与现代藏文字的书写、文法进行比较，指出敦煌藏文文献中字符的书写、文法等与现代藏文字符的书写、文法等的高度一致性，说明藏文在发展、使用过程中不断统一、规范的发展路径。陆离的《敦煌藏文P.T.1185号〈军需调拨文书〉及相关问题研究》一文，认为P.T.1185号《军需调拨文书》时间在9世纪前期吐蕃占领河陇地区之时，文书出现的论悉达古(བློན་སྟ་གུ)应为吐蕃东道节度使衙署中的官员或安抚论(བདེ་བློན། 德论)。吐蕃统治下河陇、吐谷浑王国地区军用物资的征集和作战阵亡者的抚恤费用发放都由东道节度使衙署官员和安抚论德论(བདེ་བློན།)等共同负责。吐蕃统治下吐谷浑王国的军政事务除了由吐谷浑小王(དབོན་འ་ཞ་རྗེ)管理外，同样受到吐蕃东道节度使、安抚论(བདེ་བློན།)等的直接管理，吐蕃统治下河陇等地的党项部族则多被编入吐蕃、孙波、通颊部落。杨铭、杨公卫的《武内绍人与〈敦煌西域出土的古藏文契约文书〉》一文介绍了日本学者武内绍人所著《敦煌西域出土的古藏文契约文书》(Old Tibetan Contracts from Central Asia, Daizo Shuppan, Tokyo, 1995)的主要内容和学术意义，并对中译本的出版情况进行了介绍。改玛本的《吐蕃时期古印度因明文献初析——以敦煌藏文残卷P.T.0123为例》一文对《法藏敦煌藏文文献》中发现的敦煌藏文残卷P.T.0123进行研究，发现P.T.0123号写卷应由法称的《正理滴论》和《成他相续论》、律天所著《正理滴论疏》和

《成他相续论疏》四部残卷组成；对 P.T.0123 号写卷与四部不同版本的《丹珠尔》中相关论典版本进行比较后，认为《成他相续论》由印度堪布扎拿牟扎和大译师完德叶西等翻译审定，《正理滴论疏》由印度堪布释达斯哈和大译师比丘巴泽翻译审定；《成他相续论疏》由大译师巴泽热切达翻译审定；敦煌本《正理滴论》产生年代晚于 1312 年，是纳塘版或者是后期单行本的校勘版。陈践的《敦煌古藏文 ཁོལ་ཡུལ 与 འདམ་པོ 疏译》一文对《P.T.1071 号狩猎伤人赔偿律》中的“ཁོལ་ཡུལ”（奴户）和“འདམ་པོ”（告发人）二词的深层内涵作了较详细阐述；并与新发现之《吐蕃文书残卷》（下）中关于惩罚相关段落进行对比，分析二者译文不同之处，供读者参考。吉加本、更藏卓玛的《从伦理学角度浅析敦煌古藏文写卷〈兄弟教诲录〉的伦理价值》一文在前人研究的基础上结合伦理学原理，对吐蕃时期人们的伦理道德观进行了浅析。王东的《敦煌古藏文文献 P.T.113 号〈大论致沙州安抚论告牒〉小议》一文，认为敦煌古藏文文献 P.T.113 号《大论致沙州安抚论告牒》与吐蕃王朝对宗教人士授予告身的规定密切相关，有助于学界深化对吐蕃告身制度特别是授予对象的理解以及了解整个王朝时期对僧侣所授告身的阶段性变化，并最终取消对宗教人士授予告身的历史发展过程。杨铭的《英藏敦煌西域古藏文非佛教文献的刊布与研究》一文系统梳理了英国国家图书馆斯坦因藏品中的敦煌西域古藏文非佛教文献的刊布与研究情况，讨论了这些写本的编号、数量、主要内容，以及国内外学术界具有代表性的成果。阿旺嘉措、张霞霞的《P.T.1038 汉译及其专有名词“蔡”、“觉”考释》一文对法藏敦煌藏文文献 P.T.1038 记载的聂赤赞普世系中出现苯教著名的古辛“蔡”“觉”进行了分析。文章在著录藏文原文，进行汉译的基础上，结合相关历史文献，探讨了苯教古辛的来历、地位、影响，并对吐蕃赞普时期出现的苯波——“蔡”和“觉”的情况进行了初步研究。此外，桑吉东知的《敦煌藏文文献研究综述——以藏文论文为中心（1982—2014）》（《中国藏学》第 3 期）一文，以 1982 年以来 30 余年中，用藏文发表的有关敦煌藏文文献研究的论文为对象，对所涉及的相关领域进行分类梳理，作了简要的评述。

关于其他文献的研究主要有：赵艾东的《19 世纪下半叶康藏天主教士的天花接种与藏文编纂》（《四川民族学院学报》第 1 期）一文，认为 19 世纪下半叶巴黎外方传教会的天主教士出于宣教目的及对康藏自然与社会环境的适应，在康藏地区开展了天花人痘接种并边学藏语边编撰了《藏文—拉丁文—法文词典》、藏文圣歌谱本等书籍。前者是对康藏地区卫生防疫的最早贡献，后者在客观上促进了康藏地区的文化互动。这就为我们研究近代康藏史与康藏地区的文化互动提供了新的史料和视角。陈继宏的《劳费尔中亚古代语言文字研究浅介——以吐火罗语、藏语、西夏语为例》(《江西科技师范大学学报》第2期)一文，认为美国语言学家伯托尔德·劳费尔对中亚古代语言文字的研究以其对吐火罗语、藏文、西夏文发表的三种成果为代表，内容涉及吐火罗语中的汉语外来词ri、汉语中的吐火罗语外来词“阿魏”、藏文书写形成时间与藏文语源、西夏文音韵学与句法结构等丰富内容，由此可窥其在语言学研究上重细节与实证、与历史学相结合、跨学科、立足科学的研究方法等特点。

赵天英的《甘肃新见瓜州县博物馆藏西夏藏文药方考》(《中国藏学》第2期)一文，对甘肃省瓜州县博物馆藏的三件西夏藏文医药文献，从出土地点、同时出土的文物以及文字特点等方面考证，认为属于西夏时期。所记泻药药方、凉药药方、创伤药药方、治眼方，具有藏医药特色，用药多为西夏常见药物，反映出西夏时期河西地区的一些常见疾病，说明西夏医药学除了吸收宋、金的先进经验外，还向吐蕃学习，构成了西夏多样化的医药学特色。先巴的《藏文古籍版本研究——以藏文古籍印本为中心》(《西藏研究》第3期)一文，对藏文古籍版本进行了介绍，古籍版本是指古籍在生产、递藏过中形成的不同印本之间的异本特点。雕版印刷技术在藏文书籍制造中使用后，以长条式，梵夹装为主，同时流行了经折装、蝴蝶装、线装书等。版式行款也从无版框起，插图、边栏、界线、明目等形式日趋统一，版面标准化，时代的变迁和区域的特点非常鲜明。乌金字体书写的标准化也为藏文古籍印本的发展起到了不可估量的作用，乌金苏通、萨钦、萨琼相继在藏文雕版时受青睐，字体固定、校勘粗细，从而形成了独具特色的藏文古籍版本形式。阿贵的《新发现藏文史籍〈王统日月宝串〉有关吐蕃小邦史料》(《青藏高原论坛》第3期)一文，在梳理有关吐蕃小邦史藏文史料的基础上，对《王统日月宝串》所载吐蕃小邦史料作了简要分析。尕旦东主的《吐蕃时期藏文〈大藏经〉三大目录探讨》(《青藏高原论坛》第3期)一文在《藏文大藏经目录》等相关文献和当代学者研究成果的基础上，对吐蕃时期《丹格尔目录》《旁塘目录》《钦普目录》等藏文《大藏经》三大目录的成书年代、编撰者、版本、所载内容等方面进行了探讨。万玛才让的《藏文史籍〈娘氏教法源流〉之结构内容与史料价值探析》(《西藏研究》第4期)一文，认为《娘氏教法源流》是一部12世纪藏传佛教后弘期较早出现的私家撰述的署名历史著作，内容涉及印度佛教、释迦王统史、吐蕃及分裂时期赞普世系和佛教历史，而全书叙述的重点在吐蕃及分裂时期的佛教史，对于研究吐蕃及分裂时期佛教发展史有着颇高的学术价值。曾丽容的《藏文文献中“བོན”

（苯）与“གཤེན”（辛）二词考辨》（《中国藏学》第3期）一文，梳理和对比敦煌藏文文献与苯教典籍中的“བོན”和“གཤེན”的不同含义，通过其词汇意义的历史变迁，结合苯教典籍、教义教理和僧伽组织及寺院的形成时间，证明吐蕃时期的“苯”还只是西藏本土的巫术仪式之一，并非苯教；作为一种系统化的宗教，苯教应是在吐蕃王朝结束之后才正式形成。陈践的《若干典型古藏文语词疏译之二》（《中国藏学》第3期）一文，解读过去发表的吐蕃文献中之古词语内涵，这些典型语词《藏汉大辞典》中未被收入，即使辞典收入此语词，也不是吐蕃文献中之古词，二者只是同形字而已，《藏汉大辞典》中为“主义”，但在吐蕃文献中作“为首者”解。张屹、周润年的《藏文史籍〈贤者喜宴·噶玛岗仓史〉的内容及其史学价值》（《民族研究》第1期）一文，指出《噶玛岗仓史》为《贤者喜宴》之一部，是《吐蕃史》的姊妹篇。书中所记述，涉及元、明时期中央政府与西藏地方的关系史，多位噶玛巴与中央的互动交往过程，以及藏、蒙古、汉、党项等民族的关系史，噶举教法史，西藏活佛转世制度的形成过程等内容，在研究西藏历史、藏族宗教史、藏族文化发展、古代西藏经济等方面均具有独特的史学价值。杨琳、赵国忠、李毛吉的《藏文〈大藏经〉研究考述》（《科技视界》第1期）一文总结藏文《大藏经》的研究成果，对藏文《大藏经》的版本体系、分类和编目，以及学术价值等进行了分析和评述。萨其仁贵的《论〈云使〉藏文译本对蒙古文转译本的影响》（《西北民族研究》第2期）一文在《云使》的梵文、藏文、蒙古文三种文本逐字逐句比较的基础上，解析蒙古文译本所受藏文译本的具体影响，并在梵文、藏文本的对照中找出造成这些影响的根本原因。

藏文部分

2016年度语言文字藏文部分成果丰硕，目前在藏学主流藏文学术期刊上统计的相关成果有40多篇论文、3部专著，主要涉及藏文的文字规范、语言文献、语法、方言、词汇、藏语翻译等研究领域。归纳起来有四个方面的特点：第一，在深入挖掘藏族传统文法资源的基础上，利用现代语言学理论方法，从具体问题出发，对藏语文法中存在的难点问题，从现代语言学角度做了细致的阐述；第二，对传统孤本文献资源和梵藏文字的比较研究有了进一步的升华，这对藏文文法研究的传承保护与传播将会大有裨益；第三，语言问题的研究从史学角度加以阐释并结合历史文献得出客观结论，发现了传统语法自身的规律与特点；第四，学者从宏观层面根据文法发展脉络梳理和总结了传统语法研究的历史及研究现状。下面根据相关成果逐一加以介绍：

一、藏语言文字著作

本年度，论述藏语言文字方面的代表性专著有三部，即吉太加（སྐྱབས་ཐར་རྒྱལ།）著，由民族出版社出版的《藏语句法研究》（བོད་སྐད་ཀྱི་ཚིག་གི་རྣམ་བཞག་ཤིན་ཏུ་གསལ་བར་བཤད་པ་རིག་འཕྲུལ་མེ་ལོང་།）；吞弥・桑布扎等著、土登美朗等编（ཐུ་མི་སོགས་ཀྱིས་བརྩམས་། ཐུབ་བསྟན་སྨོན་ལམ་སོགས་ཀྱིས་བསྒྲིགས།），由西藏藏文古籍出版社出版的《文法孤本精选》（བརྡ་སྤྲོད་དཔེ་རྙིང་གཅེས་བསྡུས་བཞུགས་སོ། །）；才旺拉姆和土登彭措（ཚེ་དབང་ལྷ་མོ་དང་ཐུབ་བསྟན་ཕུན་ཚོགས།）著，由民族出版社出版的《藏文文法研究》（བོད་ཀྱི་བརྡ་སྤྲོད་རིག་པའི་མཐའ་དཔྱད་སེང་གེའི་ང་རོ།）。其中吉太加先生的《藏文句法研究》一书是作者继《探讨藏文文法若干问题》之后所著的最新藏文文法专著，并在研究内容上与作者以往著作《藏文文法概观》和《探讨藏文文法若干问题》有着层层递进的关系。全书共分 11 个章节，书中作者结合藏族传统文法与现代语言学，把藏族传统文法中最为重要而尚未明确界定和详细探讨的词作为研究对象。通过比对大量藏汉书籍的观点，从 102 部藏文名著中据引 1021 个例子，再加上作者新造 200 多例句，对藏文词的界定、结构、分类、构成、意义等诸方面做了深入细致的研究。这部专著不仅彰显了作者深入细致的研究态度和取得的丰硕理论成果，同时也开阔了藏文文法研究者的视野，丰富了研究方法，弥补了传统文法中对词的研究不够深入，以及现代学者只局限于零散名词研究之缺陷。因此，该书可以称得上是目前藏文文法和藏语语言学研究领域的上乘之作。

《文法孤本精选》收集了吞弥・桑布扎、居弥旁等二十四位藏族智者所著有关藏文文法研究方面的经典著作，包括吞弥・桑布扎的《三十颂与语性论》、俄译师的《正字法要摄》、萨迦班智达的《声明卷》、炯旦日饶的《声明论》、邦译师的《文法精要》、阿拉善的《文字考辨》、居弥旁的《明析后加字 sa》等经典著作。其内容不仅涵盖藏文文法、正字、三次文字厘定、古今文差异等方面的内容，还对梵文词性、词根、原始词缀（kṛt-）、派生词缀（taddhita）、苏岸多（Supanta）、丁岸多（tiṅanta）以及咒语（梵文）读法和梵藏词汇等诸多方面做了极为详尽的论述。因此，此书必将成为藏文文法和梵文文法研究者必不可少的资料，同时也对藏文文法研究传承的保护与传播大有裨益。

《藏文文法研究》是一部侧重于大学生教材的学术研究成果。此书共分六章：第一章详细介绍了藏文文法古籍在印度、尼泊尔、内地以及西藏的出版情况；第二章到第六章以问答、立论、逻辑辨析以及难点解析等形式对发音部位及其功能、辅元音、格助词、动词、语尾词以及命令语等诸多方面做了较为深入的研究。此书的主要特点是：不像传统文法书那样涵盖语法的所有问题，而是借助多年从教与学术研究之经验，利用因明式辨析法，对藏文文法的一些重点及难点问题进行具体分析和研究，从而有利于大学生以及其他藏文文法学习者简单、正确地掌握语法要点、难点以及分析方法。

二、藏文文法研究

小普布次仁（ཕུར་ཚེ་གཞོན་པ།）的《浅谈藏族声明学的形成与发展》（སྒྲ་རིག་པའི་བྱུང་འཕེལ་ལོ་རྒྱུས་ཆེ་ལོང་ཙམ་བཤད་པ།《西藏大学学报》第 1 期）一文，首先，作者清晰地阐明了梵语的定义、利弊及历史发展脉络。其次，文章主旨部分主要梳理了梵语理论文本在古印度传承发展的过程。第三，论述了梵语理论文本在藏区的兴起、传播发展以及与原始苯教的间接关系，并提出在吞弥·桑布扎之前藏族有自己文字的观点。

桑德（ཚངས་སྲས་དགྱེས་པའི་ལང་ཚོ།）的《简述梵藏文字渊源关系》（སཾ་བོད་སྐད་ཡིག་གི་འབྲེལ་བའི་སྔོར་ལ་རགས་ཙམ་དཔྱད་པ།《中国藏学》第 2 期）一文，首先简要介绍了梵文或语音学的相关历史渊源并肯定了其地位。其次，以藏族佛教文化和梵文之间的历史性关系作为背景，对梵文和藏语之间的文字历史渊源做了较为详细的阐述。

才航多杰（ཚེ་དབང་རྡོ་རྗེ།）的《论俄译师洛丹西绕之〈简明正字法〉》（རྔོག་ལོ་ཙཱ་བ་ཆེན་མོ་བློ་ལྡན་ཤེས་རབ་ཀྱི་དག་ཡིག་ཉེར་མཁོ་བསྡུས་པ་གླེང་བ།《青海民族大学学报》第 3 期）一文认为，俄译师所著《简明正字法》不仅是年代较早的经典正字法理论之一，而且是吞弥·桑布扎大师有关藏文文法著作问世之后推出的又一部文法理论方面的重要专著。该书完整地介绍了功能虚词中之依他虚词（ཚིག་ཕྲད་

གཞན་དབང་ཅན།）、上加字和下加字的具体数量、五个前加字的语法组合、构词法等。对藏学界藏文文法理论研究颇具参考价值。

多杰东智（རྡོ་རྗེ་དོན་གྲུབ།）的《敦煌古藏文与安多方言中出现的判位词及虚词之特殊性及其历史演变》（ཏུན་ཧོང་གཏེར་ཡིག་དང་ཨ་མདོའི་ཡུལ་སྐད་ཁྲོད་ཀྱི་ཕྲད་དང་རྣམ་དབྱེའི་ཁྱད་ཆོས་དམིགས་བསལ་ཅན་འགའ་གླེང་བ།《西藏研究》第 2 期）一文，作者针对藏语语法研究界，敦煌文献和安多方言中虚词和格助词的特定特点研究较少的现状，对藏语语法的第二格、第三格和六格分别进行了初步的研究和比较。另外从一些特定的虚词等方面对敦煌文献和安多方言进行比较后，得出虚词和格助词根据时间和地点是可以变化的，这种变化规则是藏语语法的特定特点之结论。

才华、欧珠（ཚེ་དཔལ་དང་དངོས་གྲུབ།）的《藏文词句结构及其语法功能研究》（ཚིག་སྦྱོར་གྱི་གྲུབ་ཚུལ་ལས་རྣམ་དབྱེའི་ངོ་བོ་ལ་དཔྱད་པ།《西藏大学学报》第 1 期）一文，以现代语言学理论作为切入点，通过语法树和数据表格等形式，探讨了藏文传统文法中的功能虚词、格的用法及定义等问题。

青海民族大学藏学院语法研究室（མཚོ་སྔོན་མི་རིགས་སློབ་ཆེན་བོད་རིག་པའི་སློབ་གླིང་གི་བརྡ་སྤྲོད་སློབ་དཔྱོད་ཁང་ནས།）编著的《〈音势论〉疑难问答》（རྟགས་ཀྱི་འཇུག་པའི་དྲི་བ་དྲི་ལན།《青海民族大学学报》第 3 期）一文，以问答的形式把藏语语音特点分为：浊音、清音、实音，在此基础上对表时、表事、表客体和如何区分及物与不及物动词、语义格、功能虚词、构词法等方面进行了详细的分类与介绍。

邓戈、欧珠（བསྟན་མགོ་དང་དངོས་གྲུབ།）的《近代藏语方言研究史论》（ཉེ་རབས་སུ་བོད་ཀྱི་ཡུལ་སྐད་ཀྱི་ཞིབ་འཇུག་བྱུང་རབས།《西藏大学学报》第 4 期）一文，以藏语方言研究发展的历史脉络为主线，把 12—19 世纪上半叶的藏语方言研究分为近代上、近代中、近代下，并对各个时期的研究情况进行了分析和总结。

华贡才让（དཔལ་མགོན་ཚེ་རིང་།）的《论藏文形近字“ལྱ་ཕ་ལྷ་”的关系》（ལྱ་ཕ་ལྷ་གསུམ་གྱི་ཁྱད་པར་ལ་ཅུང་ཙམ་དཔྱད་པ།《西北民族大学学报》第 1 期）一文，探讨了藏文形近字“ལྱ་ཕ་ལྷ་”因写法相似而导致的用法错误，即因字形错误导致音和义方面出错，或因音不准影响形和义的判断等问题。作者针对上述问题，就“ལྱ་ཕ་ལྷ་”这三个字的笔法、发音和文法特点等，通过音、义、形三个方面比较研究的方法论述了三个字的特殊句法功能。

才华、欧珠（ཚེ་དཔལ། དངོས་གྲུབ།）的《藏文常用虚词研究》（བོད་ཀྱི་བརྡ་སྤྲོད་ལས་དཀར་འཇིད་སྟུད་གསུམ་ལ་དཔྱད་པ།《中国藏学》第 3 期）一文，充分利用现代语

法理论和研究方法，对藏语语法中离合词等有规则的虚词逐一进行了深入细致的分析和研究。

拉加多杰（ལྷ་རྒྱལ་རྡོ་རྗེ།）的《藏语语法中“ཀྱང”的考析》（སུམ་ཅུ་པའི་ཚིག་ཕྲད་ལས་འཕྲོས་ཏེ་རྒྱན་སྡུད་ཀྱི་ཕྲད་ཀྱང་ལ་དཔྱད་པ།《西北民族大学学报》第 1 期）一文，作者提到“ཀྱང”是集饰词中的功能连词并以藏文传统文法著作《三十颂》为理论依据，结合广泛流传的古藏文文献例句对“ཀྱང”词的演变进行了细致研究。

干木滚（ཁུ་བྱུག）的《论藏文标点符号的涵义及特点》（བོད་ཡིག་གི་དབུ་ཁྱུད་དང་ཚེག་ཤད་ཀྱི་མཚན་དོན་དང་ཁྱད་ཆོས་སྐོར་རགས་ཙམ་གླེང་བ།《中国藏学》第 4 期）一文，作者对藏文中具有特定含义和特点的符号，即云头符、音节符和单垂符的立意和功能，以及在不同的字体中这三个符号的各自写法和特点等方面做了详尽的论述，同时对音节符和单垂符的必要性和添加规则之特点也做了较为深入的阐述。

华毛加（དཔལ་མོ་རྒྱལ།）的《论藏文“sbos”“sbang”“sbug”“sbom”“sbas”等字应有下加字“ྲ”的原理》（ཡི་གེ་སྦོས་དང་སྦང་། སྦུག སྦོམ། སྦས་རྣམས་ལ་ར་བཏགས་ཡོད་དགོས་པའི་དཔྱད་པ།《中国藏学》第 2 期）一文，作者对藏语方言中的“sbos”“sbang”“sbug”“sbom”“sbas”等字以推理形式，通过查阅有关藏语词典，并与安多地区一些特殊方言相互对比加以分析后，引证得出上述这些字需要添加下加字“ྲ”，变为“sbros”“sbrang”“sbrug”“sbrom”“sbras”的结论。这可以称得上是藏语中的新发现，同时作者也强调了形成藏语普通话的重要性。

干木滚（ཁུ་བྱུག）的《论藏文正字法的重要性》（བོད་ཡིག་གི་དག་ཆ་གལ་ཆེ་ཚུལ་སྐོར་མདོར་བསྡུས་གླེང་བ།《西藏研究》第 1 期）一文，作者在详细地讨论规范使用藏语言文字的益处和乱用语言文字弊端的基础上、提出了如何规范使用文字和纠错之方法，并对丰富文字规范之因素，文字表义等方面进行了深入的探讨，最后从理论层面阐释了规范藏语言文字的重要性。

桑吉才让（སངས་རྒྱས་ཚེ་རིང་།）的《论卫巴罗赛之〈古词辨析〉》（དབུས་པ་བློ་གསལ་བའི་《བརྡ་གསར་རྙིང་གི་རྣམ་པར་དབྱེ་བ་བསྟན་པ་》ལ་དཔྱད་པ།《西藏研究》第 2 期）一文，作者分析了卫巴罗赛创作《古词辨析》一书的具体时间、历史背景及其特点。书中主要对第三次藏文字形厘定时期出现的古文详解部分进行了论述，介绍了那个时期的古籍著作特点，尤其是与后期比较著名的古文书籍《丁香帐》一书相互做了对比，指出两者之间的异同点，并明确指出《丁香帐》的来源是《古词辨析》，同时也确切指出了第三次藏文字形厘定的具体时间和标准等。

完么措（པདྨ་མཚོ།）的《〈语门文法概要〉与〈语言三素论〉之名词对比》

对词的解析比较研究（སྒྲ་སྒོ་མཚོན་ཆ་དང་ཚིག་གསུམ་གསལ་བ་གཉིས་ལས་བྱུང་བའི་མིང་གི་སྐོར་གྱི་བརྟར་བ།《西北民族大学学报》第 2 期）一文，对后弘期印度来藏大学者密第所著《语门文法概要》文法理论，与萨迦执政时期藏族本土大译师洛追丹巴所著《语言三素论》文法经典专著中分别提到的有关构词法和词义方面的论点进行了解析和比较研究。

格日杰布（ཀུ་རུ་སྐྱབས།）的《语法关系中的层次分析法》（བང་རིམ་དབྱེ་སྟོལ་གྱི་ལུགས་ནས་མིང་ཚིགས་ཀྱི་བརྗ་སྦྱོད་འབྲེལ་བར་དཔྱད་པ།《攀登》第 1 期）一文，首先，对传统语法中的语言与文字进行了简明的介绍和梳理；其次从客体、事件、主次、补充、同义、平等的语法功能和叠加动词的相互关系等七个方面对传统语法中的词进行了创新分类和解析。

才让南加、索朗曲美（ཚེ་རིང་རྣམ་རྒྱལ། ཁང་གསར་བསོད་ནམས་འཆི་མེད།）的《〈语灯释详〉作者考证》（དག་ཡིག་ངག་སྒྲོན་གྱི་མཛད་པ་པོ་སུ་ཡིན་མིན་གྱི་དོགས་སློང་།《青海民族大学学报》第 2 期）一文，作者开门见山地指出了《语灯释详》作者白康译师和大学者噶玛赤列不是同一人，文中借助历史文献梳理了噶玛赤列朗杰的生平及相关年代线索，得出《语灯释详》的著书时间是公元 1569 年。

三、藏语言文字翻译研究

藏语言文字的翻译研究基本围绕吐蕃赞普松赞干布至赤松德赞时期、赤热巴坚至藏传佛教后弘期、17—18 世纪等这些重要历史时期和节点的佛经翻译，再到当代科技和新科学的翻译为主线进行研究的。内容涉及翻译理论、翻译方法和应用研究等诸多领域，下面逐一作简要阐述：

昂毛吉（དབང་མོ་སྐྱིད།）的《从〈菩提道次第广论〉之汉译版浅谈翻译家法尊法师的翻译风格》（བྱང་ཆུབ་ལམ་རིམ་ཆེན་མོའི་རྒྱ་སྒྱུར་མ་ལས་འཕྲོས་ཏེ་ལོ་ཙཱ་བ་བློ་བཟང་ཆོས་འཕགས་ཀྱི་འགྱུར་སྟོལ་ལ་རགས་ཙམ་དཔྱད་པ།《攀登》第 4 期）一文，介绍了汉藏佛学翻译史上的翻译大家法尊法师（又名洛桑曲帕）的生平事迹，并对大师的译作和相关年代问题进行了分析考证，特别是对《菩提道次第广论》汉译版的翻译风格进行了评析，同时也谈到了汉译版中存在的问题等。

次仁顿珠（ཚེ་རིང་ཚེ་རིང་དོན་གྲུབ།）的《〈大唐西域记〉及其藏译本考究》（《ཐང་སན་ལམ་ཡིག་》དང་དེའི་བོད་འགྱུར་མའི་སྐོར་རགས་ཙམ་གླེང་བ།《西藏研究》第 4 期）一文，作者对唐代翻译家玄奘法师及其学生辩机所著的《大唐西域记》进行了详解。此书的第一个藏译本由贡公保杰翻译于清朝时期，文章依据相关文献和人物考证了该书译文版的数量及汉藏版本的异同等问题。

烈热（ལས་རབ་རྡོ་རྗེ།）的《略谈德格版〈大藏经〉中大译师仁钦桑布著作的译跋》（སྡེ་དགེ་དཀའ་བསྟན་ཁྲོད་བཞུགས་པའི་ལོ་ཙྪ་བ་རིན་ཆེན་བཟང་པོས་མཛད་པའི་བསྟན་བཅོས་ཀྱི་འགྱུར་བྱང་བཤད་པ།《攀登》第3期）一文提到，仁钦桑布大师是藏传佛教后弘期出现的伟大翻译家和思想家，也是“新密”（གསང་སྔགས་གསར་མ།）的开创者，藏传佛教后弘期大师对藏族文化传承发展作出了伟大贡献，作者对收藏于德格版《大藏经》和宁玛派经典文献中的大师作品，特别是对其著作的译跋进行了重点介绍和评析。此文对藏学界研究大译师仁钦桑布生平事迹和密宗义理具有参考价值。

索南才让（བསོད་ནམས་ཚེ་རིང་།）的《〈声明要领二卷〉研究综述》（སྒྲ་སྦྱོར་བམ་པོ་གཉིས་པ་ཡི་ཞིབ་འཇུག་གི་གནས་བབ་གླེང་བ།《青海民族大学学报》第1期）一文，介绍了国内外对吐蕃赞普时期梵藏翻译理论《声明要领二卷》的研究情况，并考证了学界说法不一的著书年代问题。

仁青扎西（རིན་ཆེན་བཀྲ་ཤིས།）的《论喜饶嘉措大师在藏文校勘与翻译方面所作的贡献》（དགེ་བཤེས་ཤེས་རབ་རྒྱ་མཚོའི་ཞུ་དག་དང་ཡིག་བསྒྱུར་ཐད་ཀྱི་མཛད་རྗེས་སྐོར་གླེང་བ།《西藏大学学报》第1期）一文，赞扬了喜饶嘉措大师在解放前整理审定藏文古籍文献和翻译实践，以及新中国成立后涌现的新词术语的初译工作方面的奉献精神，充分肯定了大师在继承和弘扬传统文化、促进汉藏文化交流、宣传党和国家各项方针政策方面所做的平凡而又伟大的工作。文章就大师为后人留下的宝贵翻译实践经验及教言也做了客观的评析。

更桑卓玛（ཀུན་བཟང་སྒྲོལ་མ།）的《〈三字经〉藏译版翻译难点分析》（ཡིག་གསུམ་མདོ་བོད་འགྱུར་མའི་ཁྲོད་དུ་འགྱུར་གྱི་དཀའ་གནད་ཇི་ལྟར་བཀྲོལ་བར་དཔྱད་པ།《攀登》第1期）一文，结合具体译法分析了《三字经》藏译实践过程中的难点问题，同时也指出了后人在翻译过程中应注意的事项。

李加东智（ལྷ་རྒྱལ་དོན་གྲུབ།）的《论翻译家更顿群培的翻译思想》（ལོ་ཆེན་དགེ་འདུན་ཆོས་འཕེལ་གྱི་ལོ་ཙྪའི་དགོངས་དོན་རགས་ཙམ་གླེང་བ།《攀登》第3期）一文，作者根据更顿群培大师的《འགྱུར་དཔྱད་ལེགས་སྦྱར་བང་མཛོད》内容并结合历代大师的经典著作提出，大师的翻译理念积极地继承了先贤们的思想精髓。此文，对藏族传统翻译理论的创新和整合具有一定的学术价值。

益西邓珠（ཡེ་ཤེས་དོན་གྲུབ།）的《探讨藏族传统科学理念在藏汉互译中的运用》（བོད་ཀྱི་སྲོལ་རྒྱུན་རིག་གཞུང་གི་རིགས་ལམ་ལོ་ཙྪའི་གཞུང་ལུགས་སུ་སྦྱིན་ཚུལ་སྐོར་གླེང་བ།《西藏大学学报》第1期）一文，对翻译实践方法进行了比较细致的研究，文章归

纳和总结了不同学科的翻译实践方法，丰富了藏语翻译实践方法论。

才项措（ཚེ་དབང་མཚོ།）的《评析藏译小说〈乞丐团仔〉》（སྒྲུང་རྩོམ་བོད་སྒྱུར་མ་《སྤྲང་ཕྲུག་》ལ་དཔྱད་པ།《西藏大学学报》第1期）一文，作者对藏译版小说《乞丐团仔》从理论和实践层面进行了综合评述，既点评了该译作的优点或闪光点，也指出了译文中存在的瑕疵和错误之处，并逐一做了纠正，同时对原创作品本身的思想性和艺术性等也做了客观评价。

利格吉（ལུ་གུ་སྐྱིད།）的《当前出现藏文翻译乱象之原因分析》（བོད་ཡིག་གི་སྤྱི་ཚོགས་སྤྱོད་ཡིག་ཁྲོད་ལྷག་པའི་ལོ་རྒྱུའི་གནད་དོན་དང་འབྲེལ་བའི་དཔྱད་ཞིབ།《西藏大学学报》第1期）一文，作者针对当今藏区社会用字不当和翻译失误等问题层出不穷的现状，从翻译理论和翻译实践方面提出了自己的见解，同时也呼吁政府有关部门应对这一现状引起关注和重视，并制订相关措施加以解决。

希多才让（ཕྱུག་རྡོར་ཚེ་རིང་།）的《浅谈汉藏翻译中规范藏语新词术语的重要性——以〈汉藏英常用新词术语图解词典〉为例》（རྒྱ་བོད་ལོ་ཙཱའི་ཁྲོད་བརྡ་ཆད་གསར་པ་གཅིག་གྱུར་ཐད་ཀྱི་བསམ་འཆར་འགའ།——〈རྒྱ་བོད་དབྱིན་གསུམ་གསར་བྱུང་རྒྱུན་བཀོལ་རིས་འགྲེལ་མིང་མཛོད་〉དཔེ་མཚོན་དུ་བཀོད་པ།《西北民族大学学报》第2期）一文，作者认为虽然现代新词术语的翻译标准化和统一工作从未间断过，但由于每个译者对原创作品内容的理解角度不同，各自的翻译风格和方法也千差万别，导致现代新词术语藏文翻译标准化问题难以实现。因此，藏语翻译界应该以《汉藏英常用新词术语图解词典》为参考，经过大批翻译专家和学者反复审定和推敲后，加以推广使用。只有这样，才能逐步趋于规范化和标准化。

德吉（བདེ་སྐྱིད།）的《略谈藏汉翻译表现形式与技巧》（འགྱུར་གྱི་ཉམས་འགྱུར་དང་མཁས་རྩལ་སྐོར་ཆེ་ལོང་ཙམ་བརྗོད་པ།《西藏研究》第4期）一文，作者旁征博引并加以分析后认为，藏语翻译实践中，译者在遵循传统翻译原则和方法的基础上，不同译者应该有各自不同的翻译风格。若只拘泥于遵循原则和方法，却没有自己独特的风格和文笔，对藏语翻译实践没有多大益处。因此，既要遵循传统翻译原则和标准，同时也要注重风格和技巧。

才让扎西（སྐར་པ་ཚེ་རིང་བཀྲ་ཤིས།）的《试论英语专用名词的藏文音译方法》（དབྱིན་ཡིག་གི་མིང་སྒྲ་སྒྱུར་བྱེད་ཐབས་ཐོག་མར་གླེང་བ།《西藏研究》第3期）一文，作者针对目前藏族社会比较注重西方文化的现象，对西方文化中的人名和地名如何翻译成藏语问题进行了初步研究和探讨。同时借鉴梵语音译成藏语时的理论方法，尤其是依据梵语拼读法（སྦྱགས་ཀློག་ཐབས）对音译法和拼读法进行了评述。

夏吾多吉（ཤ་བོ་རྡོ་རྗེ།）的《论藏汉翻译中颜色词的误译》（རྒྱ་བོད་སྐད་གཉིས་

ལས་བྱུང་བའི་ཁ་དོག་མིང་བརྡའི་ལོ་རྒྱུས་བསྒྱུར་ཉེས་གླེང་བ།《攀登》第 4 期）一文，首先，作者举例阐述了在藏文中“颜色词”非常丰富，且利用率非常高。但在翻译实践过程中，由于译者对这类词的理解出现偏差，导致错译现象层出不穷。其次，对“颜色词”的翻译方法提出了自己的见解。

拉珠加（ལྷ་འབྲུག་རྒྱལ།）的《藏汉翻译中映现出的文化及其他》（རྒྱ་བོད་ཡིག་སྒྱུར་ལས་འཕྲོས་ཏེ་རིག་གནས་དང་ལོ་རྒྱུས་སྐོར་རགས་ཙམ་གླེང་བ།《攀登》第 1 期）一文，首先对文化给予了清晰的定义，并从文化和翻译的关系入手，提到翻译不仅是两种文字之间的转码过程，在实践中更注重两者的深层关系，强调在汉藏翻译实践中应在了解各自文化的基础上做深层的语言转码实践。

尕多加（སྐལ་རྡོ་རྒྱལ།）的《新闻术语翻译中的错译及纠正方法》（གསར་འགྱུར་མིང་བརྡའི་འགྱུར་སྐྱོན་དང་དེའི་སྐྱོན་སེལ་བཤད་པ།《攀登》第 1 期）一文提到，媒体行业的发展逐渐成为社会关注的焦点。新闻媒体的传播方式主要包括：网络、电视、广播、报刊等。但是在传播过程中存在专业词汇用法不统一、文字误用等现象。文中，作者结合自己的翻译实践，对如何理解和消除新闻翻译中出现的错译等现象，通过举例进行了细致分析，并呼吁政府相关部门对此引起高度重视，从制度层面加以管控和指导。

才昂（ཚེ་དབང་།）的《论青海地名翻译中存在的问题》（མཚོ་སྔོན་བོད་ཁུལ་གྱི་ས་མིང་སྒྱུར་ཚུལ་ལས་འཕྲོས་པའི་གནད་དོན་སྐོར་གླེང་བ།《攀登》第 3 期）一文，对青海藏区地名翻译方面普遍存在因缺乏当地历史文化知识而产生的误译现象进行了评析，并提出地名翻译者除掌握翻译基本技能外，还应了解当地历史、民俗文化的重要性。

珠拉（འབྲུག་ལྷ།）的《设置汉藏翻译专业之我见》（རྒྱ་བོད་ཡིག་སྒྱུར་ཆེད་ལས་འཛིན་གྲྭ་བསྒྲུབ་ཚུལ་སྐོར་གྱི་བསམ་གཞིག《青海民族大学学报》第 1 期）一文，作者首先对当今民族高等院校培养汉藏翻译专业人才的总体概况进行了介绍。其次，提到了民族高校培养翻译专业人才过程中，要多考虑藏区社会文化发展之形势，认为汉藏翻译专业应从普通的学科逐渐转向专业一级学科，进而逐渐步入正轨。

文 学

汉文部分

本年度用汉文发表的相关藏族文学研究与评论的文章、专著，从数量上来看，尽管与往年相比稍有减少，但从质量上来看，却有一定的突破。下面就“古典文学研究”“现当代文学评论”“民间文学研究”和“《格萨尔》史诗研究”等几个方面，逐一进行介绍。

一、古典文学研究

本年度藏族古典文学方面的研究，关注热度并不高。其中有许多文章讨论的是《仓央嘉措情歌》的翻译问题，但并没有更大的突破，因此也就不再做介绍。不过在传记文学、《罗摩衍那》以及近代小说方面，有可喜的成绩。最为重要的是，西藏传统诗学理论著作的翻译介绍，是本年度的重要成果。下面稍作评介。

贺文宣先生翻译了其老师东噶·洛桑赤列的《藏族诗学修辞指南》（中国藏学出版社）。这本重量级原著在20世纪60年代撰成，并通过讲授不断完善，于80年代出版。至今，该著作仍在整个藏族学界影响重大，作为高校藏学必读教材，影响了几代学人。本年度将其翻译为汉文公之于世，定将对未来藏族诗学理论的研究方面产生深远影响。根据笔者对照两书（原著与译著）及相关著作的感受，略微谈谈译著的特点。总体上来看，这部译著忠实全面地反映了原著的精髓，并且译者的一些补充说明，很好地阐释了原著对于汉文学者来说较难理解的方面，比如译著中添加的“歌诀”一词，对于理解藏族“诗歌”概念，就是很好的阐释。另外，还必须强调译著的“忠实”特点，这反映在译者方面，就是最大限度地“保留”了原著的语言风格，特别是诗文翻译，尽量做到原诗形式特点的“保留”，足见译者的修养与功力。

当然，每一种翻译并非尽善尽美。笔者认为，该著作的翻译也有值得讨论的地方。对一些零星小词的“误解”，如 rkang drug 译为“蟋蟀”（藏语“蜜蜂”之辞藻“六足”），skyes bu 译为“人”（原词中含有“有勇者、有根基者”，早先汉译为“丈夫”或“士夫”）以及敦煌文献的理解等等。译者的这种翻译处理，对于汉文读者来说，理解起来可能比较容易和方便。但某种程度上“丢失”了原有的韵味。该翻译著作还需更多的学者来参与讨论，以趋更好更完善。

以《诗镜》为主的印度—西藏诗学理论的翻译和介绍（不论是从梵文译出，或者是从藏文译出或转译），一直以来都是学界关注的主题之一，但在现代中国汉文学领域内并没有产生多大影响。近年来，黄宝生译《诗镜》（2007）、《藏汉大辞典》中的“三十五义庄严”、赵康译《诗镜》（2014）、贺文宣译《藏族诗学概论》（2015）等著作中对于其中专业术语特别是各种“修饰法（或庄严）”的翻译等，或许会在未来的中国汉文学理论方面产生一定的影响。存在的问题也是比较明显的，术语翻译的不统一，是造成直接影响其效果的关键所在。就拿藏族学者特别重视的“三十五义庄严”中的名称来说，上述诸位的翻译差异较大。很显然，黄宝生的翻译非常接近“现代诗学”的理念，贺文宣的翻译更接近“传统诗学”，而赵康的翻则介于二者之间。比如其中的 cha yi rgyan，黄译为“掩饰”，贺译为“片面”，而赵译为“掩饰”。类似的译文含义差异还有很多，在此不赘。笔者认为，既然是“诗学理论著作”，就更应该考虑与吻合现代诗学的概念。如果译者在译著末尾附上相关术语对照表，或许更有助于理解这些概念。

才让加的《论藏族传记文学的分类及其文体特征》(《世界宗教文化》第 4 期）一文，讨论了藏族传记文学的发展过程、不同类别以及所具有的一些特征，概括介绍了这一特殊文类的总体情况。该文认为，藏族传记文学随着《佛本生传》及《譬喻经》等佛教经典的译介工作而产生。因故“早期的传记从内容到形式、结构各方面均带有明显的印度文化特点，但后来经过长期的发展和演变，逐渐形成了诸多藏族独有的特点”。作者认为此文类可分为五个阶段：“萌芽阶段，即吐蕃王朝时期（7—10 世纪）”；“形成阶段，即分裂割据时期（11— 13 世纪）”；“发展阶段，即萨迦帕竹时期（14—17 世纪上半叶）”；“鼎盛阶段，即甘丹颇章时期（17 世纪下半叶至 20 世纪上半叶）"；"承前启后、整理保护时期，即新中国成立后至今"。

从类别上来看，藏族传记文学根据传记人物身份可分为智者传、圣者传、活佛传、王臣传等；根据传记作者可分为自传和他传；根据传记内容，可分为一般传记和特殊传记两种；根据体裁可分为传说型传记、小说型传记、诗歌型传记、评论型传记、祈赞型传记等；根据容量或篇幅大小可分为广传、略传和小传三种；此外还有特殊的列传和虚构半虚构的戏剧传。从总体特征来看，藏族传记文学由于传记人物的特殊身份、写作要求与动机、内容与语言以及结构和文末说明等方面的原因，使得传记文学呈现出特殊的一面。比如文末说明中强调作者、时间与地点内容，具有如下意义：指明作者特殊的学修环境、学识、法脉传承、写作条件。"标注写作时间与记录人，证明传记作者、成书时间、版本、内容等的真实性，借此也可以判断其史料价值"。

仁欠卓玛的论文《敦煌古藏文〈罗摩衍那〉翻译时间与故事文本探析》（《西藏大学学报》第 1 期），讨论了《罗摩衍那》翻译为藏文的时间以及不同译文本内容的特点。作者认为敦煌古藏文文献中保留着五种编号的翻译本，它们分别是 I.O.73A、I.O.737B、I.O.737C、I.O.737D、P.T.983。从过去学者们的研究成果，以及吐蕃社会状况和引进佛教文化的历史时期，再加上这五种译文本所呈现的内容特点等方面来看，可以确定，《罗摩衍那》为"吐蕃占领敦煌时期或与其相近时期的译文"，即"大致在公元 8 世纪中叶到 9 世纪中叶近一百年的历史中"。也即可以确认"……公元 9 世纪印度两大史诗的故事已流传到了吐蕃"。从译文内容来看：1. I.O.737A 与 I.O.737D 为同一写卷的不同部分。2. I.O.737B 为 I.O.737A 与 I.O.737D 的缩写本，但其中讲述罗摩前世的情节与 I.O.737D 和 I.O.737A 有出入。3. I.O.737C 主要讲述了十首魔王达夏支瓦（罗波那）的故事；其中，达夏支瓦三兄弟祭祀供养黑天、祈求赐予成就的情节与 I.O.737D 中内容相似。4. P.T.983 主要讲述了民众向罗摩进献悉多的过程。其中罗摩兄弟与猴王妙音订立协定，争夺王位与解救悉多的情节（悉多被劫情节残损）与 I.O.737A 中描述文字完全一致。

赵国栋的《藏族民间寓言文学〈茶酒仙女〉的研究》（《西藏研究》第 5 期）介绍了近代小说《茶酒仙女》（ja chang lha mo'i bstan bcos 意为"茶酒女神之论"）的情况。作者认为，尽管前人对此部小说的作者和文体有一些研究，并且也有研究者根据传说认定该寓言的作者是第司桑结嘉措的俗官彭仲·次旦益西，但这种说法没有得到学界的认可。此外，作者还介绍了该寓言英译本的情况。

SlexanderFedotov and AcharyaSangye T. Naga 1993 年英译本《茶酒仙女》（*The Dispute Between Tea and Chang*）依据的藏文原本，英文版本似乎与西藏人民出版社 1984 年出版的版本之间，存在抄本方面的差异。由此可知，通过多个文本的比较，可以更好地认识古代文学的价值。无疑，这篇文章是值得肯定的，这样的研究和介绍也是值得鼓励的。

二、现当代文学评论

在现当代文学评论方面，对阿来等几位著名作家作品的关注依然占据多数。但相对来说，几乎没有新颖观点，因此不再赘述，相关研究者可自行查阅。下面介绍几篇关于新作的评论文章。

李小平的《从苦难中走向宽容：民族心灵史的书写——次仁罗布长篇小说〈祭语风中〉解析》（《西藏大学学报》第 6 期）讨论了次仁罗布新作《祭语风中》的思想内容。作者认为这部长篇小说描述了“一个心地善良、忠诚老实、普通平凡的僧人晋美旺扎苦难的一生”，关注了 20 世纪 50 年代至今西藏现当代历史长河中西藏人的心灵史，是一部不可多得的力作。文章从三个方面讨论了小说所展现给读者的特点：首先，“苦难”主题是小说通过主人公经历的几次典型历史事件如“文革”等烘托表达的；其次，在这些包括苦难在内的生活历史进程中，主人公却表现出了异常的忍耐特点，作者认为这是主人公所奉行的瑜伽修道士米拉日巴一样的“信仰”和“爱”的力量，支撑着主人公的精神；最后，更进一步的是，在民族宗教信仰基础上建立起来的超越一般信仰的藏民族所具有的“宽容”精神，才是小说所熔炼而成的民族心灵的精华。

孔占芳的《雪域生态的忧郁与建构——读阿顿·华多太的诗集〈忧郁的雪〉》（《青海师范大学民族师范学院学报》第 2 期）讨论了青年诗人阿顿·华多太的诗集《忧郁的雪》中的核心主题“生态文学”所具有的特点。作者认为阿顿·华多太的诗集《忧郁的雪》创作于 20 世纪 90 年代，这些作品与 20 世纪 50 年代开始的藏族作家的汉文创作相比，有一个显著的特点就是它关注雪域高原的“生态问题”。正如从其诗作中所感受到的，20 世纪 90 年代开始的工业化和城镇化不仅是改变雪域高原贫困的生产力，同时又是造成自然生态破坏和家园荒芜的真正原因。因此诗人怀着雪域高原的宗教情怀，悲悯于那些因生态破坏而流离失所的“众生”的悲惨命运。由此，在其诗作中，诗人对人类前途的担忧和祈愿护佑生态的高尚理想和品格，阻止生态恶化的强烈愿望和奋战、禳解风沙侵袭的战斗精神，给人们保护生态家园、与恶化的生态环境做斗争的精神和勇气，也给予人们建构生态家园的感召力和精神力量。

文玲、任美衡的《藏族当代汉语文学批评的历史发展与学术建构》(《当代文坛》第2期）总结了20世纪80年代起藏族作家汉语创作的文学批评概况。作者认为，藏族当代文学研究大致可划分为三个时期：1980年代初期、1980年代末至1990年代、21世纪以来。第一个时期，由于文学创作本身带有较强的意识形态特色，评论者大多也从“文学是社会生活的反映”角度来分析评价作家作品，因而主要采用了社会历史批评的方法。第二个时期开始从文学主体论、审美论角度评论藏族当代文学。第三个时期引入原型批评、生态批评、文化批评、比较研究等西方后现代文艺理论，从藏族当代文学的民族性和现代性、藏族双语作家文化身份认同等角度关注藏族当代文学与传统文化、民间文化、宗教文化乃至世界文化的关系。尽管这些评论取得了可贵的成绩，但是也存在诸如大多数研究者不能持续关注、缺乏藏语文知识背景等问题，这是今后研究中应予以提高和解决的方面。

索朗旺姆、格桑平措的《更敦群培大师〈金穗——智游列国漫记〉中诗歌及其英汉译文赏析》(《西藏大学学报》第4期）评析了更敦群培《金穗——智游列国漫记》中创作的一些诗歌的汉英文翻译特点。作者认为，从原作来看，更敦群培的这些诗歌总体上具有“嵌字诗、偈颂诗和白话诗”的三种文体特点，但总体上来说语言精彩美妙，通俗易懂；有的慷慨激昂、气势磅礴，有的讽刺诙谐，有的惆怅无奈。汉文译者格桑曲批（2012）和英文译者图丹金巴、Donald S.Lopez Jr（2009），尽管翻译风格稍有不同，但都很好地传达出了原作的神韵。这种译作对了解藏族文学和藏汉—藏英翻译的发展会有很大的帮助。

李彬的《少数民族母语文学〈走出去〉的困境与出路——以现代藏语文学作品在日本的译介为例》(《西藏大学学报》第3期）一文，介绍了几位藏族作家作品的日文翻译的特点。作者认为2012—2015年，藏族作家端智嘉的《藏族新文学的曙光——这里也有一颗剧烈跳动的心》、万玛才旦的《藏族文学的现代——寻找智美更登》、德本加的《哈巴狗收养记》、拉先加的《等待降雪》的藏语文学作品陆续翻译成日语，在日本出版发行，具有深远的意义。原因在于一方面我国少数民族的文学作品不仅在国内不受重视，就是在国外也没有得到很好的介绍；另一方面，正如以上著作的翻译者之一大川谦作就曾指出日本学者更多关注的是汉语藏文学，这便导致在日本藏语藏文学和汉语藏文学长期以来的非对称性发展，原汁原味的藏语藏文学被人遗忘是件憾事。在此层面上讲，近几年日本藏族文学研究会的译介活动意义深远。因此，作者认为，改善这种困境的关键在于重视少数民族母语文学翻译者的培养。因为译者是文学作品能够“走出去”的灵魂人物。

三、民间文学研究

本年度，在民间文学研究方面值得关注的论文与著作产出不少。其中林继富所著《汉藏民间叙事传统比较研究：基于民间故事类型的视角》（人民文学出版社）一书讨论了汉藏两个民族中共同具有的26个故事类型的特点。正如作者在“绪论”“结语”等章节中所阐释的，期望通过这种比较研究，想要发现和沟通汉藏两个民族文化之间的共同的文化渊源和民族关系。接下来，作者以汉藏两族中流传的“龙女报恩”“蛇郎”“青蛙丈夫”“灰姑娘”“无手少女”“天鹅处女”“百鸟衣”“生虽不能聚，死后不分离”“求无名”“梦先生”“问三不问四”“宝石戒指”“木鸟”“猴子的心忘在家”“乌鸦背青蛙”“小鸡崽报仇”“猫狗结怨”等26个故事类型为主，介绍和比较了这些类型在两个民族的传承中，主要内容方面的相似和差异，并探讨了造成这些特点的原因，即它们在各自民族文化中的“文化根源”与“文化因子”以及叙事特点等方面的内涵。

从研究材料来看，作者基本采用了20世纪80年代以来我国搜集完成的“民间文学三套集成”之一的“故事集成”省卷本中的资料。从研究背景来看，作者主要依据“艾伯华分类法”（汉译文，1999）、“钟敬文分类法”（1934）、“AT分类法”（1935）、“丁乃通分类法”（汉译文，1986）和“金荣华分类法”（2014）等中规定的“故事类型”。

因此，总体上来看，作者的这些研究与讨论，对两个民族的民间故事的比较研究来说，是非常有开创性和启发性的。就每个类型的研究来看，不论故事类型所涉及故事文本的材料，还是前人的研究成果，作者均提供了非常丰富翔实的资料。特别是各种文献中的汉文或汉译文资料，这是作者非常积极和热情地钻研民间故事的精神的体现。但是，由此也可看到其中的一些不足。比如对于藏文第一手资料的阅读欠缺，有可能带来许多仅靠译文资料而产生的问题。再比如有些译文资料可能存在诸多误解或误译，这将使引用者不能避免而得出不当的观点，甚至造成对他民族文化背景的误解，等等。另外，关于“故事类型”本身，现在通用的汉民族民间故事类型的三种划分方法（钟敬文、艾伯华和金荣华）或者说两种方法之间（艾伯华与金荣华），也存在许多不统一的地方。

作者应该考虑到他们之间划分标准的差异。再者，如果是开展两个民族之间的比较研究，也不能仅仅依靠从一个民族中总结出来的“类型”去套取另一个民族中的“相似类型”，甚至就连名称上也根本不考虑他民族故事的特点等。

刘军君的《藏族苯教婚姻神话探析》(《宗教学研究》第2期）一文讨论了几部苯教文献中记载的婚姻神话的含义。文章采用了前人汉译《斯巴卓浦》《“黑头矮人”出世》《兄妹分财与祈神》《色尔弥》等几部苯教文献的部分翻译和前人研究的成果，分析了这几部文献中所反映的苯教神祇的婚姻神话。作者进而认为，这些文献尽管讲述的是苯教众神之间或神与人类的婚姻故事，但事实上反映了古代藏族（前5世纪）的婚姻思想。它们主要表现为“阴阳结合，男女生殖”的自然规则；反映了藏族社会已进入排除“同辈血亲间婚配”的阶段；表现多样的婚姻形态，既存在一夫一妻婚，又存在以王室贵胄为代表的一夫多妻婚；王族首领重视“政治联姻”；以“聘娶”达成婚姻的缔婚方式已发育成熟等特点。

邓韵的《虎牙藏族民歌生存现状调查报告》[《戏剧之家》第8（下）期］一文介绍了虎牙藏族民歌的种类、传承人及传承情况。作者指出，主要聚居于四川省绵阳市平武县西北部——虎牙藏族乡的高山堡和上游两村的虎牙藏族，人口稀少，历史悠久，自称为“白涅”或“白”，被其相邻的松潘藏族称为“甲拉六”(意为“番人在头上插鸡毛的那个地方”)，长期生活在汉、羌、藏三大民族的交汇线上。其民歌种类可概括为8种：1. 山歌，如青年男性野外行走时即兴演唱的曲子《雅力俄》；如以一问一答形式演唱的《阿色牢》。2. 当地藏语称为“约里”的牧歌。3. 情歌，当地藏语称“尼益崔”。4. 饮用砸酒时演唱的敬神酒歌，当地藏语称“扎拉穷曲”。5. 猎歌，当地藏语称“然咪”，即《盘羊歌》。猎取盘羊时祈求山神原谅的歌。6. 劳动歌，如《耶冒才代》(耕地歌)、《同翁妥才德勒》(织布歌)、《江庄才依德勒》(割麦歌）等。7. 风俗歌，如《麦努》(出嫁歌)、《阿益阿撒》(婚礼合唱歌)、《然玛皮》(敬饭歌)、《捡曲皮》(敬茶歌)、《雅洛雅吉各》(迎客歌）等。8. 宗教歌，如《麻支》(经文歌)、《扎布开依伙》(还鸡公愿歌)、《阿噶阿麦》(丧葬歌)、《喊魂歌》(拉比德）等。

此外，作者还分析了所调查的额么甲（男)、查西塔（男)、如么（女)、觉么曹（女)、如拉（女)、尤龙才（男)、才珠塔（男)、尼么塔（男)、扎西拉(男)、绒布塔（男）等10位优秀民间歌手的特点及当下的传承情况。最后，作者认为鉴于当前多元文化的强大冲击，应该采取积极有效的手段，对宝贵的虎牙藏族民歌进行保护和传承是当务之急。

陈丽梅的《浅谈迪庆藏族谚语蕴含的道德观》(《楚雄师范学院学报》第4期)一文分析了迪庆地区藏族谚语中所蕴含的道德观。该文以《迪庆民族文化概览·综合卷》《迪庆民族文化概览·维西卷》《迪庆民族文化概览·德钦卷》《迪庆民族文化概览·香格里拉卷》《云南少数民族谚语选》《中国谚语集成·云南卷》《中甸县民间谚语》以及杨增适所辑《迪庆藏族谚语》为语料来源,从如上资料所集700条谚语中,选取与道德修养相关的320条谚语,分析了其所反映的迪庆藏族道德观及其成因。

作者认为,从内容上来看,这些谚语所表达的道德观念可从三个方面来概括,即家庭、个人和社会。它们主要体现了敬老、报恩、重家和、重婚姻的家庭道德观;提倡为人正直、诚信、勤劳、勇敢、善学多谋、自立自强、戒骄躁、戒懒惰、戒虚伪等的个人品德观,以及扬善惩恶、真诚待人、重群体、重团结、重友情、重言语道德,杜绝欺骗、贪婪、偷盗、浪费等的社会公德观念。从其表现手法来看,这些谚语大多选用生活中常见事物来表达,通俗易懂;同时还多运用比喻、对偶及对照的修辞方式,使表达简洁形象。作者还分析了产生这种道德观念的可能原因,即当地独特的地理环境是其道德观形成的现实土壤;这种道德观的形成也与其社会发展史有着紧密的联系;藏传佛教文化是其道德观形成的重要影响因素,等等。

四、《格萨尔》研究

本年度《格萨尔》史诗的研究取得了不少新的成绩,在此选取几篇重要论文稍作介绍。

诺布旺丹的《〈格萨尔〉学术史的理论与实践反思》(《民间文化论坛》第4期)一文讨论了《格萨尔》史诗研究、保护的特点。作者认为,从《格萨尔》史诗学术研究的兴起(开始于20世纪50年代),始终贯穿着一种学术理念的实践特点,这种实践的主体是民间、学界和政府,通过三方合力协作实现的。从其研究历程来看,起步之初很明显被赋予了强烈的国家意志和意识形态色彩,是在当时中国推行的马克思文艺思想的前提下进行的。20世纪80年代,作为《格萨尔》研究与保护的中兴时期,它是作为一种国家使命展开的。进入新世纪,则从国际非物质文化视野开展了保护和研究。期间检讨了过去研究与保护中的不足,特别对于《格萨尔》史诗“文化语境”缺乏的关注,是这个时期的鲜明特点。作为一种特例的“多重模式保护的果洛《格萨尔》实践”,更有效地实现了民间、学界和政府通力合作的成绩。

徐其超的《〈格萨尔王传〉对文艺语体的开拓创新——基于与荷马史诗的比较》(《西南民族大学学报》第10期)讨论了《格萨尔》与《荷马史诗》所具有的语言风格特点，以及它们对于文学创作的贡献。作者认为，相对于传统的作家创作来看，史诗尤其是《格萨尔》与《荷马史诗》，尽管二者在格律上存在差异，但所呈现的一些共同的语言风格，却对文学欣赏和创作提供了无尽的宝藏。具体来看，作者认为这些语体风格正是主要通过史诗所强调的“修辞格”完成的。

作者认为，通观《伊里亚特》《奥德赛》和《格萨尔王传》，发现这些史诗反复使用的数量巨大的修辞格是比喻、夸张、反复、摹绘以及比拟、象征、排比等等。这些辞格的功用在于增强形象美，增强语言的生动性、形象性。史诗编创者正是对这些辞格的得心应手的使用，将人、事、景、物，绘形绘貌、绘声绘色、惟妙惟肖地表现了出来，给听众和读者以如见其人、如闻其声、如临其境的形象逼真感。在注重辞格的同时，荷马史诗和《格萨尔王传》又注重引用格言、谚语，让它们在叙述中画龙点睛。史诗创编者运用丰富的形象思维，借助民族部落积存于神话传说和歌谣的丰富口传语体财富，开拓创新了规范性很强的文艺语体。为日后各自语系更进一步构建诗歌、小说、戏剧剧本等语体扎下了根基，搭起了台阶，提供了范式。

保罗的《从史籍及〈格萨尔〉看丝绸之路与西藏的关系》(《西藏研究》第2期)探讨了《格萨尔》史诗中的历史文化内涵。作者根据西藏历史和《格萨尔》史诗所反映的文化内涵，认为史诗反映了西藏远古十二小邦时期前的久远历史(也即《格萨尔》反映了隋唐以前青藏高原的历史)；同时认为，岭国的最初居住地当在今西藏芒康、贡觉等一带，后因遭特大雪灾而陆续迁徙和扩张到西藏江达、四川德格、青海玉树和果洛一带。从这一认识出发，作者根据汉藏历史文献，比对《格萨尔》史诗中的文化内容，提出了自己的看法。

比如汉文献中的“丁零”似是《格萨尔》中的“上岭”(stod gling)。汉文文献中的“白兰羌”则可能是《格萨尔》中的“岭国”。从《奇日珊瑚宗》中的奇日部落的地形地貌以及《格萨尔》所描述的位置来看，可能是指如今的新疆东南、甘肃西南、青海东北部的连接点柴达木盆地南端一带，并与贯穿张掖、敦煌、若羌、且末、民丰、于田、和田等地的北方丝绸之路靠近。从《阿扎玛瑙宗》中藏文“阿扎”这一称呼中可以看出该部落区域多出玛瑙，该区域大致在今西藏阿里西南部或日喀则西北部的中尼、中印交界地区。《弭药黄金宗》中的党项或弭药除了“其东界至松州，西接叶护，南杂春桑、迷桑等羌，北连吐谷浑”以外，它的西北部和西南面与西藏高原上的苏毗、东女国连接，东北部与我国西北汉族地区相望，南面或东南面与《格萨尔》中的岭国部落联盟等毗邻。它是当时青藏高原上的重要部落，而且处于中原内地与西藏高原之间的交通枢纽上，等等，这些结合历史文献与史诗内容的讨论，无疑对于挖掘《格萨尔》史诗的文化内涵具有重要参考价值。

李连荣的《四川博物院藏 11 幅格萨尔唐卡画的初步研究——关于〈格萨尔〉史诗的故事系统》(《西藏研究》第 6 期）和《四川博物院藏 11 幅格萨尔唐卡画的初步研究——关于绘制时间问题》(《民间文化论坛》第 4 期）讨论了四川博物院藏 11 幅格萨尔唐卡画的绘制时间与故事系统。作者认为，通过所绘《格萨尔》史诗的故事内容，可以推测这些绘画应该绘于 18 世纪左右的康定地区。从其故事系统来看，可以认为，它是依照蒙古文北京木刻本的总体样子，寻找到了甘南本、林葱本等本子作为底本，然后编辑而成的一个故事系统。

王艳的《史诗的田野——白马人〈阿尼·格萨〉田野调查报告》(《兰州大学学报》第 5 期）介绍了白马藏族中传承的《格萨尔》史诗的现状。作者于 2015 年随同他人前往四川省平武县白马藏族乡厄哩寨以及扒昔加寨，调查了有关白马藏族中传承的《阿尼·格萨》的情况，主要访问了巫师塔汝、传承人旭仕修等人。认为《阿尼·格萨》在白马人中具有悠久的历史传承，正如 2011 年有人已用汉文整理发表的文本，它讲述了白马藏族的历史记忆，是民族祖先英雄崇拜的遗留。此次调查中，通过白盖（巫师）塔汝提供的《索伊》文献中记录的有关“格萨尔降妖除魔”的片段来看，白马藏族中不仅讲述着《格萨尔》史诗，同时也存在文本记录的《格萨尔》史诗。

事实上，关于《索伊》文献应该是藏文 gsol yig（音为索佑，意为祭文）的音译。这种文献大多是祭祀山神、水神等神祇的祭文，苯教、佛教中均有传承。根据白马藏族地区的情况来看，苯教文献的可能性较大，而且对此古老宝贵文献做抢救性搜集和整理是当务之急。

才旦的《探析〈格萨尔〉中与“岭”相关的名称》(《西藏研究》第 2 期）讨论了《格萨尔》史诗中与“岭”相关的部落、氏族等的情况，具有一定的新意。作者首先总结了过去学者们关于“岭”这一概念的不同认识，得出“岭”是指一个关于多康地区长江、黄河、澜沧江一带地区概念的认识，这与曼秀·仁青道吉的观点一致。然后讨论了史诗中的“六部落”和“格萨尔”等名称问题。作者列举新近发现的吐蕃时期苯教文献《当许噶塘蜂巴奇塔本古苯教文书汇编》中的“格萨尔”等名称的拼写，认为“格萨尔”一词有可能最早来自玛桑九兄弟统治时期产生的格玛桑赛噶（ge ma sang sad dkar）或者格萨噶（ge sad dkar）一词的音变。而“岭·格萨尔”是11世纪时期多康地区六大部落的首领，《格萨尔》中的主人公则是以上述人物为原型，约于14世纪随着《朗氏家族史》的形成而形成的。此外，作者还概括介绍了前人关于“岭六部”的观点，即岭国的六大部落是在藏族原始六姓氏的基础上发展起来的。

此外，本年度丹曲著有《藏族史诗〈格萨尔〉论稿》（中国社会科学出版社），总结了其多年研究《格萨尔》史诗的成绩；加央平措的专著《关帝信仰与格萨尔崇拜：以藏传佛教为视域的文化现象解析》（社会科学文献出版社），分析了格萨尔作为神祇在民间信仰的一般特点；杨学武老先生著有《岭国人物》（青海民族出版社），介绍了史诗中各种人物的情况，等等。这些新著为《格萨尔》史诗的研究增色不少，抑或开辟了新的研究思路。

五、小结

总之，本年度的藏族文学研究与评论取得了不少收获，具有一定的启迪意义。尤其是古典诗论的翻译和介绍取得了有价值的新成绩，这或许标志着藏族文学研究尤其是藏族诗学研究的一个新开端。藏族当代作家汉语创作的评论中，像对长篇小说《祭语风中》评论的高度关注，也是值得肯定的，是作家创作长篇大作的一种动力和鼓励。民间文学和史诗《格萨尔》的研究中，也收获了具有一定分量的研究成果。这在一定程度上增加了我们对今后研究成果的期待和信心。

藏文部分

一、古典文学研究

尕本加（བཀའ་འབུམ་རྒྱལ།）的《再谈〈尸语故事〉之形成由来》（《མི་རོ་རྩེ་སྒྲུང་》

གི་འབྱུང་ཁུངས་ལ་གསར་དུ་དཔྱད་པ།《攀登》第 1 期）一文，介绍了《尸语故事》是藏族地区一则脍炙人口的民间故事，到目前为止共发现了 13 种版本，而且篇幅和名称略有不同，这种现象从一定程度上反映了其在藏族社会中的影响和发展状况。作者通过历史学的研究方法对《尸语故事》的内容、形成时期、叙述方式等进行了分析，否定了当今诸多学者认为《尸语故事》来源于印度的《僵尸鬼故事二十五则》的说法，认为该故事是一则藏族地区土生土长的故事。作者认为，二者在结构上虽有相同之处，但在内容上差异较大。比如，作者依据《贤者喜宴》等藏族历史文献和著作，认为聂赤赞普至拉脱脱日年赞统治时期，故事（སྒྲུང）、第吴（ལྡེའུ）和苯（བོན）成为辅政的一种手段。据记载，那时出现了《玛桑故事》（མ་སངས་ཀྱི་སྒྲུང）、《曲娃故事》（མཆིལ་བའི་སྒྲུང）和《行尸淘金故事》（རོ་ལངས་གསེར་སྒྲུབ་ཀྱི་སྒྲུང）等故事，令人惋惜的是，《行尸淘金故事》早已佚失。作者假设，如果《尸语故事》中的主要人物是龙树大师，那么龙树大师应该和聂赤赞普是同一时期的人，但在诸多藏族历史文献中却并未发现当时印藏在佛学方面接触的记录，反而在聂赤赞普时期出现了故事辅政的现象。

相关《尸语故事》的论文还有完玛才让（པདྨ་ཚེ་རིང་།）的《尸语故事与一千零一夜的比较研究》（མི་རོ་རྩེ་སྒྲུང་དང་མཚན་ཞག་སྟོང་གི་སྒྲུང་གཉིས་ཀྱི་གཤིབ་རྟུར།《藏族民俗文化》第 1 期），在这篇文章中，作者对两则故事的来源进行了比较，叙述了《尸语故事》的由来，与尕本加的观点不一致，感兴趣的读者可进行比较分析。

杨措卓玛、多让（གཡང་མཚོ་སྒྲོལ་མ་དང་རྡོ་རིང་།）的《结合传记文学谈文学名著〈颇罗鼐传〉》（རྟོགས་བརྗོད་རྩོམ་རིག་དང་འབྲེལ་ནས་《མི་དབང་རྟོགས་བརྗོད་》ལ་རགས་ཙམ་དཔྱད་པ།《攀登》第 2 期）一文，谈到传记是认识和了解藏族不同历史时期情况的重要参考文献，现代文学史中称其为传记文学，其含义有广义和狭义两个方面。“南木特”（རྣམ་ཐར）主要记载高僧大德的生平，以弘扬佛法事业为主，而“朵和觉”（རྟོགས་བརྗོད）可记载任何有成就人物的生平，其中包括弘法事业和政治生涯，甚至通过想象创造的人物。《颇罗鼐传》主要记述了当时西藏地方政府中噶伦间的矛盾、社会环境、百姓的生活以及社会各阶层之间的矛盾和联系。其内容特点是用细腻的笔触不加掩饰地描述世俗男女之间的喜怒哀乐等，尤其是主人公颇罗鼐敢作敢为的性格特点极为凸显。作者认为这种真实地反映现实生活的著作在当时是非常罕见的。在描写风格方面，作者认为《颇罗鼐传》具有文字优美、朴素流畅，塑造人物形象生动活泼等特点。

才让加（ཚེ་རིང་སྐྱབས།）的《藏族传记文学研究综述》（བོད་ཀྱི་རྣམ་ཐར་རྩོམ་རིག་གི་ཞིབ་འཇུག་གནས་བབས་སྙིང་བ།《西藏研究》第 3 期）一文，从数量、品质、价值

和影响等方面探讨了传记文学在藏族文学史上的重要地位，总结和分析了近20年来国内外研究传记文学的成果，对传记创造和研究方面提出了不少建议。

二、当代文学研究

扎巴（བཀྲ་ རྒྱ།）的《小说〈墙〉的点评》（གྱང་ནི་གྱང་ཡིན་ལ་གྱང་ཡང་མིན། 《章恰尔》第1期）一文，从非独处而过孤独一人的生活方式、不合理地追求爱情、误以为正的爱情悲剧等三方面细致地分析了该小说。一方面作者认为小说《墙》中的“墙”是内外房屋的隔挡，是墙约定俗成的作用；另一方面，作者从艺术作品的表现方式考虑，认为小说《墙》中的“墙”象征着孤独，象征着距离，象征着对追求的障碍。

卓尼·道知（ཅོ་ནེ་རྡོ་གྲུབ།）的《谈藏族当代文学存在的若干问题》（བོད་ཀྱི་རྩོམ་རིག་ཐད་ཀྱི་གནད་དོན་འགའ་གླེང་བ།《达塞尔》第4期）一文，提出研究藏族文学时必须注意两个基本原则：一是要依据藏族文学实际，二是要尊重本民族特点的艺术观，两者缺一不可。展望藏族传统文学和新兴文学的未来，作者从五个方面讨论了藏族文学、作者和读者之间的若干问题。比如，如今撰写传统诗词者逐渐减少、文学评论文章较少、主题重复居多、新兴诗词与读者之间的问题等，并对此提出了自己的观点。

贡保加（འགོན་མགོན་པོ་སྐྱབས།）的《浅析地域文化对藏族当代诗的影响》（ཡུལ་ཁམས་རིག་གནས་ཀྱིས་བོད་ཀྱི་དེང་རབས་སྙན་ངག་ལ་ཐེབས་པའི་ཤུགས་རྐྱེན་རགས་ཙམ་གླེང་བ།《西北民族大学学报》第1期）一文，通过叙述藏族当代诗的概念和现状，阐明了其在超越传统诗的特点，以及地域文化在创造当代诗的主旨、艺术、体裁和思想方面的影响和藏族当代诗的发展趋势。

三、民间文学研究

华毛（དཔལ་མོ།）的《论藏语口语中的修辞及其现状》（བོད་ཀྱི་ངག་ཐོག་ཚིག་རྒྱན་དང་འབྲེལ་ཏེ་དམངས་ཁྲོད་རྩོམ་རིག་གི་གནས་བབ་གླེང་བ།《藏族民俗文化》第4期）一文，认为藏语口语中具有丰富而生动的幽默语言，尤其是举行婚礼和调解矛盾时引用很多谚语的传统，但随着新时代各种文化的影响，青年一代在口语中利用本民族语言艺术的现象趋于减少。作者通过研究藏族的民间歌谣、谚语、拉伊（情歌）、谜语等归纳了口语修辞的艺术特点及其运用方法。

拉毛吉（ལྷ་མོ་སྐྱིད།）的《浅析藏族拉伊展现女性美》（བོད་ཀྱི་ལ་གཞས་ལས་བུད་མེད་མཛེས་པར་འཛིན་ཚུལ་གྱི་སྐོར་ལ་ཙུང་ཟད་དཔྱད་པ།《藏族民俗文化》第4期》）一文，通过研究在拉伊中经常出现的形容女子外貌、服饰和心灵的语言，呈现出民间口头文学拉伊的审美观。

普琼（ཕུ་ཆུང་།）的《从卫藏民间情歌看藏族妇女悲剧精神》（དབུས་གཙང་དམངས་ཁྲོད་མཛའ་གཞས་ལས་མངོན་པའི་བུད་མེད་ཀྱི་སྐྱོ་གར་སྙིང་སྟོབས་སྐོར་གླེང་བ།《西藏研究》第1期）一文，首次提出卫藏地区流传的民间情歌是藏族文学史上反映悲剧精神的优秀作品，并通过民俗学和文学评析的方法，分析和研究了具有深刻内涵和艺术特色的歌词中蕴含的民间妇女悲剧意识的原因。作者认为其原因主要包括基本人性、世俗观的局限、姓氏意识、传统婚姻等。

四、《格萨尔》史诗研究

甲央齐珍（འཇམ་དབྱངས་ཆོས་སྒྲོན།）的《〈格萨尔王传·地狱篇〉不同版本比较研究》（གླིང་གེ་སེར་རྒྱལ་པོའི་སྒྲུང་ལས་《དམྱལ་གླིང་》གི་སྒྲུང་དཔེ་ཁག་གི་དཔྱད་བསྡུར།《西藏研究》第4期）一文，通过比较分析格《萨尔王传》里《地狱·除暗自明》（དམྱལ་གླིང་མུན་པ་རང་གསལ）、《地狱·大圆满》（དམྱལ་གླིང་རྫོགས་པ་ཆེན་པོ）、《地狱·大解脱》（དམྱལ་གླིང་ཐར་པ་ཆེན་པོ）三种《地狱篇》版本的内容，进一步阐述了其内容具有教育保护生态环境、遏制社会不良行为和促进民族团结进步的功能。类似版本比较研究方面还有黄毛草（དབང་མོ་མཚོ།）的《格萨尔艺人旦增智华和洛桑俄赛说唱的两种〈阿达拉姆〉版本比较研究》（མགོ་ལོག་སྒྲུང་བ་བསྟན་འཛིན་གྲགས་པ་དང་བློ་བཟང་འོད་ཟེར་གཉིས་ཀྱིས་སོ་སོར་ཕབ་པའི་ཨ་སྟག་ལྷ་མོའི་པར་གཞི་གཤིབ་བསྡུར།《西北民族大学学报》第2期）。

索本加（བསོད་རྒྱལ་འབུམ།）的《浅谈格萨尔民间信仰在藏区的存在形态》（གེ་སར་དད་མོས་ནི་བོད་ཁམས་ཀྱི་གྲུབ་མཐའ་རིས་མེད་དུ་དར་ཚུལ་བཤད་པ།《攀登》第1期）一文，认为格萨尔王是修习佛法的一位宗教人物，在藏区很多地方将格萨尔王尊为神和佛的现象普遍存在，并且在藏传佛教各教派中也有将格萨尔王视为战神和护法本尊而信仰供奉的现象。

拉玛扎西（བླ་མ་བཀྲ་ཤིས།）的《〈霍岭大战〉中的成语及其分类研究》（《ཧོར་གླིང་གཡུལ་འགྱེད་》ལས་བྱུང་བའི་དཔེ་ཆོས་དང་དེའི་རྣམ་གྲངས་ལ་དཔྱད་པ།《西北民族大学学报》第2期）一文，从阐明藏族成语的概念和特点入手，收集整理了《霍岭大战》中的成语五百多条，并根据词义和结构对这些成语逐一进行分析和归类。

艺　术

2016年，艺术方面研究的成果数量不是很多，在整个藏学研究领域中依然是个相对薄弱的环节，尤其用藏文写作的研究成果较少，这与当下藏族传统绘画唐卡艺术和造像艺术的绘制技艺得到传承与保护并日益兴盛，各藏区的藏族艺术品市场逐渐升温和相关的文化艺术创意产业迅猛发展的状况极不相称，需要学界引起注意。但是从本年度发表的相关学术论文和专著的内容上看，涉及藏族传统绘画、造像、音乐、服饰、藏戏等多个专业领域，呈现出研究领域和关注点逐步拓宽、研究向纵深发展的态势。成果既包含了艺术史、艺术理论的研究，也包含艺术文献解读和艺术实践探索；大多数研究注重对田野调查和材料的充分运用。

汉文部分

一、绘画

赤培·巴桑次仁、杨力勇的《再议西藏唐卡的起源及“唐卡”一词的涵义》（《西藏艺术研究》第1期）一文，依据古藏文材料并以语言学、词汇学材料，对“唐卡”一词加以分析，认为“ཐང་”（唐）在古藏文中带有记录成册之意，具体来讲是把重要事件记录成册并留于丹青之意，后缀单字“ཀ”（喀）隐含表面、形状、颜色之意，两字组合起来，就有着某一事件的过程情景，人物的生平传记，宗教的深邃教义、繁琐仪轨等以具象的图画形式记录于纸与布上的意思。并从史料角度考证“唐卡”一词并非外来借用的概念。在论及唐卡艺术起源时，作者更倾向于高原本土说，高原史前文明是造就唐卡的母胎，苯教文明是唐卡起源的初始动力。作者指出唐卡最初形制很可能来自于苯教时期的隆达经幡及吐蕃军队的旗幡；佛教文化则是唐卡最终定型的主要原因，印度布画（pata）与汉地敦煌旗幡画，尤其是印藏及唐蕃佛教文化交流决定了唐卡的绘制风格及形制样式的定格。

更藏尖参的《简析青海热贡扎西齐寺藏上师唐卡画像》（《西藏艺术研究》第 2 期）一文，简要分析了青海热贡扎西齐寺藏上师夏日仓·格丹嘉措唐卡画像的绘制年代、收藏价值、绘画风格等问题，探讨了此幅上师唐卡画像的历史考古价值。作者认为，这幅唐卡的作者为年都乎噶吉，生于青海热贡，生活在 18 世纪，他是热贡唐卡历史上承前启后的唐卡绘画大师。

央拉、扎曲的《浅析西藏佛教艺术“莲花生曼陀罗类”成因》（《西藏艺术研究》第 2 期）一文，指出藏密曼陀罗主尊，因行者所修法系不同，呈现出以不同主尊为中心的曼陀罗艺术形式。作者从该类曼陀罗的主尊莲花生作为历史人物、无量光佛的化身及藏传佛教宁玛派的祖师等角色入手，解析西藏曼陀罗类别之莲花生曼陀罗的形成原因。

尼玛江才的《玉树通天河流域凹穴岩画的发现》（《西藏艺术研究》第 2 期）一文，对青海省玉树通天河流域发现的凹穴岩画进行了分析和梳理。作者认为，发现的凹穴岩画既有敲凿也有研磨，按载体分为大石凹穴岩画和崖壁凹穴岩画。大石凹穴岩画地点有东果、客尤山、扎寸朵义三处，崖壁凹穴岩画地点有白塔渡口、新寨然吾普玛、新寨仁桑贡宝、巴塘乡卓玛扎杂四处，并对以上几处凹穴岩画内容进行了详细论述，这些凹穴岩画一般带有伴生图案、伴生风物及传说，表明这些凹穴岩画反映的主题与生殖崇拜、女性及传达信息有关，但两种载体的凹穴岩画的功能和目的有一定区别。

张亚莎的《青藏岩画系统中的甘肃祁连山岩画——兼论中国岩画的四大区域类型》（《中国藏学》第 4 期）一文，指出甘肃境内岩画从中国岩画分布格局上看位于青藏高原、蒙古高原与新疆三大板块，其岩画主题归属青藏系统，也有北方胡狄系统民族文化部分基因，呈现为“羌胡杂糅”的结合部特色。中国岩画可大分为北方岩画、青藏岩画、西南岩画与东部岩画四大区域类型，其中青藏岩画系统的岩画制作族群正是古代中国历史文献中的“西羌”或“西戎”，中国西北部的甘青地区及藏北羌塘的岩画主题又有很强的相似性。

董晓荣的《阿尔寨石窟第31窟毗沙门天王图像研究》(《西藏大学学报》社科版第4期）一文，对阿尔寨石窟第31窟壁画中的毗沙门天王及八大药叉图像进行分析，再与汉传佛教中的毗沙门天王像、藏传佛教中的毗沙门天王对比，试图说明阿尔寨石窟第31窟壁画中的毗沙门天王像既有藏式风格，同时也体现了鲜明的蒙古族特色。

二、造像

才让太的《金川勒乌摩崖石刻的初步研究》(《中国藏学》第3期）一文，对四川省阿坝金川县勒乌乡境内的勒乌摩崖石刻进行分析。认为摩崖石刻的内容主要为线刻苯教母续八大畏惧寒林、密宗和大圆满传承上师们以及苯教日常念诵咒文。苯教母续八大畏惧寒林只见到四组，其旁附刻一篇与母续修行传统有关的文字，并说明了母续八大畏惧寒林的宗教功能。上师们有齐美祖普、贝若杂纳、李西达仁、卓仓周拉、苯修琼纳、丹巴日绰、贡青巴尔瓦、艾珠扎巴等八位苯教上师图像及藏文题记；苯教日常念诵咒文有三组：第一组是有关母续护法姐妹的祈祷文；第二组是苯教徒念诵最普遍的三组心要经文之一“阿嘎尔萨勒”的一组祈祷文；第三组是苯教传统的百字明及其说明，百字明是用藏文转写的象雄文，其说明则是藏文。文章就石刻的文物价值进行评判。作者对于摩崖石刻的年代进行断代，认为勒乌摩崖石刻的年代为14—16世纪，其间后半期刻凿的可能性更大，并给出五点判断依据。

熊文彬、李逸之的《西藏古格擦擦艺术》(中国藏学出版社）一书，分序言、导论、图解及附录四个部分，导论有张建林《古格擦擦的发现与研究——〈梵天佛地〉第一卷读后》、廖旸《西藏西部擦擦铭文探索》、李逸之《古格拆擦擦艺术及时代特征》三篇论文。图录集中了古格王朝各个时期的擦擦代表作品，对更全面探究古格艺术史提供了相关依据和佐证。

三、歌舞

刘瑛、林俊华的《“朱倭古舞”唱词探讨》(《中国藏学》第1期）一文，指出朱倭古舞是流传在炉霍朱倭地区的一种古老的、集歌舞于一体的民间歌舞艺术，藏语称之“呐卓”。文章对朱倭古舞的内容、特点和表现形式以及唱词等方面进行了探析，认为朱倭古舞具有宫廷歌舞的特点，朱倭古舞的歌只能与舞配套演唱，不能单独演唱；演唱者必须严格按照既有唱词演唱，不可进行二次创作，更不许即兴创作。朱倭古舞唱词众多，唱词是朱倭古舞最重要和最具特色的一个组成部分；主题以颂扬、祝福、赞美、思念为主，内容涉及宗教与世俗生活的方方面面。文章指出，朱倭古舞的程式分引子、正舞、尾声，故其唱词可分为三类，即引子类唱词、正舞类唱词、尾声类唱词。朱倭古舞唱词篇章结构以三段体为主，上下段句数相等，句型相同，反复吟唱。从形式看，上下段之间是一种并列关系，但从内容看，段与段之间并非是并列关系，而是一种从高到低，等级鲜明的排序。文章对朱倭古舞唱词进行了分析，唱词常常采用比拟、比喻、顶真、反复等修辞手法。

贡嘎加玛的《阿里独特艺术“宣”舞传承保护和发展探讨》(《西藏艺术研究》第 3 期）一文，对古格“宣”舞的历史脉络和表演形式进行了梳理和分析。文章认为“宣”舞的历史可追溯到古象雄时期，苯教史料称“宣”为“雍仲宣”或“雍仲宣孜”。据文献《娘氏宗教源流》《智者喜宴》记载，第一代吐蕃赞普聂赤登位时表演了“宣孜”或“宣”舞，以示庆祝。阿里古格壁画中有古格王迎请阿底峡大师举行盛大仪式的场面，其中就有“宣”舞表演。文章指出，古格“宣”舞的表演具有独特的艺术风格，以舞抒情、歌中有舞、舞中有歌，表演方式“英俊潇洒的舞者手中挥着牦牛尾巴，手舞足蹈跳宣舞”，其逆时针方向跳舞、雍仲手拉手和十三数字与苯教有关。文章对“宣”舞的当代传承情况进行了介绍，阿里古格地区每逢佳节，人们盛装打扮，表演“宣”舞。通常女舞者双臂相连，一名男舞者手持皮鼓伴奏，以“宣”舞的舞步边唱边跳，以“龙体”线条和变换队列先慢后快的舞蹈进行表演。“宣”舞在继承中不断创新。

万代吉的《迭部“尕巴”仪式歌舞论说》(《西藏艺术研究》第 1 期）一文，首先对“尕巴”概念进行介绍，认为“尕巴”是迭部藏族祈求平安，欢庆五谷丰登而祭祀神灵的民间仪式歌舞，是节庆“道”(意为供食节）的主要活动，可能源自印度，8 世纪传至迭部，现在主要流传于迭部县旺藏、尼傲、卡坝三个乡，其中尼傲乡尼傲村表演的“尕巴”较为完整。文章对“尕巴”仪式的表演程序作了介绍，在表演开始前，法师先要煨桑诵经，村中长者讲述“道”节的渊源，讲完“道”的来历跳山神舞，跳完后再唱“尕姆”，或唱“尕巴”的起源，“尕姆”唱完后表演“阿迦歌舞”“阿热嘎布”舞，之后还有一些充满生活气息的滑稽表演，期间法师会诵经煨桑，最后是表演“出征舞”，法师吹牛角，长者唱《出征歌》。文章指出“尕巴”仪式主要的祭祀和取悦对象是山神、“鲁”等地方神，这些神属于苯教三界观中界和地界的神，它们与人类生活在同一空间，人们要时刻注意不触犯它们，在固定的时间祭祀它们，才能使人们平安幸福。

四、藏戏

刘志群的《新视角、新方法和新成果以及相关观点的局限与热忱的期许——评〈乡民与戏剧：西藏的阿吉拉姆及艺人研究〉》(《西藏艺术研究》第1期）一文，对桑吉东智的著作《乡民与戏剧：西藏的阿吉拉姆及艺人研究》一书进行了评论。作者指出，从藏族眼中的藏戏这一角度，反思过去老一代研究者话语体系表述中的“阿吉拉姆”，试图以藏戏和藏族本身的文化语境、术语、概念、表达方式，来研究“阿吉拉姆”历史发展和传承发展过程，以及文化价值，让藏戏的挖掘、验证和研究有了更加准确的事例。作者认为，首先，该著阐述了白面具藏戏中开场人物“阿热瓦”表演时何以“嘴里喊出马叫声”；其次，唐东杰布创建了蓝面具藏戏，“阿吉拉姆”脱离纯仪式的“温巴顿”，产生了“雄”（正戏），从早期白面具的前佛教性古老仪式歌舞到蓝面具表演完整故事的戏剧艺术，比较精准地勾画出了藏戏从乡民仪式中逐渐产生、形成和发展的历史过程，弥补了老一代研究者的不足；再次，唐东杰布完善和创建藏戏开场仪式“温巴顿”，包括正戏故事内容的“雄”，其“募捐演出”只是外因，“祈福禳解”和服务于宗教演绎是其内因；最后，对充满宗教教义渗透的藏戏何以又充满入世的精神有所阐述。同时，挖掘考察了不少更有价值的史料，诸如考察了迥巴藏戏团、香巴藏戏团参加雪顿节较为准确的时间，江嘎尔藏戏团演出《日琼巴多吉扎巴赴卫藏》的记载等。同时，作者也指出，以“藏戏”代替“阿吉拉姆”本土表述的观点及藏戏表演风格本土分类存在局限，没有完全突破老一代研究成果的框架，也没有拿出自己无可辩驳的本土话语表述。

强巴次仁的《西藏民间藏戏队传承保护的调查与思考——以山南市为例》(《西藏艺术研究》第3期）一文，为了配合文化部开展的全国地方戏曲剧种普查，强巴次仁调查了山南市的23支藏戏队，深入了解这些藏戏队的现状和传承保护状况，并针对目前存在的问题和困境，提出了几点对策和建议，以期为山南市民间藏戏艺术传承保护提供客观依据。文章开篇谈到藏戏起源，认为藏戏开始于公元15世纪唐东杰布时期；17世纪，藏戏从寺院宗教仪式中分离，逐渐形成以唱为主，唱、诵、舞、表、白和技等基本程式相结合的生活化的表演。

张波的《美学视野下的传统汉藏民族礼仪文化研究——从〈史记·礼书〉和敦煌藏文书卷〈礼仪问答写卷〉谈起》(《西藏艺术研究》第1期）一文，开篇简要介绍了《史记·礼书》及敦煌藏文书卷《礼仪问答写卷》，敦煌藏文文书P.T.1283和P.T.2111号文献（即《礼仪问答写卷》)。认为文献以兄弟对话形式讨论如何待人接物、应对进退、升降荣辱，如何处理君臣、父子、师生、主奴乃至夫妻之间关系，为研究古代藏族传统礼仪文化提供了珍贵史料。其次，概述了《礼书》和《礼仪问答写卷》的主要内容，即有关“礼”的沿革、功能及主要内容。再次，阐释了《礼书》和《礼仪问答写卷》的美学思想，主要体现在："礼”是顺人欲与节人欲的辩证统一，“礼”是为人之道、圣人之道、治国之道。文章最后指出，“礼”的现代价值体现了构建和谐社会、实现中国梦的必要性。

五、服饰与纹样

蒋家莉的《清代西藏丝织品纹样特点》(《西藏艺术研究》第3期）一文，认为清代西藏丝绸的主要来源之一是清中央的赏赐，另外也有通过商品贸易、礼尚往来和西藏定制等方式获取。清代西藏丝绸的纹样有植物、动物、器物、文字、几何纹、自然景象以及各种祥禽瑞兽、传记故事等，以取其形、择其义、用其音，搭配混合成具有一定寓意或象征性的纹样图案。文章将清代西藏丝绸纹样特点分为三期，第一期为清代前期，丝绸纹样和色彩主要是仿前朝；第二期为清朝中期，丝绸纹样注重写实，在色彩处理上善用退晕法，浓淡渲染，华丽繁缛，以乾隆朝为最；第三期为乾隆以后，受社会经济文化影响，纹样变得世俗化、庸俗化，繁复琐碎，色彩搭配也相对杂乱。文章对于清代西藏丝绸纹样特点概括为以下几点：第一，有着封建等级政治制度的标志；第二，吸取中华民族的神话传说故事；第三，宗教观念中引申而来；第四，富有传统吉祥寓意的词汇、文字（或谐音）形成的图案；第五，以珍禽奇兽、名贵花木、高雅器物、自然景观为装饰图案；第六，受外来元素的影响和民族间的融合。总的来说，藏族对丝织品的需求，不仅加大了与内地的紧密联系，也促进了民族间的交流和融合，对丝织品的生产和纹样艺术的发展有着积极的促进作用。

虞黛筠、马冬的《青海玉树贝纳沟摩崖造像服饰初探》(《西藏研究》第2期）一文，指出贝纳沟摩崖造像一佛八菩萨的三角翻领左衽阔袖袍服饰蕴含独特的服饰文化信息，直观反映了吐蕃王室及贵族着装的时代面貌。首先，在解析服饰文化信息时作者着重从服饰形制之首服、三角翻领袍服及配饰三方面展开；贝纳沟摩崖造像首服之三叶冠与山形冠、城壁形王冠类似，可能受波斯萨珊王朝冠式的影响，另外其“帽+冠”配制与萨珊王朝君臣高筒帽及冠饰相近；三角翻领袍服之宽袖为唐风特点，其服装面料里层为云锦，外层为锦缎，面料昂贵，无疑是吐蕃王室及贵族服饰的反映；贝纳沟摩崖造像服饰制度中的腰带制度反映了等级、尊卑的造像思路，作者认为可能借鉴了唐制。其次，贝纳沟摩崖造像所反映服饰文化信息的认识，一是这些摩崖造像是对吐蕃服饰文化及社会状况的反映。作者认为，贝纳沟摩崖造像服装有以下几个特点：翻领、左衽、宽袖、下摆两端开叉，其造像服饰风格是胡风和唐风的结合，直观反映出吐蕃与周边国家往来甚密，尤其受唐制影响较大。另外，佛教传入吐蕃过程中逐渐本土化，具体变化反映在佛教造像上是身体特征和服饰的世俗化，作为吐蕃上层社会的服饰，三角翻领左衽阔袖袍则备受推崇，崇佛的背后便带有膜拜吐蕃王室与贵族的意识形态。最后，作者指出，贝纳沟摩崖造像服饰的研究不仅仅限于佛教造像服饰研究本身，对于把握吐蕃佛教艺术与文化发展脉络、了解唐代汉藏佛教文化交流史更有重要的参考价值。

六、音乐

罗桑开珠的《略论藏族民间音乐发展历程及其特点》(《西藏研究》第1期)一文，指出藏族民间音乐来源于大众并流行服务于大众，具有鲜明的特点，它是藏族音乐之母，可分为原始时期、象雄时期、吐蕃时期、后吐蕃时期、政教合一时期及社会主义时期六个阶段。作者认为，原始时期是藏族音乐雏形期，藏族先民为了表现生活和表达情感而模仿各种声音。如藏族说唱艺术就有模仿各种声音和各种动作的表演。在藏族音乐古籍里音乐起源往往与神灵、宗教有关，苯教文献记载，苯教音乐早已成为藏族先民神灵、宗教信仰的重要形式。象雄文明以苯教文化为主，宗教及宗教音乐源自于民间音乐。据《苯教源流》记载，在远古时期，音乐舞蹈开始变为娱乐和喜庆活动的主要内容，到辛饶米沃且雍仲苯教时，在苯教仪式及庆典中，舞蹈、音乐早已成为必不可少的欢庆形式。同时，出现了故事歌、民歌、猜谜歌及道歌，其中道歌最为普遍，它常常借助民间音乐传播宗教思想，最早使用道歌传播宗教的是辛饶米沃且执掌苯教时期，后来藏传佛教亦是如此。吐蕃时期歌舞主要有民间歌舞、宫廷歌舞和宗教歌舞三大类，民间歌舞呈区域性特点，宫廷歌舞则较为专业化、多样化，宗教音乐则由苯教音乐过渡到佛教音乐。其中，吐蕃时期是藏族音乐多元一体发展的时期，即以本土民间音乐、苯教音乐，印度梵俗音乐、汉地音乐、于阗音乐为元素形成了吐蕃宫廷音乐，促进了藏族音乐的多元化发展。吐蕃政权退出历史舞台后，许多宫廷歌舞在民间得到传承，像吐蕃时期军队出征仪式歌舞——嬉武。后吐蕃时期藏族音乐在阿里有所谓的上部歌舞“堆谐”，上部歌舞对后来西藏政教合一政权上层社会和民间歌舞艺术产生了重要影响。吐蕃王裔迁居阿里，部分吐蕃盛行的庆典歌舞开始流行于阿里，与当地民间音乐融合，丰富了阿里民间音乐。像庆典歌、雄鲁歌、吉久鲁、曲鲁歌等在后吐蕃阿里纷纷产生。

七、艺术保护与利用

李隽的《四川石渠县石刻艺术的保护研究》(《绵阳师范学院学报》第 6 期）一文，以石渠境内的嘛呢石堆、摩崖石刻及石刻技艺传承现状为考察重点，进行了记录、拍摄、访谈等工作，梳理了该地区主要石刻的保护现状，并根据保护现状对其保护措施提出新的思考。

藏文部分

吞巴・索朗多杰（ཐོན་པ་བསོད་ནམས་སྟོབས་རྒྱལ།）的《浅析拉萨木如寺木如蚌桑戏剧历史及相关疑问》（ལྷ་ལྡན་མེ་རུ་གྲྭ་ཚང་གི་མེ་རུ་སྤྱོང་སངས་ཞེས་པའི་ལྷ་མོའི་ཟློས་གར་གྱི་བྱུང་བ་དང་དེའི་འབྲེལ་ཡོད་ཀྱི་གནད་དོན་འགར་དཔྱད་པ།《西藏艺术研究》第 1 期）一文，认为木如蚌桑是拉萨木如寺僧人表演的一种戏剧舞蹈形式，但又不是单纯的戏剧，其中包含话剧和小品的表演成分。作者经过实地调研的采访，收集有关材料，分析了“木如蚌桑”这一名称的由来，阐述了木如蚌桑戏剧的表演形式和艺术特点，认为木如蚌桑戏剧为藏族早期话剧表演和小品表演的一种戏剧舞蹈形式之一。

温·巴次（འོན་པ་ཚེ།）的《略述阿里札布让岩画艺术》（མངའ་རིས་རྩ་རང་ཡུལ་གྱི་ཆེས་རྙིང་མའི་བྲག་བཀོས་རི་མོའི་སྒྱུ་རྩལ་སྐོར་གླེང་བ།《西藏艺术研究》第1期）一文，首先详细介绍了西藏阿里札达县札布让原始岩画艺术的表现形式；其次探讨了这种岩画出现的具体地理位置和绘制技艺，并对岩画的内容进行了分类；最后，分析了这种岩画艺术与藏族嘎达符号“dkar rtags”之间的关系，指出嘎达符号的艺术表现形式源于这种岩画艺术。

吴坚（ཨོ་རྒྱན།）的《浅谈孜东金铜造像艺术的渊源》（རྩེ་གདོང་ཟངས་བཟོའི་སྒྱུ་རྩལ་དར་ཚུལ་སྐོར་མདོ་ཙམ་གླེང་བ།《西藏艺术研究》第1期）一文，首先分析了孜东金铜造像艺术的历史渊源，认为孜东造像艺术的工艺源自尼泊尔，后来逐渐形成了具有孜东地方特色的造像艺术形式。其次探讨了孜东造像艺术形式在历史中的演变过程，同时，全面梳理了孜东造像艺术传承发展的历史脉络和主要传承者。

巴桑顿珠（པ་སངས་དོན་གྲུབ།）的《简述迥巴藏戏与迥巴佛塔》（གཅུང་པ་ལྷ་མོ་དང་གཅུང་སྐུ་འབུམ་གྱི་སྐོར་རགས་ཙམ་གླེང་བ།《西藏艺术研究》第2期）一文，通过文献阅读和艺人访谈相互结合的方式，收集材料，分析了唐东杰布开创迥巴藏戏和建立迥巴佛塔的历史背景，探讨了其历史源流，并详细介绍了迥巴藏戏的传承现状。

索朗曲吉尼玛（བསོད་ནམས་ཆོས་ཀྱི་ཉི་མ།）的《略谈藏族巴扎图案的演变》（བོད་ཀྱི་པ་ཏྲའི་རི་མོའི་བྱུང་འཕེལ་སྐོར་རགས་ཙམ་བརྗོད་པ།《西藏艺术研究》第2期）一文，探讨了藏族巴扎图案的渊源及演变过程，介绍了巴扎图案的绘制工艺特点和主要用途等，从文化交流的角度分析了中亚、汉地、尼泊尔、印度等地的艺术对藏族巴扎图案的影响。

历史考古地理文献

汉文部分

2016年，历史考古地理文献的研究在原来的基础上取得了明显的进步，特别是第六届北京（国际）藏学研讨会的召开，以及纪念红军长征胜利80周年活动，更是在数量上和质量上保证了历史和文献研究的继续推进。下面就本年度历史考古地理文献研究分类回顾。

一、历史

（一）总论

由于2015年8卷13册的《西藏通史》的出版，迎来了近几年来通史研究的高峰。本年度这方面的研究成果相对较少，但出版有一系列志书和集刊类的论文集，其中一些论文涉及历史、考古和历史文献研究。

首先需要重点提到的是8月初在北京召开的第六届北京（国际）藏学研讨会。本届会议的历史组分古代史和近现代史两个小组，共有40多位学者提交参会论文（包括十几位海外学者）。从整体分布看，内容涉及历史进程、事件、制度、人物、地理和文献等。

按照时段划分，可以归为早期、吐蕃、宋代的研究论文包括：《考古发现与吐蕃王朝时期的“丝绸之路”》《赞普松赞干布与佛教》《吐蕃噶氏家族发源地考证》《唐初边疆政策对吐蕃及吐谷浑王朝兴衰的影响》《再论唐代吐蕃军事占领区之建制》《藏文史籍所载古藏文“ཐང་མཚམས”之新探》《吐蕃、土伯特辨正——兼论土伯特一词的前世今生》《刍议历史上琼布丁青与古象雄的关系》《吐蕃对丝路文明传播的历史贡献》《唐代儒家思想在吐蕃的传播及其对吐蕃政治的影响》《从〈拔协〉中四个词汇的运用看分裂时期藏族史学的裂变》《阿底峡传记中至金洲求法的不同记载》《川西北嘉绒藏人与象雄琼氏渊源关系探讨》《恰洛译师曲杰贝的历史及其相关问题研究》等。

归为元明清时期的研究论文包括：《元朝时期“达仓宗卡”的兴衰初探》《元代多康藏区与西藏的关系考略》《元朝末年西藏地方的政治格局——以大司徒绛曲坚赞的记载为核心》《德衮布摩哈嘎喇寺庙与元朝中央政府的介入问题》《从遗址和口传历史再论白利土司》《清代金瓶掣签制度在雍和宫的实施》《18 世纪初佛教和伊斯兰教在卡尔梅克汗国的政治进程》《18 世纪蒙古高僧松巴益西班觉的生平事迹述评》《热贡地区蒙古军营土城遗址和四寨子的由来》《论五世班禅罗桑益西对六世达赖喇嘛的认定》《论六世班禅喇嘛罗桑华丹益希的〈世界地理课本〉》《通过贸易与文化通道看拉达克与西藏的关系——以洛查使团为例》《清代西藏地方军事地理格局的演变初探》《早期传教士对藏族人民和藏文化的表述》《试论清末亚东税务司与藏哲边界纠纷》等。

归为民国与当代研究的论文有：《〈十三世达赖喇嘛遗诫〉探究》《帝国列强争斗时期的布里亚特蒙古人和西藏（1900—1910）》《从档案史料看民国时期中央驻藏机构的设立变更与职官任免》《英国中立派势力在 1912 年帮助中国卫戍部队安全撤退的有关历史研究》《君庇亟美喇嘛的达旺秘密之旅》《北洋政府时期旅京藏族人研究（1912—1927）》《日本的藏传佛教文化研究：多田等观的收藏》《近代西藏赴印度女留学生研究》《喜饶嘉措大师与藏族新文化建设（1949—1964）》《毛尔盖·桑木旦大师与藏族文化研究》《述论才旦夏茸对民族文化教育事业的贡献》《国民政府时期在内地求学的藏族青少年评述》等。

关于集刊类的论文集，其中有祁晓萍主编的《安多研究（第十三辑）》（甘肃民族出版社），当中关于历史类的论文有王东《吐蕃王朝政治生态环境考述——以告身为中心》、卢本扎西和喜饶尼玛《略述喜饶嘉措大师与西藏和平解放》、丹曲《历史上洮岷地区著名高僧述略》、崔星《吐蕃王朝的杰出僧相》等。周伟洲主编的《西北民族论丛（第十三辑）》（社会科学文献出版社）收录有霍巍的《丝绸入蕃：考古学的观察及其文化史意义》一文。《民族法制文化研究》第三辑为“藏族法制现代化研究”专刊（民族出版社），其中收录了《论藏族古代史的几个问题》《藏文古代历史文献述略》《河西吐蕃文书简述》《两唐书〈吐蕃传〉吐蕃制度补证》《八至九世纪唐蕃会盟条约的盟誓仪式》《八思巴时期的两种行政体制》等文章。

本年度在藏族远古氏族属性方面的研究取得了一定的创新，比如完德加的《“培米”藏族远古氏族考据》(《中国藏学》第2期）一文就生活在我国西南地区青藏高原和川滇平原交界处，自称“培米”或“仲米”的藏族群体的远古氏族问题进行了探讨。文章将汉藏史料与本土历史文化信息结合起来，在他者和自我的双重视角下，对“培米”藏族远古氏族属性进行考证。认为学界就这个群体的族属来源提出了牦牛种说、白狼羌说、党项羌说和藏族说等不同的观点，但从其本身自古流传下来的氏族叙述传统，以及群体称谓、祖谱、语言、宗教等来看，他们与普米族同属古代“布曲董”的后裔，而根据藏族史料，“布曲董”是藏族远古“四大主要氏族”之一。

（二）吐蕃、宋

本年度吐蕃历史的研究主要可以分为唐蕃关系、制度文化、社会经济三个方面。唐蕃关系方面，林冠群的《唐蕃舅甥关系释义》(《中国藏学》第2期）一文对唐蕃“舅甥”关系的意义及双方对此的理解做了分析。文章认为，在文成公主进藏的历史阶段，唐为岳父居于尊位，吐蕃为女婿居于卑位，二者尊卑位序相对清楚。到金城公主进藏，“舅甥”（dbon zhang）关系的提法才逐渐形成。但是在使用中，吐蕃将“甥”置于前方，“舅”置于后方，而为“甥舅”关系，与唐方所使用之“舅甥”顺序相反，充分体现了唐蕃处于各自解读的情境。作者指出，对吐蕃来讲，“舅甥关系”只是用来作为对唐的外交辞令，需要之时挂于使者嘴边或写入国书，不需要时则弃如敝屣，是为操控对唐朝和战之工具。同作者的《唐代吐蕃建构天下秩序初探》(《中央民族大学学报》第4期）一文就吐蕃的天下秩序观进行了探讨。公元7世纪中叶吐蕃崛起以后，于历朝对外扩张过程中逐步建构了“以吐蕃赞普系天子下凡，入主人间”概念为中心的吐蕃型天下秩序，作者认为，这种观念恰是唐朝天下秩序观的体现，吐蕃仿造唐朝之天下秩序观并用以与唐王朝相抗衡。在《武则天时期李唐反击吐蕃之探讨》(《西藏民族大学学报》第3期）一文中，林冠群指出，唐蕃二百余年交手互动的过程中，除却唐太宗贞观年间与唐玄宗开元年间以外，均败多胜少，而武则天当政时期是少数能与吐蕃相抗衡的时期。究其原因，主要除了武则天本身的果决能断以外，知人善任也是重要因素之一，例如重用郭元振。另一方面，促成武则天能挡住吐蕃予取予求的能耐，也是因吐蕃内部发生重大矛盾。

石越在《论唐蕃经济交往》(《西北民族大学学报》第6期）一文中指出，与唐的经济交往是吐蕃得以持续生存发展的必要条件，同样，唐朝也不能离开吐蕃而获得足够的战马和牛羊牲畜，双方之间合作和互补性逐渐增强，逐渐形成了谁也离不开谁的局面，汉藏之间形成了“共同的经济生活”，不仅表现为因经济互补性所带来的共同经济利益，还表现为经济生活共同因素增多、相似性增加，这正是吐蕃部族合类性和唐朝民族合类性逐渐增长的体现。

吐蕃制度方面，本年度有好几篇论文涉及吐蕃的告身制度，比如上述王东《吐蕃王朝政治生态环境考述——以告身为中心》，以及陆离《关于吐蕃告身和大虫皮制度的再探讨——英藏新疆米兰出土古藏文文书 0r.15000 / 268 号研究》(《藏学学刊》第十四辑）等。关于吐蕃的告身制度，以往的研究大多认为是对唐代官阶章饰的借鉴模仿，而王启龙和牛海洋的《吐蕃告身名称流变考》(《民族研究》第4期）一文对此提出了质疑。文章梳理了吐蕃告身的发展脉络，通过对名称流变的分析，认为吐蕃告身并不是松赞干布时期学习唐朝仿制的产物，其起源要更早；吐蕃告身与中原历代王朝表示官员身份等级尊卑的告身有本质的不同，它不是严格的官之章饰，而只是一种褒奖制度。藏文告身史料中，几乎所有的告身都是赏赐的，而不是任命的。

张旭的《吐蕃的王族葬礼——兼论松赞干布卒年》(《敦煌学辑刊》第4期）一文涉及吐蕃的丧葬制度，文章以敦煌古藏文文献《吐蕃大事纪年》为基本材料，通过分析吐蕃王室成员的葬礼过程，介绍了王室成员去世、停厝、剖殓、发丧、入土等仪轨，认为可以与 PT1042 丧葬仪轨文书的记载相互佐证，基本展现出了吐蕃王室成员葬仪习俗的概貌。文章进一步通过对比汉文正史史料与《吐蕃大事纪年》，纠正了汉文史料中有关吐蕃赞普逝世时间的记载，藏文写卷仅记载永徽元年（650）吐蕃隐匿赞普祖父的遗骸，但是没有逝世时间的明确记载。依据当时吐蕃王室丧葬礼仪，永徽元年隐匿遗骸，那么，前一年即贞观二十三年（649），应该是松赞干布逝世时间。

吐蕃社会经济方面，中国藏学研究中心原总干事多杰才旦先生的《吐蕃研究二三题》(《中国藏学》第 S1 期）一文就吐蕃史研究中几个“具有典型性的问题”，分别阐述了个人意见和看法，比如吐蕃兴衰的内外原因，作者从地缘文化环境、领袖人物的个人因素、文化吸收和融合中的拉动和牵制效应等方面进行了分析。关于吐蕃的社会性质问题，作者认为是封建农奴制，而不是奴隶制。另外，文章还从文献记载中的丝路吐蕃道，青藏高原民间通道的特点，内地入蕃诸通道，吐蕃与西亚、南亚与东南亚的通道等几个方面探讨了丝路吐蕃道的交通路线问题。

陈晓伟在《论吐蕃王朝的行国政治——兼论“国都逻些说”》(《中国藏学》第3期）一文中依据文献中吐蕃赞普牙帐的季节性移牧，敦煌藏文文书“大事纪年”所见赞普巡历制度，赞普驻夏、驻冬、政令决策、接见外邦使节等“逐水草无常所”的特点，指出吐蕃王朝实际上具有鲜明的“行国政治”特色，政府官员扈从赞普及其大拂庐，组成一个移动迁徙的中央政府，常年在夏季草场和冬季草场之间迁徙游牧。因此，学界通常所说的吐蕃“国都逻些说”应该是受到其佛教文化中心地位及藏汉文记载传统的影响，其真实性值得怀疑。

本年度关于宋代吐蕃史的研究相对较少。其中马旭俊和杨军在《唃厮啰政权的兴起与青唐道贸易》(《西藏大学学报》第3期）一文中就唃厮啰政权的兴起原因做了探讨，认为其中的经济因素是根本原因。文章梳理了吐蕃王朝灭亡后河湟地区藏族部落的生存状况，认为长时期的政治无序与物资相对匮乏状态，唤醒了河湟吐蕃诸部关于一统秩序的历史记忆与现实向往（吐蕃政权），并意图以“赞普苗裔”为历史共鸣凝聚吐蕃旧部，遂有了唃厮啰的出现。随着党项的崛起，河西吐蕃、回鹘诸部投奔唃厮啰，青唐地区商贸开始繁荣兴盛以及宋朝出于“以夷攻夷”的目的赏赐册封等，使得唃厮啰有了充足的人力、物力构建政治阶序，唃厮啰政权也由此兴起。

（三）元明清

元朝以来，元明清三朝在西藏均采取了“因俗而治”、推崇和扶持藏传佛教来为其统治服务的宗教政策，但因时代和政局的变化，三朝在具体措施上又呈现出不同的特点。李文萍的《清与元明中央政府治藏宗教政策的差异及成因分析》(《西藏大学学报》第1期）一文，从不同统治主体与理念、西藏地方周边和内部不同情势等方面分析清与元明朝在治藏宗教政策上形成差异的原因，指出从元朝“以教辅政，一家独大”到明朝“多封众建，尚用僧徒”，再到清朝“从俗从宜，依法治教”，可以说政教有别的倾向越发明显。特别是清朝实行的既尊崇格鲁派又在其内部实行多元分封的措施，一方面保证了格鲁派对蒙、甘、青、藏格鲁派信仰地区的控制力和稳定性，另一方面又限制了达赖喇嘛一人独大的潜在威胁，较之明朝的“多封众建”更具有效性和合理性。清朝中央将藏传佛教纳入法制化管理，对其分权统治、特权监控、赏罚分明等措施都是可供借鉴的有效手段。

仁青卓玛在《探析藏族传统官职囊索的历史演变》(《中国藏学》第1期)一文中对藏族传统官职囊索的来源及其演变过程进行了梳理。文章认为，囊索作为一个官职，至少始于萨迦政权时期，即把担任朗钦或囊索府总管的称为朗钦或囊索。到帕竹政权后，囊索逐渐身居要职，成为地方头人，尤其在卫藏分裂为许多领地后，原为教主派驻各地的代理官员或囊索已成为握有实权的头人囊索，管理该地区政教事务。甘丹颇章时期，囊索既是指一个地方官职，同时又作为一个名号被颁给大活佛的管家。甘丹颇章初期，根据各地方政教合一制度的特殊需要，甘丹颇章仿照萨迦政权组织中的朗钦和囊索官职，加强管家囊索及其权力，广泛授予管家囊索之名号，从而弱化了土官囊索之权，因此，这时期囊索的含义再次发生了变化。

以上为涉及元明清三代的文章，单就每个朝代而言，元代和明代在研究成果上稍逊，这个时期的研究依然以清代为主。其中涉及明代的文章，比如次旦扎西在《论明朝管理西藏宗教事务的基本经验》(《西藏大学学报》第2期)一文中通过回顾明朝中央的治藏政策，梳理了明朝管理西藏事务的基本经验，即在西藏诰封僧俗官员，推行行都武卫体；封授具有崇高宗教名声的“三大法王”；封授西藏地方政教首领“五王”以及制定僧俗官员定期朝贡与“厚赏羁縻”政策。明朝这种“多封众建”的治藏政策建立和巩固了中央与地方的辖属关系，使藏区各个宗教派别以及地方势力相互掣肘、共同发展。藏族上层通过定期朝贡与回赐加强了对明代中央政府的向心力。

王家鹏的《明永乐宣德佛像源流新证——兼论明初朝廷治藏方略中甘青地区的重要地位》(《中国藏学》第4期)一文，通过考察岷县大崇教寺遗址暨岷县博物馆收藏永宣时期藏传佛教文物，从文献与文物两方面论证了永宣佛像源起与流传的主要原因。岷县明清时期称岷州，是元明时期青藏高原与内地连接的交通要道。由于大智法王班丹扎释的关系，岷州大崇教寺深受朝廷重视，寺内陈设无数显密佛像、法物供器，多有明帝御赐珍物，朝廷派兵长期驻守，地位显要，起到联结西北地区和西藏的纽带作用。从历史文化现象角度观察永宣佛像的源流过程，可见汉藏交界的甘青地区在明朝初年朝廷治理西藏方略中居首要地区，具有重要地位，诸多甘青藏族人士忠诚效力于国，深受皇帝信任，为沟通中央与西藏地方的联系，稳定明朝的西北边疆，促进汉藏文化交流，维护国家统一作出了特殊贡献。

清代西藏史研究的成果相对较多。制度研究方面，经济制度有李凤珍的《清代西藏政教合一制时期噶厦与达赖喇章经济关系》(《西藏民族大学学报》第4

期）。该文在对西藏封建领主及其土地占有制形成历史进行回顾的基础上，探讨了清代西藏政教合一制时期噶厦与达赖喇章的经济关系。文章认为，西藏封建农奴制政教合一体制是由达赖喇嘛的喇章和噶厦联合组成的，在该体制内喇章与噶厦的经济关系在土地占有制上，既有达赖喇章的私有土地，也有噶厦的公有土地，形成了一种混合型经济关系。清朝实施集权于噶厦，虽然一方面削弱以达赖喇章为首的宗教世俗行政权，另一方面又要保留达赖喇嘛的宗教首领地位，满足信仰者的需要。因此，在集权过程中，需要维护喇章的经济利益，作为宗教首领地位的经济支柱，亦是政教合一体制存在的经济原因。

基层制度方面的研究需提及阿里。17 世纪上半叶，拉达克占领古格、普兰。由于南亚莫卧儿帝国等政治势力的渗透，改宗伊斯兰教的拉达克严重威胁藏传佛教在阿里的传播和地位。政教冲突最终导致 1679—1683 年的西藏与拉达克大规模的军事冲突，战后重构了清代阿里地区的政治格局。张发贤在《从政教冲突到政局重构：清前期西藏与拉达克之战及其影响》（《西藏民族大学学报》第 3 期）一文中就双方冲突的过程和最终的结果进行了分析，认为这场战争使得西藏在除拉达克之外的阿里地方建立行政制度，设置阿里总管管理普兰、日土、扎布让和达巴等四宗，而拉达克则依附西藏，加强与西藏各领域的联系，直到 19 世纪中叶的森巴战争。

张发贤文章提到的阿里基层制度，本年度恰有专文论及，即黄博的《四宗六本：甘丹颇章时期西藏阿里基层政权初探》（《中国藏学》第 3 期）一文。文章对清代西藏阿里的基层政权组成进行了研究。西藏甘丹颇章政府将西藏西部的阿里地区纳入治下后，通过将卫藏地区久之有效的宗谿制引入阿里地区，建立以普兰、扎布让、日土、达巴四宗为核心的基层地方行政管理体制，将卫藏贵族充实到阿里地区基层行政体系中。此外，在基层政权的建设中，还充分考虑到阿里地区实际情况，将古格时期的旧贵族和战争期间的新军功阶层也充实到基层政权之中，形成以萨让如本、左左本、帮巴本、曲木底本、那木如本、朵盖齐本为主体的六本政权，通过以“六本”为核心的基层力量，使世袭土官的“六本”和拉萨委派的流官“宗本”结合，构成了具有区域性特点的“四宗六本”的阿里地区基层政权。

金瓶掣签制度方面，乾隆末年，廓尔喀之役即将结束之际，清廷在拉萨的大昭寺和北京的雍和宫各置一只金瓶，规定以后蒙藏地区呼图克图之呼毕勒罕由金瓶掣签认定，金瓶掣签制度由此形成。阿音娜、N·哈斯巴根《清代雍和宫的金瓶掣签——以雍和宫档案为例》（《中国边疆史地研究》第 4 期）一文，据中国第一历史档案馆保存的雍和宫满、汉、蒙古文档案记载的漠南、漠北和西宁办事大臣管辖区域内几位呼图克图之呼毕勒罕的掣定过程，探讨了蒙古地区各呼图克图呼毕勒罕认定的程序和特点。最后，文章探讨了雍和宫与拉萨两地金瓶掣签的不同之处，指出拉萨的金瓶掣签是由驻藏大臣来主持，在达赖喇嘛等三大寺喇嘛们的参与下完成的，而雍和宫的金瓶掣签是由理藩院堂官来主持，在掌管京城喇嘛印务扎萨克达喇嘛等京城喇嘛们的参与下完成。一些细节方面，拉萨金瓶掣签前一般是诵经 7 天或 9 天，但是雍和宫的金瓶掣签只诵经 3 天；道光二年以后蒙古地区该管旗加具印结来证明没有弄虚作假等。

军事制度方面，顾祖成和李红阳的《咸丰七年藏军营制变革研究 ——以〈整饬藏军营制章程六条〉的提出、颁行和基本废止为中心》(《西藏民族大学学报》第 4 期）一文指出，咸丰五年廓尔喀第三次侵藏战争的爆发及之后《中尼条约》的签订，暴露出西藏地方军备废弛的客观局面，驻藏办事大臣赫特贺面对“兵士不足，役占普遍”“军械陈旧，军备废弛”等形势，于咸丰七年提出了《整饬藏军营制章程六条》这一变革藏军营制的方案，要求“禁旷缺以足防额也”“广招募以壮声威也”“互稽查以杜役占也”“精器械以资利用也”“定巡哨以肃边防也”“严约束以弥边患也”。《整饬藏军营制章程六条》是咸丰年间在治藏政策上的一次重要尝试，但是这一整饬主张最终却被基本废止，其废止表明清代后期西藏地方局面之复杂性和咸丰年间在治藏政策上的不稳定性。

土司制度方面，不少清代典籍都提到四川有两员藏族土司，却驻牧雅州，而非藏区，也无管辖地方与番民，即大乘司徒和守善体梵灌顶大国师。曾现江在《明清藏区大乘司徒与守善体梵灌顶大国师考》(《民族研究》第 4 期）一文中就这两位土司的身份、主要职能及结局进行了介绍。文章指出，大乘司徒与守善体梵灌顶大国师并非明朝敕封的大乘、大宝法王或其朝贡使者，而是两员驻牧于雅州寺院，且无管辖地方及人口权利的特殊土司。隆庆年间藏区朝贡制度改革之后，规定绝大部分藏区朝贡者都留边候赏，由雅州弘化、报恩两番寺安顿，并敕封两员僧官，即大乘司徒与守善体梵灌顶大国师负责管理。明末清初，报恩寺被焚毁，大乘司徒与守善体梵灌顶大国师只得同住弘化寺，向清廷投诚后获授职为武职土司。由于清朝更注重以政治、军事手段来实现和强化对藏区的直接管控，藏区土司对朝廷的主要义务已是“纳赋”，而非“入贡”，故当清朝完全控制藏区后，这两员土司完全失去存在价值，终在乾隆前期被废除。作者认为，大乘司徒与守善体梵灌顶大国师存在的时间或许并不算长，但其兴废，实与明清两朝治藏策略的演进息息相关，可谓是这一时期藏区与中央王朝关系嬗变的一个缩影，从侧面揭示了明清藏区治理的独特性与复杂性。

除了制度研究，另一个相对集中的是人物研究。比如杨代成、王希隆在《论第巴达孜巴》(《中国藏学》第1期）一文中对清代准噶尔侵藏后担任西藏地方第巴的达孜巴进行了研究，认为传统研究受到《颇罗鼐传》的影响，将达孜巴视为准噶尔人统治下的傀儡。文章认为，相关汉文、满文、藏文及外文等不同来源的史料证明，达孜巴实际上在藏族地区拥有很大的威望与权力，他并不是一个“善良”“单纯”“无能”“没有野心”的老人，而是一位颇有谋略的精干政客。他有很大的政治野心，对军政形势有比较正确的估计，并能够根据其对局势的判断随机应变。在准噶尔部入藏后组织的西藏地方政府中，达孜巴作为政府首脑，作为准噶尔部高度信任的人，利用他在藏地的高度权威主导着西藏地方政府的运转，为准噶尔部在卫藏地区较为稳固的统治创造了条件。

光绪三十一年（1905）三月，作为驻藏帮办大臣的凤全在巴塘被杀，清廷对其作出了高度评价，而作为同僚的驻藏大臣有泰对凤全之死则有不同的看法。康欣平在《有泰视角下的凤全之死———以〈有泰驻藏日记〉为中心的解析》(《西藏研究》第1期）一文根据《有泰驻藏日记》中的相关记载，就有泰如此评价的原因进行了分析。文章认为，有泰将凤全之死形容为“死由自取”“丧身辱国”等，实为两人政见不一而致。之前，有泰与凤全在瞻对归属问题上有分歧，后者在瞻对问题上的积极主动，并不被有泰认可，认为其隔阂藏事、孟浪草率。凤全之后在巴塘欲推行的喇嘛还俗等做法，有泰也不认可，认为其太激进。可以说，有泰与凤全在治边治藏上的思路分歧较大，代表了当时主流的两种筹边筹藏观。同作者的《1910年两位驻藏大臣联豫、温宗尧在治藏思路上的分歧与清廷之裁决》(《西北民族大学学报》第5期）一文则是一篇类似的文章，其中就宣统二年（1910）正月十三世达赖喇嘛离开拉萨出走印度，时任驻藏办事大臣联豫与驻藏帮办大臣温宗尧在如何应对十三世达赖喇嘛出走事件，以及在此事件前后的治藏思路上存在的分歧及最终清廷的裁决进行了介绍。

（四）民国及当代

民国时期的研究主要还是集中在中央政府施政和汉藏文化交流。清末民国初期，蒙古人罗布桑车珠尔曾与十三世达赖喇嘛有过二十多年的交往，是近代蒙藏关系史上的重要人物，邱熠华的《罗布桑车珠尔与清末民国藏事》(《中国藏学》第2期）一文在简单梳理罗布桑车珠尔生平经历的基础上，重点介绍了其与十三世达赖喇嘛的关系，以及派代表入藏和参与国会议员选举等事迹。

1908年十三世达赖喇嘛驻锡五台山及晋京期间，罗布桑车珠尔作为随员参与经办事务。1912年民国初立，蒙藏事务局总裁贡桑诺尔布授命罗布桑车珠尔，选派西藏驻京僧人罗桑班爵等秘密入藏联络，历经曲折，避开英印封锁，成为第一批成功入藏的中央政府代表。1913年，罗布桑车珠尔会同西藏驻京僧人江赞桑布等办理国会西藏代表选举事宜，为恢复西藏地方与中央政府关系发挥了特殊作用。

国民政府时期的"堪准洛松"，作为西藏驻京代表，为沟通中央与西藏地方的关系发挥了不可替代的作用，成为这一时期国民政府和西藏地方间实现有效沟通的最主要纽带。张子新、喜饶尼玛的《国民政府时期的西藏驻京代表"堪准洛松"》(《中国边疆史地研究》第4期）一文通过"堪准洛松"的概念、清朝时期"堪准洛松"制度的形成、国民政府时期的"堪准洛松"在拣派程序、管理、职能等方面的变化，以及这种职能转变的原因进行了分析。作者认为，与清代"堪准洛松"的主要职责是宗教性的不同，南京国民政府时期的"堪准洛松"已经是作为西藏驻京代表派遣，其职能主要是政治性的。"堪准洛松"驻京期间接受蒙藏委员会的管理，领取国民政府发放的薪俸，充任中央政府机构职员，参加国民政府举办的各类全国性政治会议，表明了其对国民政府中央地位的认可，不仅反映了这一时期国民政府和西藏地方政府间是中央和地方间的关系，也体现出古老中国走向现代过程中传统政治制度向现代政治制度转变的特点。

梁俊艳的《20世纪初英国官员路易斯·金及其涉藏活动》(《中国藏学》第2期）一文涉及民国初期帝国主义涉藏史。文中就两次任职打箭炉特别助理，并任英国驻成都领事的路易斯·玛格拉斯·金的涉藏活动进行了梳理。路易斯·金在1913年10月至1916年1月、1919年10月至1922年11月两度任川西打箭炉特别助理时，充分发挥自己身为外交官、精通汉藏语等优势，处处竭力维护大英帝国利益，比如卷入乡城士兵暴动事件，试图阻挠甘肃代表团朱绣、李仲莲入藏、主动请缨进藏未果，试图调停边界争端等。但由于路易斯·金的观点与英印政府的主流观点相左，并未像贝尔等一样受到重用。

另外值得特别关注的是，本年度是红军长征胜利80周年，为了纪念这次伟大的征程及其在藏族地区留下的深远影响，有一批成果就此进行了全方位的展现。1935年5月至1936年10月，红军一、二、四方面军先后转战并通过云南、四川、西康、青海和甘肃等5省藏族聚居区，停留时间达1年以上，驻扎面积超过20万平方公里。在长征过程中，党和红军在广大藏区播下了革命的火种，得到了藏区以藏族为主的各族群众的大力支持。藏区各族人民在长征中首次接触和认识了党和红军，接受了党和红军，从此坚定了永远跟党走的决心，积极投身到中华民族解放的伟大洪流中。黄维忠、格桑卓玛、王文长主编的《红色记忆——红军长征在藏族地区及其当代启示》（中国藏学出版社）一书分为红军长征经过藏区、马克思主义民族理论在藏区的探索与实践、藏族各界人士对红军长征胜利的贡献、红军长征对藏区的深远影响、红军长征对当代的启示等5个部分，用近70万字的篇幅在介绍红军长征经过藏区历史的基础上，就马克思主义民族理论在藏区的探索与实践、藏族各阶层人士对红军长征胜利的贡献、红军长征对藏区的深远影响进行了全方位的讨论，并重点阐述了长征精神、马克思主义民族理论中国化的当代启示。全书图文并茂，附有大量珍贵的档案文件和口述实录，具有较高的学术价值。

2016年10月10日，由中国藏学研究中心主办，四川省民族研究所、四川师范大学协办，中国藏学杂志社、金川县委县政府承办的“红军长征在藏区学术研讨会”在四川省阿坝藏族羌族自治州金川县召开。来自国内15所高校和科研机构、文博机构的50余位专家学者出席了本次会议。与会专家学者围绕红军长征在藏区的历史特征和现实意义进行了充分的讨论，比如李茂的《认识长征，弘扬精神》、格桑卓玛的《藏区群众对红军长征胜利的贡献》、隋立新的《中国国家博物馆藏红军长征过藏区文物研究》、宋键的《长征中毛泽东与张国焘——分裂主义的斗争及历史启示》、陈东的《从民族视角看红军长征》、田利军的《从民国川西北土司头人的几件控状看蒋介石对“剿赤军”军纪问题的处置》和《红军长征强渡大渡河、飞夺泸定桥成功原因再探讨》、王睿的《探究国民政府在川围剿红军策略的渐变——以红军强渡大渡河为分界点》等，分别从长征的意义、长征在藏区的基本经过、长征途中的民族政策和民族关系等进行了全面深入的探讨。

秦和平的《论红军在甘孜藏区的革命活动及其深远影响》（《民族研究》第5期）一文在梳理红军在甘孜藏区革命活动的基础上讨论了其积极影响。文章指出，红军长征在留驻甘孜藏区的四个月之内，广泛开展统战工作，争取团结民族宗教上层；协助建立“博巴政府”，置于共产党的领导下；宣传抗日救国，揭露帝国主义侵略。这些活动产生了深远影响：部分藏族群众认识和拥护共产党，期盼红军返回，消灭国民党；部分民族宗教上层接受共产党的主张，变为革命力量，为藏区解放作出贡献；红军帮助创建博巴政府、实行民族自治，为新中国创建民族自治区提供了经验；因红军在甘孜藏区的经历，毛泽东主席做出“进军西藏，不吃地方”的决策，解放军赢得支持，顺利进军并经营西藏。这反映出长征的作用及影响，证实了毛泽东长征会“发芽、长叶、开花、结果，将来是会有收获的”论断。

二、考古

本年度的考古研究成果较多，特别是一批高质量著作和遗址挖掘简报的发表，加重了考古研究的分量。

著作方面，霍巍的《青藏高原考古研究》（北京师范大学出版社）一书分西藏史前考古与西藏文明起源，吐蕃王朝及其考古文化，吐蕃时代的物质文明，唐代碑铭与吐蕃交通，吐蕃分治时期的城堡、宫殿与寺院，综论等6章，其中重点就卡若文化、曲贡文化、藏王墓考古、青海都兰吐蕃墓、吐蕃苯教丧葬仪轨源流的考古学考察、昂仁古墓葬的调查发掘与吐蕃时期的丧葬习俗、西藏新出土的早期黄金制品、带柄铜镜及其相关问题、吐蕃王冠与突厥王冠、西藏西部出土古代丝织物、吐蕃与中原及中亚、南亚的文化交流、吉隆贡塘王城、卓玛拉康遗址、阿里贡塘王国、古格王朝、皮央佛寺遗址、东嘎石窟、卡俄普石窟、帕尔嘎尔布石窟等进行了讨论。在综论部分，作者对西藏考古工作做了相对全面的回顾。

西藏自治区文物保护研究所主编的《西藏文物考古研究（第2辑）》（科学出版社）一书以西藏文物考古与古建筑为主要讨论对象，收录了《林周旁多水利枢纽工程考古调查及发掘报告》《浅析2012年度西藏阿里地区噶尔县故如甲木墓地及卡尔东遗址考古新收获》《西藏石窟寺综述》《西藏吉隆县帕巴寺保护修缮工程设计方案》等考古调查简报、专题研究、综述、建筑勘查报告、修缮方案共21篇文章。整体上看，收录文章所讨论的时间上限至前吐蕃王朝（约公元前11世纪至公元7世纪）时期，下限到清代；内容涉及西藏自治区境内的古遗址、古墓葬、石刻造像、古建筑、文化线路等的研究成果。

石硕、邹立波、黄博的《西藏古文明中的中原文化因素》（中国社会文献出版社）一书分上、下两编，上编石器时代从西藏高原旧石器中的华北文化因素、西藏高原源自华北的细石器传统、西藏新石器遗址中来自黄河流域的农作物品种——粟（小米）、西藏卡若遗址中来自黄河上游的文化因素等西藏考古发掘的出土文物出发，论证西藏古文明中的中原文化因素。下编吐蕃时期则从唐蕃文化交流背景：唐朝的入蕃汉人、唐代典章制度对吐蕃的影响、汉地宗教向吐蕃的传播、传入吐蕃的汉文典籍、从唐地传入吐蕃的物质文化、汉地传入吐蕃的历法技艺及其他等几个方面探讨了中原文化因素对西藏地区日益加深的影响。

考古遗址发掘方面，藏王陵是历代吐蕃赞普的陵墓，地处西藏自治区山南地区琼结县境内。陵区东西长约2500米、南北宽约1500米，面积约375万平方米。为了进一步明确陵区布局，并为配合藏王陵保护规划的编制，2012—2013年，相关单位对藏王陵开展了地面勘测、石刻测绘、钻探、试掘等工作。在2012年地表调查中，在1号陵封土西北边缘发现一段大致与封土边缘平行的石墙遗迹，初步判断可能存在附属建筑遗迹。为了了解上述遗迹的结构和时代，经国家文物局批准，2013年8月联合考古队在1号陵周边进行了小规模试掘，《西藏琼结县藏王陵1号陵陵垣的试掘》（吕红亮、霍巍、杨锋、何伟、赤烈次仁、强巴次仁、夏吾卡先等执笔，《考古》第9期）就是这次试掘的简报。简报认为，本次试掘的收获可大致总结为以下几个方面：第一，首次确认1号陵存在吐蕃时期的陵垣，这是藏王陵研究史上的重要突破，为研究藏王陵陵墓制度及其与唐陵制度的关系提供了重要的线索。第二，发现了吐蕃帝国崩溃后西藏地方政权曾在藏王陵陵区进行一系列修缮和祭祀活动，显示出藏王陵作为一处“圣域”在西藏历史中的特殊地位。第三，为藏王陵的有效保护提供了珍贵的考古资料。

列山墓地位于西藏林芝地区朗县金东乡列村东北约1.5公里的列山南坡，墓地面积约80万平方米，已发现不同规模和形制的墓葬213座以上，分为东、西两区，东区墓葬191座、西区22座。1982年和1987年，列山墓地曾试掘两次。为了更全面深入地了解其文化面貌，1993年夏季，中国社会科学院考古研究所西藏队与西藏文物管理委员会联合对列山墓地进行了历时一个月的发掘，仝涛、赵慧民执笔的《西藏朗县列山墓地的调查与发掘》（《考古》第11期）就是此次工作的主要收获简报。文章分墓葬形制、出土遗物、墓地附属遗迹（碑亭基址、房址）3个部分。结论认为：M155出土木构件的碳十四测年数据为距今1275年，树轮校正后为公元682—888年。1982年发掘的墓葬碳十四测年数据为公元700年和740年，由此基本可确定该墓地为吐蕃时期遗存。列山墓地的墓葬形制和构筑技术也具有典型的吐蕃时期墓葬特征。从墓葬形制来看，存在多种形制共存的现象，意味着列山墓地使用了较长时期，墓葬的营建技术也有改进。关于列山墓地的墓主人，有学者认为可能是吐蕃王室贵族或者地方上层统治者，还有待进一步研究。

考古研究方面，在近几年西藏西部的古墓葬中，故如甲木古墓葬中发现了迄今为止最早的茶叶遗物。这些“疑似茶叶”的植物出土时已呈黑色团状，经测定内含只有茶叶才具有的茶叶植钙体和丰富的茶氨、咖啡因等成分，因而可以确定“这些植物遗存都是茶叶”。据碳十四测年，其年代为距今约1800年。霍巍在《西藏西部考古新发现的茶叶与茶具》(《西藏大学学报》第1期）一文中分析了阿里地区出土茶叶的考古意义。文章首先对藏族的饮茶习俗、文献对茶叶来源的记载进行了介绍，然后以这次考古发现为依据，对早期西藏的饮茶习俗做了几点重要推测，比如习俗在当地具有一定身份等级的人群中已成为生活方式的一部分；茶叶的食用方式是既可食用，亦可饮用，二者兼备；可能存在着当时用于饮茶的茶杯和茶碗，也可能出现将茶叶与奶制品、盐等混合制作饮料的习俗等。文章最后认为，西藏考古的新发现再次改变了人们的传统认识与旧有知识，证明茶叶传入藏地的时间比起汉藏文献记载所称是公元7世纪之后，要早出许多，大体可以肯定是在相当于中原汉晋时代甚至更早，便已经有一定规模和数量的茶叶进入到西藏高原。而且，这些最早的茶叶传入藏地的路线与途径，也很可能与后来唐宋之际通过“茶马贸易”将四川、云南、贵州等汉藏边地茶叶输入到藏地的传统路线——即所谓“茶马古道”有所不同，而是更多地利用了汉晋时期通过西域汉晋“丝绸之路”，进而南下阿里高原，与汉地的丝绸等奢侈品一道，行销到西藏西部地区。

在青藏高原早期史地研究中，古象雄王国的都城琼隆银城今地的问题，一直以来受到学界的关注和探讨，张云的《象雄王国都城琼隆银城今地考——兼论象雄文明兴衰的根本原因》(《中国藏学》第2期）一文结合历史文献和实地考察，对学术界争讼未决的象雄王国都城琼隆银城的今地进行了考证，认为就目前学界的主要观点来看，琼隆银城位于今西藏札达县的曲龙地方的看法从几个方面都经得起考证，但在保护和开发上不应放弃卡尔东遗址，应该注重两者的整体性。另外，文章对于象雄文明的形成及兴衰原因进行了分析，认为古代时期青藏高原地区繁荣的玉石之路、食盐之路、茶叶之路、丝绸之路、麝香之路、白银之路、苯教传播之路等，均与阿里地区交集，在此助力象雄经济社会的发展进步，通过交流借鉴推动象雄文明的诞生与灿烂，而其衰落也正是这些外部大环境的变化导致的。

青海省都兰县热水河南岸的吐蕃三号墓曾出土12块长方形大石条，其中四块各写有一藏文字，学界对此已有探讨。恰嘎·旦正的《都兰吐蕃三号墓石刻考析》(《西藏研究》第1期）一文对此进行了再讨论，认为4个石碑文字应该依次读作“伦谢乌赤嘎”(བློན་ཤེའུ་ཁྲི་ཀ)，葬于该墓的人物也是吐蕃赞普时期的谢乌氏族重臣。对照文献记载，谢乌大臣是对吐蕃政权的军政大事有过重大功勋的重臣，曾经参与经略吐谷浑地，当地日后便成为由谢乌氏族部落的后裔谢乌大臣掌握政权、颁布法令的政治中心。因此依照惯例，这位重臣去世后，他的尸骨也就安葬于离吐蕃的首府拉萨相距千里之外的都兰县境内。同作者与桑吉尖措的《赠封“达赖喇嘛”尊号之寺院——仰华寺遗址考析》(《中国藏学》第2期）一文对历史上的仰华寺及其遗址进行了研究。文章首先介绍了仰华寺创建的历史背景，然后综合运用历史文献、遗址遗物、口碑资料等，通过文献考证、实地考察等多层面的分析和研究，指出现位于青海省共和县恰卜恰谷地的加拉旧城为仰华寺遗址。最后探讨了保护仰华寺遗址的重要意义。

三、地理

以往地理方面的研究相对较弱，本年度始有重要著作出现。邓锐龄先生多年从事《中国历史地图集》的编制，于本年度出版了《〈中国历史地图集〉南宋、元时期西北边疆图幅地理考释》(中国藏学出版社）一书，其中对《中国历史地图集》中南宋、元时期西北边疆图幅地理进行了详细的考释。全书主要分为不同时期的疆界、图幅和地名考证三个部分，主要内容包括西辽疆域浅释，《中国历史地图集》宋时期西辽图幅地名考释（畏兀儿、虎思斡儿朵、玉深、合剌山、阿忽尔河、黑山等),《中国历史地图集》元时期《察合台后王封地》图幅说明（1306—1330年)，元时期《察合台后王封地》疆界资料,《中国历史地图集》元时期《察合台后王封地》图幅地名考释（第一部分《察合台后王封地》图幅地名考释：阿里麻里、别失八里、独山、普剌、塔剌思等，第二部分《哈密力》图幅地名考释：哈密力、玉速曲、秃儿古阇、八儿思阔等)。后附哈密诸卫、《中国历史地图集》明时期《亦力把里》图幅国界线走向说明（1484—1509年)、《中国历史地图集》东汉到明各时期全图西北边疆部分说明、东汉时期全图西域部分、南北朝时期全图西域部分、唐时期全图西域部分、辽北宋时期全图西域部分、金南宋时期全图西北边疆部分、元时期全图西北边疆部分、明时期全图西北边疆部分等资料。附录“杨图”琐忆、参加编制《中国历史地图集》工作的岁月、作者与谭其骧先生讨论《中国历史地图集》唐、元、明时期西北边疆图幅地理的往来信函等生动地记录了前辈学者从事伟大工作的珍贵经历。

除上述著作外，邓锐龄先生还曾就《中国历史地图集》元明时期全国西北边疆地图所涉及的相关问题，比如元代宗落窝阔台汗·察合台汗两汗国、明代察合台汗国分裂后东支的辖境、边界、境内功臣领地、直系子孙封地，以及明代后期东支再度分裂等情况进行过细致的考释。《〈中国历史地图集〉元明时期西北边疆图幅地理考释》(《中国藏学》第S1期)整理、重现了作者完成于1981年的4篇考释，即元时期全图西北边疆部分(一，1280年)、元时期西北边疆部分(二，1330年)、明时期全图西北边疆部分(一，1433年)、明时期全图西北边疆部分(二，1582年)。通过上述考释，旨在说明在元明两代总图采用的年代内西北边疆的政治形势，并在图例、注记方面提出建议，以供总图编制参考使用。文末所附作者与《中国历史地图集》主编谭其骧先生的往来信函14件，展示了老一辈学者探究学问的严谨态度，也为后学提供了榜样。

地理研究另一个主要领域的地理交通方面的成果有：张永攀的《乾隆末至光绪初藏哲边界相关问题研究》(《中国边疆史地研究》第3期)一文结合各种史料记载，对乾隆末至光绪初年藏哲边界的相关问题进行了研究。文章首先对白木戎与哲孟雄的关系进行了考辨，认为白木戎并非哲孟雄，而是廓尔喀入侵哲孟雄之前位于哲孟雄西北部或与哲孟雄相接的部族或地带，由之可以通往哲孟雄所属地区。其后，对西藏与哲孟雄早期界址、帕克里地方三处卡隘、哲孟雄与其他邻近地方的边界以及一些史料中的错误进行了考辨。文章最后对清朝对藏哲边界的管理等问题进行了探讨，认为清朝对藏哲边界进行了严格的管理，但由于后来国家治理能力的衰减，其管理逐渐松弛。

《大清一统志》是清朝官修地理总志。从清康熙二十五年(1686)至道光二十二年(1842)，前后编撰过3部：康熙《大清一统志》、乾隆《大清一统志》、《嘉庆重修一统志》。房建昌在《〈大清一统志〉西部西藏“阿里”四至与寺庙城邑考》(《西藏研究》第2期)一文中以这部文献为基础，重点就其中涉及的西部西藏“阿里”四至与寺庙城邑进行了考证。比如《嘉庆重修一统志》中“阿里，东自藏界麻尔岳木岭，西至巴第和木布岭，二千一百余里；南自匝木萨喇岭，北至乌巴拉岭，一千三百余里”一句，其中阿里西至巴第和木布岭之巴第，即为“必的”，在今札达县什布奇山口北部偏西界外。北至乌巴拉岭其实为鸟巴拉岭，在喀喇昆仑山口与拉达克首府列城之间。“乾隆二年造送理藩院入一统志”中“阿里正南至格地三日”，其中的“格地”为“日底”，即“什德宗”，其所在细德寺，即普兰县拉德寺，位于普兰县郊西南面西德村的一座山顶上，等等。作者认为，谭其骧的《清代西藏历史地图》对《大清一统志》“西藏”条下若干西部西藏部分地名做了定位，但仍存在一些错误。根据古今中外诸多史料对谭其骧清代历史地图存在的错误进行勘校，可对从事西部西藏史的研究者提供有益参考。

刘立云在《明清陕藏商道研究》(《西藏研究》第6期)一文中认为，茶马古道包括陕甘、康藏、滇越3条，前两条均是陕西商帮最先走出。陕甘茶马古道与通往西域、西亚、中亚的西北丝绸之路相连；康藏、滇越茶马古道与经缅印直通南亚的南方丝绸之路接轨，茶马古道整体即可视为西北、南方丝绸之路的纽带。文章在回顾陕藏交通历史演变的基础上，重点探讨了明清时期的陕藏商道，对其中的陕川商道和川藏商道做了较为全面的考释。文章最后认为，陕藏商道开拓了汉藏民族贸易的往来及区域经济的繁荣，保证了汉藏民族关系的稳固及边疆统治的安定，促进了汉藏民族文化的传播及民族关系的融洽，对汉藏政治、经济、文化的发展与交流作出了积极贡献。

保罗在《从史籍及〈格萨尔〉看丝绸之路与西藏的关系》(《西藏研究》第2期)一文中依据汉藏文献资料及《格萨尔》史诗中的相关信息，就古代丝绸之路与西藏的关系进行了初步探析。文章认为，隋朝以前，北方丝绸之路上的张掖、敦煌、于阗等地与当时西藏高原上的苏毗、象雄、东女国等部落和部族之间分布着四通八达的交通网，而且直通到印度、尼泊尔、缅甸等国家，当时西藏商贾从张掖等输入的主要货物是丝绸，说明古代西藏既有北方丝绸之路的分道，又有与南方陆路丝绸之路相连的通道。经分析，古代西藏不仅是丝绸之路的莫大受益者，也是丝绸之路的积极拓展者，在今天的“一带一路”大战略中自有其不可忽视的定位。

王红丽、崔晨涛在《西藏古代邮驿的发展与传播特点》(《四川民族学院学报》第1期)一文中对古代西藏邮驿制度的产生、发展、灭亡及传播特点进行了阐述。文章认为，在与唐王朝不断的往来过程中，吐蕃逐渐建立起比较完善的邮驿制度。自元代政权归中央后，历代王朝为统治西藏，投入大量的人力、物力广开驿路、设置驿站、制定严格的管理驿站的制度、输送管理驿站的官员。但是西藏由于自身政治、历史、地理等的特殊性，在把邮驿作为主要信道来传递和接受信息时，形成了自身独有的传播特点。不过最终随着侵略者“客邮”的建立，邮驿作为西藏古老的通信方式走向灭亡。

四、文献

如同往年的研究，本年度文献研究的成果仍然非常可观。

藏文历史文献方面，首先是史籍和文献的译注。本年度，由周润年翻译的巴卧·祖拉陈瓦的史学名著《贤者喜宴》之《噶玛噶仓史》继续在《西藏民族大学学报》连载。《〈贤者喜宴——噶玛噶仓〉译注（三十）》（第1期）主要记载了第八世噶玛巴活佛米觉多杰晚年的一些活动。米觉多杰在藏历虎年（1554年）患病期间仍继续传法布教，并做出下一代转世活佛的出生地等预言，最终于虎年八月二十三日圆寂。文章还介绍了八世噶玛巴培育的众多佛学无阻的殊胜弟子，包括红帽系五世活佛衮强耶拉、摄政活佛扎巴班觉、司徒活佛却吉沃色、年巴活佛、吾玛谷杰、日绰谷杰等，他们为传承八世噶玛巴的教法作出了重大贡献。

《娘氏教法源流》藏文原名为《教法源流·花蜜精粹》，成书于12世纪，属于较早出现的藏文史籍之一，主要讲述了佛教在印度的发展及传入吐蕃后的发展情况，一直写到后弘期开始宁玛派的发展，其中详细记载了吐蕃王朝的历史，具有重要的文献价值。作者娘·尼玛沃色出生于今山南地区洛扎县，是当地的政教领袖，为当时宁玛派的传承和发展作出了重要贡献。本年度《中国藏学》继续连载许渊钦的《〈娘氏教法源流〉译注（七）》（第3期），为《娘氏教法源流》第三章"宣说吐蕃"中第十节迎娶尼妃墀尊与汉妃文成公主及第十一节赤松德赞与堪布、阿阇黎的事迹（藏文版第233页第三段至第276页第一段），内容涉及松赞干布时期尼妃和汉妃在吐蕃建造佛殿、弘扬佛教，以及松赞干布之后芒松芒赞、都松芒布杰、阿聪、赤松德赞等历代赞普弘扬佛教的历史。

明代岷州僧人班丹扎释曾于景泰三年封为大智法王，是明朝分封的第四位法王。近年来随着《西天佛子源流录》等文献的发现，关于班丹扎释的研究取得了显著的进展。李志明、洲塔的《新发现的两件班丹扎释法旨及相关史实考述》（《中国藏学》第3期）就新近发现关于班丹扎释的两件法旨进行了研究。这两部法旨由北京大隆善寺发往岷州大崇教寺，发出时间分别为宣德六年（1431）和正统十四年（1449）。文章在对两部藏文法旨的规制进行介绍后，对法旨进行了誊录和汉译，在此基础上进行了释读和事实考述，由此提出大崇教寺由班丹扎释初建于明永乐十五年（1417），奉敕重修在宣德二年（1427）等观点。另外，文章最后还就大崇教寺的法脉传承做出了尝试性探讨。

其次是对藏文文献的研究。《贤者喜宴·噶玛岗仓史》已经在《西藏民族大学学报》连载30期，关于其所涉及的丰富内容和文献价值，逐渐为学界所熟知。张屹、周润年在《藏文史籍〈贤者喜宴·噶玛岗仓史〉的内容及其史学价值》（《民族研究》第1期）中对这部文献的作者、版本流布、研究现状、主要内容、史学研究价值等进行了介绍。文章认为，《贤者喜宴·噶玛岗仓史》记载涉及了元、明时期西藏地方的政治、经济、社会、军事、宗教、文化等方面，同时也对汉文史籍记载汉地历史及西藏历史的某些方面有所补充。该卷记述详备，考证精当，而且史料丰富、可靠，很多史料可与汉文史籍相互印证，具有极高的史学价值。

张云在《藏文史书〈雅隆尊者教法史〉的学术价值》(《民族研究》第6期)一文中对释迦仁钦德撰写的《雅隆尊者教法史》一书做了比较全面的考察。文章先后讨论了该书作者的家族、写作缘起与目的、编著原则、史料来源等，同时就该书突出的学术价值与存在的不足进行了分析，兼论及该书的抄写年代。文章最后分析了元明之际藏族史学快速发展的原因，认为元朝的大一统、各民族各地区交往的现实确立了大一统的历史观念；西藏地方宗教界上层频繁前往内地从事政教活动增进了他们对内地的了解和认同；而这些史学名著的写作能与如此众多的因素产生关联，也体现了其广泛的社会影响。

在古代藏文文献中，有一部专门记载吐蕃王陵的著作——《桑瓦央琼》。该书记载了吐蕃王朝时期共50位历代赞普和王室成员陵墓的具体情况，对陵墓的规格、分类、位置等进行了详细叙述。夏吾卡先在《一部吐蕃王陵的史册——〈桑瓦央琼〉的研究与翻译》(《中国藏学》第3期)一文中对这部珍贵文献做了初步的介绍，其中重点探讨了其成书年代以及与吐蕃著名《五坚》史籍间的历史渊源。在此基础上，作者就该文献的文献价值进行了探讨，认为尽管其中一些问题还需进一步解读，但其作为迄今存世唯一一本吐蕃王室墓主最齐全、陵墓信息量最为丰富，且成书年代最为久远的一部专著具有重要的文献价值。

阿贵的《新发现藏文史籍〈王统日月宝串〉评述》(《西藏研究》第1期)一文中对近年新发现的《日种王系》和《月种王系》两部有关西藏西部古代史的重要藏文史籍进行了介绍。《日种王系》约著于15世纪，作者是古格班智达·扎巴坚赞，重点记述普兰王系；《月种王系》撰者不明，但行文、内容简练古朴，类似吐蕃出土文献，其成书年代不会晚于12世纪，具有重要的文献价值。文章从书名含义及其翻译、主要内容及其特点、史料价值等几个方面对两部文献做了相对全面的介绍，认为两部史籍虽然成书年代各不相同，但内容明显有别于其他多数藏文史籍，对研究吐蕃历史文化、早期阿里各王系之历史具有重要的史料价值。

汉文历史文献方面，首先是近代文献的整理。本年度，《西藏民族大学学报》继续整理发表了近代涉藏的相关汉文历史文献，比如第3—6期连载的欧阳无畏的《藏尼游记》(韩敬山整理)。民国时期欧阳无畏曾两次入藏，前后达9年时间。第一次在藏期间，欧阳无畏于1937年7月至1938年1月自拉萨经日喀则前往尼泊尔，历时192天，详尽记述沿途风土源流，尤其是目击清中央政府在藏各类机构今昔境况，对清末驻藏大臣以及十三世达赖喇嘛、九世班禅返藏、亟待中央政府强力治藏均做了深入研析，撰成约10万字的《藏尼游记》。文中他强烈呼吁汉藏佛教界要密切沟通交流，同时希望中央政府树立底线思维，提出治藏之要在于教育，最终使藏族等边疆民族逐渐融入国家整体民族的理念。整理者全文照录了原文并重新标点，对其中相关问题做了必要的注释，具有重要的资料价值。

本年度，中国藏学出版社继续出版了《西藏文史资料选辑》第32辑，题为《我的西藏记忆》，其中收集了夏景文《十八军先遣支队进军西藏简录》、陈明义《壮丽的诗篇 英雄的道路——进藏初期后方运输与修筑康藏公路纪实》、西藏驻格尔木办事处《一条公路 一个城市 一座丰碑》等49篇回忆文章，生动地再现了当初进军西藏和建设西藏的基本历程。杨一真整理的《进军西藏日志（1950—1951）》（学苑出版社），则用日记体的形式较为系统、全面、客观地综述了1950、1951年解放军进军西藏、解放西藏、建设西藏的基本情况。部分文件作为附录补充在文末。

其次是文献研究。赵心愚的《清代西藏方志研究》（商务印书馆）共分5章，从史料学的角度对清代西藏地方志这一特殊史料系统进行了整体和全面的研究，分别涉及了清代西藏各地方志的作者及成书时间、资料来源、传承关系、编撰体例、总体特点及史料价值等诸多方面，比如《西藏志考》《西藏志》等书著者及成书时间的考证，清代西藏方志的资料来源及几部主要著作间（《西藏记》与《西藏志》，《西藏考》与《西藏志》《西藏志考》等）的关系考，《西藏志》、宣统《盐井乡土志》等方志的特点及其资料价值等。另外，作者还对清代西藏方志的序、跋、例言及目录著录问题进行分析研究。书后附有4篇附录。该书是目前为止系统地探讨清代西藏方志的重要著作，为相关领域的进一步研究打下了良好的基础。

抗日战争时期，重庆国民政府军事委员会为了抗战建国，加强了对川康边区的治理与开发，由委员长成都行辕组织力量，根据旧有资料，收集有关文献资料，调查川康边区各方面的情况，最终于民国二十九年（1940）整理成《川康边政资料辑要》，并在成都付梓成书。《川康边政资料辑要》由成都行辕主任贺国光主持编撰，包括了川康二省的边地二十九个县的基本情况，洋洋二百多万字，可称为当时抗战建国艰难时世下政府出面主编的大型文献汇编。全书包括总的《序言》《例言》及各县情况、地图等内容。王川和朱晓舟在《“注意川康边事之整理，完成建设新西南之使命”——1940 年贺国光编纂〈川康边政资料辑要〉及其重要价值》(《西藏大学学报》第 1 期）一文中对这部资料集的编纂过程、主要内容、文献价值和整理本的编纂说明等做了相对全面的介绍。

英文汉译文献方面，本年度《西藏民族大学学报》(第 1—6 期）连载了由邓锐龄摘译的英国藏学家阿拉斯泰尔·兰姆的《英属印度和西藏，1766—1910》。该书初版于 1960 年，原书名为《英国与中国中亚——通往拉萨之路，1767—1905》(Britain and Chinese Central Asia, the Road to Lhasa 1767 to 1905)，后经删改补充，于 1986 年以《英属印度和西藏，1766—1910》(British India and Tibet 1766–1910）为名出版。作者依据英国所存大量档案，包括当年英当局的文书、函牍、工商业者的禀帖、新闻界的评论等，叙述了清乾隆三十一年（1766）到宣统二年（1910）长达 145 年间，英属印度与西藏的关系及英国对藏政策形成递嬗的过程。总体而言，该书如实客观地反映了这段历史，具有相当高的学术价值。摘译（一）叙述了英属印度与中国西藏之间最初接触的过程，分析并指出中国在西藏拥有绝对权威的地位（由梁俊艳翻译，邓锐龄校订)。摘译（二—六）叙述了英属印度吞并和控制西喜马拉雅山区诸邦、控制锡金、迫使不丹就范、英国在两次鸦片战争得胜后屡次交涉西藏开放问题、中英签订《烟台条约》后英人获得旅行中国西藏等地的权利、英印发动第一次侵藏战争后吞并锡金，并使中方将西藏的亚东开放等过程。

2. 档案文献

中国第一历史档案馆、内蒙古大学蒙古学学院合编《清内阁蒙古堂档》(共 22 册)，收录有自康熙十年至康熙六十年间清朝与西藏和蒙古各部之间的往来文书，其中包括噶尔丹事务档，策妄阿喇布坦事务档等专题档案，具有重要的史料价值。本年度，《中国藏学》分 3 期连载了《〈清内阁蒙古堂档〉中与西藏有关档案目录编译》(第 1—3 期)，其中陈岚、达力扎布的连载（一）收录了第 1—5 册，即康熙十年到三十一年间与西藏历史相关的文书档案目录，包括西藏达赖喇嘛、班禅呼图克图等与清朝往来文书，以及准噶尔部、青海和硕特部、喀尔喀部汗、台吉和喇嘛等与清朝往来的文书。原档案目录（蒙古文）只有发文和收文者，没有摘录事由，文章将其中与西藏历史相关的回鹘式蒙古、托忒文蒙古和满文档案文书摘编事由拟题，共编为 196 条目录。连载二和三由陈岚单独完成，其中（二）收录了第 6—10 册中涉及康熙二十六年至三十三年间，西藏达赖喇嘛、班禅呼图克图、第巴等与清朝往来文书，以及围绕巴图尔额尔克济农、喀尔喀内乱、准噶尔与喀尔喀纷争、喀尔喀归属问题等事件与清朝往来的文书目录共 142 条。（三）收录了第 11—14 册中主要涉及康熙三十一年至三十八年间，西藏地方达赖喇嘛、班禅呼图克图、第巴等与清朝往来文书，以及围绕讨伐噶尔丹及其处理噶尔丹儿女、重臣，第巴将达赖喇嘛圆寂之事匿而不宣、往召班禅呼图克图等事件与清朝往来的文书共 175 条。

英国《外交部涉藏事务档案》全宗第 535 号，“Correspondence Respecting the Affairs of Tibet（1903—1923）”，“F.O.535，T.1–27.”是英国政府有关中国西藏事务机密函电汇编，共 27 卷。1911 年中国辛亥革命后，其中并有一些函电涉及中国外蒙古问题。此“汇编”收藏于英国伦敦图书馆。该函电翔实地记录了 20 世纪 20 年代英俄两大帝国主义争霸世界，侵略殖民地和半殖民地的历史，其中有关中国西藏事务的机密函电，涉及非常广泛；有英国外交部与英国印度事务部往来函电，有英国印度事务部与英属印度政府往来函电，有英国与俄国等国政府及外交官员的往来函电；有英国政府、俄国政府等与清政府等往来函电，等等。另外还有英、俄两国政府在争夺世界霸权中，几次以中国西藏进行政治交易，如 1904 年英俄两国政府在埃及问题和西藏问题上的政治交易的来函电；又如 1905—1907 英俄两国政府在波斯问题、阿富汗问题和西藏问题上长期谈判，进行一揽子政治交易，1907 签订《英俄协约》，其中有背着主权国中国政府签订的《西藏协定》；再如，英俄两国以修订《西藏协定》为中心，在西藏、外蒙古、阿富汗等问题的政治交易，英国承认外蒙古为俄国的势力范围，保证俄国在阿富汗北部的经济利益。英国政府进而在 1913—1914 年，向俄国政府提出修订《西藏协定》，取消《协定》中对英国的限制，争取俄国支持“西姆拉条约”；而俄国则要求英国承认北满、外蒙古等为俄国的势力范围。本年度的《西藏民族大学学报》分 5 期连载了王远大翻译的《英国外交部有关中国西藏档案 F.O.535（1903—1908）》（第 2—6 期），具有重要的史料价值。

拉达克（Ladakh）地区在 19 世纪 30 年代以前相当长的一段历史时期内都隶属于我国西藏地方政权，但是自 30 年代以后逐渐被英国治下英属印度政府所控制，成为其辖下克什米尔土邦的一个组成部分。其后英国政府向该地派驻了一名临时代表，即英国驻列城代办，后又将其升格为常设机构，专门负责监督克什米尔当局对拉达克的日常管理，对过往拉达克的各地商旅及商贸交易情况等进行调查分析，并按时向英国驻克什米尔驻扎官代理呈送年度贸易报告，后者再将其上呈英印政府。朱卫翻译的《1936 年英驻克什米尔驻扎官代理 L.E. 兰格上校拉达克巡查报告——英国印度事务部档案选译》（《西藏民族大学学报》第 2 期）一文，是英国印度事务图书与档案部藏《拉达克年度贸易报告（1920—

1947）》中《印档》编号 L/PS/12/3289、P.Z.1559/1937 号文件，主要记录的是英驻克什米尔驻扎官 代理 L.E. 兰格陆军上校对其在 1936 年八九月间赴拉达克首府列城进行贸易巡查情况的汇报。在报告中，兰格以商贸关系为中心，全面陈述了有关拉达克的历史概况、商路管理、道路维护、首府列城、行政机构设置及苏联商业力量渗透等六个方面的情况，敏锐地洞察到了造成英印方面与中国新疆之间贸易下滑的各种因素，为下一步英印政府制定与调整中亚贸易政策提供了十分重要的参考。

3. 敦煌文献

在敦煌藏文文献中，P.T.1286、P.T.1290、P.T.1060、P.T.1285、IOLTibJ734、IOLTibJ511A 等文献比较类似，均涉及吐蕃小邦邦伯家臣方面的内容。其中，P.T.1290 为梵夹装，共 1 叶，每面各存 12 行文字。两面的内容没有紧密衔接的关系，且内容较为相似。第一面左侧底部缺文，共 12 行，第 1—4 行系一不完整的佛教文献，第 5—7 行则是有关吐蕃小邦邦伯家臣方面的内容；第二面右上角缺文，第 1—7 行也是有关吐蕃小邦邦伯家臣方面的内容，尽管该写卷有可能属于杂抄或练笔类文献，但也为我们研究吐蕃小邦提供了相应的素材。黄维忠的《P.T.1290 小邦邦伯家臣表译释（上）》（《西藏民族大学学报》第 4 期）一文分解题、藏文原文和汉译文三部分对 P.T.1290 第一面第 5—7 行、第二面第 1—7 行有关吐蕃小邦邦伯家臣方面的内容进行译注，并对敦煌藏文文献中集中出现的吐蕃小邦邦伯家臣的名称进行了制表统计。班玛更珠、黄维忠的《P.T.1290 小邦邦伯家臣表译释（下）》（《西藏民族大学学报》第 5 期）一文分解题、藏文原文和汉译文三部分对 P.T.1290 第一面第 8—12 行和第二面第 7 行末尾至第 12 行的内容加以译释。第一面第 8—12 行和第二面第 7 行末尾至第 10 行这两段内容颇为相似，系一段韵文体文献，从内容看似在赞美吐蕃赞普和王廷所在地；第二面第 10—12 行的内容为另一种文献，系有关吐蕃驿传制度中文件丢失后如何处理的文献。

敦煌藏文 P.T.1185 号《军需调拨文书》是一部珍贵的文献，由王尧、陈践先生于 20 世纪 80 年代译成汉文，对研究吐蕃军队的后勤供给，吐蕃统治河陇地区的军政机构和吐蕃统治下吐谷浑、党项等民族的状况等问题都有重要意义。陆离的《敦煌藏文 P.T.1185 号〈军需调拨文书〉及相关问题研究》（《西藏研究》第 2 期）一文就这部文献所涉及的一些问题进行了初步研究。比如文书中的论悉达古，王、陈两位先生注释为吐蕃大相噶尔之子悉多干，作者通过对噶尔诸子所驻方位的记载以及对噶尔之子悉多干年龄的推断，认为书中的论悉达古不是悉多干，而是另有其人，当为吐蕃东道节度使衙署中的官员或安抚论。关于文书的年代，作者通过对相关事迹和人物的推断，认为应是在9世纪前期。另外，文章还探讨了吐蕃统治河陇时期的吐谷浑王国、部落和党项部落的相关问题，认为吐蕃统治下吐谷浑王国的军政事务除了由吐谷浑小王管理外，同样受到吐蕃东道节度使、安抚论等的直接管理，吐蕃统治下河陇等地的党项部族则多被编入吐蕃、孙波、通颊部落。

英藏敦煌藏文文献 IOL TIB J1375 是有关吐蕃大臣琼保·邦色苏孜的传记材料，总计12行，与P.T.1287第315–323行内容相似，国外学者托马斯和麦克唐纳曾有完整的英译文和相应的研究，不过对内容的理解都存在一定的偏差。黄维忠的《英藏敦煌藏文文献 IOLTIBJ1375 译释》(《西藏民族大学学报》第2期)一文在前人研究的基础上，对该文献进行解题、藏文转写录文，并首次进行了汉译和注释。文前附有关于古藏文文献的简短说明，有利于读者对古藏文文献的概貌所了解。

4. 其他文献

金石文献方面，西藏自治区林芝地区工布江达县江达乡江达村“太昭古城”内，有一通修路记功的“万善同归”石碑，详细记载了清嘉庆初年驻防拉里汛、江达汛的官兵与当地藏族官民以及客居此地的内地民众共同捐资整修江边道路的善举。陈祖军、夏格旺堆、李林辉、罗布扎西的《工布江达县“万善同归”碑文考释》(《西藏研究》第2期)一文对这通石碑的藏汉碑文进行了考证和注释，在此基础上重点介绍立碑事由，捐资人身份的甄别、官兵身份的甄别以及捐银数额，由此厘清了嘉庆初年驻防拉里汛、江达汛绿营官兵的构成情况，为研究清中期工布江达一带驻藏官兵与当地藏族官民以及客居此地的内地平民关系提供了有益的资料。

综上所述，本年度的历史考古地理文献研究成果较为丰硕，为进一步的研究打下了良好的基础。从各专题的研究现状来看，基本上呈现出这样几个特点：

历史研究方面，吐蕃、清代和民国研究成果相对较多，史前、宋、元、当代时期的研究则较为薄弱。明代研究略有回升。值得注意的是，作为以往历史研究的强势领域，吐蕃史研究的比重略有下降。

考古研究方面，整体呈上升趋势，本年度的成果比较喜人，但研究队伍仍需壮大。

地理研究方面，本年度有重要著作和一系列涉及古代交通的文章与读者见面，改变了以往相对单薄的状态，有待来年更进一步。

文献研究方面，无论是藏、汉、外文文献，还是档案和敦煌文献，都在整理、翻译和研究上取得了较好的进展。需要提及的是，藏文翻译方面的成果基本上为正在连载的长篇文献，新译文献相对较少。

藏文部分

2016年，用藏文发表的藏学历史考古地理文献类文章数量较多，涉及的内容也相对全面，提出了一系列新观点和新发现，体现出一些不同于以往的特点和趋势。以下按不同主题分类综述。

一、历史

（一）总论

本年度总论性文章显著增加，从选题来看，主要是氏族史、部落史和地方史。氏族史方面，重点涉及吐蕃王朝乃至更早时期某一氏族或家族在其后漫长历史发展过程中的变迁。比如周瓜（ཛ་སྟོད་འབྲུག་པ།）的《略谈敦煌文献中的 Lho Rngegs》（ཏུན་ཧོང་ཡིག་རྙིང་ཁྲོད་ཀྱི་ལྷོ་རྔེགས་ལ་དཔྱད་པ།《中国藏学》第4期）一文对吐蕃职官系统中经常出现的洛、埃两氏进行了介绍。文章指出，洛氏和埃氏是吐蕃望族，早在小邦时期便分别建立邦国，后在聂赤赞普时期归入雅隆部落。在其后的发展中，一直忠于赞普王室，和噶尔家族一样，是赞普的左膀右臂，一直受到赞普器重，有多人担任要职，为吐蕃政权的巩固和发展作出了贡献。

尼玛顿珠（རིན་སྤུངས་ཉི་མ་དོན་གྲུབ།）的《谈谈藏族古代努卜氏族》（བོད་གནའ་རབས་གནུབས་ཀྱི་རུས་རྒྱུད་སྐོར་ལ་ཅུང་ཙམ་དཔྱད་པ།《中国藏学》第4期）一文探讨的是另一个著名家族努卜氏。与洛、埃两氏一样，努卜氏也在小邦时期建立邦国，是当时的十二小邦之一，后归入吐蕃，为吐蕃王朝的发展作出了重大贡献。文章还指出，努卜氏对佛教在西藏的传播也功不可没，特别是后弘期努卜氏出现了一个又一个高僧大德，他们积极推进藏传佛教的发展，与该家族有关的文化遗迹多处可见。与之类似的还有吉美（འགྱུར་མེད།）的《朵康地区“努”氏探源及其相关问题》（སྣུབས་ཀྱི་རིགས་རུས་མདོ་ཁམས་སུ་མཆེད་ཚུལ་དང་འབྲེལ་བའི་གནད་དོན་འགའ་ཞིག་ལ་དཔྱད་པ།《青海民族大学学报》第 3 期）一文。该文对朵康地区“努”氏的起源和发展进行了介绍，指出努氏是吐蕃最古老的氏族之一，早在聂赤赞普时期就成为“父族六氏”之一，之后成为赞普家族的左膀右臂，权势极大。赞普赤松德赞时期，努氏因故失势，遂分散到朵康地区。

久仙加（འཇིགས་བྱེད་སྐྱབས།）的《“དམུ”与“དམུ་ཡུལ”之含义演变过程初探》（དམུ་དང་དམུ་ཡུལ་ཞེས་པའི་ཐ་སྙད་ཀྱི་གོ་བའི་འཕེལ་རིམ་ལ་དཔྱད་པ།《西藏研究》第 2 期）一文对藏文古籍，特别是敦煌古藏文文献和后弘期早期文献中出现的“དམུ”字以及地域概念“དམུ་ཡུལ”进行了探讨。文章分“དམུ”字的不同写法，“དམུ་ཡུལ”最初所指，“དམུ”字的含义，“དམུ”与吐蕃赞普王系的关系，“དམུ”为藏族六大姓氏之一之辨析，“དམུ”氏的政治地位、文化地位及其演变，与“དམུ”相关的当代藏区地名等 8 个部分，相对全面地梳理了与“དམུ”字相关的历史和文化背景。

官却杰（དཀོན་མཆོག་སྐྱབས།）的《安多循化文都地区的萨迦昆氏由来》（ཞུན་ཧྭ་བིས་མདོ་ཡུལ་དུ་ས་སྐྱ་འཁོན་གྱི་རིགས་རྒྱུད་བྱུང་ཚུལ་སྐོར་ལ་དཔྱད་པ།《攀登》第 2 期）一文，对现青海省海东地区循化撒拉族自治县文都藏族乡的昆氏后裔来源进行了探讨。萨迦昆氏在西藏历史上赫赫有名，文都寺的历代噶尔哇都自称属于昆氏家族，作者在文中大致梳理了昆氏子孙一支逐渐迁徙到东部的过程。

吉毛措（ལྕགས་མོ་མཚོ།）的《论述热桑姓氏的有关问题》（ར་སངས་དང་འབྲེལ་བའི་མི་སྣའི་སྐོར་ལ་དཔྱད་པ།《攀登》第 1 期）一文根据苯教文献，认为通常所说的热桑氏其实不是氏族名，而是地名和部落名。在此基础上，作者还梳理了热桑、热桑部落、热桑部落的氏族及相关历史人物，最后对学界认定的苯教文献《斯巴总堆》抄写者的身份提出了质疑。

部落史方面，研究重点多在甘青藏区的部落，而从研究结论来看，这些部落的源头大多数都在西藏，多与吐蕃王朝时期的戍边军队有密切关系。比如吐蕃王朝的建制，之前学界多有研究，其中最基本的是四茹和六十一东岱的建制。彭措扎西（ཕུན་ཚོགས་བཀྲ་ཤིས།）的《论吐蕃时期六十一东岱所属伍茹岛岱之军政兴衰原因》（བཙན་པོའི་དུས་ཀྱི་སྟོང་སྡེ་རེ་གཅིག་ལས་དབུ་རུ་དོར་སྡེའི་དམག་སྲིད་འཕེལ་འགྲིབ་ཀྱི་རྒྱུ་རྐྱེན་གཙོ་བོ་ལ་དཔྱད་པ།《中国藏学》第 1 期）一文就六十一东岱中伍茹岛岱的兴衰史做了初步的梳理。文章首先介绍了该东岱的名称来源，然后就其军政建制、战力战绩、军纪军功等进行了阐述，指出由于战功卓著而被委以“下勇部”之光荣称号，镇守吐蕃东部边境。最后指出随着内部斗争和王朝的衰落，东岱战力下降并逐渐转变成了纯粹的生产部落，并一步步融入到朵麦各地的藏族部落当中。

喜饶丹代尔（ཤེས་རབ་བསྟན་དར།）的《论安多洛哇部落的变迁及现状》（མདོ་སྨད་ཀྱི་གདོད་མའི་ཚོ་པ་ལོ་བའི་འཕེལ་རིམ་དང་ད་ལྟའི་གནས་ཚུལ་སྐོར་མདོ་ཙམ་གླེང་བ།《青海民族大学学报》第 2 期）一文，对现分布于甘青藏区的洛哇部落的名称和历史上的变迁进行了分析，指出该部落最初生活在后藏，大约在赞普赤热巴巾时期逐渐迁徙到朵麦地方，之后在漫长的发展过程中逐渐分化，现分布于青海、甘肃交界的不同地区。文章最后还对与洛哇有关的古迹做了梳理和介绍。

扎西龙主（བཀྲ་ཤིས་ལྷུན་གྲུབ།）的《史籍中安多郭密部落及其历史演变》（ཡིག་ཚང་ཁྲོད་ཀྱི་སྒོ་མི་ཚོ་བ་དང་དེའི་ལོ་རྒྱུས་འཕེལ་རིམ།《攀登》第 3 期）一文利用藏汉文资料，就青海湖周边的郭密部落及其历史演变进行了探讨，并对新中国成立后当地的地理范围和行政划分进行了介绍。同样是研究青海的部落，夸加（མཁའ་རྒྱལ།）的《阿柔格西坚赞奥赛所属部落渊源考》（ཨ་རིག་དགེ་བཤེས་ཆེན་མོ་རྒྱལ་མཚན་འོད་ཟེར་གྱི་དུས་གཏོགས་ཚོ་བའི་འབྱུང་ཁུངས་སྐོར་གླེང་བ།《攀登》第 3 期）一文以 18 世纪的阿柔格西坚赞奥赛所属部落为研究对象，就阿柔一名的由来、阿柔部落的基本发展，分为三个部落后各自的牧场范围等问题进行了探讨。

地方史方面，卡尔梅·桑木旦（མཁར་རྨེའུ་བསམ་གཏན།）的《藏北三十九族部落历史文化研究》（བོད་བྱང་ཐང་གི་ཧོར་ཚོ་སོ་དགུའི་ལོ་རྒྱུས་ཀྱི་བྱུང་འཕེལ་ལ་རགས་ཙམ་དཔྱད་པ།《西藏研究》第 4 期）一文，由索朗曲杰（བདེ་ཁང་བསོད་ནམས་ཆོས་རྒྱལ།）译自英文，全文详细介绍了 20 世纪三四十年代藏北三十九族部落的基本分布、噶厦政府设立藏北总管前后的政治和社会制度，以及三十九族部落的风土习俗、经济生活、宗教信仰和文化变迁，对了解西藏的部落制度和游牧文化具有重要的资料价值。

尕藏本（སྐལ་བཟང་འབུམ།）的《结合朵麦卓尼地方土司制度论述该地区产生的甘丹赤巴》（མདོ་སྨད་ཅོ་ནེ་ཡུལ་གྱི་ཐུའུ་སིའི་སྲིད་འཛིན་དང་འབྲེལ་ཏེ་ཡུལ་དེར་བྱོན་པའི་དགའ་ལྡན་ཁྲི་པའི་སྐོར་རྟོབ་ཙམ་གླེང་བ།《中国藏学》第 4 期）一文就 96 位甘丹赤巴中出自甘南卓尼籍的 7 位大德进行了研究。甘丹赤巴是宗喀巴法座的继承者，是名誉上格鲁派的最高领袖，是学僧追求的最高荣誉。为什么甘肃省甘南州卓尼县会产生 7 位甘丹赤巴？文章认为，卓尼地区传统的政教合一制度、卓尼土司对宗教事业的支持、当地较为可观的经济发展，以及卓尼与拉萨三大寺的密切关系共同造就了“一县七金座”的奇迹。

多麦阿琼南宗，通常被认为是后弘期下路弘法的发源地，吉美（འཇིགས་མེད།）

在《佛教前弘期和后弘期时期多麦阿琼南宗历史》(བསྟན་པ་སྔ་དར་དང་ཕྱི་དར་སྐབས་ཀྱི་མདོ་སྨད་ཨ་ཆུང་གནམ་རྫོང་གི་ལོ་རྒྱུས་ལ་རགས་ཙམ་དཔྱད་པ།《攀登》第3期)一文中认为，阿琼南宗不仅仅是后弘期开始才登上历史舞台，早在吐蕃赞普赤松德赞时期就在史书上赫赫有名。文章介绍了阿琼南宗的地理位置、地名由来、周边环境、相关名人、宗教发展和文物古迹等，使读者能对这个地方有一个相对全面的认识。

泽旺仁真（ཚེ་དབང་རིག་འཛིན།）的《刍议历史上琼布丁青与古象雄的关系》(ལོ་རྒྱུས་ཐོག་ཁྱུང་པོ་སྟེང་ཆེན་ཡ་ཐོག་ཞང་ཞུང་དང་འབྲེལ་བའི་སྐོར་ཆེ་ལོང་ཙམ་བརྗོད་པ།《青海民族大学学报》第2期）一文认为，现在的琼布丁青，在早期属于象雄王国的版图，在文化上也属象雄苯教文化圈。在历史发展过程中，琼布丁青的称呼多有不同，作者最后梳理了不同时期的地名变化，具有一定的参考价值。

除了以上氏族史、部落史和地方史，本年度一些总论性文章还涉及民族史和文化史。比如金果・次平（རྒྱང་འཕོར་ཚེ་ཕུན།）的《从族源探讨夏尔巴人的民族归属问题》(ཤར་པའི་མི་རྒྱུད་ཀྱི་འབྱུང་ཁུངས་དང་འབྲེལ་ཏེ་དེའི་མི་རིགས་ཀྱི་གཏོགས་ཁོངས་ལ་དཔྱད་པ་རྣག་བརྟོལ་གཙག་བུ་ཞེས་བྱ་བ་བཞུགས་སོ།《西藏研究》第3期）一文针对陈乃文等“夏尔巴与藏族的共同远祖是西羌，是同源异化”的观点，利用相关文献研究，论证了夏尔巴是藏族族属，为“东”氏（ལྡོང）后裔，其来源于康区，所以才称为“ཤར་པ”，即东方人。

格朗（སྐལ་རྣམ།）和扎西龙珠（བཀྲ་ཤིས་ལྷུན་གྲུབ།）的《略谈古印度高僧入藏对藏族文化的影响》(བོད་བྱོན་རྒྱ་གར་པཎ་ཆེན་གྱིས་བོད་ཀྱི་རིག་གནས་ལ་བཞག་པའི་མཛད་རྗེས་སྐོར་མདོར་བསྡུས་གླེང་བ།《西藏研究》第2期）一文将佛教在西藏的弘传分为拉脱脱日年赞至赤松德赞、赤德松赞至达磨赞普、后弘期开始至13世纪等三个阶段，就这三个时期古印度高僧入藏对藏族文化的影响进行了探讨。文章根据梳理不同阶段来藏印度高僧人数、来藏原因、在藏传法特征，将其纳入历史大背景中，分析了古印度僧人入藏与古印度的社会变迁、古代西藏的政治兴衰之间的关系，并对他们推进佛教在西藏发展的贡献进行了肯定。

(二)吐蕃、宋

1. 吐蕃

本年度的藏文吐蕃史研究成果，研究的切入点相对集中，主要是人物研究。比如关于吐蕃王朝的缔造者松赞干布，敦煌古藏文文献中，赞普松赞干布和赤松德赞的名字中都有“སྲོང་ལྡེ་བཙན”一词，所以也使得后期的一些史家因此出现了一些混淆。康嘎楚称格桑（ཁང་དཀར་ཚུལ་ཁྲིམས་སྐལ་བཟང་།）的《藏王松赞干布与佛教》（གོང་མ་ལྷ་བཙན་པོ་སྲོང་བཙན་སྒམ་པོ་དང་ནང་ཆོས།《青海民族大学学报》第2期）一文认为，由于大家没有分辨古文献中的“སྲོང་ལྡེ་བཙན”究竟指谁，所以出现了诸多张冠李戴的错误，典型的就是把赤松德赞时期广建佛殿、实行居家十六净法的措施归功于松赞干布。

关于吐蕃赞普止贡赞普之子，敦煌文献和西藏金石文献都记载为夏赤（ཤ་ཁྲི）和聂赤（ཉ་ཁྲི），但在后弘期的史书中却多了一个恰赤（བྱ་ཁྲི），并将其认定为布德贡杰。江琼·索朗次仁（ལྕང་ཆུང་བསོད་ནམས་ཚེ་རིང་།）在《有关止贡赞普之子恰赤史料真伪研究》（དྲི་གུམ་བཙན་པོའི་སྲས་བྱ་ཁྲིའི་ལོ་རྒྱུས་དཔྱད་ཡིག་བདེན་རྫུན་སྐོར་གྱི་དོགས་སློང་།《中国藏学》第1期）一文中指出，后弘期藏文史书中出现的恰赤，实际上指的是吐蕃第一位赞普聂赤赞普，史书中记载的事迹也多为聂赤赞普的功绩。文章认为，由于直接史料的缺乏，导致后期的史家将聂赤赞普的异名恰赤误解成止贡赞普之子，犯了张冠李戴的错误。作者在文章中还就恰赤一名的由来，分析了西藏最初的鸟崇拜文化。

才绒布（ཚེ་གཟུངས་འབུམ།）的《论吐蕃时期娘定增桑布的政教功绩》（བོད་བཙན་པོའི་སྐབས་ཀྱི་བན་ཆེན་པོ་མྱང་ཏིང་འཛིན་བཟང་པོའི་མཛད་རྗེས་གླེང་བ།《中国藏学》第2期）一文对吐蕃末年的“僧相”娘定增桑布的生平进行了介绍。娘定增桑布是一名高僧，但却涉政极深，曾先后仕赤松德赞、牟尼赞普、赤德松赞、赤热巴巾、达磨等五代赞普，在吐蕃末年的政坛上扮演了极为重要的角色。文章在分析和梳理娘定增桑布的家族——娘氏在吐蕃历史上的地位之后，从政治、宗教两个大的方面对其历史功绩进行了相对全面的阐述，进一步肯定了其“挽狂澜于既倒”的高大形象。

岗措（གངས་འཚོ།）的《有关拉隆·贝吉多杰生平事迹的几个问题考述》（ལྷ་ལུང་དཔལ་གྱི་རྡོ་རྗེའི་འཁྲིལ་ཡོད་ལོ་རྒྱུས་ཀྱི་གནད་དོན་འགའ་ཞིག་གླེང་བ།《青海民族大学学报》第1期）一文，对刺杀吐蕃末代赞普达磨的拉隆·贝吉多杰的相关生平做了考证，包括家族、籍贯和出生年代、出家缘由及过程，以及达磨的暴政和拉隆·贝吉多杰的反击等，最后探讨了吐蕃王朝灭亡的根本原因。

吐蕃与周边民族关系研究，特别是唐蕃关系在往年都是重点，本年度相关成果反而较少，需要提及的有索南东主（བསོད་ནམས་དོན་འགྲུབ།）的《论吐蕃时期的乌蛮与白蛮》（བོད་བཙན་པོའི་རྒྱལ་རབས་སྐབས་ཀྱི་འཇང་དཀར་ནག་ལ་དཔྱད་པ།《中国藏学》第3期）一文，乌蛮和白蛮见于敦煌本吐蕃历史文书，所指为当时的南诏地区。吐蕃和南诏具有紧密的联系，吐蕃多次用兵南诏，而南诏也曾依附吐蕃。文章相对系统地梳理了吐蕃和南诏从开始接触到紧密联系，最后逐渐分离的过程。

在唐蕃关系中，729—756年围绕石堡城的争夺战是一次大事件。岗措（གངས་འཚོ།）的《城堡在军事战略中的作用——公元729—756年争夺石堡城的战役成败》（དམག་དོན་འཐབ་ཇུས་ཁྲོད་ཀྱི་མཁར་རྫོང་གི་ནུས་པ།—སྤྱི་ལོ་༧༢༩—༧༥༦ལོའི་བར་གྱི་མཁར་ལྕགས་རྩེ་རྫོང་པའི་གཡུལ་འགྱེད་དང་དེའི་མཇུག་འབྲས་ལ་རྟོགས་པ།《青海民族大学学报》第4期）一文对围绕石堡城展开的先后四次战役进行了回顾，指出是因为先天的战略地位导致唐蕃双方围绕此地开展了多年的拉锯战，无论谁赢谁输，受苦受难的都是生活在社会底层的普通百姓，对和睦相处、友好往来的渴求，是当时老百姓最迫切的心声。

还有部分文章属于吐蕃历史事件和宗教文化研究。比如卓玛加（སྒྲོལ་མ་སྐྱབས།）的《赞普赤松德赞执政前期发生政变问题探析》（བཙན་པོ་ཁྲི་སྲོང་ལྡེའུ་བཙན་སྐུ་ཚེ་སྟོད་ཀྱི་སྲིད་འགྱུར་ཆེན་པོ་བྱུང་ཚུལ་སྐོར་ལ་དཔྱད་པ།《青海民族大学学报》第1期）一文关注了赤松德赞执政前期一次具有深远影响的政变。这起政变由大臣巴氏东泽（འབལ་ལྡོ་ཙབ）和朗氏梅色（ལང་མྱེས་གཟིགས）发起，直接后果是弑杀时任赞普赤德祖赞并密谋伤害王子赤松德赞、在宫廷中铲除异己、颁布禁止佛教传播的法令、驱逐汉僧出境、禁止佛经翻译等。文章分析了政变发生的原因、过程、后果及影响，同时对赤松德赞最终扭转局势的功绩做了介绍。

完玛仁增（པད་མ་རིག་འཛིན།）的《藏族历史文献中所谓天降神物》（གཉན་པོ་གསང་བ་ཞེར་ཡོང་མཁན་ནི་སློབ་དཔོན་ཀུ་མཱ་ར་ཛཱི་ཡིན་ཚུལ་སྐོར་གླེང་བ།《攀登》第2期）一文对藏文史书中的"宁布桑瓦"即天降神秘玄物的来源进行了研究，认为传统史籍对这些佛教经典和法器的入藏提出了不同的观点，对携其入藏的历史人物有不同的认定，但是通过文献梳理和对比研究来看，将宁布桑瓦介绍入藏者当为公元四五世纪的龟兹高僧鸠摩罗什。

2. 宋

宋代研究一直以来都是相对薄弱的时段，本年度这一方面有明显的改观，仍然突出表现在历史人物研究上。比如对开启藏传佛教后弘期帷幕的大译师仁钦桑布和喇钦贡巴饶赛等的研究，就相对有分量。米如·次仁顿珠（མི་རུ་ཚེ་རིང་དོན་གྲུབ།）的《略谈大译师仁钦桑布历史功绩》（ལོ་ཆེན་རིན་ཆེན་བཟང་པོའི་མཛད་འཕྲིན་མདོ་ཙམ་བརྗོད་པ།《西藏研究》第1期）一文对后弘期初期著名译师仁钦桑布的生平事迹和历史功绩进行了梳理。文章首先就大师的生年进行了探讨，通过分析史籍中的958年和970年两种说法，认为前者相对比较可靠。之后就大师推动和参与的翻译佛经、传译新密、厘定文字等历史功绩，以及相关著作进行了介绍。

佛教后弘期的下路弘法始自喇钦贡巴饶赛，其对佛教在藏地的再次弘传居功至伟。尕藏扎西（སྐལ་བཟང་བཀྲ་ཤིས།）的《喇钦贡巴饶赛相关问题考略》（བླ་ཆེན་དགོངས་པ་རབ་གསལ་སྐོར་གྱི་དོགས་གནད་འགར་རགས་ཙམ་དཔྱད་པ།《攀登》第4期）一文对喇钦贡巴饶赛的籍贯、家庭和所承法统进行了介绍。作为佛法律宗的传承人，史载喇钦贡巴饶赛的剃度仪式上曾出现过两位汉僧亲教师。万么项杰（ཀ་ཐུག་པདྨ་དབང་རྒྱལ།）的《藏传佛教后弘期鼻祖喇钦贡巴饶赛亲教师二汉僧新考》（བླ་ཆེན་དགོངས་པ་རབ་གསལ་བསྙེན་རྫོགས་སྐབས་ཀྱི་རྒྱ་ནག་གི་ཧྭ་ཤང་གཉིས་ལ་གསར་དུ་དཔྱད་པ།《中国藏学》第3期）一文，对喇钦贡巴饶赛的两位汉僧亲教师的相关问题进行了考证，指出两位汉僧驻锡于白马寺，他们的上师是吐蕃著名大译师益西央。通常认为当时之所以迎请两位汉僧是因为藏地已无多余比丘，而作者认为迎请汉僧的原因主要是考虑到法统的传承因素。

宋代河陇蕃部研究通常集中在唃厮啰政权上，本年度尚有关于嗢末部的研究。才旦多杰（ཚེ་བརྟན་རྡོ་རྗེ།）的《宗喀王朝时期藏族衣食住行文化》（ཙོང་ཁ་རྒྱལ་རབས་སྐབས་ཀྱི་བོད་མིའི་ཟས་གོས་སྡོད་སྤྱོད་རིག་གནས།《中国藏学》第2期）一文关注唃厮啰政权的文化发展。文章按照文化学的基本理论，从构成物质文化最基本的要素，即衣、食、住、行出发，通过耙梳相关史料，分别就宋代唃厮啰政权物质文化的整体面貌和基本特征进行了梳理，指出这个时期的物质文化与吐蕃时期相比，既有继承也有变化，体现了取精去糟、因地制宜的特点，这也是文化发展的基本规律。

扎果（བཀྲ་གོ།）的《汉文史籍中的"嗢末"一词探析》（རྒྱའི་ཡིག་ཚང་དུ་བྱུང་བའི་ལྷན་མོ་"嗢末"ཞེས་པར་དཔྱད་པ།《西藏研究》第4期）一文就学界对汉文史籍中"嗢末"一词的不同解释进行了辨析，通过对其基本含义、见书年代、记载内容和历史影响的分析，认为"嗢末"当为"བོད་དམག"即"吐蕃军队"一词的音译。作者指出"嗢末"是吐蕃王朝时期在东境戍边的军队，随着王朝的崩溃，参加暴动并融入到当地社会当中。

（三）元明清

元代藏史研究方面，普布多吉（ཕུར་བུ་རྡོ་རྗེ།）的《雅帕事件探析》（དུས་རབས་༡༤པའི་སྐབས་བྱུང་བའི་གཡའ་ཕག་དོན་རྐྱེན་སྐོར་གླེང་བ།《中国藏学》第3期）一文对14世纪雅桑万户与帕竹万户之间的斗争进行了梳理。当时，西藏教派林立，元廷虽然支持萨迦派，但各地方势力羽翼渐满，相互侵轧之事多有发生。在帕竹万户蓬勃崛起之际，第一个表示不服的就是雅桑万户。虽然双方皆属噶举派，但在政教合一制度逐渐成型的当时西藏社会，争取更大的权力和利益是各方的共同诉求。雅帕事件是帕竹正式崛起的头一战，时势造英雄，一代英豪绛曲坚赞由此正式登上了历史舞台。

据史料记载，萨班应阔端召请远赴凉州之时，将萨迦寺的教务委托给弟子吾玉巴索朗森格。而在其他文献中，又有萨班弟子吾玉巴日贝森格撰有多部量学著作云云。索朗次仁（གཡུ་གྲུ་བསོད་ཚེ།）的《吾玉巴日贝森格和吾玉巴索朗森格是否同一人及其相关问题之考究》（འུ་ཡུག་པ་རིག་པའི་སེང་གེ་དང་འུ་ཡུག་པ་བསོད་ནམས་སེང་གེ་གཉིས་སྐྱེས་བུ་གཅིག་ཡིན་མིན་སོགས་ཀྱི་སྐོར།，《西藏研究》第 1 期）一文引经据典，认为吾玉巴日贝森格和吾玉巴索朗森格其实是同一个人，学界之前将其认作不同的两个人，是对相关史料产生了误解。文章最后探讨了雅敦（གཡག་སྟོན）和雅德（གཡག་སྡེ）两位高僧，指出明明是两个人，却被大家误认为是一个人。

江永巴松（ལི་པ་འཇམ་དབྱངས་དཔལ་བཟང་།）的《元代高僧嘎·阿年旦巴及其历史功绩》（སྒ་ཨ་གཉན་དམ་པ་དང་ཁོང་གི་མཛད་རྗེས་སྐོར་གྱི་དཔྱད་གླེང་།，《中国藏学》第 3 期）一文对元代初期驻京高僧胆巴国师的历史事迹进行了梳理。胆巴国师虽然功绩显赫，但却不是出自萨迦昆氏家族，属嘎氏。关于胆巴国师的籍贯，虽然记载多有不同，但作者认为将其认定在玉树州称多县基本能够成立。文章重点阐述了胆巴随侍忽必烈父子两代皇帝时的政教功绩，涉及藏传佛教的发展、汉传佛教寺庙的兴建、平息萨迦派内部矛盾等。

明代藏史研究方面，格桑达尔基（སྐལ་བཟང་དར་རྒྱས།）的《阿桑喇嘛考述》（ཨ་སེང་བླ་མའི་སྐོར་ལ་དཔྱད་པ།《中国藏学》第 2 期）一文对蒙藏佛教交流史上著名的文化使者——阿桑喇嘛的生平和历史功绩做了介绍。关于阿桑喇嘛的身世，不同的史籍有不同的说法，乃至其姓名、籍贯的写法都多有不同。作者通过多种文献的互证和对比研究，指出阿桑喇嘛原名喜饶，于 1551 年左右出生于朵麦佐盖地区。年长后如哲蚌寺学经，后游学西藏各地和五台山等。最后来到蒙古草原，凭其精深的佛学造诣和社会威望促成俺答汗和三世达赖喇嘛的会面，为之后蒙藏关系的发展奠定了坚实的基础。

清代藏史研究方面，罗布（ནོར་བུ་བསམ་འཕེལ།）的《准噶尔扰藏相关历史问题续探》（ཇུན་གར་བོད་འཛུལ་དང་འབྲེལ་བའི་གནད་དོན་སྐོར་ལ་ཡང་བསྐྱར་དཔྱད་པ།《西藏研究》第 4 期）一文是之前关于准噶尔扰藏相关历史问题研究的续篇，继续就准噶尔侵藏事件的历史背景、蒙藏双方的互动、西藏上层的抉择等进行了探讨，以期对这个清代西藏地方的历史大事件有一个全面、系统的认识。

多吉平措（རྡོ་རྗེ་ཕུན་ཚོགས།）的《第巴赤列加措生平略考》（སྡེ་སྲིད་འཕྲིན་ལས་རྒྱ་མཚོའི་ལོ་རྒྱུས་ལས་འཕྲོས་པའི་གཏམ།《西藏研究》第 4 期）一文对清代西藏甘丹颇章地方政权初期的第巴仲麦巴・赤列加措进行了介绍。甘丹颇章地方政权建立之初，作为蒙藏联合的地方政权，第巴既要为宗教领袖达赖喇嘛负责，同时又要为政治领袖蒙古汗王负责，其职能在当时可谓举足轻重。文章梳理了第巴赤列加措的生平和功绩，补充了这一方面的研究。

如果将元明清时期作为一个整体的时段，周华（རྒྱལ་མོ་འབྲུག་པ།）的《关于甘青交界之鲁土司族属考辨》（མདོ་སྨད་ཤར་བྱང་མཐའི་དཔོན་ལུ་སྐྱབས་ཀྱི་རིགས་རྒྱུད་སྐོར་ལ་དཔྱད་པ།《中国藏学》第 2 期）一文则可贯穿始终。关于元明时期崛起于甘青交界的鲁土司，有史书将其记为蒙古族，亦有汉族一说，本文通过引证文献和对比研究，对其族属进行了深入的分析，认为鲁土司族属为藏族，后期逐渐汉化。作者还梳理了鲁土司辖下的部落和寺院，以期对该家族的历史和地位有个相对全面的认识。

二、考古

一直以来，由于种种原因使得藏文考古研究的底子相对薄弱，不过这种状况已经逐年在改变。本年度涉及历史考古的研究在遗址和文物研究方面取得了一定的进展。比如顿珠拉杰（དོན་གྲུབ་ལྷ་རྒྱལ།）的《象雄文明研究所引发的几点思考》（ཞང་ཞུང་ཞིབ་འཇུག་ལས་འཕྲོས་པའི་བསམ་གཞིག《西藏研究》第 2 期）一文以近几年阿里卡尔东遗址的发掘为基础，结合苯教和其他历史文献，就古代象雄、象雄王国和象雄文化的概念、内涵及研究价值进行了探讨。文章认为卡尔东遗址即史书上所说的穹窿银城，即古象雄王国的都城，并就遗址出土的考古发现说明了当地苯教文化的发展程度。

江琼・索朗次仁（ལྕམ་ཆུང་བསོད་ནམས་ཚེ་རིང་།）的《伟色寺文化遗址考述》（ཚོགས་འོད་གསལ་དགོན་གྱི་རིག་གནས་གནའ་ཤུལ་མཚམས་སྦྱོར་དཔྱད་གླེང་།《西藏研究》第 3 期）一文对发现于拉萨达孜县的伟色寺文化遗址进行了介绍。作者利用考古学、历史学和文献学的研究方法，考证出该寺由噶当派高僧伟色巴钦波（འོད་གསལ་བ་ཆེན་པོ）建于公元 13 世纪。文章通过对遗址出土的石刻、石像、擦擦以及当地私人收藏的古籍手抄本等的分析，探讨了 13 世纪拉萨地区噶当派的寺院规模、宗教信仰、石刻艺术、建筑工艺以及地方神崇拜等文化现象。

龙主多杰（ལྷུན་གྲུབ་རྡོ་རྗེ།）和索南措（བསོད་ནམས་འཚོ།）的《考古视野下的古

代藏族文明》（བོད་ཀྱི་གནའ་མའི་ཤེས་རིག་ལག་རྩལ་འགའི་རིན་ཐང་བཤད་པ།《攀登》第4期）一文通过对相关考古出土文物的分析，对古代藏族文明，特别是物质文明的发展状况进行了介绍，包括饮食、居住和服饰等等。

三、地理

本年度关于地理方面的研究较少，仅有的文章关注地名。按照藏族传统的地域划分，通常分为上阿里三围、中卫藏四茹、下多康六岗，但其中的多康六岗，历代多有不同认定。尕本加（བཀའ་འབུམ་རྒྱལ།）在《“下多康六岗”之名称由来及其区域划分》（སྨད་མདོ་ཁམས་སྒང་དྲུག་གི་མིང་བཏགས་བྱུང་ཚུལ་དང་དེ་དག་གི་ཁོངས་འཛིན་སྐོར་གླེང་བ།《西藏研究》第2期）一文中，结合文献学和地理学的方法，就文献中关于多康三岗、四岗、六岗的不同说法进行了梳理，在此基础上认为，六岗应该分别是波蚌岗（སྤོ་འབོར་སྒང）、欧杂岗（དངུལ་རྫ་སྒང）、马康岗（སྨར་ཁམས་སྒང）、玛杂岗（དམར་རྫ་སྒང）、木雅热岗（མི་ཉག་རབ་སྒང）和协达岗（ཤར་ཟླ་སྒང）。

四、文献

（一）总论

文献方面的总体研究涉及文献的抢救、整理、出版和研究的全面工作，比如在藏文古籍文献的整理和出版方面，西藏藏文古籍出版社经过几十年的努力取得了显著的成就，其中尤以《雪域文库》丛书最具代表性。普琼旺堆（ཕུ་ཆུང་དབང་འདུས།）在《藏文古籍出版事业发展历程——兼论〈雪域文库〉》（བོད་ཡིག་དཔེ་རྙིང་དཔེ་སྐྲུན་བྱ་གཞག་འཕེལ་རྒྱས་འགྲོ་བཞིན་པའི་ཁྲོད་ཀྱི་《གངས་ཅན་རིག་མཛོད།》《西藏研究》第3期）一文中，对西藏藏文古籍出版社的建立过程、“雪域文库”丛书的出版过程、全国藏文文献古籍出版成就、“雪域文库”丛书的特点等做了阐述，在此基础上就藏文古籍的分类进行了分析。文章最后对藏文古籍出版的未来发展趋势进行了展望，认为数据化是古藏文文献整理保护和发展的必然趋势，需要从业者早日做好各方面的准备。

阿华（ཨ་དཔའ་ངག་དབང་དཔལ་ལྡན།）的《藏族传统文化与藏文古籍目录研究》（བོད་ཀྱི་སྲོལ་རྒྱུན་རིག་གནས་དང་བོད་ཡིག་གནའ་དཔེའི་དཀར་ཆག་སྐོར་གྱི་ཞིབ་འཇུག་གི་རིན་ཐང་གླེང་བ།《中国藏学》第2期）一文在介绍《北京地区藏文古籍目录大全》一书的

基础上，重点探讨了藏文古籍的抢救、整理、编目、研究和出版对继承和发展藏族传统文化的重要意义。文章指出，北京地区所藏藏文文献涉及藏族历史文化的各个方面，充分说明北京在历史上集多元文化于一体的地缘中心特征。

桑德（ཚངས་སྲས་དགྱེས་པའི་ལང་ཚོ།）的《略论〈中华大典・藏文卷〉项目的文献价值及社会意义》（བོད་ཀྱི་རིག་མཛོད་ཆེན་མོ་སྟོད་སྒྲིག་པར་བསྐྲུན་བྱ་བའི་ལས་གཞིའི་རྟེན་འབྲེལ་གྱི་ཚན་ཁ་དང་ཕན་ཡོན་སྐོར་བརྗོད་པ།《青海民族大学学报》第 2 期）一文对国家重点项目《中华大典・藏文卷》的立项由来、收录内容、体系结构、文献价值、社会意义等进行了介绍，在此基础上探讨了藏文文献的整理、出版与继承、发展藏族传统文化的关系。

（二）敦煌文献

敦煌古藏文历史文书研究一直以来都是藏史研究，特别是吐蕃史研究的重点，本年度这一领域的研究依然成绩斐然。首先要提到的就是对文献的解读和辨析，完么才让（པདྨ་ཚེ་རིང་།）的《新发现的一部敦煌藏文古诗研究》（གསར་དུ་རྙེད་པའི་ཏུན་ཧོང་ཡིག་རྙིང་བོད་ཀྱི་མགུར་གླུར་དཔྱད་པ།《青海民族大学学报》第 3 期）一文对新发现的敦煌文书 P.T.1196 号藏文古诗进行了初步研究。文章发布了录文并做了解题，在此基础上重点分析了诗歌的内容和当时历史背景的关系，指出诗歌的作者是大臣韦囊协达赞的子孙，表达了吐蕃豪门在社会局势急剧变化的过程中对自己命运的思考。

多旦（སྟོབས་ལྡན།）的《敦煌文献中娘・曾古所吟之歌的误抄现象及其相关问题考释》（ཏུན་ཧོང་ཡིག་རྙིང་P.T.1287བོད་ཀྱི་མྱང་ཙེང་སྐུས་བླངས་པའི་མགུར་ཚིག་གི་ཡི་གེ་བཤུས་སྐྱོན་སྐོར་གྱི་གནད་དོན་འགའ་གླེང་བ།《西藏研究》第 3 期）一文认为，敦煌古藏文历史文献 P.T.1287 中收有两首娘・曾古之歌，对这两段诗歌的注释，后期多有不同，究其原因，其实是忽视了原文的误抄现象。文章根据当时诗歌的基本格式、比喻特点和主要内容，认为这两首诗歌原文有遗漏和误抄现象，如果补上其间的句子，不仅韵律、比喻能够前后连贯，所表达的内容也会比较完整。

普日・南拉才让（ཕྱོག་རུ་གནམ་ལྷ་ཚེ་རིང་།）的《结合敦煌文献解析吐蕃赞普"གནམ་རི་སྲོང་བཙན"之"རི"字词源》（ཏུན་ཧོང་གཏེར་ཡིག་དང་འབྲེལ་ནས་གནམ་རི་སྲོང་བཙན་གྱི་མཚན་ལས་བྱུང་བའི་རི་ཡིག་གི་ཁུངས་ལ་གསར་དུ་དཔྱད་པ།《西藏研究》第 3 期）一文，用语言学的方法探讨吐蕃赞普松赞干布之父囊日松赞即"གནམ་རི་སྲོང་བཙན"之"རི"字的来源。文章通过文献对比和藏语语音发展规律的探索，认为"གནམ་རི་སྲོང་བཙན"之"རི"字的来源是古代赞普尊号中经常出现的"ཁྲི"字，

从不同的文献记载可以证明相关尊号有“ཌི”“ཁྲི”两字混用情况。而从语音学的角度看，这一点说明古藏语中通常将每个字的所有组成部分分解来读，而在其后的发展过程中，很多读音都做了简化和合并。

万玛才让（སྣང་བ་པད་མ་ཚེ་རིང་།）的《法藏敦煌文献古藏文契约文书 P.T.1094 初探》（ཕྲ་རན་སིར་ཉར་ཚགས་བྱས་པའི་ཏུན་ཧོང་བོད་ཡིག་ཡིག་རྙིང་ལས་གན་རྒྱའི་གཞུང་ཡིག་P.T.1094 ལ་ཐོག་མར་དཔྱད་པ།《西藏研究》第 4 期）一文对 P.T.1094 号古藏文契约文书进行了研究，作者在简述敦煌古藏文契约文书基本状况的基础上，就 P.T.1094 号文书的形成时间、地点、内容、落款进行了研究，特别对落款处的印章提出了自己的观点，指出所盖之印不是 4 个而是 8 个，皆为参与订立契约的当事方和见证人之印。

李加东智（བསེ་ཆང་བློ་རྒྱལ་དོན་གྲུབ།）的《敦煌文献中的大延茫布支及其侄孙》（ཏུན་ཧོང་ཡིག་རྙིང་ལས་བྱུང་བའི་ད་རྒྱལ་མང་པོ་རྗེ་དང་ཁོང་གི་དབོན་སྲས་སྐོར་རགས་ཙམ་དཔྱད་པ།《攀登》第 1 期）一文对敦煌本吐蕃历史文书《大事纪年》中出现的三位大延茫布支进行了分析，认为文书中的大延茫布支、坌大延赤松和坌大延赞松三人皆出自一家，对吐蕃王朝的内政外交的稳定和发展作出了积极的贡献。

在文献价值分析和翻译利用方面，达琼（པད་གཞུང་ཟླ་བ་ཚུང་བདག）的《略论 P.T.1288 大事纪年之史料内容价值》（P.T.1288དོན་ཆེན་གནད་བསྡུས་ཀྱི་ལོ་ཚིགས་ནང་འཁོད་པའི་ལོ་རྒྱུས་རྒྱུ་ཆའི་རིན་ཐང་སྐོར་རགས་ཙམ་གླེང་བ།《中国藏学》第 3 期）一文以敦煌本吐蕃历史文书中著名的 P.T.1288 号《大事纪年》为研究对象，围绕葬礼、大论、会盟、遣使、联姻、地名等六个专题，对《大事纪年》中的相关记载进行了分类整理和综合分析，旨在进一步挖掘这份文书的史料价值。

扎巴（བཀྲ་རྡེ།）的《吐蕃赞普都松芒布结道歌汉译本若干质疑》（ཁྲི་འདུས་སྲོང་གི་མགུར་གླུ་རྒྱ་འགྱུར་མའི་འགྱུར་ཡིག་ཐད་ཀྱི་དོགས་གཞི་འགའ་གླེང་བ།《西藏研究》第 4 期）一文对敦煌本吐蕃历史文书《赞普传记》中赤都松之歌的汉译进行了对比研究。《赞普传记》中赤都松之歌，是赞普立志铲除专权的噶尔家族之歌，目前有 3 种汉译版本。作者以藏文原文为基础，从词、句、意三个方面对不同汉译本的缺陷进行了分析，提出了自己的观点。

德格吉（གདུགས་དཀར་སྐྱིད།）的《在法国国家图书馆阅读敦煌古藏文文献的几点体会》（ཕྲ་རན་སི་རྒྱལ་ཁབ་དཔེ་མཛོད་ཁང་དུ་ཏུན་ཧོང་བོད་ཡིག་ཡིག་རྙིང་བཀླགས་པའི་མྱོང་བ་རགས་ཙམ་བརྗོད་པ།《攀登》第 4 期）一文通过实地参阅法国国家图书馆阅读敦煌古藏文文献的经历，较为详细地介绍了法藏敦煌古藏文文献的基本状况、特点和研究进度。

（三）历史文献

从文献的基本特征来看，历史文献的内容分类相对较杂，除了史籍文献，还会涉及宗教史、文化史、经济史等内容，而作为史料，其文献价值异常珍贵。本年度的历史文献研究，既有对新发现文献的解读，又有对传统文献的进一步深入研究。

新发现文献方面，元朝时期，西藏地方正式纳入中央政府的行政管辖，作为朝廷的代表，金字使者经常往来于大都和西藏之间，起到上传下达的作用。正如萨迦班智达在《致蕃人书》中提醒的那样，金字使者在上传下达中既能秉公办事，亦会徇私枉法。卡岗·扎西才让（ཁ་སྣང་བཀྲ་ཤིས་ཚེ་རིང་།）的《解读元朝金字使者到古格地区所犯罪行的一份投诉书》（ཡོན་རྒྱལ་རབས་ཀྱི་གསེར་ཡིག་པས་གུ་གེའི་ས་ཆར་བཙབ་གསིག་བཏང་བའི་གཏུག་ཡིག་ཅིག་མཚམས་སྦྱོར་དབྱེ་ཞིབ།《西藏研究》第 1 期）一文，介绍了一篇当时阿里古格地区投诉金字使者罪行的诉状，为作者发现于托林寺的一篇珍贵的文献。作者录下诉状原文后就其中的相关疑难名词做出解释，并以现今通俗的语言将其完整转录。诉状显然出自古格一个地方首领之手，控诉北方来的金字使者如何听信谗言、行事跋扈，私自增加乌拉并当众惩罚、羞辱、威胁控诉人的罪行。

传统文献解读方面，直到敦煌古藏文历史文书现世之前，藏文传统史籍一直认定金城公主是吐蕃赞普赤松德赞的母亲，而那囊萨是一个意在夺子的阴谋家，包括《巴协》在内的史书还记载了一个“两母争儿”的故事。更藏（ཀུང་སྒྲོང་།）和西合多（ཤུག་རྡོར།）的《经典古籍〈巴协〉〈贤愚经〉和〈列王纪〉文化影响之比较研究——以三个经典中的〈两母争儿〉故事为例》（༼སྦ་བཞེད་༽དང་༼མདོ་མཛངས་བླུན་༽༼ཡ་རུ་དའི་ལོ་རྒྱུས་༽བཅས་གསུམ་གྱི་ཐོག་མའི་དཔྱད་བསྡུར། ——མ་གཉིས་ཀྱིས་བུ་གཅིག་བརྩད་པའི་རིག་པ་བརྟག་ཚུལ་ལས་འཕྲོས་པའི་གླེང་སློང་།《西藏研究》第 2 期）一文，对藏文史籍《巴协》和古印度文献《贤愚经》、古波斯文献《列王纪》中类似的“两母争儿”故事进行了对比研究，认为虽然很难确认故事原型究竟来源于何处，在文化的相互交流中是谁借鉴了谁，但不可否认的是，古代西藏与周边民族的文化交流是长期的、活跃的，这也是藏族文化在历史上得到蓬勃发展的原因之一。

杨毛措（གཡང་མོ་མཚོ།）的《汉文历史古籍记载的吐蕃王统简介》（རྒྱའི་ལོ་རྒྱུས་ཡིག་རྙིང་དུ་བོད་ཀྱི་རྒྱལ་པོའི་གདུང་ཁུངས་ཇི་ལྟར་འཁོད་ཚུལ་དང་དེར་འབྲེལ་གྱི་དཔྱད་པ་རེ་གཉིས།《攀登》第 4 期）一文，就《通典》等汉文史籍对吐蕃王统的来源——樊尼为吐

蕃首王的说法进行了辨析，指出在史书编纂中将事迹类似的两个人误认作一个人，而“自天神而为人主”的思想深受苯教的影响。到了新旧《唐书》，尽管依旧坚持吐蕃赞普始于樊尼说，但天神思想逐渐消减，原因就是佛教在吐蕃的兴起以及唐蕃互动的结果。

宗教历史文献方面，更尕易西（ཀུན་དགའ་ཡེ་ཤེས།）的《关于白琼世系的两部古藏文文献对比研究》（རྒྱལ་ཁྱུང་དཀར་པོའི་གདུང་རབས་དང་ཁྱུང་རབས་ཤེལ་དཀར་མེ་ལོང་གཉིས་བསྡུར་ཏེ་ཁྱུང་གི་རིགས་རུས་ཀྱི་འཕེལ་འགྱུར་སྐོར་ལ་དཔྱད་པ།《攀登》第3—4期）一文对苯教琼布世系文献中的两部著作进行了对比研究，由此提出琼布氏最早来源于札氏（དབྲ），在此基础上分析认为，象雄人大致都来源于札氏，之后逐渐转变为琼氏。

才绒布（ཚེ་གཟུངས་འབུམ།）的《古藏文文献中的神幻王贡则考究》（གནའ་བོའི་ཡིག་ཚགས་ཁྲོད་ཀྱི་ཀོང་ཙེ་འཕྲུལ་རྒྱལ་ལ་བསྐྱར་དུ་དཔྱད་པ།《西藏研究》第4期）一文对苯教文献中出现的神幻王贡则进行了研究，认为历史上确有其人，其对苯教的发展作出过重要贡献。作者认为后期史籍中关于大小贡则以及将其认定为孔子的说法，应该是受到中原文化的影响。

历史地理文献研究方面，银措吉（ཡུམ་མཚོ་སྐྱིད།）的《论藏族地理学著作〈世界广论〉》（བོད་ཀྱི་ས་རྒྱུས་ཀྱི་བསྟན་བཅོས་ཆེན་པོ་〈འཛམ་གླིང་རྒྱས་བཤད་〉སྐོར་བཤད་པ།《攀登》第2期）一文对敏珠尔活佛的地理学著作《世界广论》进行了介绍，在相对封闭的藏族地区，能出现这样一部以藏地、中原、印度为主，同时涉及世界各国地理地貌和风土人情的地理学著作，实为不易。

（四）金石文献

金石文献方面，本年度亦有几篇值得注意的文章，比如卓玛加（སྒྲོ་སྟོད་སྒྲོལ་མ་སྐྱབས།）的《工布永仲赞碑文“九幅万字符”考证》（ཀོང་པོ་གཡུང་དྲུང་འཛིན་གྱི་རྡོ་བཀོས་ཡི་གེ་ལས“གཡུང་དྲུང་རིས་དགུ་”སྐོར་ལ་གསར་དུ་དཔྱད་པ།《中国藏学》第1期）一文，在对著名的工布第穆摩崖石刻相关内容和背景进行回顾的基础上，重点就其中最后出现的“གཡུང་དྲུང་རིས་དགུ་”进行了分析，认为这句和苯教有密切的关系，所谓“རིས་དགུ་”，指的是苯教的“九乘法”和“九级天梯”。文章最后指出，虽然当时佛教已经在吐蕃得到弘传且得到统治阶层的支持，但苯教的影响在民间仍然广泛存在。

万玛项杰（གཡུ་རྗེ་པདྨ་དབང་རྒྱལ།）的《敦煌研究院馆藏〈西藏下密院铜釜愿文〉考：摄政热振呼图克图历史的几个疑点与补述》（ཏུན་ཧོང་དུ་ཉར་བའི་ལྷ་སའི་

རྒྱུད་སྨད་གྲྭ་ཚང་གི་ཚོགས་ཁྲོ་དང་དེ་འབྲེལ་ལོ་རྒྱུས་ཀྱི་དོགས་གཞི་འགའ་ལ་དཔྱད་པ།《青海民族大学学报》第 2 期）一文，通过对敦煌研究院馆藏《西藏下密院铜釜愿文》的研究，指出撰写愿文的“摄政热振呼图克图”是第三世热振阿旺益希楚成嘉措，并对三世热振的圆寂年代和地点、与清中央政府的关系、与协扎等贵族的矛盾等相关问题进行了考述。

多多（རྡོ་རྡོ།）的《拉喇嘛益希沃时期所立布尔敦碑文释义》（ལྷ་བླ་མ་ཡེ་ཤེས་འོད་ཡབ་སྲས་ཀྱི་སྐུ་དུས་སུ་བཞེངས་པའི་སྤུའམ་དཀར་གྱི་རྡོ་རིང་རགས་ཙམ་གླེང་བ།《青海民族大学学报》第 3 期）一文，对新发现的布尔敦碑的建立年代、立碑者、石碑形制、立碑目的和碑文的主要内容进行了介绍，其中对碑文中涉及的人名、地名和年代进行了进一步的探讨，认为碑文的解读有助于我们进一步了解分裂割据时期西藏的历史、社会、语言文字的发展状况。

从本年度藏文类历史地理考古文献的研究状况来看，体现出以下几个特点：

1. 历史研究和文献研究无论在成果的数量还是质量上都超过考古和地理研究，既与研究基础和作者队伍差异有关，也需要研究者拓宽研究视野和选题范围。

2. 历史研究方面，尽管本年度全面、系统的通史类著作相对较少，但以民族史、部落史和地方史为代表的总论性学术论文数量激增。

3. 与往年不同，本年度历史研究的选题多数和人物研究挂钩，历史人物研究的成果数量占据本年度历史研究成果的很大一部分。

4. 整体而言，历史研究头重脚轻的状况依然没有变化，早期和吐蕃史研究所占比重较大，晚期和近代史研究明显变少。

5. 文献研究方面仍然以敦煌文书研究和历史文献研究为主，利用文献亦多为藏文原文，多语种资料的引用应该是未来努力的方向。

藏医药与科技研究

藏医药部分

2016年，藏医药研究的学术成果分布于医学史、文献研究、基础研究、临床研究、药物研究、医学教育、古籍整理、藏医药现状和政策研究等各个领域。以中国知网、中国版本图书馆为数据来源，并参考中国藏学研究中心图书馆提供的藏学论文和图书资料要目，通过文献检索发现，藏医药研究的相关论文主要发表于《中国藏医药》《藏医药教育与研究》《西藏科技》《中国中药杂志》《中国民族医药杂志》《中国民族民间医药》等学术期刊；学术专著主要由中国藏学出版社、青海人民出版社等出版。

一、医学史

学术论文主要是对藏医历史、学术流派或某一领域源流的考证，本年度发表的论文较少。如：仁青多杰等的《敦煌藏医文献中的“达尔甘”病溯源》(《中国民族民间医药》第12期)，通过对敦煌藏医文献与《四部医典》《八支集心要》等文献中共同出现的“达尔甘”病的对比分析认为，公元10世纪之前或吐蕃时期藏族地区已有印度阿育吠陀经典《逻迦本集》《八支心要集》节译本等文献的传播，该论点为研究吐蕃时期藏医学与阿育吠陀经典文献关系提供了线索。占堆的《论青藏高原食物的来源》(《藏医药教育与研究》第4期)，介绍了青藏高原从旧石器时期至吐蕃时期食物的来源和饮食发展历史。项措卓玛、才让南加的《直贡医派的起源及兴衰历史探讨》(《中国藏医药》第1期)，通过介绍直贡医派医家仁增确扎大师及其弟子们的生平事迹，描述了直贡医派的起源、发展和衰落的历史。

二、文献研究

主要是对藏医药古籍文献的介绍、整理研究以及古籍文献中相关论述的整理分析。

介绍古籍文献基本信息的代表性论文有：吉毛措《吐蕃王朝时期古文献〈医药的传承〉探讨》(《中国藏医药》第1期)、项智《不同版本〈四部医典〉及“德丹版”浅析》(《中国藏医药》第1期)、米鹏《毛尔盖·桑木旦〈藏医简史〉前后版本浅析》(《中国藏医药》第2期)等等。

文献整理研究方面，代表性论文为达娃、小尼玛的《关于藏医学古籍〈实用红卷〉整理中的研究报告》(《西藏科技》第3期)，对藏医九圣名医之一的贡曼·贡觉德勒所著的《实用红卷》的编著者生平，编著背景，版本特征，多种版本的首页名、纸张、字体、油墨、规格及正文内容对比，该典籍的主要内容和理论特点进行了考证研究，整理、保护并补正该书残缺内容及断词断句，从而为发挥该典籍在藏医药学理论、临床实践、教学、藏药开发等研究领域学术价值提供完整的资料。

对藏医药古籍文献相关论述的整理分析方面，涉及的文献主要包括《四部医典》、敦煌藏医文献等。例如，罗布顿珠、张冰的《藏医经典〈四部医典〉中药物警戒思想浅析》(《亚太传统医药》第12期)，通过总结整理《四部医典》有关藏药传统药物警戒思想的论述认为，《四部医典》的藏药警戒思想是藏医学安全用药理论的核心，阐释藏药警戒思想将有助于更好地在藏医药理论指导下合理使用藏药。次仁卓玛等的《〈四部医典〉与〈阿维森纳医典〉中的放血疗法比较》(《中国民族医药杂志》第5期)，以阿拉伯医学《阿维森纳医典》和藏医《四部医典》为基础，对放血目的、放血器具、放血方法、适应证等内容进行了对比，初步总结了两个医学体系中的放血疗法的共同点和不同点，为藏医和阿拉伯医学体系的比较研究提供了新的方法和思路。其他还有：刘蕙子、吕荔的《〈四部医典〉曼唐艺术研究》[《艺术与设计(理论)》第7期]，才项的《浅谈藏医〈四部医典〉外涂药的开发价值》(《中国民族医药杂志》第2期)，巴罗等的《谈藏传瑜伽经典中记载的呼吸方式及其健康价值》(《中国民族医药杂志》

第6期），次仁欧珠、尼玛次仁的《刍议〈八支精要集〉中延年益寿法》（《藏医药教育与研究》第4期），拉青才让、香多李先加的《藏医经典〈杜德桑都卓玛〉理论形成研究》（《中国藏医药》第2期），等等。

三、基础研究

本年度有一部以藏医药学的继承和发扬为主题的学术论文集出版：中国科协学会学术部主办的“新观点新学说学术沙龙”，将参会专家的发言论文汇集为《藏医药学与现代医学融合发展新思维》一书，由中国科学技术出版社出版。书中收录论文的作者，多数是藏医领域知名专家，在总结藏西医结合到目前所取得成绩的基础上，讨论了藏西医结合在疾病诊断、临床治疗、保健方面的优势及不足，进一步延伸探讨了学科建设的新方法与新思维，以及未来的藏西医结合学科体系如何建设。

基础研究类论文按照内容可分为藏医理论研究、藏医基础知识介绍两类。本年度发表的论文较上年略多。

（一）藏医理论研究

有关藏医理论的研究类论文，涉及的领域包括藏医基础理论、哲学基础、诊断、学术流派等。代表性论文有：扎西东主的《基于藏医治未病的体质分类与辨识研究》（《中国民族医药杂志》第12期）采用文献研究方法，以藏医经典内容的体质分类与辨识特色为侧重点，对藏医体质相关文献进行分析，提出在藏医体质分类与辨识中健康与疾病不能分离体质，体质分类的原理为望、触、问三诊辨证相结合，其中“问”为重要的辨识方法，体质五欲养生是藏医“治未病”的根本原则。拉巴次仁等的《基于藏医诊断理论的脉象信息基础指标定量化研究》（《西藏科技》第12期），根据藏医脉诊理论，结合脉象仪器采集的脉象数据，寻找具有明显特征且稳定的脉象指标，提出了与藏医三基因病有关的热度、脉高、脉速等几项脉象波形特征的基础指标。杨文娟等的《南派藏医药的主要学术特色探析》（《时珍国医国药》第7期）认为，南派藏医药在已有的藏医药理论与成就基础上，注重吸纳中医学及印度等其他医学的有益成分，涌现出宿喀·娘尼多吉、帝玛尔·丹增彭措等藏医大师，形成了实践性颇强的南派藏医特色诊疗方法，通过对藏药品种、药性理论和实践能力的提升，形成了独特的藏药炮制加工实践经验，并创制了数量可观的名贵藏成药，为藏医药的发展作出了重要贡献。其他还有：仁青东主等的《慢性萎缩性胃炎藏医证型分类与证候分布规律研究》(《中华中医药杂志》第3期)，王明强等的《藏医〈萨滞布病隆滞布型（缺血性脑梗塞）诊断量表〉条目的初步构建》(《中医杂志》第21期)，才让南加、尕藏南加的《藏医学的哲学基础——藏传因明学》(《西藏科技》第10期)，仁青达杰、李先加的《浅谈蓄、发、息的定义及其发病机制》(《中国藏医药》第3期)，仁青东主等的《藏医热病总体证候分布规律研究》(《藏医药教育与研究》第4期)，张浩、邹纯朴的《从民俗文化的视角看〈四部医典〉〈黄帝内经〉之异同》(《中医药文化》第5期)，完玛仁青的《浅谈代谢组学技术在藏医尿诊中的应用》(《中国民族医药杂志》第9期)，等等。

此外，跨学科研究是本年度藏医基础研究的亮点。童晓鹏、袁亚东主编的《藏医与免疫学》(湖南科学技术出版社)，结合现代医学免疫学知识和藏医学的认识，从全新的角度阐述了部分慢性疾病，以及原因不明疾病发生和发展的机制。王天虹等的《医学人类学视野下的藏医药浴疗法研究初探》(《世界科学技术—中医药现代化》第2期)，从医学人类学的视角分析藏医药浴疗法的文化特色和价值，提出藏医药浴疗法现代研究中的问题及建议，指出应系统理解藏医药浴疗法的文化内涵基础，以开展具有藏医药文化特色的传承、发展和创新系统研究。其他还有：娘本先、安见才让的《基于Web数据库技术的藏医古籍本草知识库建设研究》(《电子技术与软件工程》第5期)，李良松的《论中医与藏医在文化要素上的交集》(《世界中西医结合杂志》第1期)，等等。

（二）藏医基础知识介绍

对藏医相关理论和知识介绍类的论文在基础研究文献中占较大比例，主要是关于藏医生理、病理、诊断、治疗、养生、文化等知识的介绍。例如：次仁尼玛的《浅谈藏医体质学的形成与临床应用价值》(《藏医药教育与研究》第4期)，介绍了藏医体质学的形成历程以及其在心理学、优生学和临床实践中的重要性。措毛、才让卓玛的《藏医涂擦疗法浅析》(《中国民族医药杂志》第3期)，根据《四部医典》的论述，简要介绍了涂擦疗法的适应证、禁忌证、操作方法、用药和配伍要领、注意事项。格知加的《浅谈藏医理论中的健康》(《亚太传统医药》第20期)介绍了健康的概念和调节机制，认为机体的三因处在动态平衡即是健康，但三因与七基质、三秽物之间有依存关系，易受其影响，七基质和三秽物随食物性质和摄取量而有变化，为适应该变化，机体形成一种自身的调节系统来维持三因的动态平衡。其他还有：周毛措的《浅谈藏医学中饮食的量的保健法》

(《西藏科技》第7期)，卓玛拉毛的《浅谈藏医药对美容的认识及重要性》(《西藏科技》第9期)，丁洋的《藏医放血疗法：濒临失传的危机》(《中医健康养生》第6期)，蔡秀清的《藏医对人体胚胎学的贡献》(《中国藏学》第S1期)，白静、苏晓春的《浅谈藏医缚敷疗法》(《中国民族医药杂志》第3期)，等等。

四、临床研究

藏医临床研究历来是学者们关注的重要领域，主要包括以下内容：名老藏医学术经验研究、藏医对疾病的认识和治疗、藏医药临床疗效评价研究、藏医特色疗法介绍、藏医临床护理、藏医临床方法学研究等。

（一）名老藏医学术经验研究

本年度有研究名老藏医学术和临床经验的论文发表，例如扎西东主、索南卓玛的《名老藏医养生学术经验的传承研究思路》(《中国民族医药杂志》第1期)，通过历代藏医100本养生学文献的研究，发掘梳理出藏医养生文献中的重要养生观点，总述藏医养生保健学的定义、历史、内容、意义、情器世间的形成以及从出生到死亡之间的养生观，以指导藏医养生实践；该文还介绍了藏医养生大家的养生特点及其代表性著作，藏医养生理论特点及其思想形成的文化背景，对现代养生的指导意义。王多吉的《彭措热登先生培火养隆、温脉疏血法治疗萨滞布病（中风）经验》(《中国保健营养》第24期)，介绍了名老藏医彭措热登先生对萨滞布病的认识和临床防治经验。

（二）对疾病的认识和治疗

此类论文为藏医临床医生和研究者对疾病的病因病机、证候、诊断、治疗等方面的认识、体会或研究总结。例如，尕藏多吉等的《藏医对真布病的临床证候分型研究》(《西部中医药》第12期)，运用统计归纳的方法对《四部医典》《秀多医学汇集》《八支集要·如意宝》《零星秘诀集》等十多部文献中的藏医疑难病症“真布病”的病因病机、证候分型等进行研究，结果显示，“真布病”的病因主要有寒、热之分，病机为三因素失调，黄水偏盛，聚于关节，证候主要为疼痛。俄措卓玛的《浅谈藏医对疫病的认识、预防及治疗》(《西藏科技》第9期)，以藏医学的理论及实践为基础，对疫病的认识、病理、特点、分类及治疗等进行了阐述。更藏加等的《高原红细胞增多症的藏医诊治特色概述》(《世界科学技术—

中医药现代化》第 8 期）认为高原红细胞增多症（HAPC）属于藏医“血隆病”之“坏血增多”范畴，从藏医治疗该病的病因病机、临床症状、诊断标准、治疗方案、预防措施、常见并发症及其对治法等方面，对藏医诊治特色进行了概述，并建议加强藏医药治疗该病古籍文献整理与用药经验数据挖掘，规范临床治疗标准和用药方案，研究藏医复方药物和联合用药治疗 HAPC 的科学内涵。米鹏的《藏医〈四部医典〉对大骨节病的认识》（《中国民族医药杂志》第 4 期），结合藏医《四部医典》的内容及现代医学观点，介绍了大骨节病（藏医称“培根久吉病”）的病因和藏医治疗方案。其他还有：尕玛纳么、央美的《略论藏医肝包虫诊治方法》（《藏医药教育与研究》第 4 期），索南仁欠的《简论尿频（糖尿病）本质及其预防措施》（《中国藏医药》第 3 期），罗尔吾的《浅谈藏医放血疗法治疗慢性鼻窦炎技术》（《中国民族医药杂志》第 4 期），普穷的《中藏医结合治疗周围性面瘫经验略谈》（《西藏科技》第 11 期），李剑的《藏药仁青芒觉加外治敷脐法治疗化疗后恶心呕吐的诊疗体会》（《中国农村卫生》第 12 期），等等。

（三）藏医药临床疗效评价研究

常见的研究类型包括随机对照试验、临床病例观察。从各文献的方法学质量看，高质量的临床研究仍相对较少。

随机对照试验 本方法将研究对象随机分组，对不同组实施不同的干预，以对照效果的不同，在藏医领域中用于比较和评价藏医疗法与其他疗法对照的疗效。本年度发表的藏医随机对照试验研究论文较少。代表性论文如：Liu Wei 等的《A Multicenter, Randomized, Double-blind, Placebo-controlled Trial Evaluating the Efficacy and Safety of Tong Luo Hua Shi Capsule, a Modernized Tibetan Medicine, in Patients with Rheumatoid Arthritis》（《Trials》第 1 期），开展了多中心、随机、双盲、安慰剂对照的临床研究，采用美国风湿病学会疗效标准评价藏药通络化湿胶囊（根据藏医经典方剂五味甘露研制的新剂型）治疗类风湿关节炎的疗效和安全性，疗程 8 周，结果显示：该药物可改善类风湿关节炎患者的症状，且具有良好的安全性。杨红霞等的《当佐与安置精华散对人体肝肾功能的影响》（《华西药学杂志》第 5 期）评价藏药佐太的安全性，纳入 120 例胃肠科住院患者分为两组，分别服用含佐太的当佐与不含佐太的安置精华散 15 天，观察服药后血液中各指标的变化，结果显示：患者的肝功和肾功血清生化指标的检测值均在正常范围内变化，患者按藏医理论服用当佐与安置精华散后，肝肾指标均无不良变化，表明用药安全。桑乾才让等的《藏医“椰桓”治疗老年性尿失禁症的临床疗效观察》(《中国民族医药杂志》第7期)，将28例老年性尿失禁症的患者随机分为两组，治疗组14例由藏医外治（椰桓）疗法治疗，对照组14例用针灸疗法治疗，结果显示：治疗有效率为78.57%，对照组有效率64.29%，两组治疗后半年内病情复发率有所差异，故认为藏医外治疗法对老年性尿失禁症的治疗有明显的效果，值得在临床上广泛应用。其他还有：尕藏久美的《藏医治疗萎缩性胃炎临床疗效评价研究》(《中国医院药学杂志》第10期)，仁青卓玛、增毛措的《藏药外敷应用于72例类风湿性关节炎患者的临床疗效评价》(《世界最新医学信息文摘》第71期)，李毛措、仁青东智的《口服藏药结合熨敷疗法治疗原发性痛经23例疗效观察》(《中国民族民间医药》第14期)，等等。

临床病例观察 包括采用自身前后对照设计进行干预措施的疗效评价，以及临床医生对所治疗患者病历资料的回顾性总结。代表性的研究如德吉等的《催泻疗法治疗赤巴哑久病临床研究》(《中医临床研究》第19期)，选择40例赤巴哑久病（黄疸型肝炎）患者，给予藏药结合催泻疗法治疗，必要时可给予补液支持治疗，但未应用具有保肝作用的西药或中药，对治疗前后各项安全性指标与有效性指标进行比较分析，结果显示，催泻疗法治疗赤巴哑久病的总有效率为92.5%，且无明显毒副作用。项智的《藏药二十一味寒水石治疗木布病的疗效观察》(《中国民族医药杂志》第8期)，为观察二十一味寒水石丸治疗木布病（消化性溃疡）的临床疗效，选择木布病患60例，口服二十一味寒水石丸进行治疗，观察用药前后的症状消失率及胃镜复查结果，显示总有效率为93.3%，故认为藏药治疗木布病疗效确切。其他还有：林扎西卓玛的《藏药浴综合治疗类风湿性关节炎146例临床体会》(《亚太传统医药》第12期)，次仁卓玛、卓玛措的《藏医桑门护理疗法治疗脉管炎的回顾性研究报告》(《西藏科技》第6期)，拉浪多杰、看着措的《藏药达桑杰巴卡擦丸结合艾灸治疗膝关节增生61例》(《中国民族医药杂志》第11期)，等等。

（四）藏医特色疗法

除药物治疗外，饮食、起居、外治法也是藏医独具特色的疗法，本年度有论文介绍藏医药浴、涂擦、艾灸、放血、催泻、盐熨等疗法的研究与应用。例如：安太措、青羊尖措的《论藏药浴疗法的流程与步骤》(《中国民族医药杂志》第5期)，根据藏医文献资料和作者从事藏药浴理疗的临床实践，对藏药浴前、中、后的流程与步骤，饮食和起居的健康宣教等方面进行了较详细的介绍。次仁杰布的《浅谈藏医传统烙铁器械应用新技术电热效应原理制作的电热烙疗器械的必要》(《西藏科技》第4期)认为，藏医烙铁疗法在临床上广泛使用，但烙铁烧热技术仍保持远古时代的木炭烧热方法，临床应用不便，故建议采用新技术电热效应原理制作的电热烙疗器械进行加热，该文介绍了电热烙疗器械的理论原理及构造方法。其他还有：南杰草的《山南藏医院藏医临床涂擦疗效调查分析》(《西藏科技》第12期)，卓尕日的《藏医起居疗法中磕头的养生作用》(《藏医药教育与研究》第4期)，彭毛才让的《脉泻疗法术后反应处理方法谈》(《中国藏医药》第1期)，彭毛措、昂青才让的《浅谈贵德县热水沟温泉的认识与临床功效》(《中国藏医药》第3期)，丁洋的《藏医放血疗法：濒临失传的危机》(《中医健康养生》第6期)，措毛、才让卓玛的《藏医涂擦疗法浅析》(《中国民族医药杂志》第3期)，斗周才让等的《藏医艾灸治疗宁隆病的技术》(《中国民族医药杂志》第7期)，等等。

(五)藏医护理

有论文介绍了藏医护理的研究实践或相关知识，如：陈玉平、张扎西嘉措的《藏医风湿病护理概述》(《中国民族医药杂志》第7期)，介绍了藏医风湿病的概念、藏医药浴与五味甘露药浴的关系以及药浴治疗风湿病必须具备的环境和条件，强调风湿类疾病的治疗不仅仅是局限于医院药物单一治疗，浴前、浴中、浴后的护理，更离不开家庭的护理。次仁卓玛、卓玛措的《藏医桑门护理疗法治疗脉管炎的回顾性研究报告》(《西藏科技》第6期)，收集西藏自治区藏医院2010—2012年确诊为血栓闭塞性脉管炎的住院病例102例，分析采用藏医传统桑门护理疗法治疗脉管炎的特征和疗效，结果显示：痊愈率达50%，故认为桑门护理疗法可以提高疗效、缩短病程、减少后遗症的发生。拉毛德吉的《藏医霍尔曼灸法的护理》(《中国民间疗法》第2期)，介绍了藏医霍尔曼灸法的定义、操作方法、适应证、禁忌证、作用机制，施灸前、中、后的护理措施和饮食起居指导原则。其他还有：娘毛扎西、王连存的《琼乃得图患者的藏医护理》(《中国民族医药杂志》第1期)，马红莲、仁增什姐的《藏药灌肠治疗不完全性肠梗阻的护理》(《中国民族医药杂志》第2期)，措毛等的《藏医药浴对产后风的治疗及护理》(《中国民族医药杂志》第4期)，等等。

(六)临床方法学研究

有论文对藏医临床研究的相关问题进行了探讨，如郭慧娟等的《基于关联规则的藏医隆滞布病(脑梗死)用药规律研究》(《世界科学技术—中医药现代化》第4期），收集2013年4月至2015年4月在西藏自治区藏医院接受治疗且满足纳入、排除标准的隆滞布病患者的病历资料，分析药物使用频次、高频药物组合及药物之间的序列关联规则、组合规律，共筛选出高频组合9组，并挖掘出常用药物组合为七十味珍珠丸（早晨）→如意珍宝丸或二十四味沉香丸（上午）→三十七味斑蝥丸（中午）→二十味沉香丸（晚上），认为该结果符合数据挖掘的科学性，并能为藏医药相关理论所解释。罗辉等的《症状指标在藏医疗效评价中的应用——基于国内藏医随机对照试验的现状分析》（《中医杂志》第18期），分析藏医临床研究中采用症状作为疗效评价结局指标的现状，纳入采用症状作为疗效评价结局指标的藏医随机对照试验文献进行分析，研究发现：藏医临床研究在结局指标中对症状的单独评价应用较少，且缺乏统一、通用的评价标准，建议应遵循藏医理论特色，开发符合藏医自身特点且具有普适性的测量工具。其他还有：任小巧等的《基于藏药药性理论的藏药复方制剂安全性评价研究思考》（《世界科学技术—中医药现代化》第1期）等。

五、药物研究

关于藏药的研究，本年度共有3部藏药专著的出版，以及200余篇学术期刊论文的发表，内容丰富，成果斐然。关于藏药的化学成分、单味药或复方的药理作用等方面的研究历来是研究的重点与热点，发表的论文约占本年度全部藏医药论文的半数以上。

专著方面：（1）综合性藏药专著两部：大丹增主编的《中国藏药材大全》（中国藏学出版社）共收集归纳了1200多种常用藏药材品种，其中植物类928种，动物类174种，矿物类140种。这些药物除了传统的写作方式，如正名、异名、品种考证、来源、形态特征、采集炮制、味性、药效等以外，对大部分药物还结合现代医学规范要求，载明了化学成分以及药理作用等，便于鉴别其他相似或相近药物，使药材使用更具规范化、标准化。同时，该书所有药物的考证都引用了《度母本草》《妙音本草》《宇妥本草》《蓝琉璃》《晶珠本草》《藏药晶镜本草》等几十种藏药经典著作的原文，对藏医药研究具有重要的学术价值。另一部为顾健主编的《中国藏药》（民族出版社）。（2）藏药材种植类专著1部：罗孝贵、胡尚钦、丰先红主编的《甘孜藏族自治州地产中藏药材生态栽培技术》（四川科学技术出版社），介绍了全州优势中藏药材12种，是一本集资源、科研、市场分析、生态栽培、保育技术于一体的技术指导书，便于有关部门、管理机构、企业、专合组织以及科技人员、基层干部、种植户参考、学习。

论文方面：按照文章内容可大致分为八个学科：藏药单味药或复方的文献研究、药物化学、药物鉴定学、药理学、药物炮制学、制剂分析学、药物资源学和药用植物栽培学。以下按学科类别对发表的论文进行简要综述：

（一）文献研究

主要包括对藏药（或方剂）的文献考证和有关藏药文献的研究综述两类：

文献考证类 卢年华等的《藏药湿生扁蕾与獐牙菜的相关本草考证》（《中国药房》第19期），通过查阅古籍和译本，以及有关湿生扁蕾和獐牙菜化学成分、药理作用的现代研究文献，对两者在功效方面的基源归属、生境差异、化学成分进行分析，研究发现：藏医药本草和译著中关于治疗“赤巴”“胆热”的湿生草类的功效基源归属更多趋向于獐牙菜（印度獐牙菜、川西獐牙菜、藏獐牙菜），而非湿生扁蕾，提示今后尚需进一步开展对两者细分差异化的研究；两者在生境、化学成分上的相似，为其药效一致性提供了依据；由于湿生扁蕾分布较局限，獐牙菜类种属较多、分布广泛，可从化学成分、药理作用进一步研究，以确定獐牙菜是否可以部分或完全替代藏药湿生扁蕾。仁真旺甲等的《藏药沙棘的文献考证研究》（《中国民族民间医药》第6期），针对沙棘基原、化学成分复杂，药效物质基础不明确的现状，通过查阅藏医药古籍文献，以及近年来国内外关于沙棘的文献资料，对沙棘基原、药理学、化学成分、临床功能主治等研究进行归纳总结，为沙棘的临床应用与产品开发，以及沙棘资源的合理利用提供参考。其他如：龙主多杰、拉毛才让的《草药“岗嘎穷”之命名探析》（《中国藏医药》第2期），东主南加、龙主多杰的《藏药苜蓿之名称起源分析》（《中国藏医药》第3期），色珍、次仁央金的《五种方剂的命名来源分析》（《藏医药教育与研究》第4期），分别对相应藏药或复方的命名来源进行了考证分析。

藏药文献研究综述 杨龙等的《基于CNKI数据库的藏药研究热点Note Express文献计量学分析》（《卫生职业教育》第20期），对CNKI数据库1991—2014年收录的有关藏药研究的文献进行整理，初步分析国内有关藏药研究的状况，共检索到有效文献889篇，文献发表数量呈逐年增长趋势；文献以中医学、中药学技术及基础与应用基础研究为主；研究机构主要为四川、青海、甘肃、西藏等地的高校及研究院所；受各级科研基金资助的文献占本次研究有效文献的24.75%，且以国家级基金支持为主，认为藏药研究逐渐受到国内科研人员的关注并取得诸多成果，研究前景广阔。张瑞飞等的《藏药角茴香及同属植物的化学成分和药理活性研究进展》(《中草药》第7期)，对近年来发表的有关藏药角茴香属植物的资源分布、化学成分及药理活性的研究文献进行了归纳总结，为该属植物的进一步研究及开发提供参考。类似的文献还有：栾飞等的《藏药螃蟹甲的化学成分、药理活性及质量控制方法研究进展》(《甘肃中医药大学学报》第5期)，杨丽华等的《藏族药榜嘎研究进展》(《中国实验方剂学杂志》第10期)，王嘉伦等的《诃子的化学成分、药理作用及炮制配伍应用研究进展》(《中医药信息》第3期)，刘美琳、张梅的《藏药波棱瓜子的现代研究进展》(《中药与临床》第2期)，等等。

（二）药物化学研究

中药化学的研究方法普遍地被用于藏药成分的定性和定量分析，通过提取、分离和鉴定，研究各药物的化合物组成及其含量。这一领域历来是藏药学研究的重点。有代表性的研究有：确生等的《斑花黄堇化学成分的研究》(《中成药》第11期)，研究藏药斑花黄堇 Corydalis conspersa Maxim. 的化学成分，方法为：斑花黄堇95%乙醇提取物采用硅胶和 Sephadex LH-20 柱进行分离纯化，通过理化性质和波谱数据鉴定所得化合物的结构，从中分离得到11个化合物，所有化合物均为首次从该植物中分离得到。朱海雯等的《藏药绿萝花的化学成分研究》(《中国药房》第30期)采用多种柱色谱对绿萝花乙酸乙酯粗提物进行分离纯化，根据理化性质和波谱数据分析鉴定化合物结构，从绿萝花乙酸乙酯粗提物中分离得到10个化合物，部分化合物为首次从植物来源、瑞香科、结香属或者绿萝花分离得到，该研究为绿萝花质量评价奠定了一定基础。达娃卓玛等的《HPLC法测定藏药二十五味鬼臼丸中鬼臼毒素的含量》(《药物分析杂志》第8期)，建立 HPLC 法并对全国7个生产企业的69批次二十五味鬼臼丸中的鬼臼毒素进行含量测定，其含量范围为0.02—0.77mg/g，二十五味鬼臼丸中鬼臼毒素含量限度定为0.07mg/g，该法制定了二十五味鬼臼丸处方中主药鬼臼中鬼臼毒素的含量限度，为该药的质量控制提供了依据。其他还有：热增才旦、利毛才让的《HPLC-ICP-MS 连用技术分析藏药仁青芒觉中可溶性汞的存在形态》(《中国藏医药》第2期)，何元的《HPLC-PDA 同时测定石榴健胃片中4种活性成分的含量》(《药物分析杂志》第12期)，宋霞等的《藏药二十五味珍珠丸中肉桂酸的含量测定及 HPLC 指纹图谱研究》(《药物分析杂志》第12期)，热增才旦等的《微波消解 ICP–MS 法测定藏药仁青常觉中的无机元素》(《青海师范大学学报》自然科学版第4期)，乙永林、孙连先的《HPLC 法同时测定藏药独一味中山栀苷甲酯、木犀草素、芹菜素的含量》(《中国药房》第 33 期),等等。

(三)药物鉴定学研究

学者们综合运用文献考证、基源鉴定、性状鉴定、纤维鉴定、理化鉴定以及中药现代真实性鉴定技术等中药鉴定学方法,研究藏药单药或藏药复方的来源、品种、质量、质量变化规律等,为藏药产品的开发利用、藏药生药品种和真伪的鉴别等提供科学依据。例如:曹赟等的《藏药“渣驯”来源与使用现状考证研究》(《中国中药杂志》第 24 期),对“渣驯”来源进行国内外文献考证,采用民族药用植物学调查方法对“渣驯”进行产地调研、关键人物访谈、实物收集和考据,结果表明:“渣驯”来源有多种说法,采访产地村民、采集者、藏医、药材商、国外学者共 18 人,收集“渣驯”及代用品 45 批,鉴定认为正品为古籍所载“铁”类“渣驯”,代用品为粪粒黏结团块,根据现场勘测与文献研究认为“生物化石来源说”更符合岩层中“渣驯”来源实质,由此认为“渣驯”是由岩层中有机生物化石渗出后与鼯鼠、鼠兔粪便的混合产物,亟须建立“渣驯”分级标准以评价药材质量,同时有必要进一步明确粪粒代用品用药合理性,该研究为“渣驯”品种整理、正本清源及质量标准研究打下了基础。黄艳菲等的《藏医临床常用绿绒蒿药材的鉴别研究》(《西南大学学报》自然科学版第 10 期),采用原植物和药材性状比较,光镜(OM)法观察根、花葶、叶、花的内部组织结构显微特征,扫描电镜(SEM)法观察花粉粒形态以及薄层层析法(TLC)对 3 种绿绒蒿进行鉴别,得出 3 种绿绒蒿的原植物、性状、内部显微组织结构、粉末特征、花粉粒表面特征等区别明显,可为藏医临床常用的 3 种“欧贝”类绿绒蒿药材的鉴别提供参考依据。张雨欣等的《基于 DNA 条形码及 UFLC 技术的藏药翼首草相关性的品质评价研究》(《中国中药杂志》第 4 期),基于 DNA 条形码和 UFLC 技术从生物物种遗传和化学指纹图谱鉴别等方面对藏药翼首草进行品质评价研究,结果表明 DNA 条形码技术可准确鉴定翼首草药材;UFLC 指纹图谱分析发现藏药翼首草地上、地下不同药用部位的化学成分存在差异;通过遗传信息与化学相关性研究揭示了翼首草遗传基因可能对其所含药效成分环烯醚萜苷类次生代谢产物的产生有较大的影响,通过对藏药翼首草遗传和化学相关研究为其品质评价及资源保护提供新思路。其他还有:赵唐娟等的《藏药镰形棘豆中 2', 4'- 二羟基查尔酮对照品的制备和鉴定》(《分析试验室》第 6 期),郭豪杰等的《藏药材榜嘎及其混伪品的 DNA 条形码鉴定研究》(《世界中医药》第 5 期),索郎拉宗的《藏药达布桑的定性鉴别实验研究》(《中国民族医药杂志》第 1 期),武雪等的《藏药圆柏的比较鉴别》(《西部中医药》第 1 期)，等等。

(四)藏药药理学研究

学者们运用现代科学方法，力图阐明藏药单药或复方对机体的作用及其作用的规律，主要包括对药效学和毒理学的研究。代表性的研究有：刘伟等的《藏药波棱瓜子总木脂素对四氯化碳致大鼠肝纤维化的保护作用及机制探讨》(《中国中药杂志》第 3 期)，探讨藏药波棱瓜子总木脂素对四氯化碳(CCl_4)致大鼠肝纤维化的保护作用及其作用机制，将 SD 大鼠 48 只随机分为空白对照组、模型组、总木脂素低中高剂量组、阳性药甘利欣组，空白组正常饲养，其他组大鼠均隔 2—3 d 皮下注射 3 ml/kg 含 40%CCl_4 的橄榄油溶液连续造模 8 周，采用生化分析法测定各组大鼠肝功能和肝纤维化指标，结果显示，波棱瓜子总木脂素能有效减轻 CCl_4 致大鼠肝纤维化的肝脏损伤，降低肝纤维化程度，其机制可能与其保肝降酶抑制 TGF-β1 表达有关。寇毅英等的《藏药十味乳香散镇痛抗炎及抗痛风性关节炎作用》(《青海医学院学报》第 4 期)，采用经典疼痛动物模型小鼠热板法及小鼠醋酸扭体法评价藏药十味乳香散的镇痛作用，采用二甲苯致小鼠耳廓肿胀法、醋酸致毛细血管通透法及尿酸钠晶体致大鼠急性痛风性关节炎法观察十味乳香散的抗炎及抗痛风作用，研究发现：藏药十味乳香散明显减少醋酸致小鼠扭体反应次数，对二甲苯引起的小鼠耳廓肿胀，对尿酸钠晶体诱导的大鼠关节炎的肿胀均有明显的抑制作用，但对醋酸引起的毛细血管通透增加抑制并不显著，故认为十味乳香散具有抗炎和抗痛风性关节炎作用，其镇痛作用还有待证实。Wu Qin 等的《The Tibetan Medicine Zuotai Differs from HgCl2 and MeHg in Producing Liver Injury in Mice》(《Regulatory Toxicology and Pharmacology》第 78 卷)，比较了藏药佐太与硫化汞、氯化汞、甲基汞对大鼠的肝毒性，将大鼠分为四组灌喂，佐太组 30mg/kg，硫化汞组 30mg/kg，氯化汞组 33.6mg/kg，甲基汞组 3.1mg/kg，均灌喂 7 天，观察肝损伤和炎症基因表达和 Nrf2 因子，研究发现：藏药佐太和硫化汞的肝毒性低于氯化汞和甲基汞，并与氯化汞和甲基汞的肝脏汞蓄积和毒性反应不同。其他研究还有：柴克霞等的《藏药秦艽、独一味醇提物对 RA 患者外周血单个核细胞分泌 TNF-α、IL-1β、MIF 抑制作用的研究》(《高原医学杂志》第 4 期)，牛翠英等的《佐太对慢性束缚应激抑郁模型小鼠的行为学影响》(《中药药理与临床》第 6 期)，梁沛余等的《藏药十八味诃子利尿丸对高原糖尿病大鼠血糖的影响》(《包头医学院学报》第 12 期)，徐文龙等的《藏药七十味珍珠丸的大鼠急性毒性实验研究》(《中国医药导报》第 35 期)，高丽娜等的《6 种藏族药提取物体外抗 HIV-1 活性的初步探讨》(《中国实验方剂学杂志》第 4 期)，杨娟等的《翼首草总苷对佐剂性关节炎大鼠药效及作用机制的研究》(《中药新药与临床药理》第 6 期)，等等。

(五) 藏药炮制学

本年度相关的论文主要是藏药炮制学理论探讨或知识介绍，发表的论文较上年度少。例如：达娃卓嘎的《探讨常用藏药材的炮制方法》(《西藏科技》第 5 期)，结合传统藏药材的炮制技术，简述探讨了常用藏药材的炮制方法及基础理论、炮制原则、炮制目的、藏药炮制理论的可持续发展等相关问题。李杰等的《蒙药水丸与藏药中药水丸制法的异同》(《中国民族医药杂志》第 11 期)，从制法、黏合剂、包衣及着色剂、打光、规格、用法等方面，比较了蒙药与藏药、中药水丸制法的异同。才让南加、项措卓玛的《浅谈藏药寒水石的炮制工艺流程》(《西藏科技》第 1 期) 认为，寒水石在藏医经典著作中品种繁多、疗效较广而炮制方法多样，该文结合现代药学知识，对寒水石的炮制工艺及流程进行了探讨分析。类似的研究还有项智的《寒水石通用炮制方法比较研究》(《中国藏医药》第 2 期) 等。

(六) 藏药制剂分析

主要是藏药制剂的质量标准和提取工艺研究或相关思考。例如：达瓦潘多、仁增的《传统藏药提取技术改良的几点思考》(《西藏科技》第 1 期)，阐述传统藏药提取方法的弊端和中药现代提取新技术的优越性，对比二者的利弊关系，以让藏药制药工作者初步了解草药提取新技术的发展和应用状况，为藏药制药现代化提供参考。胡春晖等的《砂生槐子总生物碱纯化工艺的优化》(《中成药》第 10 期)。本年度所开展质量标准研究的藏药，如管国倩等的《藏药灌木亚菊质量标准研究》(《甘肃中医药大学学报》第 2 期)，参照标准测定灌木亚菊干燥失重、灰分、水溶性浸出物、95% 乙醇浸出物，并建立了薄层色谱鉴定方法以及测定灌木亚菊中特有成分含量的高效液相色谱 HPLC 法，结果显示该标准可用于灌木亚菊的质量控制。其他还有：徐作军等的《俄色总黄酮缓释栓剂的制备工艺研究》(《西南民族大学学报》自然科学版第 5 期)，蒋丽丽等的《藏药大花黄牡丹根皮挥发油的提取和成分分析》(《黑龙江大学工程学报》第 3 期)，胡春晖、张发斌的《Box-Behnken 响应面法优化砂生槐子中总生物碱的提取工艺》(《中成药》第 9 期)，边巴次仁等的《藏药本草祛痤疮乳霜的制备和评价》(《山东化工》第16期)，邢洁、孔倩倩的《藏药酸藤果的质量标准研究》(《中国药房》第21期)，次仁旺姆的《藏药绿绒蒿的质量标准研究》(《中国民族民间医药》第11期)，等等。

(七)藏药资源学研究

可分为文献综述、现状分析和资源学调查研究三类。

文献综述类，如李轩豪等的《青藏高原藏药资源与品质评价研究进展》(《中国中药杂志》第4期)，就青藏高原藏药资源调查及品种整理、种质资源库的建立、野生抚育与人工繁育、质量标准规范化研究，以及用DNA条形码、1H-NMR代谢组学等新技术新方法应用诸方面进行述评，探讨了青藏高原藏药资源保护和可持续利用、品种鉴定和质量标准化等问题。

现状分析类，如赵彩云等的《青藏高原藏药濒危现状及其资源保护策略》(《中国中药杂志》第23期)，使用《中国珍稀濒危植物》的等级划分方法，整理出青藏高原濒危藏药物种名录，分为一级(濒危)11种、二级(稀有)21种和三级(渐危)42种，共74种，此外还建议增加青藏高原五省(区)藏区濒危藏药物种；结合藏药资源濒危现状，探讨了从定期进行濒危藏药物种的调查、建立濒危藏药的种质资源库、就地保护、人工种植研究和更新观念，合理开发利用五个方面开展工作的保护策略，以期为青藏高原藏药资源保护和可持续发展利用提供科学依据。张璐璐的《青海地道中藏药资源开发保护现状及对策》(《长春大学学报》第5期)，介绍了青海省地道中藏药材资源概况、开发利用和法律保护现状以及存在的问题，提出应采取一定的措施，建立长效的中藏药资源保护机制，以促进资源的可持续利用和产业的发展。

资源调查类研究，如刘增根等的《青海藏药雪灵芝种质资源调查研究》(《时珍国医国药》第12期)，对藏药雪灵芝在青海的野生种质资源情况进行系统调查研究，探明了青海野生雪灵芝资源分布情况、种类和种群特征，并发现野生雪灵芝种质资源生物学存在多样性，甘肃雪灵芝产量最高；由于生境破坏和过度采挖，野生雪灵芝资源日趋减少，建议采取野生抚育和发展人工种植等方法保护雪灵芝野生种质资源，以保证雪灵芝的可持续利用。旦增曲培的《濒危藏药草本药材在拉萨夺底沟生长分布情况的调查报告》(《中国民族医药杂志》第1期)，调查拉萨以北城关区夺底乡夺底沟濒危草本藏药材的分布情况，发现该地区濒危药材数量与日俱增，呼吁尽早启动濒危药材保护和抢救工作。其他还有：李彪等的《青藏高原甘南地区伞形科藏药植物资源调查研究》(《甘肃高师学报》第 12 期）和《青藏高原甘南地区唇形科藏药植物资源调查研究》(《牡丹江师范学院学报》自然科学版第 4 期），巩红冬、李彪的《青藏高原东缘禾本科藏药植物资源调查研究》(《中国野生植物资源》第 5 期），巩红冬的《青藏高原东缘蒲公英属藏药植物资源调查研究》(《中央民族大学学报》自然科学版第 2 期）和《青藏高原东缘景天科藏药植物资源调查研究》(《中国中医药信息杂志》第 2 期），孙海群等的《青海省几种藏药植物资源状况调查与分析》(《北方园艺》第 16 期），张璐璐的《青海地道中藏药资源开发保护现状及对策》(《长春大学学报》第 5 期），等等。

（八）药用植物栽培学研究

许砚慧的《青海省中藏药种植业现状及其发展对策》(《中国市场》第 12 期）对青海省中藏药种植业发展现状、存在问题及其制约因素进行分析，提出了加强种植基地建设、加强栽培技术研究、鼓励企业参与药材种植、政策扶持与推动等建议。还有部分论文介绍了藏药材的栽培技术，例如安桃芳、马秀的《唐古特大黄的人工栽培技术》(《中国农业信息》第 15 期），许永强等的《藏药匙叶翼首草人工栽培杂草生态特点和防控效果的分析》(《中国农业大学学报》第 9 期），马令法等的《除草措施对人工栽培藏药唐古特红景天产量、品质及除草效果的影响》(《北方园艺》第 7 期），李静怡等的《NaCl 和 PEG 胁迫对天仙子幼苗生长及生理特性的影响》(《中药材》第 2 期），等等。

（九）其他

主要为对藏药方剂相关研究或知识介绍类的论文，例如：多杰的《十五味黑药散的配伍思路分析》(《中国藏医药》第 1 期），文昌东主、尕玛措尼的《三种医籍所述几种方剂的剂量与药效分析》(《中国藏医药》第 2 期），多果的《部分常用藏药方剂别名汇集》(《中国藏医药》第 2 期），任小巧等的《基于藏药药性理论的藏药方剂组方规律探讨》(《世界科学技术—中医药现代化》第 5 期），次仁、尼玛次仁的《藏药藏红花组方功效研究》(《中国民族医药杂志》第 1 期），等等。

六、医学教育

藏医药教育方面的论文，主要是对藏医药学专业的人才培养、学科建设、课程设计、教学方法等问题的研究与思考。例如更藏加等的《模块化教学方法在藏医人体学课程建设中的初步探索》(《中国民族医药杂志》第4期)，通过对青海大学藏医学、藏西医结合、藏药学等5个专业不同班级160名学生的问卷调查和访谈调查，了解其对藏医人体学教学中采用授课教师以分章节授课教学模式的态度与看法及其收获，结果显示：分章节授课教学方法能够充分调动学生的学习积极性，充分体现学校及课程组对该课程的重视程度，加深学生对知识的理解和记忆，从而有利于提高教学质量。赵可惠等的《融合师承、家传和寺庙社会教育资源的特色藏医学本科人才培养模式探索》(《成都中医药大学学报》教育科学版第3期)，分析了当前国内高校藏医本科人才培养模式的弊端，提出将“家传教育”和“寺庙教育”融入目前以“师承—院校”为主的藏医学本科人才培养新模式，并将该模式推广到高校藏医学专业的培养方案中。其他还有：张静等的《藏医药现代化视野下藏药化学课程建设的思考与实践》(《中国中医药现代远程教育》第16期)，孙居礼、马桂芬的《学习金字塔模型在藏医专业中医针灸学教学中的应用》(《卫生职业教育》第15期)，赵可惠等的《提升教育教学质量体系探索藏医学研究生教育发展新途径》(《中国中医药现代远程教育》第1期)，等等。

七、古籍整理

本年度整理出版藏医古籍4部，分别是《度母本草》《妙音本草》《宇妥本草》和《药名之海》，均由青海人民出版社出版。其中《宇妥本草》《度母本草》《妙音本草》，是藏药的三大经典图鉴，图文并茂。《度母本草》中所收的草本类药物，皆是青藏高原的药物，主要论述了草本类药物的缘起、要义概述、草本类药物，此外也描述了只有青藏地区才生长的237种药物。《妙音本草》是藏医药最早的本草类专著，主要从药物的生地、形态、性味、功效、主治等方面记述了产于青藏高原的近200种药物。《宇妥本草》共描述了191种药物。《药名之海》分门别类地描述了各种药物及功效。

八、现状和对策

藏医药事业方面，扎西达娃等的《西藏基层藏医可持续发展的SWOT分析》(《中国卫生经济》第2期)对西藏山南全区藏医资源进行普查后发现，该地区基层藏医发展水平参差不齐，缺乏符合基层实际情况的藏医建设标准，藏医专业技术人员总量不足、职称偏低，藏医医疗设备欠缺，有待适当添置，故建议在“十三五”期间，县级医院成立相对独立运行的“藏医部”，尽快制定县级藏医部及乡级藏医科建设标准，积极提高基层藏医综合能力。端智的《青海省藏传佛教寺院内设藏医医疗机构状况调查——以支扎寺、千卜录寺等为例》(《青海师范大学学报》哲社版第1期)，通过实地调研青海省11所寺院内设藏医医疗机构，结合文献、访谈等研究方法，对此类藏医医疗机构存在的问题进行了梳理分析并提出了相应建议。其他还有：扎西措桑乾才让的《藏医医院临床应用藏药存在的问题及对策》(《中国民族民间医药》第12期)，土旦卓玛等的《尼木县基层卫生院藏药使用情况的调查统计分析》(《西藏科技》第6期)等。

藏药产业方面，涂学敏的《“十三五”时期西藏藏药产业发展探究》(《商场现代化》第17期)，分析了目前西藏藏药产业的发展现状、优势和制约因素，探讨未来西藏藏药产业的发展方向和路径。吕曾胜的《青海省特色中藏药产业的现状与发展策略研究》(《中国商论》第19期)探讨了青海省中藏药产业发展的现状及制约因素，并提出了相关建议。其他还有：李丽的《青海藏药企业品牌化研究》(《中国经贸导刊》第29期)，余璐、陈雪梅的《基于BP神经网络的青海省藏药产业价值链价值增值研究》(《江苏商论》第5期)，程霏的《藏药产业发展中的问题与对策分析》(《山西农经》第5期)，等等。

科技部分

藏学领域的科技论文，主要是研究藏族传统科技、工艺，以及采用现代科技方法研究藏族语言文字、青藏高原地区地理气象等方面的文献。有关语言文字的研究综述，在本年鉴中有专题介绍，故本部分仅对其他内容的研究成果进行介绍：

(一)冶金术

仁青多杰等的《古代汞制剂技术传入西藏考——藏药学家邬坚巴·仁钦贝西行至乌仗那引进汞制剂技术考述》(《中国科技史杂志》第3期)，介绍了古代藏医药学家为汞的冶金术所作的贡献：公元13世纪，藏药学家邬坚巴·仁钦贝西行至中亚乌仗那后学习并钻研古代印度流派汞制剂工艺技术，之后在印度和西藏布札等地将相关“汞制剂技术”梵文文献翻译成藏文，返藏后他将该技术在藏地进行传播，使其在西藏相传700多年。该技术延续至今，并作为藏药制剂的核心工艺技术，成为重点研究和开发的对象，在我国古代医疗卫生与科学技术史上有重要地位。

（二）传统手工艺

仓姆啦的《拉萨地区藏族民间手工艺发展现状调研》(《西藏大学学报》社科版第6期)，以拉萨地区为主要研究区域进行调查、采访，总结出该地区民间手工艺在传承方面主要依托公办教育机构和私营企业培训两大平台，论述了这两种传承方式的异同优劣，介绍拉萨地区民间手工艺的发展现状，以此管窥整个西藏地区民族手工业发展的基本面貌。杨娅、周毓华的《非物质文化遗产视野下西藏传统陶器制作的传承与发展——以扎囊县杂玉村为例》(《文化遗产》第6期)，在对杂玉陶器概况进行研究的基础上，对杂玉陶器的传统制作工具及传统制作过程进行了仔细调查，通过风雨飘摇的技艺传承和举步维艰的发展之路探析了杂玉陶器制作技艺的传承和发展现状，认为杂玉陶器传统技艺首先是保护、传承，继而才是利用、发展；政府、媒体、商界乃至传统手工从业者应发挥各自优势，让西藏传统制陶这一古老的民间传统技艺奇葩继续传承并绽放异彩。其他还有：孙随太的《论安多藏区民间手工艺的传承与创新——以唐卡为例》(《大众文艺》第15期)，霍巍的《西藏西部考古新发现的茶叶与茶具》(《西藏大学学报》社科版第1期)，等等。

（三）天文历算

罗布顿珠的《藏族古代七位女性大师之医算学贡献略论》(《西藏科技》第4期)，通过查阅藏医药古籍文献资料，梳理七位女性藏医药天文历算学家（门摩隆玛帝、嘎姆帕玛、觉姆益西措杰、加玉达姆门尊、玛吉拉卜珍、白玛措吉、玛吉珠古觉彭）的生平，以及她们为藏医药天文历算发展作出的贡献。

（四）地理气象

本年度研究青藏高原地区地理气象特征（如气温、地温、冻土、降雨、降雪、积雪、干旱等）的文献有百余篇，主要发表于《高原气象》《青海气象》《西藏科技》《高原山地气象研究》《地理学报》等学术期刊。代表性论文如：黄芳芳等的《藏北高原地表温度对气候变化响应的初步分析》(《高原气象》第1期)，利用藏北高原地区那曲高寒气候环境观测研究站地面观测资料，对2001—2012年藏北高原地表温度的年际变化和年内变化规律及其对气候变化的响应特征进行了分析。袁玉梅的《近30年来青海湖地区气温、地温及冻土变化分析》(《青海气象》第2期)，以青海省刚察、海晏、共和、天峻4个站代表青海湖地区，利用1981—2014年的气温、地温及冻土资料，对青海湖地区气温、地温及冻土变化进行分析，研究发现：青海湖地区的气温变化呈逐渐升温的态势，与全球的气温变化趋势一致；青海湖地区年平均气温的升温率为0.55℃/10a，变暖的季节主要是冬季；青海湖地区的地温变化同气温变化基本一致；最大冻土深度的变化与地温变化的关系并不明显，而与极端最低气温有着反相关。赵雪雁等的《近50年气候变化对青藏高原牧草生产潜力及物候期的影响》(《中国生态农业学报》第4期)，基于青藏高原及周边107个气象站点1965—2013年逐月气温、降水及日照时数等气象数据，分析了1965年以来青藏高原区的气候变化趋势，并采用MODIS数据、Thornthwaite Memorial模型及GIS技术分析了近50年来青藏高原牧草气候生产潜力及其时空变化特征，利用连续22年的青藏高原牧草生育期观测数据，探讨了牧草生育期的时空变化特征及气象因子与牧草主要发育期的关系，认为利用青藏高原牧草生产潜力及物候期与气候因子的响应规律，可为提高该区牧草的实际产量和保护青藏高原草地生态系统提供借鉴和依据。其他还有：尼玛吉、次旦巴桑的《2013年10月西藏地区天气气候特征分析》(《西藏科技》第1期)，刘依兰、袁雷的《日喀则市农业气象灾害风险评估与区划》(《西藏科技》第1期)，吉哲君等的《甘南高原近37年冬季冻土深度变化趋势及影响因子分析》(《青海气象》第2期)，陈功、何光碧等的《青藏高原边坡地形重力波拖曳方案应用的个例研究》(《高原山地气象研究》第1期)，姚宜斌等的《青藏高原地区1979—2014年大气可降水量和地表温度时空变化特征分析》(《科学通报》第13期)，黄超云等的《西藏地区宇宙射线吸收剂量率变化规律探讨》(《中国科学：技术科学》第2期)，闫立娟、郑绵平的《近40年来青藏高原湖泊变迁及其对气候变化的响应》(《地学前缘》第4期)，等等。

台湾、香港藏学研究

在藏学研究方面，台湾、香港与大陆藏学界蓬勃发展的情况大为不同，在港台地区多见哲学、宗教方面的研究，尤其是对藏传佛教教义的阐述，其原因除了进行藏学研究的人员、机构较少外，也与藏传佛教在香港和台湾的发展及其信徒的实际知识情况有关。港台地区的藏学研究近来更呈不断减弱之势，由“蒙藏委员会”主办的《蒙藏季刊》已停刊，其他一些原先涉及藏学研究的刊物，在 2016 年大幅降低了藏学论文的发文量，只有《中国边政》和《语言暨语言学》较为集中地进行了刊载。从 2016 年出版的图书和发表的论文分析，台湾和香港藏学研究的主要涉及宗教、政治、社会、语言、艺术等领域。

一、哲学、宗教

台湾逢甲大学中国文学系邱君亮的博士学位论文《汉藏弥陀极乐净土法门之比较》，着眼于汉、藏弥陀净土法门的比较，借此彰显两地教法之内容，明确法门要点，同时厘清可能发生的误解。首先说明极乐净土法门传承的历史背景以及发展重点。其次考察汉、藏两地与极乐净土法门有关的文献，探究汉传与藏传弥陀净土法门的常用经典。再以各类佛典所述极乐净土的依、正庄严为主题，探究西方极乐净土的圣贤（正报）与环境（依报），以法门的修持要领为主题，论述汉、藏两地弥陀净土法门之要点，最后针对汉、藏两地之净土法门，比较、分析其异同，说明二者同源于印度佛教，受历史、社会及文化等因素影响，发展出各具特色的修持法门，却也有相通之处，实为“同中有异、异中有同”。

台湾法鼓文理学院佛教学系吴锡昌的硕士学位论文《〈修心八座〉译注与研究》，资料取自收录在《修心百要》中的仲敦巴的作品。作者首先整理与归纳了修心文类的综合文献，了解其产生脉络与内容，然后对《修心八座》进行译注，包括版本校对、编列章节科判、翻译与注解。在应用层面，以归纳法对于文本中三种观修法——“自他交换法”“施身法”与“上师瑜伽法”做特色分析，并以分类模型与图表呈现。《修心八座》中的第八座涉及临终修心，以对比方式与《中阴闻即解脱》课诵本参照，并以图表分析多段的科判关系。

台湾法鼓文理学院佛教学系陈怡静的硕士学位论文《藏译三部〈三摩地资粮品〉之译注与研究》，作者在搜集资料的过程中发现，西藏大藏经《丹珠尔》收录了三种《三摩地资粮品》，其作者分别是觉贤、黑尊者以及阿底峡，三部皆是后期中观派的作品。其中，觉贤把三摩地支分分成九支，每一项都详加说明，是三部当中分量最大，也是唯一有引用经论的；黑尊者把三摩地支分分成七支（第八支为补充），七支之下又分成七种项目；阿底峡则是以偈诵的方式撰写，把三摩地支分分成十三支。论文拟试着研究三位作者的背景、宗义思想与传承，以及在搜集藏译版本、进行对勘之后，汉译三部《三摩地资粮品》，并对内容进行研究，包括三部的特色、三部支分的异同比较、三部所指的“三摩地”定义、宣说的对象、三部之间是否有相互影响、与其他论典的三摩地资粮做比较，以及禅定术语与非禅定术语之语词讨论、翻译、版本等问题。

韦乡安的《抽离或重构语境的正念？传统佛教与当代之诠释》（《台湾东亚文明研究学刊》13 卷 1 期）一文，凭借近年研究藏传佛教大手印与汉传佛教早期禅法的著作，论证当代正念观夙有渊源，特别是涵括了北亚与东亚的佛教传统，对正念脉络化的过程有了更为精细的概念，对基于苦难与存在转化广义概念的正念之存在语境重构，进行了初步的个案研究。

台湾法鼓文理学院佛教学系释有�的硕士学位论文《〈楞严经〉六根互用之研究》，从“六根互用”的议题，梳理《楞严经》中与六根互用相关的经文，探讨六根的源流、定义、如何互用以及与耳根圆通的关系为何等，尝试从各经典或论疏，找出异与同的论点，并进一步加以讨论。

台湾法鼓文理学院佛教学系蔡文聪的硕士学位论文《〈佛性论〉之佛性观与如来藏义析探》，研究对象为世亲菩萨所造的《佛性论》，全论共四卷，有四分十六品。作者从义理诠释和文献研究的角度，对该论进行广泛的探讨，从世亲的学思背景的双重角色中，整理剖析论中所涉及的佛性观和如来藏义。综观《佛性论》几乎涵盖了当时印度大乘各宗的教义，举凡中观、瑜伽、如来藏无不融涉，同时又增加了一些新义，是一部独具特色的佛性论典。

包再德在《论藏密赐“隆”的规范化问题》(《佛学与科学》17 卷 1 期）中，认为藏密授受皈依、赐“隆”、灌顶仪轨，虽然内容和步骤各异，但有一个共同的特点：就是用立誓来确定所说不虚，由此隐含着合约本意。对“隆”规的授受，自古至今都是口言相传的，很少有专门的“隆”规方面的诵读典籍。文章从藏密授受“隆”仪轨的论述中总结出“隆”规以颂授加持与祈请护法护念为核心。

林恕安在《清辨的缘起观——以〈般若灯论·观缘品〉汉藏译本差异为线索》(《中华佛学研究》17 期）中提到，清辨（Bhāviveka, 500—570）所著《般若灯论》(*Prajñāpradīpa*）存有汉藏二译本，学界虽多重视藏译本，然汉藏译本的传译时间不同、形成的翻译背景与环境不同，语言的本质与使用上亦有所差异。文章以《般若灯论》第一品《观缘品》中“缘起”一词的定义为例，比对相应内容与译词，试图厘清两者之差异与原因。两译本最明显的差别在于对缘起定义的不同，藏译本甚至不赞同汉译本对缘起的定义或认为此定义不够清楚，而前者的解释更推导出“因不成因直到果成”的二谛合观概念，是理解清辨缘起观的关键说明，亦是了解其如何说明缘起与无自性关系的重要内容。

张誉薰《论道教与藏传佛教〈西藏度亡经〉临终过渡阶段的生命关怀》(《生命教育研究》8 卷 1 期）一文认为，中国传统社会普遍重视亡者过世之后的丧礼与祭礼，以及死后的临终过渡阶段，而佛、道二教在中国历史上对于信众之超度亡魂皆扮演着重要的角色。文章旨在探讨道教与藏传佛教对于临终过渡阶段的生命关怀，主要以藏传佛教的《西藏度亡经》为研究参考依据，试图找出藏传佛教《西藏度亡经》与道教度亡为何皆重视人死之后“七七”四十九天的原因及其重要性。

林境南在《老哈姆雷特新诠：从藏传佛教“中阴身”论述看〈哈姆雷特〉中的鬼魂》(《中外文学》45 卷 2 期）一文中另辟蹊径，以藏传佛教的“中阴身”论述来重新探讨哈姆雷特的父王——老哈姆雷特的亡灵这一角色，并对现存早期《哈姆雷特》主要版本中的相关对白、场景与舞台指示进行文本分析、比较与探讨。藏传佛教论述里的中阴，指的多是死有中阴。按照藏传佛教的理论，当人过世，生命便进入死亡与另一期生命之间的“受生中阴”阶段。而《哈姆雷特》的早期主要版本中，鬼魂一角有诸多特性和能力，竟和中阴论述不谋而合。

二、政治、经济、社会

朱丽双《民国政府的西藏专使》（香港中文大学出版社）一书，从北京政府到南京政府，民国时期的中央政权不断试图派人越过重重地理和人事上的障碍前往西藏，这些遣派人员包括高官大员、普通文吏、商人、特工、僧侣等各界人士，身份不同、入藏原因各异，书中称之为“民国政府的西藏专使”，主要选取了15位民国政府的西藏专使，通过翔实的史料考察这些“专使”前往西藏的历史背景、在西藏的活动及其体察藏族社会的独特视角。作者指出其赴藏的主要目的是调查西藏社会、增进汉藏情感，以重建中央对西藏的主权。以黄慕松入藏致祭十三世达赖喇嘛和吴忠信办理十四世达赖喇嘛转世为例，由于这些专使的努力，民国政府在一定程度上维护了中国对西藏的主权。但是因为西藏专使在联络并增进汉藏情感方面的失败，他们在整体上并未与西藏地方当局建立起一种较亲善的关系，没能消除清末以来长期形成的汉藏隔阂，民国时期的西藏进一步离心于内地，从而为1949年后复杂的汉藏关系埋下了伏笔。

孟鸿在《1947—1959年西藏情势分析兼驳夏格巴〈藏区政治史〉》（《中国边政》208期）中认为，自逊清季世以来，俄英为竞逐中亚，先后派出间谍入藏，蛊惑、煽动十三世达赖喇嘛及藏地僧俗高层，而清廷所派驻藏大臣类多尸位而已，致讥为熬茶大臣，于是藏事日隳，以致难以收拾，及至民国时代，北洋政府忙于处理外蒙古问题，对藏事似已力绌，及至北伐完成始着手藏事，西藏与中央稍有接触。文章就1947年藏地原摄政热振呼图克图被毒害而死，至1959年“四水六岗卫教军”向十四世达赖喇嘛献“金宝座”之十三年间所发生的颇多事件进行了分析。

孟鸿在《2015年媒体对新疆、西藏报导之分析》（《中国边政》205期）中总结2015年（台湾）媒体对新疆、西藏情势的报导，发现前者明显多于后者，新疆问题尤为严峻，其中若干极端分子，已有与国际恐怖主义挂钩的迹象；至于西藏情势，仍以十四世达赖喇嘛为重心，不过一年来达赖喇嘛因年事已高，而大陆的经济、政治、军事力量日趋壮大，欧、美、日等国家想利用达赖“骚扰”中共的边际效应，已呈日见递减现象，达赖似乎已不再是国际媒体宠儿，一年来见报频率已不如往年之多，大有秋扇见捐之势，文章就2015年一年媒体对有关新疆、西藏之报导，进行了分析评论。

吴楚克、马瑞雪《社会分工视角下河湟回藏民族关系》（《中国边政》208期）一文强调，民族关系既是历史发展的产物和历史的沉淀，又是对现实环境和条件的反映。在一个多民族国家，民族及民族关系始终是国家政治生活中的重大问题，它与国家的安定团结、政治稳定和进步繁荣息息相关。文章以马克思社会分工理论为研究方法，探讨回、藏民族之间关系为什么从“共生互补”转变为“竞争自利”，通过分析这种典型的民族关系变迁，证明社会分工才是民族关系发展的根本原因。

王廷宇的《自西而东：从 Sherpa 人与嘉绒人的比较来反思喜马拉雅藏区的社会组织与亲属研究》(《台湾人类学刊》14 卷 2 期）一文，把讨论焦点放在社会组织与亲属的层面，通过比较喜马拉雅藏区最东缘的卓克基嘉绒藏族与西部的夏尔巴（Sherpa）人，试图呼应并进一步突显此区域东部的异质性，其在历史观、社会组织与亲属婚姻等方面，与中心地区或西部有着极为不同的面貌。作者发现在东亚、南亚与内亚交界的藏区东部，除了藏传佛教以一种由上而下，由文明和宗教中心向边缘扩散所产生的同质性之外，另外一种产生藏文化同质性的重要机制则是社会结群的策略，以一种由下而上，由边缘往中心的方向扩散。文章透过初步的比较研究，让东部不再是只反映出中心或西部的特色，而是能开始重视东部的文化、社会、语言与历史的特色。

刘堉珊在《印度流亡藏人苯教信仰者的边缘化处境与生存策略》(《考古人类学刊》84 期）一文中分析，流亡藏人在印度建立“流亡政府”后，原本仅存于僧侣阶层间对苯、佛关系的教义争论，进一步发展成为双方信仰者争取社会资源的主要凭借。“流亡政府”将藏传佛教视为文化与历史正统的论述，以及依照“官方认定”的宗教教派分配各种社会资源的政策，使苯教信仰者开始意识到，唯有让苯教取得“正当”且“核心”的位置，才得以争取其生存所需的各种援助资源。文章检视了近五十年来，流亡印度的苯教信仰者如何在这样的处境中运用不同权力主体（包括“流亡政府”、印度政府以及国际人权组织等）间的矛盾或冲突，发展新的社会关系并重新诠释其社群认同，以争取最多选项的政治、经济、宗教等资源。

王守斌的《藏传佛教对藏区学生人际交往的影响》(《万能商学学报》21 期）一文，针对藏区学生的交往心理、交往倾向、藏传佛教中关于人际交往的禁忌内容，以及藏传佛教对藏区学生人际交往的影响等各方面进行分析探讨，借以了解藏传佛教对藏区学生人际交往的影响。

三、语言、艺术

邵明园的《藏语组系动词 red 的语法化》(《语言暨语言学》17 卷 5 期)一文，认为藏语组中部语块、东北部语块及东南部语块中普遍存在系动词 red，用以表达“向他者”的示证和情态意义，从而与表达“向自我”意义的 yin 形成对立。古藏语中 red 只有实义动词的用法，意为“变成、变作”，其后在不晚于 14 世纪的文献里，在东南语块的木雅地区已经明确语法化为系动词和时体助动词。与之相应的是，古藏语时代系动词 yin 和终助词 -o 存在“语用—情态”功能的对立，yin 因为经常用于否定句中，因此具有了较多主观判断、主观强调的语气，从而与终助词 -o 表达的直陈语气相对立。而在至迟不晚于 14 世纪的口语中，随着终助词 -o 的消亡，red 逐渐取代了其位置并进而与 yin 形成对立，从而逐步发展了较为严格的表达“向自我”和“向他者”意义的系统区别。

陈德宁在《深入探讨及了解羌语方言》(《语言暨语言学》17 卷 3 期)一文中认为，目前羌语的方言分配研究尚处于初步阶段，过去的研究按照方言类型和特征简略地把所有羌语方言分为南北两大方言。文章针对过去的方言分配法进行评论并指出一些不足之处。研究指出，过去的分配法未考虑到羌语方言的多样性，不能用于概括解释一些目前还未研究过的方言，例如永和方言。为了明确地说明方言的分配法，作者更深入地发展出一套以共同创新为基础的分配方法论以供将来研究之需。

丘彦遂的《从汉藏比较看汉语词族的形态音韵》(五南出版社)一书指出，汉藏同源词的比较，虽有学者钻研，但各家标准不一，因此得出的结果也相差甚远。该书的研究前提是以汉语词族为主，汉藏比较为辅。首先建立汉语词族，词族中的成员必须音义都有密切关系，否则就构不成同族词，建立起词族之后再进行汉藏比较，从汉藏语的对应中，发掘出上古汉语的词缀形态。全书主要内容包括“上古喉牙音的形态音韵”“喻四和舌音的形态音韵”“精系声母的词族音义及其原始形态”“驳上古流音具形态交替说”。

台湾中原大学陈冠勋的博士学位论文《“西藏流亡政府”金铜佛像锻打工艺之研究》认为，目前对于藏传佛教金铜佛像的研究多仅止于文献资料整理，或从印度、尼泊尔等相关地区的技术推断与风格分析，关于制作工艺的专门研究较为缺乏。该研究以民俗学理论为基础，采用历史研究法探讨藏传佛教造像工艺发展演变的关系，及“西藏流亡政府”佛教造像工艺的背景与金铜佛像工艺匠师的传承体系；采用田野调查法现场观察制作情形，同时借由访谈老匠师及其学生，深入了解金铜佛像的技艺传承，补足文献资料的遗漏及验证田野调查的结果与研究发现。

台湾大学艺术史研究所周景培的硕士论文《明代永乐宫廷金铜造像研究》，以明代永乐造像为研究核心，探讨这一时期随着汉藏两地的交流，藏传佛教艺术如何影响永乐造像。永乐时期中原和西藏地区频繁的宗教、文化交流，是永乐宫廷藏传佛教艺术建立的基础，三大法王和许多藏僧进京，或入贡佛像，或督导永乐宫廷藏传佛教艺术的制作，对永乐宫廷藏传佛教艺术影响甚巨。现存铸造精美、工艺技巧纯熟、题材丰富、数量可观的永乐造像，不但是明代宫廷藏传佛教造像的代表之作，也是永乐时期中原和西藏文化交流的结晶。

周菁葆《西藏阿里古格佛教壁画中的人体艺术》(《中国边政》207 期）一文认为，西藏阿里古格佛教壁画中的人体艺术是在悠久的形成发展历程中，继承和弘扬了藏族优秀的民族民间艺术传统，同时吸收和融合多种外来艺术的精髓而创造出来的艺术珍品。古格壁画艺术的特色是把人体上升为艺术来进行欣赏，把女性作为天女进行描绘，有许多堪称绝妙的人体艺术作品。阿里古格佛教壁画艺术不愧是西藏高原藏族悠久历史文化发展进程中的恢弘画卷。

学界动态

学界动态

1月

9 日

由中国藏学研究中心、中央民族大学、中央文史研究馆主办，中国敦煌吐鲁番学会、中国佛教协会、中国人民大学国学院、陕西师大国外藏学研究中心协办的王尧先生追思会在中国藏学研究中心西藏文化博物馆举行。来自北京、上海、四川、陕西等地的百余名专家学者共同追思和缅怀王尧先生。

18 日

由兰州市委宣传部和青海省黄南州委宣传部共同主办，兰州市文化产业发展办公室、黄南州热贡艺术博物馆、兰州创意文化产业园、西北民族大学承办的主题为“梵华盛世·祈福新年”首届国际唐卡大展高端论坛在兰州开幕。论坛除了展出唐卡，还邀请来自北京、西藏、四川和甘肃的专家学者，共话交流唐卡艺术。西藏大学教授阿旺晋美、首都博物馆研究员黄春和、黄南州热贡艺术博物馆馆长赵潜、四川大学教授康·格桑益希等专家学者从唐卡艺术风格和画派定义问题、国内唐卡研究与保护的现状、唐卡的传承和发展等角度，探讨唐卡艺术的传承和创新。推动唐卡艺术产业化发展亦成为当日专家学者探讨的重点话题。

18 日

藏传佛教活佛查询系统上线发布仪式在北京广济寺中国佛教协会举行。中国佛教协会会长学诚，副会长演觉、宗性等参加。藏传佛教活佛查询系统第一批公布了 870 位境内活佛的信息。藏传佛教活佛查询系统是国内宗教教职人员身份信息首次实现互联网查询，提供活佛信息查询服务，在中国佛教协会网站、国家宗教事务局网站和中国西藏网同步上线。

3月

8 日

由中国社会科学院民族学与人类学研究所应用语言学研究室人员研发的《藏语自然语言处理平台》正式上线。《藏语自然语言处理平台》涉及藏文字符研究、词法分析、句法语义以及机器翻译等内容。

25 日

为纪念西藏民主改革 57 周年及第八个西藏百万农奴解放纪念日，由中央新闻纪录电影制片厂制作完成的两集纪录片《废奴》在中央电视台国际频道播出。国内藏学界的众多学者参与了纪录片的拍摄录制。纪录片中，学者们通过还原真实历史，梳理废除封建农奴制的必要性，思考《废奴》对于人性解放和尊重人权的重要意义。

4月

1 日

由北京大学与西藏大学联合承担的国家社科基金重大项目“《格萨尔》说唱语音的自动识别与格萨尔学的创新发展”项目启动、专家咨询会在西藏大学举行。

5—29 日

应中国藏学研究中心邀请，日本大谷大学藏学家康噶·崔臣格桑（Khangkar Tsultrim Kelsang）教授在中国藏学研究中心进行学术讲座。讲座题目为：“古籍文献的解读和研究方法——以青绛白央大师《俱舍论释》解读为例”。中心、中央民族大学藏学院、中国人民大学国学院的学者和师生 90 余人参加。

6 日

“西安工程大学藏文化研究中心”揭牌仪式在西安工程大学举行。研究中心将通过与青海藏文化博物院持续合作，创建藏族文化传播阵地，打造藏族文化建设平台。

15—16 日

“西藏高原医学论坛”在西藏民族大学召开。来自西藏自治区教育厅、科技厅有关领导，陕西中医药大学、咸阳部分医院代表、西北大学部分研究生及西藏民族大学部分师生参加。本届论坛旨在促进高校科研院所的学术交流，为高原相关疾病的研究与治疗提供理论支撑。

15—29 日

为深入学习贯彻落实中央民族工作会议和中央第六次西藏工作座谈会精神，加强藏汉翻译人才培养，推动西藏经济社会发展和长治久安，由西南民族大学和西藏自治区藏语委办（编译局）主办的“西藏藏汉双语翻译骨干培训班”在西南民族大学举办。中国藏学研究中心副总干事郑堆研究员应邀参加。

此次培训为期 15 天，共有来自西藏昌都、阿里、那曲、山南、林芝等各地各部门的 60 名基层干部学员参训。培训班邀请了降边嘉措、多识活佛、格勒博士、杜永彬研究员等 19 名专家学者讲授时事政治、民族政策理论、藏汉文化史、藏汉翻译史、翻译理论技巧等。

22 日

《西藏日报》创刊 60 周年座谈会在西藏日报社召开。西藏自治区人大常委会副主任、区党委宣传部常务副部长张晓华出席座谈会并讲话。区内媒体和中央驻藏媒体参加了座谈会。自治区新闻出版广电局领导，西藏日报社负责人，报社退休老同志、老报人、在职干部职工代表，新华社西藏分社、经济日报社、区新闻出版广电局有关同志作了发言。

23 日

由中国人民大学国学院西域历史语言研究所卫拉特学·托忒学研究中心举办的“藏传佛教与卫拉特历史文化：纪念卫拉特蒙古皈依佛教 400 周年国际学术研讨会”在中国人民大学国学院举行。来自中国、日本、蒙古、美国、俄罗斯等国家的 60 余名专家学者参加。与会专家学者就藏传佛教与卫拉特历史、文献、文学、语言等问题进行了研讨。

5月

8 日

由中国社会科学院中国边疆研究所与中央民族大学中国边疆学研究中心、日喀则市委市政府、吉林省第五批援藏干部中心组共同主办的“文化援藏与治边稳藏”学术研讨会在北京召开。中国社会科学院、中央党校、中国藏学研究中心、中央民族大学、四川大学和西藏大学、西藏民族大学等院校的20多位专家学者围绕“文化援藏与治边稳藏”进行讨论。此次研讨会是我国学术界首次以“文化援藏”与“治边稳藏”为主题的学术会议。

10日

青海民族出版社出版完成由意大利知名藏学家南喀诺布教授授权的首部海外藏学著作《南喀诺布文集》。本书由5卷组成，字数250余万字，内容涵盖藏传佛教、藏文化、藏医学以及藏族历史等多方面著述。

南喀诺布先生1938年出生在四川省德格县，3岁时被认定为不丹藏传佛教竹巴噶举派转世灵童，赴不丹研习佛法。1960年，受国际著名藏学家图齐邀请赴意大利，并于1964年开始担任意大利那不勒斯东方大学藏蒙语言和文学专业教授，后在该所大学创建藏学和蒙古学专业，现为该校终身教授。

11—20日

中国藏语系高级佛学院第十二届高级学衔暨第四届中级学衔辩经考试、论文答辩及学衔授予活动在北京西黄寺中国藏语系高级佛学院举行。这是自2015年6月1日施行《藏传佛教学衔授予办法（试行）》（国家宗教事务局令第12号）之后，首次依照文件相关规定开展藏传佛教学衔考试和授予活动。

国家宗教事务局、中国佛教协会有关领导和来自西藏和四省藏区的宗教界人士300余人参加学衔授予和证书颁发仪式。中央统战部常务副部长张裔炯作重要讲话。13名学员获得“拓然巴”高级学衔，22名学员获得“智然巴”中级学衔。

今年获得“拓然巴”高级学衔的僧人均来自苯波派，这是藏传佛教新学衔制度实施以来，第一批考取“拓然巴”高级学衔的苯波派高级学衔班毕业生。至此，藏传佛教格鲁、噶举、宁玛、萨迦、觉囊、苯波六大教派均有了“拓然巴”高级学衔，壮大了藏传佛教代表人士队伍，增进了各教派的平等团结。

15—28日

“感知中国—中国西部文化行”走进欧洲活动在意大利米兰和德国法兰克福、斯图加特举行。活动以文化交流为载体，通过民族歌舞表演、影视展映、图片唐卡展、图书展和专家交流等多种形式，向意德两国及欧洲各界人士介绍中国西部，特别是中国西藏和新疆等地少数民族文化得到传承保护，以及各民族平等团结发展的真实情况。

20 日

纪念中国藏学研究中心成立 30 周年学术座谈会在中国藏学研究中心召开。会议由中国藏学研究中心副总干事郑堆研究员主持。中央统战部、中国藏学研究中心和来自北京大学、中国人民大学、中央民族大学、中国社科院、中国民族语文翻译局等高校和研究机构的近 50 位专家学者参加。第十届全国人大常委会副委员长热地发来贺信。中央统战部七局副局长金志国出席座谈会并讲话。中国藏学研究中心党组书记游洛屏在座谈会上发表致辞。

20—25 日

由悉尼中国文化中心主办，中国北京吉祥唐卡画院和青海黄南藏族自治州文体局承办的中国唐卡艺术展在澳大利亚悉尼中国文化中心举行。本次展览共展出古代唐卡 4 幅，现代唐卡 23 幅。唐卡艺术展展示了唐卡艺术的发展和传承以及深厚的文化底蕴。

22—26 日

中国藏学研究中心当代研究所所长廉湘民等一行 6 人赴南非共和国访问交流。这是中国藏学研究中心第三次组团出访南非。

在前两次出访成果的基础上，出访团继续加深与南非智库全球对话所、金山大学、南非大学、约翰内斯堡大学孔子学院及中国驻南非大使馆的交流，并与智库研究人员、高校教授、孔子学院师生及大使馆工作人员进行深度沟通。5 月 24 日上午，代表团团长廉湘民与约翰内斯堡大学孔子学院校长孟耶（Merthold Monyae）签署合作意向协议。

出访团还向南非智库、高校及我驻南非大使馆等赠送了中国藏学出版社新出版的中英文图书，展示了中国藏学最新研究成果，宣传了我国西藏政策及改革开放以来西藏自治区各项建设事业取得的成就。

24—31 日

为响应“一带一路”发展战略，中国藏学研究中心组成以周炜、李德成、扎呷、肖杰、杨涛为成员的 5 人南亚出访团，对“一带一路”上的重要支点斯里兰卡和尼泊尔进行访问。

出访团以藏文化交流为切入点，在两国共进行了 10 场交流活动。出访团先后与斯里兰卡体育发展部、斯中社会文化合作协会、斯里兰卡中国文化研究中心、斯里兰卡斯里贾亚瓦德纳普拉大学、斯里兰卡佛教与巴利语大学、斯里兰卡民间佛教组织、尼泊尔阿尼哥协会等机构人员座谈交流，全面介绍了西藏经济社会的良好发展和各项社会事业取得的成就。

出访期间，出访团与斯里兰卡斯里贾亚瓦德纳普拉大学、斯里兰卡斯中社会文化合作协会、尼泊尔阿尼哥协会等单位签订了意向性合作协议。

29日

由四川省社会科学界联合会、四川农业大学共同主办的“精准扶贫学术研讨会”在成都举行。与会代表作了“中国精准扶贫方略若干前沿思考”“政府要为发挥社会力量自愿扶贫精准扶贫的优势创造条件”“‘五个一批’与精准扶贫的若干问题”“绿色发展与精准脱贫”“发展现代农业打赢脱贫攻坚战的思考”“中国贫困特征与社会扶贫研究”“同步全面小康进程中四川精准脱贫研究”等报告，并围绕精准扶贫中的政府与社会参与、乡村治理、制度创新等相关议题进行学术探讨。

30日

由甘肃文化出版社正式出版，国家出版基金项目成果《藏传佛教高僧弘法手迹珍典》第一辑、第二辑图书在河北廊坊举行的第二十七届全国图书交易博览会上举行首发式。

《藏传佛教高僧弘法手迹珍典》由兰州大学教授洲塔和西藏百慈藏文古籍整理研究所所长嘎玛德来担纲主编，带领专家团队，历时十余年完成。全书共120函。

30—31日

西藏大学首届高原医学与高原心理学高峰论坛在拉萨举办。来自军事医学科学院、北京大学医学部、北京协和医院等国内知名的医学和心理学专家近30余名以及来自师范学院和医学院的90多名师生参加。会议以“高原医学与高原心理学——高原特色下的交叉与融合”为主题，旨在促进高原医学与高原心理学学术交流与合作，推动西藏大学高原跨学科群的发展。

30日—6月8日

“中国藏文化交流团”访问匈牙利、冰岛、丹麦北欧三国。访问期间，代表团同三国议会、科学院、相关高校研究机构和当地的藏胞进行广泛接触。代表团通过科研成果宣讲活动，展示了西藏自和平解放，尤其是改革开放以来所发生的变化。此外，代表团还分别给驻三国我国使馆的工作人员做了关于“西藏问题”的专题报告。

6月

5日

由西藏自治区文化厅和曼谷中国文化中心联合主办的“中国西藏 扎西德勒”西藏唐卡展在泰国曼谷中国文化中心开幕。此次展出的47件唐卡作品，涵盖了西藏社会的历史事件、人物传记、宗教故事、风土人情、神话传说等多个方面。

7日

全国藏语术语标准化工作委员会召开审读会议，讨论《藏汉英对照藏区地名规范手册》(四省藏区部分)。

13日

联合国人权理事会第32次会议在瑞士日内瓦开幕，中国藏学研究中心当代所研究员杜永彬应邀参会并参加多场多边会议。

16日

全国政协民族宗教委员会在京委员与中国藏学研究中心学者交流座谈会在中国藏学研究中心召开。全国政协民族宗教委员会主任朱维群、民族宗教委员会部分在京委员、中国藏学研究中心领导班子、有关部门负责人及专家学者参加。

座谈会由中国藏学研究中心副总干事郑堆研究员主持。全国政协民族宗教委员会主任朱维群、中国藏学研究中心党组书记游洛屏分别致辞。中国藏学研究中心历史所所长张云研究员、宗教所所长周炜研究员、社会经济所格桑卓玛副研究员作了专题报告。

18—27日

以中国藏学研究中心总干事郑堆任团长的学术代表团赴挪威卑尔根参加第十四届国际藏学研讨会。代表团成员参加的小组讨论主要围绕西藏宗教、藏族文学、寺庙历史、藏文信息技术、唐卡艺术和转型中藏区农村的可持续发展展开。图书资料馆扎西次仁与两名海外学者共同主持了“藏文信息技术”讨论小组的研讨。

除参加学术讨论外，中国藏学研究中心还专门在会场设立展位，展示了一批我国藏学领域的最新学术著作，受到与会学者欢迎。此外，中国藏学研究中心与奥地利科学院、德国多所大学合作出版的梵文论文系列也被公开展出。

20日

由青海省政府主办，“青洽会”组委会、青海省发展和改革委员会、青海师范大学、青海省丝绸之路经济带研究院共同承办的第十七届“青洽会”“深度融入‘一带一路’高峰论坛”在西宁举行。来自相关行业的专家学者，围绕加快对外开放、深化交流合作，打造战略支点，深度融入“一带一路”等内容进行研讨。

21—23 日

由中国藏学研究中心社会经济研究所格桑卓玛副研究员带队的西藏脱贫攻坚课题组在西藏定日县扎西宗乡进行调研。

24 日

由甘肃省社会科学院倡议，中国社会科学院科研局指导协调，陕、甘、青、川、藏五院联合攻关的“唐蕃古道申请世界文化遗产前期研究”项目启动会在兰州召开。

24 日

兰州大学西北少数民族研究中心洲塔教授主编的《藏传佛教高僧弘法手迹珍典》第一辑 40 册，由甘肃文化出版社出版发行。

据洲塔教授介绍，此次出版的《藏传佛教高僧弘法手迹珍典》第一辑 40 册，接下来还会陆续推出第二辑、第三辑，全部出齐，预计有 120 多册。这批文献中有很多成书于藏传佛教后弘期初期，内容涉及后弘期初期藏传佛教诸派高僧大德的稀见著述、生平传记、道歌、教法史、佛经注疏、礼赞等。代表性的珍贵资料，有历来被认为是第一部藏文历史典籍《巴协》的一个新版本，全书共 62 页，字迹清晰，保存完整，为《巴协》版本的对勘提供了新资料。此外，还有玛尔巴、米拉日巴等大成就者的传记，其中仅《米拉日巴传》就有 6 个不同版本，有一个版本声称是米拉日巴家族的一子弟在跟随上师讲经传法、调解纠纷过程中每天所做的记录，如果属实，则为当朝人写当朝事，具有“实录”性质。

25—26 日

由中国社会科学院马克思主义研究院、西藏大学、西藏高校思想政治工作研究会联合主办，主题为“全面建成小康社会与党的治藏方略暨学习习近平在哲学社会科学工作座谈会上的讲话精神”学术研讨会在拉萨召开。来自北京大学、中国人民大学、西藏大学等高校及思想理论教育导刊、中央编译局的专家学者参加研讨。

26 日—7 月 21 日

由中国藏学研究中心历史研究所张云研究员带队，梁俊艳副研究员、邱熠华助理研究员等参加的课题调研组，赴西藏自治区及甘肃、青海、云南等省藏区进行实地调研，完成了《贯彻中央第六次西藏工作座谈会政策项目落实情况调研报告》。

28 日

中国藏学研究中心西藏宗教经济研究课题组在西藏墨竹工卡县工卡镇进行调研。

29 日

中国社科院西藏智库成立大会暨第一届理事会会议在北京召开。来自中国社科院、中央统战部、国家民委、中国藏学研究中心、西藏社科院等 34 家单位的近 80 名领导及专家学者出席会议。中国社科院院长、党组书记王伟光，中央统战部副部长斯塔发表讲话，并为西藏智库揭牌。理事会审议通过了《中国社会科学院西藏智库章程》《西藏智库项目管理办法》《西藏智库成果管理办法》，听取了理事关于西藏智库工作的意见建议。

西藏智库是由中国社科院发起、联合国内相关研究机构共同成立的，将在中央西藏工作协调小组的指导下，在中国社科院党组领导下，围绕国家治藏战略和西藏及四省藏区发展与稳定，开展全局性、前瞻性、战略性、综合性的重大理论和现实问题研究。

29 日

《中国宗教》杂志社在京召开“200 期，《中国宗教》如何应对新媒体时代”座谈会。来自宗教领域的专家学者、媒体代表和国家宗教局的 30 多位代表就新媒体时代如何做好宗教宣传工作展开讨论。

30 日

《信息技术藏文词汇》国家标准由中国标准出版社正式出版发行。这是我国第一个少数民族文字的信息技术词汇国家标准，标志着历时 10 年由中国藏学研究中心申报立项并承担编制报批的国家标准已经顺利完成。

7月

5 日

由中国民族语文翻译局主办、西南民族大学协办的 2016 年度藏语文新词术语翻译专家审定会在成都召开。来自北京、四川、云南、西藏、甘肃、青海等地新闻出版、广播电视、教育等领域的专家学者 30 余人参加。

中国民族语文翻译局于 2008 年启动新词术语规范化项目，连续 7 年在相关省区召开了7个语种的翻译专家审定工作会议。专家审定会先后在四川、云南、西藏、甘肃、青海召开，共审定藏语新词术语2000余条，收集整理新词术语汇编成7册。

7—8日

由国务院新闻办公室和西藏自治区人民政府共同主办、拉萨市人民政府承办的“2016·中国西藏发展论坛”在拉萨召开。来自30多个国家和地区的130余位专家学者和相关人士围绕“西藏发展的新阶段——创新、协调、绿色、开放、共享”的主题和“创新发展：机遇与选择”“协调发展：传统与现代化的接轨”“绿色发展：潜力与优势”“开放发展：‘一带一路’的新愿景”“共享发展：精准扶贫与民生改善”五个分议题分别在大会和分组会议上发言。会议形成《拉萨共识》。

8日

甘肃省2016年藏医药学术研讨会在甘肃迭部召开。来自西藏和四省藏区的260余名藏医界知名专家学者参加。学者们就辨识药材、鉴定药性，推动藏医药事业发展，更好服务于各族群众的健康等议题展开研讨。

8日

由中国社会科学院民族文学研究所、全国《格萨尔》领导小组办公室和西南民族大学等单位联合主办的“全国格萨尔研究西南基地”挂牌仪式在成都举行。中国社会科学院民族文学研究所党委书记朝克和西南民族大学党委书记边境共同为“全国格萨尔研究西南基地”揭牌。

8—9日

由青海省法学研究所、青海民族大学法学院主办，以“依法治藏视角下的民族地区法律问题”为主题的第二届“青藏高原法治论坛”在西宁举行。青海民族大学、中山大学、华南理工大学、上海政法学院、西北民族大学等十余所高校的专家学者参加。会议围绕“青藏高原生态建设与环境保护”“民间法/民族习惯法”“民族问题与民族法制建设”等论题就民族地区社会治理、群体性事件应对、生态环境保护、三江源国家公园体制改革、司法体制改革等热点问题展开研讨。

8—10日

由甘肃省文化发展学会和甘肃民族师范学院联合举办的“‘一带一路’背景下民族文化传承与创新全国学术研讨会”在合作举行。中华美学学会、云南大学、西北大学、兰州大学、甘肃省文化发展学会等高校和研究机构的专家学者

70余人参加。本次会议围绕民族地区文化发展如何融入“一带一路”战略，民族地区文化产业发展，民族文献的抢救，整理与研究等问题展开讨论。

13日

由西藏自治区社会科学院、四川省社会科学院、云南省社会科学院、甘肃省社会科学院、青海省社会科学院联合主办，甘肃省社会科学院、甘肃省民族研究所、甘肃省藏学研究所联合承办的“藏羌彝民族走廊文化产业发展学术研讨会暨西部五省区社科院院长联席会议”在兰州召开。来自五省区社科院、甘肃省民族研究所、藏学研究所等科研学术机构的80余位专家学者参会。本次研讨会围绕藏羌彝民族走廊文化产业的发展方式、实现路径，文化产业融入“一路一带”建设的战略构想，文化产业开发与民俗旅游业拓展，民族文化保护与传承以及民族地区精准扶贫等问题展开研讨。

15—19日

中国藏学研究中心藏医药研究所所长兼北京藏医院科研教学处处长仲格嘉一行6人出访美国，在南加州地区开展“藏医文化周”活动。出访团通过开展藏医健康咨询义诊和藏医学讲座等活动，为海外侨胞送温暖，传播藏医文化，受到当地各界欢迎。美国《侨报》、环球通讯社做了采访报道。

16—17日

由云南大学历史与档案学院、中国社会科学院民族学与人类学研究所《民族研究》编辑部、寻甸回族彝族自治县县委宣传部联合主办的“纪念红军长征胜利80周年”学术研讨会在昆明召开。来自中国社会科学院、中国国家博物馆、中国藏学研究中心、云南大学、南京大学、四川大学、厦门大学、湖南师范大学、西南民族大学、广西师范大学等研究机构和高校的专家学者80余人参加。研讨会以“红军长征与少数民族”为主题，通过主题发言、分组讨论、实地考察等方式展开交流。

19—20日

由青海民族大学、中国社会科学院世界宗教研究所和中国宗教学会联合主办，青海民族大学宗喀巴研究院承办的第二届宗喀巴学术研讨会在西宁召开。来自中国社会科学院、中国藏学研究中心、中央民族大学、北京大学、贵州大学、西藏大学、西藏民族大学、西南民族大学、西北民族大学、内蒙古师范大学、青海师范大学等研究机构与高校的54位专家学者参加。研讨会分为汉语组和藏语组进行分组交流，40多名专家在讨论中汇报了各自最新的原创性研究成果。

20—8 月 3 日

中国藏学研究中心宗教研究所拉先加助理研究员携课题《“ཡིག་ཆ” 在格鲁派传统主属寺中的使用及对其发展的影响考析》前往青海、西藏等地的藏传佛教寺院进行实地调研。

22 日

西藏仓央嘉措文化研究协会成立大会在拉萨召开。西藏自治区政府原副主席、中国藏学研究中心原总干事拉巴平措出席成立大会并致辞。该协会是从事仓央嘉措文化研究的非营利性民间社会团体，致力于还原真实的仓央嘉措及其文学作品，推动相关领域文化研究及文学创作产业开发。

协会以国内部分藏学家为骨干，由各方面相关专家学者组成。大部分成员通晓藏汉两种语言文字。协会计划组织创作有关仓央嘉措的文艺、影视作品，将在国内外举办仓央嘉措文化学术研讨、文艺演出、展览展示等活动，筹办仓央嘉措文博馆以及研究网站等。

8月

2—3 日

由青海民族大学与四川省民族研究所共同承办的“青藏高原与‘一带一路’战略”学术讨论会在西宁召开。来自中国社会科学院、青海民族大学等 20 余所高校及科研单位的近 70 名专家学者参加。

与会专家围绕“青藏高原全面对外开放与全面建成小康社会”“青藏高原各民族与‘一带一路’的历史与现实关系”“全面对外开放格局下西南各民族文化保护与传承”三个主题，以“丝绸之路”“一带一路”“经济走廊”“全面小康”“精准扶贫”、现代“岷江道”、“少数民族建筑文化”“女性文化”“ 土司文化”“家庭美德”“祭山习俗”“口传文化”“宗教消费”“语言文化”等关键词进行探讨。

2—4 日

由中国西藏文化保护发展协会、中国藏学研究中心和西藏社会科学院共同主办的第六届北京（国际）藏学研讨会在北京中国藏学研究中心召开。出席研讨会的代表共计 325 人，其中国内 216 人，海外 109 人。本届研讨会共收到提交论文 416 份，选定 308 篇，涵盖藏学研究的各个领域。

研讨会上，中国西藏文化保护与发展协会副会长兼秘书长张裔炯、中国藏学研究中心副总干事游洛屏、西藏自治区社会科学院院长白玛朗杰先后致辞。十余位国内外知名学者围绕“一带一路”战略对西藏可持续发展问题、梵文贝叶经研究、藏传佛教经典研究、活佛转世制度研究、依法治藏研究、藏区生态文明建设等藏学研究与服务社会、藏学发展等重大问题作大会发言。研讨会按“一带一路”与面向南亚开放重要通道建设、社会转型与变迁等 19 个专题进行小组研讨。与会专家学者充分发表自己的见解，论点严谨，讨论热烈，交流和谐，气氛良好，既有对基础研究成果的探讨，也有对现实问题研究的思考。

研讨会期间参会者还参观了活佛转世专题展览、明清时期北京及蒙古族地区藏文文献经函展览、藏学图书展览、“匝嘎利”展览及讲座、民族志纪实专题电影《凡尘净土》观摩会、实地考察等活动。

4—6 日

西藏大学文学院与中国世界现代史研究会联合主办的“丝绸之路上的中国西藏高级学术研讨会”在拉萨举行。中国社会科学院、中国史学会、中国人民大学、中国世界现代史研究会、首都师范大学、浙江大学、山东师范大学、黑龙江大学等高等院校和科研院所的专家学者 12 人围绕“丝绸之路上的中国西藏”“1949 年前帝国主义对藏政策的历史考察”“学科建设与科研创新”三个问题进行研讨。

会议还就人才培养、科研合作、学术交流等领域初步达成共识。

9—12 日

由中国科学院青藏高原研究所、中国地震局地震预测研究所、中国科学技术大学、中国地球物理学会中国大陆动力学专业委员会、中国地震学会地震预报专业委员会联合主办，中国科学院藏东南高山环境综合观测研究站承办的“2016 年第四届青藏东北缘构造与地球物理研讨会”在西藏自治区林芝县鲁朗镇召开。来自国内外 22 家研究机构和大学的 57 位代表出席。

本次研讨会围绕青藏高原东北缘壳幔结构及介质不均匀性与各向异性，青藏高原东北缘构造运动、地球动力学及其相关科学问题，青藏高原周边大地震活动与地震灾害，青藏高原及邻区地球物理学最新研究进展，以及流动地震台阵观测技术等进行讨论与交流。

10 日

《中华大典・藏文卷》青海工作站挂牌仪式在青海师范大学举行，中国藏学研究中心副总干事郑堆研究员出席并致辞。中心科研办主任李德成研究员、青海师范大学副校长扎布等出席。

11 日

由国家级重大研究项目“青藏高原环境与山水文化”课题组主办，中国藏学研究中心经济研究所和青海民族大学承办的“青藏高原环境与山水文化学术研讨会”在西宁举行。来自北京以及西藏、青海、甘肃、四川、云南藏区的 50 余名专家学者参加。

研讨会上，近 30 名与会专家学者围绕“山水文化与地域历史、信仰和认同”“山水文化的实地调查研究及方法”“苯教研究中的山水文化”“山水文化与环境（文化）保护”“文献中的山水文化”等内容，分别作了主题报告。参会人员围绕主题报告，对青藏高原山水文化的独特性、青藏高原山水文化对生态环境保护的影响、神山圣水实证研究等议题进行交流。

11—13 日

由内蒙古自治区民族事务委员会、全国抢救保护《格斯（萨）尔》工作领导小组、内蒙古《格斯尔》工作领导小组联合主办，第八届《格斯（萨）尔》国际学术研讨会暨全国抢救保护《格斯（萨）尔》工作成果展在呼和浩特举行。来自俄罗斯布里亚特共和国、匈牙利、蒙古、土耳其、日本等国家的十多位专家学者，以及来自北京、西藏、青海、内蒙古、四川、新疆、甘肃、辽宁等 8 省区市的 100 多位专家学者和《格斯（萨）尔》演唱艺人参加。

11—14 日

由中国动物学会原生动物学分会主办、西藏大学和湖北省动物学会承办的“第一届高原原生动物学术研讨会”在拉萨举办。来自中科院武汉水生所、中科院海洋研究所、中科院城市环境研究所、中国第二军医大学等单位的 26 名专家参加。与会代表就学科前沿和最新研究成果进行汇报。学者们还就自游生和寄生类原生动物等前沿问题进行讨论。

12 日

由青海省藏医学会主办、玉树州藏医院承办的“仲曼流派学术思想传承研究及康巴地区藏药材识别学术研讨会”在青海省玉树州举行。来自青海、湖南、江西、西藏昌都、四川甘孜、四川阿坝、四川德格和青海各州县的 140 多名藏医界专家、学者参加。

12 日

由西藏人民出版社历时 8 年时间编纂而成的《现代藏语词典》出版发行，成为西藏出版的首部综合性现代藏语词典。

该词典共收录了8万余词条，除了常用的词汇，还收录了较为普遍使用的新词术语、部分梵文词汇以及西藏历史档案中的公文术语等，适合小学至大学乃至研究者等不同人群使用。词典约240万字，近2300页。这部词典除了涵盖藏族历史、文学、医学、天文、民俗等不同类别的词汇外，还有涉及其他民族和国家的名词解释、民族简介和现代科技领域的词。

13日

以“民族医药，互鉴互融”为主题的“全国民族医药学者论坛”在内蒙古阿拉善盟召开，来自全国各省市高校、科研院所的青年科技学者，西藏、新疆、广西、宁夏、四川、云南、贵州等少数民族地区的医药专家60余人参加。

14日

纪念红军长征胜利80周年座谈会暨中国社会科学院民族学与人类学研究所国情调研基地挂牌仪式在青海省果洛藏族自治州班玛县举行。来自中国社会科学院、北京师范大学、全国红军小学建设工程理事会、青海大学、青海省社会科学院和青海省委统战部的专家、学者和干部参加。

15—18日

由西藏大学理学院、天津大学环境科学与工程学院和西藏自治区能源示范研究中心共同承办的“首届高原能源环境技术学术交流与项目合作研讨会”在拉萨召开。与会专家就西藏高原地区的生物质能、太阳能等新能源环境技术发展和需求、“十三五”能源领域科技创新规划以及高原污水处理等进行研讨。

17日

由中国社会科学院民族学与人类学研究所、中国人类学民族学研究会丝绸之路文化产业专业委员会、青海省社会科学院联合主办的“丝绸之路经济带建设与民族地区文化产业发展学术研讨会”在西宁召开。来自中国社会科学院、兰州大学等科研机构、高校和省社科院、青海省内高校及相关单位的专家学者参加。与会人员围绕丝绸之路经济带建设与民族地区社会发展，丝绸之路经济带建设与民族地区经济发展，丝绸之路经济带建设与民族文化遗产，丝绸之路经济带建设与民族地区文化产业发展，丝绸之路经济带建设与信息化等主题展开讨论。

18日

由浙江美术馆和普陀山佛教造像研究院主办的“汉风藏韵——汉藏佛教艺术与国家文化认同学术论坛”在浙江美术馆举办。相关单位的40余位领导、专家学者参加。

20 日

西藏大学召开“创新·融合·发展——民族地区学术期刊与名栏建设暨西藏大学学报创刊30周年学术研讨会”。来自教育部社科司、中国社会科学院、全国高等学校文科学报研究会、中国藏学研究中心和西藏自治区有关部门各大学术期刊负责人及西藏大学各学院（部）的师生代表、《西藏大学学报》的作者代表共166人参加。会议期间，各参会代表围绕民族地区学术期刊影响力提升和评价指标、民族地区学术期刊名栏建设和期刊定位研究、民族地区学术期刊的外宣工作和规范化工作以及新媒体下民族地区学术期刊的机遇与挑战等议题进行交流。

21—23 日

“拉萨门孜康建院100周年暨世界中联藏医药专业委员会第二届学术年会”在拉萨举行。会议邀请了12位来自美国、英国、加拿大、挪威、奥地利等国学者及国内300余位藏医药专家学者参加。本次会议主题为“传承、交融、创新、发展”。会议内容包括藏医历史文化、学术理论、临床实践、藏药产业等。共有57位国内外学者分别在主会场和4个分会场作学术报告。

21—23 日

毛尔盖·桑木旦大师学术研讨会在其故乡四川省阿坝州松潘县举行。来自全国各地的百余名专家学者和高僧大德参加。研讨会上，与会专家学者和高僧大德围绕毛尔盖·桑木旦的爱国情怀、学术成果、教育理念、治学风范等方面进行探讨。

研讨会期间，还举行了毛尔盖·桑木旦大师纪念馆揭牌仪式，并正式对外开放。

21—28 日

由国务院新闻办公室组织的中国藏文化交流团访问了蒙古国和韩国。交流团与当地官员、学者、藏传佛教界人士等各界人士进行深入交流，介绍和阐释了中国西藏经济、社会、文化等方面的发展成就和民族宗教政策，以及中国根据国情和西藏特点保护、传承西藏文化的成功做法。

25 日

由斯中社会文化合作协会主席英德拉南德·阿贝塞克拉带领的“‘一带一路’倡议和斯里兰卡征文比赛”获奖选手代表团访问中国藏学研究中心。代表团与中心学者进行座谈交流并参观了西藏文化博物馆。

“‘一带一路’倡议和斯里兰卡征文比赛”活动旨在让斯里兰卡人民关注

“一带一路”倡议并为斯里兰卡发展建言献策。

9月

2 日

中国藏学研究中心西藏文化博物馆与西藏自治区文化厅在京签订合作意向书，就西藏自治区文化遗产的保护传承、调查研究、资料编纂、成果展示、宣传教育、专家咨询和业务支持等多个领域开展合作。

2—4 日

首届西藏民间收藏精品展在西藏自治区博物馆举办。此次展览共展出艺术精品 94 件，聚集了佛像、唐卡、藏币和古代民间器物等收藏品。展品之一的“印度早期帕拉王朝石雕”已达到馆藏级水准。

10—16 日

由文化部、国家旅游局、西藏自治区人民政府共同主办，以“人间圣地·天上西藏”为主题的第三届中国西藏旅游文化国际博览会在拉萨开幕。本届藏博会以“突出主题，提升品质；政府主导，市场参与；简朴隆重，体现特色；正面宣传，主动发声；跟踪问效，全程监管；确保安全，和谐有序”为原则，突出活动实效，体现主题特色。

此次“藏博会”主体活动包括欢迎招待会、开幕式、开馆巡展、主旨论坛、展览展示产品展销、2016·西藏喜马拉雅摄影文化节、重点项目签约、布达拉宫珍宝馆开馆巡展、招商引资暨经贸洽谈、闭幕式暨招商引资集中签约仪式等 10 个方面。

“藏博会”期间还召开了包括以“‘一带一路’与西藏加快建设国家面向南亚开放的重要通道”为主题的中国西藏旅游文化主旨论坛，以及“西藏天然饮用水产业发展高峰论坛”“旅游分论坛”“文化分论坛”“藏医药分论坛”和“中国西藏青年创新创业发展论坛”等 5 个分论坛。

12 日

《中华大典·藏文卷》西藏工作站在拉萨挂牌成立。《中华大典·藏文卷》西藏工作站设在西藏大学图书馆藏文古籍研究所。中国藏学研究中心副总干事郑堆研究员、西藏大学副校长李俊杰出席并揭牌。西藏自治区社会科学院、西藏自治区图书馆、布达拉宫管理处、西藏藏医学院等单位领导和专家学者出席。西藏大学文学院、科研处、藏学研究所领导和图书馆工作人员参加。西藏大学图书馆馆长尼玛扎西主持挂牌仪式。挂牌仪式上，中国藏学研究中心向西藏大学图书馆捐赠了《中华大典·藏文卷》系列丛书《萨迦五祖文集》(1—25 册)。

12—13 日

第三届中国唐卡艺术节高端论坛在拉萨开幕，来自全国各地的唐卡研究学者及画师，拉萨当地画师、画坊学徒及高校唐卡系学生等 150 余人参加。

本届唐卡高端论坛共分为 4 个单元，围绕唐卡艺术风格、流派理论探索与梳理；唐卡艺术保护方法及新技术应用；唐卡艺术创新与发展趋势；唐卡艺术鉴赏与收藏；唐卡艺术经典文献翻译等方面的内容展开。

13 日

西藏自治区动漫协会挂牌成立。西藏目前已有十余家文化企业从事动漫影视产业，运用动漫影视作品展示传播西藏文化。我国首部格萨尔题材动画片《格萨尔传奇》也已启动，约有 50 集。

此外，西藏影视动漫产业基地今年 8 月也挂牌成立，已入选国家文化产业专项扶持资金项目。

13 日

中国西藏首届藏医药国际论坛在拉萨召开。国内外 450 余位专家学者参加，共同探讨藏医药未来发展，论坛宣读《拉萨公报》，达成藏医药学发展五项共识。

14—22 日

以西藏自治区人民政府新闻办公室主任晋美旺措为团长的西藏文化交流代表团先后访问了捷克、爱沙尼亚及拉脱维亚等国。访问期间，交流团与三国政界人士、专家学者、高校师生等进行互动交流。介绍了西藏的发展情况，并就邀请访藏、开展文化交流与合作达成初步意向。

17—18 日

由中国逻辑学会因明专业委员会主办，陕西省铜川市人民政府研究室承办，杭州佛学院、中国藏学研究中心等单位协办的主题为“因明与玄奘大师”的第十二届全国因明学术研讨会在陕西铜川举行。来自北京、台湾、浙江、西藏、内蒙古、青海等高校及科研机构的 70 余名汉藏僧人及专家学者参加。本次研讨会共收到学术论文 40 余篇。中国藏学研究中心副总干事、中国逻辑学会因明专业委员会主任郑堆研究员，中国社会科学院哲学所刘培育等发表讲话。与会学者围绕因明理论、历史、文献以及因明与其他学科的比较等议题展开讨论，研讨专题包括“汉传因明”“藏传因明”“蒙古因明”“因明与逻辑比较研究”，以及因明研究中存在的问题。

18—28 日

由中国藏学研究中心藏医药研究所登巴达吉研究员带队的藏药材考察组在四川省阿坝州、汶川县等地进行药材考察与标本采集。

20—21 日

由中国敦煌吐鲁番学会少数民族语言文字专业委员会、西北民族大学西北民族文献研究基地、中国藏学杂志社联合主办，西北民族大学海外民族文献研究所承办的中国敦煌吐鲁番学会少数民族语言文字专业委员会 2016 年学术年会在西北民族大学召开，来自北京大学、复旦大学、西藏大学等单位的近 60 位专家参加。

开幕式上，西北民族大学副校长郭郁烈、中国藏学杂志社社长黄维忠分别致辞，中国社会科学院学部委员、著名西夏学家史金波先生代表与会专家讲话。大会分敦煌吐蕃文献、吐蕃历史、西夏学、蒙古和回鹘文献等六组分会主题由 30 余位专家学者进行分组发言。

21 日

首届丝绸之路（敦煌）国际文化博览会文化产业项目推介暨签约仪式在敦煌国际会展中心举行。中国藏学研究中心副总干事郑堆研究员、甘肃民族师范学院校长陈富荣等参加签约仪式。期间，甘肃民族师范学院与中国藏学研究中心、读者出版集团签订三方战略合作协议，双方旨在藏文古籍文献的抢救保护、整理编译、出版推介，以及藏文古籍文献数字化、专业资源数据库和专业人才队伍建设等方面加强业务合作，致力于保护和发展藏族文化，提升藏族历史文化的保护传承水平。

23 日

中国统一战线理论研究会民族宗教理论甘肃研究基地在中央社会主义学院召开“2016 民族宗教问题高层论坛”。来自中共中央党校、中国社会科学院、北京大学、中央民族大学、兰州大学、新疆社会科学院、宁夏大学、西北民族大学等单位的 30 多位专家学者参加。

24 日

由中国藏学研究中心、青海省社会科学院、青海省海南藏族自治州委州政府共同主办的“共享发展与藏区精准脱贫”学术研讨会在西宁举行。来自中国藏学研究中心、国家民委、部分高校、党校和西藏、青海、甘肃、四川、云南五省区社会科学院的 70 余名专家学者参加研讨。

本次研讨会除了主题演讲和小组讨论环节，还组织与会专家学者在海南藏族自治州进行实地调研和座谈。

24—25 日

由中国藏语系高级佛学院、台湾传统伦理文化发展协会共同主办的“2016 汉藏佛教文化研讨会”在台湾地区举行。此次研讨会邀请了国内各藏传佛教学院、西藏和四省藏区各大寺院的活佛、堪布，共同研讨汉传、藏传佛教文化的发展，佛教如何在时代发展中与时俱进等问题。

27 日

由中国民族语文翻译局、中国翻译协会民族语文翻译委员会主办、云南省民族宗教事务委员会承办的第十三次全国民族语文翻译工作座谈会暨全国民族译协会长秘书长工作会议在昆明召开。来自全国 13 个省、市、自治州的 40 多位专家学者参加。交流开展民族语文翻译的工作情况。

29 日

由中国水土保持学会、中科院成都山地研究所、中科院青藏高原研究所、西藏自治区水利厅联合主办的“西藏水土保持与生态文明高端论坛”在拉萨召开。来自国内相关部门和西藏自治区相关单位的 100 余人参加。

本次论坛是西藏首次以“水土保持与生态文明建设”为主题的大型研讨活动。与会专家在理论研究、政策制定、措施落实等方面为西藏水土保持建言献策。

10月

7 日

由中国藏学研究中心牵头的《中华大典·藏文卷》编纂工程，在西藏大学成立工作站。

《中华大典·藏文卷》主要收录历代藏族学者的原文著作，相关编纂工作正在有序进行，目前已整理《菩东文集》120 多函，25 册《萨迦五祖文集》正式出版发行。

2013 年，中国藏学研究中心启动《中华大典·藏文卷》编纂工程，确立了为期 15 年的出版计划，出版内容时间跨度从 7 世纪到 20 世纪中叶，计划收书上万种。此前，已在青海大学等院校设立工作站。

10 日

由中国藏学研究中心主办，四川省民族研究所、四川师范大学协办，中国藏学杂志社、金川县委县政府承办的“红军长征在藏区学术研讨会”在金川举行。来自中国藏学研究中心、中国国家博物馆、四川省民族研究所以及金川县委、县政府等单位的50余名专家学者出席。专家们从不同视角回顾了红军长征在藏区的历史意义，研讨了新形势下弘扬长征精神的时代价值和现实意义。

11日

由中国社会科学院主办的“中国民族理论的继承、发展与创新暨纪念牙含章先生诞辰100周年学术研讨会”在中央民族大学召开，百余位民族理论学、藏学等领域的专家学者参加研讨。中国藏学研究中心副总干事郑堆研究员参会并致辞。

12—18日

由中国藏学研究中心科研业务办公室、北京藏医院、中国藏学研究中心藏医药研究所联合主办的“第七届全国藏医药高级研修班”在北京藏医院开班。来自北京、内蒙古、西藏、四川、云南、甘肃、青海、新疆八省区的60多家相关机构的150名藏医药医务人员参加。研修班邀请了青海果洛州的当增教授向学员讲授“《月王药诊》释难”。

16日

第二届“‘一带一路’背景下西藏与南亚关系学术研讨会”在拉萨召开。来自全国18个政府机构、高校、科研院所及其他机构28位相关学者参加。专家学者围绕“‘一带一路’背景下中国西藏通往南亚的大通道建设问题”的主题发表主旨演讲。

16日

第三届中国地球科学联合学术年会（CGU）“青藏高原隆升与风化剥蚀和气候变化”专题分会在北京国际会议中心举行。来自中科院、中国地震局地质研究所以及兰州大学等国内相关单位的36位学者参加。会议旨在通过学术会议的平台向国内同行展示项目的最新成果并进行交流。

17—25日

以中国藏学研究中心历史所所长张云研究员为团长的西藏文化交流团先后访问比利时、英国和爱尔兰三国，就西藏文化保护和传承、西藏经济社会发展、藏传佛教研究等议题与当地官员、学者、媒体及普通民众进行交流。

18—25日

由中国藏学研究中心图书资料馆馆长桑丁才仁研究员带队的一行6人赴德国参加第68届法兰克福书展。这是中国藏学研究中心第五次组团参展。

本次参展书籍包括国家“十二五”重点出版项目《中华大典·藏文卷》系列丛书《萨迦五祖文集》、国家社科重点科研课题《西藏通史》等150余种藏、汉、英藏学精品图书，内容涉及藏文古籍文献、藏族历史、语言文字、社会经济以及藏传佛教等诸多领域。

出访团成员向前来咨询的藏学家、文化学者、藏胞及留学生介绍了《萨迦五祖文集》、《西藏通史》等丛书的内容与编纂过程，加深了他们对中国藏学研究成果和中国藏学出版社最新出版成果的了解；书展团有关藏族同志现身说法，向西方读者介绍了西藏和四省藏区的巨大变化，宣传了党的民族政策及治藏方略。书展团成员还主动与藏胞联络感情，了解其思想生活状况，并向他们赠送书籍和最新书目。

18日

“中国社会科学院国情调研西藏基地”正式揭牌。揭牌仪式后，中国社会科学院和西藏自治区社会科学院的相关专家还就西藏基地建设和西藏智库发展进行了座谈。

“中国社会科学院国情调研西藏基地”是自2006年中国社科院启动国情调研工作以来，建立的11个院级国情调研基地之一。

19日

中国藏学研究中心副总干事郑堆研究员会见印度佛教学者代表团一行9人。中国藏学研究中心科研办主任李德成研究员、宗教研究所所长周炜研究员、藏医药研究所副所长登巴达吉研究员等陪同接待。索迈亚大学与中国藏学研究中心签署了合作意向书。会后，代表团还参观了西藏文化博物馆。

24日

由中国藏学研究中心、四川大学中国藏学研究所主办，中国藏学杂志社、四川大学《藏学学刊》编辑部承办的“第四届全国藏学期刊协会”在成都召开。来自北京、四川、西藏、青海、甘肃、云南、新疆的20多家期刊、高校及科研机构的70余名代表参加。本次会议针对新形势下的机遇和挑战，探讨了藏学研究期刊的发展，旨在进一步推动藏学期刊的交流合作，加强藏学研究的信息化和数字化建设，全面提升藏学期刊的影响力和核心竞争力。

25日

《中华大典·藏文卷》四川工作站在西南民族大学挂牌成立。中国藏学研究中心科研办主任李德成研究员参加了此次揭牌仪式。揭牌仪式结束后，双方就如何做好四川工作站各项工作，如何进一步推进科研合作等进行座谈交流。

《中华大典·藏文卷》四川工作站是《中华大典·藏文卷》继甘肃民族学院、青海大学、西藏大学工作站之后的第四个工作站。

26 日

石刻版《四部医典》26 日在青海藏文化博物院揭幕。此次石刻版《四部医典》是以布达拉宫珍藏的《四部医典》为母版，采用传统藏族石刻技艺，选用青海玉树珍稀石材，由四位技艺精湛的藏族石刻艺术家历时三年制作完成。石刻由 578 件石块组成，总重量达 5 吨。

27 日

青海省委党史研究室、青海省中共党史学会联合主办召开全省党史系统“纪念红军长征胜利 80 周年”研讨会。来自全省各市州县区的 55 位专家学者参加研讨。与会代表围绕“红军长征经过青海班玛的情况及其影响”“长征精神在青海的历史传承和时代价值”“红军长征时期党的群众工作及其现实启示”等主题进行交流发言。

11月

4—6 日

“第三届全国少数民族典籍英译学术研讨会”在中南民族大学举行。来自全国 65 所参会单位的 130 余人参会。本次研讨会主题为“新形势下的少数民族典籍英译：机遇、挑战与未来”。与会学者围绕“少数民族典籍英译的现状、机遇与挑战”“少数民族典籍英译‘走出去’路径研究”“少数民族典籍英译的标准、策略与方法”“少数民族典籍英译中的翻译批评研究”“跨学科视阈下的少数民族典籍英译”等议题展开研讨。

5—6 日

由陕西师范大学中国西部边疆研究院和中国藏学研究中心历史研究所联合主办的“新史料、新视角和中国藏学研究”暨首届中国藏学研究青年学者论坛在西安召开。本次论坛有来自中国藏学研究中心、陕西师范大学、西藏大学、青海民族大学等 25 个科研机构、高等院校的 60 名青年学者参加。论坛围绕“新史料、新视角与中国藏学研究”，从民族学视野下的藏学研究、历代中央治藏、有关西藏的文本研究、宗教与社会等议题展开讨论。

7 日

“2016 年藏传佛教教义阐释工作研讨会”在北京中国藏学研究中心召开。全国政协常委、中国佛教协会副会长班禅额尔德尼·确吉杰布出席，全国人大常委、中国藏语系高级佛学院院长嘉木样活佛等高僧和藏传佛教研究方面的专家学者共100余人参加。来自中国藏学研究中心及中国藏语系高级佛学院的15位高僧和专家学者围绕“藏传佛教与和谐思想”进行主旨发言。

大会还组织分组讨论。中国藏学研究中心专家学者及中国藏语系高级佛学院的高僧就如何挖掘、整理和弘扬藏传佛教教规教义中的和谐思想等积极因素，以利于上求佛道、下化众生，庄严国土、利乐有情，积极探索促进藏传佛教与社会主义社会相适应的途径，以及如何进一步做好藏传佛教教义阐释工作进行了交流。

9日

中国社会科学院西藏智库在民族学与人类学研究所举办“中国社会科学院西藏智库建设老专家座谈会”，十余位从事藏学研究的离退休老专家和学者应邀出席。

11—13日

由四川大学中国藏学研究所、中国西部边疆安全与发展协同创新中心主办，剑桥大学“康河计划”四川大学工作站暨喜马拉雅多媒体数据库项目承办的“喜马拉雅区域研究学术研讨会”在四川省成都市召开。来自国内各高校、研究机构，以及英国剑桥大学国王学院、法国国家科学院喜马拉雅研究中心、美国史密森尼民俗与文化传统中心、尼泊尔国际山地综合发展中心的专家学者60余人参加。学者们围绕区域历史与文化研究、区域文化遗产研究、区域研究与人类学研究、区域生态环境变化与生计适应、文献与数字化以及“一带一路”与区域合作6个议题展开讨论。

13日

由全国《格萨（斯）尔》工作领导小组办公室和西南民族大学共同主办、中国社会科学院民族文学研究所《格萨尔》研究中心和西南民族大学民族研究院共同承办的“全国格萨尔研究西南基地”年度工作会议在西南民族大学武侯校区召开。来自北京、西藏、青海、四川、甘肃、云南等地“格萨尔非遗文化”的相关专家学者30余人出席。

18—19日

由云南民族大学、楚雄师范学院联合主办的第一届“跨学科视野下的边疆民族研究暨中国西南少数民族史学科建设研讨会”在昆明举行。来自国内各高校、科研机构的50余名学者参加。与会学者分别就边疆民族史研究的视野与方法、多学科视角下民族地区社会文化与经济研究、边疆民族与涉外关系研究、近代边疆民族的学术史研究、宗教与民族关系的互动研究、民族文化传承与保护研究等议题进行讨论。

19 日

“才旦夏茸与桑珠嘉措学术思想研讨会”在兰州举办。中国藏学出版社社长周华教授等相关学者参加。与会专家学者结合各自的学术经历，交流了对才旦夏茸与桑珠嘉措两位先生学术思想的认识，追忆了两位大师在民族教育事业方面作出的贡献。

21 日

西藏当代艺术首度在“心坛城”群展—上海站进行展出。本次展览除了三幅明清时期的坛城古唐卡珍品外，还从西藏邀请了两届中国国际唐卡艺术节金奖获得者夏鲁旺堆、珠木巧，专门为展览创作传统唐卡。同时也纳入了韩书力、裴庄欣、贡嘎嘉措、嘎德等海内外知名现当代艺术家凝聚当代精神的作品。

23 日

中国西藏文化保护与发展协会第三届会员代表大会在北京召开。来自海内外的 200 多名代表出席大会。会议选举产生新一届理事会及领导机构，帕巴拉·格列朗杰当选为会长，聘请十届全国人大常委会副委员长热地为名誉会长。

25—27 日

由西南民族大学主办、青藏高原经济社会与文化发展研究中心承办、《西南民族大大学学报》和《民族学刊》编辑部协办的“青藏高原经济社会与文化发展研究中心 2016 年学术委员会暨学术年会”在成都召开。本次年会的研讨主题为“‘一路一带’国家战略与青藏高原‘两屏四地’建设”。来自中国藏学研究中心、中国社科院、四川大学、中央民族大学、西南民族大学、西北民族大学、中国科学院以及相关单位的专家学者就青藏高原地区经济、社会、文化等问题进行研讨。

25 日

由西藏自治区文学艺术联合会主办、西藏自治区书画艺术研究院承办、雪域音像电子出版社、天利文化传媒集团协办的“西藏自治区书画艺术研究院成立大会暨授牌仪式”在拉萨举行。研究院今后将担负起传承、保护、发展西藏民间书画艺术的重任，加大与内地相关文化单位的合作、交流。让更多的艺术家了解西藏民间书画艺术，创作出更多具有西藏特色的作品。

29 日

甘肃民族师范学院举行《甘肃民院报》创刊首发仪式。

12月

1 日

由中国驻斯洛伐克大使馆举办的“中国故事·中国西藏”图片展在斯洛伐克首都布拉迪斯拉发开幕。在展出的百余幅摄影作品中，“中国故事”系列图片从自然风光、社会生活、生产建设等多个角度讲述中国故事，而“中国西藏”系列图片则充分反映了西藏的自然、人文、经济、宗教、科学、卫生、体育等领域的面貌。

3 日

元代北京汉藏佛教研究学术研讨会在北京召开。国家宗教事务局、中国宗教学会、中国佛教协会、北京市宗教局、北京市佛教协会相关领导嘉宾，国内外佛教史、元代史、藏学研究专家学者、大德法师近百人出席。

本次研讨会采取专家发言与评议问答相结合的方式，分“元大都汉藏佛教人物”“元大都汉藏佛教综论”“元大都汉藏佛教仪轨”及“元大都汉藏佛教文献与艺术”四个议题进行讨论。

8 日

中国藏学研究中心与中央党校西藏民族干部培训班学员在中国藏学研究中心多功能厅进行座谈。座谈会由中国藏学研究中心总干事郑堆研究员主持。中心党组书记安七一出席座谈会并致辞。中国藏学研究中心副总干事柳应华，党组成员、当代所所长廉湘民，中央党校培训班副主任李作钦，西藏班 80 余名学员及中心相关人员参加座谈。中国藏学研究中心向西藏班赠送了 900 余册图书。会后，西藏班学员参观了西藏文化博物馆。

8—9 日

由中国藏语系高级佛学院与北京故宫博物院共同主办的以“藏传佛教文化——黄寺与紫禁城”为主题的第三届黄寺论坛在北京举行。来自全国各地的高校、研究机构、著名寺庙的 56 名专家学者参加。中国藏语系高级佛学院高级学衔班学员等 60 余人旁听。本届论坛会期两天，安排了四场专题发言。

与会学者围绕着黄寺与紫禁城的关系，清代皇家与藏传佛教的关系，探讨了西黄寺清净化城成塔现存雕塑、经咒的图像来源、设计思想与象征主义；六世班禅在京朝觐觐期间在黄寺和紫禁城的相关活动及影响；驻锡东黄寺第四世敏珠尔呼图克图对西方宗教的论述等进行研讨。

11 日

“2016 年首届生态民族学论坛”在中央民族大学召开。与会专家、学者围绕生态文明及其内涵、生物多样性与环境保护、文化多样性与社会变迁、全球变暖、气候变化与雾霾、生态移民研究、草地和林地保护、环境保护的地方性知识、景观胜地与朝圣等学术领域和地域视角探讨了“生态民族学”主题，为我国生态与民族学有机结合提供了原则与方案，为解决生态问题提供理论与实践相结合的建议与措施。

中国藏学研究中心原副总干事长洛桑灵智多杰、中国社会科学院降边嘉措研究员等 20 余位学者，围绕“格萨尔与青藏高原的生态环境保护”“生态民族学视域中的牧区水资源危机及其管理：以内蒙古额济纳为例”“宗教信仰与生物多样”“山地生态文化传承状况与应用价值：以内蒙古巴林蒙古族为例”“生态文明视野下的生态补偿市场化机制研究：以武陵山生态功能区为例 ”“生态民族学浅议”“云南藏族神山信仰生态文化与全球气候变化：以云南省德钦县红坡村为例”“德保苏铁的故事：反思生物多样性保护的政治”等议题进行专题发言。

12—14 日

由中国藏学研究中心科研办、北京市新闻出版广电局人力资源中心联合举办、中国藏学杂志社承办的首届全国藏学编辑培训班在中国藏学研究中心开班。中国藏学研究中心总干事郑堆、科研办主任李德成、中国藏学出版社社长周华、中国藏学出版社总编辑洪涛以及来自西藏、青海、甘肃、北京等省区的 32 位编辑参加。

首期培训班培训内容包括西藏的藏语文立法及语言权益的保护、西藏和四省藏区经济与社会、出版物涉及的民族宗教问题、学术期刊数字化的版权保护与版权运营、容易被忽略的编校知识等。

13 日

浙江大学马克思主义学院举办“国际政治中的涉藏问题”专题研讨会。来自中国藏学研究中心、中央民族大学、中共中央党校、吉林大学、东北师范大学、西藏大学、上海社会科学院、哈尔滨工程大学、浙江大学等高校与科研院所的专家学者就国际政治中的涉藏问题进行学术讨论。中国藏学研究中心当代研究所所长廉湘民研究员参加了此次研讨会并作重要讲话。

13 日

中央社会主义学院 (中华文化学院) 西藏佛协理事培训班举行开学典礼。中央社会主义学院党组书记、第一副院长潘岳，西藏自治区党委统战部部委会成员、宗教办副主任平措旺堆等出席并讲话。西藏佛协理事班共有 40 余名学员，均为来自西藏各地寺院的重要教职人员，具有深厚的宗教学识和广泛的信众基础。研修班为期 14 天，以筑牢中华文化认同的思想基础为教学主题，以构建积极健康的宗教关系为主线，以积极推进我国藏传佛教中国化为重点，分为“各民族共有精神家园”和“宗教理论政策”两个教学模块组织教学，培训班还安排了参观考察、现场教学、小组讨论、联组交流等环节。

15 日

西藏藏医学院首届白袍授予仪式在拉萨举行，这是建校 27 年来首届白袍授予仪式。

白袍授予仪式是国际上许多医学院校在新生入学时举行的一项活动，目的是让每一名学生能够在进入医学殿堂的那一刻起，就牢记自己肩负的责任和使命，并在将来的学习和工作中始终保持白衣天使的职业精神和素养。

15 日

由西藏牦牛博物馆与首都博物馆共同举办的《牦牛走进北京——高原牦牛文化展》在首都博物馆开展。展品包括牦牛标本、与牦牛相关的生产生活用品以及与牦牛相关的艺术品共 500 余件。牦牛构建了青藏高原传统的生产、生活方式，成就了高原牧人的衣、食、住、行、运、烧、耕。

18 日

由北京福慧公益基金会主办，中央民族大学藏学研究院、佛教在线协办，西安大兴善寺、诺那华藏精舍支持的近现代中国密宗文化暨《先驱——忆普佑法师诺那呼图克图》图书出版学术座谈会在中央民族大学举行。来自国家宗教事务局、中国社会科学院、中央民族大学、中央民族大学出版社、佛教在线等有关单位的 30 余位专家学者出席。

本次学术座谈会以中日佛教文化交流、汉蒙藏佛教文化交流为双主线，围绕中国密宗文化的传承与发展展开讨论。与会专家学者还就中国密宗文化历史脉络和发展趋势进行讨论。

19 日

西藏自治区古籍保护中心成功申报了第五批《国家珍贵古籍名录》。在全区申报的 495 部珍贵古籍中，有 59 部（133 函）藏文珍贵古籍成功进入《国家珍贵古籍名录》公示，还完成了对“关于印发《西藏自治区珍贵古籍名录申报评定暂行办法》和《西藏自治区古籍重点保护单位申报评定暂行办法》的通知”文件的汉藏文翻译校对审定工作。

20日

中国科学院青藏高原环境变化与地表过程重点实验室学术委员会第二届学术委员会第三次会议在青藏高原研究所北京部召开。来自中科院大气物理研究所、北京大学、南京大学、兰州大学等单位的专家学者和青藏高原研究所的科研人员及学生130余人参加。

21日

达拉岗布寺古籍木刻版抢救与再造项目验收会在西藏图书馆召开。会议就该寺发现的有500多年历史的2000多张藏文古籍木刻版保护和再造善本的结果进行验收与公布。

达拉岗布寺古籍木刻版的抢救与再造，也是西藏首次将藏文古籍的再造善本工程与非物质文化遗产技艺的结合，对将来再造善本和非遗技艺的传承都有非常大的意义。

23—25日

第六届西藏唐卡艺术博览会在拉萨召开。本届唐博会共展出作品92件，其中等级画师精品唐卡74件，优秀唐卡作品18件，接待群众累计5000余人次。

24日上午，唐卡产业发展学术高峰论坛在自治区群艺馆礼堂举办。论坛上，罗布斯达、阿旺晋美、达尔文·尼夏等4名专家从唐卡艺术的传承与未来的发展前景、藏传绘画“齐吾岗巴画派”的艺术风格特点与其历史定义等，与现场听众进行交流。

27日

由中国科学院青年创新促进会青藏高原研究所小组、青藏高原地球科学卓越创新中心、青藏高原环境变化与地表过程重点实验室、高寒生态学与生物多样性重点实验室联合举办的“青藏高原地表灾害与生态环境青年学术研讨会”在青藏高原所北京部召开。来自中科院成都山地灾害与环境研究所、中科院地理科学与资源研究所、中科院生态环境研究中心、成都理工大学等单位的青年学者和青藏高原所科研人员及学生等近50人参加。

27日

西藏藏医药学会借助中国科学技术协会“2016年承接政府转移职能与科技公共服务工程”项目，开展了藏医学领域科技进步奖“强巴赤列青年奖”暨“企业卓越奖”评选工作。2016年度藏医学领域科技进步奖“强巴赤列青年奖”暨“企业卓越奖”终审评定共奖励9项，其中强巴赤列青年奖一等奖1项、二等奖2项、三等奖3项，企业卓越奖3项。

28日

西藏自治区群艺馆（区非遗保护中心）完成对《嘎尔传承人平措玉杰》《日喀则扎什伦布寺羌姆传承人喇嘛米玛》《拉萨囊玛传承人洛布曲珍》《热巴舞（丁青热巴）传承人四郎曲珍》《藏戏（尼木塔荣藏戏）传承人欧罗巡巴》《藏医药（藏药炮制技艺）传承人丹增彭措》《廓孜传承人（扎桑）》《芒康三弦舞传承人江白轮珠》《羌姆（拉康加羌姆）传承人白玛群久》《宣舞（普堆巴宣舞）传承人罗杰》共10名国家级非遗项目传承人进行的《口述片》《实践片》《综述片》和《宣传片》等抢救性记录保护。

抢救性记录的内容包括传承实践经历与人生经历、项目背景、技艺流程与特色等，全面、真实、系统地记录传承人掌握的非物质文化遗产丰富知识和精湛技艺。对抢救性记录工作形成的录音、录像、文字记录等影音及图书资料，进行必要的素材加工或数字化加工后，将纳入非物质文化遗产数据库。

29日

“庆祝中国藏学出版社成立30周年暨新书发布会”在北京举行。中国藏学研究中心总干事郑堆发表重要讲话。中国藏学出版社社长周华对中国藏学出版社成立30年以来的工作进行了总结。中国藏学出版社为庆祝成立30周年活动，特推出三部重头作品：《西藏通史》8卷13册、《雪域藏医历算大典》130卷和《红色记忆——红军长征在藏族地区及其当代启示》。

30日

由中国藏学研究中心牵头，来自西藏、青海、四川、甘肃和云南五省区及北京市的计算机科学、数学、物理学、语言学、藏文翻译和藏文出版界的学者和教授44人，历时10年完成的《信息技术藏文词汇》国家标准将于2017年1月1日起开始正式实施。此标准是中国第一部全面涉及信息技术词汇的藏文标准。由国家质量监督检验检疫总局和中国国家标准化管理委员会联合批准发布。《信息技术藏文词汇》共收录词条6000多个。

《信息技术藏文词汇》标准是中国藏学研究中心完成的一项重大科研工作，也是中国藏学研究中心发挥国家涉藏智库作用的重要体现，该标准的实施将对藏文信息技术的发展和藏族地区信息化的建设起到推动作用。

人物介绍

人物介绍

边多生平

边多（1932.7—2016.9）男，藏族，西藏日喀则人。著名音乐家、学者。享受国务院政府特殊津贴。2016 年 9 月 2 日在拉萨逝世，享年 85 岁。

边多出生于藏戏世家，七岁开始师从于后藏著名艺人洛杰学习六弦、笛子、扬琴等民间音乐。1955 年进入日喀则文工团，之后调入西藏歌舞团进行器乐演奏。1961 年考入上海音乐学院，师从具有“中国神笛”之称的我国著名笛子演奏家陆春龄教授。毕业后在西藏自治区藏剧团从事音乐创作和藏戏音乐改革工作。

边多曾多次为歌唱家才旦卓玛演出担任伴奏。1974 年，边多为现代戏《红灯记》设计的音乐，被公认为藏戏改革过程中的大成者。此后，边多相继为《英雄占堆》《汤东杰布》《文成公主》等藏戏谱曲。1980 年，他为大型传统藏戏《朗萨雯波》谱曲改编。1984 年，边多为大型传统藏戏《卓瓦萨姆》谱曲。该部作品荣获“孔雀奖”和“文化音乐创作奖”。1989 年，边多调入西藏艺术研究所致力于西藏文化集成和西藏文化艺术的理论研究工作。期间，收集和整理了大量西藏民间音乐作品，成为西藏音乐和格萨尔曲艺音乐改革的先锋。

边多先生一生学术理论著作颇丰，编辑出版了《中国戏曲志·西藏卷》（音乐）、《西藏民族音乐史》《西藏绝唱》《当代西藏乐史》等书籍。他整理的《西藏绝唱》（含 55 首民歌经典）、《雪域之声》（含 34 首曲目）系列影像资料均已出版发行。

社会科学基金

2016年度国家社科基金项目

国家社会科学基金（简称国家社科基金）设立于 1991 年，由全国哲学社会科学规划办公室负责管理。

2016 年国家社科基金年度项目和青年项目经过受理申报、通讯初评、会议评审、网上公示等程序，经全国哲学社会科学规划领导小组批准，6 月 17 日由全国哲学社会科学规划办公室公布评审结果。

今年国家社科基金年度项目和青年项目继续采取适度限额申报的办法，最后正式受理有效申报 28053 项，比去年增加 137 项。其中申报重点项目 1706 项，一般项目 19260 项，青年项目 7087 项。五大社科研究系统中，高校申报 24684 项，占申报总数的 88%，社科院申报 1157 项，党校系统申报 1325 项，军队系统申报 357 项，各级党政机关及其他申报 530 项。

今年公示的拟立项课题为 3919 项，有 2 项因举报正在核查暂不予立项，公布立项课题为 3917 项。今年立项总数比去年增加 140 项，平均立项率为 14%，比去年提高 0.5 个百分点。其中重点项目 282 项，每项资助 35 万元；一般项目 2574 项，青年项目 1061 项，资助强度均为 20 万元。全国各省区市和新疆生产建设兵团均有立项，立项数超过 100 项的包括教育部在京直属高校和江苏、上海、浙江、湖北、广东、湖南、山东、四川、河南、江西、重庆、陕西、辽宁、福建等 14 个省份。五大系统中，高校系统 3458 项，占立项总数的 88%；社科院系统 201 项，党校系统 133 项，军队系统 52 项，各级党政机关及其他 73 项。

以下为 2016 年国家社科基金年度项目立项名单（藏学相关）和 2016 年国家社科基金青年项目立项名单（藏学相关）。

2016年国家社科基金年度项目立项名单（藏学相关）

序号	项目名称	负责人	工作单位	项目类别	所在学科
1	中国共产党的民族理论与政策在西藏的实践与发展研究	崔海亮	西藏民族大学	一般项目	党史・党建
2	依法治藏理论与实践问题研究	高大洪	西藏大学	一般项目	法学
3	少数民族刑事程序权利保障研究	塔娜	内蒙古农业大学	一般项目	法学
4	青藏高原生态文化旅游资源与政策法律保障研究	多杰	青海民族大学	一般项目	法学
5	文化权益视阈下甘青特有民族非物质文化遗产的民事保护研究	李玉璧	西北师范大学	一般项目	法学
6	基于新动能成长的西部地区绿色制造体系构建研究	揭筱纹	四川大学	重点项目	管理学
7	藏川青藏区建立基于“生态系统服务支付”机制的草原生态补偿机制优化研究	云丹尼玛	四川大学	一般项目	管理学
8	西藏史前时期农业的植物考古研究	宋吉香	四川大学	一般项目	考古学
9	西南民族地区农村精准脱贫的内生动力与长效机制研究	潘慧	广西财经学院	重点项目	理论经济
10	集中连片特困藏区经济社会风险分析与对策研究	潘小军	西南民族大学	一般项目	理论经济
11	西部民族地区中国道路大众认同的实证研究	周玉	西南民族大学	一般项目	马列・科社
12	提升边疆民族地区青年政治认同的传播路径及模式研究	邱杰	桂林理工大学	一般项目	马列・科社
13	青藏地区多元文化与社会主义核心价值观融合研究	崔治忠	青海师范大学	一般项目	马列・科社
14	中国少数民族传统基层社会治理体系与当代少数民族乡村社会治理体制机制创新研究	贺金瑞	中央民族大学	重点项目	民族问题研究
15	喜马拉雅南麓藏文化区民族历史研究	达瓦次仁	西藏自治区社科院	重点项目	民族问题研究
16	都市藏传佛教信仰调查研究	王海燕	陕西师范大学	重点项目	民族问题研究
17	边疆民族地区双语教育政策绩效研究	杨胜才	中南民族大学	重点项目	民族问题研究
18	“一带一路”建设与我国西部边疆民族地区社会稳定研究	靳薇	中共中央党校	一般项目	民族问题研究
19	“精英阶层”与现阶段我国边疆民族地区稳定研究	罗惠翾	中央民族大学	一般项目	民族问题研究
20	移动互联时代西部边疆民族地区网络舆情引导与风险防控研究	邹东升	西南政法大学	一般项目	民族问题研究
21	我国少数民族军人的爱国主义研究	秦洁	重庆通信学院	一般项目	民族问题研究
22	西藏档案馆藏蒙古文档案研究	乌云毕力格	中国人民大学	一般项目	民族问题研究
23	明清时期土司制度与民族地区社会治理研究	罗康智	凯里学院	一般项目	民族问题研究

续表 1

序号	项目名称	负责人	工作单位	项目类别	所在学科
24	安多藏区圣地文化对高原生态文明建设的价值及意义研究	曾吉卓玛	青海师范大学	一般项目	民族问题研究
25	汉藏佛教文化交流中的度母信仰研究	陈立华	西藏民族大学	一般项目	民族问题研究
26	基于多语种档案的尼泊尔与西藏近代交往关系研究	徐亮	北京第二外国语大学	一般项目	民族问题研究
27	清代涉藏茶政与南路边茶贸易研究	田茂旺	西南民族大学	一般项目	民族问题研究
28	人类学视野下西藏牧区家庭功能变迁及其养老模式重构研究	白玛措	西藏自治区社科院	一般项目	民族问题研究
29	中央治藏新方略研究	郎维伟	西南民族大学	一般项目	民族问题研究
30	中国边疆民族公共记忆的跨学科研究	潘天舒	贵州师范学院	一般项目	民族问题研究
31	城市边缘少数民族代耕农的民族志研究	李虎	重庆三峡学院	一般项目	民族问题研究
32	基于制度融合视角的少数民族就业促进和创业扶持研究	安翔	宁夏大学	一般项目	民族问题研究
33	宗教朝圣文化背景下当代藏族青少年宗教性特征及形成机制研究	陈国典	四川师范大学	一般项目	民族问题研究
34	基于现代学徒制的少数民族手工艺传承研究	唐锡海	广西师范学院	一般项目	民族问题研究
35	社交媒体时代藏族大学生信息互动过程与模式研究	邱婧玲	西藏民族大学	一般项目	民族问题研究
36	川甘青毗邻藏区的生态和农牧民生计双重困境调查与应对研究	柴剑峰	四川省社科院	一般项目	民族问题研究
37	西藏人口较少民族精准扶贫研究	朱玉福	西藏民族大学	一般项目	民族问题研究
38	数字时代民族博物馆教育功能的当代重构研究	刘凡	武汉纺织大学	一般项目	民族问题研究
39	西部边疆民族地区女大学生村官特殊问题研究	胡红霞	云南师范大学	一般项目	民族问题研究
40	西南边疆民族地区“精准扶贫、精准脱贫”研究	李军	中共南宁市委党校	一般项目	民族问题研究
41	“一带一路”背景下民族地区建设文化产业公共服务平台研究	杨玲	厦门大学	一般项目	民族问题研究
42	“一带一路”建设与西部民族地区文化产业的知识产权战略研究	刘斌斌	兰州大学	一般项目	民族问题研究
43	民族地区农牧民就地（就近）城镇化机理及制度保障研究	刘云喜	中央民族大学	一般项目	民族问题研究
44	民族地区生计转型农户城镇化融入能力提升研究	黄利民	中南民族大学	一般项目	民族问题研究
45	城市少数民族流动人口嵌入式发展研究	陈书伟	河南财经政法大学	一般项目	民族问题研究
46	西部民族地区人力资本提升阻断贫困代际传递机制研究	季飞	贵州大学	一般项目	民族问题研究
47	“互联网＋”时代民族地区文化产业的转型升级与创新发展研究	张瑾燕	大连民族大学	一般项目	民族问题研究

续表 2

序号	项目名称	负责人	工作单位	项目类别	所在学科
48	民族地区构建绿色畜牧业产业体系路径研究	杨蕴丽	内蒙古师范大学	一般项目	民族问题研究
49	少数民族地区绿色发展与生态保护和谐推进研究	吴合显	吉首大学	一般项目	民族问题研究
50	精准脱贫背景下民族地区农村医疗保障的制度创新研究	覃双凌	广西财经学院	一般项目	民族问题研究
51	健康中国视野下青藏高原地区人口健康问题研究	严维青	中共青海省委党校	一般项目	人口学
52	边疆民族地区社会治理精细化研究	王力平	内蒙古科技大学	一般项目	社会学
53	甘青藏区新型城镇化社会治理与区域稳定研究	卓尕措	青海民族大学	一般项目	社会学
54	民族地区旅游精准扶贫与传统村落复兴的协同路径研究	黄国庆	西南大学	一般项目	社会学
55	四川藏区阻断贫困代际传递的社会保护机制创新研究	张淑芳	西南民族大学	一般项目	社会学
56	青海少数民族困境儿童保护补偿机制研究	伊敏	青海师范大学	一般项目	社会学
57	精准扶贫战略下少数民族贫困地区男性的婚姻挤压问题研究	尹旦萍	中南民族大学	一般项目	社会学
58	藏族青少年宗教认同与国家认同关系研究	张雁军	西藏自治区社科院	一般项目	社会学
59	甘孜藏族民居风土适应性与更新策略研究	李沄璋	四川大学	一般项目	社会学
60	精准扶贫背景下西部地区民族传统节庆体育与旅游产业融合发展机理与路径研究	周平	湖南农业大学	一般项目	体育学
61	藏族传统体育文化与乡村旅游融合发展研究	杨建鹏	西藏大学	一般项目	体育学
62	西藏乡村旅游与藏族传统体育文化融合发展研究	毕卫忠	西藏大学	一般项目	体育学
63	青海少数民族体育文化史	逯克胜	青海民族大学	一般项目	体育学
64	面向全信息检索的藏文古籍数据库建设研究	胡建	西南民族大学	一般项目	图书馆、情报与文献学
65	藏文伏藏文献和掘藏师分类研究	还克加	西藏大学	一般项目	图书馆、情报与文献学
66	青海地区藏医药古籍文献收集、整理与数字化研究	季拥政	青海大学	一般项目	图书馆、情报与文献学
67	民族记忆传承视阈下的西部国家综合档案馆民族档案文献遗产资源共建研究	华林	云南大学	一般项目	图书馆、情报与文献学
68	提高我国藏区党媒“两微一端”的传播力研究	詹恂	电子科技大学	一般项目	新闻学与传播学
69	新闻传播对藏羌彝文化产业走廊的协同创新作用研究	俞运宏	西南民族大学	一般项目	新闻学与传播学

续表 3

序号	项目名称	负责人	工作单位	项目类别	所在学科
70	西部地区民族互嵌式特色小城镇社会风险识别和预警机制研究	顾兴树	西南民族大学	一般项目	应用经济
71	“一带一路”战略下 OFDI 促进西部地区产业转型升级问题研究	宋林	西安交通大学	一般项目	应用经济
72	依托地区生物资源实现西部民族贫困地区精准脱贫对策研究	陈宗富	曲靖师范学院	一般项目	应用经济
73	经济新常态背景下西藏草场产权改革与畜牧业经营方式创新研究	李继刚	西藏民族大学	一般项目	应用经济
74	基于小区域估计方法对边疆民族贫困地区精准扶贫的研究	颜明	云南民族大学	一般项目	应用经济
75	藏族格言诗翻译史研究	李正栓	河北师范大学	一般项目	语言学
76	“一带一路”战略下少数民族活态史诗域外传播与翻译转换研究	王治国	天津工业大学	一般项目	语言学
77	藏汉英性别语言中的女性地位异同研究	尼玛普赤	西藏大学	一般项目	语言学
78	藏族中学英语三语习得与教学研究	陈建林	兰州大学	一般项目	语言学
79	敦煌文献中的藏文咒语对音研究	李建强	中国人民大学	一般项目	语言学
80	中国境内汉藏语言的语音类型与音变共性研究	燕海雄	中国社科院	一般项目	语言学
81	藏族谚语信息化资源库建设	才让卓玛	青海师范大学	一般项目	语言学
82	基于文献与方言资料相结合的中古藏语研究	豆格扎西	西藏大学	一般项目	语言学
83	藏族哲学文献整理（翻译）与研究	李元光	西南民族大学	重点项目	哲学
84	西南少数民族家训文献整理及现代性转换研究	冉光芬	贵州师范大学	一般项目	哲学
85	敦煌文献中的藏族伦理思想演变研究	久仙加	西北民族大学	一般项目	哲学
86	城市少数民族移民的社会道德整合问题研究	沈云都	云南农业大学	一般项目	哲学
87	藏族艺术的审美类型研究	娥满	昆明理工大学	一般项目	哲学
88	习近平总书记总体国家安全观视阈下西部地区政治安全研究	程炜	西安政治学院	重点项目	政治学
89	“一带一路”战略下边境民族地区“三区”援建的社会效能监测研究	李瑞昌	复旦大学	一般项目	政治学
90	“结构—制度”框架下的边疆民族地区社会冲突化解机制研究	李慧勇	内蒙古大学	一般项目	政治学
91	边疆民族地区传统治理制度的现代意义研究	杨腾原	内蒙古大学	一般项目	政治学
92	川甘青滇四省藏区公共服务体系优化研究	陈井安	四川省社科院	一般项目	政治学
93	法治化视野下涉及民族因素的社会矛盾纠纷化解机制创新研究	罗兴佐	西南政法大学	一般项目	政治学

续表 4

序号	项目名称	负责人	工作单位	项目类别	所在学科
94	民族地区新社会阶层政治参与研究	管前程	中央民族大学	一般项目	政治学
95	特大城市少数民族流动人口族群认同与社会稳定研究	任勇	华东政法大学	一般项目	政治学
96	西藏农牧区基层纠纷多元化解决机制研究	唐小民	西藏自治区委员会党校	一般项目	政治学
97	反分裂视角下的涉藏侨务工作研究	朱鹏	暨南大学	一般项目	政治学
98	青藏高原地震应急“碎片化”及政府与社会协同机制研究	马晓东	青海民族大学	一般项目	政治学
99	境外涉藏问题新态势与中国国际话语权研究	吴喜	昆明理工大学	一般项目	政治学
100	敦煌新疆等地出土古藏文官府文献整理与研究	陆离	南京师范大学	重点项目	中国历史
101	清代民国西藏水灾档案研究（1803—1949）	旦增遵珠	西南民族大学	一般项目	中国历史
102	清末民国时期西藏与中央政府关系研究	周毓华	西藏民族大学	一般项目	中国历史
103	清代甘青川边藏区番案与社会治乱研究	张兴年	青海民族大学	一般项目	中国历史
104	藏戏剧目文本研究	李宜	西藏民族大学	重点项目	中国文学
105	藏传佛教文化的符号学研究	徐小霞	西藏民族大学	一般项目	中国文学
106	吐蕃统治敦煌时期的汉藏文化与文学交流研究	朱利华	西华师范大学	一般项目	中国文学
107	非物质文化遗产保护视野下的青藏地区民族民间戏剧研究	李玲珑	青海师范大学	一般项目	中国文学
108	当代藏族小说中的民间文学资源传承与发展研究	栗军	西藏民族大学	一般项目	中国文学
109	蒙古族藏文传记整理与研究	根泉	内蒙古师范大学	一般项目	中国文学
110	西部民族地区传统歌会研究	朱刚	中国社科院	一般项目	中国文学
111	文学地理学视阈下西部当代少数民族文学的空间书写特征研究	王锐	河西学院	一般项目	中国文学
112	青川藏滇结合部多元丧俗信仰的宗教人类学研究	叶远飘	广东医学院	一般项目	宗教学
113	藏传佛教宁玛派国际影响的未来走向研究	白玛措	西南民族大学	一般项目	宗教学
114	西部边疆宗教与社会结构的民族志研究	张帆	四川大学	一般项目	宗教学
115	甘青藏区文昌信仰的历史与现状研究	旦正加	青海师范大学	一般项目	宗教学

2016年国家社科基金青年项目立项名单（藏学相关）

序号	项目名称	负责人	工作单位	项目类别	所在学科
1	跨境物流系统规划推进青藏南亚基础设施互联互通与国际大通道建设研究	辛馨	西藏大学	青年项目	理论经济
2	青藏高寒农业山区贫困与生态安全问题研究	郭婧	青海省社科院	青年项目	应用经济
3	青藏地区基层社会治理中的本土法则与法治协调问题研究	王刚	青海民族大学	青年项目	法学
4	歇家与主家：藏边社会的族际互动研究	姜刚	青海大学	青年项目	民族问题研究
5	第巴桑结嘉措时期（1679—1705）西藏地方与中央政府政治关系研究	石岩刚	陕西师范大学	青年项目	民族问题研究
6	内地西藏班（校）办学发展史研究（1985—2015）	喻永庆	中南民族大学	青年项目	民族问题研究
7	安多藏区“寺院型”社区研究（1723—1949年）	马磊	陕西师范大学	青年项目	民族问题研究
8	西藏牧区草场管理研究	桑德杰布	西藏大学	青年项目	民族问题研究
9	西藏中部农区安居工程与藏族家庭变迁研究	白赛藏草	西南民族大学	青年项目	民族问题研究
10	公平视角下青海藏区农牧民增收问题研究	崔冀娜	青海大学	青年项目	民族问题研究
11	英国侵藏急进派对中印关系的影响研究（1888—1949）	梁忠翠	淮阴师范学院	青年项目	中国历史
12	12至14世纪河西藏传佛教与石窟营建研究	张海娟	敦煌研究院	青年项目	中国历史
13	西藏中部石窟寺考古调查与研究	何伟	西藏自治区文物保护研究所	青年项目	考古学
14	《宝鬘论颂》梵、藏、汉对勘	大普仓	西藏自治区社科院	青年项目	宗教学
15	藏传佛教汉地传播研究	张岩	黑龙江省社科院	青年项目	宗教学
16	藏传佛教麻仓噶举派研究	尕本加	青海民族大学	青年项目	宗教学
17	藏传佛教僧众的国家认同研究	尕藏扎西	中共青海省委党校	青年项目	宗教学
18	当代藏族汉语作家创作的接受维度研究	张莹	西藏民族大学	青年项目	中国文学
19	新时期藏语作家群研究	增宝当周	中央民族大学	青年项目	中国文学
20	口头传统视阈下藏蒙《格萨（斯）尔》史诗音乐研究	姚慧	中国社科院	青年项目	中国文学
21	汉藏语是非问句的类型学研究	罗天华	浙江大学	青年项目	语言学
22	藏语示证范畴研究	邵明园	首都师范大学	青年项目	语言学
23	藏羌彝文化产业走廊运动休闲旅游产业带的开发研究	李少波	四川大学	青年项目	体育学
24	应对经济新常态西藏企业创新内控管理系统激发新动力研究	乔鹏程	西藏民族大学	青年项目	管理学
25	资金配置与西藏文化产业发展的路径及对策研究	王小娟	西藏民族大学	青年项目	管理学

国家社科基金重大项目介绍

国家社会科学基金重大项目是现阶段国家社科基金中层次最高、资助力度最大、权威性最强的项目类别，包括应用对策研究、重大基础理论研究和跨学科研究三类，根据全国哲学社会科学规划办公室发布的《国家社科基金重大项目招标公告》确定数个研究方向，每个研究方向原则上确立 1—2 项中标课题，资助经费根据课题研究的实际需要确定，平均资助额度为 60—80 万元。

应用对策类重大项目设立于 2004 年，主要资助研究我国政治、经济、文化和社会发展中具有全局性、战略性、前瞻性的重大理论和实际问题，为党和政府决策服务。基础理论类重大项目设立于 2010 年，重点支持一批弘扬民族精神、传承民族文化、对学术发展和学科建设起关键作用的重大基础理论和文化研究课题，着力推出具有原创性或开拓性、具有重要文化传承价值的经典之作。从 2011 年起设立跨学科研究重大项目，旨在鼓励通过不同学科的视角、知识、方法和人员的交叉融合，研究解决单一学科难以解决的复杂性、前沿性、综合性问题。

2016 年度国家社会科学基金重大项目立项 213 项，其中藏学相关类立项 10 项。

2016 年国家社科基金重大项目藏学相关立项名单

序号	课题名称	首席专家	责任单位
1	西部地区易地移民搬迁工程的精准扶贫机制、综合效益评价与政策创新研究	白永秀	西北大学
2	20 世纪中叶以来西藏城市人居环境发展变迁研究	何一民	四川大学
3	新中国涉藏五省区民族自治地方建政历史与实践研究	先巴	青海民族大学
4	我国民族团结和民族关系的理论与实践研究	来仪	西南民族大学
		何明	云南大学
5	西藏及四省藏区民族交往交流交融现状调查研究	王德强（绒巴扎西）	云南民族大学
6	藏羌彝文化走廊建设研究	陈井安	四川省社会科学院
7	西南少数民族传统生态文化的文献采辑、研究与利用	杨军昌	贵州大学
		罗康隆	吉首大学
8	藏文木刻版文献保护传承研究	巴多	西南民族大学
9	藏文典籍文献的整理与全文数字化研究	刘勇	西藏民族大学
10	西南少数民族医药文献数据库建设及相关专题研究	张艺	成都中医药大学

2016年度国家社科基金项目西部项目

经专家评审、社会公示并报全国哲学社会科学规划领导小组批准，6月17日由全国哲学社会科学规划办公室将2016年度国家社科基金西部项目评审立项结果予以公布。今年西部项目共立项480项，其中涉及藏学相关项目57项。

从公示情况可以看出，今年立项的西部项目总体上有以下几个特点：一是研究重点突出，特别是突出了党的理论创新成果研究，突出了西部地区改革发展稳定重大问题研究，突出了巩固民族团结、维护祖国统一研究，突出了传承弘扬中华优秀传统文化、推动文化繁荣发展研究，突出了创新民族地区社会治理、维护边疆社会和谐稳定研究。二是整体质量较高，具有高级专业职称的有388人（高级172人、副高级216人），约占总数的81%；具有博士学位的有277人，约占58%；担任博士生导师和硕士生导师的有217人，约占45%。三是加强对少数民族学者、青年学者的扶持，其中少数民族学者有126人（涉及22个少数民族），约占总数的26%；35岁以下的青年学者有79人，约占总数的16%。四是加大对西部地区相对优势学科和特色研究的资助力度，围绕民族学、宗教学、历史学、文学、语言学等学科，以及少数民族社会发展调查、文化遗产抢救保护、生态环境保护建设、边境宗教传播管理、历史文献挖掘整理等方面，确立了一批课题。

2016年国家社科基金西部项目立项名单（藏学相关）

序号	课题名称	姓名	单位
1	中国共产党治藏方略与西藏南亚大通道建设研究	牛治富	西藏民族大学
2	“五大发展理念”视域下藏区党的执政方略研究	梁代生	中共青海省委党校
3	精准扶贫视阈下甘青川藏区乡镇执政骨干队伍建设问题研究	李为刚	中共甘肃省委党校
4	中国藏传佛教“杰钦修丹”护法神信仰现状与发展趋势研究	和晓蓉	云南大学
5	西部地区与“一带一路”沿线国家产能合作格局研究	姬顺玉	兰州财经大学
6	西藏精准扶贫开发模式研究	杨阿维	西藏大学
7	青藏高原城市化发展与生态环境耦合协调发展研究	张明霞	青海省社会科学院
8	“一带一路”战略下中西部地区国际产能合作机制及实施路径研究	杨柏	四川外国语大学
9	供给侧视角下西部地区特色农产品电商发展模式与路径选择研究	罗胜	广西财经学院
10	西藏反分裂斗争走向预测与对策研究	张琼	西藏自治区社会科学院
11	国家治理视域下西部边疆地区社会矛盾的化解机制研究	颜俊儒	绵阳师范学院
12	西部边疆民族地区基本公共服务与精准扶贫的耦合机制研究	刘蓓	中共广西壮族自治区委员会党校
13	青海藏区人口流动及社会风险研究	解彩霞	中共青海省委党校
14	清末民初中央政府治藏研究	陈鹏辉	西藏民族大学
15	近代西方人对滇川藏的生态资源考察及其影响研究	曹津永	云南省社会科学院
16	西藏打赢“精准扶贫、精准脱贫”攻坚战的路径研究	徐伍达	西藏自治区社会科学院
17	藏族《世俗论典·邬波罗树》翻译与研究	还格吉	西南民族大学
18	中藏医放血疗法古籍文献挖掘与创新研究	任延明	青海大学
19	基于《藏药三大本草》的藏药本草学研究	增太加	青海大学
20	“一带一路”背景下西藏地区外语能力建设战略转型研究	益西旦增	西藏大学
21	藏药药用植物传统分类体系及其应用价值研究	周则	青海大学
22	西藏夏尔巴人民族归属问题调查与研究	次仁平措	西藏自治区社会科学院
23	共享发展理念下西部民族地区精准扶贫与精准脱贫的模式选择及政策研究	陈辞	中共云南省委党校
24	大数据视野下藏羌彝走廊民族医药传承与创新的共享模式研究	泽翁拥忠	成都中医药大学
25	西部民族牧区养老院布局问题研究	祁恒珺	兰州城市学院

续表 1

序号	课题名称	姓　名	单　位
26	西部清真产业发展的保障机制研究	黄爱学	北方民族大学
27	生态文明视阈下青海藏区居民环境态度与环境行为培育研究	蔺琳	青海大学
28	社会资本支持西部民族地区减贫的投资博弈与市场完善研究	蒲丽娟	中共四川省委党校
29	吐蕃时期西藏本土宗教与外来宗教关系研究	万么项杰	西藏大学
30	藏区宗教生态及其社会影响问题研究	何启林	中共青海省委党校
31	清代的藏传佛教策略与藏彝走廊北部地区寺院管理研究	李顺庆	西北师范大学
32	藏文史籍《桑浦寺法嗣传承明镜》翻译与注解	索朗旺杰	西藏大学
33	中华文化视域下的西藏史前文化研究	刘鹏	西藏民族大学
34	新时期以来西藏当代文学史料整理与研究（1977–2015）	于宏	西藏民族大学
35	当代藏族作家汉语创作价值研究	孔占芳	青海师范大学
36	当代藏族女性作家作品研究	南色	青海民族大学
37	蒙古语族语言中的梵藏语借词研究	希日胡	内蒙古大学
38	藏族翻译理论研究	拉巴泽仁	西藏大学
39	移动互联网时代青海藏区成人非正式学习研究	卜红	青海广播电视大学
40	青海省城镇化进程中藏族流动人口管理研究	王青	青海师范大学
41	西部民族地区数字时代阅读行为与阅读推广机制构建研究	张晋平	甘肃省社会科学院
42	藏族口述文献开发利用及数字化研究	韩卫红	青海大学
43	依托西南民族聚居区乡土资源培育和践行社会主义核心价值观研究	王占锋	桂林电子科技大学
44	民族地区社会主义核心价值观的涵养载体及其实现机制研究	冯霞	广西财经学院
45	新形势下民族地区惩防体系制度建设的基本经验及应用研究	王霞	青海省社科界联合会
46	边疆民族地区公共服务均等化中的政府责任研究	姚贱苟	广西师范大学
47	民主化过程中民族冲突与整合机制研究	丁岭杰	中共贵州省委党校
48	甘宁青民族地区社会建设和治理机制创新研究	成向东	中共甘肃省委党校
49	民族地区农村精准扶贫机制研究	柳颖	中共内蒙古自治区委员会党校
50	多民族地区法官纠纷解决能力建设研究	吴燕怡	昆明理工大学
51	近代西南边疆民族融合与中华民族的形成研究	张媚玲	云南师范大学

续表 2

序号	课题名称	姓　名	单　位
52	民族地区反贫困的民众心理基础研究	范春林	西南民族大学
53	长征时期党的民族宗教政策研究	莫曲波	遵义师范学院农业科技学院
54	西南少数民族传统生态价值观对环境的影响和贡献	余贵忠	贵州大学
55	甘宁青高寒阴湿区民族县异地搬迁扶贫的模式和对策研究	魏奋子	中共甘肃省委党校
56	“一带一路”建设中跨境民族文化交流与民心相通研究	郗春媛	云南财经大学
57	民族地区汉族流动人口与当地少数民族居民民族关系研究	马存孝	青海师范大学

论著索引

藏学图书要目

汉文部分

一、哲学、宗教

1. 佛性 / 夏坝・降央克珠，魏德东主编 .—北京：中国社会科学出版社
ISBN：978-7-5161-8825-5：CNY78.00
2. 安多格西弘法录 / 罗主噶佤著 .—北京：国际文化出版公司
ISBN：978-7-5125-0867-5（精装）：CNY129.00
3. 藏族哲学史资料选编 / 刘俊哲编 .—北京：民族出版社
ISBN：978-7-105-14424-2：CNY230.00
4. 吐蕃敦煌抄经研究 / 张延清著 .—北京：民族出版社
ISBN：978-7-105-14292-7：CNY48.00
5. 一株菩提：六世赛仓活佛的传奇人生 / 穆珺著 .—北京：民族出版社
ISBN：978-7-105-14089-3：CNY58.00
6. 藏传佛教思想史纲 / 班班多杰著 .—北京：人民出版社
ISBN：978-7-01-016152-5：CNY75.00
7. 藏传佛教史话 / 尹邦志著 .—北京：社会科学文献出版社
ISBN：978-7-5097-8516-4：CNY25.00
8. 关帝信仰与格萨尔崇拜：以藏传佛教为视域的文化现象解析 / 加央平措著 .—北京：社会科学文献出版社

ISBN：978-7-5097-8093-0：CNY89.00

9. 西藏佛教寺院事务管理研究：以拉萨三大寺为例 / 次旦扎西，顿拉著 .—北京：社会科学文献出版社

ISBN：978-7-5097-8585-0：CNY98.00

10. 西藏摄政策墨林活佛传略 / 杨世宏，卢永林，卢红娟编著 .—北京：社会科学文献出版社

ISBN：978-7-5097-9234-6：CNY89.00

11. 中国宗教报告 2015/ 邱永辉主编 .—北京：社会科学文献出版社

ISBN：978-7-5097-8703-8：CNY79.00

12. 西藏丹萨替寺历史研究 / 黄春和著 .—北京：文物出版社

ISBN：978-7-5010-4634-8（精装）：CNY1699.00

13. 格鲁派主属寺系统的历史文化研究：以明清时期青海境内的寺院为例 / 拉先加著 .—北京：中国藏学出版社

ISBN：978-7-80253-877-1：CNY32.00

14. 菩提道次第教程 · 苯教普贤明灯 / 次成丹贝坚赞著；俄日才让译注 .—北京：中国藏学出版社

ISBN：978-7-80253-867-2：CNY32.00

15. 文本与历史：藏传佛教历史叙事的形成和汉藏佛学研究的建构 / 沈卫荣，侯浩然著 .—北京：中国藏学出版社

ISBN：978-7-80253-893-1（精装）：CNY128.00

16. 印度——西藏的佛教密宗 /（法）罗伯尔 · 萨耶著；耿昇译 .—北京：中国藏学出版社

ISBN：978-7-80253-890-0：CNY38.00

17. 雪山中的曼荼罗：藏传佛教大型佛塔研究 / 周晶，李天著 .—北京：中国建筑工业出版社

ISBN：978-7-112-17725-7：CNY45.00

18. 藏族宗教民俗研究通论 / 魏强著 .—北京：中央民族大学出版社

ISBN：978-7-5660-1155-8：CNY58.00

19. 先驱：忆普佑法师诺那呼图克图 / 陈声汉，石夹辅编著 .—北京：中央民族大学出版社

ISBN：978-7-5660-1262-3：CNY68.00

20. 密宗经典精华 / 宗文点校 .—北京：宗教文化出版社

ISBN：978-7-5188-0135-0：CNY66.00

21. 青海藏族传统价值观研究 / 孙舒景著 .—北京：宗教文化出版社
ISBN：978-7-5188-0231-9：CNY45.00
22. 象雄宝藏 / 孜珠·丁真祖普俄色仁波切著 .—北京：宗教文化出版社
ISBN：978-7-5188-0163-3：CNY60.00
23. 因明入正理论导读 / 李润生著 .—北京：宗教文化出版社
ISBN：978-7-5188-0161-9（精装）：CNY98.00
24. 藏传佛教判教研究 / 何杰峰著 .—成都：巴蜀书社
ISBN：978-7-5531-0678-6：CNY24.00
25. 藏彝走廊北部地区藏传佛教寺院研究 / 李顺庆著 .—成都：巴蜀书社
ISBN：978-7-5531-0642-7：CNY27.00
26. 西藏生死书：一日一课 / 索甲仁波切著；郑振煌译 .—杭州：浙江大学出版社
ISBN：978-7-308-15571-7：CNY39.80
27. 内蒙古东部地区藏传佛教发展现状及对策研究：基于赤峰市藏传佛教寺院的调查 / 任丽颖著 .—呼伦贝尔：内蒙古文化出版社
ISBN：978-7-5521-1201-6：CNY78.00
28. 云南佛教史 / 肖耀辉，梁晓芬，王碧陶著 .—昆明：云南大学出版社
ISBN：978-7-5482-2578-2：CNY42.00
29. 藏传佛教大圆满传承史 / 旦增·龙多尼玛主编；热哈·罗珠桑波译 .—拉萨：西藏藏文古籍出版社
ISBN：978-7-80589-813-1：CNY68.00
30. 玛尔巴传 / 查同结布著；张天锁等译 .—拉萨：西藏藏文古籍出版社
ISBN：978-7-80589-218-4：CNY29.80
31. 西藏社科院马克思主义理论研究所当代西藏研究所论文集 / 王春焕，边巴拉姆主编 .—拉萨：西藏藏文古籍出版社
ISBN：978-7-80589-755-4：CNY35.00
32. 大法印五支道前行教授引道文噶举上师言教 / 冈波敬安编著；牧子译 .—拉萨：西藏人民出版社
ISBN：978-7-223-04855-2：CNY28.00
33. 赛仓·罗桑华丹著作选译 . 第一卷，殊胜赞注疏 / 赛仓·罗桑华丹著；道周主编 .—兰州：甘肃人民出版社
ISBN：978-7-226-04953-2（精装）：CNY85.00

34. 菩提遗珠：敦煌藏文佛教文献的整理与解读 / 才让著 .—上海：上海古籍出版社
ISBN：978-7-5325-8144-3：CNY148.00
35. 苯教源流 · 弘扬明灯 / 巴 · 旦嘉桑波著 .—西宁：青海民族出版社
ISBN：978-7-5420-2835-8
36. 苾刍学处 / 宗喀巴著；法尊译 .—西宁：青海民族出版社
ISBN：978-7-225-05244-1：CNY24.00

二、梵学研究

1. 生命与永恒：程朱理学与印度吠檀多不二论哲学比较 / 魏艳枫著 .—郑州：郑州大学出版社
ISBN：978-7-5645-3165-2
2. 梵汉对勘阿弥陀经 · 无量寿经 / 黄宝生译注 .—北京：中国社会科学出版社
ISBN：978-7-5161-6633-8（精装）：CNY58.00

三、政治、军事、法律

1. 中国民族区域自治制度下西藏社会的稳定发展 / 杨军财编著 .—北京：国际文化出版公司
ISBN：978-7-5125-0819-4：CNY58.00
2. 民族法制文化研究 . 第二辑，藏族习惯法研究 / 甘肃省法官学院甘南分院民族法制文化研究所编 .—北京：民族出版社
ISBN：978-7-105-14378-8：CNY45.00
3. 民族法制文化研究 . 第三辑，藏族法制现代化研究 / 甘肃省法官学院甘南分院民族法制文化研究所编 .—北京：民族出版社
ISBN：978-7-105-14387-0：CNY45.00
4. 牙含章文集 / 牙含章著，郑信哲选编 .—北京：社会科学文献出版社
ISBN：978-7-5097-9556-9：CNY168.00
5. “治国必治边、治边先稳藏”重要战略思想研究 / 邢广程主编 .—北京：社会科学文献出版社
ISBN：978-7-5097-9848-5：CNY89.00

6. 清王朝涉藏刑事案件处理问题研究 / 冯志伟，柏桦著 .—北京：社会科学文献出版社
ISBN：978-7-5097-7961-3：CNY138.00
7. 三江源藏族生态移民三村 / 冯雪红著 .—北京：社会科学文献出版社
ISBN：978-7-5201-0184-4：CNY79.00
8. 土司制度与西南边疆治理研究 / 成臻铭著 .—北京：社会科学文献出版社
ISBN：978-7-5097-8092-3：CNY258.00
9. 汉藏之间的康定土司：清末民初末代明正土司人生史 / 郑少雄著 .—北京：生活·读书·新知三联书店
ISBN：978-7-108-05684-9：CNY40.00
10. 西藏：事实与数字 .2015/ 安才旦编著 .—北京：外文出版社
ISBN：978-7-119-10544-4：CNY240.00
11. 西藏乡镇政权改革发展研究 / 王彦智著 .—北京：中国社会科学出版社
ISBN：978-7-5161-8850-7：CNY68.00
12. 民族宗教工作的坚持与探索 / 朱维群著 .—成都：四川民族出版社
ISBN：978-7-220-09571-9：CNY48.00
13. 西藏马克思主义大众化研究 / 崔海亮著 .—广州：中山大学出版社
ISBN：978-7-306-05861-4：CNY58.00
14. 中国共产党在边疆少数民族地区执政方略研究 / 钟世禄著 .—昆明：云南人民出版社
ISBN：978-7-222-14343-2：CNY78.00
15. 民国藏事乱局留给后人的启示 / 车明怀著 .—拉萨：西藏人民出版社
ISBN：978-7-223-05014-2：CNY35.00
16. 清代甘青蒙藏地区施政研究 / 张兴年著 .—兰州：甘肃人民出版社
ISBN：978-7-226-04960-0：CNY65.00
17. 我国藏区农（牧）村基层政权建设问题研究 / 王效勤，陈博著 .—兰州：兰州大学出版社
ISBN：978-7-311-05057-3：CNY28.00
18. 敦煌西域出土的古藏文契约文书 / 武内绍人著；杨铭，杨公卫译 .—乌鲁木齐：新疆人民出版社
ISBN：978-7-228-18832-1：CNY81.00
19. 雪域谍云：美国的西藏政策及其秘密行动 / 程早霞著 .—哈尔滨：哈尔滨工

程大学出版社

ISBN：978-7-5661-1291-0：CNY35.00

四、经济、社会

1. 藏彝走廊包容性绿色发展研究 / 郑长德，钟海燕，廖桂蓉著 .—北京：经济科学出版社

   ISBN：978-7-5141-6906-5：CNY42.00
2. 西藏大学学报社会科学论文精选本 / 拉巴次仁主编 .—北京：民族出版社

   ISBN：978-7-105-14411-2：CNY56.00
3. 藏传佛寺与文化旅游研究 / 陆朋，王杨著 .—北京：人民日报出版社

   ISBN：978-7-5115-3480-4（精装）：CNY68.00
4. 西藏农区民生事业五十年：以日喀则艾玛乡为例 / 陈默著 .—北京：社会科学文献出版社

   ISBN：978-7-5097-8094-7：CNY89.00
5. 西藏特色经济发展研究 · 西藏旅游业 / 王天兰著 .—北京：社会科学文献出版社

   ISBN：978-7-5097-8223-1：CNY240.00（全 2 册）
6. 西藏特色经济发展研究 · 西藏农牧业和矿采选业 / 王天津等著 .—北京：社会科学文献出版社

   ISBN：978-7-5097-8223-1：CNY240.00（全 2 册）
7. 西藏经济金融发展研究 / 西藏金融学会编著 .—北京：中国金融出版社

   ISBN：978-7-5049-8609-2：CNY66.00
8. 西藏农牧区反贫困的思路调整与制度安排 / 刘天平著 .—北京：中国农业出版社

   ISBN：978-7-109-22098-0：CNY45.00
9. 四川省藏族聚居区生态农业产业发展战略研究 / 林正雨等著 .—北京：中国农业科学技术出版社

   ISBN：978-7-5116-2604-2：CNY68.00
10. 西藏农牧业发展方式研究 / 范小建等著 .—北京：中国农业科学技术出版社

    ISBN：978-7-5116-2518-2（精装）：CNY78.00
11. 对口援藏有效性研究 / 王磊著 .—北京：中国社会科学出版社

ISBN：978-7-5161-8088-4：CNY59.00

12. 西藏当代经济社会发展中的制度供给研究 / 孙勇主编 .—北京：中国社会科学出版社

ISBN：978-7-5161-8087-7：CNY76.00

13. 四川藏区全域旅游发展报告：2014 年度 / 李柏槐，王晓琴等编著 .—成都：四川大学出版社

ISBN：978-7-5614-9293-2：CNY39.00

14. 迪庆资源大全 / 倪荣华编著 .—昆明：云南教育出版社

ISBN：978-7-5415-8513-5（精装）：CNY280.00

15. 西藏非公有制经济发展扶持政策探讨 / 王文令编著 .—拉萨：西藏藏文古籍出版社

ISBN：978-7-80589-825-4：CNY20.00

16. 西藏农村发展报告 .2016/ 白玛朗杰主编 .—拉萨：西藏藏文古籍出版社

ISBN：978-7-80589-868-1：CNY38.00

17. 西藏社科院经济战略研究所论文集 / 杨亚波主编 .—拉萨：西藏藏文古籍出版社

ISBN：978-7-80589-745-5：CNY35.00

18. 西藏社科院农村经济研究所论文集 / 多庆，达瓦次仁主编 .—拉萨：西藏藏文古籍出版社

ISBN：978-7-80589-754-7：CNY35.00

19. 西藏乡村的历史巨变：拉萨市林周县卡优村发展纪实 / 武海波著 .—拉萨：西藏藏文古籍出版社

ISBN：978-7-80589-753-0：CNY28.00

20. 西藏自治区转变经济发展方式研究 / 王代远，肖小康著 .—拉萨：西藏藏文古籍出版社

ISBN：978-7-80589-846-9：CNY28.00

21. 中国西藏发展报告 .2016/ 房灵敏，白玛朗杰主编 .—拉萨：西藏藏文古籍出版社

ISBN：978-7-80589-847-6：CNY40.00

22. 见证西藏跨越发展 / 冯国荣，马志勇主编 .—拉萨：西藏人民出版社

ISBN：978-7-223-05127-9：CNY108.00

23. 开关通商、商人资本流动与近代西藏经济社会变迁 / 美朗宗贞著 .—拉萨：

西藏人民出版社

ISBN：978-7-223-04961-0：CNY30.00

24. 西藏城镇化与人口就业 / 史云峰著 .—拉萨：西藏人民出版社

ISBN：978-7-223-05262-7：CNY36.00

25. 甘肃民族地区发展分析与预测 .2017/ 沙拜次力，朱智文，马东平主编 .—兰州：甘肃人民出版社

ISBN：978-7-226-05076-7：CNY68.00

26. 西藏经济学概论 / 狄方耀，图登克珠，李宏主编 .—厦门：厦门大学出版社

ISBN：978-7-5615-6123-2：CNY56.00

27. 西藏农牧区反贫困与乡村建设 / 李继刚著 .—厦门：厦门大学出版社

ISBN：978-7-5615-6217-8：CNY54.00

28. 后藏旅游文化与传播 / 汤砺锋编著 .—上海：上海人民出版社

ISBN：978-7-208-13711-0：CNY68.00

29. 西藏文化旅游产品开发研究 / 沙成禹编著 .—上海：上海人民出版社

ISBN：978-7-208-13710-3：CNY58.00

30. 西藏生态农业发展的财政支持研究 / 巩雪茹，陶然著 .—西安：西安交通大学出版社

ISBN：978-7-5605-8837-7：CNY29.80

31. 青海丝路战略研究 / 吴海昆，李勇等著 .—西宁：青海民族出版社

ISBN：978-7-225-05173-4：CNY58.00

32. 全面建成小康社会进程中青海海北发展研究 / 毛学荣主编 .—西宁：青海民族出版社

ISBN：978-7-5420-2656-9：CNY70.00

33. 推拉效应与中间力量：三江源地区藏族人口流动研究 / 史玉梅，毛雪彦著 .—西宁：青海民族出版社

ISBN：978-7-5420-2695-8

34. 进藏县域的宗教与社会 / 陈昌文主编 .—成都：巴蜀书社

ISBN：978-7-5531-0623-6（精装）：CNY130.00

35. 文化、空间与秩序：青海藏区民族文化多样性与社会稳定研究 / 骆桂花著 .—西宁：青海民族出版社

ISBN：978-7-225-05147-5：CNY47.00

36. 公共治理视野下青藏地区社会文化调查研究 / 索端智主编 .—银川：宁夏人

民出版社

ISBN：978-7-227-06287-5：CNY42.00

37. 城镇化进程中青藏两省区农牧民生存状况调查与研究 / 久毛措，王世靓著 .—北京：科学出版社

ISBN：978-7-03-050246-9：CNY70.00

38. 青海民族地区社会文化调研报告 / 马成俊，先巴，乔文良主编 .—北京：民族出版社

ISBN：978-7-105-14164-7（精装）：CNY140.00

39. 藏边变迁：西藏日喀则定结县德吉村调研报告 / 扎西多布杰著 .—北京：社会科学文献出版社

ISBN：978-7-5097-8446-4：CNY229.00（全 4 册）

40. 藏热村的变迁：西藏拉萨纳金乡藏热村调研报告 / 多庆著 .—北京：社会科学文献出版社

ISBN：978-7-5097-8446-4：CNY229.00（全 4 册）

41. 中国藏区生态移民问题研究 / 桑才让著 .—北京：中国社会科学出版社

ISBN：978-7-5161-9063-0：CNY58.00

42. 藏区旅游小城镇社会空间结构与演化 / 李巍，刘润著 .—北京：科学出版社

ISBN：978-7-03-049014-8：CNY85.00

五、文化教育

1. 西藏民俗旅游文化 / 琼达主编 .—北京：中国社会出版社

ISBN：978-7-5087-5438-3：CNY36.00

2. 西藏文化产业发展与创新研究 / 刘强，沈宏益编著 .—北京：北京理工大学出版社

ISBN：978-7-5682-2073-6：CNY40.00

3. 和谐社会视野中的西藏民族社区文化建设研究 / 高大洪著 .—北京：光明日报出版社

ISBN：978-7-5194-1158-9：CNY28.00

4. 藏汉双语“一类模式”教师队伍建设研究：甘南藏族自治州民族类中学田野工作与理论阐释 / 虎技能著 .—北京：民族出版社

ISBN：978-7-105-14320-7dCNY32.00

5. 藏区双语教育研究 / 东主才让著 .—北京：社会科学文献出版社
ISBN：978-7-5097-8224-8：CNY148.00
6. 甘孜藏区多语生活与多语教育 / 沈群英著 .—北京：中国商业出版社
ISBN：978-7-5044-9621-8：CNY42.00
7. 西藏文化产业发展研究 / 常凌翀著 .—北京：中央编译出版社
ISBN：978-7-5117-2962-0：CNY38.00
8. 迪庆藏族自治州图书馆志 / 李永明主编 .—昆明：云南人民出版社
ISBN：978-7-222-14712-6：CNY36.00
9. 西藏教育优先发展研究 / 李波等著 .—拉萨：西藏人民出版社
ISBN：978-7-223-04904-7：CNY58.00
10. 西藏职业教育发展战略研究 / 郝峰等著 .—拉萨：西藏人民出版社
ISBN：978-7-223-05267-2：CNY45.00
11. 近代传媒与中国西藏的社会变迁 / 刘永文编著 .—南京：凤凰出版社
ISBN：978-7-5506-2502-0：CNY520.00
12. 内地西藏班汉语教学研究 / 李梅著 .—西宁：青海民族出版社
ISBN：978-7-225-05247-2：CNY28.00
13. 艺术民俗研究 / 邢海珍编 .—西宁：青海民族出版社
ISBN：978-7-225-05228-1：CNY299.00（全 10 册）
14. 七世顾嘉堪布现代教育思想研讨会文集 / 阿尔斯兰，杨杰主编 .—兰州：甘肃文化出版社
ISBN：978-7-5490-1111-7：CNY38.00

六、语言文字

1. 汉藏语系“的”字结构研究 / 闻静著 .—北京：民族出版社
ISBN：978-7-105-14592-8
2. 汉藏语因果类复句研究 / 范丽君著 .—北京：民族出版社
ISBN：978-7-105-14623-9：CNY60.00
3. 藏语甘孜话语法标注文本 / 燕海雄，江荻著 .—北京：社会科学文献出版社
ISBN：978-7-5097-9580-4：CNY128.00
4. 藏语拉萨话语法标注文本 / 江荻著 .—北京：社会科学文献出版社
ISBN：978-7-5097-9579-8：CNY148.00

5. 嘉戎语卓克基话语法标注文本 / 林幼菁著 .—北京 : 社会科学文献出版社
ISBN : 978-7-5097-9533-0 : CNY178.00
6. 藏缅语族羌语支研究 / 孙宏开著 .—北京 : 中国社会科学出版社
ISBN : 978-7-5161-7656-6（精装）: CNY138.00
7. 清代藏学汉文文献词汇研究 / 王宝红著 .—北京 : 中国社会科学出版社
ISBN : 978-7-5161-8081-5 : CNY128.00
8. 汉藏语复合元音的类型及渊源 / 田阡子著 .—科学出版社
ISBN : 978-7-03-051227-7
9. 汉藏语言学论文集 / 马进武著 .—兰州 : 甘肃民族出版社
ISBN : 978-7-5421-2930-7 : CNY30.00
10. 青藏高原文化与语言研究 / 汪什代海 · 卓玛等著 .—上海 : 上海大学出版社
ISBN : 978-7-5671-2083-9 : CNY50.00
11. 汉藏对照公文词汇 / 青海省政府少数民族语文翻译室编 .—西宁 : 青海民族出版社
ISBN : 978-7-5420-2832-7

七、文学艺术

1. 东去西来 : 11—14 世纪藏传金铜佛像精品展 / 熊文彬主编 .—北京 : 文物出版社
ISBN : 978-7-5010-4435-1 : CNY280.00
2. 净苑盛莲 : 西藏博物馆馆藏二十一度母唐卡 / 西藏博物馆编 .—北京 : 中国藏学出版社
ISBN : 978-7-80253-837-5 : CNY320.00
3. 汉风藏韵 : 中国古代金铜佛像艺术 / 金兴盛主编 .—北京 : 中华书局
ISBN : 978-7-101-12083-7（精装）: CNY5600.00
4. 玉树岩画 · 通天河卷 / 尼玛江才编著 .—西宁 : 青海民族出版社
ISBN : 978-7-225-05174-1（精装）: CNY138.00
5. 藏族史诗《格萨尔》论稿 / 丹曲著 .—北京 : 中国社会科学出版社
ISBN : 978-7-5161-8664-0 : CNY65.00
6. 藏族诗学明鉴 /（古印度）旦志著 ; 多吉坚参等梵译藏 ; 贺文宣藏译汉 .—北京 : 民族出版社

ISBN：978-7-105-14251-4：CNY22.00

7. 云贵地区少数民族传统音乐文化研究 / 刘骁著 .—北京：民族出版社
ISBN：978-7-105-14590-4

8. 汉藏民间叙事传统比较研究：基于民间故事类型的视角 / 林继富著 .—北京：人民文学出版社
ISBN：978-7-02-011420-7（精装）：CNY120.00

9. 西藏的唐卡艺人职业行为变迁与多元平衡策略 / 李健著 .—北京：社会科学文献出版社
ISBN：978-7-5097-7848-7：CNY118.00

10. 西藏古格擦擦艺术 / 熊文彬，李逸之主编 .—北京：中国藏学出版社
ISBN：978-7-80253-878-8 精装：CNY260.00

11. 格萨尔王传：藏族英雄史诗 / 王沂暖，华甲译 .—北京：中国国际广播出版社
ISBN：978-7-5078-3845-9：CNY58.00

12. 陇南白马藏族美术文化研究 / 余永红著 .—北京：中国社会科学出版社
ISBN：978-7-5161-7786-0：CNY78.00

13. 走进白马藏人 / 周晓钟编著 .—成都：电子科技大学出版社
ISBN：978-7-5647-3962-1：CNY63.00

14. 藏戏 / 甘孜州文体广电新闻出版局主编 .—成都：四川美术出版社
ISBN：978-7-5410-7000-6：CNY680.00（全 10 册）

15. 格萨尔 / 甘孜州文体广电新闻出版局主编 .—成都：四川美术出版社
ISBN：978-7-5410-7000-6：CNY680.00（全 10 册）

16. 藏族剪纸 / 四川省劳务开发暨农民工工作领导小组办公室，阿坝藏族羌族自治州劳务开发暨农民工工作领导小组办公室编著 .—成都：四川民族出版社
ISBN：978-7-5409-6418-4：CNY35.00

17. 藏族民间故事 / 林继富主编 .—成都：四川民族出版社
ISBN：978-7-5409-6173-2：CNY63.00

18. 形塑的文化之灵：记录嘉绒黑陶手工艺的传承 / 李涯著 .—成都：四川民族出版社
ISBN：978-7-5409-6423-8：CNY15.00

19. 雪域红飘带：西藏文艺兵 65 年燃情岁月大写真 / 臧正轩著 .—成都：四川

民族出版社

ISBN：978-7-220-09624-2：CNY58.00

20. 雪域骄子：岭·格萨尔的故乡 / 杨嘉铭，赵心愚编著 .—成都：四川民族出版社

ISBN：978-7-5409-6379-8（精装）：CNY480.00

21. 云间的舞蹈：嘉绒人弓箭舞恢复与传承之路 / 卢德生著 .—成都：四川民族出版社

ISBN：978-7-5409-6425-2：CNY20.00

22. 藏族典籍翻译研究：雪域文化与高原文化的域内外传 / 王治国著 .—大连：大连海事大学出版社

ISBN：978-7-5632-3290-1：CNY39.00

23. 援藏追梦人 / 何天宝著 .—杭州：杭州出版社

ISBN：978-7-5565-0462-6（精装）：CNY61.00

24. 建塘藏族“喀嘉”茶歌调 / 刘赞，旦正太，肖定主搜集整理；迪庆藏族自治州非物质文化遗产保护中心编 .—昆明：云南民族出版社

ISBN：978-7-5367-7104-8：CNY68.00

25. 盐源藏族谚语 / 西波·谷玛，陈淑娴译著 .—昆明：云南民族出版社

ISBN：978-7-5367-7243-4：CNY58.00

26. 民族舞蹈教学艺术与研究 / 额瑜婷著 .—昆明：云南人民出版社

ISBN：978-7-222-14930-4：CNY35.00

27. 纪念江孜抗英斗争 110 周年采访录 / 丁勇主编 .—拉萨：西藏藏文古籍出版社

ISBN：978-7-80589-615-1：CNY20.00

28. 六世达赖诗歌选集：禅意书画仓央嘉措诗选 / 仓央嘉措诗；释觉然书画 .—拉萨：西藏藏文古籍出版社

ISBN：978-7-80589-900-8（精装）：CNY80.00

29. 在西藏的那些日子里 / 陆卫良著 .—拉萨：西藏藏文古籍出版社

ISBN：978-7-80589-778-3（精装）：CNY68.00

30. 茶酒仙女 / 赵国栋译著 .—拉萨：西藏人民出版社

ISBN：978-7-223-05370-9：CNY25.00

31. 西藏神话与传说故事集 / 牛娟，程忠红编著 .—拉萨：西藏人民出版社

ISBN：978-7-223-05287-0：CNY30.00

32. 系在金沙江畔的魂：安麦十五勇士纪实 / 杨年华著 .—拉萨：西藏人民出版社
ISBN：978-7-223-04874-3：CNY45.00
33. 中国梦・后藏喜蕴：新闻通讯作品集 / 巴乔著 .—拉萨：西藏人民出版社
ISBN：978-7-223-04755-5：CNY30.00
34. 赛仓・罗桑华丹著作选译 . 第二卷，藏族诗学入门 / 赛仓・罗桑华丹著；道周主编 .—兰州：甘肃人民出版社
ISBN：978-7-226-04972-3（精装）：CNY73.00
35. 佛光照高原：三江源地区的佛教源流与佛教艺术 / 郑云峰编著 .—青岛：青岛出版社
ISBN：978-7-5552-2758-8（精装）：CNY240.00
36. 中国唐卡文化档案：昌都卷 / 冯骥才总主编；康・格桑益希主编 .—青岛：青岛出版社
ISBN：978-7-5552-3179-0（精装）：CNY1980.00
37. 青海藏族唐卡・娘本 / 胡雪涛著 .—深圳：海天出版社
ISBN：978-7-5507-1504-2（精装）：CNY600.00（全套）
38. 藏戏图文志 / 刘志群，阿旺旦增，曹娅丽编著 .—武汉：湖北美术出版社
ISBN：978-7-5394-8217-0：CNY248.00
39. 藏传佛教唐卡艺术绘画技法 / 夏吾才让，关却杰著；索南扎西译 .—西宁：青海民族出版社
ISBN：978-7-225-05065-2：CNY35.00
40. 藏族传统装饰图案大全 / 祁正贤主编 .—西宁：青海民族出版社
ISBN：978-7-5420-2857-0
41. 敦氏预言授记 / 格日尖参口述；曲江才让整理；龙仁青译 .—西宁：青海民族出版社
ISBN：978-7-225-05048-5：CNY58.00
42. 岭国人物 / 杨学武编著 .—西宁：青海民族出版社
ISBN：978-7-5420-2648-4：CNY46.00
43. 赛马称王 / 土登尼玛等整理；黄智，李振译 .—西宁：青海民族出版社
ISBN：978-7-225-05049-2：CNY30.00
44. 神奇的格萨尔 / 马宏武编译 .—西宁：青海民族出版社
ISBN：978-7-225-05232-8：CNY48.00

45. 唐卡度量 / 尕藏著；索南东智绘 .—西宁：青海民族出版社
ISBN：978-7-225-05140-6 精装：CNY980.00
46. 英雄诞生 / 官却才旦整理；苏德胜，黄毛草译 .—西宁：青海民族出版社
ISBN：978-7-225-05050-8：CNY23.00
47. 藏族当代作家汉语创作论 / 丹珍草著 .—长春：吉林出版集团股份有限公司
ISBN：978-7-5534-9834-8：CNY80.50
48. 雪域情愫：老西藏精神代代相传 / 政协上海市委员会文史资料委员会，上海援藏联谊会编 .—上海：上海教育出版社
ISBN：978-7-5444-6992-0：CNY72.00
49. 雪域丹心：第七批援藏干部人才的心路故事 / 本书编委会编著 .—北京：中国青年出版社
ISBN：978-7-5153-4110-1：CNY55.00
50. 旅藏日志 /（英）汉密尔顿·鲍威尔著；罗文敏译 .—北京：中国社会科学出版社
ISBN：978-7-5161-9132-3：CNY49.00
51. 历代藏医名医略传 / 朗杰，达娃次仁，边宗，琼达等译 .—北京：民族出版社
ISBN：978-7-105-13890-6：CNY20.00
52. 甘青河湟地区藏汉古建筑彩画研究 / 王晓珍著 .—北京：中国文联出版社
ISBN：978-7-5190-2052-1：CNY97.00

八、历史地理

1. 尊道贵德·大河关 / 罗子云编著 .—西宁：青海民族出版社
ISBN：978-7-225-05142-0：CNY30.00
2. 生态德令哈 / 董小波，张胜邦主编 .—西宁：青海民族出版社
ISBN：978-7-5420-2758-0
3. 生态曲麻莱 / 永江，张胜邦主编 .—西宁：青海民族出版社
ISBN：978-7-5420-2575-3：CNY186.00
4. 生态尖扎 / 达于云，张胜邦主编 .—西宁：青海民族出版社
ISBN：978-7-5420-2678-1
5. 生态玛沁 / 蒋德元，张胜邦主编 .—西宁：青海民族出版社

ISBN：978-7-5420-2677-4

6. 生态泽库 / 德却，张胜邦主编 .—西宁：青海民族出版社

ISBN：978-7-5420-2578-4

7. 青藏高原考古研究 / 霍巍著 .—北京：北京师范大学出版社

ISBN：978-7-303-20118-1（精装）：CNY138.00

8. 西藏自治区志 · 民航志：2001—2010/ 西藏自治区地方志编纂委员会总编；《西藏自治区志 · 民航志》编纂委员会编纂 .—北京：方志出版社

ISBN：978-7-5144-2031-9（精装）：CNY200.00

9. 中国节日志 · 驺日 / 雒树刚主编；赵心愚，李玉琴本卷主编 .—北京：光明日报出版社

ISBN：978-7-5112-9464-7：CNY62.00

10. 西南民族与南方丝绸之路 / 袁晓文主编 .—北京：民族出版社

ISBN：978-7-105-14732-8：CNY35.00

11. 清代西藏方志研究 / 赵心愚著 .—北京：商务印书馆

ISBN：978-7-100-12000-5（精装）：CNY45.00

12. 西藏古文明中的中原文化因素 / 石硕，邹立波，黄博等著 .—北京：社会科学文献出版社

ISBN：978-7-5097-7962-0：CNY98.00

13. 西藏重点文物保护单位的现状、潜在资源分析与保护对策 / 霍巍，杨锋，谌海霞著 .—北京：社会科学文献出版社

ISBN：978-7-5097-8586-7：CNY98.00

14. 进军西藏日志：1950-1951/ 杨一真整理 .—北京：学苑出版社

ISBN：978-7-5077-4968-7：CNY128.00

15. 《中国历史地图集》南宋、元时期西北边疆图幅地理考释 / 邓锐龄著 .—北京：中国藏学出版社

ISBN：978-7-80253-916-7：CNY38.00

16. 藏族文化通论 / 罗桑开珠著 .—北京：中国藏学出版社

ISBN：978-7-80253-842-9：CNY80.00

17. 宫廷与寺院：1780 年六世班禅朝觐事件的历史人类学考察 / 张亚辉著 .—北京：中国藏学出版社

ISBN：978-7-80253-873-3：CNY28.00

18. 吉祥宝藏 / 周炜，索文清主编 .—北京：中国藏学出版社

ISBN：978-7-80253-820-7：CNY800.00（全 2 册）

19. 老照片·新西藏 . 四 / 陈琳主编 .—北京：中国藏学出版社
ISBN：978-7-80253-918-1：CNY186.00

20. 墨脱传奇 / 廖东凡著 .—北京：中国藏学出版社
ISBN：978-7-80253-914-3：CNY38.00

21. 聂拉木县志 / 西藏自治区地方志编纂委员会总编；西藏自治区聂拉木县地方志编纂委员会编撰 .—北京：中国藏学出版社
ISBN：978-7-80253-933-4 精装：CNY228.00

22. 世界文化遗产：布达拉宫 /.—北京：中国藏学出版社
ISBN：978-7-80253-909-9：CNY230.00

23. 丝绸之路 /（法）布尔努瓦著；耿昇译 .—北京：中国藏学出版社
ISBN：978-7-80253-849-8：CNY35.00

24. 西藏文史资料选辑 . 第 32 辑，我的西藏记忆 / 西藏自治区政协文史资料学习委员会编 .—北京：中国藏学出版社
ISBN：978-7-80253-917-4：CNY54.00

25. 西藏自治区志·检察志 / 西藏自治区地方志编纂委员会总编；《西藏自治区志·检查志》编纂委员会编撰 .—北京：中国藏学出版社
ISBN：978-7-80253-883-2 精装：CNY127.00

26. 中国第二历史档案馆所存西藏和藏事档案汇编 . 第四十六册 / 中国第二历史档案馆，中国藏学研究中心编 .—北京：中国藏学出版社
ISBN：978-7-80253-859-7 精装：CNY151.00

27. 中国第二历史档案馆所存西藏和藏事档案汇编 . 第四十七册 / 中国第二历史档案馆，中国藏学研究中心编 .—北京：中国藏学出版社
ISBN：978-7-80253-855-9 精装：CNY154.00

28. 中国第二历史档案馆所存西藏和藏事档案汇编 . 第四十八册 / 中国第二历史档案馆，中国藏学研究中心编 .—北京：中国藏学出版社
ISBN：978-7-80253-861-0 精装：CNY154.00

29. 中国第二历史档案馆所存西藏和藏事档案汇编 . 第四十九册 / 中国第二历史档案馆，中国藏学研究中心编 .—北京：中国藏学出版社
ISBN：978-7-80253-862-7 精装：CNY159.00

30. 中国第二历史档案馆所存西藏和藏事档案汇编 . 第五十册 / 中国第二历史档案馆，中国藏学研究中心编 .—北京：中国藏学出版社

ISBN：978-7-80253-863-4 精装：CNY156.00

31. 西藏 / 何望若等著 .—北京：中国地图出版社

ISBN：978-7-5031-9416-0：CNY89.00

32. 甘青藏边区考察记 / 马鹤天著 .—北京：中国国际广播出版社

ISBN：978-7-5078-3774-2：CNY58.00

33. 西藏王臣记：藏族史籍 / 五世达赖喇嘛著；郭和卿译 .—北京：中国国际广播出版社

ISBN：978-7-5078-3859-6：CNY42.00

34. 西藏王统记：藏族史籍 / 索南坚赞著；刘立千译注 .—北京：中国国际广播出版社

ISBN：978-7-5078-3856-5：CNY48.00

35. 安多藏族传统节日文化研究 / 张福慧著 .—北京：中国社会科学出版社

ISBN：978-7-5161-8568-1：CNY39.00

36. 四川藏区 / 四川省人民政府新闻办公室编 .—成都：四川美术出版社

ISBN：978-7-5410-7019-8：CNY180.00

37. 嘉绒文化研究 . 一 / 中共马尔康市委宣传部，阿坝嘉绒文化研究会编著 .—成都：四川民族出版社

ISBN：978-7-5409-6273-9：CNY48.00

38. 讲述嘉绒百姓自己的故事：嘉绒藏历年记 / 葛琛著 .—成都：四川民族出版社

ISBN：978-7-5409-6422-1：CNY20.00

39. 尼欠村史志 / 杨志红主编 .—成都：四川民族出版社

ISBN：978-7-5409-6374-3：CNY42.00

40. 巧手编织美丽：嘉绒藏族服饰考察 / 朱晟利著 .—成都：四川民族出版社

ISBN：978-7-5409-6420-7：CNY15.00

41. 西藏民俗 / 胡岚主编 .—成都：四川民族出版社

ISBN：978-7-5409-6383-5：CNY15.00

42. 西藏文明东向发展史 / 石硕著 .—成都：四川民族出版社

ISBN：978-7-220-09726-3（精装，二版）：CNY75.00

43. 永恒的记忆：长征中的 12 名川籍少数民族红军 / 李志华编著 .—成都：四川民族出版社

ISBN：978-7-5409-6504-4：CNY22.00

44. 长征路线（四川段）文化资源研究，阿坝卷 / 杨先农，向自强主编 .—成都：四川民族出版社
ISBN：978-7-220-09936-6：CNY58.00
45. 香格里拉县志：一九七八年至二〇〇五年 / 香格里拉市地方志编委会编 .—昆明：云南人民出版社
ISBN：978-7-222-14170-4（精装）：CNY598.00
46. 云南藏族百年实录 / 云南省政协文史委员会编 .—昆明：云南人民出版社
ISBN：978-7-222-15504-6：CNY68.00
47. 云南民族调查史料钩沉：1950–1965/ 申旭，肖依群编著 .—昆明：云南人民出版社
ISBN：978-7-222-13923-7（精装）：CNY480.00
48. 纪念江孜抗英之战 110 周年论文集 / 丁勇，保罗主编 .—拉萨：西藏藏文古籍出版社
ISBN：978-7-80589-560-4：CNY28.00
49. 壁画中的西藏历史 / 次旺顿珠著 .—拉萨：西藏人民出版社
ISBN：978-7-223-04947-4：CNY60.00
50. 梦在西藏：一位新华社老记者的西藏记忆 / 刘金桐著 .—拉萨：西藏人民出版社
ISBN：978-7-223-05135-4：CNY80.00
51. 西藏传统绘画中的政治人物与政治制度变迁 / 扎西著 .—拉萨：西藏人民出版社
ISBN：978-7-223-05168-2：CNY48.00
52. 向老西藏致敬 / 西藏传媒集团编 .—拉萨：西藏人民出版社
ISBN：978-7-223-05134-7：CNY68.00
53. 赛仓・罗桑华丹著作选译 . 第三卷，藏族历史文化名人传 / 赛仓・罗桑华丹著；道周主编 .—兰州：甘肃人民出版社
ISBN：978-7-226-04971-6（精装）：CNY73.00
54. 牙含章传 / 郭正清，郭晓梅著 .—兰州：甘肃人民出版社
ISBN：978-7-226-05084-2：CNY68.00
55. 青藏历史移民与民族文化的变迁 / 王志强，俞丽娟著 .—上海：上海大学出版社
ISBN：978-7-5671-2081-5：CNY42.00

56. 历史与现实的青藏 / 李文实等著 .—上海 ：上海大学出版社
ISBN ：978-7-5671-2370-0 ：CNY52.00
57. 西藏石刻文化十探 / 张虎生著 .—上海 ：上海锦绣文章出版社
ISBN ：978-7-5452-1703-2 ：CNY30.00
58. 大柴旦行政区志 ：1991~2010/《大柴旦行政区志 1991~2010》编纂委员会编 .—西宁 ：青海民族出版社
ISBN ：978-7-225-05250-2（精装）：CNY428.00
59. 甘德县格萨尔遗迹遗址 / 甘德县《格萨尔》工作领导小组办公室编 .—西宁：青海民族出版社
ISBN ：978-7-225-05132-1（精装）：CNY280.00
60. 贵德县志 ：1986—2005/ 贵德县地方志编纂委员会编 .—西宁 ：青海民族出版社
ISBN ：978-7-5420-2667-5 精装 ：CNY280.00
61. 口承民俗研究 / 胡芳编 .—西宁 ：青海民族出版社
ISBN ：978-7-225-05228-1 ：CNY299.00（全 10 册）
62. 礼仪民俗研究 / 耿英春编 .—西宁 ：青海民族出版社
ISBN ：978-7-225-05228-1 ：CNY299.00（全 10 册）
63. 吐谷浑史地探秘 / 任玉贵，解生才编著 .—西宁 ：青海民族出版社
ISBN ：978-7-5420-2691-0
64. 西宁府新志 /（清）杨应琚撰 ；崔永红校注 .—西宁 ：青海民族出版社
ISBN ：978-7-225-05063-8 ：CNY128.00
65. 西宁府续志 /（清）邓承伟修 ；张价卿，来维礼等纂 ；（民国）基生兰续纂 ；王昱校注 .—西宁 ：青海民族出版社
ISBN ：978-7-225-05106-2（精装）：CNY80.00
66. 西宁市志 . 第十四分册 . 第三十一卷，司法行政志 / 西宁市地方志编纂委员会编 .—西宁 ：青海民族出版社
ISBN ：978-7-225-05026-3 精装 ：CNY140.00
67. 西宁卫志 /（明）刘敏宽，龙膺纂修 ；王继光辑注 ；马忠校订 .—西宁 ：青海民族出版社
ISBN ：978-7-225-05102-4 精装 ：CNY28.00
68. 卓尼县政区概览 / 马永寿主编 .—兰州 ：甘肃文化出版社
ISBN ：978-7-5490-1108-7 ：CNY72.00

69. 敦煌石窟中的少数民族服饰研究 / 谢静著 .—兰州：甘肃教育出版社
ISBN：978-7-5423-3799-3：CNY95.00
70. 1927 ~ 1950 年中英两国关于西藏问题的较量与争论 / 张皓著 .—北京：九州出版社
ISBN：978-7-5108-4230-6：CNY158.00
71. 晚清美国驻华公使柔克义涉藏档案选编 / 程龙编著 .—北京：五洲传播出版社
ISBN：978-7-5085-3510-4：CNY42.00
72. 南木林县志 / 西藏自治区地方志编纂委员会总编；西藏自治区南木林县地方志编纂委员会编撰 .—北京：中国藏学出版社
ISBN：978-7-80253-915-0 精装：CNY168.00

九、科学技术、藏医藏药

1. 雪域精工：藏族手工艺全集 / 根秋登子，白玛英珍著 .—成都：四川美术出版社
ISBN：978-7-5410-6704-4（精装）：CNY980.00
2. 中国藏药 / 顾健主编 .—北京：民族出版社
ISBN：978-7-105-13880-7（精装）：CNY138.00
3. 中国藏药材大全 / 大丹增主编 .—北京：中国藏学出版社
ISBN：978-7-80253-881-8 精装：CNY260.00
4. 藏医药学与现代医学融合发展新思维 / 中国科协学会学术部编 .—北京：中国科学技术出版社
ISBN：978-7-5046-7128-8：CNY18.00
5. 中国少数民族传统医学概论 / 崔箭，唐丽编著 .—北京：中央民族大学出版社
ISBN：978-7-5660-1238-8：CNY98.00
6. 甘孜州南派藏医药 / 甘孜州文体广电新闻出版局主编 .—成都：四川美术出版社
ISBN：978-7-5410-7000-6：CNY680.00（全 10 册）
7. 《四部医典》药物唐卡图解 / 才让当智，加羊宗智，兰周才让编译 .—拉萨：西藏人民出版社

ISBN：978-7-223-04864-4：CNY100.00

8. 度母本草 / 希瓦措著；毛继祖等译 .—西宁：青海民族出版社
ISBN：978-7-225-05053-9：CNY36.00
9. 妙音本草 / 白若杂纳译著；毛继祖等译 .—西宁：青海民族出版社
ISBN：978-7-225-05056-0：CNY28.00
10. 药名之海 / 噶玛・让穹多吉著；毛继祖等译 .—西宁：青海民族出版社
ISBN：978-7-225-05055-3：CNY28.00
11. 宇妥本草 / 前宇妥・云丹衮波著；毛继祖等译 .—西宁：青海民族出版社
ISBN：978-7-225-05054-6：CNY28.00
12. 玉树地区特色中藏药材资源筛查与成分分析 / 胡风祖，陈世龙主编 .—西宁：青海民族出版社
ISBN：978-7-225-05239-7：CNY58.00
13. 藏医养生与基础藏药学 / 马永祥著 .—长春：吉林科学技术出版社
ISBN：978-7-5578-1497-7：CNY48.00
14. 藏医与免疫学 / 童晓鹏，袁亚东主编 .—长沙：湖南科学技术出版社
ISBN：978-7-5357-8917-4：CNY29.00
15. 藏香制作技艺 / 西藏自治区人力资源和社会保障厅，西藏自治区劳动就业服务局，西藏助乐职业技能培训学校组织编写 .—拉萨：西藏藏文古籍出版社
ISBN：978-7-80589-748-6：CNY35.00
16. 青海藏式家具艺术研究 / 李懿著 .—北京：经济科学出版社
ISBN：978-7-5141-6803-7：CNY68.00
17. 红珊瑚与绿松石：藏族服饰论文选集 / 罗桑开珠，周毛卡主编 .—北京：中国藏学出版社
ISBN：978-7-80253-894-8：CNY56.00
18. 京津冀藏传佛教素食文化时空格局演化研究 / 陆朋，刘燕著 .—北京：人民日报出版社
ISBN：978-7-5115-3960-1：CNY43.00
19. 藏式建筑 / 马扎・索南周扎，郭连斌主编 .—北京：中国建材工业出版社
ISBN：978-7-5160-1717-3：CNY38.60
20. 藏传佛教寺院建筑文化研究 / 龙珠多杰著 .—北京：社会科学文献出版社
ISBN：978-7-5097-8517-1：CNY89.00

21. 四川藏区民居图谱，甘孜州康东卷 /《四川藏区民居图谱》编委会编著 .—北京：旅游教育出版社

ISBN：978-7-5637-3447-4：CNY136.00

22. 藏文自动分词的理论与方法研究 / 龙从军，刘汇丹著 .—北京：知识产权出版社

ISBN：978-7-5130-4104-1：CNY35.00

23. 藏文拼写形式语言及其自动机研究和应用 / 尼玛扎西著 .—北京：科学出版社

ISBN：978-7-03-049524-2：CNY98.00

24. 手写藏文字符识别研究 / 黄鹤鸣，马龙龙，赵维纳著 .—北京：科学出版社

ISBN：978-7-03-047576-3：CNY58.00

25. 科技汉藏翻译教程 / 张国喜主编 .—北京：民族出版社

26. 中国少数民族文字互联网资源发展状况 / 王志娟，闫晓东，孙媛编著 .—北京：中央民族大学出版社

ISBN：978-7-5660-1175-6：CNY50.00

27. 青海三江源国家级自然保护区常见野生动物 / 刘伟，张学元，张胜邦主编 .—西宁：青海民族出版社

ISBN：978-7-5420-2594-4：CNY199.00

28. 青海三江源国家级自然保护区常见野生动物识别手册 / 刘伟，张学元，张胜邦主编 .—西宁：青海民族出版社

ISBN：978-7-5420-2671-2：CNY99.00

29. 青海三江源国家级自然保护区常见野生植物 / 卢学峰，张学元，张胜邦主编 .—西宁：青海民族出版社

ISBN：978-7-5420-2595-1：CNY199.00

30. 青海三江源国家级自然保护区常见野生植物识别手册 / 卢学峰，张学元，张胜邦主编 .—西宁：青海民族出版社

ISBN：978-7-5420-2672-9：CNY99.00

31. 青海自然植被植物名录及优势植物图谱 / 孙海群，李希来主编 .—西宁：青海民族出版社

ISBN：978-7-5420-2766-5：CNY138.00

32. 曲麻莱县野生动物志 / 陈振宁，王舰艇，马存新主编 .—西宁：青海民族出版社

ISBN：978-7-225-05165-9：CNY228.00

33. 西藏野生花卉 / 马欣堂等主编 .—郑州：河南科学技术出版社
ISBN：978-7-5349-8163-0（精装）：CNY198.00

34. 西藏古格王国遗址洞窟变形破坏机理及加固对策研究 / 齐干等著 .—北京：冶金工业出版社
ISBN：978-7-5024-7167-5：CNY68.00

十、综合

1. 宗教信仰与民族文化 . 第 8 辑 / 何星亮主编 .—北京：社会科学文献出版社
ISBN：978-7-5097-9153-0：CNY89.00

2. 宗教信仰与民族文化 . 第 9 辑 / 何星亮主编 .—北京：社会科学文献出版社
ISBN：978-7-5097-8602-4：CNY89.00

3. 宗教与哲学 . 第 5 辑 / 金泽，赵广明主编 .—北京：社会科学文献出版社
ISBN：978-7-5097-8729-8：CNY89.00

4. 宗教研究 .2015 春 / 张风雷主编；方立天（1933~2014）主编 .—北京：宗教文化出版社
ISBN：978-7-5188-0184-8：CNY58.00

5. 宗教研究 .2015 秋 / 张风雷主编 .—北京：宗教文化出版社
ISBN：978-7-5188-0305-7：CNY58.00

6. 宗教与民族 . 第十辑 / 刘成有主编 .—北京：宗教文化出版社
ISBN：978-7-5188-0192-3：CNY68.00

7. 因明 . 第九辑 / 郑堆，光泉主编 .—兰州：甘肃民族出版社
ISBN：978-7-5421-3258-1：CNY35.00

8. 西北宗教论丛 . 第五辑 / 才让，牛宏主编 .—兰州：甘肃人民出版社
ISBN：978-7-226-05001-9：CNY42.00

9. 中国边疆安全研究 .2/ 徐黎丽主编 .—北京：社会科学文献出版社
ISBN：978-7-5097-8127-2：CNY79.00

10. 民族问题研究 . 第四辑 / 贾东海，虎有泽主编 .—兰州：甘肃民族出版社
ISBN：978-7-5421-3535-3：CNY56.00

11. 西藏税务年鉴 .2014/ 西藏自治区国家税务局编 .—北京：中国税务出版社 2016

ISBN：978-7-5678-0360-2（精装）：CNY200.00

12. 玉树州 2001—2015 年金融统计年鉴 / 中国人民银行玉树州中心支行编 .—西宁：青海民族出版社

ISBN：978-7-5420-2849-5

13. 中国民族博物馆研究 .2015/ 顾群主编 .—北京：民族出版社

ISBN：978-7-105-14208-8：CNY30.00

14. 多元文化与教育 . 第 6 辑 / 巴登尼玛主编 .—成都：巴蜀书社

ISBN：978-7-5531-0706-6：CNY35.00

15. 汉藏语学报 . 第 9 期 / 戴庆厦，Randy J.LaPolla（罗仁地）主编 .—北京：商务印书馆

ISBN：978-7-100-12193-4：CNY40.00

16. 中小学生汉藏实用词典：彩色插图版 / 本词典编写组编 .—西宁：青海民族出版社

ISBN：978-7-225-05071-3（精装）：CNY68.00

17. 西藏文物考古研究 . 第 2 辑 / 西藏自治区文物保护研究所编著 .—北京：科学出版社

ISBN：978-7-03-051085-3：CNY180.00

18. 华西边疆评论 . 第三辑 / 孙勇主编 .—北京：民族出版社

ISBN：978-7-105-14565-2：CNY60.00

19. 西南民族研究 . 第 3 辑 / 曾明编 .—北京：民族出版社

ISBN：978-7-105-14006-0：CNY30.00

20. 西北民族论丛 . 第 14 辑 / 周伟洲主编 .—北京：社会科学文献出版社

ISBN：978-7-5201-0108-0：CNY89.00

21. 西北民族论丛 . 第 13 辑 / 周伟洲主编 .—北京：社会科学文献出版社

ISBN：978-7-5097-9173-8：CNY79.00

22. 中国边疆学 . 第 5 辑 / 邢广程主编 .—北京：社会科学文献出版社

ISBN：978-7-5097-9684-9：CNY98.00

23. 中国边疆学 . 第 6 辑 / 邢广程主编 .—北京：社会科学文献出版社

ISBN：978-7-5097-9824-9：CNY98.00

24. 中国藏学年鉴 .2014/《中国藏学年鉴》编辑委员会编 .—北京：中国藏学出版社

ISBN：978-7-80253-901-3（精装）：CNY62.00

25. 安多研究 . 第十三辑 / 祁晓萍主编；甘肃省藏学研究所编 .—兰州：甘肃民族出版社
ISBN：978-7-5421-3541-4：CNY35.00
26. 西北历史文化研究论丛 . 一 / 夏春峰主编 .—兰州：甘肃民族出版社
ISBN：978-7-5421-3534-6：CNY54.00
27. 阿坝县年鉴 .2012—2014/ 阿坝县地方志编纂委员会办公室编 .—北京：开明出版社
ISBN：978-7-5131-2656-4（精装）：CNY230.00
28.《藏医药大典》总目 / 艾措千主编 .—北京：民族出版社
ISBN：978-7-105-13740-4
29. 西藏统计年鉴 .2016（总第 28 期）/ 西藏自治区统计局，国家统计局西藏调查总队编 .—北京：中国统计出版社
ISBN：978-7-5037-7825-4（精装）：CNY280.00
30. 昌都年鉴 .2015/ 昌都市地方志办公室编 .—北京：中国文史出版社
ISBN：978-7-5034-7873-4（精装）：CNY465.00
31. 阿坝州年鉴 .2015/ 阿坝州人民政府主办 .—成都：巴蜀书社
ISBN：978-7-5531-0713-4（精装）：CNY268.00
32. 香格里拉年鉴 .2015（总第 13 卷）/ 中国共产党香格里拉市委员会党史研究室，香格里拉市地方志编纂委员会办公室编 .—昆明：云南科技出版社
ISBN：978-7-5416-9490-5（精装）：CNY198.00
33. 香格里拉年鉴 .2016（总第 14 卷）/ 中国共产党香格里拉市委员会党史研究室，香格里拉市地方志编纂委员会办公室编 .—昆明：云南科技出版社
ISBN：978-7-5587-0241-9（精装）：CNY198.00
34.《西藏研究》（汉文版）创刊至 2014 年目录摘要汇编 /《西藏研究》编辑部汉编室编 .—拉萨：西藏藏文古籍出版社
ISBN：978-7-80589-735-6：CNY78.00
35. 噶尔年鉴 .2016（总第 1 卷）/ 噶尔县党史（地方志）办公室编 .—拉萨：西藏人民出版社
ISBN：978-7-223-05275-7（精装）：CNY298.00
36. 乃东年鉴 .2016（总第 1 卷）/《乃东年鉴》编纂委员会编 .—拉萨：西藏人民出版社
ISBN：978-7-223-05276-4（精装）：CNY298.00

37. 桑日年鉴.2016（总第1卷）/《桑日年鉴》编纂委员会编.—拉萨：西藏人民出版社
ISBN：978-7-223-05274-0（精装）：CNY298.00
38. 札达年鉴.2016/札达县党史（地方志）办公室编.—拉萨：西藏人民出版社
ISBN：978-7-223-05305-1（精装）：CNY298.00
39. 尼玛县年鉴.2016/《尼玛县年鉴》编辑委员会编.—兰州：甘肃民族出版社
ISBN：978-7-5421-3540-7（精装）：CNY298.00
40. 海西年鉴/海西蒙古族藏族自治州地方志编纂委员会编.—西宁：青海民族出版社
ISBN：978-7-5420-2864-8
41. 西宁年鉴/《西宁年鉴》编纂委员会编.—西宁：青海民族出版社
ISBN：978-7-5420-2688-0
42. 民族社会学研究.第一辑/田敏主编.—北京：民族出版社
ISBN：978-7-105-14729-8：CNY58.00
43. 中国民族学.2016年第二期（总第十八辑）/赵利生主编.—兰州：甘肃民族出版社
ISBN：978-7-5421-3556-8：CNY35.00
44. 中国民族学.2016年第一期（总第十七辑）/高永久主编.—兰州：甘肃民族出版社
ISBN：978-7-5421-3325-0：CNY35.00
45. 西藏自治区行政村名及寺院山川名：汉藏对照/李万瑛，达哇才让主编.—北京：民族出版社
ISBN：978-7-105-14696-3（精装）：CNY160.00
46. 中国藏族文化年鉴.2011—2013/才让太，安虎生主编.—北京：中央民族大学出版社
ISBN：978-7-5660-1123-7（精装）：CNY360.00
47. 藏族传统文化百科/李旭练等主编.—拉萨：西藏人民出版社
ISBN：978-7-223-04593-3：CNY58.00
48. 敦煌哲学.第三辑/杨利民主编.—兰州：甘肃人民出版社
ISBN：978-7-226-04979-2：CNY70.00
49. 汉文藏族文献设计史料汇注/朱和平，邓昶主编.—郑州：中州古籍出版社
ISBN：978-7-5348-4720-2（精装）：CNY158.00

50. 中国佛学 2015 年 . 总第 38 期 /《中国佛学》编委会编 .—北京 ：社会科学文献出版社
ISBN：978-7-5097-8643-7：CNY69.00
51. 中国佛学 .2016 年（总第 39 期）/《中国佛学》编委会编 .—北京 ：社会科学文献出版社
ISBN：978-7-5097-9029-8：CNY69.00
52. 宗教经典汉译研究 . 第 2 辑 / 任东升，雷雨田主编 .—北京 ：社会科学文献出版社
ISBN：978-7-5097-7006-1：CNY89.00
53. 宗教社会学 . 第 4 辑 / 金泽，李华伟主编 .—北京 ：社会科学文献出版社
ISBN：978-7-5097-9981-9：CNY89.00
54. 觉群佛学 .2015/ 觉醒主编 ;《觉群》编辑委员会编 .—北京 ：宗教文化出版社
ISBN：978-7-5188-0215-9：CNY58.00
55. 人文宗教研究 . 总第六辑 .2015 年第 2 册 / 李四龙主编 .—北京 ：宗教文化出版社
ISBN：978-7-5188-0162-6：CNY55.00
56. 人文宗教研究 . 总第七辑 .2016 年第 1 册 / 李四龙主编 .—北京 ：宗教文化出版社
ISBN：978-7-5188-0246-3：CNY58.00
57. 西藏贝叶经研究 / 西藏社会科学院贝叶经研究所编 .—拉萨 ：西藏藏文古籍出版社
ISBN：978-7-80589-866-7：CNY22.60
58. 中国边疆民族研究 . 第十辑 / 达力扎布主编 .—北京 ：中央民族大学出版社
ISBN：978-7-5660-1290-6：CNY68.00

藏文部分

ཆབ་སྲིད་དང་དཔལ་འབྱོར། ཁྲིམས་ལུགས་ཀྱི་སྐོར།
（政治、经济、法律）

1. ཀྲུང་ཧྭ་མི་དམངས་སྤྱི་མཐུན་རྒྱལ་ཁབ་ཀྱི་སྲིད་འཛིན་གཏུག་གཞེར་བཅའ་ཁྲིམས་ཀྱི་འགྲེལ་བ།/ཀྲུང་གོའི་མི་རིགས་ཡིག་སྒྱུར་ཅུས་ཀྱིས་བསྒྱུར། མི་རིགས་དཔེ་སྐྲུན་ཁང་།
ISBN: 978–7–105–14653–6/D
2. ཀྲུང་གོའི་གུང་ཁྲན་ཏང་གི་སྐབས་བཅོ་བརྒྱད་པའི་ཀྲུང་དབྱང་ཨུ་ཡོན་ལྷན་ཁང་གི་ཚང་འཛོམས་གྲོས་ཚོགས་ཐེངས་དྲུག་པའི་སྤྱི་བསྒྲགས།/མི་རིགས་དཔེ་སྐྲུན་ཁང་དང་ཀྲུང་གོའི་མི་རིགས་ཡིག་སྒྱུར་ཅུས་ཀྱིས་བསྒྱུར། མི་རིགས་དཔེ་སྐྲུན་ཁང་།
ISBN:978–7–105–14628–4/D・2822
3. ཏང་གི་སྐབས་བཅོ་བརྒྱད་པའི་ཀྲུང་ཨུ་ཚང་འཛོམས་གྲོས་ཚོགས་ཐེངས་ལྔ་པའི་གྲོས་གཞིའི་སློབ་སྦྱོང་གི་དྲི་བ་བརྒྱ་རྩ། སྟོད་ཆ།/མི་རིགས་དཔེ་སྐྲུན་ཁང་དང་ཀྲུང་གོའི་མི་རིགས་ཡིག་སྒྱུར་ཅུས་ཀྱིས་བསྒྱུར། མི་རིགས་དཔེ་སྐྲུན་ཁང་།
ISBN:978–7–105–14157–4/D・2758
4. ཏང་གི་སྐབས་བཅོ་བརྒྱད་པའི་ཀྲུང་ཨུ་ཚང་འཛོམས་གྲོས་ཚོགས་ཐེངས་ལྔ་པའི་གྲོས་གཞིའི་སློབ་སྦྱོང་གི་དྲི་བ་བརྒྱ་རྩ། སྨད་ཆ།/མི་རིགས་དཔེ་སྐྲུན་ཁང་དང་ཀྲུང་གོའི་མི་རིགས་ཡིག་སྒྱུར་ཅུས་ཀྱིས་བསྒྱུར། མི་རིགས་དཔེ་སྐྲུན་ཁང་།
ISBN: ISBN:978–7–105–14157–4/D・2758
5. ཀྲུང་གོའི་གུང་ཁྲན་ཏང་སྐབས་བཅོ་བརྒྱད་པའི་ཀྲུང་དབྱང་ཨུ་ཡོན་ལྷན་ཁང་གི་ཚང་འཛོམས་གྲོས་ཚོགས་ཐེངས་དྲུག་པའི་ཡིག་ཆ་ཕྱོགས་བསྒྲིགས།/ཀྲུང་གོའི་མི་རིགས་ཡིག་སྒྱུར་ཅུས་ཀྱིས་བསྒྱུར། མི་རིགས་དཔེ་སྐྲུན་ཁང་།
ISBN:978–7–105–14690–1/D・2829

6. གོ་རིམ་བཅའ་ཁྲིམས་ཀྱི་ཤེས་བྱའི་དྲི་བ་དྲིས་ལན།/བོད་ལྗོངས་མི་དམངས་དཔེ་སྐྲུན་ཁང་།
ISBN: 978–7–22304–649–7

7. ཆོས་ལུགས་ལས་དོན་ཤེས་བྱའི་དྲི་བ་དྲི་ལན།/བོད་ལྗོངས་མི་དམངས་དཔེ་སྐྲུན་ཁང་།
ISBN: 978–7–22304–650–3

8. མི་རིགས་ས་ཁོངས་རང་སྐྱོང་བཅའ་ཁྲིམས་ཀྱི་ཤེས་བྱའི་དྲི་བ་དྲི་ལན།/བོད་ལྗོངས་མི་དམངས་དཔེ་སྐྲུན་ཁང་།
ISBN: 978–7–22304–652–7

9. སྔོན་གཏོད་ལེགས་བཅོས་གཏིང་ཟབ་སྤེལ་རྒྱུའི་ཤེས་བྱའི་དྲི་བ་དྲིས་ལན།/བོད་ལྗོངས་མི་དམངས་དཔེ་སྐྲུན་ཁང་།
ISBN: 978–7–22305–0258

10. སྤྱི་ཚོགས་རིང་ལུགས་ཀྱི་ལྟེ་བའི་རིན་ཐང་ལྟ་བ་སྐྱེད་སྲིང་དང་ལག་ལེན་བསྟར་བའི་བོད་ལྗོངས་ཁྱབ་གདལ་ཀློག་དེབ།/བོད་ལྗོངས་མི་དམངས་དཔེ་སྐྲུན་ཁང་།
ISBN: 978–7–22304–7722

11. ཀུན་གྱི་དོ་ཁུར་བྱེད་པའི་ཁྲིམས་སྐྱོང་གནད་དོན་གླེང་བ།/བོད་ལྗོངས་མི་དམངས་དཔེ་སྐྲུན་ཁང་།
ISBN: 978–7–22304–9597

12. བོད་རང་སྐྱོང་ལྗོངས་ཀྱི་ས་གནས་རང་བཞིན་གྱི་ཁྲིམས་སྲོལ་ཕྱོགས་བསྒྲིགས། སྟོད་ཆ།/བོད་ལྗོངས་མི་དམངས་དཔེ་སྐྲུན་ཁང་།
ISBN: 978–7–22304–7241

13. བོད་རང་སྐྱོང་ལྗོངས་ཀྱི་ས་གནས་རང་བཞིན་གྱི་ཁྲིམས་སྲོལ་ཕྱོགས་བསྒྲིགས། སྨད་ཆ།/བོད་ལྗོངས་མི་དམངས་དཔེ་སྐྲུན་ཁང་།
ISBN: 978–7–22304–7241

14. ཀྲུང་གོའི་ཁྱད་ཆོས་ལྡན་པའི་སྤྱི་ཚོགས་རིང་ལུགས་ཀྱི་བོད་ལྗོངས་ཁྱབ་གདལ་ཀློག་དེབ། /བོད་ལྗོངས་མི་དམངས་དཔེ་སྐྲུན་ཁང་།
ISBN: 978–7–22304–7241 978–7–22305–0296

15. བོད་ཀྱི་ཁྲིམས་སྲོལ་སྔར་གྱི་ལོ་རྒྱུས་ཡིག་ཚགས་ཕྱོགས་སྒྲིག ཞལ་ལྕེ་ཕྱོགས་སྒྲིག/བོད་ལྗོངས་མི་དམངས་དཔེ་སྐྲུན་ཁང་།
ISBN: 978–7–22305–0234

16. བོད་ཀྱི་ཁྲིམས་སྲོལ་སྔར་གྱི་ལོ་རྒྱུས་ཡིག་ཚགས་ཕྱོགས་སྒྲིག་གཞུང་ཡིག་ཕྱོགས་སྒྲིག/བོད་ལྗོངས་མི་དམངས་དཔེ་སྐྲུན་ཁང་།
ISBN: 978–7–22305–0227

17. བོད་ཀྱི་ཁྲིམས་སྲོལ་སྔར་གྱི་ལོ་རྒྱུས་ཡིག་ཚགས་ཕྱོགས་སྒྲིག བཙན་པོའི་རྒྱལ་རབས་སྐབས་ཀྱི་ཁྲིམས་སྲོལ་ཡིག་ཚགས།/བོད་ལྗོངས་མི་དམངས་དཔེ་སྐྲུན་ཁང་།

2016ལོ། ISBN: 978-7-22305-0303

18. སྲོལ་རྒྱུན་དང་དེང་རབས་ཟུང་དུ་འབྲེལ་བའི་བསམ་བློ་ཀུན་སྤྱོད་ཀྱི་བསློབ་དེབ་བླང་དོར་གསལ་བའི་མེ་ལོང་།/བོད་ལྗོངས་མི་དམངས་དཔེ་སྐྲུན་ཁང་།
ISBN: 978-7-22305-0555

19. མའོ་ཙེ་ཏུང་གི་ལེགས་བཤད།/བོད་ལྗོངས་མི་དམངས་དཔེ་སྐྲུན་ཁང་།
ISBN: 978-7-22305-1149

མཚན་ཉིད་རིག་པ་དང་ཆོས་ལུགས་ཀྱི་སྐོར།
（哲学与宗教）

1. ཞལ་འདོན་ཕྱོགས་བསྒྲིགས་བཞུགས་སོ། །(1) /ཀྲུང་གོའི་བོད་བརྒྱུད་མཐོ་རིམ་ནང་བསྟན་སློབ་གླིང་གིས་བསྒྲིགས། ཀྲུང་གོའི་བོད་རིག་པ་དཔེ་སྐྲུན་ཁང་།
ISBN: 978-7-802-53869-6

2. ཞལ་འདོན་ཕྱོགས་བསྒྲིགས་བཞུགས་སོ། །(2) /ཀྲུང་གོའི་བོད་བརྒྱུད་མཐོ་རིམ་ནང་བསྟན་སློབ་གླིང་གིས་བསྒྲིགས། ཀྲུང་གོའི་བོད་རིག་པ་དཔེ་སྐྲུན་ཁང་།
ISBN: 978-7-802-53870-2

3. བློ་བཟང་དམ་ཆོས་ཀྱི་གསུང་འབུམ། པོད་དང་པོ།/བློ་བཟང་དམ་ཆོས་ཀྱིས་བརྩམས། ཀྲུང་གོའི་བོད་རིག་པ་དཔེ་སྐྲུན་ཁང་།
ISBN: 978-7-105-13102-0/D

4. བློ་བཟང་དམ་ཆོས་ཀྱི་གསུང་འབུམ། པོད་གཉིས་པ།/བློ་བཟང་དམ་ཆོས་ཀྱིས་བརྩམས། ཀྲུང་གོའི་བོད་རིག་པ་དཔེ་སྐྲུན་ཁང་།
ISBN: 978-7-105-13102-0/D

5. བློ་བཟང་དམ་ཆོས་ཀྱི་གསུང་འབུམ། པོད་གསུམ་པ།/བློ་བཟང་དམ་ཆོས་ཀྱིས་བརྩམས། ཀྲུང་གོའི་བོད་རིག་པ་དཔེ་སྐྲུན་ཁང་།
ISBN: 978-7-105-13102-0/D

6. བློ་བཟང་དམ་ཆོས་ཀྱི་གསུང་འབུམ། པོད་བཞི་པ།/བློ་བཟང་དམ་ཆོས་ཀྱིས་བརྩམས། ཀྲུང་གོའི་བོད་རིག་པ་དཔེ་སྐྲུན་ཁང་།
ISBN: 978-7-105-13102-0/D

7. བཤད་སྒྲུབ་རྒྱ་མཚོའི་གསུང་འབུམ། པོད་དང་པོ།/བཤད་སྒྲུབ་རྒྱ་མཚོས་བརྩམས། ཀྲུང་གོའི་བོད་རིག་པ་དཔེ་སྐྲུན་ཁང་།
ISBN: 978-7-105-13102-0/D

8. བཤད་སྒྲུབ་རྒྱ་མཚོའི་གསུང་འབུམ། པོད་གཉིས་པ།/བཤད་སྒྲུབ་རྒྱ་མཚོས་བརྩམས། ཀྲུང་གོའི་བོད་རིག་པ་དཔེ་སྐྲུན་ཁང་།
ISBN: 978–7–105–13102–0/D

9. བཤད་སྒྲུབ་རྒྱ་མཚོའི་གསུང་འབུམ། པོད་གསུམ་པ།/བཤད་སྒྲུབ་རྒྱ་མཚོས་བརྩམས། ཀྲུང་གོའི་བོད་རིག་པ་དཔེ་སྐྲུན་ཁང་།
ISBN: 978–7–105–13102–0/D

10. དོར་ཞི་གློ་བཟང་ཐུབ་བསྟན་ཆོས་འཕེལ་གྱི་གསུང་རྩོམ་ཕྱོགས་བསྒྲིགས། པོད་དང་པོ།/དོར་ཞི་གློ་བཟང་ཐུབ་བསྟན་ཆོས་འཕེལ་གྱིས་བརྩམས། ཀྲུང་གོའི་བོད་རིག་པ་དཔེ་སྐྲུན་ཁང་།
ISBN: 978–7–105–13102–0/D

11. དོར་ཞི་གློ་བཟང་ཐུབ་བསྟན་ཆོས་འཕེལ་གྱི་གསུང་རྩོམ་ཕྱོགས་བསྒྲིགས། པོད་གཉིས་པ།/དོར་ཞི་གློ་བཟང་ཐུབ་བསྟན་ཆོས་འཕེལ་གྱིས་བརྩམས། ཀྲུང་གོའི་བོད་རིག་པ་དཔེ་སྐྲུན་ཁང་།
ISBN: 978–7–105–13102–0/D

གསོ་རིག་སྨན་རྩིས་ཀྱི་སྐོར།
（藏医药与历算）

1. ཨེ་ཛི་ནད་ཡམས་སྔོན་འགོག་སྐོར་གྱི་དྲི་བ་དང་དྲིས་ལན་འགའ། /ཆོས་དཔལ་བཟང་པོ། མི་རིགས་དཔེ་སྐྲུན་ཁང་།
ISBN: 978–7–105–14672–7/R

2. བོད་ཀྱི་གསོ་རིག་ཀུན་བཏུས་ཀྱི་དཀར་ཆག་གི་རྩོམ་སྒྲིག་ཚོགས་པ།/འོ་ཚང་ཚོགས་ཆེན་གྱིས་གཙོ་སྒྲིག་བྱས། གདུགས་དཀར་གྱིས་བསྒྱུར། མི་རིགས་དཔེ་སྐྲུན་ཁང་།
ISBN: 978–7–105–13740–4/Z · 1504

3. བོད་ལུགས་གསོ་རིག་གི་འཕྲོད་བསྟེན་ལག་རྩལ་བཀོལ་སྤྱོད་ཁྱབ་སྤེལ་གཏོང་བའི་སློབ་དེབ།/ལྷོ་ཁ་སྨན་རྩིས་ཁང་གིས་བསྒྲིགས། ཀྲུང་གོའི་བོད་རིག་པ་དཔེ་སྐྲུན་ཁང་།
ISBN: 978–7–87802–53875–7

4. འཚོ་བྱེད་སྨན་པའི་གློག་དེབ་བཻཌཱུརྱའི་ཕྲེང་བ། གསོ་རིག་སྤྱི་ཚིངས་གཞི་རྩའི་རྒྱུད་ཤེས།/མངའ་རིས་ས་ཁུལ་བོད་ལུགས་སྨན་ཁང་དང་ཀྲུང་གོའི་བོད་རིག་པ་ཞིབ་འཇུག་ཁང་གིས་བསྒྲིགས། ཀྲུང་གོའི་བོད་རིག་པ་དཔེ་སྐྲུན་ཁང་།
ISBN: 978–7–802–53510–7

5. འཚོ་བྱེད་སྨན་པའི་གློག་དེབ་བཻཌཱུརྱའི་ཕྲེང་བ། ནད་ཁམས་བརྟག་རིག་སྐོར་གྱི་རྒྱུད་ཤེས།/མངའ་རིས་ས་ཁུལ་བོད་ལུགས་སྨན་ཁང་དང་ཀྲུང་གོའི་བོད་རིག་པ་ཞིབ་འཇུག་ཁང་གིས་བསྒྲིགས། ཀྲུང་

གོའི་བོད་རིག་པ་དཔེ་སྐྲུན་ཁང་།
ISBN: 978–7–802–53508–4

6. འཚོ་བྱེད་སྨན་པའི་གློག་དེབ་བཻཌཱུརྻའི་ཕྲེང་བ། སྨན་རྫས་རིག་པ་སྐོར་གྱི་རྒྱུན་ཤེས།/མངའ་རིས་ས་
ཁུལ་བོད་ལུགས་སྨན་ཁང་དང་ཀྲུང་གོའི་བོད་རིག་པ་ཞིབ་འཇུག་ཁང་གིས་བསྒྲིགས། ཀྲུང་གོའི་
བོད་རིག་པ་དཔེ་སྐྲུན་ཁང་།
ISBN: 978–7–802–53500–8

7. འཚོ་བྱེད་སྨན་པའི་གློག་དེབ་བཻཌཱུརྻའི་ཕྲེང་བ། སྨན་སྦྱོར་རིག་པ་སྐོར་གྱི་རྒྱུན་ཤེས།/མངའ་རིས་ས་
ཁུལ་བོད་ལུགས་སྨན་ཁང་དང་ཀྲུང་གོའི་བོད་རིག་པ་ཞིབ་འཇུག་ཁང་གིས་བསྒྲིགས། ཀྲུང་གོའི་
བོད་རིག་པ་དཔེ་སྐྲུན་ཁང་།
ISBN:978–7–802–53498–8

8. འཚོ་བྱེད་སྨན་པའི་གློག་དེབ་བཻཌཱུརྻའི་ཕྲེང་བ། སྨན་རྫས་འདུལ་སྦྱོར་སྐོར་གྱི་རྒྱུན་ཤེས།/མངའ་རིས་
ས་ཁུལ་བོད་ལུགས་སྨན་ཁང་དང་ཀྲུང་གོའི་བོད་རིག་པ་ཞིབ་འཇུག་ཁང་གིས་བསྒྲིགས། ཀྲུང་གོའི་
བོད་རིག་པ་དཔེ་སྐྲུན་ཁང་།
ISBN:978–7–802–53499–5

9. འཚོ་བྱེད་སྨན་པའི་གློག་དེབ་བཻཌཱུརྻའི་ཕྲེང་བ། ལུས་ཁམས་རིག་པ་སྐོར་གྱི་རྒྱུན་ཤེས།/མངའ་རིས་
ས་ཁུལ་བོད་ལུགས་སྨན་ཁང་དང་ཀྲུང་གོའི་བོད་རིག་པ་ཞིབ་འཇུག་ཁང་གིས་བསྒྲིགས། ཀྲུང་གོའི་
བོད་རིག་པ་དཔེ་སྐྲུན་ཁང་།
ISBN:978–7–802–53504–6

10. འཚོ་བྱེད་སྨན་པའི་གློག་དེབ་བཻཌཱུརྻའི་ཕྲེང་བ། ནད་ཁམས་རིག་པ་སྐོར་གྱི་རྒྱུན་ཤེས།/མངའ་རིས་
ས་ཁུལ་བོད་ལུགས་སྨན་ཁང་དང་ཀྲུང་གོའི་བོད་རིག་པ་ཞིབ་འཇུག་ཁང་གིས་བསྒྲིགས། ཀྲུང་གོའི་
བོད་རིག་པ་དཔེ་སྐྲུན་ཁང་།
ISBN:978–7–802–53501–5

11. འཚོ་བྱེད་སྨན་པའི་གློག་དེབ་བཻཌཱུརྻའི་ཕྲེང་བ། གསོ་ཐབས་རིག་པ་སྐོར་གྱི་རྒྱུན་ཤེས།/མངའ་རིས་
ས་ཁུལ་བོད་ལུགས་སྨན་ཁང་དང་ཀྲུང་གོའི་བོད་རིག་པ་ཞིབ་འཇུག་ཁང་གིས་བསྒྲིགས། ཀྲུང་གོའི་
བོད་རིག་པ་དཔེ་སྐྲུན་ཁང་།
ISBN:978–7–802–53509–1

12. འཚོ་བྱེད་སྨན་པའི་གློག་དེབ་བཻཌཱུརྻའི་ཕྲེང་བ། ནད་ཐོག་རིག་པ་སྐོར་གྱི་རྒྱུན་ཤེས།/མངའ་རིས་ས་
ཁུལ་བོད་ལུགས་སྨན་ཁང་དང་ཀྲུང་གོའི་བོད་རིག་པ་ཞིབ་འཇུག་ཁང་གིས་བསྒྲིགས། ཀྲུང་གོའི་
བོད་རིག་པ་དཔེ་སྐྲུན་ཁང་།
ISBN:978–7–802–53503–9

13. འཚོ་བྱེད་སྨན་པའི་གློག་དེབ་བཻཌཱུརྻའི་ཕྲེང་བ། སྦྱོང་བྱེད་རིག་པ་སྐོར་གྱི་རྒྱུན་ཤེས།/མངའ་རིས་ས་
ཁུལ་བོད་ལུགས་སྨན་ཁང་དང་ཀྲུང་གོའི་བོད་རིག་པ་ཞིབ་འཇུག་ཁང་གིས་བསྒྲིགས། ཀྲུང་གོའི་

བོད་རིག་པ་དཔེ་སྐྲུན་ཁང་།
ISBN:978-7-802-53506-0

14. འཚོ་བྱེད་སྨན་པའི་གློག་དེབ་བཻཌཱུརྻའི་ཕྲེང་བ། དཔྱད་བཅོས་རིག་པ་སྐོར་གྱི་རྒྱུན་ཤེས།/མངའ་རིས་ས་ཁུལ་བོད་ལུགས་སྨན་ཁང་དང་ཀྲུང་གོའི་བོད་རིག་པ་ཞིབ་འཇུག་ཁང་གིས་བསྒྲིགས། ཀྲུང་གོའི་བོད་རིག་པ་དཔེ་སྐྲུན་ཁང་།
ISBN:978-7-802-53505-3

15. འཚོ་བྱེད་སྨན་པའི་གློག་དེབ་བཻཌཱུརྻའི་ཕྲེང་བ། རུས་ཆག་བཅོས་ཐབས་སྐོར་གྱི་རྒྱུན་ཤེས།/མངའ་རིས་ས་ཁུལ་བོད་ལུགས་སྨན་ཁང་དང་ཀྲུང་གོའི་བོད་རིག་པ་ཞིབ་འཇུག་ཁང་གིས་བསྒྲིགས། ཀྲུང་གོའི་བོད་རིག་པ་དཔེ་སྐྲུན་ཁང་།
ISBN:978-7-802-53502-2

16. འཚོ་བྱེད་སྨན་པའི་གློག་དེབ་བཻཌཱུརྻའི་ཕྲེང་བ། ནད་མེད་ཚེ་སྲིང་རིག་པ་སྐོར་གྱི་རྒྱུན་ཤེས།/མངའ་རིས་ས་ཁུལ་བོད་ལུགས་སྨན་ཁང་དང་ཀྲུང་གོའི་བོད་རིག་པ་ཞིབ་འཇུག་ཁང་གིས་བསྒྲིགས། ཀྲུང་གོའི་བོད་རིག་པ་དཔེ་སྐྲུན་ཁང་།
ISBN:978-7-802-53507-7

17. འཚོ་བྱེད་སྨན་པའི་གློག་དེབ་བཻཌཱུརྻའི་ཕྲེང་བ། བྱ་བྱེད་སྨན་པའི་རྒྱུན་ཤེས།/མངའ་རིས་ས་ཁུལ་བོད་ལུགས་སྨན་ཁང་དང་ཀྲུང་གོའི་བོད་རིག་པ་ཞིབ་འཇུག་ཁང་གིས་བསྒྲིགས། ཀྲུང་གོའི་བོད་རིག་པ་དཔེ་སྐྲུན་ཁང་།
ISBN:978-7-802-53511-4

18. འཚོ་བྱེད་སྨན་པའི་གློག་དེབ་བཻཌཱུརྻའི་ཕྲེང་བ། བོད་ཀྱི་གསོ་བ་རིག་པའི་བྱུང་བ་བརྗོད་པ།/བསམ་གཏན་གྱིས་བརྩམས། ཀྲུང་གོའི་བོད་རིག་པ་དཔེ་སྐྲུན་ཁང་།
ISBN:978-7-802-57536-5

19. འཚོ་བྱེད་སྨན་པའི་གློག་དེབ་བཻཌཱུརྻའི་ཕྲེང་བ། ཁབ་བཙའི་གཏར་ཐབས་དང་ཕན་ནུས།/མགོན་པོ་སྐྱབས་དང་རིག་འཛིན་རྡོ་རྗེས་རྩོམ་སྒྲིག་བྱས། ཀྲུང་གོའི་བོད་རིག་པ་དཔེ་སྐྲུན་ཁང་།
ISBN:978-7-802-53460-5

20. འཚོ་བྱེད་སྨན་པའི་གློག་དེབ་བཻཌཱུརྻའི་ཕྲེང་བ། བདུད་རྩི་སྨན་ལུགས་ཀྱི་རྣམ་བཤད།/གཙང་ལྷ་ཆེན་ཚེ་རིང་དང་བཀྲ་ཤིས་དོན་གྲུབ་ཀྱིས་གཙོ་སྒྲིག་བྱས། ཀྲུང་གོའི་བོད་རིག་པ་དཔེ་སྐྲུན་ཁང་།
ISBN:978-7-802-53374-5

21. འཚོ་བྱེད་སྨན་པའི་གློག་དེབ་བཻཌཱུརྻའི་ཕྲེང་བ། གསོ་བ་རིག་པ་ལས་བརྩམས་པའི་དྲིས་ལན་དཔག་བསམ་ལྗོན་པ།/རྟ་མགྲིན་སྐྱབས་དང་བཀྲ་ཤིས་དོན་གྲུབ་ཀྱིས་བརྩམས། ཀྲུང་གོའི་བོད་རིག་པ་དཔེ་སྐྲུན་ཁང་།
ISBN:978-7-802-53374-5

སྐད་བརྡ་དང་རྩོམ་རིག་གི་སྐོར།
（语言文学）

1. བོད་སྐད་ཀྱི་ཚིག་གི་རྣམ་བཞག་ཞིབ་ཏུ་གསལ་བར་བཤད་པ་རིག་འཕྲུལ་རྒྱན་ཕྲེང་།/ལྷུགས་ཐར་རྒྱལ་གྱིས་བརྩམས། ཀྲུང་གོའི་བོད་རིག་པ་དཔེ་སྐྲུན་ཁང་།
ISBN: 978–7–105–13102–0/D
2. དཔལ་རིས་སངས་རྒྱས་ཀྱི་གསུང་རྩོམ་ཕྱོགས་བསྒྲིགས། པོད་དང་པོ།/དཔལ་རིས་སངས་རྒྱས་ཀྱིས་བརྩམས། ཀྲུང་གོའི་བོད་རིག་པ་དཔེ་སྐྲུན་ཁང་།
ISBN: 978–7–105–13102–0/D
3. དཔལ་རིས་སངས་རྒྱས་ཀྱི་གསུང་རྩོམ་ཕྱོགས་བསྒྲིགས། པོད་གཉིས་པ།/དཔལ་རིས་སངས་རྒྱས་ཀྱིས་བརྩམས། ཀྲུང་གོའི་བོད་རིག་པ་དཔེ་སྐྲུན་ཁང་།
ISBN: 978–7–105–13102–0/D
4. དཔལ་རིས་སངས་རྒྱས་ཀྱི་གསུང་རྩོམ་ཕྱོགས་བསྒྲིགས། པོད་གསུམ་པ།/དཔལ་རིས་སངས་རྒྱས་ཀྱིས་བརྩམས། ཀྲུང་གོའི་བོད་རིག་པ་དཔེ་སྐྲུན་ཁང་།
ISBN: 978–7–105–13102–0/D
5. དཔལ་རིས་སངས་རྒྱས་ཀྱི་གསུང་རྩོམ་ཕྱོགས་བསྒྲིགས། པོད་བཞི་པ།/དཔལ་རིས་སངས་རྒྱས་ཀྱིས་བརྩམས། ཀྲུང་གོའི་བོད་རིག་པ་དཔེ་སྐྲུན་ཁང་།
ISBN: 978–7–105–13102–0/D
6. དཔལ་རིས་སངས་རྒྱས་ཀྱི་གསུང་རྩོམ་ཕྱོགས་བསྒྲིགས། པོད་ལྔ་པ།/དཔལ་རིས་སངས་རྒྱས་ཀྱིས་བརྩམས། ཀྲུང་གོའི་བོད་རིག་པ་དཔེ་སྐྲུན་ཁང་།
ISBN: 978–7–105–13102–0/D
7. དཔལ་རིས་སངས་རྒྱས་ཀྱི་གསུང་རྩོམ་ཕྱོགས་བསྒྲིགས། པོད་དྲུག་པ།/དཔལ་རིས་སངས་རྒྱས་ཀྱིས་བརྩམས། ཀྲུང་གོའི་བོད་རིག་པ་དཔེ་སྐྲུན་ཁང་།
ISBN: 978–7–105–13102–0/D
8. དཔལ་རིས་སངས་རྒྱས་ཀྱི་གསུང་རྩོམ་ཕྱོགས་བསྒྲིགས། པོད་བདུན་པ།/དཔལ་རིས་སངས་རྒྱས་ཀྱིས་བརྩམས། ཀྲུང་གོའི་བོད་རིག་པ་དཔེ་སྐྲུན་ཁང་།
ISBN: 978–7–105–13102–0/D
9. དཔལ་རིས་སངས་རྒྱས་ཀྱི་གསུང་རྩོམ་ཕྱོགས་བསྒྲིགས། པོད་བརྒྱད་པ།/དཔལ་རིས་སངས་རྒྱས་ཀྱིས་བརྩམས། ཀྲུང་གོའི་བོད་རིག་པ་དཔེ་སྐྲུན་ཁང་།
ISBN: 978–7–105–13102–0/D
10. བརྡ་སྤྲོད་པ་སུམ་ཅུ་པའི་ཕྲད་དང་རྣམ་དབྱེ་རབ་གསལ་གཞོན་ནུ་དགའ་བསྐྱེད།/གཙོས་བོད་རིགས་སློབ་འབྲིང་གི་སློབ་རའི་བསླབ་དེབ་རྩོམ་སྒྲིག་ཁང་། མི་རིགས་དཔེ་སྐྲུན་ཁང་།

ISBN: 978–7–105–14673–4/G · 2031

11. བོད་སྤྱི་རབས་ཀྱི་སྐྱུང་གི་བྱུང་བ་བརྗོད་པ་དགྲ་ལྷའི་དཔངས་བསྟོད།/སྐྱུ་ཙ་ཡོན་ཏན་རྒྱ་མཚོས་བརྩམས། ཀྲུང་གོའི་བོད་རིག་པ་དཔེ་སྐྲུན་ཁང་།

ISBN: 978–7–80253–886–3

12. རྐན་པོ་དང་མཚོ།/ཨིར་ཏེ་སི་ཁྲི་ཏའི་མིང་ལྡེ་ཡིས་བརྩམས། རྣམ་རྒྱལ་གྱིས་བསྒྱུར། མི་རིགས་དཔེ་སྐྲུན་ཁང་།

ISBN: 978–7–105–14481–5/I · 2765

13. མཚོན་ཆ་དང་གྲིས་པའི་སྐྱུང་།/ཨིར་ཏེ་སི་ཁྲི་ཏའི་མིང་ལྡེ་ཡིས་བརྩམས། རྣམ་རྒྱལ་གྱིས་བསྒྱུར། མི་རིགས་དཔེ་སྐྲུན་ཁང་།

ISBN:978–7–105–14482–2/I · 2766

14. རྒྱལ་སྲས་ཆུང་ཆུང་། ཨང་ཐོ་ཤན་ · ཌེ · སཱན་ཐེ་ཀྲུ་པེ་རིས་བརྩམས། ལྷོང་བུས་བསྒྱུར། མི་རིགས་དཔེ་སྐྲུན་ཁང་།

ISBN:978–7–105–14482–2/I · 2766

15. བོད་ཀྱི་རྩོམ་རིག་ལོ་རྒྱུས་ཀྱི་དཀའ་གནད་སེལ་བགྲོལ། /ལྷག་པ་ཚོས་འཕེལ་གྱིས་བརྩམས། མི་རིགས་དཔེ་སྐྲུན་ཁང་།

ISBN: 978–7–105–14402–3/I · 2741

16. གཙུག་ལག་པོད་བཞི་མ་དང་བསྟན་ཆོས་ལྔ་ལས་ཚིག་རྐང་ཉིས་བརྒྱ་བ། ཏང་སྲིད་ལས་བྱེད་པའི་གློག་འདོན་བསླབ་དེབ། /ཀྲུང་ཧྭ་རིག་གནས་ཡར་སྤེལ་ཚོགས་པར་གཙོ་སྒྲིག་བྱས། མགོ་ལོག་རྣམ་རྒྱལ་གྱིས་བསྒྱུར། མི་རིགས་དཔེ་སྐྲུན་ཁང་།

ISBN: 978–7–105–14642–0/B · 770

17. རྗེས་དྲན་དང་དད་པའི་མཆོད་སྦྱིན།/གཟིགས་པ་སྤྲུལ་སྐུ་བློ་བཟང་བཙོད་པས་བརྩམས། མི་རིགས་དཔེ་སྐྲུན་ཁང་།

ISBN:978–7–105–14665–9/B · 773

18. བོད་ཡིག་ཁ་སྐད་ཀྱི་སློབ་དེབ།/འཚེ་མེད་རྡོ་རྗེས་གཙོ་སྒྲིག་བྱས། མི་རིགས་དཔེ་སྐྲུན་ཁང་།

ISBN: 978–7–105–14485–3/H · 1027

ལོ་རྒྱུས་ཀྱི་སྐོར།
（历史）

1. ཀུན་མཁྱེན་འཇམ་དབྱངས་བཞད་པ་སྐུ་འཕྲེང་རིམ་བྱོན་གྱི་རྣམ་ཐར།/ཐུགས་སྲས་ངག་དབང་བཀྲ་ཤིས་སོགས་ཀྱིས་བརྩམས། ཀྲུང་གོའི་བོད་རིག་པ་དཔེ་སྐྲུན་ཁང་།

ISBN: 978–7–105–13102–0/D

12. བོད་ཀྱི་ཡིག་རྙིང་རིག་པའི་རྣམ་བཞག་རབ་གསལ་བཙན་པོའི་ལམ་ཡིག/རྨི་རུ་ཡུལ་ལྷ་ཐར་གྱིས་བརྩམས། ཀྲུང་གོའི་བོད་རིག་པ་དཔེ་སྐྲུན་ཁང་།

ISBN: 978–7–80253–887–0

13. གཉའ་ཁྲི་བཙན་པོ་ཞིབ་འཇུག/གཡང་མོ་མཚོས་བརྩམས། ཀྲུང་གོའི་བོད་རིག་པ་དཔེ་སྐྲུན་ཁང་།

ISBN: 978–7–80253–884–9

14. གཏམ་ཤུལ་དགའ་ཐང་འབུམ་པ་ཆེ་ནས་རྙེད་པའི་བོན་གྱི་གནའ་དཔེའི་ཞིབ་འཇུག/ལྷགས་མོ་མཚོས་བརྩམས། ཀྲུང་གོའི་བོད་རིག་པ་དཔེ་སྐྲུན་ཁང་།

ISBN: 978–7–80253–885–6

15. སྐལ་བཟང་འགྱུར་མེད་ཀྱི་རྩོམ་ཡིག་ཕྱོགས་བསྒྲིགས།/སྐལ་བཟང་འགྱུར་མེད་ཀྱིས་བརྩམས། ཀྲུང་གོའི་བོད་རིག་པ་དཔེ་སྐྲུན་ཁང་།

ISBN: 978–7–80253–885–6

16. རྒྱལ་མོ་འབྲུག་པའི་ཆེད་རྩོམ་ཕྱོགས་བསྒྲིགས།/རྒྱལ་མོ་འབྲུག་པས་བརྩམས། ཀྲུང་གོའི་བོད་རིག་པ་དཔེ་སྐྲུན་ཁང་།

ISBN: 978–7–80253–885–6

17. དགྲ་ལྷ་ཟླ་བ་བཟང་པོའི་ཆེད་རྩོམ་ཕྱོགས་བསྒྲིགས།/དགྲ་ལྷ་ཟླ་བ་བཟང་པོས་བརྩམས། ཀྲུང་གོའི་བོད་རིག་པ་དཔེ་སྐྲུན་ཁང་།

ISBN: 978–7–80253–885–6

18. མཁར་རྨེའུ་བསམ་གཏན་རྒྱལ་མཚན་གྱི་གསུང་རྩོམ་ཕྱོགས་བསྒྲིགས།/མཁར་རྨེའུ་བསམ་གཏན་རྒྱལ་མཚན་གྱིས་བརྩམས། བདེ་ཁང་བསོད་ནམས་ཆོས་རྒྱལ་གྱིས་དབྱིན་ཡིག་ནས་བོད་ཡིག་ཏུ་བསྒྱུར། ཀྲུང་གོའི་བོད་རིག་པ་དཔེ་སྐྲུན་ཁང་།

ISBN: 978–7–80253–885–6

19. རྒྱལ་ལྷ་བིན་ཆུང་བོད་ཀྱི་ཡུལ་ལྷར་གྱུར་ཚུལ་ལ་དཔྱད་པ།/ཧ་མགྲིན་རྒྱལ་གྱིས་བརྩམས། ཀྲུང་གོའི་བོད་རིག་པ་དཔེ་སྐྲུན་ཁང་།

ISBN: 978–7–80253–885–6

20. བོད་ཀྱི་ཆོས་སྐད་བཀས་བཅད་དང་དེའི་ལོ་རྒྱུས་དོན་སྙིང་ཞིབ་འཇུག/བསོད་ནམས་དོན་གྲུབ་གྱིས་བརྩམས། ཀྲུང་གོའི་བོད་རིག་པ་དཔེ་སྐྲུན་ཁང་།

ISBN: 978–7–80253–885–6

21. ཡར་འབྲོག་བསམ་སྡིངས་དགོན་གྱི་བྱུང་བ་བརྗོད་པ་ཡིད་ཀྱི་ཤིང་རྟ།/ཚེ་རིང་ཟླ་བས་བརྩམས། ཀྲུང་གོའི་བོད་རིག་པ་དཔེ་སྐྲུན་ཁང་།

ISBN: 978–7–80253–885–6

22. ཐུབ་པའི་བསྟན་པ་ཕྱི་དར་ལས་སྣང་འདུལ་གྱི་སྐོར་ལ་དཔྱད་པ།/དབང་ཆེན་བཀྲ་ཤིས་ཀྱིས་

བརྩམས། ཀྲུང་གོའི་བོད་རིག་པ་དཔེ་སྐྲུན་ཁང་།

ISBN: 978-7-80253-885-6

23. བྲག་གཡུང་དྲུང་དགོན།/དཀོན་མཆོག་ཚེ་རིང་གིས་བརྩམས། ཀྲུང་གོའི་བོད་རིག་པ་དཔེ་སྐྲུན་ཁང་།

ISBN: 978-7-80253-885-6

24. བོད་ཀྱི་བསྟན་བཅོས་འགའི་རྣམ་བཤད་མེ་ཏོག་ཕྲེང་བ།/འགྱུར་མེད་རྡོ་རྗེས་བརྩམས། མི་རིགས་དཔེ་སྐྲུན་ཁང་།

ISBN: 978-7-105-14640-6/k · 2563

སློབ་གསོ། རིག་གནས་སྒྱུ་རྩལ་དང་ཁོར་ཡུག་སྲུང་སྐྱོབ་ཀྱི་སྐོར། (教育、文化艺术、环境保护)

1. གཡུང་དྲུང་བོན་བསྟན་ལྷ་ཚོགས་ཆེན་མོ།/སིང་སྤྲུལ་རིག་འཛིན་ཉི་མ་དང་ཚེ་རིང་ཐར་གྱིས་གཙོ་སྒྲིག་བྱས། ཀྲུང་གོའི་བོད་རིག་པ་དཔེ་སྐྲུན་ཁང་།

ISBN: 978-7-80253-885-6

2. བོད་ཀྱི་རིག་གནས་དང་གསལ་བྱེད་དཔེ་གཉིས་ཀྱི་འབྲེལ་བ་བཤད་པ་གཡུ་ཡི་ལྡེ་མིག/ཟམ་ཚ་ཚེ་རིང་དོན་གྲུབ་ཀྱིས་བརྩམས། མི་རིགས་དཔེ་སྐྲུན་ཁང་།

ISBN: 978-7-80253-885-6

3. མཚོ་སྔོ་བོད་རིགས་རང་སྐྱོང་ཁུལ་གྱི་རི་ཆུའི་རིག་གནས།/སྤྱི་ཁྱབ་རྩོམ་སྒྲིག་པ། བློ་བཟང་ལྷུན་གྲུབ་རྡོ་རྗེ། ཀྲུང་གོའི་བོད་རིག་པ་དཔེ་སྐྲུན་ཁང་།

ISBN: 978-7-80253-885-6

4. བཤད་ཆེ་ན་ཕ་གཏམ་བུ་ལ་གཏོད།/ཧུང་ལན་གྱིས་བརྩམས། དབྱིན་ཅན་ལི་ཡིས་གཙོ་སྒྲིག་བྱས། མཐའ་སྒྲོལ་གྱིས་བསྒྱུར། མི་རིགས་དཔེ་སྐྲུན་ཁང་།

ISBN: 978-7-105-14794-6/G · 2049

5. བོད་ཀྱི་སློབ་གསོའི་གནས་བབ་ཞིབ་འཇུག/ནག་ཀླུ་བ་ཤ་བོ་ཚེ་རིང་གིས་བརྩམས། མི་རིགས་དཔེ་སྐྲུན་ཁང་།

ISBN: 978-7-105-14516-4/G · 2022

英文部分

1. Dharmakirti's Hetubindu / Critically edited by Ernst Steinkellner on the basis of preparatory work by Helmut Krasser with a transliteration of the Gilgit fragment by Klaus Wille.—Beijing : China Tibetology Publishing House; Vienna: Austrian Academy of Sciences Press, 2016. ISBN : 978-7-80057-879-5.
2. Tibet: Facts and Figures 2015 / An Caidan. Beijing: Foreign Languages Press, 2016.

藏学论文资料要目

汉文部分

一、政治、法律

1. 藏区治理体系现代化若干问题研究 / 陈井安、刘福敏《中国藏学》2016：2
2. 本届美国国会的涉藏政策和动向研究——国会政治的视角 / 肖杰《中国藏学》2016：2
3. 和平解放西藏的先期接触与预备谈判考 / 王苑、王小彬《中国藏学》2016：S1
4. 甘肃天祝藏族地区新媒体与政治传播关系研究 / 朱杰、崔永鹏《西藏研究》2016：3
5. 习仲勋民族宗教工作经略——以新疆、西藏为中心 / 张双智、张羽新《青海民族研究》2016：1
6. 葛兰西领导权理论对西藏社会治理的启示 / 谢蕴枰《西藏大学学报》（社科版）2016：1
7. 藏传佛教事务法治化的必要性——基于中央第六次西藏工作座谈会精神 / 牛绿花《西藏大学学报》（社科版）2016：1
8. 民国西康省司法改革的尝试：《西康民刑事特别法草案》/ 吉正芬《西藏大学学报》（社科版）2016：2
9. “治藏必先安康”国家战略：历史脉络与当代审视 / 李国政《云南民族大学

学报》(哲社版) 2016 : 2

10. 西藏宗教事务管理立法问题探析 / 姚俊开、赵帅、闫志《西藏民族大学学报》(哲社版) 2016 : 1
11. "唐蕃古道"与"一带一路"建构中的西藏 / 周伟洲《西藏民族大学学报》(哲社版) 2016 : 1
12. 《西藏是中国的领土》与《蒙藏为中国重要的国防》——九世班禅在南京与上海的两次演讲 / 刘家驹、钟宇海《西藏民族大学学报》(哲社版) 2016 : 1
13. 国家政治实体统一下的西藏 50 年历程——跨政治经济学视域下西藏地方自治的实践意义 / 孙勇《西藏民族大学学报》(哲社版) 2016 : 3
14. 放管结合　优化细则——民族优惠政策在甘南藏族自治州的实践考察 / 王晓云《青海民族大学学报》(社科版) 2016 : 1
15. 牧区藏族的生产方式与国家立法规制——以青海省冬虫夏草立法规制为视角 / 王立明、冶生梅《青海民族大学学报》(社科版) 2016 : 1
16. 试述新西藏社会保障制度的发展历程、动力机制及完善方向 / 刘宝臣、万金鹏《西藏大学学报》(社科版) 2016 : 2
17. 西藏湿地保护地方立法的成就与启示 / 李红《西藏民族大学学报》(哲社版) 2016 : 1
18. 近代史上藏族康区政治秩序建构的重要意义——晚清康区改土归流为中心的考察 / 曹海霞《西北民族大学学报》(哲社版) 2016 : 1
19. 论西藏和平解放时期党的爱国统战组织建设 / 徐万发、柳欢《西北民族大学学报》(哲社版) 2016 : 2
20. 杜鲁门政府"西藏问题"国际化战略考察 / 温强《中山大学学报》(社科版) 2016 : 2
21. 人民代表大会制度在西藏的确立与组织机构建设 / 宋月红《中国藏学》2016 : 3
22. 依法治藏：西藏现代化治理转型的法治保障 / 边巴拉姆《中国藏学》2016 : 4
23. 中央机关对口援藏制度研究 / 杨明洪、刘建霞《中国藏学》2016 : 4
24. 西藏基层文化建设问题研究 / 多尔吉《中国藏学》2016 : 4
25. 试论西藏文化建设政策的引领效应 / 尕藏才旦《西藏大学学报》(社科版) 2016 : 4
26. 在新的历史阶段做好西藏意识形态工作的思考——学习习近平总书记关于意识形态工作的重要论述 / 索林《西藏研究》2016 : 4

27. 中国边疆西藏段于南亚、印度洋的地缘战略以及在国家大局中的地位 / 车明怀《西藏研究》2016：5

28. 西藏基层治理面临的形势和任务——基于 100 名村（居）支部第一书记的访谈 / 刘宝臣《西藏研究》2016：6

29. 西藏自治区筹备委员会研究 / 宋月红《青海民族研究》2016：3

30. 大司徒降曲坚赞法律思想略述 / 次仁片多《西藏大学学报》（社科版）2016：4

31. 统筹西藏与四省藏区优惠扶持政策研究 / 杨明洪、尤力《西南民族大学学报》（社科版）2016：9

32. 论西藏和平解放时期国际环境与中共的应对策略 / 李荟芹、徐万发、柳欢《西北民族大学学报》（哲社版）2016：4

33. 国家认同与青海藏区基层政权建设 / 杨虎得、巴丁文毛《青海民族大学学报》（社科版）2016：4

34. “治国必治边、治边先稳藏”重要战略思想的理论内涵与时代意义——基于中国边疆治理研究的学术思考 / 孙宏年《中国边疆史地研究》2016：3

35. 青海藏区刑事和解实践对传统刑事司法制度的补充研究 / 马德《青海民族大学学报》（社科版）2016：4

36. 论藏族“赔命价”习惯法的现代转型——以刑事和解的民族化为视角 / 刘蕊《贵州民族研究》2016：10

37. 选择与整合：藏区“赔命价”习惯的发展趋势探寻——与刑事法治互动为研究路径 / 泽仁卓玛《贵州民族研究》2016：10

38. 藏区草山冲突行政调解机制探析 / 康涛《贵州民族研究》2016：12

二、经济、社会

1. 三江源生态移民村落研究——以果洛州玛多县河源新村为例 / 索南多杰《中国藏学》2016：S1

2. 西藏题材纪录片受众问卷调查浅析 / 小次央《西藏研究》2016：1

3. 安多藏区宗教职业者与其原生家庭互动关系的人类学个案研究 / 梁艳《西藏研究》2016：1

4. 藏彝走廊研究：统一国家意识的塑造 / 杨华军《西藏研究》2016：3

5. 西藏推进供给侧结构性改革的特殊性及路径选择 / 杨亚波、连成国《西藏

研究》2016：3

6. 西藏边境地区全面建成小康社会的基本问题研究 / 普布次仁、美朗宗贞《西藏大学学报》（社科版）2016：2
7. 清末甘南藏族聚居区的法与社会秩序——基于光绪年间黑错与买吾的冲突为个案 / 阮兴《青海民族研究》2016：1
8. 乾隆时期郭罗克部落“夹坝”活动述论 / 李龙江《青海民族研究》2016：1
9. 理解与尊重：多重文化格局下的社会构建——对甘南藏区民族关系的分析 / 切排、唐传营、许凯渤《青海民族研究》2016：2
10 社交网络与群格补偿——一个藏族村落的信息消费民族志研究 / 姬广绪《青海民族研究》2016：2
11. 西藏传统社会整合与和谐社会构建 / 周大鸣《青海民族研究》2016：2
12. 旅游增权与民族社区社会文化变迁——基于西藏山南两个社区的对比研究 / 杨昆《西藏民族大学学报》（哲社版）2016：2
13. 增加福利递送、缩小管理单元：西藏的村庄治理创新——洛扎县案例分析 / 扎洛《西藏民族大学学报》（哲社版）2016：3
14. 地方性知识的再植：对青海哈萨克人与青海湖北岸一个藏族社群的考察 / 关丙胜《青海民族大学学报》（社科版）2016：2
15. 青海湖流域湿地保护中农牧民权益保障的困境与对策——基于共和县江西沟元者村的田野调查 / 陈娟《青海民族大学学报》（社科版）2016：2
16. 社会城市化进程中的藏族农村家庭变迁——以昌都市 JK 村为例 / 弓进梅《青藏高原论坛》2016：1
17. 从文化取向到经济取向：一个藏族村落家屋空间的变迁实践研究 / 姬广绪《青藏高原论坛》2016：1
18. 道义公平——西藏农村社会的实践与整合逻辑 / 王欣、周大鸣《青藏高原论坛》2016：1
19. 空间变迁与西藏现代化过程中的社会整合 / 周大鸣《青藏高原论坛》2016：1
20. 藏族本土知识与西藏农村生态风险治理——基于藏族传统生计的分析 / 刘继杰《青藏高原论坛》2016：2
21. 青海湖周边社会传统生计方式的变迁与生态适应性研究——基于青海湖周边莫胡里村的人类学考察 / 才让珠玛、才吉卓玛《青藏高原论坛》2016：2
22. 林木生长与西藏农村生活的发展和变迁——以西藏中部地区扎囊县扎西林村为例 / 曾仁利、杨韡韡《西藏研究》2016：3

23. 以参与式援藏提升农牧民自我发展能力研究 / 李中锋《中国藏学》2016：1
24. 青藏铁路在西藏交通时空结构演变中的作用 / 荣朝和《中国藏学》2016：2
25. 关于西藏扎实推进精准脱贫的思考 / 胡洁《中国藏学》2016：3
26. 西藏墨竹工卡县藏传佛教宗教经济活动的调查研究 / 杨涛《中国藏学》2016：S1
27. 固定劳动索洛模型与西藏经济"新常态" / 朱尔茜《西藏研究》2016：1
28. 浅析"十三五"期间西藏农牧区全面建成小康社会的挑战与机遇 / 多庆《西藏研究》2016：3
29. 西藏农牧区贫困代际传递问题研究 / 杨阿维、张建伟《西藏大学学报》（社科版）2016：1
30. "新加坡悖论"与西藏经济韧性研究 / 朱尔茜《西藏大学学报》（社科版）2016：1
31. "一带一路"背景下西藏边境旅游发展的战略选择 / 徐宁、图登克珠《西藏大学学报》（社科版）2016：2
32. 从垄断到竞争：近代藏区边茶贸易市场体系变迁研究 / 卢征良、李滨《西藏大学学报》（社科版）2016：2
33. 试论中国西藏与南亚相邻国家经济文化合作交流的原则与对策 / 狄方耀《西藏大学学报》（社科版）2016：2
34. 藏区现代化的演进轨迹：理论、经验与当下实践 / 陈文烈、刘畅《青海民族研究》2016：1
35. 抗战时期李旭旦甘南藏区开发思想初探 / 黄茂《青海民族研究》2016：1
36. 拉萨市弹性城镇化路径初探 / 王延中、黄万庭《青海民族研究》2016：1
37. 西藏特色优势产业的中小型民营企业文化资本研究 / 王凡妹《青海民族研究》2016：1
38. 外生型城市化模式下的市场经济与族群互动——以西藏昌都的昌庆街为例 / 王欣《青海民族研究》2016：2
39. 西藏乡村城市化道路——以昌都市 JK 村为例 / 弓进梅、周大鸣《青海民族研究》2016：2
40. 传统冲突与现代转型：近代康区黄金矿业开采问题研究 / 卢征良、王川《青海民族研究》2016：2
41. 西藏农牧民贫困特征、类型、成因及精准扶贫对策 / 高星、姚予龙、余成群《中国科学院院刊》2016：3

42. 西藏农牧民自我发展能力评估及提升路径研究——基于宏观数据和山南地区调查数据的分析 / 李中锋、吴昊《四川大学学报》(哲社版)2016：3
43. 西藏的受援与可持续发展 / 靳薇《西北民族研究》2016：2
44. 西藏乡村旅游与民族节庆和藏族传统体育文化融合发展研究 / 杨建鹏、丁玲辉《西南民族大学学报》(人文社科版)2016：1
45. 四川藏区农牧民收入水平、结构及差距研究 / 庄天慧《西南民族大学学报》(人文社科版)2016：1
46. 推进四川藏区旅游与城镇化建设 / 杨风、李继红《西南民族大学学报》(人文社科版)2016：2
47. 我国廊道遗产保护与旅游开发研究——以滇、藏、川茶马古道为例 / 李飞、马继刚《西南民族大学学报》(人文社科版)2016：2
48. 回族与拉卜楞寺经济交往关系探析 / 韩盼《青藏高原论坛》2016：2
49. 藏传佛教在美国传播的田野考察 / 白玛措《中国藏学》2016：3
50. 生命路上的难关——从农牧民感受小议西藏的平均期望寿命 / 罗绒战堆《中国藏学》2016：4
51. 西藏生态保护及产业发展的成就和意义 / 杨军财《中国藏学》2016：4
52. 民族互嵌式社区的变迁轨迹和变迁机理——来自国际经验的启示 / 胡洁《西藏研究》2016：4
53. 西藏留守儿童现状研究 / 李如意《西藏研究》2016：4
54. 论生态经济对西藏可持续发展的深远意义 / 达瓦次仁《西藏研究》2016：4
55. 那曲县罗玛镇牧民专业合作组织与多种经营探析 / 班觉《西藏研究》2016：5
56. 西藏小微企业发展现状分析 / 连成国《西藏研究》2016：5
57. 西藏文化产业发展布局的理论与实践分析 / 王桂胜、刘培勇、许肖阳、王丹《西藏研究》2016：5
58. 跨界婚姻与"困境"的消解——基于中尼边境夏尔巴人的调查 / 王思亓《西藏研究》2016：5
59. 拉萨农村科技服务体系完善问题研究 / 旦增、方晓玲、更藏卓玛《西藏研究》2016：6
60. 西藏人口特点和结构优化浅析 / 郎维伟、赵书彬《西藏研究》2016：6
61. 农村女性可行能力与生态扶贫路径探究——以川西贫困藏区为例 / 沈茂英《西藏研究》2016：6
62. 文化地理学视域下的藏区边界性考察——以多康地区为例 / 祁发慧《青海

民族大学学报》（社科版）2016：3

63. 社会变迁与西藏早期现代化工业探赜 / 毛光远《青海民族大学学报》（社科版）2016：4
64. “他者”的认识：20 世纪三四十年代甘青藏区民族志文本之人类学解读 / 张福强《青海民族大学学报》（社科版）2016：4
65. 西藏强农惠农政策效应研究 / 王靖、陈丽、李海波《西藏大学学报》（社科版）2016：4
66. 日常空间与社会变迁——拉萨郊区藏热村人的生活转型研究 / 陈映婕《西藏大学学报》（社科版）2016：3
67. 日喀则“藏回”族际通婚调查研究 / 罗布、孙海芳《西藏大学学报》（社科版）2016：3
68. 西藏地区城市形象传播中新媒体公共平台建设探析 / 王翔鲍、海波《西藏大学学报》（社科版）2016：3
69. 西藏公共文化服务体系建设的状况及对策研究——基于对西藏自治区五地市的调研分析 / 欧阳雪梅《西藏大学学报》（社科版）2016：3
70. 财政扶持下西藏金融发展与经济增长的关系研究 / 巩艳红、庞洪伟《西藏大学学报》（社科版）2016：3
71. 西藏地区基本公共服务区际差异、影响因子及总体满意度之关系研究 / 安玉琴、罗英、陈莉《西藏大学学报》（社科版）2016：4
72. 西藏青年旅舍住宿体验与满意度研究——以拉萨平措康桑国际青年旅舍为例 / 庞玮、马耀峰、陈婷《西藏大学学报》（社科版）2016：4
73. 财政支出的减贫效应研究——来自西藏的例证分析 / 徐爱燕、贺晓《西藏大学学报》（社科版）2016：4
74. 西藏草场制度研究——以制度经济学的视角 / 德吉央宗、占堆《西藏大学学报》（社科版）2016：4
75. 西藏农牧业特色产业精准帮扶模式探析——以拉萨净土健康产业为例 / 尼玛次仁、吴春宝《西藏大学学报》（社科版）2016：4
76. 拉萨地区藏族民间手工艺发展现状调研 / 仓姆啦《西藏大学学报》（社科版）2016：4
77. 基于因素分析的西藏土地集约利用应对策略 / 苟小江《西藏民族大学学报》（哲社版）2016：4
78. 西藏新型城镇化：现状、特征与路径 / 史云峰《西藏民族大学学报》（哲社

版）2016：4

79. 清至民主改革前改则部落述考 / 卢本扎西《西藏民族大学学报》（哲社版）2016：5
80. 生态移民背景下门巴族生计方式的转变——以林芝市巴宜区更章门巴民族乡为例 / 陈立明、靳坤《西藏民族大学学报》（哲社版）2016：5
81. 西藏金融与第三产业发展研究 / 于转利《西藏民族大学学报》（哲社版）2016：5
82. 对口援藏省市资金投入对西藏旅游经济发展效应研究 / 田祥利《西藏民族大学学报》（哲社版）2016：6
83. 甘青川边藏区传统部落非正式社会控制刍议 / 杨红伟、张科《青海民族研究》2016：3
84. 一个藏族村落的圣地观——玛藏德哇关于玛藏贡巴的社会记忆与话语表述 / 彭毛卓玛《青海民族研究》2016：3
85. 试论非公有制经济在西藏与南亚发展边境贸易活动中的作用 / 狄方耀、骆海燕、赵芝旋《西藏民族大学学报》（哲社版）2016：6
86. “十三五”期基于精准脱贫视角的青南藏区产业脱贫路径研究 / 苏海红、杜青华《青海社会科学》2016：3
87. 青南地区藏族民营企业发展实证研究 / 王士勇、邵媛《青海师范大学学报》（哲社版）2016：5
88. 青海藏区农牧民细分群体与农牧民增收策略研究 / 费胜章《西北民族大学学报》（哲社版）2016：5
89. 非遗保护中的褶皱与张力——以甘南农牧区为例谈村落文化、活态文化、文化空间对非遗保护的作用 / 陈富祥《西北民族大学学报》（哲社版）2016：6
90. 喜马拉雅生态—社会文化的整体性——兼论云南梅里藏区区域研究的路径与方法 / 沈海梅《西南民族大学学报》（社科版）2016：7
91. 略论藏彝走廊回、藏民族的和谐经济关系 / 马尚林《西南民族大学学报》（社科版）2016：10
92. 藏边社会的族群互动：空间、路径及结果——基于迪庆藏区的调查研究 / 宗喀·漾正冈布、王万平《西南民族大学学报》（社科版）2016：12
93. 历史文化街区绅士化对社区居民生活品质的影响——以拉萨八廓街为例 / 平措卓玛、徐秀美《云南民族大学学报》（哲社版）2016：4

94. 连片特困民族地区旅游扶贫效应差异研究——基于四川藏区调查的实证分析 / 李佳、田里《云南民族大学学报》（哲社版）2016：6
95. 对口援藏与藏区提升自我发展能力研究 / 张体伟、罗明军《贵州民族研究》2016：4
96. 藏区城镇的宗教现状研究——以四川省阿坝州马尔康县为例 / 卢霞、陈昌文《贵州民族研究》2016：7
97. 四川藏区民族文化资源保护利用与新型城镇化建设协调发展研究 / 唐剑、李虹《贵州民族研究》2016：11
98. 四川藏区旅游业推进新型城镇化发展的效应及路径研究——以阿坝州九寨沟县为例 / 杨丹《贵州民族研究》2016：12
99. 扶贫视阈下甘孜州县域旅游产业竞争力研究 / 陈灿平、姜豪《民族学刊》2016：5
100. 新农合对四川藏区的减贫效应分析 / 张淑芳《民族学刊》2016：5
101. 多民族国家政治整合的地方实践与历史经验——以民国青海藏族社会为例 / 王英《中国边疆史地研究》2016：2
102. "奥拉"与藏族传统村落社会秩序建构——以甘肃 N 县 G 村为例 / 王晓云《广西民族研究》2016：6
103. 闲暇与幸福——西藏农户劳作投入量变迁研究 / 罗绒战堆《中央民族大学学报》（哲社版）2016：6
104. "圣物"与"商品"之间——青海热贡唐卡交换二重性特征的人类学分析 / 李元元《北方民族大学学报》（哲社版）2016：5
105. 甘肃藏区生态城镇化水平评价探析 / 刘巍文《青藏高原论坛》2016：3
106. 青海湖环湖区草地生态破坏成因及法律对策 / 陈娟《青藏高原论坛》2016：3
107. 青海湖湿地生态环境保护公众参与情况调查 / 牛丽云《青藏高原论坛》2016：3
108. 三江源地区冬虫夏草采挖对生态环境的影响及其解决对策——以杂多县和泽库县为例 / 张璐璐《青藏高原论坛》2016：3
109. 青藏高原和内蒙古高原草地全球变化生态学控制实验研究比较 / 白文明、周青平、张文浩《西南民族大学学报》（自然科学版）2016：4
110. 生态人类学视域中的藏族垃圾观念与垃圾处理——以云南省德钦县明永村为例 / 曹津永《云南社会科学》2016：4

三、历史

1. 吐蕃研究二三题 / 多杰才旦《中国藏学》2016：S1
2. 《中国历史地图集》元明时期西北边疆图幅地理考释 / 邓锐龄《中国藏学》2016：S1
3. 察罕达尔汉绰尔济与清初八旗喇嘛事务管理 /N·哈斯巴根、阿音娜《中国藏学》2016：1
4. 论第巴达孜巴 / 杨代成、王希隆《中国藏学》2016：1
5. 唐蕃松州之战探微 / 魏迎春、张旭《中国藏学》2016：1
6. 跨越民族、文化、宗教：1903—1922 年美国医生史德文在康藏地区的活动与角色 / 赵艾东、朱晓陵《中国藏学》2016：1
7. 苏俄与中国西藏关系的历史与现实 / 曲晓丽、程早霞《中国藏学》2016：1
8. 探析藏族传统官职囊索的历史演变 / 仁青卓玛《中国藏学》2016：1
9. 论藏文史籍中的阿夏（va zha）与吐谷浑 / 周伟洲《中国藏学》2016：1
10. 象雄王国都城琼隆银城今地考——兼论象雄文明兴衰的根本原因 / 张云《中国藏学》2016：2
11. 论马步芳在青藏战争中所发挥的作用——兼论玉树结古镇被藏军围困事件 / 桑丁才仁《中国藏学》2016：2
12. “培米”藏族远古氏族考据 / 完德加《中国藏学》2016：2
13. 20 世纪初英国官员路易斯·金及其涉藏活动 / 梁俊艳《中国藏学》2016：2
14. 罗布桑车珠尔与清末民国藏事 / 邱熠华《中国藏学》2016：2
15. 尼泊尔赤尊公主与吐蕃佛教 / 德吉卓玛《中国藏学》2016：2
16. 四宗六本：甘丹颇章时期西藏阿里基层政权初探 / 黄博《中国藏学》2016：2
17. 石青阳的西藏观及筹藏策略探论——以《藏事纪要》为中心 / 康欣平《青海民族大学学报》（社科版）2016：1
18. 清代西藏阿里地区城镇形态及其发展略论 / 黄博《青海民族大学学报》（社科版）2016：1
19. 试探民国成都的藏传佛教高僧及其社会影响 / 吴华《青海民族大学学报》（社科版）2016：1
20. 浅析清朝前期与西藏的政治互动——以《皇太极敦请萨迦法王诏书》为中心、罗布、才项卓玛、尼玛仓觉《青海民族大学学报》（社科版）2016：3
21. 清代甘青地区土司数量考 / 武沐、张艳娥《青海民族大学学报》（社科版）

2016：3

22. 元代多康藏区与西藏的关系考略 / 叶拉太《青海民族大学学报》（社科版）2016：3
23. 中国处理印度驻西藏商务代理处的政策措施及其影响（1961—1963）/ 戴超武《四川大学学报》（哲社版）2016：1
24. 唐代儒家思想在吐蕃的传播及其对吐蕃政治的影响 / 赵君《西藏大学学报》（社科版）2016：2
25. 都兰吐蕃三号墓石刻考析 / 恰嘎·旦正《西藏研究》2016：1
26. 西藏格鲁派势力在乾隆朝瞻对事件及金川战役中的态度与立场 / 黄辛建《西藏研究》2016：3
27. 论清代西藏史学的研究内容、方法及其特点 / 周润年、李旺旺《西藏大学学报》（社科版）2016：2
28. 轴心制度、社会控制与军事博弈——吐蕃军事制度研究述评 / 贺冬《西藏大学学报》（社科版）2016：1
29. 武则天时期李唐反击吐蕃之探讨 / 林冠群《西藏民族大学学报》（哲社版）2016：3
30. 《大清一统志》西部西藏“阿里”四至与寺庙城邑考 / 房建昌《西藏研究》2016：2
31. 从史籍及《格萨尔》看丝绸之路与西藏的关系 / 保罗《西藏研究》2016：2
32. 有泰视角下的凤全之死——以《有泰驻藏日记》为中心的解析 / 康欣平《西藏研究》2016：1
33. 简论吐蕃财政制度的形成、内容及实施方法 / 格藏才让《西藏研究》2016：1
34. 毗卢遮那大师流放嘉绒之原因辨析 / 完麻加、周拉《西藏研究》2016：1
35. 浅谈吐蕃时期的历史古迹文化资源及其价值 / 次旺《西藏研究》2016：2
36. 清朝中央政府的筹藏方略与西藏宗教事务管理基本经验 / 次旦扎西、顿拉《西藏研究》2016：3
37. 与之共存和为治先——基于唐金城公主入藏史实的考量 / 喜饶尼玛、韩敬山《西藏民族大学学报》（哲社版）2016：2
38. 试析吐蕃王朝噶尔家族专权始末的制度内因 / 田海鹰《西藏民族大学学报》（哲社版）2016：2
39. 从政教冲突到政局重构：清前期西藏与拉达克之战及其影响 / 张发贤《西藏民族大学学报》（哲社版）2016：3

40. 民国时期西藏地方社会经济研究 / 周伟洲《西藏民族大学学报》（哲社版）2016：2
41. 中国处理印度驻西藏商务代理处的政策措施及其影响（1961—1963）/ 戴超武《四川大学学报》（哲社版）2016：1
42. 藏族群众对红军长征胜利的贡献 / 格桑卓玛、沈红宇、张小敏、刘俊波《中国藏学》2016：3
43. 1936 年红军长征在康区白玉的历程及其意义 / 王川《中国藏学》2016：3
44. 红军长征在康区的“扩红”宣传及其成功原因试探 / 朱晓舟《中国藏学》2016：3
45. 长征时期汉藏民族关系的深化发展及其对藏区社会的影响研究——以四川藏区为例 / 何洁《中国藏学》2016：3
46. 从民国川西北土司头人的几件控状档案看蒋介石对“剿赤军”军纪问题的处置 / 田利军、邹敏《中国藏学》2016：3
47. 红军长征在藏区的主要会议 /《红色记忆》课题组、本刊编辑部编《中国藏学》2016：3
48. 红军长征在藏区的主要战役 /《红色记忆》课题组、本刊编辑部编《中国藏学》2016：3
49. 红军长征在藏区大事记 /《红色记忆》课题组、本刊编辑部编《中国藏学》2016：3
50. 长征时期中共对藏族上层人士的统战及其重要影响 / 黄天华、金立叶《中国藏学》2016：4
51. 从长征文物看红军对藏区的宣传——基于中国国家博物馆长征文物收藏的考察 / 隋立新《中国藏学》2016：4
52. 康区白利土司顿月杰的宗教态度探讨——兼论固始汗消灭白利土司 / 石硕、李志英《中国藏学》2016：3
53. 论吐蕃王朝的行国政治——兼论“国都逻些说”/ 陈晓伟《中国藏学》2016：3
54. 赠封“达赖喇嘛”尊号之寺院——仰华寺遗址考析 / 恰嘎·旦正桑吉尖措《中国藏学》2016：4
55. 传媒视阈中的九世班禅返藏问题论析 / 刘永文《中国藏学》2016：4
56. 清末民国时期汉藏商人在康区社会发展中的地位与作用——以丁正华和邦达仓为例 / 玉珠措姆《中国藏学》2016：4

57. 从民间地契印信文献看瞿昙寺建寺及其他 / 索端智《中国藏学》2016：4
58. 明永乐宣德佛像源流新证——兼论明初朝廷治藏方略中甘青地区的重要地位 / 王家鹏《中国藏学》2016：4
59. 入藏延请五世班禅的使者：蒙古高僧内齐托音二世 / 阿音娜《西藏研究》2016：4
60. 从福柯“权力话语”视角解读清前期西藏世俗掌政人物传记世俗化倾向 / 尼玛仓觉、才项卓玛《西藏研究》2016：4
61. 古城昌都卡若的形成与发展脉络考证 / 土呷《西藏研究》2016：4
62. 乾隆末年“藏军营制章程”的创建和影响研究 / 顾祖成、李红阳《西藏研究》2016：5
63. 清末川边改土归流前期西藏东部盐井社会状况及周边环境考察 / 李何春《西藏研究》2016：5
64. 明清陕藏商道研究 / 刘立云《西藏研究》2016：6
65. 民国时期对康区藏人的称谓与语境 / 石硕《思想战线》2016：6
66. 唃厮啰政权的兴起与青唐道贸易 / 马旭俊、杨军《西藏大学学报》（社科版）2016：3
67. 光绪朝泰州单毓年治藏思想研究 / 朱悦梅《西藏大学学报》（社科版）2016：3
68. 论宋代祖国内地和藏区主要经济关系的性质问题 / 毛阳海《西藏大学学报》（社科版）2016：3
69. 西藏与英属印度早期交往的使者普南吉尔格西考释 / 黄全毅《西藏大学学报》（社科版）2016：3
70. 唐宋两朝在川西北地区的羁縻政策 / 黄辛建、次旦顿珠《西藏大学学报》（社科版）2016：4
71. 西藏地方历史上的“类摄政现象”解析 / 央珍《西藏大学学报》（社科版）2016：4
72. 述论 1949 年噶厦对国民政府驻藏官员的驱逐 / 赵崇荣、邹敏《西藏大学学报》（社科版）2016：4
73. 清代西藏政教合一制时期噶厦与达赖喇章经济关系 / 李凤珍《西藏民族大学学报》（哲社版）2016：4
74. 文硕被革职驻藏大臣原因探微 / 康欣平《西藏民族大学学报》（哲社版）2016：4

75. 咸丰七年藏军营制变革研究——以《整饬藏军营制章程六条》的提出、颁行和基本废止为中心 / 顾祖成、李红阳《西藏民族大学学报》(哲社版) 2016：4
76. 工珠·云丹嘉措的早期生活与教育——兼论藏文高僧传记的文献价值 / 李晨升《西藏民族大学学报》(哲社版) 2016：5
77. 从《西藏善后章程十三条》到《二十九条》看清朝对西藏治理的加强与完善 / 李蓉《西藏民族大学学报》(哲社版) 2016：5
78. 从档案史料看民国时期中央驻藏机构的设立变更与职官任免 / 张子凌《西藏民族大学学报》(哲社版) 2016：6
79. 论元明清时期青藏地区基层政治建设的特点 / 贺冬《青海民族研究》2016：4
80. 民国初年陆兴祺救助、组织流亡哲印难民回国问题初探 / 孙宏年《青海民族研究》2016：4
81. 民国时期川边土司与藏传佛教寺院矛盾调处机制研究 / 贾霄锋、马千惠《青海民族研究》2016：4
82. 代宗朝唐蕃关陇战争与京都防御体系的构建 / 胡岩涛《西北民族大学学报》(哲社版) 2016：4
83. 论西夏蕃、汉礼之争的本质——以"任得敬"为个案研究 / 马旭俊、杨军《西北民族大学学报》(哲社版) 2016：4
84. 1910 年两位驻藏大臣联豫、温宗尧在治藏思路上的分歧与清廷之裁决 / 康欣平《西北民族大学学报》(哲社版) 2016：5
85. 从《拔协》词汇运用看分裂时期藏族史学的裂变 / 刘凤强《西北民族大学学报》(哲社版) 2016：6
86. 论唐蕃经济交往 / 石越《西北民族大学学报》(哲社版) 2016：6
87. 浅析清朝前期与西藏的政治互动——以《皇太极敦请萨迦法王诏书》为中心 / 罗布、才项卓玛、尼玛仓觉《青海民族大学学报》(社科版) 2016：3
88. 清代甘青地区土司数量考 / 武沐、张艳娥《青海民族大学学报》(社科版) 2016：3
89. 元代多康藏区与西藏的关系考略 / 叶拉太《青海民族大学学报》(社科版) 2016：3
90. 试论吐蕃赞普世系与佛苯之关系 / 何贝莉《青海师范大学学报》(哲社版) 2016：4
91. 丝绸之路青海道经过乐都地区的几条线路考述 / 张得祖《青海师范大学学报

报》(哲社版)2016：5
92. 汉人移民与清代金川屯区地域社会的重构及发展 / 曾现江《西南民族大学学报》(社科版)2016：8
93. 论藏传佛教的慈悲观及其社会作用 / 贡保扎西《西南民族大学学报》(社科版)2016：8
94. 近代康区的内地商货流通与消费格局 / 邹立波《西南民族大学学报》(社科版)2016：12
95. 清末西藏格鲁派上层对西方势力在康区活动的抵制 / 黄辛建《西南民族大学学报》(社科版)2016：12
96. 藏尼边界纠纷与咸丰朝的廓尔喀之役 / 朱昭华、顾梦晓《云南民族大学学报》(哲社版)2016：3
97. 唐代吐蕃建构天下秩序初探 / 林冠群《中央民族大学学报》(哲社版)2016：4
98. 哲孟雄王祖普南杰求娶奔琼玛事件始末 / 扎洛《中央民族大学学报》(哲社版)2016：5
99. 乾隆末至光绪初藏哲边界相关问题研究 / 张永攀《中国边疆史地研究》2016：3
100. 国民政府时期的西藏驻京代表“堪准洛松” / 张子新、喜饶尼玛《中国边疆史地研究》2016：4
101. 六世班禅额尔德尼与达天通理会晤再考 / 曹刚华《清史研究》2016：3
102. “西藏”地名的起源 / 李勤璞《历史研究》2016：5
103. 巴塘教会的最后时期及本土化特色 / 赵艾东、朱晓陵《宗教学研究》2016：4
104. 元明清时期藏族史书编纂与多民族共同体认识的形成 / 刘凤强《贵州民族研究》2016：11
105. 印度政府与1949年之噶厦驱逐国民政府驻藏官员事件 / 张皓《南亚研究》2016：2
106. 西藏朗县列山墓地的调查与发掘 / 仝涛、赵慧民《考古》2016：11
107. 西藏琼结县藏王陵1号陵陵垣的试掘 / 吕红亮、霍巍等《考古》2016：9
108. 西藏阿里帕尔嘎尔布石窟(K1)壁画题记释读与相关问题 / 张长虹《文物》2016：7

四、宗教

1. 《俱舍论》的业力观 / 高颖《中国藏学》2016：S1
2. 关于阿坝嘉绒地区苯教改宗问题研究——以金川县广法寺为例 / 赵敏熙《中国藏学》2016：S1
3. 苯教及其三界宇宙观 / 何贝莉《中国藏学》2016：2
4. 《金刚般若经颂科次纂要义解略记》序及西夏汉藏佛教的一面 / 索罗宁《中国藏学》2016：2
5. 凉州会盟与西夏藏传佛教——兼释新见西夏文《大白伞盖陀罗尼经》发愿文残叶 / 史金波《中国藏学》2016：2
6. 滂汀巴昆仲与上乐教法在藏地和西夏的早期弘传 / 魏文《中国藏学》2016：2
7. 再论甘丹赤巴建立的活佛转世系统 / 嘎·达哇才仁《中国藏学》2016：2
8. 拉萨“四大林”辨析 / 喜饶尼玛、叶小琴《中国藏学》2016：2
9. 试论瓦德尔对藏传佛教活佛转世制度的误读 / 刘一南《中国藏学》2016：2
10. 藏传佛教寺院治理的历史演进及当代启示 / 马明忠、张科《青海民族研究》2016：2
11. 藏传佛教与近代甘青藏区的社会经济 / 杨红伟《青海民族研究》2016：1
12. 论宗教团体自律——从藏传佛教视角的思考 / 华热·多杰《青海民族研究》2016：1
14. 藏传佛教高僧传：神圣性的建构 / 王守斌、才让《西北民族研究》2016：1
15. 族群认同视阈下的民间信仰研究——以白马藏人祭神仪式为例 / 王万平《西北民族研究》2016：1
16. 解析藏传量论中的“共相”概念 / 程瑜《西南民族大学学报》（人文社科版）2016：3
17. 论《现观庄严论》对藏传佛教中观学止观理论与实践的影响——以对能取、所取的分析为例 / 覃江《西南民族大学学报》（人文社科版）2016：4
18. 新形势下加强和改进藏传佛教寺庙管理的思考 / 王少明、普布次仁、张广亮《西藏研究》2016：1
19. 阿里科迦寺名称探究 / 李俊《西藏研究》2016：1
20. 因明逻辑实现“利益他人”目标的四范畴之汉藏因明比较 / 达哇《西藏研究》2016：2
21. 现代藏传佛教系统初探 / 文厚泓、索南才让《西藏研究》2016：3

22. 藏传佛教认识论评析 / 次仁央金、桑杰端智《西藏研究》2016：3
23. 藏传佛教觉囊派发展史述评 / 旺多《西藏大学学报》（社科版）2016：1
24. 清与元明中央政府治藏宗教政策的差异及成因分析 / 李文萍《西藏大学学报》（社科版）2016：1
25. 论明朝管理西藏宗教事务的基本经验 / 次旦扎西《西藏大学学报》（社科版）2016：2
26. 广惠寺存九世班禅赐给先灵佛的锦幛考释 / 蒲文成《青海民族大学学报》（社科版）2016：1
27. 藏传佛教对社会工作的启示——以 RG 民族文化宫为例 / 荣增举《青海民族大学学报》（社科版）2016：1
28. 吐蕃王朝佛教寺院管理初探 / 张生寅《青海民族大学学报》（社科版）2016：2
29. 宗教在华锐藏区的传播及其特点分析 / 华锐·东智《西藏民族大学学报》（哲社版）2016：2
30. 论萨哇嘉·德哇对吐蕃佛教的贡献 / 索南《西藏大学学报》（社科版）2016：1
31. 佛教逻辑“九句因”理论的实质及其逻辑内涵 / 达哇《中国藏学》2016：3
32. 汉、藏因明交流的现状、困境及对策 / 侯玉娟、张忠义《中国藏学》2016：3
33. 论裕固族藏传佛教信仰的形成 / 张海娟、杨富学《中国藏学》2016：3
34. 明代藏传佛教在“洮河岷”地区的发展——以卓尼石门寺为例 / 杨士宏、山聪《中国藏学》2016：3
35. 碑文所见明代在甘青地区弘扬藏传佛教的客观条件 / 吴景山、贾竞阳《中国藏学》2016：3
36. 论宗喀巴“空有之争”思想 / 丁建华《西藏研究》2016：4
37. 关于元代藏传佛教噶当派的几个问题 / 陈庆英《西藏研究》2016：4
38. 藏传佛教格鲁派活佛转世化身谱系建立现象探析 / 王晓晶《西藏研究》2016：5
39. 从历代《达赖喇嘛传》看活佛转世定制 / 阴海燕、边巴拉姆《西藏研究》2016：5
40. 论金瓶掣签制度在北京雍和宫的设立与实施——以新近翻译披露的《清代雍和宫档案史料》为据 / 宗喀·益西丹佛《中国藏学》2016：4
41. 喇嘛“斗法”考——兼论忽必烈及元皇室独尊藏传佛教的由来 / 李文泰《西

藏研究》2016：5

42. 藏族量理摄类学证有证无略观 / 夏吾李加《西藏研究》2016：6
43. 伊利亚德宗教现象学视域下的西藏宗教 / 杨胜利《西藏研究》2016：6
44. 康萨仁波切与能海法师的师徒往事——兼论民国时期汉藏佛教文化交流 / 邱熠华《西藏研究》2016：6
45. 白马藏人古歌“gLu”与斯巴苯教 / 宗喀·漾正冈布、王万平《西藏大学学报》（社科版）2016：3
46. 清朝中央政府治藏宗教政策述论 / 周燕《西藏大学学报》（社科版）2016：4
47. 从“穆”的词源与神话解析其宗教涵义 / 拉毛吉《西藏大学学报》（社科版）2016：4
48. 多罗那他大师判教思想论略 / 何杰峰《西藏大学学报》（社科版）2016：4
49. 互助土族藏传佛教信仰现状研究——基于对互助佑宁寺与信众之间互动关系的观察 / 徐长菊、蔡秀清《西藏大学学报》（社科版）2016：4
50. 跨文化传播视域下的盐井天主教传播 / 刘新利、周晓艳《西藏大学学报》（社科版）2016：4
51. 藏族苯教神祇与纳西东巴教神祇关系论析 / 木仕华《西藏民族大学学报》（哲社版）2016：4
52. 历辈桑顶·多吉帕姆活佛和桑顶寺简志 / 多吉帕姆·德钦、曲珍扎巴·图丹朗杰、陈庆英《西藏民族大学学报》（哲社版）2016：5
53. 藏传佛教学衔的设定探微 / 丹曲、于丽萍《西藏民族大学学报》（哲社版）2016：6
54. 密教大毗卢遮那佛法身观的形成 / 吕建福《青海民族大学学报》（社科版）2016：4
55. 瑜伽密教金刚类神祇的源流及特征探析 / 党措《青海民族大学学报》（社科版）2016：4
56. 甘青地区格鲁派寺院学经制度的历史传承与现状调查 / 王秋花《青藏高原论坛》2016：4
57. 藏传佛教在卓尼藏区的传播和影响 / 丹曲《青藏高原论坛》2016：3
58. 青海佛教文化与多民族民间信仰间的互动与共融 / 鄂崇荣《青藏高原论坛》2016：3
59. 吐蕃时期藏文《大藏经》三大目录探讨 / 尕旦东主《青藏高原论坛》2016：3
60. 民国时期夏河县“政令不出拉卜楞街市”现象探析 / 彭小蓉、完玛才让《青

藏高原论坛》2016：4

61. 安多藏传佛教寺院与社区关系的调查研究 / 李正元《青藏高原论坛》2016：4
62. 论述宁玛派对“大圆满”思想的构建 / 何杰峰《青藏高原论坛》2016：4
63. 斯巴苯教概念与内涵辨析 / 杨黎浩《西北民族大学学报》（哲社版）2016：6
64. 藏密“曼荼罗沙画”的三重叙述 / 段奕辰、洪星球《西北民族大学学报》（哲社版）2016：6
65. 初谈藏传佛教“四摄法”教育之借鉴意义 / 才让加《西北民族大学学报》（哲社版）2016：6
66. 基督教与藏传佛教的相遇：德国摩拉维亚传教士在西喜马拉雅地区活动考 / 赵光锐《四川大学学报》（哲社版）2016：6
67. 论语言与宗教的关系 / 根呷翁姆《中央民族大学学报》（哲社版）2016：6
68. 安多藏区二郎神信仰源流考 / 仁增、拉青旺姆《宗教学研究》2016：4
69. 拉萨宗座代牧区成立史实考述 / 刘瑞云《宗教学研究》2016：4
70. 藏传佛教密续学述略——以布顿·仁钦珠《续部总论》为例 / 尕藏加《世界宗教研究》2016：5
71. 诺那呼图克图弘法活动研究 / 德吉梅朵、喜饶尼玛《中国边疆史地研究》2016：1
72. 以中国特色社会主义宗教理论引导西藏地区宗教健康有序发展 / 刘洁《中国边疆史地研究》2016：3
73. 清代雍和宫的金瓶掣签——以雍和宫档案为例 / 阿音娜、N·哈斯巴根《中国边疆史地研究》2016：4
74. 藏传佛教哲学思想对藏区社会和谐稳定的功用探析 / 刘俊哲《民族学刊》2016：4
75. 藏传佛教觉囊派在四川藏区的传播与发展 / 梁银林《民族学刊》2016：4
76. 藏族量理摄类学形色与显色略观 / 夏吾李加、俄智多杰《民族学刊》2016：4
77. 宗教事务依法管理的路径及基础——以四川藏区依法治理为视角 / 王允武、才让旺秀《民族学刊》2016：5

五、文化、艺术

1. 舟曲藏族民歌及其民俗事象透视 / 李晓玲《中国藏学》2016：1
2. 内蒙古藏传佛寺壁画与唐卡中的地域特色 / 王磊《中国藏学》2016：1

3. “朱倭古舞”唱词探讨 / 刘瑛、林俊华《中国藏学》2016：1
4. 从于阗到益州：唐宋时期毗沙门天王图像的流变 / 霍巍《中国藏学》2016：1
5. 西藏著名艺术家十世噶玛巴活佛却英多吉笔下的汉式风格作品 / 熊文彬《中国藏学》2016：1
6. 榆林窟第 3 窟不空羂索五尊组像研究 / 贾维维《中国藏学》2016：2
7. 藏族山水文化考察记事 / 洛桑·灵智多杰《中国藏学》2016：S1
8. 略论《格萨尔》在德格地区的流传 / 甲央齐珍《西藏研究》2016：1
9. 略论藏族民间音乐发展历程及其特点 / 罗桑开珠《西藏研究》2016：1
10. 论西藏藏戏新编剧目的变化及意义 / 李宜《西藏研究》2016：1
11. 如何书写民族内省视角的藏族电影——探赜万玛才旦《静静的嘛呢石》电影剧本的自觉性藏族书写 / 吴迎君《西藏研究》2016：1
12. 关于“望果”的人类学分析——以琼结白日“望果”为例 / 方晓玲《西藏研究》2016：1
13. 探析《格萨尔》中与“岭”相关的名称 / 才旦《西藏研究》2016：2
14. 青海玉树贝纳沟摩崖造像服饰初探 / 虞黛筠、马冬《西藏研究》2016：2
15. 坚守与超越——藏族女性作家的创作兼及对当代藏族文学发展的思考 / 徐琴《西藏研究》2016：2
16. 西藏天葬源流考——兼论天葬师角色歧视的缘起 / 叶远飘《西藏研究》2016：3
17. 《格萨尔》向何处去？——后现代语境下的《格萨尔》史诗演述歌手 / 诺布旺丹《西藏研究》2016：3
18. 从梵夹装装帧形制演变看唐蕃古道的文化融合 / 周懿《西藏民族大学学报》（哲社版）2016：1
19. 西藏西部考古新发现的茶叶与茶具 / 霍巍《西藏大学学报》（社科版）2016：1
20. 四川原生态藏族民歌艺术特征的差异化比较研究——以康巴、安多、嘉戎方言地区为例 / 魏晓兰《西藏大学学报》（社科版）2016：1
21. 川籍藏族流行音乐人与其文化身份认同 / 叶姿含《西藏大学学报》（社科版）2016：1
22. 媒介变迁与西藏传统文化传播研究——以《格萨尔王传》史诗为例 / 袁爱中、杨静《西藏大学学报》（社科版）2016：1
23. 藏族传统乐器音响特性即声部分类相关知识系统考释 / 次央、洛金宝《西

藏大学学报》（社科版）2016：1

24. 藏语传媒在跨文化传播中的影响因素与作用分析 / 韩辉《西藏大学学报》（社科版）2016：1
25. 英藏“主语”比较与英文教学中 Subject 一词藏译略考 / 阿努、赤列德吉《西藏大学学报》（社科版）2016：2
26. 藏戏的界定与起源问题研究 / 杨宝春《西藏大学学报》（社科版）2016：2
27. 中华文化统一体视域下的藏族传统孝道思想研究 / 李蓉《西藏大学学报》（社科版）2016：2
28. 白马藏族在文化视阈中的自观与他观 / 杨峰、杨士宏《青海民族大学学报》（社科版）2016：3
29. 舟曲藏族酒文化与酒歌 / 李晓玲《西北民族大学学报》（哲社版）2016：2
30. 美学视野下的传统汉藏民族礼仪文化研究——从《史记·礼书》和敦煌藏文书卷《礼仪问答写卷》谈起 / 张波《西藏艺术研究》2016：1
31. 影像重构与文化深描——万玛才旦电影论略 / 杨伟《西藏艺术研究》2016：1
32. 从人类学考释藏族题材影片的历程及特点 / 曾吉卓玛《青藏高原论坛》2016：1
33. 文化身份与族群文化的忧郁与建构——以阿顿·华多太的诗集《忧郁的雪》为例 / 孔占芳《青藏高原论坛》2016：1
34. 新媒体环境下《格萨尔》史诗传播途径及效果调查——以果洛州甘德县为例 / 张美《青藏高原论坛》2016：1
35. 二重身份视阈下的桑丹创作论 / 邓利《西北民族大学学报》（哲社版）2016：2
36. 传统节日对藏戏传承的影响研究 / 杨于卓《西南民族大学学报》（人文社科版）2016：4
37. 论藏式艺术风格在流行音乐作品中的形成及表现 / 叶姿含《青海民族研究》2016：1
38. 吐蕃乐舞探源与研究 / 李延浩、王丹《西北民族大学学报》（哲社版）2016：2
39. 试论吐蕃之前石文化对藏族造物艺术的影响 / 朱和平、孙惠茹、邓昶《青海民族大学学报》（社科版）2016：3
40. 藏传佛教活佛官邸的建筑形制与美学特征——以甘肃拉卜楞寺嘉木样寝宫为例 / 黄跃昊、杨林平《西北民族大学学报》（哲社版）2016：2

41. 白居寺措钦大殿壁画制作材料与工艺分析 / 王力丹、郭宏《中国藏学》2016：3
42. 青藏岩画系统中的甘肃祁连山岩画——兼论中国岩画的四大区域类型 / 张亚莎《中国藏学》2016：4
43. 长征时期四川少数民族革命歌曲述论——以康藏为中心 / 谢雅丹、张森林《中国藏学》2016：4
44. 藏族民间表演艺术的苦难叙事与精神超越 / 袁联波《西藏研究》2016：4
45. 工布江达县碉楼文化探析 / 罗勇《西藏研究》2016：4
46. 西藏喜马拉雅山东南麓禁猎后的弓箭使用方式——以陈塘夏尔巴人为例 / 马少龙、范久辉《西藏研究》2016：5
47. 四川博物院藏 11 幅格萨尔唐卡画的初步研究——关于《格萨尔》史诗的故事系统 / 李连荣《西藏研究》2016：6
48. 论藏传佛教影响下摩梭人的死亡观和临终关怀传统 / 严梦春、宋萍《西藏大学学报》（社科版）2016：3
49. 大众文化视野下西藏传统文化的传播路径构建——以涉藏影视艺术作品为例 / 王传领《西藏大学学报》（社科版）2016：3
50. 青藏高原游牧文化的特征及其与丝绸之路的关系 / 贺卫光《西藏大学学报》（社科版）2016：3
51. 历史传承与文化共享：西藏江孜达玛节的展演式保护探析 / 马宁、刘玉皑《西藏大学学报》（社科版）2016：4
52. 论汉语国际传播中西藏文化的价值与实践 / 李韵《西藏大学学报》（社科版）2016：4
53. 社会转型视域下西藏文化报道的分析研究——以《西藏日报》"八廓街的故事"专栏、"快搜西藏"文化频道为例 / 袁爱中、李洁《西藏民族大学学报》（哲社版）2016：4
54. 藏族命名文化研究 / 东主才让《西藏民族大学学报》（哲社版）2016：4
55. 藏区寺院媒介模式的发展探析 / 梁成秀《西藏民族大学学报》（哲社版）2016：5
56. 清代文献中的藏香 / 王宝红《西藏民族大学学报》（哲社版）2016：5
57. 西藏石锅与藏族传统饮食养生研究 / 杨娅、周毓华《西藏民族大学学报》（哲社版）2016：6
58. 藏族工布响箭的生产性保护研究 / 杨建军《西藏民族大学学报》（哲社版）

2016：6

59. 青海古代民族弓箭文化考述——以羌、鲜卑、吐蕃为例 / 逯克胜《青海民族研究》2016：3
60. 青海省国家级非物质文化遗产——南山射箭 / 才让多杰《青海民族研究》2016：3
61. 白马藏族在文化视阈中的自观与他观 / 杨峰、杨士宏《青海民族大学学报》（社科版）2016：3
62. 祁连县阿柔部落藏族生命礼仪解读 / 李积萍《青海师范大学学报》（哲社版）2016：4
63. 文化旅游开发与少数民族地区传统文化的保护——以青海省果洛州为例 / 更桑措毛《青海师范大学学报》（哲社版）2016：6
64. 媒介化社会与藏族传统节日文化变迁——以 2015 年拉萨藏历新年为例 / 林晓华、邱艳萍《西南民族大学学报》（社科版）2016：8
65. 塔尔寺的旃檀宝树与宗喀巴大师的身体象征 / 毛雪彦《西南民族大学学报》（社科版）2016：12
66. 三星堆青铜纵目面具与铜兽首冠人像的藏文化解读 / 同美《民族学刊》2016：5
67. 清代西藏丝织品纹样特点 / 蒋家莉《西藏艺术研究》2016：3
68. 贡嘎曲德寺怙主护法殿绘塑图像初探 / 崔月姣《故宫博物院院刊》2016：2
69. 西藏梦“画”——昂桑艺术浅析 / 索曼尼《西藏艺术研究》2016：3
70. 西藏民间藏戏队传承保护的调查与思考——以山南市为例 / 强巴次仁《西藏艺术研究》2016：3
71. 阐释、解码与理解：关于舞剧《仓央嘉措》的一次跨文化实践 / 赵丽芳《中央民族大学学报》（哲社版）2016：6
72. 文化数字化保护视域下藏族民间舞蹈研究——以藏族锅庄舞为例 / 冯涛、毕研洁《青海民族研究》2016：3
73. 试论吐蕃之前石文化对藏族造物艺术的影响 / 朱和平、孙惠茹、邓昶《青海民族大学学报》（社科版）2016：3
74. 嬗变与坚守——热贡绘画唐卡中“模件化”现象的人类学阐释 / 王星星、覃莉《西北民族大学学报》（哲社版）2016：6
75. 基于“藏族音乐文化热”的当代民族音乐发展思考 / 任意《贵州民族研究》2016：6

76. 传统藏戏的时空结构 / 袁联波《贵州民族研究》2016：8

六、教育、体育

1. 民族生“三语习得”过程中的干扰因素及对策研究——以青海民族大学藏族学生为例 / 张小华《青海民族研究》2016：1
2. 我国藏汉双语教学研究的计量分析与述评——基于 1994—2015 年 CNKI 来源期刊文献的分析 / 桑木旦、郝亚琪、旭东英《西藏大学学报》（社科版）2016：1
3. 和衷共济：民国时期夏河近代教育发展述论 / 郭志合《西藏大学学报》（社科版）2016：1
4. 基于数字技术的藏族传统图案设计课程改革探讨 / 格桑多吉《西藏大学学报》（社科版）2016：1
5. 西藏农牧区幼儿教师专业素养调查研究 / 邢俊利、纪春梅、孙晓桐《西藏大学学报》（社科版）2016：2
6. 重要的国家安全屏障战略视域下西藏外语教育政策调整 / 高全孝《西藏大学学报》（社科版）2016：2
7. 西藏古代杂技与藏族传统体育相互融合的探讨 / 毕卫忠、丁玲辉《西藏大学学报》（社科版）2016：1
8. 四川藏区“9+3”职业教育内地办学的思考 / 还格吉《中国藏学》2016：3
9. 西藏牧区基础教育的新发展——以那曲县罗玛镇为案例 / 班觉、次仁德吉《中国藏学》2016：4
10. 教育援藏与西藏民生改善 / 王春焕、刘明松《西藏研究》2016：5
11. 西藏高校大学生创新创业校企合作模式建设研究 / 王恒良《西藏大学学报》（社科版）2016：3
12. 基于构建乡村幼儿教师专业发展支持体系的培训需求调查研究——以西藏地区为例 / 杨红卫《西藏大学学报》（社科版）2016：3
13. 内地西藏班（校）教学模式改革的趋向与路径分析 / 李梅《西藏大学学报》（社科版）2016：3
14. 论西藏职业教育现代化的内涵及战略选择 / 郝峰《西藏大学学报》（社科版）2016：4
15. 藏医学人才培养现状调查研究——以西藏某藏医药高校为例 / 邓春生、熊

文婷、次仁《西藏大学学报》(社科版)2016：4

16. 青海藏区寄宿制学校现状调查 / 朱韶晖《西藏民族大学学报》(哲社版)2016：4
17. 西藏高校英语(师范)专业人才培养目标及课程设置反思 / 王欢《西藏民族大学学报》(哲社版)2016：5
18. 特而不殊：西藏高校社会主义核心价值观教育实践路径审视 / 吴颖《西藏民族大学学报》(哲社版)2016：6
19. 西藏思想政治教育史的理论框架与学理历史依据 / 高峰《西藏民族大学学报》(哲社版)2016：6
20. 西藏高校提高民族团结教育有效性的路径选择 / 张翠娟、闵黎《西藏民族大学学报》(哲社版)2016：6
21. 藏汉双语数学教育研究现状与展望——基于研究论文的统计分析 / 拉毛草、范忠雄《西北民族大学学报》(自然科学版)2016：2
22. 30 年来内地西藏班(校)办学的发展历程、特点及其展望 / 喻永庆、孟立军《西北民族大学学报》(哲社版)2016：4
23. 藏区内地办学研究——基于内地西藏班(校)和四川藏区“9+3”的分析 / 陈巧妹《西北民族大学学报》(哲社版)2016：4
24. 寄宿制中学生心理健康、社会支持与主观幸福感关系研究——以青海省藏民族居住区寄宿制中学为例 / 赵慧莉、陈思超《青海师范大学学报》(哲社版)2016：5
25. 青海中小学藏汉双语教师学科专业能力提升途径研究 / 周毛吉、扎洛《青海师范大学学报》(哲社版)2016：4
26. 民族地区初中生数学应用意识研究——以阿坝藏族羌族自治州为例 / 赵洁、苏浩然、苏傲雪《中央民族大学学报》(自然科学版)2016：4
27. 门巴族珞巴族传统体育保护与传承路径探讨 / 丁玲辉《西藏大学学报》(社科版)2016：3

七、语言文字

1. 汉藏语码混用现象分析——以拉萨社区调查为例 / 李永斌《中国藏学》2016：1
2. 四川省藏区语言生态研究及价值 / 尹蔚彬《中国藏学》2016：1

3. 西藏藏语新词术语规范工作初创时期的五个重要节点 / 周炜《中国藏学》2016：S1
4. 藏文书名的特点及其汉译研究 / 仁增、傅利平、桑杰《中国藏学》2016：2
5. 藏缅语的基数词——兼与汉语比较 / 戴庆厦、彭茹《青海民族研究》2016：2
6. 浅谈实验语音学对藏语语音研究的贡献 / 索南椤智《西藏研究》2016：1
7. 乙种本《西番译语》藏汉对译音义关系辨析 / 朗杰扎西《西藏研究》2016：2
8. 安多藏语尖扎话的音位系统研究 / 才项措、刘思思、达哇彭措《西北民族大学学报》（自然科学版）2016：3
9. 藏文名词短语的语义研究 / 多杰卓玛《西北民族大学学报》（自然科学版）2016：3
10. 青海蒙古语中的藏语借词研究 / 桑加、多杰东智《西北民族大学学报》（哲社版）2016：1
11. 若干典型古藏文语词疏译之二、三 / 陈践《中国藏学》2016：3—4
12. 藏语地理分布格局的形成原因 / 陈荣泽《西藏研究》2016：5
13. 敦煌文献中藏文字形及书写特点的研究 / 高定国《西藏大学学报》（社科版）2016：3
14. 功能主义视角下西藏旅游文本英译的问题及对策探讨 / 白玛德吉、次仁德吉《西藏大学学报》（社科版）2016：3
15. 从认知范畴看汉、藏语中的茶名词汇 / 张院利《西藏民族大学学报》（哲社版）2016：4
16. 汉藏翻译中的语法与语言表达艺术习惯问题刍议 / 阿旺旦增《西藏艺术研究》2016：4
17. 关于做好藏汉文翻译工作的几点思考 / 吴均《青藏高原论坛》2016：3
18. 安多口语使役态的特征研究 / 扎西才让《青海民族研究》2016：4
19. 安多藏语尖扎话的音位系统研究 / 才项措、刘思思、达哇彭措《西北民族大学学报》（自然科学版）2016：3
20. 基于语料库的藏语谚语句式结构分析 / 当增扎西、达哇彭措《西北民族大学学报》（自然科学版）2016：2
21. 藏文名词短语的语义研究 / 多杰卓玛《西北民族大学学报》（自然科学版）2016：3
22. 清代藏语言文字的发展及其特点 / 周润年、张屹《中央民族大学学报》（哲社版）2016：5

24. 论汉藏语言小舌塞音的音变共性 / 燕海雄《中央民族大学学报》(哲社版) 2016：6
25. 藏语语者英语单元音发音可视化矫正 / 冯卉、宋瑞等《清华大学学报》(自然科学版) 2016：11
26. 道孚藏族双语文化现象的成因、特点及其调适 / 根呷翁姆《民族学刊》2016：2

八、医药、科技

1. 藏药“迦帝”译名考析 / 仁青卓玛、力毛措《中国藏学》2016：S1
2. 藏医对人体胚胎学的贡献 / 蔡秀清《中国藏学》2016：S1
3. 甘肃新见瓜州县博物馆藏西夏藏文药方考 / 赵天英《中国藏学》2016：2
4. 藏药剪胶的药效实验方法新探 / 龙主多杰《西藏研究》2016：1
5. 藏历学算法中数学思想方法应用简析 / 吉律《西藏大学学报》(自然科学版) 2016：1
6. 现代藏文基字识别的算法设计 / 拉巴顿珠、欧珠《西藏大学学报》(自然科学版) 2016：1
7. 基于 Android+SQLite 藏汉电子词典应用软件的设计与实现 / 普措才仁、蔡光波《西北民族大学学报》(自然科学版) 2016：2
8. CRF 与规则相结合的藏文人名识别方法 / 加羊吉、李亚超、于洪志《西北民族大学学报》(自然科学版) 2016：3
9. 藏文客户关系管理系统的设计与实现 / 马宁、万福成《西北民族大学学报》(自然科学版) 2016：3
10. 一种面向藏文聚类的文本建模方法 / 江涛、于洪志《西北民族大学学报》(自然科学版) 2016：3
11. 藏药 EH 复方降糖颗粒处方筛选及产品稳定性研究 / 李艳、毛羽等《西南民族大学学报》(自然科学版) 2016：2
12. 藏药波棱瓜子有效成分波棱素对 ConA 诱导的免疫性肝损伤的保护作用 / 王蕾、刘思洋等《西南民族大学学报》(自然科学版) 2016：5
13. 高速逆流色谱法一次性分离制备藏药蓝玉簪龙胆中的三个化合物 / 李姗、赵野等《西南民族大学学报》(自然科学版) 2016：6
14. 康巴文化背景下藏医药的传承与保护 / 赖先荣、周邦华等《西南民族大学学

学报》(自然科学版)2016:5
15. 藏汉两族腰围及血脂差异的比较 / 邬云红、唐蜀西等《复旦学报》(医学版)2016:1
16. 基于 Android+SQLite 藏汉电子词典应用软件的设计与实现 / 普措才仁、蔡光波《西北民族大学学报》(自然科学版)2016:2
17. 基于依存句法的藏文属格结构统计研究 / 丁海兰、祁坤钰《西北民族大学学报》(自然科学版)2016:2
18. 藏文客户关系管理系统的设计与实现 / 马宁、万福成《西北民族大学学报》(自然科学版)2016:3
19. CRF 与规则相结合的藏文人名识别方法 / 加羊吉、李亚超、于洪志《西北民族大学学报》(自然科学版)2016:3
20. 一种面向藏文聚类的文本建模方法 / 江涛、于洪志《西北民族大学学报》(自然科学版)2016:3

九、文学

1. 继承先生遗志传承未尽事业——王尧先生追思会上的发言 / 拉巴平措《中国藏学》2016:1
2. 忆良师益友王尧教授 / 陈践《中国藏学》2016:1
3. 纪念王尧老师——在王尧先生追思会上的发言 / 陈庆英《中国藏学》2016:1
4. 缅怀恩师继承精神 / 冯智《中国藏学》2016:1
5. 此情可待成追忆:纪念王尧老师 / 黄杰华《中国藏学》2016:1
6. 著名藏学家陈庆英先生访谈 / 央珍《中国藏学》2016:S1
7. 继续行进在藏学研究领域——访著名吐蕃史研究专家巴桑旺堆先生 / 巴桑旺堆、才项多杰《中国藏学》2016:S1
8. 因缘港大　花开藏院——悼念恩师王尧教授 / 林锦江《中国藏学》2016:1
9. 格勒博士藏学人类学研究历程口述史(上、下)/ 格勒、梁艳《中国藏学》2016:S1–2
10. 二十年不曾褪色的记忆——记藏学家和翻译家索朗班觉 / 索珍《中国藏学》2016:S1
11. 永远的怀念——记东噶仁波切・洛桑赤列在北京 / 罗秉芬《中国藏学》2016:S1

12. 回忆藏学研究中心原总干事多杰才旦——一个女儿眼中的父亲 / 才旦卓噶《中国藏学》2016：S1
13. 亦师亦友——忆丈夫格桑居冕教授 / 陈践《中国藏学》2016：S1
14. 翻译是门遗憾的艺术——访藏学翻译专家向红笳教授 / 切吉卓玛《西藏大学学报》（社科版）2016：2
15. 关于藏族历史研究的探讨——访藏族著名学者土登彭措教授 / 松芳、绮罗《西藏大学学报》（社科版）2016：1
16. 藏族神话发展阶段研究 / 扎巴《中国藏学》2016：4
17. 文献学视域中的当代藏族文学研究 / 于宏《西藏研究》2016：4
18. 北美藏学与《格萨尔》域外传播的语境解析 / 王治国《西藏研究》2016：4
19. 藏族民间寓言文学《茶酒仙女》研究 / 赵国栋《西藏研究》2016：5
20. 阿来文学创作与藏族口传文化 / 吴道毅、马烈《西藏大学学报》（社科版）2016：3
21. 藏、汉、英语境下谚语的民间审美文化共性研究 / 益西旦增、伍金加参、尼玛《西藏大学学报》（社科版）2016：3
22. 少数民族母语文学“走出去”的困境与出路——以现代藏语文学作品在日本的译介为例 / 李彬《西藏大学学报》（社科版）2016：3
23. 民族志诗学视域下次仁罗布小说的西藏叙事 / 冯清贵《西藏研究》2016：6
24. 从苦难中走向宽容：民族心灵史的书写——次仁罗布长篇小说《祭语风中》解析 / 李小平《西藏大学学报》（社科版）2016：4
25. 更敦群培大师《金穗—智游列国漫记》中诗歌及其英汉译文赏析 / 索朗旺姆、格桑平措　《西藏大学学报》（社科版）2016：4
26. 试论藏族《格萨尔》与土族《格赛尔》之间的联系 / 更藏卓玛、才项多杰《西藏艺术研究》2016：4
27. 跨族际的故事比较——汉族、藏族“天鹅处女”型故事研究 / 林继富、扎西才让《青海民族研究》2016：4
28. 《格萨尔王传》对文艺语体的开拓创新——基于与荷马史诗的比较 / 徐其超《西南民族大学学报》（社科版）2016：10
29. “族群边界”与“历史记忆”双重视域下的国家认同——评《瞻对》及阿来的“非典型西藏文本” / 丁增武《民族文学研究》2016：1
30. 个体记忆与时代情怀的交融——读丹增散文集《小沙弥》/ 包明德《民族文学研究》2016：5

31. 当代藏族汉语诗歌之边界性考察——以多康地区诗人为例 / 祁发慧《民族文学研究》2016：5
32. 《格萨尔》文本的多样性流变 / 丹珍草《民间文化论坛》2016：4
33. 《格萨尔》学术史的理论与实践反思 / 诺布旺丹《民间文化论坛》2016：4

十、综合、文献

1. 《清内阁蒙古堂档》中与西藏有关档案目录编译（一、二）/ 陈岚、达力扎布《中国藏学》2016：1–2
2. 《山法了义海论》所引佛教经论藏汉译文比较研究之十一 / 班班多杰《中国藏学》2016：1
3. 新发现藏文史籍《王统日月宝串》评述 / 阿贵《西藏研究》2016：1
4. “注意川康边事之整理，完成建设新西南之使命”——1940年贺国光编纂《川康边政资料辑要》及其重要价值 / 王川、朱晓舟《西藏大学学报》（社科版）2016：1
5. 英国外交部有关中国西藏档案（一、二）F.O.535（1903—1908）/ 王远大《西藏民族大学学报》（哲社版）2016：2–3
6. 1936年英驻克什米尔驻扎官代理L.E.兰格上校拉达克巡查报告——英国印度事务部档案选译 / 朱卫《西藏民族大学学报》（哲社版）2016：2
7. P.T.1038汉译及其专有名词“蔡”、“觉”考释 / 阿旺嘉措、张霞霞《西藏民族大学学报》（哲社版）2016：3
8. 英藏敦煌藏文文献IOL TIB J 1375译释 / 黄维忠《西藏民族大学学报》（哲社版）2016：2
9. 敦煌藏文P.T.1185号《军需调拨文书》及相关问题研究 / 陆离《西藏研究》2016：2
10. 吐蕃时期古印度因明文献初析——以敦煌藏文残卷P.T.0123为例 / 改玛本《西藏研究》2016：3
11. 论《云使》藏文译本对蒙古文转译本的影响 / 萨其仁贵《西北民族研究》2016：2
12. 回忆王森先生 / 邓锐龄《中国藏学》2016：3
13. 毛尔盖·桑木旦大师与藏族文化研究 / 班玛更珠《中国藏学》2016：4
14. 我的藏学人生 / 黄明信口述、黄维忠、央宗整理《中国藏学》2016：S2

15. 专忆 / 黄明信《中国藏学》2016 : S2
16. 记知友黄明信 / 林从敏《中国藏学》2016 : S2
17. 记黄明信先生的一件小事 / 褚俊杰《中国藏学》2016 : S2
18. 随风潜入夜，润物细无声——庆贺黄明信先生九十九华诞 / 彭学云《中国藏学》2016 : S2
19. 与福海先生书 / 法尊《中国藏学》2016 : S2
20. 黄明信先生与友人通信选 /《中国藏学》2016 : S2
21. 著名藏学家洛桑灵智多杰 / 李作泰《青藏高原论坛》2016 : 4
22. 著名民族学家牙含章的涉藏经历和藏学贡献 / 秦永章《西北民族大学学报》（哲社版）2016 : 6
23. 金川勒乌摩崖石刻的初步研究 / 才让太《中国藏学》2016 : 3
24.《清内阁蒙古堂档》中与西藏有关档案目录编译（三）/ 陈岚《中国藏学》2016 : 3
25. 论《大乘要道密集》的成书 / 沈卫荣《中国藏学》2016 : 3
26.《娘氏教法源流》译注（七）/ 娘·尼玛沃色、许渊钦《中国藏学》2016 : 3
27. 藏文文献中“བོན”（苯）与“གཤེན”（辛）二词考辨 / 曾丽容《中国藏学》2016
28. 新发现的两件班丹扎释法旨及相关史实考述 / 李志明、洲塔《中国藏学》2016 : 3
29. 一部吐蕃王陵的史册——《桑瓦央琼》的研究与翻译 / 夏吾卡先《中国藏学》2016 : 3
30.《普贤行愿品》汉藏译本异同考释 / 蒲文成、桑吉尖措《中国藏学》2016 : 4
31. 英藏敦煌西域古藏文非佛教文献的刊布与研究 / 杨铭《西域研究》2016 : 3
32. Or.8210/S.2228 系列古藏文文书及相关问题研究 / 杨铭、贡保扎西《敦煌研究》2016 : 5
33. 藏文史籍《娘氏教法源流》之结构内容与史料价值探析 / 万玛才让《西藏研究》2016 : 4
34. 藏译《般若波罗蜜多心经》咒之咒义及其内涵研究 / 尤拉才让《西藏研究》2016 : 4
35. 四川小金清代穆塔尔墓碑考释 / 李勤学、杨克明《西藏研究》2016 : 5
36. 藏译本《唐书·吐蕃传》对传统藏文史书的影响 / 西道加《西藏研究》2016 : 6

37. 和瑛《西藏赋》的版本及流传 / 严寅春《西藏研究》2016：6
38. 藏文史籍《贤者喜宴·噶玛岗仓史》的内容及其史学价值 / 张屹、周润年《民族研究》2016：1
39. 藏文史书《雅隆尊者教法史》的学术价值 / 张云《民族研究》2016：6
40. 藏文史书《汉藏史集》的文献学特点及其史学价值 / 张云《青海社会科学》2016：1
41. 论嘉绒藏族土司祖源的四种文本及其文化特点 / 韩腾《青海民族研究》2016：3
42. "权现马王"仪轨故事与西藏早期观音信仰——敦煌 P.T.239.2 号藏文写本探例 / 任小波《复旦大学学报》（社科版）2016：6
43. P.T.1290 小邦邦伯家臣表译释 / 黄维忠《西藏民族大学学报》（哲社版）2016：4—5
44. 英藏敦煌藏文文献 IOL Tib J 747 号鸟卜文书译释 / 陈践、黄维忠《西藏民族大学学报》（哲社版）2016：6
45. 《国立图书馆所藏敦煌藏文写本注记目录》——法藏敦煌藏文文献研究的奠基之作 / 牛海洋《西藏民族大学学报》（哲社版）2016：6
46. 英国外交部有关中国西藏档案（二、三、四、六）F.O.535（1903—1908）/ 王远大《西藏民族学大学学报》（哲社版）2016：3—6
47. 《英属印度与西藏》摘译（三、四、五、六）/ 阿拉斯泰尔·兰姆、邓锐龄《西藏民族学大学学报》（哲社版）2016：3—6
48. 新发现藏文史籍《王统日月宝串》有关吐蕃小邦史料 / 阿贵《青藏高原论坛》2016：3
49. 道光《巴塘志略》的成书时间及特点、价值 / 赵心愚《中央民族大学学报》（哲社版）2016：3
50. 满蒙在藏汉之间——《清史稿·德宗本纪》涉藏史事之编纂 / 李思清《云南民族大学学报》（哲社版）2016：5
51. 藏族传统历史文献中康藏区域概说解读 / 益西邓珠、土登彭措《西南民族大学学报》（社科版）2016：8
52. 当代日本藏学学者石滨裕美子学术研究概述 / 王丽《西藏民族大学学报》（哲社版）2016：5
53. 西方学者藏族自传研究方法初探——以杰妮特·嘉措教授的吉美林巴自传研究为例 / 格日杰布《中国藏学》2016：3

54. “藏边社会研究”之学术发展脉络——地理概念向文化空间的研究范式转变 / 韩腾《西南民族大学学报》(社科版)2016 : 7
55. 西藏哲学社会科学工作者必须为解决西藏经济社会发展中的重大理论和现实问题服务 / 索南才让《西藏民族大学学报》(哲社版)2016 : 4
56. 自觉肩负加快构建有中国特色西藏特点的哲学社会科学时代重任 / 刘凯《西藏民族大学学报》(哲社版)2016 : 4
57. 塑造哲学社会科学研究的“中国心”，打造“西藏学派” / 周德仓《西藏民族大学学报》(哲社版)2016 : 4
58. 晚清藏区“藏俗改良”运动述评 / 余仕麟《西南民族大学学报》(社科版)2016 : 10
59. 第二次边疆学兴起背景下青海果洛藏族部落考察研究述论 / 洲塔、李龙江《青海民族研究》2016 : 3
60. 藏彝走廊回藏民族的源流、分布述论 / 马尚林、马良《民族学刊》2016 : 4

十一、书评、书讯

1. 一个“边缘”族群的文化和生活——《嘉绒藏区社会史研究》评介 / 何丈华、左茜《中国藏学》2016 : 1
2. 研究清代西藏史的重要参考书——《清代治理新疆政策法规文献汇编》评介 / 边吉《中国藏学》2016 : 2
3. 当代藏族汉语文学转型：发现与探索——评朱霞《当代藏族汉语文学的转型及其多元文化背景》/ 马传江《西藏民族大学学报》(哲社版)2016 : 1
4. 罗凯什·钱拉德及其《藏传佛教造像》/ 王启龙、王越《西藏民族大学学报》(哲社版)2016 : 2
5. 武内绍人与《敦煌西域出土的古藏文契约文书》/ 杨铭、杨公卫《西藏民族大学学报》(哲社版)2016 : 3
6. 驻藏大臣研究的新进展与新收获——评《〈有泰驻藏日记〉研究—驻藏大臣有泰的思想、行为与心态》/ 陈鹏辉《西藏民族大学学报》(哲社版)2016 : 3
7. 新视角、新方法和新成果以及相关观点的局限与热忱的期许——评《乡民与戏：西藏的阿吉拉姆及其艺人研究》/ 刘志群《西藏艺术研究》2016 : 1
8. 真实　宏观　探索——马成俊、先巴、乔文主编《青海民族地区社会文化调研报告》评介 / 贾晞儒《青海民族研究》2016 : 1

9. “风险识别—复合治理—绩效评估”生态危机治理新理念——马晓东著《三江源区生态危机治理研究》评介 / 卓玛措《青海民族研究》2016：2
10. 读《世界屋脊上的城市——西藏城市发展与社会变迁研究（17 世纪中叶至 20 世纪中叶）》随感 / 周源《中国藏学》2016：3
11. 以多学科理论为支撑的关于西藏社会稳定的实践研究——读孙勇主编的《维护西藏地区社会稳定对策研究》一书感悟 / 狄方耀《西藏民族大学学报》（哲社版）2016：4
12. 一部西藏非物质文化遗产研究的力作——评《门巴族珞巴族非遗保护及旅游开发研究》/ 阿旺旦增《西藏民族大学学报》（哲社版）2016：6
13. “陌生”区域社会权力机制的多元分析——杨红伟著《清朝循化厅藏族聚居区之权力机制》评介 / 梁艳《青海民族研究》2016：3
14. 西藏音乐的历史书写——评更堆培杰及其《西藏音乐史》/ 次仁朗杰《西藏艺术研究》2016：4
15. 《中国西藏佛教寺院仪式音乐研究》（格桑曲杰著）/ 田联韬《中央音乐学院学报》2016：2

十二、动态及其他

1. 传承文化落地生根，服务社会深学笃用——中国藏学研究中心科研 30 周年 / 拉巴平措、郑堆《中国藏学》2016：S1
2. 发掘西藏历史文化精髓，构建中华共有精神家园——历史研究所走过的 30 年历程 / 张云《中国藏学》2016：S1
3. 坚持依法治藏，维护国家安全——当代研究所发展历程 / 廉湘民《中国藏学》2016：S1
4. 盛世修典，资政育人——《中华大典 · 藏文卷》编纂出版工作概况 / 郑堆、桑丁才仁《中国藏学》2016：S1
5. 研究西藏经济文化，服务藏区社会发展——社会经济研究所 30 年重要课题及成果 / 格桑卓玛《中国藏学》2016：S1
6. 宗教研究所 30 年科研历程 / 周炜《中国藏学》2016：S1
7. 研究藏族传统医学，传承服务人类社会——藏医药研究所的工作成果及课题 / 仲格嘉、罗辉《中国藏学》2016：S1
8. 锻造藏学图书珍品，弘扬中华文明精粹——“中国藏学”出版品牌的 30 年

建设 / 张荣德《中国藏学》2016：S1

9. 第二届中国藏学珠峰论坛会议综述 / 李健《中国藏学》2016：S1

10. 百年来汉藏关系史研究及相关问题 / 王启龙《西南民族大学学报》（人文社科版）2016：2

11. 为西藏自治区融入“一带一路”战略建言献策——首届“藏秦·喜马拉雅”论坛综述 / 张传庆、王新《西藏民族大学学报》（哲社版）2016：1

12. 民国时期康巴人物研究综述 / 万代吉《西北民族大学学报》（哲社版）2016：1

13. 2015 年港台和境外藏缅语研究前沿 / 黄成龙《西北民族大学学报》（哲社版）2016：3

14. 敦煌藏文文献研究综述——以藏文论文为中心（1982—2014）/ 桑吉东知《中国藏学》2016：3

15. 第六届西藏考古与艺术国际学术讨论会综述 / 孟丽、王传播《中国藏学》2016：3

16. 中国藏学研究中心成立 30 周年学术座谈会综述 / 王君、张哲浩《中国藏学》2016：3

17. 近三十年来的韩国藏学研究 / 王启龙、王丽《中国藏学》2016：4

18. “红军长征在藏区学术研讨会”会议综述 / 央宗、黄维忠《中国藏学》2016：4

19. “青藏高原环境与山水文化学术研讨会”综述 / 索南多杰、旦正才旦《中国藏学》2016：4

20. 2016 年中国敦煌吐鲁番学会少数民族语言文字专业委员会学术年会综述 / 胡桥华《中国藏学》2016：4

21. 第六届北京（国际）藏学研讨会综述 / 张宁、黄维忠《中国藏学》2016：4

22. 第十二届全国因明学术研讨会综述 / 周炜、陈立健《中国藏学》2016：4

23. 创新·融合·发展——民族地区学术期刊与名栏建设暨西藏大学学报创刊 30 周年学术研讨会在拉萨召开 /《西藏大学学报》（社科版）2016：3

24. 都兰吐蕃古墓考古研究综述 / 周毛先、宗喀·漾正冈布《西藏研究》2016：4

25. 近 30 年来明代治藏政策研究综述 / 陈武强《西藏研究》2016：6

26. 百年青海藏传佛教研究 / 参看加《青藏高原论坛》2016：3

27. 百余年敦煌藏文中与西方净土信仰相关文献之研究综述 / 桑吉东知《青藏高原论坛》2016：4

藏文部分

མཚན་ཉིད་རིག་པ། ཆོས་ལུགས།

བོད་ཀྱི་ཚད་མ་རིག་པའི་རྩོད་སྒྲུབ་ཀྱི་བསམ་གཞིག་སྐོར་ལ་དཔྱད་པ།

ངོ་རྒྱ་དབང་དྲག་རྡོ་རྗེ། 《 གྲུང་གོའི་བོད་རིག་པ 》2016.2

བློ་རིག་གི་རྣམ་གཞག་ལས་ཡིད་མངོན་སྐྱེ་ཚུལ་ལ་དཔྱད་པ།

མགོན་པོ་ཚེ་རིང་། 《གྲུང་གོའི་བོད་རིག་པ》2016.2

བོད་ཀྱི་ཚད་མ་རིག་པ་ལས་བྱུང་བའི་དོན་སྦྱོར་རྟོག་པ་ལ་དཔྱད་པ།

ཚེ་རིང་སྒྲོལ་མ། 《བོད་ལྗོངས་ཞིབ་འཇུག》2016.2

འཕགས་བོད་དུ་ཚད་མ་རིག་པ་དར་ཚུལ་དང་དེའི་ཕན་འབྲས་སྐོར་གླེང་བ།

ཡོངས་ཁང་ཕུན་ཚོགས་རྡོ་རྗེ། 《བོད་ལྗོངས་ཞིབ་འཇུག》2016.2

ནང་བསྟན་མཚན་ཉིད་རིག་པའི་སྣང་སྟོང་རྩོད་སྒྲུབ་ཀྱི་དགོངས་པར་དཔྱད་པ།

ཆོས་གྲགས། 《བོད་ལྗོངས་ཞིབ་འཇུག》2016.2

བློ་རིགས་ལས་བློའི་དབྱེ་བ་འབྱེད་ཚུལ་མི་འདྲ་བའི་སྐོར་ལ་ཅུང་ཟད་དཔྱད་པ།

མཁར་སྟོད་ཉི་མ། 《 བོད་ལྗོངས་སློབ་གྲྭ་ཆེན་མོའི་རིག་དེབ 》 2016.1

ཚད་མ་རིག་པའི་རྒྱུ་འབྲས་རྣམ་གཞག་གི་གྲུབ་ཚུལ་གླེང་བ།

ལྷུན་རྩེ་བསམ་གྲུབ། 《 བོད་ལྗོངས་སློབ་གྲྭ་ཆེན་མོའི་རིག་དེབ 》2016.1

འཇམ་མགོན་བླ་མ་ཙོང་ཁ་པ་ཆེན་པོའི་སྲས་ཀྱི་ཐུ་བོ་མཁས་གྲུབ་ཐམས་ཅད་མཁྱེན་པའི་ཚད་མ་སྡེ་བདུན་རྒྱན་ཡིད་ཀྱི་མུན་སེལ་ སྐོར་གླེང་བ།

བསྟན་པ་ཚེ་རིང་། 《བོད་ལྗོངས་སློབ་གྲྭ་ཆེན་མོའི་རིག་དེབ》2016.2

བོད་ཀྱི་མཛེས་དཔྱོད་ཀྱི་ཉམས་ཀྱི་རིགས་དགར་ཚུལ་གླེང་བ།

བསོད་ནམས་བཀྲ་ཤིས། 《བོད་ཀྱི་སློབ་གསོ》2016.3

དགེ་ལུགས་པའི་དྲང་ངེས་དོན་འགོད་ཚུལ་ཆེ་ལོང་ཙམ་བརྗོད་པ།

ཀུར་མགོན་ཆེ་རིང་། 《ཀྲུང་གོའི་བོད་རིག་པ》2016.1

སློབ་དཔོན་ཧྭ་ཤང་ནྲྀ་སྟོའི་འཇུག་ཚུལ་གཉིས་དང་ཆོས་སྤྱོད་བཞི་ཡི་བསམ་བློ་བོད་ཡིག་ཏུ་ཇི་ལྟར་བསྒྱུར་བའི་ཚུལ་ལ་དཔྱད་པ།

འབྲུག་ལྷ། 《ཀྲུང་གོའི་བོད་རིག་པ》2016.1

 བླ་བྲང་ཐོགས་པ་གྲྭ་ཚང་གི་ཀུ་རུ་དྲག་པོའི་སྒྲུབ་མཆོད་ཆེན་མོའི་སྐོར་གྱི་ཉམས་ཞིབ།

རིན་ཆེན་སྒྲིད། 《ཀྲུང་གོའི་བོད་རིག་པ》2016.1

བོད་བརྒྱུད་ནང་བསྟན་ནུབ་ཕྱོགས་སུ་དར་ཁྱབ་པའི་རྒྱུ་རྐྱེན་ལ་དཔྱད་པ།

བསོད་ནམས་རྒྱལ་མཚན། 《ཀྲུང་གོའི་བོད་རིག་པ》2016.1

རྗེ་བཙུན་ཤེས་རབ་རྒྱ་མཚོ་མཆོག་གི་གསུང་རྩོམ་གྱི་རྗོད་བྱེད་སྒྱུ་རྩལ་དང་དེའི་རྒྱབ་ལྗོངས་འཚོལ་དཔྱོད།

རྡོ་ཕྲིས་བློ་འཛུམ་རྒྱལ། 《ཀྲུང་གོའི་བོད་རིག་པ》2016.1

ཆོས་བཅུའི་ཕན་ཡོན་མུ་ཏིག་ཕྲེང་བ།(གོང་འཕྲོས)

ཀན་པོ་བཀྲ་ཤིས་རྒྱ་མཚོ། 《བོད་ལྗོངས་ནང་བསྟན》2016.1

ཆོས་སྡེ་ཆེན་པོ་དཔལ་ལྡན་འབྲས་སྤུངས་དགོན་གྱི་རྟེན་གསུམ་རགས་རིམ་ཙམ་བརྗོད་པ།

ཕུར་ལྕོག་ངག་དབང་བྱམས་པ། 《བོད་ལྗོངས་ནང་བསྟན》2016.1

རྒྱལ་ཚབ་ཆོས་རྗེས་མཛད་པའི་སྤྱོད་འཇུག་གི་འགྲེལ་པ་ལེའུ་ལྔ་པའི་ས་བཅད་ཆེན་མོ།

མཁར་གདོང་འཛམ་དཔལ་ཆོར་བྱུས་བསྒྲིགས། 《བོད་ལྗོངས་ནང་བསྟན》2016.1

ཆོས་སྡེ་ཆེན་པོ་སེ་ར་ཐེག་ཆེན་གླིང་གི་རྟེན་གསུམ་རགས་རིམ་ཙམ་བརྗོད་པ།

དཔེ་རྙིང་ལས་ངག་དབང་གིས་བཏུས། 《བོད་ལྗོངས་ནང་བསྟན》2016.2

བོད་ཀྱི་གཏེར་ཆོས་བཀའ་ཆེམས་བཀའ་ཁོལ་མའི་བརྗོད་བྱ་གཙོ་བོའི་སྐོར་གླེང་བ།

གཡང་མཚོ་སྒྲོལ་མ། 《བོད་ལྗོངས་ནང་བསྟན》2016.2

རྒྱལ་ཚབ་ཆོས་རྗེས་མཛད་པའི་སྤྱོད་འཇུག་གི་འགྲེལ་པ་ལེའུ་དྲུག་པའི་ས་བཅད་ཆེན་མོ།

མཁར་གདོང་འཛམ་དཔལ་ཆོར་བྱུས་བསྒྲིགས། 《བོད་ལྗོངས་ནང་བསྟན》2016.2

ཐེག་པ་ཆེན་པོའི་བློ་སྦྱོང་ཚིགས་བརྒྱད་མའི་ཟིན་བྲིས་རྗེ་བཙུན་བླ་མའི་ཞལ་རྒྱུན།

སེར་དགོན་བློ་བཟང་འཕགས་མཆོག 《བོད་ལྗོངས་ནང་བསྟན》2016.2

དགའ་ལྡན་ལྔ་མཆོད་ཀྱི་ལོ་རྒྱུས་མདོར་བསྡུས།

ཕུན་ཚོགས་བཀྲ་ཤིས་ཀྱིས་བསྡུས། གོ་ཁྲང་ཕིང་གིས་པར་བླངས། 《མི་རིགས》2016.1

བོད་བརྒྱུད་ནང་བསྟན་ཁྲོད་ཀྱི་སངས་རྒྱས་འོད་དཔག་མེད་ཀྱི་མཚན་གྱི་རྣམ་གྲངས་གླེང་བ།

བསེ་ཚང་སངས་རྒྱས་དོན་འགྲུབ། 《 མི་རིགས 》2016.1

བོད་ཀྱི་བཀའ་འགྱུར་བྲིས་མ་དང་པར་མ་དག་གི་འཕེལ་རིམ་ལ་དཔྱད་པ།

སྐལ་ལྡན་དོན་གྲུབ། 《བོད་ཀྱི་སློབ་གསོ》2016.3

ས་ཆེན་གྱི་སྒྲོན་མེ་གཅིག་པུ་སློབ་དཔོན་ཆེན་མོ་བསེ་རྗོ་རྗེ་འཆང་གི་ངོ་མཚར་བའི་གསུང་རྩོམ་ལས་འཕྲོས་པའི་དཔྱད་པ་ཕྲན་བུ་དང་གསུམ་བཤད་པའི་རང་སྒྲ།

རྗེ་ཚང་བསམ་འགྲུབ་རྒྱ་མཚོ། 《 ཀན་སུའུ་མི་རིགས་དགེ་འོས་སློབ་གྲྭ་ཆེན་མོའི་རིག་གཞུང་དུས་དེབ 》2016.2

《ས་པཎ་མཁས་འཇུག 》ལས་བསྟན་བཅོས་རྩོམ་པ་ལ་འཇུག་པའི་སྒོ་ཡན་ལག་དྲུག་གསུངས་པའི་དངོས་ཤུགས་ཀྱི་དགོངས་གཞི་ལ་དཔྱད་པ།

འགྱུར་མེད། 《མཚོ་སྔོན་མི་རིགས་སློབ་ཆེན་རིག་དེབ》2016.1

ནང་བསྟན་ཆོས་ལུགས་དང་བོད་ཀྱི་དམངས་སྲོལ་གཉིས་ཀྱི་འབྲེལ་བའི་སྐོར་གླེང་བ།

ཡོངས་ཁང་ཕུན་ཚོགས་རྡོ་རྗེ། 《 བོད་ལྗོངས་སློབ་གྲྭ་ཆེན་མོའི་རིག་དེབ 》2016.1

རྒྱ་གར་དུ་ནང་བསྟན་འཕེལ་འགྲིབ་བྱུང་བའི་ཚུལ་མདོ་ཙམ་གླེང་བ།

ལྷ་འབྲུག 《རྩེར་སྙེག》2016.2

བོད་ཀྱི་ཆོས་ལུགས་རིག་གནས་ལོ་རྒྱུས་དང་འབྲེལ་བའི་གཏམ་ཐོར་བུ།

གུང་སྲོང་། ཕྱུག་རྡོར། 《རྩེར་སྙེག》2016.2

ཀར་དགའི་འབྲེལ་བ་ལས་འཕྲོས་ཏེ་བོད་ཀྱི་ཆོས་སྲིད་འགལ་འཐབ་སྐོར་རགས་ཙམ་གླེང་བ།

རྡོར་བྱེ་བསམ་འཕེལ། 《བོད་ལྗོངས་སློབ་གྲྭ་ཆེན་མོའི་རིག་དེབ》2016.2

བསྟན་པ་ཕྱི་དར་ཞེས་པའི་མིང་གི་དོགས་དཔྱོད་དང་དེའི་ལྟ་བའི་གནས་འགྱུར་སྐོར་རགས་ཙམ་གླེང་བ།

འགྲུབ་སངས། 《བོད་ལྗོངས་སློབ་གྲྭ་ཆེན་མོའི་རིག་དེབ》2016.2

བཙན་པོ་ཁྲི་སྲོང་ལྡེ་བཙན་སྐབས་ཀྱི་བན་བོན་ཆོས་རྩོད་ལས“བན”ལ་དཔྱད་པ།

ཁ་ཕྱུག་པདྨ་དབང་རྒྱལ།《བོད་ལྗོངས་སློབ་གྲྭ་ཆེན་མོའི་རིག་དེབ》2016.2

བསྟན་བཅོས་ཆེན་པོ་དཔལ་མཉམ་མེད་རི་བོ་དགེ་ལྡན་པའི་གྲུབ་མཐའི་རྣམ་བཞག་འཇམ་མགོན་བསྟན་པའི་མཛེས་རྒྱན་གྱི་ཁྱད་ཆོས་མདོ་ཙམ་གླེང་བ།

གཙོས་ཤེས་རབ་རྒྱ་མཚོ། 《 ཀན་སུའུ་མི་རིགས་དགེ་འོས་སློབ་གྲྭ་ཆེན་མོའི་རིག་གཞུང་དུས་དེབ 》2016.2

གཉན་པོ་གསང་བ་ཁྱེར་ཡོང་མཁན་ནི་སློབ་དཔོན་ཀུ་སྣ་ར་ཤྲི་ཡིན་ཚུལ་སྐོར་གླེང་བ།

པད་མ་རིག་འཛིན། 《རྩེར་སྙེག》2016.2

ཨ་སེང་བླ་མའི་སྐོར་ལ་དཔྱད་པ།

སྐལ་བཟང་དར་རྒྱས། 《ཀྲུང་གོའི་བོད་རིག་པ》2016.2

བོད་བཙན་པོའི་སྐབས་ཀྱི་བན་ཆེན་པོ་མྱང་ཏིང་འཛིན་བཟང་པོའི་མཛད་རྗེས་གླེང་བ།

ཚེ་གཟུངས་འབུམ། 《ཀྲུང་གོའི་བོད་རིག་པ》2016.2

བུ་སྟོན་རིན་ཆེན་གྲུབ་ཀྱི་མཛད་འཕྲིན་མདོ་ཙམ་བརྗོད་པ།

ཚེ་རིང་རྡོ་རྗེ། 《཈ྲུང་གོའི་བོད་རིག་པ》2016.2

ཁྲོ་ཕུ་ལོ་ཙཱ་བ་བྱམས་པ་དཔལ་གྱི་མཛད་རྣམ་ལས་འཕྲོས་པའི་གཏམ།

ཕུན་ཚོགས་ཚེ་རིང་། 《བོད་ལྗོངས་ཞིབ་འཇུག》2016.1

གནས་བརྟན་བདག་ཉིད་ཆེན་པོ་སྨྲ་གཅན་འཛིན་གྱི་ལོ་རྒྱུས།

ཡ་ཤར་བ། 《བོད་ལྗོངས་ནང་བསྟན》2016.1

དགེ་བའི་བཤེས་གཉེན་པོ་ཏོ་བའི་མཛད་རྣམ།(གོང་འཕྲོས)

ལམ་རིམ་བླ་བརྒྱུད་ལས་བསྟན་ཕུན་གྱིས་བཏུས། 《བོད་ལྗོངས་ནང་བསྟན》2016.1

དགེ་བའི་བཤེས་གཉེན་ཆེན་པོ་པོ་ཏོ་བའི་བཀའ་བབས་ཀྱི་བུ་ཆེན་བརྒྱད་ཀྱི་སྐོར།

ཡོངས་འཛིན་ཡེ་ཤེས་རྒྱལ་མཚན། 《བོད་ལྗོངས་ནང་བསྟན》2016.2

ཞབས་དཀར་ཚོགས་དྲུག་རང་གྲོལ་དང་འབྲེལ་བའི་ལྷ་པའི་དུས་མཆོད་དང་ཨ་བོ་སྐྱབས་ཀྱི་ཚོགས་ངོ་སྤྲོད།

བོ་ཀྲ་པདྨ་རྒྱལ། 《བོད་ལྗོངས་ནང་བསྟན》2016.2

རྗེ་ཙོང་ཁ་པས་བོད་ཀྱི་དགོན་སྡེ་སློབ་གསོ་ལ་བཞག་པའི་མཛད་རྗེས་སྐོར་གླེང་བ།

རིན་ཆེན་སྐྱིད། 《བོད་ཀྱི་སློབ་གསོ》2016.1

རྒྱལ་བ་ཀློང་ཆེན་པའི་ཐུན་མོང་རིག་གནས་དང་འབྲེལ་ནས་ཁོང་གི་མཚན་གྱི་སྐོར་གླེང་བ།

ཚེ་བརྟན་རྡོ་རྗེ། 《བོད་ཀྱི་སློབ་གསོ》2016.3

བསེ་ཚང་བློ་བཟང་དཔལ་ལྡན་མཆོག་དང་རྒྱལ་ཚང་སྙིང་བོ་རྒྱལ།

རྒྱལ་ཚང་སྙིང་བོ་རྒྱལ། 《ཀན་སུའུ་མི་རིགས་དགེ་འོས་སློབ་གྲྭ་ཆེན་མོའི་རིག་གཞུང་དུས་དེབ》2016.2

བསེ་ཚང་མཆོག་སྤྲུལ་རིན་པོ་ཆེའི་རིག་གཞུང་མཛད་འཕྲིན་ལ་གདེང་འཇོག་བགྱིས་པ།

དོར་ཞི་གདོང་དྲུག་སྙེམས་བློས་བཅམས། ཚེ་རིང་བཀྲ་ཤིས་ཀྱིས་བསྒྱུར།

《ཀན་སུའུ་མི་རིགས་དགེ་འོས་སློབ་གྲྭ་ཆེན་མོའི་རིག་གཞུང་དུས་དེབ 》2016.2

མི་རིགས་སློབ་གསོར་བཙངས་པའི་བརྩེ་དུངས་ཟབ་མོ——དགེ་རྒན་ཆེན་མོ་བསེ་ཚང་མཆོག་གི་གསུང་རྩོམ་པར་བསྐྲུན་བྱས་རྗེས་ཀྱི་དྲན་འཚར།

ཤ་དྲག 《 ཀན་སུའུ་མི་རིགས་དགེ་འོས་སློབ་གྲྭ་ཆེན་མོའི་རིག་གཞུང་དུས་དེབ 》2016.2

སློབ་དཔོན་རིན་པོ་ཆེ་བསེ་ཚང་མཆོག་དང་ང་ཡི་ཡར་རྒྱུས།

འཇིགས་བྱེད། 《ཀན་སུའུ་མི་རིགས་དགེ་འོས་སློབ་གྲྭ་ཆེན་མོའི་རིག་གཞུང་དུས་དེབ》2016.2

བསེ་བླ་མའི་སློབ་གསོའི་མཛད་རྗེས་ཕྲན་ཙམ་གླེང་བ།

དབང་རྒྱལ། 《 ཀན་སུའུ་མི་རིགས་དགེ་འོས་སློབ་གྲྭ་ཆེན་མོའི་རིག་གཞུང་དུས་དེབ 》2016.2

བསེ་རྡོ་རྗེ་འཆང་གི་མཛད་རྣམ་དང་འབྲེལ་ཏེ་སྤྲུལ་སྐུའི་སྐོར་ནས་ཉུང་ཙམ་གླེང་བ།

ལྷ་རམས་པ་ཐེ་བོ་དཀོན་སེང་། 《 ཀན་སུའུ་མི་རིགས་དགེ་འོས་སློབ་གྲྭ་ཆེན་མོའི་རིག་གཞུང་དུས་དེབ》2016.2

བསེ་ཚང་བློ་བཟང་དཔལ་ལྡན་ཆོས་ཀྱི་རྡོ་རྗེ་མཆོག་གི་སྐུ་ཚེའི་ལོ་རྒྱུས་དང་གསུང་འབུམ་སྐོར་ལ་ཆེ་ལོང་ཙམ་དཔྱད་པ།

རིན་ཆེན་རྡོ་རྗེ། 《ཀན་སུའུ་མི་རིགས་དགེ་འོས་སློབ་གྲྭ་ཆེན་མོའི་རིག་གཞུང་དུས་དེབ》2016.2

དགེ་བཤེས་ཤེས་རབ་རྒྱ་མཚོའི་ཞུ་དག་དང་ཡིག་བསྒྱུར་ཐད་ཀྱི་མཛད་རྗེས་སྐོར་གླེང་བ།

རིན་ཆེན་བཀྲ་ཤིས། 《བོད་ལྗོངས་སློབ་གྲྭ་ཆེན་མོའི་རིག་དེབ》2016.1

ཀུན་མཁྱེན་འཇམ་དབྱངས་བཞད་པའི་ཡང་སྲིད་ཀུན་མཁྱེན་འཇིགས་མེད་དབང་པོའི་ངོས་འཛིན་ཁྲིད་ཀྱི་ལོ་རྒྱུས་རྒྱབ་ལྗོངས་ལ་དཔྱད་པ།

ཁ་བོ་གཙོད་པ། 《བོད་ལྗོངས་སློབ་གྲྭ་ཆེན་མོའི་རིག་དེབ》2016.1

སྨར་ཐང་གདན་རབས་བདུན་པ་མཆིམས་ནམ་མཁའ་གྲགས་ཀྱི་རྣམ་ཐར་ལ་དཔྱད་པ།

གྲ་བཞི་མིག་དམར་ཚེ་རིང་། 《བོད་ལྗོངས་སློབ་གྲྭ་ཆེན་མོའི་རིག་དེབ》2016.2

མ་ཅིག་ལབ་སྒྲོན་དང་འབྲེལ་བའི་གནད་དོན་འགར་རགས་ཙམ་དཔྱད་པ།

ཚེ་རིང་སྐྱིད། 《རྩེར་སྙེག》2016.2

སེ་བ་ལུང་དགོན་གྱི་ལོ་རྒྱུས་མདོར་བསྡུས།

སྒྲོལ་མ་སྐྱིད། 《བོད་ལྗོངས་ནང་བསྟན》2016.1

བཀའ་བརྒྱུད་དགའ་ལྡན་བསྟན་རྒྱས་གླིང་དགོན་གྱི་ཆགས་རབས།

གླིང་གོང་བཟང་པོ། 《བོད་ལྗོངས་ནང་བསྟན》2016.1

ཙཱ་རི་གཉིས་པ་འཕན་ཡུལ་སྟོང་རྩེ་རིའི་གནས་ཡིག་བྱིན་རླབས་སྒོ་འབྱེད།

མཁན་ཆེན་ཚུལ་ཁྲིམས་རྒྱལ་མཚན། 《བོད་ལྗོངས་ནང་བསྟན》2016.1

འཕན་ཡུལ་སྟོང་རྩེ་རིའི་གནས་བཤད།

ཨ་ཁར་དགེ་བཟང་གིས་མགོ་འདྲེན་བྱས། 《བོད་ལྗོངས་ནང་བསྟན》2016.1

གྲྭ་བཞི་དགོན་གྱི་ལོ་རྒྱུས་མདོར་བསྡུས།

སེར་དགོན་ཚང་བདག 《བོད་ལྗོངས་ནང་བསྟན》2016.2

མོང་ཁ་རག་སྤྲིལ་ལོའི་གནས་ཡིག

ཕུན་ཚོགས་ཆོས་དབྱིངས། 《བོད་ལྗོངས་ནང་བསྟན》2016.2

ལྷ་རྩེ་རྫོང་གི་གནའ་ཤུལ་འགར་རྟོག་དཔྱོད་དུ་ཕྱིན་པའི་མཐོང་ཐོས་སྐོར་བར་བརྗོད་པའི་གཏམ།

སྙིང་ལྟུགས་རྒྱལ། 《གངས་ལྗོངས་རིག་གནས》2016.1

འབའ་ཆོས་སྡེ་དགའ་ལྡན་ཕན་བདེ་གླིང་གི་ངོ་སྤྲོད་མདོར་བསྡུས།

བློ་བཟང་ཐབས་མཁས་ཀྱིས་བྲིས། སྐལ་བཟང་ཐུབ་བསྟན་གྱིས་བར་བླངས། 《མི་རིགས》2016.2

གངས་དཀར་དགོན་པའི་ལོ་རྒྱུས།

ཕུན་ཚོགས་བཀྲ་ཤིས་ཀྱིས་སྡུད་སྒྲིག་བྱས། 《མི་རིགས》2016.2

རྫོ་ནང་དགོན་གྱི་ངོ་སྤྲོད་མདོར་བསྡུས།

སྒྲོས་ཁང་སྒྲོལ་བཟང་། 《སྲང་རྒྱན་མེ་ཏོག》2016.2

བོད་ཀྱི་སྲིད་པ་ཆགས་པའི་ལྷ་དགུའི་འཕེལ་འགྱུར་ལ་དཔྱད་པ།

སེ་ཀུ་དཀོན་མཆོག་བཀྲ་ཤིས། 《 ཀྲུང་གོའི་བོད་རིག་པ 》2016.1

བསེ་ཚང་བློ་བཟང་དཔལ་ལྡན་གྱིས་བརྩམས་པའི་《ལྷ་གཉན་ཆེན་པོའི་བསང་མཆོད》དང་འབྲེལ་ཏེ་གཉན་གྱི་རིག་གནས་ལ་ཅུང་ཙམ་དཔྱད་པ།

འབྲུག་པ་མཁར། 《 ཀན་སུའུ་མི་རིགས་དགེ་འོས་སློབ་གྲྭ་ཆེན་མོའི་རིག་གཞུང་དུས་དེབ 》2016.2

ཀོང་པོ་གཡུང་དྲུང་འཛིན་གྱི་རྗེ་བརྐོས་ཡི་གེ་ལས“གཡུང་དྲུང་རིས་དགུ”སྐོར་ལ་གསར་དུ་དཔྱད་པ།

ཀླུ་སྟོད་སྒྲོལ་མ་སྐྱབས། 《ཀྲུང་གོའི་བོད་རིག་པ》2016.1

ཁྱུང་མོ་དགོན་ཕུན་ཚོགས་གཡུང་དྲུང་གླིང་གི་ལོ་རྒྱུས་མདོར་བསྡུས།

རིག་འཛིན། 《བོད་ལྗོངས་ནང་བསྟན》2016.1

གཡུང་དྲུང་བོན་གྱི་གཤེན་ལུགས་གཤིན་ཆོག་གྱེར་དབྱངས་སྐོར་ལ་དཔྱད་པ།(དང་པོ)

བཞད་གཞུང་བསོད་ནམས། 《གངས་ལྗོངས་རིག་གནས》2016.1

མདོ་སྨད་ཙོ་ནེའི་ཡུལ་དུ་བོན་བསྟན་དར་ཁྱབ་སྐོར་གྱི་ཐོག་མའི་དཔྱད་གླེང་།

ས་དམར་ཚེ་རིང་དོན་གྲུབ། 《 བོད་ཀྱི་སློབ་གསོ 》2016.2

དུས་རབས་བར་མའི་སྐབས་ཀྱི་བོན་འབྲེལ་ལོ་རྒྱུས་ཡིག་ཚང་སྐོར་ཞིག་གི་ངོ་སྤྲོད་དང་དཔྱད་ཞིབ།

སྐེ་རུ་ཕུལ་ལྷ་ཐར། 《བོད་ལྗོངས་སློབ་གྲྭ་ཆེན་མོའི་རིག་དེབ》2016.1

གངས་ཏི་སེ་དང་ཞང་ཞུང་རིག་གནས་ཀྱི་འབྲེལ་བར་རགས་ཙམ་དཔྱད་པ།

སྦྲེལ་ནག་པ་རིག་འཛིན་གྲགས་ལྡན། 《 བོད་ལྗོངས་སློབ་གྲྭ་ཆེན་མོའི་རིག་དེབ 》 2016.1

རྗེ་མཉམ་མེད་ཤེས་རབ་རྒྱལ་མཚན་གྱི་མཛད་རྣམ་མདོར་བསྡུས།

བཙན་ལྷ་ངག་དབང་ཚུལ་ཁྲིམས། 《བོད་ཀྱི་སློབ་གསོ》2016.2

རྒྱ་གར་གཏན་ཚིགས་སྨྲ་བ་སློབ་དཔོན་ཕྱོགས་ཀྱི་གླང་པོའི་《གཏན་ཚིགས་འཁོར་ལོ》ལས་འཕྲོས་ཏེ་བོད་བརྒྱུད་གཏན་ཚིགས་རིག་པའི་ སྐོར་གླེང་བ།

འཇིགས་མེད་རྒྱ་མཚོ། 《ཀྲུང་གོའི་བོད་རིག་པ》2016.3

ས་དགེ་གྲུབ་མཐའི་མངོན་སུམ་ཚད་མའི་བཞེད་ཚུལ་ལ་དཔྱད་པ།

མགོན་པོ་ཚེ་རིང་། 《 མཚོ་སྔོན་དགེ་འོས་སློབ་ཆེན་གྱི་རིག་གཞུང་དུས་དེབ 》 2016.1

རྒྱ་གར་ལ་ཚད་མ་རིག་པ་ཇི་ལྟར་དར་བའི་ལོ་རྒྱུས།

རྒྱ་གྲོལ། 《 མཚོ་སྔོན་དགེ་འོས་སློབ་ཆེན་གྱི་རིག་གཞུང་དུས་དེབ 》2016.2

ཚད་མ་རྣམ་འགྲེལ་གྱི་འཆད་ཉན་དར་ཚུལ་ཆེ་ལོང་ཙམ་བརྗོད་པ།

དངོས་གྲུབ་རྡོ་རྗེ། 《མཚོ་སྔོན་དགེ་འོས་སློབ་ཆེན་གྱི་རིག་གཞུང་དུས་དེབ 》2016.4

ཚད་མ་རིག་པ་དང་རྒྱ་ནག་ཏུ་དར་བའི་གཏན་ཚིགས་རིག་པའི་སྐོར་ཙུང་ཟད་གླེང་བ།

རྣར་ཚེ་རྫོར། 《བོད་ལྗོངས་སློབ་གྲྭ་ཆེན་མོའི་རིག་དེབ》2016.3

འབའ་མདའི་བསྟུས་གཞུང་གི་ཟུར་དཔྱད་དཔྱད་རྩོམ་ཁག་ལས་བྱུམ་པ་འཇོག་ཚུལ་གྱི་སྐོར་དང་བསྟུས་གཞུང་གཞན་དུ་བྱུམ་པའི་ལྡོག་པར་དགག་བཞག་བྱ་སྟངས་དབར་གྱི་དཔྱད་བསྡུར།

འཇམ་དབྱངས་ཕུན་ཚོགས། 《 བོད་ལྗོངས་སློབ་གྲྭ་ཆེན་མོའི་རིག་དེབ 》2016.3

བོད་བརྒྱུད་ནང་བསྟན་བསྡུ་དངོས་བཞིའི་རིག་པ་དང་དེ་ལས་འཕྲོས་པའི་སློབ་གསོའི་བསམ་བློ་ལ་རགས་ཙམ་དཔྱད་པ།

ཚེ་རིང་སྐྱབས། 《ཀྲུང་གོའི་བོད་རིག་པ》2016.3

ཆོས་བཅུའི་ཕན་ཡོན་མུ་ཏིག་ཕྲེང་བ།

ཧན་པོ་བཀྲ་ཤིས་རྒྱ་མཚོ། 《བོད་ལྗོངས་ནང་བསྟན》2016.3

གདན་ས་ཆེན་པོ་དགའ་ལྡན་རྣམ་པར་རྒྱལ་བའི་གླིང་གི་སྐུ་གསུང་ཐུགས་རྟེན་གྱི་ངོ་སྤྲོད།

ཕུར་ལྕོག་ངག་དབང་བྱམས་པ། 《བོད་ལྗོངས་ནང་བསྟན》2016.3

རྒྱལ་ཚབ་ཆོས་རྗེས་མཛད་པའི་སྤྱོད་འཇུག་གི་འགྲེལ་པ་ལེའུ་གཉིས་པ་དང་གསུམ་པའི་ས་བཅད་ཆེན་མོ།

མཁར་གདོང་པ་འཇམ་དཔལ་ནོར་བུས་བསྒྲིགས། 《བོད་ལྗོངས་ནང་བསྟན》2016.3

རྗེ་ཙོང་ཁ་པའི་གསོལ་འདེབས་ཀྱི་སྙིང་པོ་དམིགས་བརྩེ་མའི་སྐོར་གླེང་བ།

ས་དམར་ཚེ་རིང་དོན་གྲུབ། 《མཚོ་སྔོན་མི་རིགས་སློབ་ཆེན་རིག་དེབ》2016.2

ཀླུ་སྒྲུབ་དགོངས་རྒྱན་ལ་ཆེ་ལོང་དུ་བརྟགས་པ་མི་འཇིགས་སེང྄ྒེའི་ང་རོའི་སྐོར་ཙུང་ཙམ་གླེང་བ།

བཀྲ་ཤིས་ཚེ་བརྟན། 《མཚོ་སྔོན་མི་རིགས་སློབ་ཆེན་རིག་དེབ》2016.3

སྔོ་དགེ་ས་ཁུལ་དུ་གྲུབ་མཐའ་རིས་མེད་ཀྱི་རིག་གནས་མཁའ་དབུགས་ཆགས་ཐུབ་པའི་རྒྱུ་རྐྱེན་ལ་དཔྱད་པ།

ཚེ་རིང་བྱམས། 《མཚོ་སྔོན་མི་རིགས་སློབ་ཆེན་རིག་དེབ》2016.3

རིན་པོ་ཆེ་གསུམ་གྱི་གཏམ་གྱི་སྦྱོར་བའི་འགྲེལ་པ་རྨད་བྱུང་གཏམ་གྱི་སྙིང་པོ།

ཀུན་དགའ་དབང་ཕྱུག 《མཚོ་སྔོན་དགེ་འོས་སློབ་ཆེན་གྱི་རིག་གཞུང་དུས་དེབ》2016.1

ཤེར་སྙིང་གི་བརྗོད་དོན་གཙོ་བོའི་སྐོར་གླེང་བ།

འབྲུག་བྱམས་མཁར། 《 མཚོ་སྔོན་དགེ་འོས་སློབ་ཆེན་གྱི་རིག་གཞུང་དུས་དེབ 》2016.3

རྒྱལ་པོ་ལྷ་བུའི་སེམས་བསྐྱེད་དང་ད་ལྟའི་སྤྱི་ཚོགས་བར་གྱི་འབྲེལ་བ།

རྣམ་རྒྱལ་རྡོ་རྗེ། 《 མཚོ་སྔོན་དགེ་འོས་སློབ་ཆེན་གྱི་རིག་གཞུང་དུས་དེབ 》2016.3

ཁལ་ཁ་རྗེ་བཙུན་དམ་པའི་སྤྲུལ་སྐུའི་མ་ལག་ཆགས་ཚུལ་སྐོར་ལ་དཔྱད་པ།

ཁྲིན་ཁྲུང་ཧྲེ་ཡིས་བརྩམས། སྐལ་བཟང་དར་རྒྱས་ཀྱིས་བསྒྱུར།

《 མཚོ་སྔོན་དགེ་འོས་སློབ་ཆེན་གྱི་རིག་གཞུང་དུས་དེབ 》2016.4

རྗེ་ཙོང་ཁ་པའི་བྱང་ཆུབ་ལམ་རིམ་ཆེན་མོར་ཧྭ་ཤང་གི་ལྟ་སྒོམ་བཀག་ཚུལ་སྐོར་ལ་གསར་དུ་དཔྱད་པ།

ཁྱུང་ཕྲུག་བློ་བཟང་དར་རྒྱས། 《བོད་ལྗོངས་སློབ་གྲྭ་ཆེན་མོའི་རིག་དེབ》2016.3

ཐུའུ་བཀྭན་གྲུབ་མཐའི་ཁྱད་ཆོས་ལ་རགས་ཙམ་དཔྱད་པ།

དཔལ་ཆེན་སྐྱབས། 《རྩེར་སྙེག》2016.3

གྲྭ་སྐོར་གྱིས་བན་བོན་དགོན་སྡེའི་འཆད་ཉན་སྤེལ་སྟངས་ཕྱོགས་གཅིག་ཏུ་འཕེལ་བར་ཤན་ཐེབས་ཚུལ་ལ་དཔྱད་པ།

འཇམ་དབྱངས་སྒྲོལ་མ། 《རྩེར་སྙེག》2016.4

ཁོང་ཁྲོས་དགེ་རྩ་འཛོམས་ཚུལ་ལ་དཔྱད་པ།

འཕགས་མོ་སྐྱིད། 《རྩེར་སྙེག》2016.4

མཐའ་ཐྲལ་དབུ་མ་ཆེན་མོའི་གཏམ་དུ་བྱ་བ་ཡང་དག་ལྟ་བའི་འོད་འཕྲིན་ཞེས་བྱ་བ་བཞུགས་སོ།།

དགེ་བཤེས་ཤེས་རབ་རྒྱ་མཚོ། 《གངས་ལྗོངས་རིག་གནས》2016.2

ཧོར་ཚོང་དཔའ་རིས་ཡུལ་གྱི་བོད་བརྒྱུད་ནང་བསྟན་ཆོས་ལུགས་འཕེལ་རིམ་སྐོར་གྱི་ལོ་རྒྱུས་བརྟག་དཔྱད།

ཚེ་དཔལ་སྟོབས་ལྡན། 《ཀྲུང་གོའི་བོད་རིག་པ》2016.3

རི་བོ་དགེ་ལུགས་པའི་བསྟན་པ་སོག་ཡུལ་དུ་དར་ཚུལ།

རིན་ཆེན་ནོར་བུ། 《 མཚོ་སྔོན་དགེ་འོས་སློབ་ཆེན་གྱི་རིག་གཞུང་དུས་དེབ 》2016.2

 བླ་ཆེན་དགོངས་པ་རབ་གསལ་བསྙེན་རྫོགས་སྐབས་ཀྱི་རྒྱ་ནག་གི་ཧྭ་ཤང་གཉིས་ལ་གསར་དུ་དཔྱད་པ།

ཀ་ཕྲུག་པདྨ་དབང་རྒྱལ། 《ཀྲུང་གོའི་བོད་རིག་པ》2016.3

སྒྲ་ཨ་གཉན་དམ་པ་དང་ཁོང་གི་མཛད་རྗེས་སྐོར་གྱི་དཔྱད་གླེང་།

ཡི་བ་འཇམ་དབྱངས་དཔལ་བཟང་། 《 ཀྲུང་གོའི་བོད་རིག་པ 》2016.3

རྗེ་ཙོང་ཁ་པའི་རྣམ་ཐར་ཡིག་ཆའི་བྱུང་ཚུལ་དང་དེའི་ཐད་ཀྱི་དོགས་གནད་འགའ་ལ་གསར་དུ་དཔྱད་པ།

ཀུན་དགའ་དབང་ཕྱུག 《ཀྲུང་གོའི་བོད་རིག་པ》2016.3

དགའ་ལྡན་ཁྲི་ཆགས་གླིང་གི་མཁན་པོ་མཛད་པའི་བོད་ཀྱི་བླ་ཆེན་ཁག་གི་མཛད་རྗེས་ལ་དཔྱད་པ།

འབྲུག་རྩེ་རྒྱལ། 《 ཀྲུང་གོའི་བོད་རིག་པ 》 2016.4

ཨོ་རོད་ཛ་ཡ་པཎྜི་ཏའི་མཛད་རྗེས་སྐོར་ལ་དཔྱད་པ།

ཐང་སྐོར་དབུས་སྐྱབས། 《ཀྲུང་གོའི་བོད་རིག་པ》2016.4

རྗེ་ཙོང་ཁ་པ་ལ་སངས་རྒྱས་གཉིས་པ་ཞེས་བརྗོད་པའི་རྒྱུ་མཚན་ལ་དཔྱད་པ——ནང་བསྟན་བྱུང་འཕེལ་གྱི་ཆོས་ཉིད་ལ་གཞི་བྱས་ནས་བརྟག་པ།

སྐན་བཟང་པ་དགེ་འདུན། 《 ཀྲུང་གོའི་བོད་རིག་པ 》2016.4

འཇམ་དབྱངས་མཁྱེན་བརྩེ་དབང་པོ་དང་ཁོང་གི་གྲུབ་མཐའ་རིས་མེད་ཀྱི་བསམ་བློར་དཔྱད་པ།

ཚེ་རིང་བྱམས། འབྲུག་ལྷ། 《 ཀྲུང་གོའི་བོད་རིག་པ 》2016.4

འཇར་འགོག་དམག་འཐུག་སྐབས་ཀྱི་བོད་བརྒྱུད་ནང་བསྟན་གྱི་བླ་ཆེན་ལྷུང་སྐྱ་ཧོ་ཐོག་ཐུ།

ཤེས་རབ་ཉི་མ། ཕང་ཏའི་ཡན། 《ཀྲུང་གོའི་བོད་ལྗོངས》2016.1

ཀྲུང་གོའི་ནང་བསྟན་མཐུན་ཚོགས་སྐབས་དང་པོའི་ཚོགས་གཙོ་གཞོན་པ——ངག་དབང་རྒྱ་མཚོ།

ཀྲང་ཅིང་ཕིན། ཕང་ཆིན་ཡོའུ། 《 ཀྲུང་གོའི་བོད་ལྗོངས 》2016.4

གནས་བརྟན་ཆེན་པོ་བ་ཀུ་ལའི་མཛད་རྣམ།

ཡོངས་འཛིན་ཡེ་ཤེས་རྒྱལ་མཚན། 《བོད་ལྗོངས་ནང་བསྟན》2016.3

ཀུན་མཁྱེན་ཐག་མ་བ་དང་ནམ་སེང་ཞབས་ཀྱི་མཛད་རྣམ།

ལམ་རིམ་བླ་བརྒྱུད་ལས་བསྟན་དར་གྱིས་བཏུས། 《བོད་ལྗོངས་ནང་བསྟན》2016.3

ཁ་ཆེ་པཎ་ཆེན་ཤཱཀྱ་ཤྲི་ཛྙཱ་ནའི་རྣམ་ཐར།

ཇོ་གདན་བསོད་ནམས་བཟང་པོས་མཛད། 《 བོད་ལྗོངས་ནང་བསྟན 》2016.3

རྗེ་བཙུན་བླ་མ་གྲུབ་པའི་དབང་ཕྱུག་དགེ་ལེགས་རྒྱ་མཚོ་དཔལ་བཟང་པོའི་རྣམ་པར་ཐར་པ་ཕྱོགས་ཙམ་བརྗོད་པ།

ཕུར་ལྕོག་ངག་དབང་བྱམས་པས་མཛད། 《བོད་ལྗོངས་ནང་བསྟན》2016.3

ཀུན་མཁྱེན་ཉི་མ་བསྟན་འཛིན་གྱི་རྣམ་ཐར།

རྨེའུ་ཚ་བསྟན་འཛིན་རྣམ་རྒྱལ། 《བོད་ལྗོངས་ནང་བསྟན》2016.3

ལྷ་བླ་མ་ཡེ་ཤེས་འོད་ཀྱི་ལོ་རྒྱུས་དང་འབྲེལ་བའི་དོགས་གནས་འགའ་ལ་དཔྱད་པ།

རྡོ་རྡོ། 《 མཚོ་སྔོན་དགེ་འོས་སློབ་ཆེན་གྱི་རིག་གཞུང་དུས་དེབ 》2016.4

བསེ་ཚང་བློ་བཟང་དཔལ་ལྡན་གྱི་རིག་གཞུང་མཛད་འཕྲིན་གྱི་གདེང་འཇོག་ཉུང་གསལ།

དོར་ཞི་གདོང་དྲུག་སྙེམས་བློས་བརྩམས། ཚེ་རིང་བཀྲ་ཤིས་ཀྱིས་བསྒྱུར།

《མཚོ་སྔོན་དགེ་འོས་སློབ་ཆེན་གྱི་རིག་གཞུང་དུས་དེབ》2016.4

ར་སྒྲེང་སྐུ་ཕྲེང་ལྔ་པ་ཐུབ་བསྟན་འཇམ་དཔལ་ཡེ་ཤེས་བསྟན་པའི་རྒྱལ་མཚན་མཆོག་གི་སྐོར་ཅུང་ཟད་གླེང་བ།

ལྷག་པ་བཀྲ་ཤིས། 《བོད་ལྗོངས་སློབ་གྲྭ་ཆེན་མོའི་རིག་དེབ》2016.3

བོད་ཕྱོན་རྒྱ་གར་པཎ་ཆེན་དང་དེའི་ཁྱད་ཆོས་སྐོར་རགས་ཙམ་གླེང་བ།

བཀྲ་ཤིས་ལྷུན་གྲུབ། 《 བོད་ལྗོངས་སློབ་གྲྭ་ཆེན་མོའི་རིག་དེབ 》2016.3

བླ་ཆེན་དགོངས་པ་རབ་གསལ་སྐོར་གྱི་དོགས་གནད་འགར་རགས་ཙམ་དཔྱད་པ།

སྐལ་བཟང་བཀྲ་ཤིས། 《རྩེར་སྙེག》2016.4

རྗེ་ཙོང་ཁ་པ་དང་རྗེ་མཉམ་མེད་ཤེས་རབ་རྒྱལ་མཚན་གཉིས་གཞིབ་བསྡུར་གྱིས་ཁོང་གཉིས་ཀྱིས་བན་

བོན་གྲུབ་མཐའ་ལ་ཐེབས་པའི་ཤུགས་རྐྱེན་སྐོར་རགས་ཙམ་གླེང་བ།

ནོར་བུ་ཚེ་རིང་། 《རྩེར་སྙེག》2016.4

བསམ་གཏན་མཁན་པོ་ཧྭ་ཤང་མ་ཧཱ་ཡ་ནའི་བསམ་ཡས་ཆོས་རྩོད་ཀྱི་བྱུང་བ་དང་དེའི་མཚན་དོན་སྐོར་ལ་ཅུང་ཟད་བརྟག་པ།

ཁྱུང་ཕྲུག་བློ་བཟང་དར་རྒྱས། 《བོད་ཀྱི་སློབ་གསོ》2016.5

མདོ་སྨད་ཀྱི་དགེ་ལུགས་པའི་དགོན་སྡེ་སྔ་གྲས་ཁྲི་ཏའི་ཁ་བ་དགོན་གྱི་བྱུང་རབས་དང་གནས་བབ་སྐོར་ཆེ་ལོང་ཙམ་བརྗོད་པ།

ཕྱུལ་ལྷ་ཚེ་རིང་། 《གྲུང་གོའི་བོད་རིག་པ》2016.3

གསང་ཆེན་བསྟན་པའི་འབྱུང་གནས་དཔལ་ལྡན་སྲད་རྒྱུད་དགའ་ལྡན་ཕོ་བྲང་གི་ཆོས་འབྱུང་།

ཨ་ཁར་བསམ་མ་ཕྱི་མཁོ་འདོན་ཞུས། 《 བོད་ལྗོངས་ནང་བསྟན 》 2016.3

རྒྱུད་སྟོད་གདན་ས་ལྷུང་ཤོད་བྱམས་པ་གླིང་དགོན་གྱི་ལོ་རྒྱུས།

ངག་དབང་བསམ་གཏན་གྱིས་མཁོ་འདོན་ཞུས། 《 བོད་ལྗོངས་ནང་བསྟན 》 2016.3

མདོ་སྨད་རྫིཿཚ་དགོན་པའི་དཔལ་འཁོར་གྱི་འགྱུར་ལྡོག་སྐོར་གྱི་ཡུལ་དངོས་རྟོག་ཞིབ།

ལྷུན་གྲུབ་རྡོ་རྗེ། 《 མཚོ་སྔོན་མི་རིགས་སློབ་ཆེན་རིག་དེབ 》 2016.3

མདོ་སྨད་རྫིཿཚ་དགོན་པའི་ཞལ་ཟས་འགྱུར་ལྡོག་གི་ཡུལ་དངོས་རྟོག་ཞིབ།

ལྷུན་གྲུབ་རྡོ་རྗེ། 《མཚོ་སྔོན་དགེ་འོས་སློབ་ཆེན་གྱི་རིག་གཞུང་དུས་དེབ》2016.1

རིབ་གོང་རོང་བོ་དགོན་ཆེན་དགེ་ལུགས་པའི་གྲུབ་མཐར་གྱུར་པའི་རྒྱུ་རྐྱེན་ལ་དཔྱད་པ།

སྙིང་མོ་རྒྱལ། 《མཚོ་སྔོན་དགེ་འོས་སློབ་ཆེན་གྱི་རིག་གཞུང་དུས་དེབ》2016.3

བསྟན་པ་སྔ་དར་དང་ཕྱི་དར་སྐབས་ཀྱི་མདོ་སྨད་ཨ་ཆུང་གནམ་རྫོང་གི་ལོ་རྒྱུས་ལ་རགས་ཙམ་དཔྱད་པ།

འགྱུར་མེད། 《རྩེར་སྙེག》2016.3

སྐུ་འབུམ་བྱམས་པ་གླིང་གི་པར་ཁང་དུ་རྟོག་དཔྱོད་བྱས་པའི་གནས་ཚུལ་སྐོར་གླེང་བ།

སེང་ལྡིང་མཚོ། 《རྩེར་སྙེག》2016.4

གནས་ཆེན་ཀ་ཀོང་སེང་གེ་གནམ་མཚོང་གི་གནས་ཡིག་རབ་གསལ་མེ་ལོང ——གནས་ཆེན་ཀ་ཀོང་སེང་གེ་གནམ་མཚོང་དུ་གནས་སྐོར་སོང་བའི་ཐེན་ཐྲིས།

ཀོ་དོ་མཁན་པོས་བྲིས་པིང་པར་བླངས། 《 མི་རིགས 》2016.3

ཅུན་ཧོང་ཡིག་རྙིང་ཁྲོད་ཀྱི་ཧ་རྒྱང་དབྱེ་བའི་རབས་ལས་འཕྲོས་ཏེ་དམོད་མོའི་རིག་གནས་སྐོར་ལ་དཔྱད་པ།

གཡང་མོ་སྐྱིད། 《གྲུང་གོའི་བོད་རིག་པ》2016.3

དགྲ་ལྷའི་རྒྱལ་པོ་བྲག་དཀར་སྤུན་གསུམ་གྱི་སྐོར་རགས་ཙམ་གླེང་བ།

འབལ་གཞུང་ཁྱུང་ཐར་རྒྱལ། 《མཚོ་སྔོན་མི་རིགས་སློབ་ཆེན་རིག་དེབ 》2016.2

བོན་བསྟན་ཕྱི་དར་སྐབས་ཀྱི་བྲུ་ཚང་གི་འཕེལ་འགྱུར་སྐོར་ལ་དཔྱད་པ།

ཀུན་དགའ་ཡེ་ཤེས། 《བོད་ལྗོངས་ཞིབ་འཇུག》2016.3

《རྣལ་འབྱོར་འདུལ་བའི་ཐབས་སོགས》ཞེས་པའི་ཡིག་རྙིང་དང་འབྲེལ་ནས་བོན་པོའི་གྱི་འདུལ་གྱི་ཚོ་ག་གླིང་བ།

ལྷུགས་མོ་མཚོ། 《བོད་ལྗོངས་ཞིབ་འཇུག》2016.3

བོད་ལྗོ་རྒྱུད་ཀྱི་མཆོད་རྟེན་ཞིག་གི་འོག་ནས་རྙེད་པའི་གནའ་བོའི་བོན་གྱི་དཔེ་ཆའི་སྐོར་གླེང་བ།

མཁར་རྨེའུ་བསམ་གཏན་གྱིས་བརྩམས། བདེ་ཁང་བསོད་རྒྱལ་གྱིས་བསྒྱུར། 《 བོད་ལྗོངས་ཞིབ་འཇུག 》2016.3

མདོ་སྨད་འབྲུག་ཆུའི་ཡུལ་གྱི་བོན་གྱི་དཔེ་རྙིང་དང་བོན་གྱི་གྲོང་ཐུགས་སྐོར་གྱི་རྟོག་ཞིབ་སྙན་ཞུ།

བློ་གསལ། བཀྲ་ཤིས་ཚེ་རིང་། 《གྲུང་གོའི་བོད་ལྗོངས》2016.2

བོན་གྱི་སློབ་གཉེར་པ་བན་དེའི་དགོན་པར་སློབ་གཉེར་གྲྭ་སྐོར་དུ་སོང་བའི་ཚུལ་ལ་དཔྱད་པ།

འཛམ་དབྱངས་སྒྲོལ་མ། 《མཚོ་སྔོན་དགེ་འོས་སློབ་ཆེན་གྱི་རིག་གཞུང་དུས་དེབ》2016.3

གཡུང་དྲུང་བོན་གྱི་གཤེན་ལུགས་གཤེན་ཚོགས་གྱེར་དབྱངས་སྐོར་ལ་དཔྱད་པ།(གཉིས་པ། གསུམ་པ།)

བཞད་གཞུང་བསོད་ནམས། 《གངས་ལྗོངས་རིག་གནས》2016.2、3

ཆབ་སྲིད། དཔལ་འབྱོར།

བོད་ལྗོངས་དམངས་གཙོ་ལ་ཕྱོགས་པའི་གོམ་སྟབས——བོད་རང་སྐྱོང་ལྗོངས་སུ་མི་དམངས་འཐུས་མིའི་ཚོགས་ཆེན་གྱི་ལམ་ལུགས་ལག་ཏུ་བསྟར་ནས་ལོ་ངོ་50ལོན་པར་བྲིས་པ།

ཕུང་རྩན། ཡི་ཧྲུ་ཡིང་། 《ཀྲུང་གོའི་བོད་ལྗོངས》2016.1

བོད་ཁུལ་གྱི་ཁེ་ལས་གསར་གཏོད་དང་བོད་ལྷམ་ལག་ཤེས་བསྐྱུར་དར།

ལྷ་རྒྱལ་དོན་འགྲུབ། 《ཀྲུང་གོའི་བོད་ལྗོངས》2016.3

བོད་ལྗོངས་ཀྱི་ཐོང་འགྲུལ་ལས་རིགས་དང་ཚབ་བྱེད་གློག་ནུས་སྐོར་གྱི་དཔལ་འབྱོར་དཔྱད་གཏམ།

ལྕུ་ཞི་སོགས། 《ཀྲུང་གོའི་བོད་ལྗོངས》2016.6

ལོ་རྒྱུས།

བཙན་པོའི་དུས་ཀྱི་སྟོང་སྡེ་རེ་གཅིག་ལས་དབུ་རུ་དོར་སྡེའི་དམག་སྲིད་འཕེལ་འགྲིབ་ཀྱི་རྒྱུ་རྐྱེན་གཙོ་བོ་ལ་དཔྱད་པ།

ཕུན་ཚོགས་བཀྲ་ཤིས། 《ཀྲུང་གོའི་བོད་རིག་པ》2016.1

གསར་དུ་རྙེད་པའི་དམག་ཁྲིམས་ཡིག་རྙིང་ཡིག་ཆ་ལས་བྱུང་བ་དང་ཁྲ་ལོང་གི་ཐང་ཁྲིམས་ཀྱི་བྱུང་དུས་

སྐོར་ལ་རགས་ཙམ་དཔྱད་པ།

པད་གཞུང་ཟླ་བ་རྒྱང་བདག ཚེ་རིང་རྡོ་རྗེ།《བོད་ལྗོངས་སློབ་གྲྭ་ཆེན་མོའི་རིག་དེབ》2016.2

མདོ་སྨད་ཤར་ཕྱོགས་མཐའི་དཔོན་སྐུ་སྐྱབས་ཀྱི་རིགས་རྒྱུད་སྐོར་ལ་དཔྱད་པ།

རྒྱལ་མོ་འབྲུག་པ། 《ཀྲུང་གོའི་བོད་རིག་པ》2016.2

སེ་པ་ཡར་རྒྱབ་པའི་སྐོར་གྱི་དཔྱད་གླེང——《ཐོན་རིགས་ཀྱི་ལོ་རྒྱུས་སྐོར་གླེང་བ》ཞེས་པར་ལུང་སྦྱོར་བགྲོ་གླེང་གི་ཚུལ་དུ།

གཡུ་གྲ་བསོད་ཆེ།《བོད་ལྗོངས་ཞིབ་འཇུག》2016.1

རྒྱལ་ཐུབ་སུམ་པའི་ཡུལ་གྱི་ལྡེ་གནས་དང་འབྲེལ་བའི་གནད་དོན་འགའ་ཞིག་རོབ་ཙམ་གླེང་བ།

ཚེ་དབང་རིག་འཛིན། 《བོད་ལྗོངས་ཞིབ་འཇུག》2016.1

འགོས་ཀྱི་རུས་རྒྱུད་བྱུང་འཕེལ་སྐོར་ཆེ་ལོང་ཙམ་བརྗོད་པ།

ཏི་བསྟན།《བོད་ལྗོངས་ཞིབ་འཇུག》2016.1

ཏྭ་ལའི་བླ་མ་ལྔ་པ་ཆེན་པོའི་སྐབས་དགའ་ལྡན་ཕོ་བྲང་གི་དབང་གྲགས་མཆོན་བྱེད་ཀྱི་མ་ལག་འཛུགས་སྐྱོང་སྐོར་རགས་ཙམ་གླེང་བ།

རོར་བུ་བསམ་འཕེལ། 《བོད་ལྗོངས་ཞིབ་འཇུག》2016.2

བཙན་པོའི་ཕོ་བྲང་འོན་ཅང་དོའི་ལོ་རྒྱུས་ཀྱི་རིན་ཐང་སྐོར་གླེང་བ།

དཔལ་མོ་རྒྱལ། 《བོད་ལྗོངས་ཞིབ་འཇུག》2016.2

བོད་བཙན་པོའི་གདུང་རྒྱུད་ཨེ་ལྷ་རྒྱ་རིའི་སྲིད་དབང་སྒྲིག་གཞིའི་སྐོར་མདོ་ཙམ་གླེང་བ།

བསྟན་འཛིན་ཆོས་སྒྲོན།《བོད་ལྗོངས་ཞིབ་འཇུག》2016.2

《དེབ་ཐེར་དཀར་པོ》ཡི་མཚན་བྱང་གིས་མཚོན་པའི་ལོ་རྒྱུས་རིག་པའི་བསམ་བློ་གླེང་བ།

ཆོས་ནོར།《བོད་ལྗོངས་ཞིབ་འཇུག》2016.2

《ཆོས་འབྱུང་མཁས་པའི་དགའ་སྟོན》དུ་བཀོད་པའི《ཐང་ཡིག་བོད་ཀྱི་ལོ་རྒྱུས》བོད་འགྱུར་མའི་ཡིག་ཆའི་ཁུངས་ལ་དཔྱད་པ།

ཕྱག་རྡོར་སྐྱབས།《བོད་ལྗོངས་ཞིབ་འཇུག》2016.2

ལྷ་ལུང་དཔལ་རྡོར་གྱི་འབྲེལ་ཡོད་ལོ་རྒྱུས་ཀྱི་གནད་དོན་འགའ་ཞིག་གླེང་བ།

གངས་འཚོ།《མཚོ་སྔོན་མི་རིགས་སློབ་ཆེན་རིག་དེབ》2016.1

བཙན་པོ་ཁྲི་སྲོང་ལྡེའུ་བཙན་སྐུ་ཚེ་སྟོད་ཀྱི་སྲིད་འགྱུར་ཆེན་པོ་བྱུང་ཚུལ་སྐོར་ལ་དཔྱད་པ།

ཚྭ་སྟོད་སྒྲོལ་མ་སྐྱབས།《མཚོ་སྔོན་མི་རིགས་སློབ་ཆེན་རིག་དེབ》2016.1

བོད་ཀྱི་ལོ་རྒྱུས་ཞིབ་འཇུག་སྐོར་གྱི་གླེང་མོལ——དགེ་རྒན་ཆེ་མོ་ཐུབ་བསྟན་ཕུན་ཚོགས་མཆོག་ལ་བཅར་འདྲི་ཞུས་པའི་ཟིན་ཐོ།

ཆོས་ནོར།《བོད་ལྗོངས་སློབ་གྲྭ་ཆེན་མོའི་རིག་དེབ》2016.1

བོད་ཀྱི་ལོ་རྒྱུས་ཡིག་ཚང་ལས་མངོན་པའི་ཆབ་སྲིད་ཀྱི་བཛ་དོན་སྐོར་ལ་རགས་ཙམ་དཔྱད་པ།

ཀ་རྟ་རྡོ་རྗེ། 《རྩེར་སྙེག》2016.1

ར་སངས་དང་འབྲེལ་བའི་མི་སྣའི་སྐོར་ལ་དཔྱད་པ།

ལྷག་ས་མོ་མཚོ།《རྩེར་སྙེག》2016.1

ཞུན་ཧྭ་ཋིས་མདོ་ཡུལ་དུ་ས་སྐྱ་འཕོན་གྱི་རིགས་རྒྱུད་བྱུང་ཚུལ་སྐོར་ལ་དཔྱད་པ།

དཀོན་མཆོག་སྐྱབས། 《རྩེར་སྙེག》2016.2

ཨུ་མཐུད་ཤར་པའི་སྐོར་གླེང་བ།

རྒྱང་འཁོར་ཚེ་ཕུན། 《ཐང་རྒྱན་མེ་ཏོག》2016.1

གཏེར་ལམ་ཐུ་རྡོད་བང་སོ་ལས་ཐོན་པའི་མཆིམས་བཟའ་ལྷ་མོའི་བང་སོའི་རྗོ་རིང་ལ་དཔྱད་པ།

《བོད་ལྗོངས་ཞིབ་འཇུག》2016.1

རི་བོ་ཏི་མ་ལ་ཡའི་ནུབ་རྒྱུད་དུ་གནས་པའི་བོད་བཙན་པོའི་སྐབས་ཀྱི་རྗོ་བརྐོས་ཡིག་རྙིང་ཁག་གཅིག་གླེང་བ།

ཁ་བོ་མཁའ་འབུམ། 《བོད་ལྗོངས་ཞིབ་འཇུག》2016.1

འཕྱོངས་རྒྱས་འཕྱིང་བ་སྟག་རྩེའི་རྗོ་རིང་དང་འཇང་ས་ཐམ་ཀོ་ཅིའི་རྗོ་རིང་གཉིས་ཀྱི་འབྲེལ་བའི་སྐོར་རགས་ཙམ་གླེང་བ།

འཇམ་རྐང་གསང་བདག་ཚེ་རིང་། 《བོད་ལྗོངས་སློབ་ཆེན་ཞིབ་འཇུག》2016.1

དྲི་གུམ་བཙན་པོའི་སྲས་བྱ་ཁྲིའི་ལོ་རྒྱུས་དཔྱད་ཡིག་བདེན་རྫུན་སྐོར་གྱི་དོགས་སློང་།

ལྷུང་རྩང་བསོད་ནམས་ཚེ་རིང་། 《ཀྲུང་གོའི་བོད་རིག་པ》2016.1

ཐོན་མི་སམ་བྷོ་ཊ་ནི་སློབ་གསོ་མཁས་ཅན་ཞིག་ཡིན།

ཐེན་རྗོད། 《བོད་ཀྱི་སློབ་གསོ》2016.3

འབྲི་གུང་བོད་སྟོད་པའི་ཕྱོན་གྱི་རྒྱལ་ཁབ་རིམ་པའི་དཔེ་མཚོན་རྒྱུན་འཛིན་པ་ནོར་རྒྱས་ཀྱི་ལོ་རྒྱུས་མདོར་བསྡུས།

ར་སེ་དཀོན་མཆོག་རྒྱ་མཚོ། 《གངས་ལྗོངས་རིག་གནས》2016.1

རྒྱལ་མོ་ཚ་བ་རོང་གི་ན་གཞོན་ལྷ་བཟོ་སྒྱུ་རྩལ་པ་དབང་སྲུང་།

དབང་སྒྲུང་གིས་པར་མགོ་འདོན་མཛད། ཀ་དོ་མཁན་པོས་གསལ་སྒྲོར་བྱས། 《མི་རིགས》2016.1

དོན་འགྲུབ་ཚེ་རིང་དང་ཁོང་གི་བོད་ཀྱི་ཡིག་གཟུགས་སྒྱུ་རྩལ།

《མི་རིགས》2016.2

རྒྱལ་སྤྱིའི་བོད་རིག་པའི་ཆེད་མཁས་བན་ཧེར་ཁྲུ་ཡི་རིག་གཞུང་དཔྱད་འབྲས་གླེང་བ།

ཀ་རྟ་སྐྱབས། 《མཚོ་སྔོན་མི་རིགས་སློབ་ཆེན་རིག་དེབ》2016.1

དེང་རབས་བོད་རྒྱ་རིག་གནས་ཕན་ཚུན་བརྗེ་རེས་ལ་བྱས་རྗེས་ཆེ་བའི་སྐུ་ཞབས་ཡང་ཊེ་ཏ།

ཀྲའོ་རྩན་རྡུལ་བརྩམས། བསོད་ནམས་ཚེ་རིང་གིས་བསྒྱུར། 《རྩེར་སྙེག》2016.1

མདོ་སྨད་ཡུལ་གྱི"ཧུའུ་ལན"ཞེས་པའི་ས་མིང་ལ་དཔྱད་པ།

སྒྲོལ་མ་རྒྱལ། 《བོད་ལྗོངས་ཞིབ་འཇུག》2016.1

སྲིད་པའི་ལྷ་རྒན་ཨ་མྱེས་ཁྲ་ལེབ་ཀྱི་མཚན་དོན་བརྡ་འགྲེལ།

རྡོ་དཀར་ཚེ་དཔལ་སྟོབས་ལྡན། 《 བོད་ཀྱི་དམངས་སྲོལ་རིག་གནས 》2016.2

ཉག་རོང་གི་གནས་མཆོག་ལྷ་གས་མདུད་ཁ་བ་ལུང་རི།

ཀརྨ་རྒྱལ་མཚན་གྱིས་སྤྱད་སྒྲིག་དང་པར་ལྣངས། 《 མི་རིགས 》2016.2

བོད་ཀྱི་ས་སྐྱུས་ཀྱི་བསྟན་བཅོས་ཆེན་པོ《འཛམ་གླིང་རྒྱས་བཤད་》སྐོར་བཤད་པ།

ཕུན་མཚོ་སྐྱིད། 《རྩེར་སྙེག》2016.2

དུས་རབས14པའི་སྐབས་བྱུང་བའི་གཡའ་ཕག་དོན་རྐྱེན་སྐོར་གླེང་བ།

ཕུར་བུ་རྡོ་རྗེ། 《གྲུང་གོའི་བོད་རིག་པ》2016.3

བོད་བཙན་པོའི་རྒྱལ་རབས་སྐབས་ཀྱི་སྣ་དཀར་ནག་ལ་དཔྱད་པ།

བསོད་ནམས་དོན་འགྲུབ། 《གྲུང་གོའི་བོད་རིག་པ》2016.3

ཐུན་ཧོང་ཡིག་རྙིང་ཁྲིད་ཀྱི་ལྷོ་རྫོགས་སྐོར་ལ་དཔྱད་པ།

ཟ་རྒོད་འབྲུག་པ། 《གྲུང་གོའི་བོད་རིག་པ》2016.4

བོད་གནའ་རབས་གཉུབས་ཀྱི་ཉུས་རྒྱུད་སྐོར་ལ་ཐུང་ཙམ་དཔྱད་པ།

རིན་སྤུངས་ཏི་མ་དོན་གྲུབ། 《 གྲུང་གོའི་བོད་རིག་པ 》2016.4

མདོ་སྨད་ཙོ་ནེ་ཡུལ་གྱི་བྲུའུ་སིའི་སྲིད་འཛུགས་དང་འབྲེལ་ཏེ་ཡུལ་དེར་བྱོན་པའི་དགའ་ལྡན་ཁྲི་པའི་སྐོར་རོབ་ཙམ་གླེང་བ།

སྐལ་བཟང་འབུམ། 《གྲུང་གོའི་བོད་རིག་པ》2016.4

བོད་ཀྱི་བརྡ་རྙིང་ཡིག་ཚང་ཁྲིད་དུ་བཀོད་པའི་ཆང་གི་རིག་གནས་སྐོར་ལ་རགས་ཙམ་དཔྱད་པ།

པདྨ་ཚེ་རིང་། 《 གྲུང་གོའི་བོད་རིག་པ 》 2016.4

ཉུས་དཔའས་དང་དཔའ་གཉིས་གཅིག་ཡིན་མིན་དང་འབྲེལ་བའི་གནད་དོན་འགར་དཔྱད་པ།

ལྷ་བ་དགྲ་འདུལ། 《 བོད་ལྗོངས་ཞིབ་འཇུག 》 2016.3

ཤར་པའི་རིག་གནས་དང་ཆོས་ལུགས་དད་མོས་ཐོག་ནས་དེའི་མི་རིགས་ཀྱི་གདོགས་ཁོངས་ལ་དཔྱད་པ།

རྒྱང་འཁོར་ཚེ་ཕུན། 《བོད་ལྗོངས་ཞིབ་འཇུག》2016.3

ལྷགས་སྟག་ཞིབ་གཞུང་མདོར་བསྡུས་སུ་བཤད་པ།

རྡོ་ཕྲིས་ཚེ་རིང་རྒྱལ། 《གྲུང་གོའི་བོད་ལྗོངས》2016.3

མཁས་དབང་དགེ་འདུན་ཆོས་འཕེལ་གྱིས་སྐར་ཚུང་རྡོ་རྗེ་དབྱིངས་ཀྱི་གཙུག་ལག་ཁང་གི་རྡོ་རིང་དང་བཅས་པའི་སྐོར་སྙི་ཁྲབ་བཀའ་ཤག་ལ་ཕུལ་བའི་ཚིག་ཐོ་ཤོག་ལྷེར་དཔྱད་པ་ཐུང་ངུ།

རྡོ་སྲིས་ཆེ་རིང་རྒྱལ། 《གྲུང་གཏའི་བོད་ལྗོངས》2016.5

བོད་ཀྱི་རང་བྱུང་གནོད་འཚེའི་སྐོར་གྱི་ལོ་རྒྱུས་ཡིག་ཚགས་དང་དེའི་དོན་སྙིང་བཤད་པ།

རྡོ་སྲིས་ཆེ་རིང་རྒྱལ། 《གྲུང་གཏའི་བོད་ལྗོངས》2016.6

མདོ་སྨད་ཀྱི་གདོང་མའི་ཚོ་པ་ལོ་བའི་འཕེལ་རིམ་དང་ད་ལྟའི་གནས་ཚུལ་སྐོར་མདོ་ཙམ་གླེང་བ།

ཤེས་རབ་བསྟན་དར། 《མཚོ་སྔོན་མི་རིགས་སློབ་ཆེན་རིག་དེབ》2016.2

ལོ་རྒྱུས་ཐོག་ཁྲུང་པོ་སྟེང་ཆེན་ཡ་ཐོག་ཞང་ཞུང་དང་འབྲེལ་བའི་སྐོར་ཆེ་ལོང་ཙམ་བརྗོད་པ།

ཆེ་དབང་རིག་འཛིན། 《མཚོ་སྔོན་མི་རིགས་སློབ་ཆེན་རིག་དེབ》2016.2

སྐབས་ཀྱི་རིགས་རུས་མདོ་ཁམས་སུ་མཆེད་ཚུལ་དང་འབྲེལ་བའི་གནད་དོན་འགའ་ཞིག་ལ་དཔྱད་པ།

འགྱུར་མེད། 《མཚོ་སྔོན་མི་རིགས་སློབ་ཆེན་རིག་དེབ》2016.3

རྒྱལ་རོང་ཞིབ་འཇུག་སྐོར་གྱི་ཆོར་སྣང་ཕྲན་གླེང་།

བཙན་ལྷ་ངག་དབང་ཚུལ་ཁྲིམས། 《 མཚོ་སྔོན་དགེ་འོས་སློབ་ཆེན་གྱི་རིག་གཞུང་དུས་དེབ 》2016.3

《དེབ་དཀར》ལས་སྲོང་བཙན་སྒམ་པོའི་འཁྲུངས་འདས་ལོ་ཚིགས་སྐོར་གྱི་བསྐྱར་ཞིབ།

བླ་ནག་པ་ཡེ་ཤེས་བཟང་པོ། 《 མཚོ་སྔོན་དགེ་འོས་སློབ་ཆེན་གྱི་རིག་གཞུང་དུས་དེབ 》2016.3

རྒྱལ་དབང་སྐུ་ཕྲེང་བཅུ་གསུམ་པའི་སྲིད་བློན་བསྐོ་བཞག་སྐོར་གྱི་གླེང་བརྗོད་ཕྲན་བུ།

ཉིང་འཛིན་རྒྱལ། 《མཚོ་སྔོན་དགེ་འོས་སློབ་ཆེན་གྱི་རིག་གཞུང་དུས་དེབ》2016.4

བཙན་པོའི་རྒྱལ་རབས་སྐབས་ཀྱི་སྲིད་འཛིན་ལྟེ་གནས་གང་ཡིན་སྐོར་ལ་དཔྱད་པ།

ཤ་བོ་མཁའ་འབུམ། 《བོད་ལྗོངས་སློབ་གྲྭ་ཆེན་མོའི་རིག་དེབ》2016.3

ཚ་བོ་གནྣའི་རྒྱུད་དུ་བྱུང་བའི་གནའ་བོའི་རྒྱ་གར་གྱི་ཡུལ་མི་དང་དེའི་ཤེས་རིག་སྐོར་ལ་རགས་ཙམ་དཔྱད་པ།

ཐང་སྐོར་དབྱུས་སྐྱབས། 《བོད་ལྗོངས་སློབ་གྲྭ་ཆེན་མོའི་རིག་དེབ》2016.3

རྒྱལ་ཁྲུང་དཀར་པོའི་གདུང་རབས་དང་ཁྲུང་རབས་ཤེལ་དཀར་མེ་ལོང་གཉིས་བསྡུར་ཏེ་ཁྲུང་གི་རིགས་རུས་ཀྱི་འཕེལ་འགྱུར་སྐོར་ལ་དཔྱད་པ།

ཀུན་དགའ་ཡེ་ཤེས། 《རྩེར་སྙེག》2016.3、4

ཨ་རིག་དགེ་བཤེས་ཆེན་མོ་རྒྱལ་མཚན་འོད་ཟེར་གྱི་རུས་གཏོགས་ཚོ་བའི་འབྱུང་ཁུངས་སྐོར་གླེང་བ།

མཁའ་རྒྱལ། 《རྩེར་སྙེག》2016.3

ཡིག་ཚང་ཁྲིད་ཀྱི་སྔོ་མེ་ཚོ་བ་དང་དེའི་ལོ་རྒྱུས་འཕེལ་རིམ།

བཀྲད་ཤིས་ལྷུན་གྲུབ། 《རྩེར་སྙེག》2016.3

རྒྱའི་ལོ་རྒྱུས་ཡིག་ཆིང་དུ་བོད་ཀྱི་རྒྱལ་པོའི་གདུང་ཁུངས་ཇི་ལྟར་འཁོད་ཚུལ་དང་དེར་འབྲེལ་གྱི་དཔྱད་པ་རེ་གཉིས།

གཡང་མོ་མཚོ། 《རྩེར་སྙེག》2016.4

བོད་ཀྱི་གདོང་མའི་ཤེས་རིག་ལག་རྩལ་འགའི་རིན་ཐང་བཤད་པ།

ལྷུན་གྲུབ་རྡོ་རྗེ། བསོད་ནམས་འཚོ། 《རྩེར་སྙེག》2016.4

དུར་ལམ་བཙན་པོའི་བང་སོ་ཏུ་གནའ་དཔྱོད་དུ་བཅར་བའི་ཟིན་ཐོ།

ཐེན་རབ་ཚིན། 《ཀྲུང་གོའི་བོད་ལྗོངས》2016.1

བོད་ཀྱི་ཐམ་ཀ་དང་ཐམ་དེབ་མདོ་ཙམ་གླེང་བ།

རྡོ་ཁྲིས་ཚེ་རིང་རྒྱལ། 《ཀྲུང་གོའི་བོད་ལྗོངས》2016.2

མཐོ་སྒང་གི་དར་གོས་ཚོང་ལམ་གྱི་ལྷ་ཏ——མཚོ་སྔོན་དུར་ལམ་གྱི་བཙན་པོའི་བང་སོ་ནས་ཐོན་པའི་དར་གོས་ཏ་མཆོག་ཁ་སྤྱོད་ཅན།

ཏ་ལེ། 《ཀྲུང་གོའི་བོད་ལྗོངས》2016.3

མཁའ་ལམ་དུ་བཞེངས་པའི་ལོ་རྒྱུས་ཀྱི་རྡོ་རིང——མཚོ་བོད་ལྕགས་ལམ་རྒྱུད་དུ་གནའ་རྫས་རྟོག་ཞིབ་བྱས་ནས་བགྲང་བྱ་བཅུ་གསུམ་འཁོར་བའི་རྗེས་དྲན་དུ།

ཏ་ལེ། 《ཀྲུང་གོའི་བོད་ལྗོངས》2016.5

ལག་ཁུ་ཟིན་པའི་ལོ་རྒྱུས——གནའ་རྫས་ནས་གནའ་བོའི་ཞང་ཞུང་གི་རིག་གནས་མཐོང་བ།

ཞྭའུ་ཕན་ཧྲུའུ། 《ཀྲུང་གོའི་བོད་ལྗོངས》2016.6

ལྷ་བླ་མ་ཡེ་ཤེས་འོད་ཡབ་སྲས་ཀྱི་སྐུ་དུས་སུ་བཞེངས་པའི་ཕྱུའམ་དགོར་གྱི་རྡོ་རིང་རགས་ཙམ་གླེང་བ།

རྡོ་རྗེ། 《མཚོ་སྔོན་མི་རིགས་སློབ་ཆེན་རིག་དེབ》2016.3

བོད་བཙན་པོའི་དུས་ཀྱི་རྡོ་རིང་ཡི་གེའི་དངོས་ཤུགས་ཀྱི་བསྟན་དོན་དང་ལོ་རྒྱུས་རྒྱབ་ལྗོངས།

འགྱུར་མེད། 《མཚོ་སྔོན་དགེ་འོས་སློབ་ཆེན་གྱི་རིག་གཞུང་དུས་དེབ》2016.3

ཕྱོ་བྲག་མོ་མདའི་བང་སོའི་ཚོགས་དང་འབྲེལ་བའི་ལོ་རྒྱུས་སྐོར་རགས་ཙམ་གླེང་བ།

ཚེ་དབང་། འཕྲིན་ལས་རྣམ་རྒྱལ། 《བོད་ལྗོངས་སློབ་གྲྭ་ཆེན་མོའི་རིག་དེབ》2016.3

ལྷ་སའི་ལོ་རྒྱུས་ས་མིང་གི་ཁྱད་ཆོས་རགས་ཙམ་གླེང་བ།

ཟླ་བ། 《 བོད་ལྗོངས་སློབ་གྲྭ་ཆེན་མོའི་རིག་དེབ 》2016.3

ཧྲི་གུམ་བཙན་པོའི་སྐོར་གྱི་དཔྱད་གླེང་།

ལྷག་པ་བཀྲ་ཤིས། 《བོད་ལྗོངས་ཞིབ་འཇུག》2016.3

བྱང་ཐང་གི་རོ་སྙིང་རྫོང——རྒྱལ་ཁབ་རིམ་པའི་མངོན་མེད་ཤུལ་བཞག་རིག་གནས་ཏེ་དཔལ་མགོན་ཡུལ་གྱི་ཁྲམ་སྤྲུའི་ཚབ་མཚོན་རྒྱུད་འཛིན་པ་རྫོར་གྲགས་ཀྱི་སྒྲུང་།

བསོད་ཆུང་། 《ཀྲུང་གོའི་བོད་ལྗོངས》2016.1

བགྲང་བྱ་སུམ་ཅུར་རྩེ་གཅིག་བློ་ཡིས་གཞོལ་ཏེ་ཞིབ་འཇུག་མཛད། །ངན་དོན་འཚོ་བར་བརྟེན་ནས་བོད་ཀྱི་རིག་པའི་མཐོ་སར་བསྙེགས། །——བོད་ཀྱི"ཁྱང་ཅང་མཁས་པའི"ཆེད་ལུས་སློབ་དཔོན་ཐོག་མ་དང་བོད་ལྗོངས་སློབ་གྲྭ་ཆེན་མོའི་སློབ་དཔོན་ཚེ་བརྟན་བཀྲ་ཤིས་ཀྱི་གནས་ཚུལ་བཀོད་པ།

ཀྲང་ཅིང་ཐིང་། 《ཀྲུང་གོའི་བོད་ལྗོངས》2016.1

བོད་ཀྱི་བྱུད་མེད་རི་མོ་བ་ཚེ་རིང་སྒྲོལ་མ།

ཞེ་ཡུན་ཕན། 《ཀྲུང་གོའི་བོད་ལྗོངས》2016.3

ཀཱརྨ་དབང་འདུས་དང་ཁོའི་ལི་སྐྲ་བཟོ་སྐྲུན་ཀུང་སི།

ཚེ་རིང་ཆོས་མཚོ། 《ཀྲུང་གོའི་བོད་ལྗོངས》2016.4

ཞིབ་འཇུག་པ་གུ་གེ་ཚེ་རིང་རྒྱལ་པོ་ལགས་རྗེས་སུ་དྲན་པ།

ཀྲང་ཡུན། 《ཀྲུང་གོའི་བོད་ལྗོངས》2016.4

ཀྲུང་དབྱང་བརྙན་འཕྲིན་ཁང་གི་འཕྲུལ་ཁྲིད་པ་ཞིག་ནས་བོད་ལུགས་གསོལ་མགྲོན་ཁང་གི་སྲོལ་གཏོད་པ ——པད་མ་རྡོ་རྗེ།

སྣ་བ་བཀྲ་ཤིས། 《ཀྲུང་གོའི་བོད་ལྗོངས》2016.4

གོང་མ་ལྔ་བཙན་པོ་སྲོང་བཙན་སྒམ་པོ་དང་ནང་ཆོས།

ཁང་དཀར་ཚུལ་ཁྲིམས་སྐལ་བཟང་། 《མཚོ་སྔོན་མི་རིགས་སློབ་ཆེན་རིག་དེབ》2016.2

བོད་རིག་པའི་མཁས་དབང་སེ་ཧེ་ན་དང་ཁོང་གི་དཔྱད་འབྲས་གླེང་བ།

སྣར་བ་ཚེ་རིང་བཀྲ་ཤིས། 《མཚོ་སྔོན་མི་རིགས་སློབ་ཆེན་རིག་དེབ》2016.2

ཨ་རིའི་རྒྱལ་སྤྱིའི་བོད་རིག་པའི་མཁས་པ་འཇམ་དབྱངས་རྣམ་རྒྱལ་དང་ཁོང་གི་རིག་གཞུང་མཛད་རྗེས།

དཀར་འཚོ་སྐྱིད། 《མཚོ་སྔོན་མི་རིགས་སློབ་ཆེན་རིག་དེབ》2016.3

བོད་རིག་པའི་མཁས་པ་འཕྲོང་བུ་ཚེ་རིང་རྡོ་རྗེའི་རིག་གཞུང་ཞིབ་འཇུག་གི་བསམ་བློ་དང་གྲུབ་འབྲས་སྐོར་རོབ་ཙམ་གླེང་བ།

དོ་རྒྱ་དབང་དྲག་རྡོ་རྗེ། 《བོད་ལྗོངས་སློབ་གྲྭ་ཆེན་མོའི་རིག་དེབ》2016.3

དབུ་སྐྲ་དང་ཞལ་སྤུར་ཕྱུགས་དཀར་པོ་ལྟར་གྱུར་བའི་བགྲེས་སོང་ལྷ་མོ་བའི་ཉམས་འགྱུར——སྐྱི་མོ་དར་གྲོང་འབབ་དཀར་ལྷ་མོའི་རྒྱལ་ཁབ་རིམ་པའི་ཚབ་མཚོན་རྒྱུན་འཛིན་པ་ཨོ་ལོ་གཞོན་པའི་སྐོར།

སྐྱི་གཞུང་ནོར་བཟང་། 《གངས་ལྗོངས་རིག་གནས》2016.3

ཧུན་ཧོང་ཡིག་རྙིང་།

ཧུན་ཧོང་གཉེར་ཡིག་དང་ཨ་མདོའི་ཡུལ་སྐད་ཁྲོད་ཀྱི་ཕྲད་དང་རྣམ་དབྱེའི་ཁྱད་ཆོས་དམིགས་བསལ་ཅན་འགའ་གླེང་བ།

རྡོ་རྗེ་དོན་འགྲུབ། 《བོད་ལྗོངས་ཞིབ་འཇུག》2016.2

ཧུན་ཧོང་བོད་ཡིག《ཤེས་རབ་བརྒྱ་པ་》ཞིབ་མར་དཔྱད་པ།

བསེ་ཚང་སངས་རྒྱས་དོན་གྲུབ། 《བོད་ལྗོངས་ཞིབ་འཇུག》2016.2

ཏུན་ཧོང་བོད་ཡིག་གི་རྒྱུད་གཞུང་ཡིག་ཆ《ཚེ་དཔག་ཏུ་མེད་པ་ཞེས་བྱ་བ་ཐེག་པ་ཆེན་པོའི་མདོ་》ལ་དཔྱད་པ།

བསེ་ཚང་སངས་རྒྱས་དོན་གྲུབ། 《མཚོ་སྔོན་མི་རིགས་སློབ་ཆེན་རིག་དེབ》2016.1

ཏུན་ཧོང་ཡིག་རྙིང་ལས་བྱུང་བའི་ད་རྒྱལ་མང་པོ་རྗེ་དང་ཁོང་གི་དཔོན་སྲས་སྐོར་རགས་ཙམ་གླེང་བ།

བསེ་ཚང་བློ་རྒྱལ་དོན་གྲུབ།《རྩེར་སྙེག》2016.1

P.T.1288དོན་ཆེན་གནད་བསྡུས་ཀྱི་ལོ་ཚིགས་ནང་འཁོད་པའི་ལོ་རྒྱུས་རྒྱུ་ཆའི་རིན་ཐང་སྐོར་རགས་ཙམ་གླེང་བ།

པད་གཞུང་ཟླ་བ་རྒྱང་བདག 《གྲུང་གོའི་བོད་རིག་པ》2016.3

ཏུན་ཧོང་རྒྱུད་གཞུང 《འཕགས་པ་ཐབས་ཀྱི་ཞགས་པ་ཞེས་བྱ་བ། པད་མ་འཕྲེང་གི་དོན་བསྡུས་པའི་འགྲེལ་པ》ཡི་དཔར་གཞིའི་བསྡུར་དཔྱད།

པདྨ་ཚེ་རིང་། 《བོད་ལྗོངས་ཞིབ་འཇུག》2016.3

ཏུན་ཧོང་དུ་ཉར་བའི་ལྷ་སའི་རྒྱུད་སྐད་གཞུ་ཚང་གི་ཚིགས་ཁྲི་དང་དེ་འབྲེལ་ལོ་རྒྱུས་ཀྱི་དོགས་གཞི་འགའ་ལ་དཔྱད་པ།

གཡུ་རྫོག་པདྨ་དབང་རྒྱལ། 《མཚོ་སྔོན་མི་རིགས་སློབ་ཆེན་རིག་དེབ》2016.2

གསར་དུ་རྙེད་པའི་ཏུན་ཧོང་ཡིག་རྙིང་ཁྲིད་ཀྱི་མགུར་གླུར་དཔྱད་པ།

པདྨ་ཚེ་རིང་། 《 མཚོ་སྔོན་མི་རིགས་སློབ་ཆེན་རིག་དེབ 》2016.3

བོད་ཀྱི་གནའ་ཡིག་མིང་མཐའི"ར"ཡིག་ལ་རགས་ཙམ་དཔྱད་པ།——ཏུན་ཧོང་བོད་ཀྱི་ཤོག་དྲིལ P.T1286ལས་གཙོར་བཏོན་པ།

སྐལ་བཟང་དོན་གྲུབ། 《རྩེར་སྙེག》2016.3

ཐྲ་རན་སི་རྒྱལ་ཁབ་དཔེ་མཛོད་ཁང་དུ་ཏུན་ཧོང་བོད་ཡིག་ཡིག་རྙིང་བཀླགས་པའི་མྱོང་བ་རགས་ཙམ་བརྗོད་པ།

གདུགས་དཀར་སྐྱིད། 《རྩེར་སྙེག》2016.4

དམངས་སྲོལ།

བོད་ཀྱི་ས་དཔྱད་རིག་པའི་ནང་དོན་དང་རིན་ཐང་སྐོར་མདོ་ཙམ་གླེང་བ།

བློ་རྒྱལ་ཐར། 《གྲུང་གོའི་བོད་རིག་པ》2016.1

ཙོང་ཁ་རྒྱལ་རབས་སྐབས་ཀྱི་བོད་མིའི་ཟས་གོས་སྤྱོད་སྤྱོད་རིག་གནས།

ཚེ་བརྟན་རྡོ་རྗེ། 《གྲུང་གོའི་བོད་རིག་པ》2016.2

ཀོང་སྤྱུལ་གྱི་གསུང་རྩོམ《བག་མ་ལ་དགེ་བའི་ལས་ཕྲན་བདུན་གྱི་ཚིག་བཀྲ་ཤིས་དཔལ་སྐྱིད་》ཅེས་པ་

ལས་འཁྲོས་པའི་གཏམ།

རྒྱང་འཁོར་ཚེ་ཕྲུན། ཚེ་རིང་དོན་གྲུབ། 《བོད་ལྗོངས་ཞིབ་འཇུག》2016.1

བོད་ཁུལ་གྱི་དགུ་ཐུག་འཕྲུང་བའི་ལུགས་སྲོལ་དང་སྦྲགས་ནས་དམངས་སྲོལ་རིག་གནས་ཀྱི་ཁྱད་ཆོས་རགས་ཙམ་གླེང་བ།

མིག་དམར་དབྱངས་སྐྱིད། 《གངས་ལྗོངས་རིག་གནས》2016.1

ཨ་མདོའི་བླ་བྲང་ལྗོ་རྒྱུད་ཀྱི་རོང་ཁུལ་འགར་དར་བའི་གདོད་མའི་ཆོ་ག་གྱི་མ་རགས་ཙམ་གླེང་བ།

འབྲུག་པ་མཁར། 《བོད་ཀྱི་དམངས་སྲོལ་རིག་གནས》2016.1

ཨ་མདོའི་འབྲོག་ཁུལ་ལས་སྒོ་ཕྱུགས་ལ་མིང་འདོགས་ཚུལ་གྱི་ཁྱད་ཆོས་གླེང་བ།

བརྩོན་ཐར་དབང་མོ། 《 བོད་ཀྱི་དམངས་སྲོལ་རིག་གནས 》 2016.1

དཔའ་ལུང་ཁ་སྣང་ས་ཆའི་གསོན་ཆོས་བསྒྲུབ་སྟངས་རགས་ཙམ་གླེང་བ།

སྙིང་རྒྱལ་འབུམ། 《བོད་ཀྱི་དམངས་སྲོལ་རིག་གནས》2016.1

མདོ་སྨད་ཀླུ་ཆུ་འབབ་ཡུལ་གྱི་ལོ་ཚོ་སྟེ་བའི་སྲིད་པའི་ལབ་ཙེ་བརྩིགས་བསྟོད་ཀྱི་ཆོ་གའི་སྐོར་གླེང་བ།

གླུ་སྟོད་སྒྲོལ་མ་སྐྱབས། 《བོད་ཀྱི་དམངས་སྲོལ་རིག་གནས》2016.1

རེབ་གོང་སློན་ཆོས་ས་ཁུལ་གྱི་བཙུ་བའི་ལྷ་མཆོད་དང་འབྲེལ་བའི་དམངས་སྲོལ་སྐོར་བརྗོད་པ།

བླ་མ་དབང་རྒྱལ། 《བོད་ཀྱི་དམངས་སྲོལ་རིག་གནས》2016.1

བོད་རིགས་བུད་མེད་ཀྱི་གཙུག་གཡུའི་བྱུང་འཕེལ་དང་མཚོན་དོན་ལ་དཔྱད་པ།

དཔལ་མོ་རྒྱལ། 《 བོད་ཀྱི་དམངས་སྲོལ་རིག་གནས 》2016.2

མདོ་སྨད་རེབ་གོང་ལྷ་པ་དང་འབྲེལ་བའི་དམར་མཆོད་ཀྱི་ཆོ་གའི་སྐོར་ལ་གསར་དུ་དཔྱད་པ།

ས་དཀྱིལ་སངས་རྒྱས་ཚེ་རིང་། 《བོད་ལྗོངས་སློ་རྩལ་ཞིབ་འཇུག》2016.1

སྐུ་འབུམ་དགོན་གྲོང་ཐུན་མོང་ནས་སྐྱབ་པའི་བོད་ལོ་གླུད་རྫོངས་ཨ་ཡེ་འབར་མའི་སྐོར་གླེང་བ།

གཅན་ཚ་བཀྲ་རྡོ། 《བོད་ཀྱི་དམངས་སྲོལ་རིག་གནས》2016.2

གཅན་ཚ་དོ་རྒྱ་ས་ཁུལ་གྱི་དམངས་ཁྲོད་ཆོས་ལུགས་བྱེད་སྒོ་མཆོད་འདུའི་སྐོར་གླེང་བ།

རིན་ཆེན། 《 བོད་ཀྱི་དམངས་སྲོལ་རིག་གནས 》 2016.2

བོད་ལྗོངས་ལྷོ་བྲག་ས་ཁུལ་གྱི་གཉེན་སྲོལ་རིག་གནས་སྐོར་རགས་ཙམ་གླེང་བ།

འཕྲིན་ལས་རྣམ་རྒྱལ། 《བོད་ཀྱི་དམངས་སྲོལ་རིག་གནས》2016.2

མདོ་སྨད་ཙོ་ནེ་ཆས་བུ་གཤིས་རྨེ་ཏུ་ཉིན་པའི་གཉེན་སྲོལ་གླེང་བ།

སྒྲོལ་མ་ཚེ་རིང་། 《 བོད་ཀྱི་དམངས་སྲོལ་རིག་གནས 》2016.2

མདོ་སྨད་ཐར་ཤུལ་ཚོ་གསུམ་གྱི་ཚད་ཁྲུངས་དང་དེའི་བུད་མེད་ཀྱི་ཡུལ་སྲོལ་འཛོམ་བྱའི་སྐོར་གླེང་བ།

ཚེ་བརྟན་རྡོ་རྗེ། 《བོད་ཀྱི་དམངས་སྲོལ་རིག་གནས》2016.2

མདོ་སྨད་ཀང་ཚའི་ཡུལ་གྱི་དམངས་སྲོལ་ལས་ཐེའུ་རང་བསྙེན་སྲོལ་རགས་ཙམ་གླེང་བ།

གཏུགས་དཀར་སྒྲོལ་མ། 《བོད་ཀྱི་དམངས་སྲོལ་རིག་གནས》2016.2

རོང་ཁུལ་གྱི་བོད་ཀྱི་ལོ་གསར་གཏོང་ཚུལ།

སྐལ་བཟང་ཐུབ་བསྟན་གྱིས་བྲིས་ཤིང་པར་བླངས། 《མི་རིགས》2016.1

དགའ་སྟོ་འཁོལ་བའི་སྐྱི་ཟུར་ལོ་གསར།

པདྨ་ཚེ་རིང་གིས་བྲིས་ཤིང་པར་བླངས། 《མི་རིགས》2016.2

བོད་ཀྱི་གཏེར་ཆོས་ལས་འཕྲོས་ཏེ་ས་དཔྱད་སྐོར་རགས་ཙམ་གླེང་བ།

དཔལ་མཁར་རྒྱལ། 《 བོད་ལྗོངས་སློབ་གྲྭ་ཆེན་མོའི་རིག་དེབ 》2016.1

བོད་ཀྱི་རྩི་ལུས་བརྟག་པའི་ཐབས་ལ་དཔྱད་པ།

སྐལ་ལྡན་དོན་གྲུབ། 《རྩེར་སྙེག》2016.2

བོད་ཀྱི་མོ་ཡི་རིག་གནས་སྐོར་ལ་དཔྱད་པ།

མཁར་རྒྱལ་བྱམས། 《རྩེར་སྙེག》2016.2

སྣེ་པའི་ལིང་བཞིའི་བཤད་པ།

བཀའ་བརྒྱུད་བསྟན་རྒྱལ་དང་དབུ་ཆེན་རྒྱལ་མཚན། 《 ཐང་རྒྱན་མེ་ཏོག 》2016.1

ཙ་ནེ་ཨ་འཁོར་ཡུལ་གྱི་གཉེན་སྲོལ།

མཁའ་མོ་སྐྱིད། 《ཐང་རྒྱན་མེ་ཏོག》2016.2

སྤྲེལ་ལོར་སྤྲེའུ་གླེང་བ ——བོད་ཀྱི་རིག་གནས་ཁྲོད་ཀྱི་སྤྲེའུ་ཡི་སྣང་བརྙན།

ཀྲང་ཅིན་ཝིན། ལྷང་ཆིན་ཡོའུ། 《ཀྲུང་གོའི་བོད་ལྗོངས》2016.3

བོད་ཀྱི་དམངས་ཁྲོད་གསོལ་མཆོད་ཚོ་གའི་སློབ་གསོའི་རིན་ཐང་དང་དེའི་བློ་བསྐྱེད་སྐོར་གྱི་དཔྱད་པ།——རེབ་གོང་སྐུ་རོལ་གཞིར་བྱས་པ།

སྒྲོལ་མ་འཚོ། ཇོ་རྗེ་ཐར། 《མཚོ་སྔོན་མི་རིགས་སློབ་ཆེན་རིག་དེབ》2016.3

ཁ་བ་རི་པའི་རིག་གནས་ཁྲོད་ཀྱི་བཟ་ཆད་ཆུང་དར་དང་། ཆུང་ཏ། གླུང་ཏའི་སྐོར་གྱི་ལོག་བཤད་འཁྲུལ་སེལ།

ལྷག་པ་ཚེ་བརྟན། 《བོད་ལྗོངས་སློབ་གྲྭ་ཆེན་མོའི་རིག་དེབ》2016.3

ལྷ་ས་གྲོང་ཁྱེར་གྱི་གཉེན་སྒྲིག་ལམ་སྲོལ་གྱི་འགྱུར་བའི་སྐོར་ལ་རགས་ཙམ་གླེང་བ།

བཀྲས་གླིང་བློ་བཟང་། སྐལ་བཟང་རྒྱལ་མཚན། 《གངས་ལྗོངས་རིག་གནས》2016.2

ཀོང་པོའི་ལོ་གསར་གྱི་བྱུང་རྐྱེན་དང་དེའི་གོམས་སྲོལ་སྐོར་ལ་མདོར་ཙམ་དཔྱད་པ།

བློ་བ་འཆི་མེད། 《གངས་ལྗོངས་རིག་གནས》2016.2

དབུས་གཙང་ཁུལ་གྱི་གཉེན་སྟོན་ལས་དེའི་མིང་གི་འབོད་སྲོལ་མི་འདྲ་བ་དང་སློང་ཚང་དང་པོའི་སྐོར་གླེང་བ།(དང་པོ)

རྒྱང་འཁོར་ཚེ་ཕུན། 《གངས་ལྗོངས་རིག་གནས》2016.3

འབྲོག་པའི་སྨྲ་ཡི་རིག་གནས་སྐོར་ཅུང་ཙམ་གླེང་བ།

ཀུན་རིག་མཚོ། 《གངས་ལྗོངས་རིག་གནས》2016.3

ཙ་ནེ་ཆས་བུ་གཞིས་ཀྱི་སྲོལ་རྒྱུན་སྟོད་ཁང་འཛུགས་སྐྲུན་གྱི་ཁྱད་ཆོས་རགས་ཙམ་གླེང་བ།

བསོད་ནམས་སྐྱིད། མཁའ་མོ་སྐྱིད། 《 གངས་ལྗོངས་རིག་གནས 》 2016.3

བུག་རྩེ།

ཞག་སྒྲོན། 《སྲང་རྒྱན་མེ་ཏོག》2016.3

བོད་ཀྱི་སྨོ་ཕྱུགས་ལ་རྣ་ཆ་འདོགས་སྲོལ་དང་དེའི་རྒྱུ་ཆའི་སྐོར་མདོ་ཙམ་བཤད་པ།

ཚེ་དབང་རྩང་བདག 《སྲང་རྒྱན་མེ་ཏོག》2016.3

གཉེན་དོན་ལ་མགོ་བའི་གཙུག་གཡུ་དང་མདའ་དར་གྱི་རིག་གནས་མཚོན་དོན་སྐོར་གླེང་བ།

རྒྱང་འཁོར་ཚེ་ཕྲུན། 《སྲང་རྒྱན་མེ་ཏོག》2016.3

རིག་གནས།

བོད་ཀྱི་སྲོལ་རྒྱུན་རིག་གནས་དང་བོད་ཡིག་གནའ་དཔེའི་དཀར་ཆག་སྐོར་གྱི་ཞིབ་འཇུག་གི་རིན་ཐང་གླེང་བ།

ཨ་དཔའ་ངག་དབང་དཔལ་ལྡན། 《གྲུང་གོའི་བོད་རིག་པ》2016.2

ཀན་ལྷོ་མི་དམངས་ཀུན་ཁྱབ་ཀླུང་འཕྲིན་ལས་ཁུངས་ཀྱིས་ཨ་མདོའི་རྟང་ལེན་སྒྱུ་རྩལ་འཕེལ་རྒྱས་ལ་ནུས་པ་ཐོན་པའི་སྐོར་རགས་ཙམ་གླེང་བ།

སྒྲོལ་མ་ཚེ་རིང་། 《བོད་ལྗོངས་སྒྱུ་རྩལ་ཞིབ་འཇུག》2016.1

གསར་འགྱུར་གྱི་གླེང་གཞི་འབྲི་ཚུལ་སྐོར་རགས་ཙམ་གླེང་བ།

ཀླུ་མ་ཚལ་བླ་བ་ཚེ་རིང་། མིག་དམར་བཀྲ་ཤིས། 《གངས་ལྗོངས་རིག་གནས》2016.1

དམངས་ཁྲོད་ཤེས་རིག་འཚོལ་བའི་གླེང་མོལ——《བྱང་འབྲོག་ཤེས་རིག་དཔེ་ཚོགས་》རྩོམ་སྒྲིག་སྐོར་གྱི་བཅར་འདྲི།

འདི་གའི་དུས་དེབ་ཁང་། 《བོད་ཀྱི་དམངས་སྲོལ་རིག་གནས》2016.1

ཀན་ལྷོའི་བརྙན་འཕྲིན་ཁང་གིས《བསེ་ཚང་བློ་བཟང་དཔལ་ལྡན་གྱི་གསུང་འབུམ་》རྩོམ་སྒྲིག་ལས་ཀའི་སྐོར་གྱི་གནས་ཚུལ་བཅར་འདྲི་ཞུས་པ།

སངས་རྒྱས་མཁར། 《 ཀན་སུའུ་མི་རིགས་དགེ་འོས་སློབ་གྲྭ་ཆེན་མོའི་རིག་གཞུང་དུས་དེབ 》2016.2

མི་རིགས་སློབ་ཆེན་གྱི་དཔེ་མཛོད་ཁང་གི་བཙོས་བསྒྱུར་སྐོར་གླེང་བ།

སྐལ་ལྡན་དོན་གྲུབ། 《 མཚོ་སྔོན་མི་རིགས་སློབ་ཆེན་རིག་དེབ 》2016.1

ཡིག་ཚང་འབྲི་བཤུར་སྤྱོད་པའི་ཤོག་བུའི་བྱུང་བ་དང་བོད་ཤོག་གི་རིགས་རྣམ་བརྗོད་པ།

སྨོ་མེ་ཚེ་དབང་རྣམ་རྒྱལ། 《རྩེར་སྙེག》2016.1

བོད་ཀྱི་རིག་གཞུང་དཔེ་སྐྲུན་དང་འབྲེལ་བའི་བསམ་གཞིག་ཐྲན་བུ།

བསོད་ནམས་བཀྲ་ཤིས། 《རྩེར་སྙེག》2016.2

བོད་ཀྱི་གྲངས་ཀྱི་རིག་གནས་ཙུང་ཙམ་གླེང་བ།

མགོན་པོ་རྣམ་རྒྱལ། 《གྲུང་གོའི་བོད་རིག་པ》2016.2

《བོད་ཀྱི་སློབ་གསོ》2016.2

བོད་ཀྱི་གྲངས་ཀའི་འཕེལ་རིམ་སྐོར་ཙུང་ཙམ་གླེང་བ།

མགོན་པོ་རྣམ་རྒྱལ། 《བོད་ལྗོངས་སློབ་གསོ》2016.3

བོད་ཀྱི་གྲངས་དང་འབྲེལ་བའི་སྲོལ་རྒྱུན་རིག་གནས་སྐོར་མདོ་ཙམ་གླེང་བ།

མགོན་པོ་རྣམ་རྒྱལ། 《 ལྷོ་ཁའི་རྩོམ་རིག་སྒྱུ་རྩལ 》2016.1

བོད་འཇིག་མི་འདྲ་བ་སྣ་ཚོགས་ནང་གི་སྐར་འཛིག་ཅེས་པའི་སྐོར་བཤད་པ།

ཨ་རིག་འཇིགས་མེད། 《བོད་ཀྱི་དམངས་སྲོལ་རིག་གནས》2016.1

བོད་ཀྱི་སྲོལ་རྒྱུན་རིག་གནས་རྒྱུན་འཛིན་བྱེད་སྟངས་སྐོར་གྱི་བསམ་ཚུལ་འགའ།

ཆབ་འགག་རྡ་མགྲིན། 《གྲུང་གོའི་བོད་རིག་པ》2016.4

རོང་བཙན་ཁ་བ་དཀར་པོ་གཞིར་བཞག་ནས་གནས་རིའི་དད་མོས་ཡིག་ཚང་ལ་རགས་ཙམ་དཔྱད་པ།

དགེ་འདུན་ཨ་ཆོགས། 《གྲུང་གོའི་བོད་རིག་པ》2016.4

《བོད་ཀྱི་གབ་བྱུང》ཞེས་པའི་ཇོས་གར་ལས་འཕྲོས་ཏེ་བོད་ཁུལ་གྱི་ཡུལ་སྐོར་སྒྱུ་རྩལ་འཁྲབ་སྟོན་ཚོང་རའི་སྒྲོ་གསེང་རིག་གནས་སྐོར་གླེང་བ།

ཡན་ཡོན། 《གྲུང་གོའི་བོད་ལྗོངས》2016.2

པད་དཀར་དགོན་གྱི་དཔེ་རྙིང་ཉར་སྐྱོབ་ཀྱི་གནས་ཚུལ་དངོས་བྲིས།

ཆེ་ལོ། 《གྲུང་གོའི་བོད་ལྗོངས》2016.2

བོད་ཀྱི་རིག་མཛོད་ཆེན་མོ་སྟུད་སྒྲིག་པར་སྐྲུན་བྱ་བའི་ལས་གཞིའི་རྟེན་འབྲེལ་གྱི་ཚན་ཁ་དང་ཕན་ཡོན་སྐོར་བརྗོད་པ།

ཚངས་སྲས་དགྱེས་པའི་ལང་ཚོ། 《མཚོ་སྔོན་མི་རིགས་སློབ་ཆེན་རིག་དེབ》2016.2

རྩོམ་སྒྲིག་པ་ཞིག་ལ་འཛོམ་དགོས་པའི་ཤེས་ཡོན་སྐོར་མདོ་ཙམ་གླེང་བ།

ཐུག་རྫོར་ཚེ་རིང་། 《 མཚོ་སྔོན་མི་རིགས་སློབ་ཆེན་རིག་དེབ 》2016.3

རྩོམ་སྒྲིག་པས་དཔེ་ཆའི་མ་རྩོམ་ལ་དཔྱད་འཇོག་ཇི་ལྟར་བྱེད་ཚུལ་གླེང་བ།

དཔལ་ལྡན། 《 མཚོ་སྔོན་མི་རིགས་སློབ་ཆེན་རིག་དེབ 》2016.3

རྗེ་ཡབ་སྲས་གསུམ་གྱི་གསུང་འབུམ་དཔེ་བསྡུར་གྱི་སྐོར་བཤད་པ།

སྐལ་ལྡན་དོན་གྲུབ། 《མཚོ་སྔོན་དགེ་འོས་སློབ་ཆེན་གྱི་རིག་གཞུང་དུས་དེབ》2016.1

བོད་བཙན་པོའི་སྐབས་ཀྱི་ཡིག་ཚང་གི་མིང་འདོགས་དང་དེའི་མིང་བཏའི་དོན་འཛིན།

ཡ་བསེ་རིན་ཆེན་བཀྲ་ཤིས། 《མཚོ་སྔོན་དགེ་འོས་སློབ་ཆེན་གྱི་རིག་གཞུང་དུས་དེབ》2016.2

ཁ་དོག་གིས་བརྟགས་པའི་བོད་ཀྱི་བསྟན་བཅོས་ཀྱི་མཚན་བྱང་གི་སྐོར་རགས་ཙམ་གླེང་བ།

ཚེ་རིང་དོན་གྲུབ། 《མཚོ་སྔོན་དགེ་འོས་སློབ་ཆེན་གྱི་རིག་གཞུང་དུས་དེབ》2016.4

བོད་ལྗོངས་ཉིན་རེའི་ཚགས་པར་ལས་འཁྲོས་ཏེ་བོད་ཡིག་ཚགས་པར་གྱི་གསར་འགྱུར་གྱི་རྩོམ་ཡུས་བྱུང་འཕེལ་སྐོར་རགས་ཙམ་གླེང་བ།

བླ་མ་ཚལ་བླ་བ་ཚེ་རིང་། བླ་བ་སྒྲོལ་དཀར། 《བོད་ལྗོངས་སློབ་གྲྭ་ཆེན་མོའི་རིག་དེབ》2016.3

བོད་སྐད་སྙན་སྒྲོན་གྱི་རིགས་པའི་གཞུང་ལུགས་ཤིག་ཆགས་རྒྱུ་ཐད་ཀྱི་བསམ་ཚུལ་ཐོར་བུ།

འབྲུག་མོ་རྒྱལ། 《རྩེར་སྙེག》2016.3

བཀྲ་ཤིས་ཟུས་བརྒྱད་ཀྱི་རྣམ་བཤད་བཀྲ་ཤིས་དགའ་སྟོན་ཞེས་བྱ་བ་བཞུགས་སོ།།

གུང་ཐང་བསྟན་པའི་སྒྲོན་མེ། 《 གངས་ལྗོངས་རིག་གནས 》2016.2

རང་ལྗོངས་ཀྱི་མང་ཚོགས་རིག་གནས་བྱེད་སྒོའི་གནས་བབ་དང་འཕེལ་རྒྱས་ཀྱི་སྐོར་རགས་ཙམ་གླེང་བ།

ཕུར་བུ་ཚེ་བརྟན། 《གངས་ལྗོངས་རིག་གནས》2016.2

རང་སོའི་བཟང་ཆ་འདོན་སྤེལ་གང་ལེགས་ཀྱིས་བོད་སྐད་ཀླུང་འཕྲིན་ཡག་པོ་གཉེར་དགོས་ཚུལ་ཆེས་ཡོང་ཙམ་བརྗོད་པ།

སྐྱིད་པ། 《ལྗོ་ཁའི་རྩོམ་རིག་སྒྱུ་རྩལ》2016.3

སློབ་གསོ།

སློབ་འཁྲིད་སློབ་མའི་འཛིན་གྲྭའི་དོ་དམ་བྱ་ཐབས་སྐོར་ཅུང་ཟད་གླེང་བ།

ཡེ་ཤེས་རྒྱ་མཚོ། 《མི་རིགས》2016.2

སྐད་གཉིས་སློབ་གསོའི་ཞིབ་འཇུག་ལ་ཤེས་རྟོགས་བྱུང་བའི་བརྒྱུད་རིམ་སྐོར་གླེང་བ།

ཡེ་ཤེས་ལྷ་མོ་མཚོ། 《བོད་ཀྱི་སློབ་གསོ》2016.1

དུས་སྐབས་གསར་པའི་བོད་ཀྱི་སྐད་ཡིག་དང་རྩོམ་རིག་ཆེད་ལས་སྐོར་གྱི་བསམ་གཞིག

བན་གོ་རྡོ་རྗེ་བཀྲ་ཤིས། 《བོད་ཀྱི་སློབ་གསོ》2016.1

མི་རིགས་ས་ཁུལ་གྱི་སྐད་གཉིས་སློབ་གསོའི་འཐབ་ཇུས་དོན་སྙིང་།

ཐའོ་ཞི་ཕིན་གྱིས་བརྩམས། གཡང་ཕྱུག་སྒྲོལ་མས་བསྒྱུར། 《བོད་ཀྱི་སློབ་གསོ》2016.2

སློབ་གསོའི་བླང་བྱ་ལས་འཁྲོས་པའི་གཏམ།

ཆ་རིས་པ་མགོན་པོ་ཚེ་རིང་། 《 བོད་ཀྱི་སློབ་གསོ 》2016.2

བོད་ཀྱི་སྲོལ་རྒྱུན་སློབ་གསོའི་ལམ་ལུགས་སྐོར་རོབ་ཙམ་གླེང་བ།

ཤ་གོ་རྒྱལ། རིན་ཆེན་བཀྲ་ཤིས། 《བོད་ཀྱི་སློབ་གསོ》2016.2

གྲོ་ཚང་བོད་རིགས་སྡེ་ཁུལ་གྱི་སྐད་བརྡའི་འཚོ་བ་དང་སྐད་གཉིས་སློབ་གསོའི་གནས་ཚུལ——མཚོ་སྔོན་ཞིང་ཆེན་ཕིན་ཨན་རྫོང་གི་ཏ་གོང་འགག་བཞི་བོ་དཔེ་མཚོན་དུ་བྱས་པ།

པད་མ་ལྷུན་གྲུབ། 《བོད་ཀྱི་སློབ་གསོ》2016.3

སློབ་སྦྱོང་གི་གོམས་གཤིས་ལས་འགྲོས་པའི་གཏམ——དམིགས་པ་ཡོད་པའི་གོམས་འདྲིས་སྐོར་གླེང་བ།

ཕྲིན་པ། 《བོད་ལྗོངས་སློབ་གྲྭ་ཆེན་མོའི་རིག་དེབ》2016.1

མཐོ་འབྲིང་བོད་ཡིག་སློབ་དེབ་དང་དེའི་དཔྱད་གཞི་ལས་ཚད་མ་རིག་པའི་གནད་དོན་རེ་གཉིས་གླེང་བ།

བཀྲ་ཤིས་ཚེ་བརྟན། 《བོད་ལྗོངས་སློབ་གསོ》2016.1

བོད་རིགས་སློབ་གྲྭ་ཆེན་མོ་བའི་ཕྱོགས་བསྡུས་ཀྱི་གོམས་གཤིས་ཇི་ལྟར་སྐྱེད་སྲིང་བྱ་དགོས་ཚུལ་སྐོར་གླེང་བ།

ཀ་གོ་རྒྱལ། 《བོད་ལྗོངས་སློབ་གསོ》2016.1

སློབ་གསོ་སློབ་ཁྲིད་ཀྱི་ཁ་ཕྱོགས་ཡུལ་ལ་མདོ་ཙམ་དཔྱད་པ།

ཆ་རིས་པ་མགོན་པོ་ཚེ་རིང་། 《བོད་ལྗོངས་སློབ་གསོ》2016.1

སློབ་འབྲིང་དུ་བསྡུས་གྲྭའི་སློབ་ཁྲིད་བྱེད་ཐབས་འགའ་ཞིག་གླེང་བ།

གླིང་ཚ་སྙིང་རྒྱལ་འབུམ། 《བོད་ལྗོངས་སློབ་གསོ》2016.1

ལས་རིགས་སློབ་གྲྭའི་རྩིས་རིགས་སློབ་ཁྲིད་ཀྱི་སྤུས་ཚད་གོང་མཐོར་ཇི་ལྟར་གཏོང་དགོས་མིན་སྐོར་ཙུང་ཟད་གླེང་བ།

དགེ་ལེགས་བློ་བཟང་། 《བོད་ལྗོངས་སློབ་གསོ》2016.1

འབྲིང་རིམ་ལས་རིགས་སློབ་གྲྭའི་བོད་སྐད་ཡིག་སློབ་ཁྲིད་ཀྱི་གནས་བབས་ལས་འགྲོས་པའི་བསམ་གཞིག་ཕྲ་མོ།

ཕུར་བུ་ཚེ་རིང་། 《བོད་ལྗོངས་སློབ་གསོ》2016.1

བོད་སྐད་ཡིག་སློབ་ཁྲིད་དེ་ཆ་འཕྲིན་ཅན་ཕྱོགས་སུ་བསྒྱུར་ཐབས་སྐོར་གྱི་ལྟ་ཚུལ་ཕྲན་བུ།

རྒྱ་མཚོ། 《བོད་ལྗོངས་སློབ་གསོ》2016.1

《མི་གཤིས་ཀྱི་འགྱུར་བག་》ཅེས་པའི་དཔྱད་གླེག་སྦྱོང་ཚོར།

བྱམས་པ་ལྷུན་གྲུབ། 《བོད་ལྗོངས་སློབ་གསོ》2016.1

རྒྱུན་སྦྱོད་སློབ་ཁྲིད་ཀྱི་ཐབས་ལམ་མདོ་ཙམ་གླེང་བ།

འཇམ་དཔལ། 《བོད་ལྗོངས་སློབ་གསོ》2016.1

སློབ་ཆུང་སློབ་མར་བོད་ཀྱི་སྐད་ཡིག་སློབ་ཁྲིད་བྱས་པ་ལས་ཐོབ་པའི་སྦྱོང་ཚོར་ཕྲན་ཙམ་གླེང་བ།

ཚེ་དཔག 《བོད་ལྗོངས་སློབ་གསོ》2016.1

གཞི་རིམ་གྱི་སློབ་གསོའི་གནད་དོན་གལ་ཆེ་གཉིས་ལ་རགས་ཙམ་དཔྱད་པ།

དོན་གྲུབ། 《བོད་ལྗོངས་སློབ་གསོ》2016.1

དམའ་འབྲིང་སློབ་མའི་རྩོམ་འབྲིའི་ནུས་པ་གོང་མཐོར་གཏོང་ཐབས་སྐོར་གྱི་བསམ་ཚུལ།

དཔལ་སྒྲོན། 《བོད་ལྗོངས་སློབ་གསོ》2016.1

དམའ་འབྲིང་བོད་སྐད་ཡིག་གི་བསླབ་གཞི་དང་འབྲེལ་ནས་སློབ་མའི་སེམས་ཁམས་བདེ་ཐང་གསོ་སྐྱོང་བྱེད་ཐབས་འགའ་གླེང་བ།

ཕུར་བུ། 《བོད་ལྗོངས་སློབ་གསོ》2016.1

སློབ་ཆུང་སློབ་མའི་སྤྱོད་ལམ་ཚད་ལྡན་དུ་གཏོང་བའི་སློབ་གསོ་གཏོང་སྟངས་སྐོར་རགས་ཙམ་གླེང་བ།

གཞིས་གཙོང་ཚེ་དབང་ཕུན་ཚོགས། 《བོད་ལྗོངས་སློབ་གསོ》2016.1

མི་རྟོག་ལྷུམ་རའི་ནང་གི་ཟླན་ཀ་ཞེས་པའི་སློབ་ཁྲིད་ཟྭ་སྒྲིག

མཐུ་སྟོབས་རྒྱལ། 《བོད་ཀྱི་སློབ་གསོ》2016.1

བོད་ཀྱི་སློབ་མས་དངོས་ལུགས་སྦྱངས་པའི་གནས་ཚུལ་ཕྲན་དཔྱད།

དཔལ་འབུམ་རྒྱལ། 《བོད་ཀྱི་སློབ་གསོ》2016.1

སློབ་ཁྲིད་ཟྭ་སྒྲིག་ཁྲིད་ངེས་པར་དོ་སྣང་བྱ་དགོས་པའི་གནད་དོན་འགའ་གླེང་བ།

ཚེ་རིང་སྒྲོལ་མ། 《བོད་ལྗོངས་སློབ་གསོ》2016.2

སློབ་འབྲིང་དགེ་རྒན་གྱིས་བརྗོད་སློབ་ཁྲིད་ཁྲིད་ནན་ཏན་བྱ་དགོས་པའི་གནད་དོན་འགའ།

སྐལ་བཟང་བདེ་ཆེན། 《བོད་ལྗོངས་སློབ་གསོ》2016.2

ཞིང་ཁུལ་སློབ་གྲྭ་འབྲིང་ཆུང་གི་དེང་རབས་རྒྱུད་སྲིད་སློབ་གསོའི་ནང་དགེ་རྒན་གྱི་གནས་བབས་གཏན་འཁེལ་བྱེད་ཚུལ་སྐོར་གླེང་བ།

ཀྲང་ཡའི་ཏའེ། 《བོད་ལྗོངས་སློབ་གསོ》2016.2

རང་ལྗོངས་ཀྱི་ཞིང་འབྲོག་ཁུལ་གྱི་དམའ་འབྲིང་ཁག་གི་དེང་རབས་རྒྱུད་སྲིད་སློབ་གསོའི་ད་ཡོད་གནས་ཚུལ་དང་སློབ་གསོའི་ཐབས་ལམ་སྒྱུར་བཅོས་བྱེད་ཐབས་སྐོར་མདོ་ཙམ་གླེང་བ།

ཆོས་ནོར་དང་གཙུ་བཀྲ་ཤིས་སོགས། 《 བོད་ལྗོངས་སློབ་གསོ 》2016.2

སློབ་མའི་ཀུན་སྤྱོད་དོ་དམ་ཐད་ཀུན་སྤྱོད་སྐར་མ་ལག་བསྟར་བྱེད་ཐབས་ཅུང་ཟད་བརྗོད་པ།

བློ་བཟང་ནམ་མཁའ། 《བོད་ལྗོངས་སློབ་གསོ》2016.2

མཐོ་འབྲིང་ཚད་མའི་སློབ་ཚན་ཁྲིད་དཔེ་བ་དགར་ཐབས་ཀྱི་ཁྱད་ཆོས་སྐོར་རགས་ཙམ་གླེང་བ།

བསོད་ནམས་ཚེ་རིང་། 《བོད་ལྗོངས་སློབ་གསོ》2016.2

སློབ་ཆུང་བོད་སྐད་ཡིག་གི་སློབ་དེབ་རྩོམ་སྒྲིག་ཐད་ཀྱི་བསམ་འཆར་ཕྲན་བུ།

སྐལ་བཟང་ཚེ་རིང་། 《བོད་ལྗོངས་སློབ་གསོ》2016.2

སློབ་ཁྲིད་དཔྱད་རྩོམ་འབྲི་སྐབས་འབྲེལ་བ་ལྡ་ཐག་གཅོད་ཇི་ལྟར་བྱ་དགོས་པའི་སྐོར།

སྒྲུབ་པ་པདྨ་དབང་ཆེན། 《བོད་ལྗོངས་སློབ་གསོ》2016.2

གཞི་རིམ་དུ་དགེ་སློབ་གཉིས་ཀྱི་དོ་དམ་ལས་ཀ་ཇི་ལྟར་བྱེད་ཐབས་སྐོར།

སྲུམ་ཅུའི་གྲུབ་འབྲས་གླེང་བ།

ཁྲིང་ལུ་སོགས། 《གྲུང་གོའི་བོད་ལྗོངས》2016.1

སྦྲང་ཆར་ཟེའུ་མས་ས་གཞི་བརྟན། །སྤང་རྒྱན་མེ་ཏོག་ལྷུག་པར་གྲོལ། །——བོད་རང་སྐྱོང་ལྗོངས་ཀྱི་སློབ་ཞུགས་སྔོན་གྱི་སློབ་གསོའི་ལས་དོན་གླེང་བ།

ཡང་ཡཱ་ཧྲུའེ། 《གྲུང་གོའི་བོད་ལྗོངས》2016.6

དམའ་འབྲིང་སློབ་མའི་སློབ་གསེང་གི་དཔེ་ཀློག་གནས་ཚུལ་རྟོག་ཞིབ།

དོན་གྲུབ་རྒྱལ། 《 མཚོ་སྔོན་མི་རིགས་སློབ་ཆེན་རིག་དེབ 》2016.2

དེང་སྐབས་བོད་མིས་སློབ་གསོར་བཟུང་བའི་འདུ་ཤེས་ངན་པ་ཁག་ཅིག་དང་སྣད་མར་དེ་དག་བཅོས་བསྒྱུར་བྱ་ཐབས་སྐོར་གྱི་བསམ་གཞིག་ཕྲན་བུ།

ཕུར་བུ་དར་རྒྱས། 《 མཚོ་སྔོན་མི་རིགས་སློབ་ཆེན་རིག་དེབ 》2016.2

སྐད་རིགས་གསུམ་པའི་བསླབ་ཤེས་ལས་སྐད་རིགས་བརྒྱལ་བའི་སློབ་སྦྱོང་གིས་བོད་རིགས་སློབ་མའི་སློབ་སྦྱོང་ལ་ཐེབས་པའི་ཤུགས་རྐྱེན།

འབྲུག་མོ་སྐྱིད། 《མཚོ་སྔོན་དགེ་འོས་སློབ་ཆེན་གྱི་རིག་གཞུང་དུས་དེབ》2016.1

བོད་ཁུལ་གྱི་ཕ་སྐད་སློབ་གསོ་དང་སྐད་གཉིས་སློབ་གསོའི་བར་གྱི་འབྲེལ་བ་དང་ཁྱད་པར་མདོ་ཙམ་གླེང་བ།

འདབ་པ་བློ་བཟང་ཆོས་འཕེལ། 《 མཚོ་སྔོན་དགེ་འོས་སློབ་ཆེན་གྱི་རིག་གཞུང་དུས་དེབ 》2016.2

བོད་ཁུལ་གྱི་སྐད་གཉིས་སློབ་གྲྭ་ཆུང་འབྲིང་དུ་ཡིག་གཟུགས་སློབ་གསོ་སྤེལ་དགོས་པའི་སྐོར་གླེང་བ།

སྟོབས་ཚང་རིན་ཆེན་འཚོ། 《མཚོ་སྔོན་དགེ་འོས་སློབ་ཆེན་གྱི་རིག་གཞུང་དུས་དེབ》2016.2

ཀྲུང་གོའི་ཁྱད་ཆོས་ཅན་གྱི་མི་རིགས་སློབ་གླིང་གི་ཁྱད་ཆོས་སློབ་གསོའི་སྐོར་རགས་ཙམ་གླེང་བ།

དགེ་འདུན་བསྟན་འཛིན། 《 རྩེར་སྙེག 》2016.4

པར་ཕྱིན་དྲུག་དང་འབྲེལ་ནས་སློབ་མའི་སློབ་གཉེར་བྱེད་ཚུལ་སྐོར་གླེང་བ།

གདུགས་དཀར་བཀྲ་ཤིས། 《རྩེར་སྙེག》2016.4

སྟོད་ལྡན་གྱི་སློབ་མ་ལ་ཚང་དགོས་པའི་ཆ་རྐྱེན་སྐོར་ལ་རགས་ཙམ་དཔྱད་པ།

དོན་འགྲུབ་ཚེ་བརྟན། 《གངས་ལྗོངས་རིག་གནས》2016.3

མཐོ་འབྲིང་སྐད་ཡིག་གི་ངེས་སྦྱོང་བསླབ་གཞིའི་རྩོམ་རིག་སློབ་ཚན་གྱི་དམིགས་ཚད་དང་དེ་མངོན་འགྱུར་ཡོང་ཐབས་སྐོར།

སྲིན་པ་དོན་གྲུབ། 《བོད་ལྗོངས་སློབ་གསོ》2016.4

སྐད་ཡིག་སློབ་ཁྲིད་ལ་བརྟེན་ནས་སློབ་འབྲིང་སློབ་མའི་ཕྱོགས་བསྡུས་ཀྱི་ནུས་པ་ཇི་འདྲ་སྐྱེད་བསྲིང་བྱ་དགོས་པའི་སྐོར་གླེང་བ།

ཚང་སྐྱིད། 《བོད་ལྗོངས་སློབ་གསོ》2016.4

སློབ་ཆུང་དུ་བོད་ཡིག་ཡིག་གཟུགས་ཇི་ལྟར་འབྲི་སྦྱོང་བྱེད་ཐབས་ཐད་ཀྱི་ལྟ་ཚུལ་ཕྲན་ཙམ་གླེང་བ།

ལྷག་རྒོད། 《 བོད་ལྗོངས་སློབ་གསོ 》 2016.4

དད་པ་ཞེས་པའི་ཐ་སྙད་ཀྱི་གོ་དོན་དང་འབྲེལ་ནས་དེའི་ཕན་ཡོན་དང་འཇུག་ཐབས་སྐོར་ལ་རགས་ཙམ་གླེང་བ།

རྣམ་རྒྱལ། 《བོད་ལྗོངས་སློབ་གསོ》2016.4

དགེ་རྒན་ཆེད་ལས་ཀྱི་སློབ་མར་བློ་སྦྱོང་སོགས་ཀྱི་གཞུང་ངེས་པར་དུ་ཁྲིད་སྟོན་མཛད་པའི་དགོས་པ་དང་ཕན་ཡོན་སྐོར་གླེང་བ།

བསོད་ནམས་ཚེ་རིང་། 《བོད་ལྗོངས་སློབ་གསོ》2016.4

མཐོ་འབྲིང་སློབ་མར་དྲིན་གཟོ་དང་བྱམས་བརྩེའི་སློབ་གསོ་གཏོང་བའི་གལ་ཆེའི་རང་བཞིན་སྐོར་གླེང་བ།

རྣམ་རྒྱལ་འཚོ། 《བོད་ལྗོངས་སློབ་གསོ》2016.4

ལས་རིགས་ལག་རྩལ་སློབ་མའི་བསམ་བློ་ཀུན་སྤྱོད་ཀྱི་བྱང་ཚད་གོང་མཐོར་གཏོང་བའི་ཐབས་ཤེས་རེ་གཉིས་གླེང་བ།

བཀྲ་ཤིས་ཚེ་རིང་། 《བོད་ལྗོངས་སློབ་གསོ》2016.4

འཛིན་གྲྭའི་ཀྲུའུ་རེན་ཚད་ལྡན་ཞིག་ཇི་ལྟར་ཡིན་དགོས་ཚུལ་སྐོར་རགས་ཙམ་གླེང་བ།

སྐལ་བཟང་ཡོན་ཏན། 《 བོད་ལྗོངས་སློབ་གསོ 》 2016.4

རང་ལྗོངས་ཀྱི་མཐོ་རྒྱུགས་རྩོམ་ཡིག་གི་དཔྱད་གཞི་དང་འབྲེལ་ནས་རྩོམ་རྒྱུགས་འབྲི་ཚུལ་ལ་ཅུང་ཟད་དཔྱད་པ།

དཔལ་བཟང་འབྲུམ། 《བོད་ལྗོངས་སློབ་གསོ》2016.4

བོད་ཁུལ་གྱི་སྐད་གཉིས་སློབ་གསོའི་འགྱུར་རྐྱེན་གླེང་བ།

སུམ་རྡ་དོན་གྲུབ་ཚེ་རིང་། 《 བོད་ཀྱི་སློབ་གསོ 》2016.5

སློབ་རའི་སྐད་ཡིག་བསླབ་གཞི་གསར་འཛུད་ཐད་ཀྱི་བསམ་གཞིག་ཐོར་བུ།

སངས་རྒྱས་བཀྲ་ཤིས། 《བོད་ཀྱི་སློབ་གསོ》2016.5

གྲོ་ཚང་བོད་རིགས་སྡེ་ཁུལ་གྱི་སྐད་བརྡའི་འཚོ་བ་དང་སྐད་གཉིས་སློབ་གསོའི་གནས་ཚུལ ——མཚོ་སྔོན་ཞིང་ཆེན་ཕིན་ཨན་རྫོང་གི་ཏུ་གོང་འགབ་བཞི་བོ་དཔེ་མཚོན་དུ་བྱས་པ།

པད་མ་ལྷུན་གྲུབ། 《བོད་ཀྱི་སློབ་གསོ》2016.5

སློབ་ཆུང་སློབ་མའི་སློབ་ཁྲིད་བྱེད་ཐབས་སྐོར་གྱི་མྱོང་བ་ཕྲན་ཙམ་གླེང་བ།

ཀླུ་མོ་མཚོ། 《མཚོ་སྔོན་མི་རིགས་སློབ་ཆེན་རིག་དེབ》2016.2

བོད་སྐད་ཡིག་སློབ་ཁྲིད་ཁྲོད་ཀྱི་སྐད་ཆའི་སྒྱུ་རྩལ་ཐད་ངེས་པར་དོ་སྣང་བྱ་དགོས་པའི་གནད་དོན་ཁག་ཅིག་གླེང་བ།

དབྱངས་ལགས། 《གངས་ལྗོངས་རིག་གནས》2016.2

བོད་ཀྱི་གཏམ་དཔེ་ཡིས་སློབ་མའི་རྩོམ་ཡིག་གི་བརྗོད་བྱ་འབུར་དུ་ཐོན་པར་ནུས་པ་ཐོན་ཚུལ་རགས་ཙམ་གླེང་བ།

དཔལ་བཟང་འབུམ། 《གངས་ལྗོངས་རིག་གནས》2016.2

དཔེ་ཀློག་སྦྱོང་ཚོར་འབྲི་ཐབས་སྐོར་གླེང་བ——སློབ་འབྲིང་སློབ་མ་གཞིར་བཟུང་ནས་བཤད་པ།

དོན་གྲུབ་རྒྱལ། 《 གངས་ལྗོངས་རིག་གནས 》2016.2

ཟུར་སྟོན་སློབ་ཁྲིད་ཀྱི་ཁ་ཕྱོགས་དང་རེ་བ་དམིགས་ཡུལ་བཅས་ལ་ཉུང་ཙམ་དཔྱད་པ།

མཐུ་སྟོབས། 《གངས་ལྗོངས་རིག་གནས》2016.2

དགེ་རྒན་ལ་ཇི་ལྟར་བསྐྱེད་དགོས་པའི་ཚུལ་ལ་རགས་ཙམ་དཔྱད་པ།

དོན་འགྲུབ་ཚེ་བརྟན། 《གངས་ལྗོངས་རིག་གནས》2016.2

སློབ་གསོ་རིག་པ་ལས་སློབ་མས་སློབ་སྦྱོང་བྱེད་ཚུལ་གྱི་སྐོར་རགས་ཙམ་གླེང་བ།

ཡེ་ཤེས་རྒྱ་མཚོ། 《མི་རིགས》2016.3

དམའ་འབྲིང་སློབ་མར་སློབ་ཁྲིད་བྱེད་པའི་ཐབས་ལམ་གནད་བསྡུས།

འཇིགས་མེད་བཀྲ་ཤིས། 《མི་རིགས》2016.3

ཚད་དང་མཐུན་པའི་དགེ་རྒན་ཞིག་ཏུ་ཇི་ལྟར་ཆགས་དགོས།

ཚེ་རིང་དབྱངས་ཅན། 《མི་རིགས》2016.3

སྐད་ཡིག

སཾ་བོད་སྐད་ཡིག་གི་འབྲེལ་བའི་སྐོར་ལ་རགས་ཙམ་དཔྱད་པ།

ཚངས་སྲས་དགྱེས་པའི་ལང་ཚོ། 《ཀྲུང་གོའི་བོད་རིག་པ》2016.2

བོད་ཡིག་གི་དག་ཆ་གལ་ཆེ་ཚུལ་སྐོར་མདོར་བསྡུས་གླེང་བ།

ཁྲ་རྒྱག 《བོད་ལྗོངས་ཞིབ་འཇུག》2016.1

དེང་སྐབས་བོད་ཀྱི་ཡི་གེའི་འབྲི་གཟུགས་ཁྲིད་མ་དག་རྒྱུན་འགྱུམས་ཀྱི་འབྲི་སྲོལ་འགའ་ཞིག་འཛིན་བཞིན་པའི་སྐོར་ལ་དཔྱད་པ་དྲངས་བྱེད་ཀེ་ཏ་ཀའི་ཐིགས་པ།

སྐལ་བཟང་ཟླ་བ། 《བོད་ལྗོངས་སློབ་གསོ》2016.1

བོད་ཀྱི་ཐུན་མོང་མ་ཡིན་པའི་གུས་སྲོལ་ཞེ་ཚིག་གི་བྱུང་འཕེལ་སྐོར་མདོ་ཙམ་གླེང་བ།

བསྟན་པ་ཡེ་ཤེས། 《བོད་ལྗོངས་སློབ་གསོ》2016.2

སྒྲ་རིག་པའི་བྱུང་འཕེལ་ལོ་རྒྱུས་ཆེ་ལོང་ཙམ་བཤད་པ།

ཕུར་ཚེ་གཞོན་པ། 《 བོད་ལྗོངས་སློབ་གྲྭ་ཆེན་མོའི་རིག་དེབ 》2016.1

བོད་ཀྱི་ཡི་གེའི་སྡེབ་སྦྱོར་ལས་སྒྲ་ལྡི་ཡང་སོགས་ཀྱི་སྐོར་རོབ་ཙམ་གླེང་བ།

སུམ་ཧྲ་དོན་གྲུབ་ཚེ་རིང་། 《མཚོ་སྔོན་མི་རིགས་སློབ་ཆེན་རིག་དེབ》2016.1

ཞིགས་སྦྱར་སྐད་ཀྱི་བྲ་ཡིག་ལ་རགས་ཙམ་དཔྱད་པ།

ཀླུ་སྟོད་སྒྲོལ་མ་སྐྱབས། 《བོད་ལྗོངས་སློབ་གསོ》2016.1

བོད་ཡིག་གི་དབུ་ཁྱུད་དང་ཚིག་ཤད་ཀྱི་མཚོན་དོན་དང་ཁྱད་ཆོས་སྐོར་རགས་ཙམ་གླེང་བ།

ཁུ་ཟླུག 《ཀྲུང་གོའི་བོད་རིག་པ》2016.4

དག་ཡིག་ངག་སྒྲོན་མཛད་པ་པོ་སྐོར་གྱི་དོགས་སློང་།

ཚེ་རིང་རྣམ་རྒྱལ།

ཁང་སར་བསོད་ནམས་འཆི་མེད། 《 མཚོ་སྔོན་མི་རིགས་སློབ་ཆེན་རིག་དེབ 》 2016.2

"གུ་གེ"ཡི་སྒྲ་གཟུགས་ཀྱི་འགྱུར་བ་དང་བསྟན་དོན་ལ་དཔྱད་པ།

དཔལ་མོ་རྒྱལ། བན་དེ་འཚོ། 《མཚོ་སྔོན་མི་རིགས་སློབ་ཆེན་རིག་དེབ》2016.2

བོད་ཡིག་གི་སྒྲ་གདངས་སྐོར་བཤད་པ།

བཙན་ལྷ་ངག་དབང་ཚུལ་ཁྲིམས།

བསྟན་འཛིན་དབང་གྲགས། 《མཚོ་སྔོན་མི་རིགས་སློབ་ཆེན་རིག་དེབ》2016.3

རྔོག་ལོ་ཙྪ་བ་ཆེན་པོ་བློ་ལྡན་ཤེས་རབ་ཀྱིས་མཛད་པའི་དག་ཡིག་ཉེ་མཁོ་བསྡུས་པ་གླེང་བ།

དུང་དཀར་བ་ཚེ་དབང་རྡོ་རྗེ། 《 མཚོ་སྔོན་མི་རིགས་སློབ་ཆེན་རིག་དེབ 》 2016.3

ཡི་གེའི་འབྱུང་རྐྱེན་དང་དབྱེ་བ། དུས་མཚམས་འབྱེད་སྟངས་ལ་དཔྱད་པ།

ལྷུགས་ཐར་རྒྱལ། 《མཚོ་སྔོན་དགེ་འོས་སློབ་ཆེན་གྱི་རིག་གཞུང་དུས་དེབ》2016.1

གངས་ཅན་བོད་པའི་སྐད་ཆའི་ཁྱད་ཆོས་མདོར་བསྡུས་བློ་ལྡན་དང་བ་སྐྱུལ་བའི་ཙོང་སྒྲ།

ལྷུགས་ཐར་རྒྱལ། 《མཚོ་སྔོན་དགེ་འོས་སློབ་ཆེན་གྱི་རིག་གཞུང་དུས་དེབ》2016.2

སྐད་ཆ་དང་ཡི་གེ་ནི་རིག་པ་ཀུན་ལ་འཇུག་པའི་སྒོ་མོ་ཡིན།

ལྷུགས་ཐར་རྒྱལ། 《མཚོ་སྔོན་དགེ་འོས་སློབ་ཆེན་གྱི་རིག་གཞུང་དུས་དེབ》2016.3

《ལུང་སྟོན་པ་སུམ་ཅུ་པ》དང《སྒྲ་སྒོ་མཚོན་ཆ》གཉིས་བསྡུར་ཏེ་བརྡ་སྤྲོད་རིག་པའི་འཕེལ་འགྱུར་ལ་དཔྱད་པ།

ལྷུགས་ཐར་རྒྱལ། 《མཚོ་སྔོན་དགེ་འོས་སློབ་ཆེན་གྱི་རིག་གཞུང་དུས་དེབ》2016.4

ཨ་ཀྲུ་ཡོངས་འཛིན་དབྱངས་ཅན་དགའ་བའི་བློ་གྲོས་ཀྱི་བརྡ་འགྲེལ་སྐོར་ལ་དཔྱད་པ།

བསོད་ནམས་དོན་གྲུབ། 《མཚོ་སྔོན་དགེ་འོས་སློབ་ཆེན་གྱི་རིག་གཞུང་དུས་དེབ》2016.4

ཡིག་རིགས་གཙོ་ཆེ་བ་ཁག་ཅིག་གི་བྱུང་འཕེལ་ལོ་རྒྱུས་མདོ་ཙམ་གླེང་བ།

སྨན་བཟང་པ་ཀུན་བཟང་རྒྱལ། 《 མཚོ་སྔོན་དགེ་འོས་སློབ་ཆེན་གྱི་རིག་གཞུང་དུས་དེབ 》 2016.4

བོད་ཀྱི་བརྡ་སྤྲོད་ལས་དགར་འབྱེད་སྟུད་གསུམ་ལ་དཔྱད་པ།

ཚེ་དཔལ། དངོས་གྲུབ། 《 ཀྲུང་གོའི་བོད་རིག་པ 》2016.3

ཡིག་སྒྱུར།

སྙོམ་པ་བཀྲ་ཤིས། 《མཚོ་སྔོན་མི་རིགས་སློབ་ཆེན་རིག་དེབ》2016.1

རྒྱ་བོད་ཡིག་སྒྱུར་ཆེད་ལས་འཛིན་གྲྭ་བསྐྱབ་ཚུལ་སྐོར་གྱི་བསམ་གཞིག

འབྲུག་ལྷ། 《མཚོ་སྔོན་མི་རིགས་སློབ་ཆེན་རིག་དེབ》2016.1

སྒྲུང་རྩོམ་བོད་སྒྱུར་མ《སྤྲང་ཕྲུག》ལ་དཔྱད་པ།

ཚེ་དབང་འཚོ། 《 བོད་ལྗོངས་སློབ་གྲྭ་ཆེན་མོའི་རིག་དེབ 》2016.1

བོད་ཀྱི་སྲོལ་རྒྱུན་རིག་གཞུང་གི་རིགས་ལམ་ལོ་རྒྱའི་གཞུང་ལུགས་སུ་སྨིན་ཚུལ་སྐོར་གླེང་བ།

ཡེ་ཤེས་དོན་གྲུབ། 《བོད་ལྗོངས་སློབ་གྲྭ་ཆེན་མོའི་རིག་དེབ》2016.2

《ཡིག་གསུམ་མདོ་》བོད་འགྱུར་མའི་ཁྲོད་དུ་འགྱུར་གྱི་དཀའ་གནད་ཇི་ལྟར་བཀྲོལ་བར་དཔྱད་པ།

ཀུན་བཟང་སྒྲོལ་མ། 《རྩེར་སྣེག》2016.2

རྒྱ་བོད་ཡིག་སྒྱུར་ལས་འཕྲོས་ཏེ་རིག་གནས་དང་ལོ་རྒྱའི་སྐོར་རགས་ཙམ་གླེང་བ།

ལྷ་འབྲུག་རྒྱལ། 《རྩེར་སྣེག》2016.2

གསར་འགྱུར་མིང་བརྡའི་འགྱུར་སྐྱོན་དང་དེའི་སྐྱོན་སེལ་བཤད་པ།

སྐལ་ཛོ་རྒྱལ། 《རྩེར་སྣེག》2016.2

དབྱིན་ཡིག་གི་མིང་སྒྲ་སྒྱུར་བྱེད་ཐབས་ཐོག་མར་གླེང་བ།

སྐར་བ་ཚེ་རིང་བཀྲ་ཤིས། 《བོད་ལྗོངས་ཞིབ་འཇུག》2016.3

《 སྒྲ་སྦྱོར་བམ་པོ་གཉིས་པ་》ཡི་ཞིབ་འཇུག་གི་གནས་བབ་སྐོར་གླེང་བ།

ལྷུང་ཆུང་བསོད་ནམས་ཚེ་རིང་། 《 མཚོ་སྔོན་མི་རིགས་སློབ་ཆེན་རིག་དེབ 》 2016.2

བོད་ཀྱི་ལོ་རྒྱའི་དཔྱད་བརྗོད་སྐོར་གླེང་བ།

ཞི་ཧྲི་ཕྲང་། 《 མཚོ་སྔོན་དགེ་འོས་སློབ་ཆེན་གྱི་རིག་གཞུང་དུས་དེབ 》2016.2

དངོས་ལུགས་བརྡ་ཆད་ཁྲོད་ཀྱི་འཕུལ་མིང་དང་མཐའ་མིང་གི་བསྒྱུར་ཚུལ།

མགོན་པོ་རབ་བརྟན། 《མཚོ་སྔོན་དགེ་འོས་སློབ་ཆེན་གྱི་རིག་གཞུང་དུས་དེབ》2016.2

རྒྱ་བོད་ལོ་རྒྱའི་བརྒྱུད་རིམ་ཁྲོད་ཀྱི་སྲོལ་ཚིག་གི་རིག་གནས་ནང་དོན་དང་ལོ་རྒྱ་བྱེད་ཐབས།

ཚེ་རིང་འཚོ། 《མཚོ་སྔོན་དགེ་འོས་སློབ་ཆེན་གྱི་རིག་གཞུང་དུས་དེབ》2016.3

བོད་ཡིག་གི་སྤྱི་ཚོགས་སྤྱོད་ཡིག་ཁྲོད་ལྷག་པའི་ལོ་རྒྱའི་གནད་དོན་དང་འབྲེལ་བའི་དཔྱད་ཞིབ།

ཁྱུ་གུ་སྐྱིད། 《བོད་ལྗོངས་སློབ་གྲྭ་ཆེན་མོའི་རིག་དེབ》2016.3

སྡེ་དགེ་བཀའ་བསྟན་ཁྲོད་བཞུགས་པའི་ལོ་ཙྪ་བ་རིན་ཆེན་བཟང་པོས་འགྱུར་མཛད་པའི་བསྟན་བཅོས་ཀྱི་འགྱུར་བྱང་བཤད་པ།

ལས་རབ་རྡོ་རྗེ། 《རྩེར་སྣེག》2016.3

ལོ་ཆེན་དགེ་འདུན་ཆོས་འཕེལ་གྱི་ལོ་རྒྱའི་དགོངས་དོན་རོབ་ཙམ་གླེང་བ།

བླ་རྒྱལ་དོན་གྲུབ། 《རྩེར་སྣེག》2016.3

རྒྱ་བོད་ལོ་ཙཱའི་ཁྲིད་ཀྱི་རིག་གནས་འདྲེས་མའི་སྐོར་རགས་ཙམ་གླེང་བ།

ལི་ཐྲིན་དབྱིན། 《རྩེར་སྙེག》2016.3

མཚོ་སྔོན་བོད་ཁུལ་གྱི་ས་མིང་སྒྱུར་ཚུལ་ལས་འཕྲོས་པའི་གནད་དོན་སྐོར་གླེང་བ།

ཚེ་དབང་། 《རྩེར་སྙེག》2016.3

རྒྱ་བོད་སྐད་གཉིས་ལས་བྱུང་བའི་ཁ་དོག་མིང་བརྡའི་ལོ་ཙཱའི་སྒྱུར་ཞིབ་གླེང་བ།

ཁ་བོ་རྡོ་རྗེ། 《རྩེར་སྙེག》2016.4

བྱང་ཆུབ་ལམ་རིམ་ཆེན་མོའི་རྒྱ་འགྱུར་མ་ལས་འཕྲོས་ཏེ་ལོ་ཙཱ་བ་བློ་བཟང་ཆོས་འཕགས་ཀྱི་འགྱུར་སྲོལ་ལ་རགས་ཙམ་དཔྱད་པ།

དབང་མོ་སྐྱིད། 《རྩེར་སྙེག》2016.4

བསླབ་གཞི་ཡིག་སྒྱུར་ཁྲིད་ཀྱི་བསམ་ཚུལ་འགའ་གླེང་བ།

དཔལ་མཚོ་སྐྱིད། 《གངས་ལྗོངས་རིག་གནས》2016.2

བོད་རྒྱ་ཡིག་སྒྱུར་ལས་མངོན་བརྗོད་ཀྱི་སྒྱུར་ཐབས་སྐོར་ཙུང་ཙམ་གླེང་བ།

ཤེས་རབ། 《གངས་ལྗོངས་རིག་གནས》2016.2

ཡིག་སྒྱུར་གྱི་སྐོར་ཙུང་ཟད་གླེང་བ།

རྟོར་བྲོ། 《གངས་ལྗོངས་རིག་གནས》2016.3

རྒྱ་བོད་ཡིག་སྒྱུར་ལས་གཏམ་དཔེ་སྒྱུར་ཐབས་སྐོར་ཙུང་ཙམ་གླེང་བ།

ཤེས་རབ། 《གངས་ལྗོངས་རིག་གནས》2016.3

རྒྱ་བོད་གསར་འགྱུར་ཡིག་སྒྱུར་ལས་འཕྲོས་པའི་གལ་ཆེའི་རང་བཞིན་དང་དེའི་བསྒྱུར་ཐབས་ལ་རགས་ཙམ་དཔྱད་པ།

བསོད་ནམས་སྒྲོལ་དཀར། 《གངས་ལྗོངས་རིག་གནས》2016.3

རྒྱ་བོད་ཞེ་སའི་ཡིག་སྒྱུར་གྱི་འགྱུར་སྐྱོན་དང་སྒྱུར་ཐབས་སྐོར་ཙུང་ཟད་གླེང་བ།

པདྨ་མཁས་གྲུབ། 《བོད་ལྗོངས་སློབ་གསོ》2016.4

རྒྱ་བོད་ཡིག་སྒྱུར་ལས་བརྗོད་པ་ཐྲལ་ནས་སྒྱུར་བའི་དགོས་པ་དང་ཇི་ལྟར་ཐྲལ་བའི་སྐོར་རགས་ཙམ་གླེང་བ།

ཚེ་རིང་སྒྲོལ་དཀར། 《བོད་ལྗོངས་སློབ་གསོ》2016.4

ཚངས་མགུར་རྒྱ་འགྱུར་མ་ལས་འཕྲོས་ཏེ་སྔན་ངག་ལོ་ཙཱ་བས་སྲུང་དགོས་པའི་གནད་དོན་སྐོར་གླེང་བ།

འབྲུག་རྒྱལ་མཁར། 《 བོད་ལྗོངས་སློབ་གསོ 》 2016.4

སློབ་འབྲིང་བོད་སྐད་ཡིག་བསླབ་གཞིར་འཁོད་པའི་ཕྱིར་བཏང་བའི་རྩོམ་ཡིག་འགྱུར་རྩོམ་ལ་རགས་ཙམ་དཔྱད་པ།

རིན་ཆེན་སྒྲོལ་མ། 《བོད་ཀྱི་སློབ་གསོ》2016.5

རྩོམ་རིག

ནུབ་གླིང་པའི་བོད་རྩོམ་ཞིབ་འཇུག་ལས་སློག་གྱུར་དངོས་ཡོད་རིང་ལུགས་སྐོར་ཙུང་ཟད་གླེང་བ།

ཚེ་རིང་བཀྲ་ཤིས། 《བོད་ལྗོངས་སློབ་གསོ་ཞིབ་འཇུག》2016.1

དཔྱད་བརྗོད་རྣམ་ཐར་ཞེས་པའི་ཐ་སྙད་འཐད་མིན་གྱི་ཐོག་མའི་བསམ་གཞིག

སྐལ་བཟང་ལྷུན་གྲུབ། 《བོད་ལྗོངས་སློབ་གསོ》2016.1

པདྨ་ཡུལ་གྱི་མཚོན་དོན་ལ་སྦྱར་བའི་སྐོར་ལ་དཔྱད་པ།

པདྨ་རྣམ་རྒྱལ། 《 མཚོ་སྔོན་མི་རིགས་སློབ་ཆེན་རིག་དེབ 》2016.1

སྐད་ཡིག་གིས་རྩོམ་རིག་གི་མི་རིགས་རང་བཞིན་དབྱེ་དོན་ལ་དཔྱད་པ།

སྐར་བ་ཚེ་རིང་བཀྲ་ཤིས། 《རྩེར་སྙེག》2016.1

རྩོམ་རིག་གཤིབ་བསྡུར་རིག་པའི་གཤིབ་བསྡུར་བྱ་ཡུལ་དང་ཐབས་ཤེས་སྐོར་གླེང་བ།

ཉི་མ་རྒྱ་མཚོ། 《སློ་ཁའི་རྩོམ་རིག་སྒྱུ་རྩལ》2016.1

རྩོམ་རིག་གསར་པའི་དུས་མཚམས་ཀྱི་མིང་འདོགས་སྟངས་སྐོར་གླེང་བ།

ཚེ་རིང་བཀྲ་ཤིས། 《ཟླ་ཟེར》2016.1

རྟོགས་བརྗོད་རྩོམ་རིག་དང་འབྲེལ་ནས《མི་དབང་རྟོགས་བརྗོད་》ལ་རགས་ཙམ་དཔྱད་པ།

གཡང་མཚོ་སྒྲོལ་མ། རྡོ་རིང་། 《རྩེར་སྙེག》2016.2

གཞོན་ནུ་ཟླ་མེད་ཀྱི་གཏམ་རྒྱུད་ནི་སྙན་ངག་ཆེན་པོའི་ལུས་ཡིན་པའི་སྐོར་གླེང་བ།

བན་དེ་མཁར། 《གྲུང་གོའི་བོད་རིག་པ》2016.2

དཔལ་དོན་གྲུབ་རྒྱལ་གྱི་བརྩམས་སྒྲུང་གི་སྒྱུ་རྩལ་ཁྱད་ཆོས་སྐོར་རགས་ཙམ་གླེང་བ།

འཕགས་མོ་རྡོ་རྗེ། 《བོད་ལྗོངས་སློབ་གསོ》2016.2

《རྒྱལ་པོ་ནོར་བཟང་གི་སྐྱེས་རབས་》དང《ནོར་བཟང་གི་རྣམ་ཐར་》གཉིས་བསྡུར་ཏེ་དཔྱད་པ།

སངས་རྒྱས་བཀྲ་ཤིས། 《བོད་ཀྱི་སློབ་གསོ》2016.1

བོད་ཀྱི་ཟློས་གར་རྩོམ་རིག་ལས《རྒྱལ་བུ་དོན་གྲུབ་དང་དོན་ཡོད་》དང་དེའི་སྒྱུ་རྩལ་གྱི་ཁྱད་ཆོས་རགས་ཙམ་བརྗོད་པ།

ལྷ་རྒྱལ་ཚེ་རིང་། 《བོད་ཀྱི་སློབ་གསོ》2016.2

《སྐྱ་སེང་བུ་ལྡིའི་རྟོགས་བརྗོད་》ཀྱི་རྩོམ་འབྲིའི་སྒྱུ་རྩལ་ཁྱད་ཆོས་སྐོར་རགས་ཙམ་གླེང་བ།

རམ་ཚེ་རིང་དབྱངས་ཅན། 《བོད་ལྗོངས་སློབ་གྲྭ་ཆེན་མོའི་རིག་དེབ》2016.1

ཐུས་པ་གས་པའི་སྒྲ——ཚེ་རིང་ནོར་བུའི་སྒྲུང་རིང《ཀླུང་ཁྲོད་ཀྱི་མཆོད་སྤྲིན་》བརྒྱགས་པ།

ས་དམར་གྲགས་པ། 《སློ་ཁའི་རྩོམ་རིག་སྒྱུ་རྩལ》2016.2

"དོན་རྐྱེན"གཉིས་དང་སྟག་འབུམ་རྒྱལ་གྱི་ 《ཁྱི་དང་བདག་པོ། ང་དུང་གཉེན་ཚན་དག་》 ལ་དཔྱད་པ།

ཚུལ་སྐོར་བཤད་པ།

ས་དམར་ཚེ་རིང་དོན་གྲུབ། 《 ཀན་སུའུ་མི་རིགས་དགེ་འོས་སློབ་གྲྭ་ཆེན་མོའི་རིག་གཞུང་དུས་དེབ 》2016.2

བོད་ཀྱི་རྗེས་དྲན་སྙན་ངག་དང་དེའི་སྒྱུ་རྩལ་ཁྱད་ཆོས་ལ་གསར་དུ་བརྟག་པ།

བྱ་མདོ་དོན་གྲུབ་ཚེ་རིང་། 《བོད་ལྗོངས་སློབ་གྲྭ་ཆེན་མོའི་རིག་དེབ》2016.2

དོན་བརྗོད་སྙན་ངག《སྐྱ་སེང་བུ་ལྡའི་བྱུང་བ་བརྗོད་པའི་》སྒྱུ་རྩལ་གྱི་ཁྱད་ཆོས་སྐོར་ཙུང་ཙམ་གླེང་བ།

ཕུན་ཚོགས་རྣམ་རྒྱལ། 《རྩེར་སྣེག》2016.1

《ཕོ་ཉ་གཞོན་ནུ་དོན་གྲུབ་》ཀྱི་རྟོག་ཉམས་ལ་མདོར་ཙམ་དཔྱད་པ།

རྡོ་རྗེ་རིན་ཆེན། 《རྩེར་སྣེག》2016.2

སྙན་ངག་ནི་ཕྱི་ཡི་སྣོད་དང་ནང་གི་བཅུད་ལ་བཏབ་པའི་རྟེན་འབྲེལ་དེ་ཡིན་ནམ——ན་གཞོན་སྙན་ངག་པ་མདོ་སྨད་ཧེ་ཏུ་ཀར་བཅར་འདྲི་བྱས་པ།

ཁྲི་སེམས་དཔལ་བཅར་འདྲི་བྱས། 《གངས་རྒྱན་མེ་ཏོག》2016.1

《གཡུ་ཆུང་དྲུག་དཀར་》ཀྱི་སྒྱུ་རྩལ་ཁྱད་ཆོས་དང་དེ་ལས་བྱུང་བའི་མཛེས་པ་གླེང་བ།

བདུད་ལྷ་རྒྱལ། 《གངས་རྒྱན་མེ་ཏོག》2016.2

ཕ་ཡུལ་གྱི་མདུན་དུ་ང་ནམ་ཡང་ནར་མ་སོན་པའི་ཕྲུ་གུ་བཞིན་ཏ་ཙང་ཆུང——བོད་ཀྱི་ན་གཞོན་སྙན་ངག་པ་རམས་ཚེ་རྡོར་བཅར་འདྲི་བྱས་པ།

ཁྲི་སེམས་དཔལ་བཅར་འདྲི་བྱས། 《གངས་རྒྱན་མེ་ཏོག》2016.2

ཚིགས་བཅད་སྙན་ངག་གི་གནད་དོན་ཁ་ཤས་ལ་དཔྱད་པ།

དཀོན་མཆོག་ཚེ་རིང་། 《ཟླ་ཟེར》2016.2

དགེ་བཤེས་པོ་ཏོ་བ་དང་ཁོང་གིས་མཛད་པའི་《དཔེ་ཆོས་རིན་ཆེན་སྤུངས་པའི་》བསླབ་བྱའི་རིན་ཐང་སྐོར་གླེང་བ།

བསྟན་འཛིན། 《གངས་ལྗོངས་རིག་གནས》2016.1

གཙོའི་མི་རིགས་མཐོ་རིམ་དགེ་འོས་སློབ་གྲྭའི་བོད་ཡིག་སྡེ་ཁག་ལ་སྦྱིངས་པ་ཀློག་པའི་མྱོང་ཤེས་ཙམ་བཤད་པ།

ཤེས་རབ། 《 ཀན་སུའུ་མི་རིགས་དགེ་འོས་སློབ་གྲྭ་ཆེན་མོའི་རིག་གཞུང་དུས་དེབ 》2016.2

བོད་ཀྱི་དེང་རབས་རྩོམ་རིག་ལས་ལྷུག་རྩོམ་གྱི་སྐོར་རགས་ཙམ་གླེང་བ།

རིག་འཛིན་སྐྱབས། 《བོད་ལྗོངས་སློབ་གསོ》2016.1

《གངས་རི་ལ་དབང་བའི་ཁ་བའི་འདབ་མ་》བཀླགས་པའི་མྱོང་ཚོར།

སྨིན་དབྱངས་པོ། 《གངས་དཀར་རི་བོ》2016.2

དབུས་གཙང་དམངས་ཁྲོད་མཛའ་གཞས་ལས་མངོན་པའི་བུད་མེད་ཀྱི་སྐྱོ་གར་སྙིང་སྟོབས་སྐོར་གླེང་བ།

བྱ་ཆུང་། 《བོད་ལྗོངས་ཞིབ་འཇུག》2016.1

མི་རོ་རྩེ་སྒྲུང་དང་མཚན་ཞག་སྟོང་གི་སྒྲུང་གཉིས་ཀྱི་གཤིབ་སྡུར།

པདྨ་ཚེ་རིང་། 《བོད་ཀྱི་དམངས་སྲོལ་རིག་གནས》2016.1

《བོད་ཀྱི་དམངས་ཁྲོད་རྩོམ་རིག་རྣམ་བཤད་རབ་གསལ་མེ་ལོང་》ལས་འཕྲོས་པའི་གཏམ——མཚོ་སྔོན་མི་རིགས་སློབ་ཆེན་གྱི་དགེ་རྒན་ཆེན་མོ་གཡང་མོ་སྐྱིད་ལགས་ལ་བཅར་འདྲི་ཞུས་པ།

འདི་གའི་དུས་དེབ་ཁང་། 《བོད་ཀྱི་དམངས་སྲོལ་རིག་གནས》2016.2

མདོ་སྨད་ཀ་རིང་ས་ཆའི་ལས་གཞས་སྐོར་བ།

ལྷ་མོ་ཚེ་རིང་། 《བོད་ཀྱི་དམངས་སྲོལ་རིག་གནས》2016.2

《མི་རོ་རྩེ་སྒྲུང་》གི་འབྱུང་ཁུངས་ལ་གསར་དུ་དཔྱད་པ།

བཀའ་འབུམ་རྒྱལ། 《རྩེར་སྙེག》2016.1

ཁེད་ཀྱི་གོ་དོན་དང་ཁྱད་ཆོས་ལ་དཔྱད་པ།

བླ་མ་བཀྲ་ཤིས། 《ཐང་རྒྱན་མེ་ཏོག》2016.1

པ་སྣམ་རྫོང་སྣ་འཕྱུར་ཤང་གི་སྐྱེ་གཞས་ལ་ཙུང་ཟད་དཔྱད་པ།

བསོད་ནམས་མཆོག་སྐྱིད། 《ཐང་རྒྱན་མེ་ཏོག》2016.2

རྩོམ་རིག་གི་རྗོད་བྱེད་སྐོར་རགས་ཙམ་གླེང་བ།

རྡོ་ཕྲིས་བླ་འབུམ་རྒྱལ། 《སྦྲང་ཆར》2016.3

བོད་ཀྱི་རྩོམ་རིག་ཐད་ཀྱི་གནད་དོན་འགའ་གླེང་བ།

རྩ་ནེ་རྡོ་གྲུབ། 《བླ་ཟེར》2016.4

བོད་དུ་རྣམ་ཐར་རྟོགས་བརྗོད་ཀྱི་རྩོམ་རིག་དར་ཆེ་བའི་རྒྱུ་རྐྱེན་སྐོར་གྱི་དཔྱད་པ།

བྱ་ཚེ་རིང་། 《བོད་ལྗོངས་སློབ་གྲྭ་ཆེན་མོའི་རིག་དེབ》2016.3

བོད་ཀྱི་རྣམ་ཐར་རྩོམ་རིག་གི་ཞིབ་འཇུག་གནས་བབས་གླེང་བ།

ཚེ་རིང་སྐྱབས། 《བོད་ལྗོངས་ཞིབ་འཇུག》2016.3

སྟག་འབུམ་རྒྱལ་གྱི"ཁྱིའི་སྒྲུང་གཏམ"ཁ་ཤས་བརྒྱགས་པའི་མྱོང་ཚོར།

འབྲོང་བུ་རྡོ་རྗེ་རིན་ཆེན། 《སྦྲང་ཆར》2016.3、4

སྒྲུང་རིང《ཁ་སང་གི་ཚོ་བ》ཞེས་པར་རགས་ཙམ་དཔྱད་པ།

སྐལ་བཟང་ནོར་བུ། 《སྦྲང་ཆར》2016.4

བོད་རིགས་བུད་མེད་ཀྱི་སྒྲུང་རིང་ཐོག་མ《ཕྱུར་བའི》སྒྱུ་རྩལ་གྱི་ཁྱད་ཆོས་དང་བསམ་བློའི་ནང་དོན་ལ་དཔྱད་པ།

དུར་ཁྲི། 《སྔོ་ཁའི་རྩོམ་རིག་སྒྱུ་རྩལ》2016.3

《གཞོན་ནུ་དྲུག་གི་རྟོགས་བརྗོད》ཀྱི་བསམ་བློའི་ནང་དོན་སྐོར་རགས་ཙམ་གླེང་བ།

ཚེ་རིང་རྡོ་རྗེ། 《བོད་ལྗོངས་སློབ་གསོ》2016.4

དགེ་འདུན་ཆོས་འཕེལ་གྱི་ལྷུག་མའི་སྙན་ངག་དང་འབྲེལ་ཏེ་དཔེ་རྒྱན་གྱི་རིན་ཐང་ལ་བསྐྱར་དུ་ལྟ་བ།

ཟླ་ནག་པ་ཡེ་ཤེས་བཟང་པོ། 《 མཚོ་སྔོན་དགེ་འོས་སློབ་ཆེན་གྱི་རིག་གཞུང་དུས་དེབ 》 2016.1

དྲག་བཙན་རང་གྲོལ་གྱི“བསྟོད་པ་བསླགས་པའི་འཆར་སྣང”དང་འབྲེལ་ཏེ་བོད་ཀྱི་སྲོལ་རྒྱུན་བསྟོད་རྩོམ་གྱི་རིན་ཐང་བཤད་པ།

རྡོ་རྗེ་ལྷུན་གྲུབ། 《མཚོ་སྔོན་དགེ་འོས་སློབ་ཆེན་གྱི་རིག་གཞུང་དུས་དེབ》2016.1

བོད་ཀྱི་རང་མོས་སྙན་ངག་ལས་བྱུང་མེད་ཀྱི་ལས་དབང་དང་རེ་འབོད་མཚོན་པའི་སྙན་ངག་གི་སྐོར་རགས་ཙམ་གླེང་བ།

རིན་ཆེན་ཏི་མ། 《མཚོ་སྔོན་དགེ་འོས་སློབ་ཆེན་གྱི་རིག་གཞུང་དུས་དེབ》2016.1

དཔྱད་བརྗོད་ཁག་གཉིས་དང་འབྲེལ་ནས་སྙན་ངག་པར་བཏོན་པའི་རེ་བ་ཕྲན་བུ།

སྔོང་བསོད་ནམས་ཚེ་རིང་། 《 གངས་ལྗོངས་རིག་གནས 》 2016.2

སྒྲ་རྒྱན་གྱི་རྣམ་གཞག

ཅོ་ནེ་གྲགས་པ་བཤད་སྒྲུབ་རྒྱ་མཚོ། 《 གངས་ལྗོངས་རིག་གནས 》2016.3

སྙན་རྩོམ《ཆོས་རྗེ་གྲགས་པ་བྱང་ཆུབ་ཀྱི་བསྟོད་པར་》རོབ་ཙམ་དཔྱད་པ།

རྡོ་རྗེ། 《བོད་ཀྱི་སློབ་གསོ》2016.5

བོད་ཀྱི་སྙན་ངག་གསར་པ་ལས་འཕྲོས་ཏེ་གཙན་མེ་སྟག་གི་སྙན་ངག་གསར་རྩོམ་གླེང་བ།

ཐེན་པ་དོན་གྲུབ། 《བོད་ཀྱི་རྩོམ་རིག་སྒྱུ་རྩལ》2016.4

གེ་སར་གྱི་སྙན་རྩོམ《གཙོད་གྲོང་གི་ཉིན་གཅིག་དང་བུ་མོ་ཞིག་གི་མིག་ཆུ་》ཞེས་པའི་གླེག་འགྲེལ་ཐུང་ངུ།

ཨ་བྲཱ། 《གངས་རྒྱན་མེ་ཏོག》2016.3

སྙན་ངག་ནི་དགའ་སྐྱོ་ཆགས་སྡང་ཡི་གེའི་རིས་སུ་ཕབ་པའི་དན་རྟགས་ཡིན——ན་གཞོན་སྙན་ངག་པ་སྒྲོམ་བརྟན་ལ་བཅར་འདྲི་བྱས་པ།

ཁྲི་སེམས་དཔའ། 《གངས་རྒྱན་མེ་ཏོག》2016.3

སྙན་ངག་པའི་སེམས་གཞས——སྙིང་བུའི་སྙན་རྩོམ《ཁང་བ་སྟོན་པོའི་གཏམ་རྒྱུད་》བསྐྱར་དུ་བསླགས་པ།

འཆི་མེད། 《གངས་རྒྱན་མེ་ཏོག》2016.4

“ཉིན་གུང”ཞིག་ལ“ཞོགས་པ”ཞིག་དྲན་ཚུལ——གཙན་ཆེད་འབར་གྱི་ལྷུག་རྩོམ་སྙན་ངག 《 ཞོགས་པ་ཞིག་ལ། ཡང་ན་ཉིན་གུང་ཞིག་ལ》ཞེས་པ་བསླགས་པ།

ཁ་བོ་རིན་ཆེན། 《གངས་རྒྱན་མེ་ཏོག》2016.4

སྙན་ངག་གི་སྐད་ཆ་ནི་སྐད་ཆ་མཐའ་དག་གི་ཉིང་བཅུད་དེ་ཡིན་དགོས——སློབ་རའི་སྙན་ངག་པ་བདེ་ལྡན་དབང་པོ་ལ་བཅར་འདྲི་བྱས་པ།

བསྟན་འཛིན་མཚུངས་མེད། 《གངས་རྒྱན་མེ་ཏོག》2016.4

རྙིང་བ་དཀོན་རྡེའི་སྙན་ངག《ང་རང་། ཁྱེད་ལ་ཡིད་ཆེས་ཡོད》ཅེས་པ་བསླགས་རྗེས་ཀྱི་སྨྲོང་ཚོར་ཐོར་བུ།

སྒྲ་རྒོད་སྙིང་དཀར། 《ཟླ་ཟེར》2016.3

ཁ་ཀྱུའི་སངས་བཀྲའི་ལེགས་རྩོམ་གཅིག་བསྡུས་《སེམས་པར་ཤར་བའི་འཇིག་རྟེན་》བཀླགས་པའི་འཆར་སྣང་།

ཕུག་རྫོར་ཚེ་རིང་། 《ཟླ་ཟེར》2016.3

རང་སོས་སྨན་ངག་གི་གནས་བབ་ལ་རགས་ཙམ་དཔྱད་པ།

རྫོ་ཕྲིས་སྒྲ་རྒྱལ་དོན་གྲུབ། 《ཟླ་ཟེར》2016.4

རྙིང་བ་དཀོན་རྒྱའི་སྨན་རྩོམ་གཅིག་བཏུས་《བྱང་ཆུབ། བྱང་ཆུབ།》ཅེས་པའི་ཁྱད་ཆོས་གླེང་བ།

ཕུག་རྫོར་ཚེ་རིང་། 《ཟླ་ཟེར》2016.4

གསར་དུ་ལག་སོན་བྱུང་བའི་《ཆོས་སྐྱོང་བའི་རྒྱལ་པོ་སྲོང་བཙན་སྒམ་པོའི་མཛངས་ཡིག་གསལ་བའི་མེ་ལོང་》གི་དཔྱད་པ།

གསང་བདག་ཚུན་གྲུབ། 《 མཚོ་སྔོན་དགེ་འོས་སློབ་ཆེན་གྱི་རིག་གཞུང་དུས་དེབ 》 2016.1

ལི་ཡུལ་དང་ཏུན་ཧོང་ནས་རྙེད་པའི་བོད་ཀྱི་བསླབ་བྱའི་རྩོམ་རིག་ལ་དཔྱད་པ།

པདྨ་ཚེ་རིང་། 《མཚོ་སྔོན་དགེ་འོས་སློབ་ཆེན་གྱི་རིག་གཞུང་དུས་དེབ》2016.4

《 ཁ་ཆེ་པ་ལུའི་ 》 རྩོམ་པ་པོ་སུ་ཡིན་སྐོར་དང་དེ་འབྲེལ་ཏ་ཟིག་རིག་གནས་ཀྱི་འབྲེལ་བའི་སྐོར——བོད་ལྗོངས་ཡུལ་སྐོར་བ་ཨོ་སི་ཁྲུ་ལི་ཡའི་ལོ་ཙཱ་བ་མཁས་ཅན་རྗེ་ཕུ་པའི་ལི་མཆོག་ལ་བཅར་འདྲི་ཞུས་པའི་ཟིན་ཐོ།

བཅར་འདྲི་ཞུ་མཁན་ལོ་ཡའི་ཅན་དང་ཕྱིན་སྒྲོན།

བོད་ཡིག་ལ་སྦྱར་མཁན་སྐལ་རྣམ། 《བོད་ལྗོངས་སློབ་གྲྭ་ཆེན་མོའི་རིག་དེབ》2016.3

བོད་བཙན་པོའི་དུས་སྐབས་སུ་མགུར་རྩོམ་དར་ཆེ་བའི་རྒྱབ་ལྗོངས་བཤད་པ།

རིག་འཛིན། 《གངས་ལྗོངས་རིག་གནས》2016.3

བཙན་མོ་སད་མར་ཀར་གྱིས་གླངས་པའི་མགུར་གྱི་ལོ་རྒྱུས་རྒྱབ་ལྗོངས་ལ་དཔྱད་པ།

བཀྲ་ཤིས་དོན་གྲུབ། 《ཟླ་ཟེར》2016.3

བོད་ཀྱི་དེང་རབས་རྩོམ་རིག་ལས་ལྷུག་རྩོམ་གྱི་སྐོར་རགས་ཙམ་གླེང་བ།

མགར་གཞུང་རིག་འཛིན་སྐྱབས། 《 སྟོ་ཁའི་རྩོམ་རིག་སྒྱུ་རྩལ 》 2016.3

ལྷུག་རྩོམ་《པེ་ཅིན་གྱི་བོད་པ་》ལ་རགས་ཙམ་དཔྱད་པ།

གནམ་ལྷ་བཀྲ་ཤིས། 《ཟླ་ཟེར》2016.3

བོད་ཀྱི་དམངས་ཁྲོད་གཏམ་རྒྱུད་ཀྱི་བྱུང་འཕེལ་དང་ཁྱད་ཆོས་སྐོར་རགས་ཙམ་གླེང་བ།

མཁའ་མོ་སྐྱིད། 《བོད་ལྗོངས་སློབ་གསོ》2016.4

བོད་ཀྱི་དམངས་ཁྲོད་གཞས་ཚིག་ནང་སྨན་ངག་རྒྱན་གྱི་སྐོར་གླེང་བ།

མཁས་འཛིན། 《ཤར་རྒྱན་མེ་ཏོག》2016.3

སྒྱུ་རྩལ།

ཀན་ལྷོའི་ཅོ་ནེ་གཙང་པ་ཡུལ་ཚོའི་པགས་ཇའི་ཞབས་བྲོ་སྐོར་གླེང་བ།

ཚ་བཟང་རྡོ་རྗེ་རིན་ཆེན། 《ཀྲུང་གོའི་བོད་རིག་པ》2016.2

གཤིན་ཆོག་ལས་འཁྲོས་ཏེ་གཡུང་དྲུང་བོན་གྱི་གཤིན་ལུགས་གྱེར་དབྱངས་སྐོར་ལ་དཔྱད་པ།

བཞད་གཞུང་བསོད་ནམས། 《བོད་ལྗོངས་སྒྱུ་རྩལ་ཞིབ་འཇུག》2016.1

ལྷ་ལྡན་ཆེ་ཏྲ་གྲྭ་ཚང་གི་ཆེ་ཏྲ་སྒོང་སངས་ཞེས་པའི་ལྷ་མོའི་ཟློས་གར་གྱི་བྱུང་བ་དང་དེའི་འབྲེལ་ཡོད་ཀྱི་གནད་དོན་འགར་དཔྱད་པ།

ཐོན་པ་བསོད་ནམས་སྟོབས་རྒྱལ། 《བོད་ལྗོངས་སྒྱུ་རྩལ་ཞིབ་འཇུག》2016.1

རོལ་མོའི་བསྟན་བཅོས་ཞེས་བྱ་བ་བཞུགས་སོ།།

ས་པཎ་ཀུན་དགའ་རྒྱལ་མཚན། 《གངས་ལྗོངས་རིག་གནས》2016.1

རྗེ་ཕྲིས་བླ་མའི་ལུང་བའི་ལྷ་རྩེད་རྩེ་སྟངས་དང་དེའི་འཕེལ་ཁུངས་འཚོལ་དཔྱོད།

བསོད་ནམས་སྒྲོལ་དཀར། ཀླུ་འབུམ་རྒྱལ། 《བོད་ཀྱི་དམངས་སྲོལ་རིག་གནས》2016.2

རྣམ་པ་སྣ་མང་ལྡན་པའི་འབབ་གཞས།

ཕུན་ཚོགས་བཀྲ་ཤིས་ནས་བྲིས། ཐུབ་བསྟན་གྱིས་བར་བླངས། 《མི་རིགས》2016.1

སོག་ཙན་དན་དགོན་གྱི་ཞོལ་རལ་པའི་ལོ་རྒྱུས་དང་སྒྱུ་རྩལ་སྐོར་རགས་ཙམ་གླེང་བ།

ནོར་བསྟན། 《བོད་ལྗོངས་སློབ་གྲྭ་ཆེན་མོའི་རིག་དེབ》2016.2

《འབྲས་དཀར་བསམ་དོན་ལྷུན་འགྲུབ་མའི་》བརྗོད་བྱ་བཅས་ལ་ཅུང་ཙམ་དཔྱད་པ།

ཀློ་གྲོས་རྒྱ་མཚོ། 《བོད་ཀྱི་དམངས་སྲོལ་རིག་གནས》2016.2

བོད་ཀྱི་ལྷ་རིས་སྒྱུ་རྩལ་ལས་ཐང་གའི་སྐོར་རགས་ཙམ་གླེང་བ།

བདུད་ལྷ་བྱམས། 《ཀྲུང་གོའི་བོད་རིག་པ》2016.1

གཙང་ངམ་རིང་ཁུལ་ནས་བཙལ་རྙེད་བྱུང་བའི་རྡོ་བརྐོས་སྐུ་བརྙན་གཉིས་ཀྱི་སྒྱུ་རྩལ་རིག་གནས་སྐོར་གླེང་བ།

ཀུང་ཐང་བསྟན་འཛིན་ནོར་བུ། 《བོད་ལྗོངས་ཞིབ་འཇུག》2016.1

ནོར་བུ་གླིང་གའི་རྟག་བརྟན་མི་འགྱུར་ཕོ་བྲང་གི་ལྡེབས་རིས་འགྲེལ་བཤད།(གོང་འཁྲོས)

ཆོས་ཀྱི་རྒྱལ་མཚན་གྱིས་མགོ་འདོན་བྱས།《བོད་ལྗོངས་ནང་བསྟན》2016.1

ནོར་བུ་གླིང་གའི་རྟག་བརྟན་མི་འགྱུར་ཕོ་བྲང་གི་ལྡེབས་བྲིས་ཀྱི་འགྲེལ་བཤད།(གོང་འཁྲོས)

ཆོས་ཀྱི་རྒྱལ་མཚན་གྱིས་མགོ་འདོན་བྱས། 《བོད་ལྗོངས་ནང་བསྟན》2016.2

མཁྱེན་ལུགས་དང་སྨན་ལུགས་གཉིས་ཀྱི་རི་མོའི་བྲིས་རྒྱུན་ཁྱད་ཆོས་སྐོར་གླེང་བ།

གོང་དཀར་རྒྱ་མཚོ། 《བོད་ལྗོངས་སྒྱུ་རྩལ་ཞིབ་འཇུག》2016.1

མངའ་རིས་རྩ་རང་ཡུལ་གྱི་ཆེས་རྙིང་མའི་བྲག་བརྐོས་རི་མོའི་སྒྱུ་རྩལ་སྐོར་གླེང་བ།

འོན་པ་ཚེ། 《བོད་ལྗོངས་སྒྱུ་རྩལ་ཞིབ་འཇུག》2016.1

རྩེ་གདོང་ཟངས་བཟོའི་སྒྱུ་རྩལ་དར་ཚུལ་སྐོར་མདོ་ཙམ་གླེང་བ།

ཨོ་རྒྱན། 《བོད་ལྗོངས་སྒྱུ་རྩལ་ཞིབ་འཇུག》2016.1

མངའ་རིས་རྩ་མདའ་རྫོང་མཁར་རྩེ་ཉག་བྲག་ཕུག་གི་ལྡེབས་རིས་སྐོར་ཙུང་ཙམ་གླེང་བ།

བཟང་པོ་ཤེས་རབ། 《གངས་ལྗོངས་རིག་གནས》2016.1

རྩེ་གདོང་ཟངས་བཟོའི་རྒྱུད་འཛིན་སྐོར་མདོ་ཙམ་གླེང་བ།

ཨོ་རྒྱན། 《གངས་ལྗོངས་རིག་གནས》2016.1

ཕོ་བྲང་པོ་ཏ་ལའི་ལྡེབས་བྲིས་སྐོར་ཆེ་ལོང་ཙམ་བརྗོད་པ།

བཀྲ་ཤིས་ཚེ་བརྟན། 《 བོད་ལྗོངས་སློབ་གྲྭ་ཆེན་མོའི་རིག་དེབ 》2016.2

བོད་ཀྱི་གནའ་བོའི་ཡིག་གཟུགས་ཀྱི་སྒྱུ་རྩལ་མཚོན་ཐབས་སྐོར་རགས་ཙམ་བརྗོད་པ།

སྟོབས་ཚང་རིན་ཆེན་མཚོ། 《ལྷ་ཟེར》2016.1

ཟོན་ཐར་རྒྱལ་གྱི་སྙོག་བརྩན《དབུས་ལམ་གྱི་ཉི་མ་》ཞེས་པའི་བརྗོད་དོན་ལ་དཔྱད་པ།

ཁེར་བྱ། 《སྒོ་ཁའི་རྩོམ་རིག་སྒྱུ་རྩལ》2016.1

ལྷ་ས་ཁུལ་གྱི་གྲོང་མིའི་སྡོད་ཁང་གི་ཚོན་རིས་ལས་ཐོན་པའི་བོད་མིའི་མཛེས་དཔྱོད་ཀྱི་ལྟ་བའི་སྐོར་ལ་རགས་ཙམ་གླེང་བ།

གཡང་ལགས། 《གངས་ལྗོངས་རིག་གནས》2016.2

བོད་ཀྱི་ལྷ་མོ་དང་ལྷ་སའི་ཞོ་སྟོན།

རྡོ་དགོན་གསང་བདག་རྡོ་རྗེ། 《 གངས་ལྗོངས་རིག་གནས 》2016.3

གར་སྟེགས་པར་ལེན་གྱི་ཐབས་རྩལ་སྐབས་གླེང་།

རིག་གནས། 《གངས་ལྗོངས་རིག་གནས》2016.3

ཁམས་རྫ་ཡུལ་གྱི་བྲོ་ཆེན་རིག་གནས་ལ་དཔྱད་པ།

ཡ་ཞག་པདྨ་རྡོ་རྗེ། 《གྲང་རྒྱན་མེ་ཏོག》2016.3

ཁམས་མི་ཉག་ཡུལ་གྱི་སྨུར་བྲོ་སྐོར་ལ་དཔྱད་པ།

ཚེ་རིང་དོན་འགྲུབ། 《མི་རིགས》2016.3

གསར་དུ་རྙེད་པའི་སྤྲུལ་སྐུ་ཆོས་དབྱིངས་རྒྱ་མཚོ་དང་འབྲེལ་བའི་དེབ་གཟུགས་ཀྱི་ལྡེབས་རིས་ལ་རགས་ཙམ་དཔྱད་པ།

སྨན་གྲོང་ནོར་བུ་སྲིད་ཐར། 《བོད་ལྗོངས་ཞིབ་འཇུག》2016.3

ཚབ་མདོ་བྲག་གཡབ་སྨད་ཙུང་འདུ་ཁང་ནང་གི་ངོ་མཚར་རྗེ་བརྐོས་སྒྱུ་རྩལ།

ཐུབ་དགའ། 《ཀྲུང་གོའི་བོད་ལྗོངས》2016.5

གླིང་སྒྲུང་གི་སྐོར།

གེ་སར་ཞེས་པའི་མིང་གི་འཕེལ་རིམ་ལ་དཔྱད་པ།

ཚེ་བརྟན།《བོད་ལྗོངས་ཞིབ་འཇུག》2016.1

བོད་ཀྱི་གླིང་སྒྲུང་སྲུང་སྐྱོབ་ལས་དོན་གྱི་ལག་ལེན་དང་འཚོལ་ཞིབ་སྐོར་གླེང་བ།

རྒྱང་འཁོར་ཚེ་ཕུན།《 བོད་ལྗོངས་སྒྱུ་རྩལ་ཞིབ་འཇུག 》2016.1

མདོ་ཁམས་ཡུལ་གྱི་གེ་སར་ཤུལ་རྟེན་སྐོར་གྱི་ཡུལ་ངོས་བརྟག་དཔྱད།(ཁག་དང་པོ)

སྙིང་བོ་ཚེ་རིང་།《བོད་ཀྱི་དམངས་སྲོལ་རིག་གནས》2016.1

གེ་སར་སྒྲུང་གླུ་དང་བོད་བཙན་པོའི་སྐབས་ཀྱི་མགུར་གླུའི་ཁྱད་ཆོས་བསྡུར་ནས་དཔྱད་པ།

རིན་ཆེན་ལྷ་མོ།《 མཚོ་སྔོན་མི་རིགས་སློབ་ཆེན་རིག་དེབ 》2016.1

མ་སངས་དང་གེ་སར་གྱི་སྐོར་ལ་ཅུང་ཟད་དཔྱད་པ།

འཆི་མེད་རྡོ་རྗེ།《 བོད་ལྗོངས་སློབ་གྲྭ་ཆེན་མོའི་རིག་དེབ 》2016.2

བོད་སིལ་བུའི་དུས་སྐབས་ཀྱི་དཔའ་བོ་གླིང་གེ་སར་རྒྱལ་པོའི་མཐའ་དཔྱོད།

སེང་མགུལ་མ་ཧེ་དོན་གྲུབ། དབྱངས་ལྷ་མོ།《རྩེར་སྙེག》2016.1

གེ་སར་དད་མོས་ནི་བོད་ཁམས་ཀྱི་གྲུབ་མཐའ་རིས་མེད་དུ་དར་ཚུལ་བཤད་པ།

བསོད་རྒྱལ་འབུམ།《རྩེར་སྙེག》2016.1

གླིང་སྒྲུང་ལས་ཨ་སྟག་ལྷ་མོའི་རང་གཤིས་ལ་དཔྱད་པ།

ཀླུ་ནག་འཕགས་སྐྱབས་རྒྱལ།《མི་རིགས》2016.1

རི་བོ་ཆེའི་གེ་སར་རིག་གནས་སྐོར་གླེང་བ།

འཇམ་དབྱངས་ཆོས་སྒྲོན།《 མཚོ་སྔོན་དགེ་འོས་སློབ་ཆེན་གྱི་རིག་གཞུང་དུས་དེབ 》2016.3

མཚོ་སྔོན་པོ་བོང་སྟག་ཡུལ་གྱི་གེ་སར་ངག་རྒྱུན་ཤུལ་རྟེན་སྐོར་གླེང་བ།

དབང་ཆེན་ཚེ་རིང་།《མཚོ་སྔོན་དགེ་འོས་སློབ་ཆེན་གྱི་རིག་གཞུང་དུས་དེབ》2016.3

གེ་སར་སྒྲུང་པ་ཚེ་རིང་དགྲ་འདུལ་གྱི་ལོ་རྒྱུས།

ཚ་ཧྲི་ཕུན་ཚོགས་དོན་གྲུབ།《 གངས་ལྗོངས་རིག་གནས 》2016.2

གླིང་སྒྲུང་ལས་འཕྲོས་ཏེ་གནའ་རབས་བོད་མིའི་མི་གཤིས་ལ་དཔྱད་པ་བློ་ཆུང་དགའ་བའི་གཏམ།

སྐལ་བཟང་ལྷུན་གྲུབ།《གངས་ལྗོངས་རིག་གནས》2016.3

ཀན་ལྷོ་ཁུལ་བསང་ཆུ་རྫོང་ཁོངས་ཀྱི་གེ་སར་སྒྲུང་གི་རིག་གནས་རྗེས་ཤུལ།

རྟ་མགྲིན་རྡོ་རྗེས་བྲིས། འཇམ་དབྱངས་དབང་ཕྱུག་གིས་པར་བླངས།《 མི་རིགས 》2016.2

གླིང་གེ་སར་རྒྱལ་པོའི་སྒྲུང་ལས་ཆང་གི་རིག་གནས་སྐོར་གླེང་བ།

རྡོ་རྗེ་འབུམ།《མི་རིགས》2016.3

གསོ་རིག　སྐར་རྩིས།

ལྷ་མོ་སྐྱིད། ཚེ་རིང་སྒྲོལ་མ། 《ཀྲུང་གོའི་བོད་ཀྱི་གསོ་རིག》2016.1

གསོ་རིག་རྒྱུད་བཞིའི་པར་གཞི་མི་འདྲ་བ་ལས་རྟག་བརྟན་པར་མའི་སྐོར་རོབ་ཙམ་གླེང་བ།

སྐང་ར་དབང་གྲགས། 《ཀྲུང་གོའི་བོད་ཀྱི་གསོ་རིག》2016.1

དགེ་ཆོས་ཀྱི་འདོད་བསྟན་ལས་འཕྲོས་པའི་ལུས་ཀྱི་ཆགས་ཚུལ་སྐོར་དཔྱད་པ།

བརྟེ་རྒྱལ། 《ཀྲུང་གོའི་བོད་ཀྱི་གསོ་རིག》2016.1

རྩ་སྦྱོང་གི་ལག་ལེན་ལས་ཡོག་གནོན་སྐོར་གླེང་བ།

ཕག་མོ་ཚེ་རིང་། 《 ཀྲུང་གོའི་བོད་ཀྱི་གསོ་རིག 》2016.1

གཟའ་གྲིབ་ནད་ཀྱི་རྒྱུ་རྐྱེན་དང་སྔོན་འགོག་བྱ་ཚུལ་ལ་དཔྱད་པ།

ལྷུགས་བྱམས་ཚེ་རིང་། དཀོན་མཆོག་རྒྱལ་མཚན། 《ཀྲུང་གོའི་བོད་ཀྱི་གསོ་རིག》2016.1

གཉེན་པོ་ཟས་སྤྱོད་སྨན་དཔྱད་ཀྱི་སྒོ་ནས་ཟ་འཕྱུག་གི་ངོ་བོ་དཔྱད་པ།

ཨོ་རྒྱན་སྐྱབས། 《ཀྲུང་གོའི་བོད་ཀྱི་གསོ་རིག》2016.1

བཅོ་ལྔ་དྲག་སྦྱོར་གྱི་སྨན་སྦྱོར་རིགས་ལམ་ལ་དཔྱད་པ།

རྡོ་རྗེ། 《ཀྲུང་གོའི་བོད་ཀྱི་གསོ་རིག》2016.1

སྨན་སྦྱོར་གྱི་འཕྲུལ་འཁོར་སྐོར་ཐབས་ལ་རགས་ཙམ་དཔྱད་པ།

བློ་འབུམ་ཐར། ནོར་བ་མིག་དམར། 《ཀྲུང་གོའི་བོད་ཀྱི་གསོ་རིག》2016.1

གནམ་ལྕགས་ཟིལ་བཤལ་གྱི་མཛད་པ་པོ་དང་སྦྱོར་བ་ལ་དཔྱད་པ།

རྒྱལ་བ། 《ཀྲུང་གོའི་བོད་ཀྱི་གསོ་རིག》2016.1

བོད་སོག་གསོ་རིག་ལས་མིང་གཅིག་ལ་དོན་འཛིན་མི་འདྲ་བའི་སྨན་རྫས་གཤིབ་བསྡུར།

རིག་འཛིན་དབང་རྒྱལ། མིང་ཧྭ་ལྷུ་ལི་ཅེ། 《ཀྲུང་གོའི་བོད་ཀྱི་གསོ་རིག》2016.1

རྗེ་དགུ་དགེ་བསམ་གཏན་གྱིས་མཛད་པའི་བོད་ཀྱི་སྨན་རིག་བྱུང་ཚུལ་མདོར་བསྡུས་ཀྱི་དཔར་སྤྲ་ཕྱིའི་སྐོར་ལ་ཅུང་ཟད་དཔྱད་པ།

མི་ཕམ། 《ཀྲུང་གོའི་བོད་ཀྱི་གསོ་རིག》2016.2

རིན་ཆེན་གསང་ཏིག་སྒྲོན་མ་ལ་དཔྱད་པ།

ལྷ་ཆེན་ཚེ་རིང་། བྱ་མདོ་བློ་བྱམས་རྒྱལ། 《 ཀྲུང་གོའི་བོད་ཀྱི་གསོ་རིག 》2016.2

རོ་ཚ་བའི་ཟས་སྨན་བསྟེན་ཚུལ་གྱི་ལེགས་ཉེས་དང་བསྟེན་ཚད་ཀྱི་གནས་བབ་ལ་དཔྱད་པ།

ཐུང་དཀར་མཚོ། 《ཀྲུང་གོའི་བོད་ཀྱི་གསོ་རིག》2016.2

མཆིན་ནད་སྐྱ་རབ་ཀྱི་སློང་རྐྱེན་དང་བརྟག་བཅོས་སྐོར་ཅུང་ཙམ་གླེང་བ།

བདེ་ཆེན་མཚོ། ཨོ་རྒྱན་སྐྱབས། 《ཀྲུང་གོའི་བོད་ཀྱི་གསོ་རིག》2016.2

ཟི་ལིང་སྨན་རྒྱལ་ལྷ་ཁང་གི་སྨན་ཆུས་ཁོང་པ་སྤོ་བར་ཕན་ཚུལ་ལ་དཔྱད་པ།

ཕུར་བུ་ཚེ་རིང་། རྣམ་རྒྱལ་དོན་གྲུབ། 《ཀྲུང་གོའི་བོད་ཀྱི་གསོ་རིག》2016.2

ཚ་བ་དང་གཉན་གྱི་འབྲེལ་བའི་སྐོར་རོབ་ཙམ་གླེང་བ།

གཡུང་དྲུང་ཚེ་བརྟན། 《ཀྲུང་གོའི་བོད་ཀྱི་གསོ་རིག》2016.2

མིག་ལ་བརྟག་ནས་ནད་ངོས་འཛིན་ཐབས་སྐོར་རགས་ཙམ་གླེང་བ།

རིག་འཛིན་རྡོ་རྗེ། 《ཀྲུང་གོའི་བོད་ཀྱི་གསོ་རིག》2016.2

ཐུར་སེལ་རླུང་གིས་བསྐྱེད་པའི་ནད་རིགས་དང་དེ་དག་གི་བརྟག་བཅོས་སྐོར་རགས་ཙམ་གླེང་བ།

ཟླ་སྒྲོན། དོན་གྲུབ་རྣམ་རྒྱལ། 《ཀྲུང་གོའི་བོད་ཀྱི་གསོ་རིག》2016.2

ཙོང་ཞི་སྤྱི་འདུལ་གྱི་ལག་ལེན་མི་འདྲ་བའི་སྐོར་བསྡུར་ནས་དཔྱད་པ།

སྣང་ར་དབང་གྲགས། 《 ཀྲུང་གོའི་བོད་ཀྱི་གསོ་རིག 》2016.2

སྨན་གཞུང་གསུམ་ལས་བསྟན་པའི་སྨན་སྦྱོར་འགའི་སྦྱོར་ཚད་དང་ཕན་ནུས་ལ་དཔྱད་པ།

ཐུན་ཁང་དོན་གྲུབ། ཀརྨ་ཚོགས་གཉིས། 《ཀྲུང་གོའི་བོད་ཀྱི་གསོ་རིག》2016.2

སྤོ་གང་ཀླུ་ཆུང་གི་མིང་ཐོགས་ཚུལ་ལ་དཔྱད་པ།

ཕུན་གྲུབ་རྡོ་རྗེ། ལྷ་མོ་ཚེ་རིང་། 《 ཀྲུང་གོའི་བོད་ཀྱི་གསོ་རིག 》2016.2

HPLC-ICP-སྦྲེལ་སྦྱོད་ཐབས་ལ་བརྟེན་ནས་རིན་ཆེན་མང་སྦྱོར་ཁྲོད་ཀྱི་དངུལ་ཆུའི་གནས་སྟངས་ལ་དཔྱད་པ།

རིག་འཛིན་ཚེ་བརྟན། ཀླུ་མོ་ཚེ་རིང་། 《ཀྲུང་གོའི་བོད་ཀྱི་གསོ་རིག》2016.2

ཉེར་མཁོའི་སྨན་སྦྱོར་ཁག་ཅིག་གི་མིང་གི་རྣམ་གྲངས་ཕྱོགས་བསྡུས།

རྡོ་ཁོ། 《ཀྲུང་གོའི་བོད་ཀྱི་གསོ་རིག》2016.2

སྨན་རྒྱལ་མི་ཡི་གར་རོལ་བཀྲས་ཁང་སྤྱི་ཁྱབ་མཁན་པོ་བྱམས་པ་ཐུབ་དབང་གི་མཛད་རྗེས་ངོ་སྤྲོད།

བྱམས་པ་འཕྲིན་ལས། 《གངས་ལྗོངས་སྨན་རྩིས》2016.1

རྗེ་བཙུན་ས་སྐྱ་པ་ཡབ་སྲས་རྣམ་གསུམ་དང་ཁོང་རྣམས་ཀྱིས་མཛད་པའི་གསོ་བ་རིག་པའི་བསྟན་བཅོས་ཀྱི་སྐོར་མདོ་ཙམ་གླེང་བ་འཇམ་མགོན་དགྱེས་པའི་མཆོད་སྤྲིན།

བན་བྲུར་འཛིགས་མེད། 《གངས་ལྗོངས་སྨན་རྩིས》2016.1

ངོ་མཚར་རྩིས་ཀྱི་རིག་པའི་སྤྱི་དོན་ལེགས་བཤད་སྣང་བ་དམ་པ།

ཚུལ་ཁྲིམས་རྒྱལ་མཚན། 《གངས་ལྗོངས་སྨན་རྩིས》2016.1

ཆོས་རྗེ་རིན་པོ་ཆེ་དྭགས་པོ་ལྷ་རྗེའི་གསུང་སྒྲོས་ཕན་བྱེད་རིག་པའི་མཛོད་དཔེ་སྐྲུན་བྱས་པའི་སྐྱོང་བ་རགས་བསྡུས་གླེང་བ།

ཟླ་བ། སྐལ་ལྡན་ཉི་མ། 《གངས་ལྗོངས་སྨན་རྩིས》2016.1

འབུམ་ཁུ་ཚུར་དང་ཁུ་ཚུར་འབུམ་གཉིས་ཀྱི་སྐོར་ཙུང་ཟད་གླེང་བ།

རྡོ་རྗེ་རིན་ཆེན། དཔལ་སྐྱིད། 《 གངས་ལྗོངས་སྨན་རྩིས 》2016.1

གསོ་དཔྱད་རྒྱལ་པོའི་དགོར་མཛོད་ཅེས་པའི་གནའ་གཞུང་གི་རྩོམ་པ་པོའི་འབྲུངས་རབས་དང་རིག་

གཞུང་ཁྱད་ཆོས་སྐོར་རགས་ཙམ་གླེང་བ།

བདེ་སྐྱིད་མཚོ་མོ། བདེ་སྐྱིད་གཡང་འཛོམས། 《གངས་ལྗོངས་སྨན་རྩིས》2016.1

བོད་ལུགས་གསོ་རིག་གཟའ་གྲིབ་ནད་གཞིའི་ཆེད་ལས་རིག་ཚན་འཕེལ་རྒྱས་གནས་བབས་དང་དོགས་གནད་དབྱེ་ཞིབ།

བྲ་ཆུང་ཚེ་རིང་། ལྷག་སྒྲོན། 《གངས་ལྗོངས་སྨན་རྩིས》2016.1

མཁྲིས་པ་རྩ་རྒྱུག་ནད་ཀྱི་འབྲེལ་ཡོད་དཔེ་སྙིང་ཕྱོགས་བསྡུས་དང་དེའི་དབྱེ་ཞིབ་སྐོར་གླེང་བ།

བདེ་ཆེན་དཔལ་སྒྲོན། བཀྲ་ཤིས། དོན་གྲུབ་བསྟན་དར། 《གངས་ལྗོངས་སྨན་རྩིས》2016.1

ལུས་ཀྱི་ཆགས་ཚུལ་སྐོར་ལ་དཔྱད་པ་འཚོ་བྱེད་གཞོན་ནུའི་སྙིང་ནོར།

སྐལ་བཟང་དོན་ལྡན། 《གངས་ལྗོངས་སྨན་རྩིས》2016.1

མི་བཙའ་བཙོ་བསྲེག་བསྲོ་བསྡིག་བཞིའི་གོ་དོན་ལ་དཔྱད་པ།

དཀོན་མཆོག་དོན་གྲུབ། 《གངས་ལྗོངས་སྨན་རྩིས》2016.1

ཕོ་ནད་ཅན་གྱི་གསོ་བྱ་བརྒྱད་བརྒྱར་བོད་སྨན་གྱིས་སྨན་བཅོས་བྱས་པའི་ནད་ཐོག་དབྱེ་ཞིབ།

དཔལ་བཟང་རྒྱ་མཚོ། རབ་འབྱོར། 《གངས་ལྗོངས་སྨན་རྩིས》2016.1

བོད་ལུགས་གསོ་རིག་ལས་གཟེར་སྤུར་སྐོར་ཅུང་ཟད་གླེང་བ།

ཟླ་བ་བསོད་ནམས། 《གངས་ལྗོངས་སྨན་རྩིས》2016.1

རླུང་ནད་ཁ་ཡོའི་ནད་ཀྱི་ངོས་འཛིན་དང་རྟགས་བཅོས་སྐོར་རགས་ཙམ་གླེང་བ།

དུང་མོ་མཚོ། 《གངས་ལྗོངས་སྨན་རྩིས》2016.1

རིམས་ཆམ་ནད་ཀྱི་སྐོར་ལ་དཔྱད་པ།

བསྟན་འཛིན་ཟླ་གསལ། པ་སངས། 《གངས་ལྗོངས་སྨན་རྩིས》2016.1

ཉམས་སྦྱོང་སྨན་སྦྱོར་མཆིན་གསོས་རིལ་བུར་ཞིབ་འཇུག་དང་སྦྱོར་བཟོ་བྱས་པའི་དཔྱད་འབྲས།

ཚེ་བརྟན་འཇིགས་མེད། 《གངས་ལྗོངས་སྨན་རྩིས》2016.1

མན་ངག་བདུད་རྩི་ཡིད་བཞིན་ནོར་མཆོག་གི་བྱུང་བ་དང་སྦྱོར་ཚུལ་ཕན་ནུས་བཅས་ཀྱི་སྐོར་ཅུང་ཟད་གླེང་བ།

བློ་གྲོས། ཚེ་གཡང་། ཚེ་དབང་འགྱུར་མེད། 《གངས་ལྗོངས་སྨན་རྩིས》2016.1

བོད་ལུགས་གསོ་རིག་གི་སྨན་རྟའི་སྐོར་ལ་དཔྱད་པ།

ཉིང་འཛིན་སྐྱབས། པ་སངས་སྒྲོལ་མ། 《གངས་ལྗོངས་སྨན་རྩིས》2016.1

སྨན་མཆོག་ཨ་གར་བརྒྱད་པའི་སྦྱོར་བ་དང་ཕན་ནུས་སྐོར་ལ་ཅུང་ཟད་དཔྱད་པ།

ཕུར་བུ་བཀྲ་ཤིས། བཀྲ་ཤིས་སྒྲོལ་དཀར། 《གངས་ལྗོངས་སྨན་རྩིས》2016.1

བོད་ལུགས་གསོ་རིག་གི་གཉེན་པོ་སྨན་གྱི་བསྟེན་ཐབས་དང་ཐུན་མིན་རིགས་ལམ་སྐོར་གྱི་ཞིབ་འཇུག་རགས་བསྡུས།

སྐལ་བཟང་ཚེ་རིང་། 《ཀྲུང་གོའི་བོད་ཀྱི་གསོ་རིག》2016.3

ཁྲི་ཀའི་ཆུ་ནག་ཆུ་ཚན་གྱི་ངོས་འཛིན་དང་འབྲེལ་ཏེ་ནད་ཐོག་ཕན་སྐྱེད་སྐོར་ལ་དཔྱད་པ།

ཕག་མོ་མཚོ། དབང་ཆེན་ཚེ་བརྟན། 《ཀྲུང་གོའི་བོད་ཀྱི་གསོ་རིག》2016.3

གཙོས་ཁ་སོག་སྨན་ཆུར་དཔྱད་པ།

བྲག་སྐམ་པ་ཨ་སྟག 《ཀྲུང་གོའི་བོད་ཀྱི་གསོ་རིག》2016.3

ལུས་སེམས་ཀྱི་ནད་སྦྲེལ་ནས་བཅོས་དགོས་པའི་སྐོར་རགས་ཙམ་གླེང་བ།

ལྡེའུ་རོང་རྫ་སྐྱབས་ཚེ་རིང་། 《ཀྲུང་གོའི་བོད་ཀྱི་གསོ་རིག》2016.4

སྨན་སྦྱོའི་སྐོར་ལ་དཔྱད་པ།

ཚེ་རིང་རྣམ་རྒྱལ། ཁང་སར་བསོད་ནམས་འཆི་མེད། 《ཀྲུང་གོའི་བོད་ཀྱི་གསོ་རིག》2016.4

ཟླ་མཚན་འབབ་རྟགས་ཀྱི་སྐོར་རགས་ཙམ་གླེང་བ།

ལྷ་ཆེན་ཚེ་རིང་། 《ཀྲུང་གོའི་བོད་ཀྱི་གསོ་རིག》2016.4

བོད་ཕྱི་ཟུང་འབྲེལ་གྱི་རང་བྱུང་སྐྱེ་བསུའི་ཐབས་ཚུལ་གྱི་རྣམ་བཤད།

དཀོན་མཆོག་རྒྱལ་མཚན། ཟླ་མདོ་ཀླུ་བྱམས་རྒྱལ། ཀླུ་མོ་ཚེ་རིང་། 《ཀྲུང་གོའི་བོད་ཀྱི་གསོ་རིག》2016.4

སྐྱུ་ཐབ་འོར་དགུ་ཆུ་གསུམ་གྱི་འབྲེལ་ཚུལ་དང་ཁྱད་པར་སྐོར་ལ་རགས་ཙམ་དཔྱད་པ།

རིན་ཆེན་སྒྲོལ་མ། 《ཀྲུང་གོའི་བོད་ཀྱི་གསོ་རིག》2016.4

སྙིང་རླུང་དང་སྙིང་འཕྲོས་ཀྱི་འབྲེལ་བའི་སྐོར་ལ་དཔྱད་པ།

རོང་བོ་སྐལ་བཟང་བཀྲ་ཤིས། དཀོན་མཆོག་རྒྱལ་མཚན། 《ཀྲུང་གོའི་བོད་ཀྱི་གསོ་རིག》2016.4

གཉིད་ཡེར་བའི་སྐོར་ལ་དཔྱད་པ།

ཚེ་རིང་ནོར་བུ། བསྟན་འཛིན་སྒྲོལ་དཀར། 《ཀྲུང་གོའི་བོད་ཀྱི་གསོ་རིག》2016.4

མན་རྒྱུད་རླུང་ནད་གསོ་བའི་ལེའུའི་ནད་གཞི་དང་ནད་རྟགས་དབར་གྱི་འབྲེལ་བར་དཔྱད་པ།

བསྟན་འཛིན་ཆོས་སྒྲོན། ཕུར་བུ་བཀྲ་ཤིས། 《ཀྲུང་གོའི་བོད་ཀྱི་གསོ་རིག》2016.4

ཙང་ཞི་ཁྲོད་འདུལ་གྱི་ལག་ལེན་མི་འདྲ་བའི་སྐོར་ལ་དཔྱད་པ།

སྣང་ར་དབང་གྲགས། ཟླ་མདོ་ཀླུ་བྱམས་རྒྱལ། 《ཀྲུང་གོའི་བོད་ཀྱི་གསོ་རིག》2016.4

རྩ་སྦྱོངས་ལག་ལེན་ཉམས་གུད་དུ་སོང་བའི་རྒྱུ་རྐྱེན་དང་མ་འོངས་འཕེལ་ཕྱོགས་ཀྱི་ཐབས་ལམ་ལ་དཔྱད་པ།

བསམ་འགྲུབ་ཆོས་འཕེལ། དོན་གྲུབ། 《ཀྲུང་གོའི་བོད་ཀྱི་གསོ་རིག》2016.4

ལྔ་སྦྱོངས་ལག་ལེན་གྱི་ནད་ཐོག་ཞིབ་དཔྱད།

དགའ་ལྷ་མོ་སྐྱབས། རྡོ་རྗེ་ཚེ་རིང་། 《ཀྲུང་གོའི་བོད་ཀྱི་གསོ་རིག》2016.4

མགོ་རླུང་ནད་ལ་ཛ་མའི་འཕྲུལ་འཁོར་བཀོལ་སྤྱོད་ཇི་ལྟར་བྱ་ཚུལ་དང་ཕན་འབྲས་སྐོར་གླེང་བ།

བཀྲ་ཤིས་ཕུན་ཚོགས། 《ཀྲུང་གོའི་བོད་ཀྱི་གསོ་རིག》2016.4

ནད་མེད་ཚེ་བསྲིང་གི་སྤྱོད་པ་ལས་མིག་གི་དབང་པོའི་བདེ་སྲུང་གི་སྐོར་ལ་དཔྱད་པ།

སྐལ་བཟང་ཚེ་རིང་། དཀོན་མཆོག་རྒྱལ་མཚན། 《ཀྲུང་གོའི་བོད་ཀྱི་གསོ་རིག》2016.4

བོད་ལུགས་རྩི་ཤིང་སྨན་གྱི་རིགས་དབྱེ་རྣམ་པ་དགུའི་དབྱེ་ཚུལ་དང་དེའི་ཁྱད་ཆོས་སྐོར་རོབ་ཙམ་གླེང་བ།

འབྲུག་རྗེ། 《ཀྲུང་གོའི་བོད་རིག་པ》2016.3

རྒྱ་ཧྲིག་གི་བསྒྱུར་མིང་ལ་ཐོག་མར་དཔྱད་པ།

རིན་ཆེན་སྒྲོལ་མ། ཐྲ་མོ་མཚོ། 《ཀྲུང་གོའི་བོད་རིག་པ》2016.3

ཡུལ་མདོ་ཁམས་སྟོད་ཀྱི་མཁས་གྲུབ་རྣམ་པས་མཛད་པའི་སྨན་རྩིས་སྐོར་གྱི་གསུང་རྩོམ་ངོས་སྦྱོར་མདོར་བསྡུས།

སྣ་ཕྱུན་ཚོགས་རྡོ་རྗེ། 《ཀྲུང་གོའི་བོད་རིག་པ》2016.4

བོད་ཀྱི་གསོ་བ་རིག་པ་ལས་སྙིང་རླུང་ནད་ཀྱི་རྒྱུ་ལ་དཔྱད་པ།

རོང་པོ་སྐལ་བཟང་བཀྲ་ཤིས། དཀོན་མཆོག་རྒྱལ་མཚན། 《 ཀྲུང་གོའི་བོད་རིག་པ 》 2016.4

བོད་ཀྱི་གསོ་བ་རིག་པའི་རྒྱུན་སྲོལ་སྐྱོང་བ།

བསོད་རྒྱང་། 《ཀྲུང་གོའི་བོད་ལྗོངས》2016.1

མེ་བཙའི་ཕན་ཡོན་དང་ལག་ལེན།

མགོན་པོ་སྐྱབས། 《ཀྲུང་གོའི་བོད་ལྗོངས》2016.4

ལུས་རྒྱབ་ཀྱི་མེ་བཙའི་གསང་དང་དེའི་ཕན་ཡོན།

མགོན་པོ་སྐྱབས། 《ཀྲུང་གོའི་བོད་ལྗོངས》2016.5

གནའ་རབས་བོད་ཀྱི་གསོ་རིག་སློབ་གསོའི་གནས་བབ་དང་ཁྱད་ཆོས།

ཀ་རིང་སྐལ་བཟང་རྡོ་རྗེ། ཚེ་རིང་ལྷ་མོ། 《མཚོ་སྔོན་དགེ་འོས་སློབ་ཆེན་གྱི་རིག་གཞུང་དུས་དེབ》2016.1

བོད་ལུགས་གསོ་རིག་ལས་བད་ཀན་མཁྲིས་ནད་སྔོན་འགོག་བྱ་ཚུལ་སྐོར་མདོ་ཙམ་བརྗོད་པ།

ཕག་མོ་དོན་གྲུབ། 《མི་རིགས》2016.3

བོད་ཀྱི་ལོ་ཐོའི་ནང་གི་ལོག་མེན་དང་སྤར་སླེའི་བརྩི་ཐབས་སྐོར་ལ་དཔྱད་པ།

སྟོབས་རྒྱལ། 《བོད་ལྗོངས་ཞིབ་འཇུག》2016.3

བོད་ཀྱི་སྐར་རྩིས་རིག་པའི་སྤྱི་དོན་མདོར་བསྡུས།

སྒྲ་རེངས་དཔལ་མོ། 《བོད་ཀྱི་སློབ་གསོ》2016.1

རབ་བྱུང་དང་ལོ་ཚིགས་རྩི་ཚུལ་གྱི་སྤྱི་འགྲོས།

ཚ་ཟླ་དབང་མཆོག་འབུམ། 《 བོད་ཀྱི་སློབ་གསོ 》2016.1

གནམ་རིག་སྐར་རྩིས་ལས་ཟླ་བཞོལ་འདོན་ཐབས་ལ་ཅུང་ཙམ་དཔྱད་པ།

ཉ་ཧྲི་ཙན། ཀུན་བཟང་སྒྲོལ་མ། 《བོད་ཀྱི་སློབ་གསོ》2016.3

སྣ་ཚོགས།

བོད་ཀྱི་ཁྲིམས་སྲོལ་སྐོར་གྱི་ལོ་རྒྱུས་ཡིག་ཚགས་སྤྱི་བཤད།

མ་ཐི་ལྷ་ལིན། 《ཀྲུང་གོའི་བོད་ལྗོངས》2016.4

མདོ་དབུས་མཐོ་སྒང་གི་སྐྱེ་ཁམས་ཁོར་ཡུག་དང་དེ་ཇི་ལྟར་སྲུང་སྐྱོབ་བྱེད་པའི་སྐོར་གླེང་བ།

ཕུམ་འཚོ་སྐྱིད། 《མཚོ་སྔོན་མི་རིགས་སློབ་ཆེན་རིག་དེབ》2016.3

ལྗེན་ཧྲི་རིག་པའི་སྐོར་ཕྲན་ཙམ་གླེང་བ།

སྒྲོལ་མ། 《མཚོ་སྔོན་དགེ་འོས་སློབ་ཆེན་གྱི་རིག་གཞུང་དུས་དེབ》2016.1

བོད་ཡིག་གི་ཨང་ཡིག་དང་འབྲེལ་ཏེ་ལཱུ་སོགས་ཆ་འཕྲིན་དུ་སྤྱོད་ཐབས།

ཚེ་མགོན་སྐྱབས། 《མཚོ་སྔོན་དགེ་འོས་སློབ་ཆེན་གྱི་རིག་གཞུང་དུས་དེབ》2016.2

རིག་གནས་རྒྱུད་འཛིན་ལ་གཞི་རྐང་བརྟན་པོ་བཙུགས་ནས་སྤྱི་ཚོགས་ལ་ཞབས་འདེགས་ཞུ་བར་ཟབ་སྦྱོང་ལེགས་སྒྲུབ་བྱེད་པ——ཀྲུང་གོའི་བོད་རིག་པ་ཞིབ་འཇུག་ལྟེ་གནས་ཀྱི་ལོ་ངོ་སུམ་ཅུའི་རིང་གི་རིག་གཞུང་ཞིབ་འཇུག་སྐོར་གླེང་བ།

ལྷག་པ་ཕུན་ཚོགས། དགྲ་འདུལ། 《ཀྲུང་གོའི་བོད་རིག་པ》2016.2

དེང་རབས་སྤྱི་ཚོགས་ཀྱི་འཕེལ་ཕྱོགས་ལས་འཕྲོས་ཏེ་བོད་རྒྱ་སྐད་གཉིས་གཞུང་སློབ་མ་ལག་གི་དགེ་མཚན་སྐོར་རགས་ཙམ་གླེང་བ།

ཨ་ཁྲི་བཀྲ་ཤིས། 《མི་རིགས》2016.1

བོད་ཀྱི་སྐྱེ་ཁམས་འདུ་ཤེས་དང་དེས་ཁོར་ཡུག་སྲུང་སྐྱོབ་ལ་ཐེབས་པའི་ཤུགས་རྐྱེན་བཤད་པ།

ཕུམ་འཚོ་སྐྱིད། 《བོད་ཀྱི་དམངས་སྲོལ་རིག་གནས》2016.2

གངས་ལྗོངས་ཉམས་དགའི་ཡུལ་དང་མི་ཚོས་ཀྱིས། ཡིད་སེམས་བསྣན་ཏེ་ཏགས་པའི་སྣང་བ་བརྗེད། ——བོད་ལྗོངས་ཡུལ་སྐོར་བ་ཨོ་སི་ཁྲུ་ལི་ཡའི་ལོ་ཙཱ་བ་མཁས་ཅན་ཇེ་ཕུ་པའི་ལི་མཆོག་ལ་བཅར་འདྲི་ཞུས་པའི་ཟིན་ཐོ།

ལོ་ཨའེ་ཅུན་དང་ཀླུ་ཡུས་བཅར་འདྲི་ཞུས། སྐལ་རྣམ་གྱིས་བསྒྱུར། 《བོད་ལྗོངས་སློབ་གྲྭ་ཆེན་མོའི་རིག་དེབ》 2016.2

མདོ་སྨད་མཛོད་དགེ་ཡུལ་གྱི་བུད་མེད་ཀྱི་སྤྱི་ཚོགས་གནས་བབས་དང་ལེགས་བཅོས་བྱེད་ཐབས་སྐོར་རོབ་ཙམ་གླེང་བ།

བྱམས་པ་དོན་གྲུབ། 《བོད་ལྗོངས་སློབ་གསོ》2016.2

英文部分

1. A Diplomatic Edition of the Introductory Section of Yamāri's Pramā(n)avārttikāla(n)kāra(t)īkā Supari(s)uddhā——Folios 3a1-10a1（阎魔敌《释量论庄严疏·极善清净释》导论部分摹写本——3a1-10a1）/ Li Xuezhu, Chu Junjie. ChinaTibetology, No.1（March 2016）: p.3-20.
2. The Early History of the Jo Nang Tradition and the Scholarly Environment of GhaRung Pa LhaviRgyalMtshan（觉囊思想的早期历史和郭荣巴·乐意坚赞所处的学术环境）/RdorjeSnyinglcags.China Tibetology, No.1（March 2016）: p.21-58.
3. The Role of Dreams in Guru Chosdbang's Autobiography: Notes on Dreams in Two Volumes of Guru Chosdbang's Writings（关于古茹曲旺自传中的“梦”的几点思考）/ Guru kyab. China Tibetology, No.1（March 2016）: p.59-71.
4. The United States Government and the Issue of Tibet during the Late Qing Dynasty and the Early Republic of China（晚清与民国早期的美国政府和西藏问题）/ HU Yan. China Tibetology, No.1（March 2016）: p.72-91.
5. Similar in Form, Different in Content: the Ethnic Classification in the P.R.China and the Racial Classification in USA under Comparative Perspective（形似而神异：比较视野中的中国民族识别与美国种族识别）/ Li Xuan. China Tibetology, No.1（March 2016）: p.92-110.
6. People and Environmental Interrelationship in Tibetan Culture（藏族文化中人与环境的相互关系）/KaJiJia. China Tibetology, No.1（March 2016）: p.111-120.
7. Tibetan Livelihoods and the 'Great Development of the West': Modernization,

Pastoral Resources, and the ‘Urban Future’ of the Grasslands（西部大开发与藏民的生计：草原地区的资源、现代化与城镇化研究）/ Ingo Breuer, Andreas Gruschke. China Tibetology, No.2（September 2016）: p.3-18.

8. Local Participation and Cultural Inclusion: A Case Study on Lunang's Tourism Development in the Context of Policy of Partner Assistance to Tibet（地方参与与文化包容：基于对口援藏政策背景下鲁朗旅游发展的案例研究）/ Yang Minghong, Liu Jianxia, Zhang Yingwei. China Tibetology, No.2（September 2016）: p.19-39.

9. Adaptation and Livelihood Vulnerability among People in the Lhasa Sub-basin of TAR——An assessment of the Impacts of Climate Change in Lhasa River Sub-basin（脆弱与适应：气候变化对西藏拉萨河下游人民生计影响评估报告）Luorongzhandui, Krishna Oli, Cheng dong, Zen Renli. China Tibetology, No.2（September 2016）: p.40-56.

10. The Chang Tang Plateau: New Evidence of Historic Migration（羌塘地区历史移民研究）/ DawaTsering, Tone Bleie. China Tibetology, No.2（September 2016）: p.57-84.

11. Lu Xingqi and Early Republican China's Tibetan Frontier（陆兴祺与民国早期的西藏边境）/ Zhu Lishuang. China Tibetology, No.2（September 2016）: p.85-102.

12. Exploring Tibetan Religious Transmission from Generational Perspective in Modern China——a Case Study of Jiuzhaigou National Park（现代中国背景下藏族宗教的代际传承研究——以九寨沟国家公园为例）/ Nan Ying. China Tibetology, No.2（September 2016）: p.103-120.

13. Regional Evaluation on Sustainable Development of Agriculture in Tibet Based on Cluster Analysis / Ping Li,ZibaoSun,PingFeng. Asian Agricultural Research 亚洲农业研究（英文版），2016 年 05 期 .

14. Eco-tourism Development of Bomê County, Tibet Autonomous Region / Zhineng Liu, Min Zhang, Peiyan Zhao, Jin Xu, Peng Zhou. Agricultural Science & Technology 农业科学与技术（英文版），2016 年 11 期 .

集刊类藏学论文要目

汉文部分

1. 探析古代藏族人的物质层次结构观 / 王春英《安多研究》第十三辑
2. 吐蕃王朝政治生态环境考述——以告身为中心 / 王东《安多研究》第十三辑
3. 从医学交流看蒙藏之间的关系 / 曹生龙《安多研究》第十三辑
4. 略述喜饶嘉措大师与西藏和平解放 / 卢本扎西喜饶尼玛《安多研究》第十三辑
5. 知行合一：于式玉对拉卜楞女性地位及教育的研究 / 乔小河《安多研究》第十三辑
6. 历史上洮岷地区著名高僧述略 / 丹曲《安多研究》第十三辑
7. 卓尼曲华相寺历史文化考述 / 扎扎《安多研究》第十三辑
8. 浅析藏传佛教格鲁派教义的基本内涵和其理论体系的价值特征 / 贡保索南《安多研究》第十三辑
9. 拉卜楞寺之概况 / 张吉会《安多研究》第十三辑
10. 浅析宗喀巴二谛理论的特点 / 杨成才《安多研究》第十三辑
11. 语言文字是最大的知识宝库 / 马进武《安多研究》第十三辑
12. 从音质与非音质角度看安多藏语两种格标记 / 周毛草《安多研究》第十三辑
13. 从汉藏佛经翻译史的角度浅谈佛经翻译者应具备的素质 / 次仁卓嘎《安多

研究》第十三辑

14. 拉卜楞藏区成年礼仪中的苯教文化透视 / 华锐 · 东智《安多研究》第十三辑
15. 多元文化涵化下的文化、身份、认同的思考——以热贡“蔡孜德裕”为例 / 周毛先《安多研究》第十三辑
16. 浅析古代藏羌遗风“羌蕃鼓舞” / 王玉桃《安多研究》第十三辑
17. 心中宝藏——《格萨尔》史诗艺人格日尖参之初步调查研究 / 李连荣《安多研究》第十三辑
18. 略谈《格萨尔王传》在舟曲境内的流布 / 杨才让塔、次仁扎西《安多研究》第十三辑
19. 基于旅游开发的格萨尔文化资源的有形化利用模式探讨 / 世藏吉、才太吉《安多研究》第十三辑
20. 西藏宗教信仰活动的社会学分析 / 徐东明《安多研究》第十三辑
21. “老房子”继承与赡养——西藏中部农区拉加里人的家庭养老制度调查研究 / 白赛藏草《安多研究》第十三辑
22. 我国藏区特色种植业空间分布研究 / 刘巍文《安多研究》第十三辑
23. 基于城镇化质量导向的民族地区新型城镇化发展研究——以天祝藏族自治县为例 / 宁银苹《安多研究》第十三辑
24. 略谈藏传佛教与互联网应用 / 张利军《安多研究》第十三辑
25. 关于藏族地区中学生法制观念与法律意识的调研报告 / 孔繁龙《安多研究》第十三辑
26. 吐蕃王朝的杰出僧相 / 崔星《安多研究》第十三辑
27. 从布达拉宫的外观设计和内部构造看其映射的文化内涵 / 华锐吉《安多研究》第十三辑
28. 论西藏教育学的发展 / 坚参才让《安多研究》第十三辑
29. 从家名到“家门”制度变革下的藏区家名研究——以木里县桃巴乡你易店村为中心的考察 / 李沛容《地方文化研究辑刊》第十辑
30. 从印度到于阗——汉、藏文献记载的阿那婆答多龙王 / 朱丽双《敦煌吐鲁番研究》第十六卷
31. 中国城市中藏族特色空间的形成——以成都武侯区藏族一条街为例 /Trine Brox、龚浩群《华西边疆评论》第三辑
32. 国家一体化视野下的对口援藏 / 张营为《华西边疆评论》第三辑

33. 西藏的受援与可持续发展研究 / 靳薇《华西边疆评论》第三辑
34. “西藏非典型二元结构”再认识五人谈 / 陈朴、许建生、杨亚波、张营为、孙勇《华西边疆评论》第三辑
35. 藏族医学经典巨著《四部医典》/ 罗炳芬、容观澳《民族古籍研究》第三辑
36.《格萨尔王传》与荷马史诗结构艺术成就论衡 / 徐其超《文化遗产研究》第七辑
37. 阿来研究及藏区文学研究的新发展——“第二届阿来文学创作暨藏区文学创作研讨会”综述 / 唐郡《文化遗产研究》第七辑
38. 伴随文本的狂欢汉语界“仓央嘉措情歌热”的符号学透视 / 郭明军《文化遗产研究》第八辑
39. 清朝的准噶尔情报收取与西藏王公颇罗鼐家族 / 齐光《中国边疆民族研究》第十辑
40. 藏传佛教与清朝国家关系研究的回望与反思 / 安子昂《中国边疆民族研究》第十辑
41. 一部探究边缘族群之力作——《羌在汉藏之间》读后 / 尤李《中国边疆民族研究》第十辑
42. 从一件敦煌书信文书来看吐蕃对敦煌佛教的管制 / 王祥伟《敦煌哲学》第三辑
43. 重视藏缅语族各族群的来源和语言分类研究 / 孙宏开《汉藏语学报》第 9 期
44. 民族地区县域社会治理的现状及对策——以青海省海南藏族自治州共和县为例 / 周毛措《民族问题研究》第四辑
45. 藏传佛教生态伦理观与美丽中国建设 / 郭艳《民族问题研究》第四辑
46. 试析甘南藏族自治州民族关系发展中存在的问题分析 / 杨才旦吉《民族问题研究》第四辑
47. 甘肃民族地区民族关系探析——以甘肃省天祝藏族自治县为例 / 汪治国《民族问题研究》第四辑
48. 摩西和 Rus-pa Ngo-snu 藏文西夏开国神话 / 李勤璞《欧亚学刊》新 5 辑（总第 15 辑）
49. 梵汉本根本说一切有部律典词语选释 / 陈明《欧亚学刊》新 5 辑（总第 15 辑）
50. 吐蕃统治时期于阗的行政地理——兼论神山的地位 / 沈琛《唐研究》第

二十二卷
51. P.t.1287《吐蕃赞普传记》所见之 'phan/ 朱丽双《唐研究》第二十二卷
52. 西部民族地区农村家庭因素对基础教育的影响及对策研究——以天祝藏区自治县长岭村为例 / 张津玮《西北历史文化研究论丛》一
53. 论三位上师对宗喀巴大师的影响 / 牛宏《西北历史文化研究论丛》一
54.《俱舍论》在《菩提道次第广论》中的地位 / 严祥海《西北历史文化研究论丛》一
55. 论宋元时期藏区的寺塔建筑 / 杨惠玲《西北历史文化研究论丛》一
56. 丝绸入蕃考古学的观察及其文化史意义 / 霍巍《西北民族论丛》第十三辑
57.《复兴广仁寺纪念碑》碑文考释 / 吐娜、胡晓兵《西北民族论丛》第十三辑
58. 论均势理论在唐朝对吐蕃、南诏交涉战略中的体现 / 施建光《西北民族论丛》第十四辑
59. 西安广仁寺《宗喀巴大师赞》匾文摭拾 / 胡晓兵、扎西才旦《西北民族论丛》第十四辑
60. 藏传佛教萨迦派在河西的传播史 / 丹曲《西北宗教论丛》第五辑
61. 藏传佛教格鲁派供茶制度相关问题研究 / 房继荣《西北宗教论丛》第五辑
62. 敕造宗教建筑背后的政治内涵——论六世班禅进京时的香山昭庙与须弥福寿庙 / 王晓晶《西北宗教论丛》第五辑
63. 宗喀巴中观思想之解读 / 刀仁吉青《西北宗教论丛》第五辑
64. 作为本尊的度母信仰——《黄金宝鬘・度母教法源流》中的八共通成就故事 / 陈立华《西北宗教论丛》第五辑
65. 从藏传佛教四摄法角度略谈教师职业道德 / 才让加《西北宗教论丛》第五辑
66. 吐蕃时期藏译汉传佛典研究综述 / 任小波《西北宗教论丛》第五辑
67. 历世格尔底活佛传记提要 / 才让《西北宗教论丛》第五辑
68. 评日籍藏学家白馆戒云的《弥勒法研究——未了义了义论的丽饰》/ 牛宏、刀吉仁青《西北宗教论丛》第五辑
69. 敦煌出土的藏文摩诃衍禅师遗文（日译汉）/ 上山大峻著，牛宏、朱晓荣译《西北宗教论丛》第五辑
70. 林周旁多水利枢纽工程考古调查及发掘报告 / 西藏自治区文物保护研究所《西藏文物考古研究》第 2 辑
71. 西藏昌都察雅县向康吐蕃造像考古调查简报 / 西藏自治区文物保护研究所、

陕西省考古研究院《西藏文物考古研究》第 2 辑
72. 拉萨城关区策门林石构遗迹清理简报 / 西藏自治区文物保护研究所《西藏文物考古研究》第 2 辑
73. 琼结县坚耶寺壁画调查报告 / 扎西曲珍、边巴洛桑《西藏文物考古研究》第 2 辑
74. 吉隆县冲堆塔、穆拉塔调查清理简报 / 西藏自治区文物保护研究所《西藏文物考古研究》第 2 辑
75. 西藏工布江达县色沃岩画调查简报 / 西藏自治区文物保护研究所《西藏文物考古研究》第 2 辑
76. 浅析年度西藏阿里地区噶尔县故如甲木墓地及卡尔东遗址考古新收获 / 李林辉《西藏文物考古研究》第 2 辑
77. 略论曲贡文化的分期 / 陈祖军《西藏文物考古研究》第 2 辑
78. 芒康、察雅吐蕃佛教造像分期研究 / 席琳《西藏文物考古研究》第 2 辑
79. 下部阿里芒域孔塘王城及其主要建筑遗址的历史考察 / 夏格旺堆《西藏文物考古研究》第 2 辑
80. 浅谈强准祖拉康的建筑形制与艺术风格 / 李亚忠《西藏文物考古研究》第 2 辑
81. 西藏墨竹工卡县唐加寺建筑调查及历史演变 / 罗布扎西《西藏文物考古研究》第 2 辑
82. 西藏石窟寺综述 / 何伟、芦佳洁、朱芸芸《西藏文物考古研究》第 2 辑
83. 试论藏族民居装饰的嬗变 / 夏格旺堆《西藏文物考古研究》第 2 辑
84. 定日县绒辖界碑汉文碑刻简释 / 田小兰、陈祖军、田红艳、康太浒《西藏文物考古研究》第 2 辑
85. 拉萨《磨盘山新建关帝庙碑》及铜钟铭文重录与相关问题略考 / 陈祖军、赤列次仁、旺久《西藏文物考古研究》第 2 辑
86. 秦始皇及其文化遗产 / 拉姆次仁《西藏文物考古研究》第 2 辑
87. 噶玛嘎赤唐卡绘画颜料的拉曼光谱分析 / 边顿、和靖《西藏文物考古研究》第 2 辑
88. 大昭寺转经廊壁画（17 ~ 18 世纪）制作工艺简述 / 赤列次仁《西藏文物考古研究》第 2 辑
89. 西藏吉隆县帕巴寺保护修缮工程设计方案 / 西藏自治区文物保护研究所《西藏文物考古研究》第 2 辑

90. 西藏日喀则地区吉隆县曲德寺、卓玛拉康现状勘察报告及修缮设计方案 / 西藏自治区文物保护研究所《西藏文物考古研究》第 2 辑
91. 迪庆藏区藏汉双语语言态度初探——以迪庆藏文中学为例 / 王仲黎、拉茸追玛《西南边疆民族研究》第 19 辑
92. 仪式行为象征空间对建筑艺术构形的影响——以藏族叩拜、转经仪式行为为例 / 刘朦《西南边疆民族研究》第 19 辑
93. 宋蕃“茶马贸易”考论——兼论北宋时期西北吐蕃人饮茶习俗的形成及其影响 / 聂传平《西南边疆民族研究》第 20 辑
94. 云南藏区师资队伍建设现状与存在问题的调查研究 / 李志农、和奇《西南边疆民族研究》第 20 辑
95. 地理环境与青藏关系历史发展述评 / 丁柏峰《西南边疆民族研究》第 20 辑
96. 藏族石刻文化研究述评 / 冯雪红、向锦程《西南边疆民族研究》第 20 辑
97. 小金嘉戎语的缺性声调系统 / 林幼菁、胡琛莹《语言学论丛》第五十四辑
98. 占藏语后置辅音 w 的表意及表音功能 / 桑塔、达哇彭措、孔江平《语言学论丛》第五十四辑
99. 民族传统文化与公共文化建设的互动机理——基于甘南藏区的分析 / 李少惠《中国边疆安全研究》（二）
100. 地域视角下的宗教共同体关于拉萨哲蚌寺桑洛康村的个案研究 / 魏毅《中国边疆学》第五辑
101. “一带一路”背景下日喀则市旅游资源特征及发展策略研究 / 时雨晴《中国边疆学》第五辑
102. 当代中国西藏治理研究综述 / 孙宏年《中国边疆学》第五辑
103. 年度边疆学视野下西藏早期历史研究综述 / 刘洁《中国边疆学》第五辑
104. 国家—边疆治理视野下的“文化援藏”与西藏文化发展 / 张永攀《中国边疆学》第六辑
105. “文化援藏”的实践、成效与展望初探 / 孙宏年《中国边疆学》第六辑
106. 特性、规律与未来援藏研究的思考 / 徐志民《中国边疆学》第六辑
107. 藏传佛教寺院教育与现代学校教育的思想理念比较研究 / 何杰峰《中国佛学》总第三十九期
108. 流动性融血——民国时期拉卜楞镇回藏通婚研究 / 马磊《中国民族学》第十七辑
109. 藏缅语民族的天神信仰 / 宗喀·漾正冈布、蔡文君《中国民族学》第十七

辑

110. 藏族传统生计中的生态风险控制经验研究 / 刘继杰《中国民族学》第十七辑
111. 甘南藏区唐卡艺术源流与传承体系考述 / 牛乐、高莉《中国民族学》第十七辑
112. 试论禅定寺的建筑艺术 / 丹曲《中国民族学》第十七辑
113. 边地社会信仰、实践与知识互动——基于汉藏社会宗教职业者群体的比较研究 / 梁艳《中国民族学》第十七辑
114. 四川甘孜白玉昌台国营牧场调研报告 / 赵伟、黄凯鑫《中国民族学》第十七辑
115. 藏族大学生阅读不同文体篇章眼动分析 / 李美华、朱吉宽《中国民族学》第十八辑
116. 吕澂先生与藏传因明学研究 / 沈海波《中国民族学》第十八辑
117. 藏中地区农牧民宗教消费支出分析 / 杨韡韡、柳应华、罗绒战堆、姜骁军《中国民族学》第十八辑
118. 藏文古籍医药经验本能说和部分药物缘于对动物的模仿说 / 宗喀·漾正冈布、白雅莉《中国民族学》第十八辑
119. 甘南地区藏传佛教寺院管理现状调查及其对策研究 / 阿旺嘉措、次仁卓玛、康主次力《中国民族学》第十八辑
120. 西夏智广编《密咒圆因往生集》陀罗尼汇考 / 孙伯君《宗教信仰与民族文化》第八辑
121. 论“文化自觉”与“他者”的建构——以九寨沟藏族歌舞的嬗变过程为例 / 杜鹃《宗教信仰与民族文化》第九辑
122. 19 世纪俄罗斯的藏传佛教研究及其影响 / 张艳璐《宗教与美国社会》第十三辑
123. 藏族民间的骰子卜密宗与占卜术之间的结合 / 才让《宗教与民族》第十辑
124. 藏传佛教前弘期“顿渐之诤”辩论形式“书信论”质疑 / 孙悟湖《宗教与民族》第十辑
125. 藏传佛教的民间化发展历程、特点及其转换 / 施东颖《宗教与民族》第十辑
126. 为他比量三题 / 沈剑英《觉群佛学 2015》
127. 开启量学宝库之金钥匙——解读多识的《藏传佛教认识论》/ 姚南强《觉群

佛学 2015》

128. 关于吐蕃告身和大虫皮制度的再探讨——英藏新疆米兰出土古藏文文书 r.15000/268 号研究 / 陆离《藏学学刊》第十四辑
129. 新发现晚唐敦煌赞普问疾听法图研究——兼谈莫高窟第 9 窟功德主之族属 / 魏健鹏《藏学学刊》第十四辑
130. 东千佛洞第二窟十一面救八难观音图像研究 / 常红红《藏学学刊》第十四辑
131. 夏鲁寺甘珠尔殿阿网佛九尊坛城考 / 王传播《藏学学刊》第十四辑
132. 西藏拉孜县平措林寺祖拉康大殿壁画的题材与风格及其流派初探 / 熊文彬、孜强·边巴旺堆《藏学学刊》第十四辑
133. 笃补巴祖师唐卡释读 / 王怡潇《藏学学刊》第十四辑
134. 严重依赖外商的近代西藏阿里外贸业 / 刘复生、黄博《藏学学刊》第十四辑
135. 从趋向动词到示证标记——藏语组语言示证标记 བརྫོད་པ 的语法化 / 邵明园《藏学学刊》第十四辑
136. 丽江永胜县大安藏语的来历初探：通过与纳西族的接触如何演变 / 铃木博之《藏学学刊》第十四辑
137. 西藏农牧民工程建设参与度现状及提升路径研究——基于三个工程建设项目的田野调查 / 李中锋、吴昊《藏学学刊》第十四辑
138. 藏传佛教和合思想与社会主义核心价值观 / 李德成《藏传佛教教义阐释研究文集——藏传佛教与和谐思想研究专辑》第五辑
139. 佛教教义对构建社会主义核心价值观的积极作用 / 李学竹《藏传佛教教义阐释研究文集——藏传佛教与和谐思想研究专辑》第五辑
140. 论藏传佛教的和谐圆融思想——以“四摄法”为中心 / 德吉卓玛《藏传佛教教义阐释研究文集——藏传佛教与和谐思想研究专辑》第五辑
141. 论《入菩萨行论》中的和谐思想 / 嘎·达哇才仁《藏传佛教教义阐释研究文集——藏传佛教与和谐思想研究专辑》第五辑
142. 藏传佛教大圆满思想中的和谐观 / 高颖《藏传佛教教义阐释研究文集——藏传佛教与和谐思想研究专辑》第五辑
143. 试析藏传佛教的教内和谐因素 / 陈立健《藏传佛教教义阐释研究文集——藏传佛教与和谐思想研究专辑》第五辑
144. 从“四瑞和睦图”浅析佛教教义中的和谐思想 / 拉先加《藏传佛教教义阐

释研究文集——藏传佛教与和谐思想研究专辑》第五辑
145. 试论佛教“四无量心”思想对构建西藏和四省藏区和谐社会的积极影响 / 豆格才让《藏传佛教教义阐释研究文集——藏传佛教与和谐思想研究专辑》第五辑
146. བོད་བརྒྱུད་ནང་བསྟན་གྱི་འདུ་མཉམ་གྱི་ལྟ་བ་ཡིས་དངོས་ཡོད་སྤྱི་ཚོགས་ལ་ཐོན་པའི་ཕན་ནུས་རོབ་ཙམ་གླེང་བ།/དགྲ་འདུལ་གྱིས་བརྩམས།ལྷ་བྱམས་རྒྱལ་གྱིས་བསྒྱུར།《藏传佛教教义阐释研究文集——藏传佛教与和谐思想研究专辑》第五辑
147. བོད་བརྒྱུད་ནང་བསྟན་གྱིའདུ་མཉམ་བསམ་བློ་དང་འཆམ་མཐུན་དགོན་སྫུགས་སྐྲུན།/ཤིས་ཏའེཁྲིན་གྱིས་བརྩམས།གདུགས་དཀར་ཚེ་རིང་གིས་བསྒྱུར།《藏传佛教教义阐释研究文集——藏传佛教与和谐思想研究专辑》第五辑
148. འཆམ་མཐུན་སྤྱི་ཚོགས་སྐྲུན་པའི་ཁྲོད་ཀྱི་བོད་བརྒྱུད་ནང་བསྟན་གྱི་གོ་སྐབས་དང་འགན་འཁྲི།/དགྲ་འདུལ།《藏传佛教教义阐释研究文集——藏传佛教与和谐思想研究专辑》第五辑
149. འདུལ་ཁྲིམས་ཀྱིས་བོད་ཀྱི་སྤྱི་ཚོགས་རིན་ཐང་མ་ལག་ལ་ཐེབས་པའི་ཤུགས་རྐྱེན་ལ་དཔྱད་པ།/གདུགས་དཀར་ཚེ་རིང་།《藏传佛教教义阐释研究文集——藏传佛教与和谐思想研究专辑》第五辑
150. བོད་བརྒྱུད་ནང་བསྟན་པའི་བཅའ་ཡིག་གི་ནང་དོན་དང་དེས་དེང་དུས་དགོན་སྡེའི་དོ་དམ་ཐད་ལ་བཞག་པའི་བློ་བསྐྱེད།——ཏཱ་ལའི་བླ་མ་སྐུ་ཕྲེང་བཅུ་གསུམ་པས་ཆབ་མདོ་དགོན་དགའ་ལྡན་ཐེག་ཆེན་བྱམས་པ་གླིང་དུ་བསྩལ་བའི་བཅའ་ཡིག་དཔེར་འགོད་ཀྱིས་དཔྱད་པ།/ལྷ་བྱམས་རྒྱལ།《藏传佛教教义阐释研究文集——藏传佛教与和谐思想研究专辑》第五辑
151. རྟེན་པ་བཞིའི་དགོངས་དོན་དང་འཆམ་མཐུན་སྤྱི་ཚོགས།/ཀླུ་མོ་འཚོ།《藏传佛教教义阐释研究文集——藏传佛教与和谐思想研究专辑》第五辑
152. 11 至 14 世纪西藏寺院经学教育 / 嘎·达哇才仁《藏传因明研究》3
153. 论藏传量学的系统理论特征及其在佛教闻思修体系中的地位 / 仁增才郎《藏传因明研究》3
154. 藏族量理摄类学认识体译解——以《塞氏·摄类学》为中心 / 夏吾李加《藏传因明研究》3
155. 杜国庠因明、名辩研究比较 / 董志铁《藏传因明研究》3
156. 剖析因明学论著对佛学的重要性（藏文）/ 噶钦巴·洛桑尼玛《藏传因明研究》3
157. 论法称所著《释量论》（藏文）/ 吉美嘉措《藏传因明研究》3
158. 桑浦寺创建年代考（藏文）/ 项智多杰《藏传因明研究》3

159. 简论“常”之分类（藏文）/ 彭毛卡先《藏传因明研究》3
160. 因明论式中的喻考析（藏文）/ 夏吾太《藏传因明研究》3
161. 论因明学的发展 / 降巴洛西《藏传因明研究》3
162. 从因考声无常之理（藏文）/ 陈列嘉错《藏传因明研究》3
163. 东噶·洛桑赤列的生平简介及其对藏传因明学科发展的贡献 / 多杰仁青《藏传因明研究》3
164. 阿旺丹德尔因明学研究概述 / 秀仁图·乌力吉《藏传因明研究》3
165. 法尊法师的生平及其对因明学科的贡献 / 刘毅《藏传因明研究》3
166. 甘孜州藏族流行音乐谈略 / 赵勇 .《康巴研究》第五辑
167. 甘孜州音乐类非物质文化遗产在本土民族高校的传承 / 邱敏《康巴研究》第五辑
168. 甘孜藏族自治州康定市民间音乐调查 / 王博《康巴研究》第五辑
169. 甘孜州丹巴县太平桥乡采风调查报告 / 江影《康巴研究》第五辑
170. 康巴藏区藏族传统乐器的现状和传承——以甘孜州为例 / 彭绍文《康巴研究》第五辑
171. 探索中国民族音乐的田野工作方法 / 樊力菡《康巴研究》第五辑
172. 四川省甘孜藏族自治州藏族圈舞成因刍探 / 熊云绯《康巴研究》第五辑
173. 浅谈康巴藏族民歌具有的艺术特点 / 樊艳丽《康巴研究》第五辑
174. 康巴地区“侠盗歌”简析 / 冯凡《康巴研究》第五辑
175. 浅析新形势下藏区高校音乐教育发展——以四川民族学院为例 / 康斯韵《康巴研究》第五辑
176. 弦子伴奏乐器牛角胡的初探 / 高月琴《康巴研究》第五辑
177. 从真达锅庄的舞蹈元素看舞蹈特征 / 穆杨《康巴研究》第五辑
178. 康巴藏区酒歌文化初探 / 杨瑶瑶《康巴研究》第五辑
179. 藏族民间舞蹈中的“点”与“线”成因及舞蹈特点分析 / 拥措拉姆《康巴研究》第五辑
180. 甘孜藏区弦子歌舞的社会功能研究 / 周恋《康巴研究》第五辑
181. 浅析甘孜藏族酒歌蕴含的特点与功能 / 钟磊《康巴研究》第五辑
182. 川西贵琼藏语的生态民歌 / 吴明刚《康巴研究》第五辑
183. 丹巴“小金沟山歌”——一颗屹立民族音乐之林的瑰石 / 姜蓉《康巴研究》第五辑
184. 朱倭古舞考察 / 林俊华、刘瑛、彭绍文等《康巴研究》第五辑

185. 试析人文因素对抗战期间西康省职业教育发展的影响 / 周正龙、代维《康巴研究》第五辑
186. 功能主义目的论视角下的外事口译研究——以康巴民间歌舞空缺词汇口译方法研究为例 / 谢丽佳、阳勇、刘成萍、王军《康巴研究》第五辑
187. 基于网络环境下的康巴藏民族特色文化传播的困境与策略 / 罗开田《康巴研究》第五辑
188. 四川藏区教师的学生发展性评价观探析 / 汪学琴《康巴研究》第五辑
189. 康定酒歌调查研究 / 余露《康巴研究》第五辑
190. 岚安锅庄调查与研究 / 宋晓玲、蒲晓娜、杨雨衡、张雪莲《康巴研究》第五辑
191. 康定市鱼通区民族民间音乐采风调查报告 / 郭春雪、唐瑾、梁冬梅、梁亦黎《康巴研究》第五辑
192. 藏族村民影像与视觉人类学的核心目标 / 梁君健《视觉人类学论坛》第二辑
193.《老狗》藏族知识分子电影 / 才贝《视觉人类学论坛》第二辑
194. 兰仁巴大师与藏传因明学的现代复兴 / 察·巴尔卡·阿贵、余兰英《因明》第九辑
195. 章嘉·若贝多吉与因明学 / 吴生华《因明》第九辑
196. 浅谈格登·洛桑华丹在藏传因明学方面的功绩（藏文）/ 德白《因明》第九辑
197. 阿旺丹德尔因明学研究概述 / 秀仁、图·乌力吉《因明》第九辑
198. 论法称的《释量论》（藏文）/ 吉美坚措《因明》第九辑
199. 开启量学宝库之金钥匙——解读多识的《藏传佛教认识论》/ 姚南强《因明》第九辑
200. 藏传因明的产生与发展（藏文）/ 吉美桑珠《因明》第九辑
201. 桑普寺创建年代考（藏文）/ 项智多杰《因明》第九辑
202. 藏传因明学——科学时代的核心价值 / 拓然巴·阿旺乔智《因明》第九辑
203. 因明在生活中的妙用 / 噶尔哇活佛《因明》第九辑
204. 在贝叶经的探索之路上继续前行——访藏族著名学者仲布·次仁多吉 / 宁吉加《西藏贝叶经研究 2016》
205. 一组夏拉达体梵文贝叶经散叶的初步报告 / 叶少勇、李学竹、加纳和雄《西藏贝叶经研究 2016》

206. 龙树《宝鬘论颂》梵文写本的初步报告 / 普仓《西藏贝叶经研究 2016》
207. 浅谈贝叶经插图艺术 / 次旺边觉《西藏贝叶经研究 2016》
208. 五世达赖喇嘛与梵文 / 达娃群宗《西藏贝叶经研究 2016》
209. 印度教杜尔迦（Durgā) 演变及藏传佛教班丹拉姆女神之渊源关系 / 达萝吉《西藏贝叶经研究 2016》
210. 浅析诺曼的佛教与地方方言观 / 达娃群宗《西藏贝叶经研究 2016》
211. 浅谈河口慧海的《菩提之行》/ 俄智多杰《西藏贝叶经研究 2016》
212. 叶之故事——西藏贝叶经写本之前世今生 / 斯坦因・克那尔著、普仓译《西藏贝叶经研究 2016》
213.《阿毗达摩俱舍论》写本推介 / 西藏社科院贝叶经研究所《西藏贝叶经研究 2016》

藏文部分

བོད་ཡིག་གི་དཔྱད་རྩོམ་ཁ་བྱང་།

1. མདོ་སྨད་ཀླུ་ཆུའི་ཁོངས་ནས་རྙེད་པའི་གྱུར་ཆེན་རྡོ་རིང་ལ་གསར་དུ་དཔྱད་པ།/ཀ་ཤུལ་འཇམ་དབྱངས་རྒྱ་མཚོ། མདོ་སྨད་ཞིབ་འཇུག གླེགས་བམ་བཅུ་གཉིས་པ། ཀན་སུའུ་མི་རིགས་དཔེ་སྐྲུན་ཁང་།
甘南碌曲境内发现的“额尔琼石碑”研究 / 嘉央尖措《安多研究》第十二辑
2. མདོ་སྨད་ཙོ་ནེ་ས་ཆ་ནས་བྱོན་པའི་དགའ་ལྡན་ཁྲི་པ་རྣམས་ཀྱི་སྐོར་རོབ་ཙམ་གླེང་བ།/སྐལ་བཟང་འབུམ། མདོ་སྨད་ཞིབ་འཇུག གླེགས་བམ་བཅུ་གཉིས་པ། ཀན་སུའུ་མི་རིགས་དཔེ་སྐྲུན་ཁང་།
简述甘南卓尼地区出生的甘丹赤巴 / 尕藏本《安多研究》第十二辑
3. འོབས་སྐང་ཞེས་པའི་གནའ་བོའི་ལྕགས་རི་དང་དེའི་བཞེངས་བསྐྲུན་པོ་ཚོགས་ལ་ཐོག་མར་དཔྱད་པ།/འབྲུག་མཁར། མདོ་སྨད་ཞིབ་འཇུག གླེགས་བམ་བཅུ་གཉིས་པ། ཀན་སུའུ་མི་རིགས་དཔེ་སྐྲུན་ཁང་།

初探卓尼地区的达加傲卡 / 周格尔《安多研究》第十二辑

4. དགའ་ལྡན་བཤད་སྒྲ་བའི་ཁྲིམས་རྒྱུད་ལས་སྡེ་སྲིད་བཤད་སྒྲ་དབང་ཕྱུག་རྒྱལ་པོར་དཔྱད་པ།/རྡོ་རྗེ་ཚེ་བརྟན། མདོ་སྨད་ཞིབ་འཇུག གླེགས་བམ་བཅུ་གཉིས་པ། ཀན་སུའུ་མི་རིགས་དཔེ་སྐྲུན་ཁང་།

试论西藏十八世纪摄政夏扎・甘丹班觉的政绩 / 多杰才旦《安多研究》第十二辑

5. རྒྱལ་ཁམས་རིག་པས་བསྐྱངས་པའི་ལྷས་སྲས་མུ་ཏིག་བཙན་པོ།——བཙན་པོ་ཁྲི་ལྡེ་སྲོང་བཙན་གྱི་མཛད་རྗེས་བསྐྱར་དུ་གླེང་བ།/ཚེ་རིང་སྐྱབས། མདོ་སྨད་ཞིབ་འཇུག གླེགས་བམ་བཅུ་གཉིས་པ། ཀན་སུའུ་མི་རིགས་དཔེ་སྐྲུན་ཁང་།

再谈吐蕃赞普赤德松赞的历史文化功绩 / 才让加《安多研究》第十二辑

6. བོད་ཀྱི་གསོ་རིག་སོག་ཡུལ་དུ་དར་མཆེད་བྱུང་ནས་མི་རིགས་དེའི་སྲོལ་རྒྱུན་གསོ་རིག་ལ་ཤན་ཐབས་ཚུལ་མདོར་ཙམ་བརྗོད་པ།/ལྷ་མོ་སྐྱིད། མདོ་སྨད་ཞིབ་འཇུག གླེགས་བམ་བཅུ་གཉིས་པ། ཀན་སུའུ་མི་རིགས་དཔེ་སྐྲུན་ཁང་།

浅谈藏医学在蒙古地区的流传及其产生的影响 / 拉毛吉《安多研究》第十二辑

7. བཀའ་བསྟན་འགྱུར་ཁྲོད་བཞུགས་པའི་སངས་རྒྱས་འོད་དཔག་མེད་དང་ནུབ་ཕྱོགས་བདེ་བ་ཅན་ལ་དད་མོས་དང་འབྲེལ་བའི་ཡིག་ཆའི་སྐོར་མདོ་ཙམ་བརྗོད་པ།/བསེ་ཆང་སངས་རྒྱས་དོན་གྲུབ། མདོ་སྨད་ཞིབ་འཇུག གླེགས་བམ་བཅུ་གཉིས་པ། ཀན་སུའུ་མི་རིགས་དཔེ་སྐྲུན་ཁང་།

藏文《大藏经》中记载的阿弥陀佛及西方净土信仰相关的文献概述 / 桑吉东知《安多研究》第十二辑

8. ཏུན་ཧོང་ཡིག་རྙིང་ཁྲོད་ཀྱི་ལྷོ་རྔེགས་སྐོར་ལ་དཔྱད་པ།/ཇ་ཀོད་འབྲུག་པ། མདོ་སྨད་ཞིབ་འཇུག གླེགས་བམ་བཅུ་གཉིས་པ། ཀན་སུའུ་མི་རིགས་དཔེ་སྐྲུན་ཁང་།

试论敦煌文献中的 "Lho Rngegs" / 周瓜《安多研究》第十二辑

9. དག་ཡིག་མཁས་པའི་འབྱུང་གནས་ཀྱི་སྒྲིག་གཞི་དང་དེ་ལས་བསྟན་པའི་ལོ་ཙཱའི་སྒྱུར་ཐབས་ཀྱི་སྐོར་རགས་ཙམ་གླེང་བ།/གཅོད་པ་ཐར། མདོ་སྨད་ཞིབ་འཇུག གླེགས་བམ་བཅུ་གཉིས་པ། ཀན་སུའུ་མི་རིགས་དཔེ་སྐྲུན་ཁང་།

《正字贤者之源》的内容构造及其翻译方法研究 / 交巴太《安多研究》第十二辑

10. ཀོའུ་བ་བློ་བཟང་བཤད་སྒྲུབ་རྒྱ་མཚོ་དཔལ་བཟང་པོ་མཆོག་གི་གསུང་རྩོམ་གྱི་ཐོག་མའི་ངོ་སྤྲོད།/རྡོ་རྡོ། བསོད་ནམས་རྒྱལ། མདོ་སྨད་ཞིབ་འཇུག གླེགས་བམ་བཅུ་གཉིས་པ། ཀན་སུའུ་མི་རིགས་དཔེ་སྐྲུན་ཁང་།

古哇・洛桑夏珠嘉措著作新介 / 多多、索南加《安多研究》第十二辑

11. འབྲུག་པ་ཀུན་ལེགས་ཀྱི་མི་ཆོས་བསམ་བློར་དཔྱད་པ།/ལྷ་མོ་ཚེ་རིང་། མདོ་སྨད་ཞིབ་འཇུག གླེགས་

བམ་བཅུ་གཉིས་པ། ཀན་སུའུ་མི་རིགས་དཔེ་སྐྲུན་ཁང་།
浅析竹巴衮烈的伦理思想 / 拉毛才让《安多研究》第十二辑

12. བོད་ལུགས་གསོ་རིག་ཁོག་འབུབས་སྐོར་ཅུང་ཟད་གླེང་བ།/སེ་ཀུ་དཀོན་མཆོག་བཀྲ་ཤིས། མདོ་སྨད་ཞིབ་འཇུག གླེགས་བམ་བཅུ་གཉིས་པ། ཀན་སུའུ་མི་རིགས་དཔེ་སྐྲུན་ཁང་།
藏译历史文献简述 / 官却扎西《安多研究》第十二辑

13. བོད་ཀྱི་རིག་གནས་ཀྱི་ངོ་བོ་དང་འཕེལ་འགྱུར་ལོ་རྒྱུས་ཀྱི་སྐོར་རགས་ཙམ་གླེང་བ།/ཐང་སྐོར་དབུས་སྐྱབས། མདོ་སྨད་ཞིབ་འཇུག གླེགས་བམ་བཅུ་གཉིས་པ། ཀན་སུའུ་མི་རིགས་དཔེ་སྐྲུན་ཁང་།
浅析藏文化的本质与历史演变过程 / 欧加《安多研究》第十二辑

14. བསྟན་བཅོས་མངོན་རྟོགས་རྒྱན་གྱི་བྱུང་འཕེལ་སྐོར་ལ་དཔྱད་པ།/རྡོ་རྗེ་རིན་ཆེན། མདོ་སྨད་ཞིབ་འཇུག གླེགས་བམ་བཅུ་གཉིས་པ། ཀན་སུའུ་མི་རིགས་དཔེ་སྐྲུན་ཁང་།
《现观庄严论》的发展史简述 / 道吉仁青《安多研究》第十二辑

15. ཚིག་གི་སྦྱོར་ཚུལ་ལ་མཁས་པའི་ངག་གི་དཔལ་ནི་བདག་གཞན་ལ་རག་ལས་པའི་སྐོར་གླེང་བ།/དཔའ་རིས་སངས་རྒྱས། མདོ་སྨད་ཞིབ་འཇུག གླེགས་བམ་བཅུ་གཉིས་པ། ཀན་སུའུ་མི་རིགས་དཔེ་སྐྲུན་ཁང་།
藏语言艺术的精华在主客体关系中 / 华锐桑杰《安多研究》第十二辑

16. སླ་ཞེས་པ་མགོ་ཅན་གྱི་ཡི་གེ་ཡིན་ཚུལ་གླེང་བ།/དགའ་རྡོ་རྗེ་ཐར། མདོ་སྨད་ཞིབ་འཇུག གླེགས་བམ་བཅུ་གཉིས་པ། ཀན་སུའུ་མི་རིགས་དཔེ་སྐྲུན་ཁང་།
藏文 sla 字应为头置字的一些看法 / 道吉塔《安多研究》第十二辑

17. བོད་ཀྱི་ཡིག་རྙིང་དང་ཨམ་སྐད་བརྡ་སྤྲོད་ཀྱི་མཐུན་ཆོས་འགའ་གླེང་བ།/ཕུན་ཚོགས་བཀྲ་ཤིས། མདོ་སྨད་ཞིབ་འཇུག གླེགས་བམ་བཅུ་གཉིས་པ། ཀན་སུའུ་མི་རིགས་དཔེ་སྐྲུན་ཁང་།
浅谈古藏文和安多藏语语法的若干共性 / 彭措扎西《安多研究》第十二辑

18. ཨམ་སྐད་སྤྱིའི་ཁྱད་ཆོས་དང་བོད་པའི་སྤྱི་སྐད་བར་གྱི་འབྲེལ་བའི་སྐོར་རགས་ཙམ་གླེང་བ། / སྟོབས་ལྡན། མདོ་སྨད་ཞིབ་འཇུག གླེགས་བམ་བཅུ་གཉིས་པ། ཀན་སུའུ་མི་རིགས་དཔེ་སྐྲུན་ཁང་།
略谈安多方言的特点及其与藏语书面语之间的关系 / 多旦《安多研究》第十二辑

19. ཞོལ་རྡོ་རིང་གི་ཡི་གེར་བྱུང་བའི་ཚིག་ཕྲད་ཞིང་སོགས་ཀྱི་བརྡ་སྤྲོད་ཀྱི་ཁྱད་ཆོས་ལ་གསར་དུ་དཔྱད་པ།/འཕགས་པ་ཚེ་རིང་། མདོ་སྨད་ཞིབ་འཇུག གླེགས་བམ་བཅུ་གཉིས་པ། ཀན་སུའུ་མི་རིགས་དཔེ་སྐྲུན་ཁང་།
从达扎路恭记功碑文看藏文不自由虚词 zhiang 等用法的演变特征 / 普华才让《安多研究》第十二辑

20. མདོ་སྨད་དཔའ་རིས་ཁུལ་གྱི་བོད་སྐད་ཡིག་གི་གནས་བབ་ལ་རགས་ཙམ་དཔྱད་པ།/གདུགས་

དཀར་བཀྲ་ཤིས། མདོ་སྨད་ཞིབ་འཇུག གླེགས་བམ་བཅུ་གཉིས་པ། ཀན་སུའུ་མི་རིགས་དཔེ་སྐྲུན་ཁང་།

安多华锐地区藏语文使用现状概述 / 豆格扎西《安多研究》第十二辑

21. ཧྲིས་སྒྲུང་ཧ་རུའི་ཕོད་ཐར་ཞེས་བོད་འགྱུར་མའི་ལོ་ཙཱའི་མཐའ་ལ་དཔྱད་པ།/བཀྲ་ཤིས་བཟང་མོ། མདོ་སྨད་ཞིབ་འཇུག གླེགས་བམ་བཅུ་གཉིས་པ། ཀན་སུའུ་མི་རིགས་དཔེ་སྐྲུན་ཁང་།

《哈利波特》藏译版浅析 / 扎西桑姆《安多研究》第十二辑

23. སྐྱེས་རབས་སོ་བཞིའི་སྲོག་ཆགས་ཀྱི་གཏམ་རྒྱུད་ལས་བྱུང་བའི་སྐྱེས་ཁམས་ཀྱི་སྐོར་བཤད་པ།/རྟ་མགྲིན་དབང་རྒྱལ། མདོ་སྨད་ཞིབ་འཇུག གླེགས་བམ་བཅུ་གཉིས་པ། ཀན་སུའུ་མི་རིགས་དཔེ་སྐྲུན་ཁང་།

浅谈《三十四佛本生传》中的生态意义 / 旦正昂杰《安多研究》第十二辑

24. ཞང་ཞུང་ཆོས་དབང་གྲགས་པའི་རྒྱལ་པོ་རཱ་མ་ཎའི་རྟོགས་བརྗོད་ལས་བྱུང་བའི་རྒྱན་གསར་འགའ་ལ་དཔྱད་པ།/རིག་བྱེད་སྐྱབས། མདོ་སྨད་ཞིབ་འཇུག གླེགས་བམ་བཅུ་གཉིས་པ། ཀན་སུའུ་མི་རིགས་དཔེ་སྐྲུན་ཁང་།

浅谈象雄却旺扎巴著作《罗摩衍那》中的新修辞法 / 热西加《安多研究》第十二辑

25. ཨ་མདོའི་ངག་རྩོམ་བཏགས་པའི་གོ་དོན་དང་བྱུང་འཕེལ་སྐོར་རགས་ཙམ་བཤད་པ།/ཨོ་རྒྱན་སྐྱབས། མདོ་སྨད་ཞིབ་འཇུག གླེགས་བམ་བཅུ་གཉིས་པ། ཀན་སུའུ་མི་རིགས་དཔེ་སྐྲུན་ཁང་།

浅谈安多民间口头文学“哒叭”的内涵及其特点分析 / 俄尖杰《安多研究》第十二辑

26. ཆོས་སྒྲུང་ལས་སེམས་ཉིད་ཆོས་རྫོང་སོགས་ཀྱི་ནང་དོན་དང་ཁྱད་ཆོས་དཔྱད་པ།/བསོད་རྒྱལ་འབུམ། མདོ་སྨད་ཞིབ་འཇུག གླེགས་བམ་བཅུ་གཉིས་པ། ཀན་སུའུ་མི་རིགས་དཔེ་སྐྲུན་ཁང་།

《格萨尔〈心经法宗〉》等版本的内容及其特点分析 / 索加本《安多研究》第十二辑

27. བོད་ཀྱི་ངག་ཐོག་སྲོལ་རྒྱུན་དང་གེ་སར་སྒྲུང་གི་ངག་ཐོག་སྒྲིག་གཞིར་དཔྱད་པ།/རྡོ་རྗེ་རབ་བརྟན། མདོ་སྨད་ཞིབ་འཇུག གླེགས་བམ་བཅུ་གཉིས་པ། ཀན་སུའུ་མི་རིགས་དཔེ་སྐྲུན་ཁང་།

试论藏族口头传统与《格萨尔》口头程式 / 多杰拉旦《安多研究》第十二辑

28. སློབ་ཆུང་སྐད་ཡིག་སློབ་དེབ་ལས་རྣམ་དབྱེ་དང་ཚིག་ཕྲད་བཀོད་སྒྲིག་བྱས་སྟངས་ལ་རགས་ཙམ་དཔྱད་པ།/གདུགས་དཀར་སྐྱབས། ལྷ་མོ་དོན་གྲུབ། མདོ་སྨད་ཞིབ་འཇུག གླེགས་བམ་བཅུ་གཉིས་པ། ཀན་སུའུ་མི་རིགས་དཔེ་སྐྲུན་ཁང་།

小学生藏语语法教学之我见——以五省区协编教材为例 / 豆格加、拉毛东知《安多研究》第十二辑

29. སྐད་ཡིག་སློབ་ཁྲིད་ཀྱི་རྩ་བའི་རིག་པ་དང་ཁྲིད་ཐབས།/འཕགས་པ་སྐྱབས། མདོ་སྨད་ཞིབ་

འཇུག གླེགས་བམ་བཅུ་གཉིས་པ། ཀན་སུའུ་མི་རིགས་དཔེ་སྐྲུན་ཁང་།

浅谈语文教学的基本思路与教学方法 / 普化杰、拉毛东知《安多研究》第十二辑

30. གཉན་རིམས་ནད་གཉིས་ཀྱི་ངོ་བོ་དང་ཁྱད་པར་དཔྱད་ཐབས།/རིག་འཛིན་རྒྱལ། མདོ་སྨད་ཞིབ་འཇུག གླེགས་བམ་བཅུ་གཉིས་པ། ཀན་སུའུ་མི་རིགས་དཔེ་སྐྲུན་ཁང་།

藏医疫病的性质及其差异研究 / 仁增加、拉毛东知《安多研究》第十二辑

31. བོད་བརྒྱུད་ནང་བསྟན་གྱི་འདུ་མཉམ་གྱི་ལྟ་བ་ཡིས་དངོས་ཡོད་སྤྱི་ཚོགས་ལ་ཐོན་པའི་ཕན་ནུས་རོབ་ཙམ་གླེང་བ།/དགྲ་འདུལ་གྱིས་བརྩམས། ལྷ་བྱམས་རྒྱལ་གྱིས་བསྒྱུར། བོད་བརྒྱུད་ནང་བསྟན་གྱི་དགོངས་འགྲེལ་སྐོར་གྱི་དཔྱད་རྩོམ་ཕྱོགས་བསྒྲིགས། དེབ་ལྔ་པ། ཀྲུང་གོའི་བོད་རིག་པ་དཔེ་སྐྲུན་ཁང་།

32. བོད་བརྒྱུད་ནང་བསྟན་གྱིའདུ་མཉམ་བསམ་བློ་དང་འཆམ་མཐུན་དགོན་སྡེ་འཛུགས་སྐྲུན།/ཞིས་ཧའེ་ཁྲིན་གྱིས་བརྩམས། གདུགས་དཀར་ཚེ་རིང་གིས་བསྒྱུར། བོད་བརྒྱུད་ནང་བསྟན་གྱི་དགོངས་འགྲེལ་སྐོར་གྱི་དཔྱད་རྩོམ་ཕྱོགས་བསྒྲིགས། དེབ་ལྔ་པ། ཀྲུང་གོའི་བོད་རིག་པ་དཔེ་སྐྲུན་ཁང་།

33. འཆམ་མཐུན་སྤྱི་ཚོགས་སྐྲུན་པའི་ཁྲོད་ཀྱི་བོད་བརྒྱུད་ནང་བསྟན་གྱི་གོ་སྐབས་དང་འགན་འཁྲི།/དགྲ་འདུལ། བོད་བརྒྱུད་ནང་བསྟན་གྱི་དགོངས་འགྲེལ་སྐོར་གྱི་དཔྱད་རྩོམ་ཕྱོགས་བསྒྲིགས། དེབ་ལྔ་པ། ཀྲུང་གོའི་བོད་རིག་པ་དཔེ་སྐྲུན་ཁང་།

34. འདུལ་ཁྲིམས་ཀྱིས་བོད་ཀྱི་སྤྱི་ཚོགས་རིན་ཐང་མ་ལག་ལ་ཐེབས་པའི་ཤུགས་རྐྱེན་ལ་དཔྱད་པ།/གདུགས་དཀར་ཚེ་རིང་། བོད་བརྒྱུད་ནང་བསྟན་གྱི་དགོངས་འགྲེལ་སྐོར་གྱི་དཔྱད་རྩོམ་ཕྱོགས་བསྒྲིགས། དེབ་ལྔ་པ། ཀྲུང་གོའི་བོད་རིག་པ་དཔེ་སྐྲུན་ཁང་།

35. བོད་བརྒྱུད་ནང་བསྟན་དགོན་པའི་བཅའ་ཡིག་གི་ནང་དོན་དང་དེས་དེང་དུས་དགོན་སྡེའི་དོ་དམ་ཐད་ལ་བཞག་པའི་བློ་བསྐྱེད།——ཏཱ་ལའི་བླ་མ་སྐུ་ཕྲེང་བཅུ་གསུམ་པས་ཆབ་མདོ་དགོན་དགའ་ལྡན་ཐེག་ཆེན་བྱམས་པ་གླིང་དུ་བསྩལ་བའི་བཅའ་ཡིག་དཔེར་འགོད་ཀྱིས་དཔྱད་པ།/ལྷ་བྱམས་རྒྱལ། བོད་བརྒྱུད་ནང་བསྟན་གྱི་དགོངས་འགྲེལ་སྐོར་གྱི་དཔྱད་རྩོམ་ཕྱོགས་བསྒྲིགས། དེབ་ལྔ་པ། ཀྲུང་གོའི་བོད་རིག་པ་དཔེ་སྐྲུན་ཁང་།

36. རྟེན་པ་བཞིའི་དགོངས་དོན་དང་འཆམ་མཐུན་སྤྱི་ཚོགས།/ཀླུ་མོ་འཚོ། བོད་བརྒྱུད་ནང་བསྟན་གྱི་དགོངས་འགྲེལ་སྐོར་གྱི་དཔྱད་རྩོམ་ཕྱོགས་བསྒྲིགས། དེབ་ལྔ་པ། ཀྲུང་གོའི་བོད་རིག་པ་དཔེ་སྐྲུན་ཁང་།

37. ནང་གི་སྤུས་ཚད་ཇེ་མཐོར་གཏོང་བ་དང་ཕྱི་ཡི་སྣང་བརྙན་ཇེ་ལེགས་སུ་བཏང་ནས་སྤྱི་ཚོགས་ལ་ཞབས་ཞུ་སྒྲུབ་པ།——སྐབས་བཅུ་གཅིག་པའི་རྒྱལ་ཡོངས་ཚད་མ་རིག་པའི་རིག་གཞུང་བགྲོ་གླེང་ཚོགས་འདུ་ཐོག་གི་གསུང་བཤད།/དགྲ་འདུལ། བོད་བརྒྱུད་ཚད་མ་རིག་པའི་ཞིབ་འཇུག དེབ་༣པ། ཀྲུང་གོའི་བོད་རིག་པ་དཔེ་སྐྲུན་ཁང་།

内强素质 外塑形象 服务社会——在第十一届全国因明学术会上的讲话 / 郑

46. གཏན་ཚིགས་རིག་པ་ལས་བྱུང་བའི་སྦྱོར་ངག་གི་དཔེ་ལ་དཔྱད་པ།/ཤ་བོ་ཐར། བོད་བརྒྱུད་ཚད་མ་རིག་པའི་ཞིབ་འཇུག དེབ་༣པ། ཀྲུང་གོའི་བོད་རིག་པ་དཔེ་སྐྲུན་ཁང་།
因明论式中的喻考析（藏文）/ 夏吾太《藏传因明研究》3

47. ཚད་མ་རིག་པའི་གཞུང་ལུགས་ཀྱི་འཕེལ་རིམ།/སེར་བྱེས་དགེ་བཤེས་འཇམ་དཔལ་བློ་ཤེས། བོད་བརྒྱུད་ཚད་མ་རིག་པའི་ཞིབ་འཇུག དེབ་༣པ། ཀྲུང་གོའི་བོད་རིག་པ་དཔེ་སྐྲུན་ཁང་།
论因明学的发展 / 降巴洛西《藏传因明研究》3

48. རང་བཞིན་གྱི་རྟགས་ལས་འཕྲོས་པའི་སྒྲ་མི་རྟག་པར་སྒྲུབ་པའི་དགོས་པར་དཔྱད་པ།/འཕྲིན་ལས་རྒྱ་མཚོ། བོད་བརྒྱུད་ཚད་མ་རིག་པའི་ཞིབ་འཇུག དེབ་༣པ། ཀྲུང་གོའི་བོད་རིག་པ་དཔེ་སྐྲུན་ཁང་།
从因考声无常之理（藏文）/ 陈列嘉错《藏传因明研究》3

49. དུང་དཀར་བློ་བཟང་འཕྲིན་ལས་དང་ཁོང་གིས་ཚད་མའི་རིག་ཚན་འཕེལ་རྒྱས་སུ་བཏང་བའི་མཛད་རྗེས་རོབ་ཙམ་གླེང་བ།/རྡོ་རྗེ་རིན་ཆེན། བོད་བརྒྱུད་ཚད་མ་རིག་པའི་ཞིབ་འཇུག དེབ་༣པ། ཀྲུང་གོའི་བོད་རིག་པ་དཔེ་སྐྲུན་ཁང་།
东噶・洛桑赤列的生平简介及其对藏传因明学科发展的贡献 / 多杰仁青《藏传因明研究》3

50. ཨ་ལག་ཤ་བསྟན་དར་ལྷ་རམས་པའི་ཚད་མ་རིག་པའི་སྐོར་གྱི་ཞིབ་འཇུག་སྤྱི་བཤད།/ཞིའུ་རིན། ཐུའུ་ཝུའུ་ལི་ཅི། བོད་བརྒྱུད་ཚད་མ་རིག་པའི་ཞིབ་འཇུག དེབ་༣པ། ཀྲུང་གོའི་བོད་རིག་པ་དཔེ་སྐྲུན་ཁང་།
阿旺丹德尔因明学研究概述 / 秀仁、图・乌力吉《藏传因明研究》3

51. བློ་བཟང་ཆོས་འཕགས་དང་ཁོང་གིས་ཚད་མའི་རིག་ཚན་འཕེལ་རྒྱས་སུ་བཏང་བའི་མཛད་རྗེས་རོབ་ཙམ་གླེང་བ།/ལིའུ་དབྱིས། བོད་བརྒྱུད་ཚད་མ་རིག་པའི་ཞིབ་འཇུག དེབ་༣པ། ཀྲུང་གོའི་བོད་རིག་པ་དཔེ་སྐྲུན་ཁང་།
法尊法师的生平及其对因明学科的贡献 / 刘毅《藏传因明研究》3

52. ཤིང་ཏ་ལའི་ལོ་མའི་དཔེ་ཆ་ཞིབ་འཇུག་གི་ཞིབ་དཔྱོད་ལམ་ཐད།——མཁས་དབང་འབྲོང་བུ་ཚེ་རིང་རྡོ་རྗེ་ལ་བཅར་འདྲི་ཞུས་པ།/སྙིང་ཚུགས་རྒྱལ་གྱིས་བཅར་འདྲི་ཞུས། བོད་ཀྱི་ཏ་ལའི་ལོ་མའི་དཔེ་ཆ་ཞིབ་འཇུག བོད་ལྗོངས་བོད་ཡིག་དཔེ་རྙིང་དཔེ་སྐྲུན་ཁང་།
在贝叶经的探索之路上继续前行——访藏族著名学者仲布・次仁多吉 / 宁吉加《西藏贝叶经研究》

53. བོད་ལྗོངས་གཙང་ཁུལ་ཞ་ལུ་དགོན་རི་ཕུག་ནས་རྙེད་པའི་ཐོར་ཞིག་སོང་བའི་ཏ་ལའི་ལོ་མའི་དཔེ་ཆར་ཐོག་མར་དཔྱད་པ།/ཡེ་ཧྲའོ་ཡུང་། ལི་ཞོ་ཀྲུའུ། ཅ་ན་ཏ་ཞོང་། བོད་ཀྱི་ཏ་ལའི་ལོ་མའི་དཔེ་ཆ་ཞིབ་འཇུག བོད་ལྗོངས་བོད་ཡིག་དཔེ་རྙིང་དཔེ་སྐྲུན་ཁང་།
一组夏拉达体梵文贝叶经散叶的初步报告 / 叶少勇、李学竹、加纳和雄《西

藏贝叶经研究》

54. རྒྱལ་པོ་ལ་གཏམ་བྱ་བ་རིན་པོ་ཆེའི་ཕྲེང་བ་ཞེས་པའི་རྒྱ་དཔེའི་ཞིབ་འཇུག/ཕུར་མཆམས། བོད་ཀྱི་ཏ་ལའི་ལོ་མའི་དཔེ་ཆ་ཞིབ་འཇུག བོད་ལྗོངས་བོད་ཡིག་དཔེ་རྙིང་དཔེ་སྐྲུན་ཁང་།
龙树《宝鬘论颂》梵文写本的初步报告 / 普仓《西藏贝叶经研究》

55. ཏ་ལའི་ལོ་མའི་དཔེ་ཆའི་པར་བཅུག་རི་མོའི་སྐོར་གླེང་བ།/ཚེ་དབང་དཔལ་འབྱོར། བོད་ཀྱི་ཏ་ལའི་ལོ་མའི་དཔེ་ཆ་ཞིབ་འཇུག བོད་ལྗོངས་བོད་ཡིག་དཔེ་རྙིང་དཔེ་སྐྲུན་ཁང་།
浅谈贝叶经插图艺术 / 次旺边觉《西藏贝叶经研究》

56. ཏཱ་ལའི་བླ་མ་སྐུ་ཕྲེང་ལྔ་པ་དང་རྒྱ་དཔེའི་སྐོར་རོབ་ཙམ་གླེང་བ།/ཟླ་བ་ཆོས་འཛོམས། བོད་ཀྱི་ཏ་ལའི་ལོ་མའི་དཔེ་ཆ་ཞིབ་འཇུག བོད་ལྗོངས་བོད་ཡིག་དཔེ་རྙིང་དཔེ་སྐྲུན་ཁང་།
五世达赖喇嘛与梵文 / 达娃群宗《西藏贝叶经研究》

57. ཧིན་དྷུའི་ཆོས་ལུགས་ཀྱི་ལྷ་མོ་དུར་གཱ་དང་བོད་བརྒྱུད་ནང་པ་སངས་རྒྱས་ཆོས་ལུགས་ཀྱི་དཔལ་ལྡན་ལྷ་མོའི་འབྲེལ་བའི་སྐོར་རགས་ཙམ་དཔྱད་པ།/ཏ་ལོ་སྐྱིད། བོད་ཀྱི་ཏ་ལའི་ལོ་མའི་དཔེ་ཆ་ཞིབ་འཇུག བོད་ལྗོངས་བོད་ཡིག་དཔེ་རྙིང་དཔེ་སྐྲུན་ཁང་།
印度教杜尔迦（Durgā）演变及藏传佛教班丹拉姆女神之渊源关系 / 达萝吉《西藏贝叶经研究》

58. སངས་རྒྱས་ཆོས་ལུགས་དང་ཡུལ་མི་རང་བཞིན་གྱི་སྐད་ཀྱི་འབྲེལ་བའི་བར་དཔྱད་པ་རགས་ཙམ་བྱས་པ།/ཟླ་བ་ཆོས་འཛོམས། བོད་ཀྱི་ཏ་ལའི་ལོ་མའི་དཔེ་ཆ་ཞིབ་འཇུག བོད་ལྗོངས་བོད་ཡིག་དཔེ་རྙིང་དཔེ་སྐྲུན་ཁང་།
浅析诺曼的佛教与地方方言观 / 达娃群宗《西藏贝叶经研究》

59. འཇར་པན་བླ་མ་ཨེ་ཀའི་ཀ་ཝ་གུ་ཅིའི་བོད་ལ་བགྲོད་པའི་རྣམ་ཐར་སྐོར་རགས་ཙམ་གླེང་བ།/དངོས་གྲུབ་རྡོ་རྗེ། བོད་ཀྱི་ཏ་ལའི་ལོ་མའི་དཔེ་ཆ་ཞིབ་འཇུག བོད་ལྗོངས་བོད་ཡིག་དཔེ་རྙིང་དཔེ་སྐྲུན་ཁང་།
浅谈河口慧海《菩提之行》/ 俄智多杰《西藏贝叶经研究》

60. བོད་ཀྱི་ཏ་ལའི་ལོ་མའི་དཔེ་ཆའི་འདས་དོན་དང་མ་འོངས་པའི་ཞིབ་འཇུག་བྱེད་ཕྱོགས་སྐོར་རགས་ཙམ་གླེང་བ།/སི་ཏན་ཁེ་ནེར་གྱིས་བརྩམས། ཕུར་མཆམས་ཀྱིས་བསྒྱུར། ཏ་ལའི་ལོ་མའི་དཔེ་ཆ་ཞིབ་འཇུག བོད་ལྗོངས་བོད་ཡིག་དཔེ་རྙིང་དཔེ་སྐྲུན་ཁང་།
叶之故事——西藏贝叶经写本之前世今生 / 斯坦因 · 克那尔著，普仓译《西藏贝叶经研究》

61. ལེགས་སྦྱར་ཏ་ལའི་ལོ་མའི་དཔེ་ཆ་ཆོས་མངོན་པ་མཛོད་ཀྱི་གནས་བརྒྱད་ཙ་བ་མཚམས་སྦྱོར་ཞུ་བ། ཏ་ལའི་ལོ་མའི་དཔེ་ཆ་ཞིབ་འཇུག་ཁང་།/ཏ་ལའི་ལོ་མའི་དཔེ་ཆ་ཞིབ་འཇུག བོད་ལྗོངས་བོད་ཡིག་དཔེ་རྙིང་དཔེ་སྐྲུན་ཁང་།
《阿毗达摩俱舍论》写本推介 / 西藏社科院贝叶经研究所《西藏贝叶经研究》

英文部分

1. Reconsidering the Dates of Dol po pa Shes rab rgyal mtshan's (1292-1361) *Ri chos nges don rgya mtsho and the Bka' bsdu bzhi pa'i don* / Leonard W.J. van der Kuijp.《藏学学刊》第 14 辑
2. Book Production on a Historic Transhimalyan Route: the Deeds of the First Bsam sdings Rdo rje phag mo/ Hildegard Diemberger.《藏学学刊》第 14 辑
3. Traders as Cultural Brokers on the Sino-Tibetan Borderland during the Republican Period/ Yudru Tsomu.《藏学学刊》第 14 辑

台湾、香港藏学研究论著要目

一、哲学、宗教

1. 《汉藏弥陀极乐净土法门之比较》/ 邱君亮 . 逢甲大学中国文学系博士学位论文
2. 《藏译三部〈三摩地资粮品〉之译注与研究》/ 陈怡静 . 法鼓文理学院佛教学系硕士学位论文
3. 《〈修心八要〉译注与研究》/ 吴锡昌 . 法鼓文理学院佛教学系硕士学位论文
4. 《〈佛性论〉之佛性观与如来藏义析探》/ 蔡文聪 . 法鼓文理学院佛教学系硕士学位论文
5. 《〈楞严经〉六根互用之研究》/ 释有暎 . 法鼓文理学院佛教学系硕士学位论文
6. 《清辨的缘起观——以〈般若灯论 · 观缘品〉汉藏译本差异为线索》/ 林恕安《中华佛学研究》第 17 期
7. 《初期大乘时期的文殊菩萨与文殊法门》/ 郭铠铭《华冈史学》第 4 期
8. 《论藏密赐"隆"的规范化问题》/ 包再德《佛学与科学》第 17 卷 1 期
9. 《探讨藏传佛教理解的三学修持义理》/ 林维明《海潮音》97 : 8
10. 《梵、藏、汉传本〈维摩诘经 · 佛国品〉偈颂之比较》/ 宗玉媺《佛光学报》新 2:2
11. 《入中论善显密意疏》(藏汉对照) / 月称造论、宗喀巴疏、法尊译 .—香港 : 心一堂出版

12.《邬坚巴评传：十三世纪藏地大成就者》/ 李惠玲著 .—香港：三联出版社
13.《噶举三祖师：马尔巴传》/ 普贤法译小组译 .—台湾：橡树林出版社
14.《入菩萨行导论》（新修版）/ 如石法师编著 .—台湾：谛听文化事业有限公司出版
15.《老哈姆雷特新诠：从藏传佛教“中阴身”论述看〈哈姆雷特〉中的鬼魂》/ 林璄南《中外文学》第 45 卷 2 期
16.《论道教与藏传佛教〈西藏度亡经〉临终过渡阶段的生命关怀》/ 张誉薰《生命教育研究》第 8 卷 1 期
17.《抽离或重构语境的正念？传统佛教与当代之诠释》/ 韦乡安《台湾东亚文明研究学刊》第 13 卷 1 期

二、政治、经济、社会

1. 《民国政府的西藏专使》/ 朱丽双著 .—香港：香港中文大学出版社
2. 《自西而东：从 Sherpa 人与嘉绒人的比较来反思喜马拉雅藏区的社会组织与亲属研究》/ 王廷宇《台湾人类学刊》第 14 卷 2 期
3. 《社会分工视角下河湟回藏民族关系》/ 吴楚克、马瑞雪《中国边政》第 208 期
4. 《1947 ~ 1959 年西藏情势分析兼驳夏格巴〈藏区政治史〉》/ 孟鸿《中国边政》第 208 期
5. 《2015 年媒体对新疆、西藏报导之分析》/ 孟鸿《中国边政》第 205 期
6. 《印度流亡藏人苯教信仰者的边缘化处境与生存策略》/ 刘堉珊《考古人类学刊》第 84 期
7. 《藏传佛教对藏区学生人际交往的影响》/ 王守斌《万能商学学报》第 21 期
8. 《国际藏学史导论》/ 安乐业 .—台北：亚太政治哲学文化出版社

三、语言、艺术

1. 《从汉藏比较看汉语词族的形态音韵》/ 丘彦遂著 .—台湾：五南出版社
2. 《藏语组系动词 red 的语法化》/ 邵明园《语言暨语言学》第 17 卷 5 期
3. 《深入探讨及了解羌语方言》/ 陈德宁《语言暨语言学》第 17 卷 3 期

4. 《唐卡艺术：蒙藏委员会典藏唐卡精选集》/ 台湾“蒙藏委员会”.—台湾“蒙藏委员会”出版
5. 《明代永乐宫廷金铜造像研究》/ 周景培 . 台湾大学艺术史研究所硕士学位论文
6. 《西藏阿里古格佛教壁画中的人体艺术》/ 周菁葆《中国边政》207 期
7. 《西藏流亡政府金铜佛像锻打工艺之研究》/ 陈冠勋 . 中原大学设计学博士学位学程博士学位论文

后 记

经过《中国藏学年鉴》编辑部和中国藏学出版社的通力合作，《中国藏学年鉴 2016》终于和广大读者见面了。这是继《中国藏学年鉴 2009》至《中国藏学年鉴 2015》之后的第 8 本，各部分编撰情况如下：

一、前言、后记（编辑部）

二、研究综述：

哲学宗教（拉先加）

梵文研究（李学竹）

政治法律（肖杰）

经济社会（杨晓纯）

生态环境（杨涛）

文化教育（杜冰梅汉文部分、南加才让藏文部分）

语言文字（尹蔚彬汉文部分、丹增罗布藏文部分）

文学（李连荣汉文部分、南加才让藏文部分）

艺术（张中亚）

历史考古地理文献（班玛更珠）

藏医药与科技研究（仲格嘉、罗辉）

台湾、香港藏学研究（张宁）

三、学界动态、人物介绍（王茜、沈红宇）

四、社会科学基金（秦婷）

五、藏学图书要目（李慧汉文部分、索南多杰藏文部分、周卫红英文部分）

六、藏学论文资料要目（永青巴姆汉文部分、卓玛藏文部分）

七、集刊类藏学论文要目（李慧汉文部分、索南多杰藏文部分、周卫红英文部分）

八、台湾、香港藏学研究论著要目（张宁）

九、图片（格桑卓玛、姜航）

文果、谷泓负责协调联系工作。

《中国藏学年鉴 2016》编辑过程中，索珍提供了学术动态、人物介绍部分的相关资料，在此表示感谢。

编撰出版《中国藏学年鉴》工作是一项学科跨度大、牵涉面广、要求高、难度大的工作，尽管编辑部的全体同志尽了最大努力，但依然存在诸多不足，敬请各位学界同仁和各位读者悉心指正，我们定当在日后工作中不断完善。

《中国藏学年鉴》编辑部

2018 年 3 月